Schwerpunkte Pflichtfach Degenhart · Staatsrecht I

Schwerpunkte

Eine systematische Darstellung der wichtigsten Rechtsgebiete anhand von Fällen
Begründet von Professor Dr. Harry Westermann †

Staatsrecht I Staatsorganisationsrecht

Mit Bezügen zum Europarecht

von

Dr. Christoph Degenhart

Professor an der Universität Leipzig
Richter am Sächsischen Verfassungsgerichtshof

28., neu bearbeitete Auflage

CFM C.F. Müller

Bibliografische Information der Deutschen Nationalbibliothek
Die Deutsche Nationalbibliothek verzeichnet diese Publikation in der Deutschen Nationalbibliografie; detaillierte bibliografische Daten sind im Internet über http://dnb.d-nb.de abrufbar.

Bei der Herstellung des Werkes haben wir uns zukunftsbewusst für umweltverträgliche und wiederverwertbare Materialien entschieden. Der Inhalt ist auf elementar chlorfreies Papier gedruckt.

ISBN 978-3-8114-9849-5

E-Mail: kundenbetreuung@hjr-verlag.de
Telefon: +49 89/2183-7928
Telefax: +49 89/2183-7620

www.cfmueller-campus.de
www.hjr-verlag.de

Satz: Textservice Zink, Schwarzach
Druck: Beltz Druckpartner, Hemsbach

Vorwort

Wie stets war für die Neuauflage der aktuellen verfassungsrechtlichen Rechtsprechung und Gesetzgebung, auch in ihren Bezügen zum Europarecht, Rechnung zu tragen. Die Änderung des Bundeswahlgesetzes gab Anlass, den Abschnitt zum Wahlrecht neu zu bearbeiten. Die Krise des Euro bestimmt weiterhin das Verhältnis von europäischer Integration und Grundgesetz, auch dem wird in der Darstellung Rechnung getragen. An zahlreichen weiteren Stellen wurde die Darstellung überarbeitet und auf neuesten Stand gebracht, einige der Ausgangsfälle wurden erneut aktualisiert bzw durch neue Fälle ersetzt.

Wiederum erscheint zu dieser 28. Auflage auch eine **gesonderte Ausgabe des Lehrbuches mit Entscheidungssammlung auf CD-ROM**, die zahlreiche im Lehrbuch zitierte Entscheidungen des Bundesverfassungsgerichts und anderer Obergerichte im Volltext enthält. Sie werden mit freundlicher Genehmigung der **juris GmbH** auf der CD-ROM veröffentlicht und sind nach Entscheidungsjahr, -datum und Aktenzeichen sortiert.

Der begleitend zu den Schwerpunktebänden *Staatsrecht I* und *Staatsrecht II. Grundrechte* erscheinende Klausurenkurs im Staatsrecht erscheint in zwei Teilbänden: Der Band „Klausurenkurs im Staatsrecht I", erschienen in 2. Aufl. 2011, ist auf die Anforderungen in Übung und Zwischenprüfung hin ausgelegt und deckt das Staatsorganisationsrecht und die Grundrechte ab. Der Band „Klausurenkurs im Staatsrecht II – mit Bezügen zum Europarecht", der auf die Anforderungen der juristischen Staatsprüfung zugeschnitten ist, ist Anfang 2012 in 6. Auflage erschienen.

Der Verfasser dankt wiederum für zahlreiche Anregungen und Anfragen aus dem Leserkreis. Sie sind stets willkommen (E-Mail: degen@rz.uni-leipzig.de). Meine Mitarbeiterinnen und Mitarbeiter *Patricia Wendel, Stefanie Schult, Stephan Dietrich, Carolin Frank, Heinrich Berchtold, Kathrin Kroupa* und *Vera Brinkmann* haben die Korrekturen mit großer Umsicht erledigt; dafür gebührt ihnen ebenso Dank wie für zahlreiche weitere Anregungen; verbleibende Fehler gehen zu Lasten des Autors. Meiner Sekretärin, Frau *Heidrun Helbig*, sei für ihre Hilfe bei der Anfertigung des Sachregisters gedankt.

Leipzig, im Juli 2012 *Christoph Degenhart*

Vorwort zur ersten Auflage

Die Darstellung konzentriert sich auf die Schwerpunkte des Staatsrechts, auf den Rechtsstaat als dessen Zentralbegriff, auf Demokratie und Bundesstaat als strukturprägende Grundentscheidungen der Verfassung, auf das Recht der maßgeblichen Staatsorgane. Damit werden die für den Studierenden – und auch den Referendar – relevanten Bereiche des Staatsorganisationsrechts abgedeckt.

Dabei wurde eine auch tatsächlich schwerpunktmäßige Darstellung angestrebt, ausführlich genug, um dem Anfänger zu ermöglichen, sich den Stoff zu erarbeiten, gleichermaßen aber auch in einer für den Examenskandidaten ausreichenden Breite und Vertiefung. Die Zielsetzung des Buches geht insoweit über die eines Grundrisses, aber auch eines Kurzlehrbuchs hinaus.

Bei der Auswahl der Fallbeispiele wurde auf Aktualität und Praxisnähe besonderes Gewicht gelegt – was nicht ausschließt, dass mitunter auf die überlieferten Schulfälle zurückgegriffen werden musste. Hinweise auf Schrifttum und Rechtsprechung wurden in realistischer Einschätzung der für weiterführende Lektüre verfügbaren Arbeitskapazitäten bewusst knapp gehalten.

Münster, im September 1984 *Christoph Degenhart*

Inhaltsverzeichnis

Abkürzungsverzeichnis

Im Folgenden werden einem häufig vorgebrachten Wunsch der Leser entsprechend neben der abgekürzt zitierten Literatur einige häufig gebrauchte Abkürzungen wiedergegeben; iÜ werden die üblichen Abkürzungen gebraucht.

Zur Zitierweise: Gerichtsentscheidungen werden soweit möglich mit ihrer Fundstelle in der amtlichen Sammlung des Gerichts zitiert – also: BVerfGE 12, 205, 261: Bundesverfassungsgericht – Entscheidungssammlung, 12. Band, S. 205: Beginn des Abdrucks, dort S. 261: Belegstelle; Ausnahme: Entscheidungen der Landesverfassungsgerichte, für die die Entscheidungssammlungen meist nur schwer zugänglich sind, werden idR nach einer Fundstelle in einer der gängigen Zeitschriften *zitiert*. Noch nicht veröffentlichte Entscheidungen des BVerfG werden nach Datum zitiert; ebenso wird bei einigen wichtigen aktuellen Entscheidungen das Datum angegeben, um das Auffinden bei www.bverfg.de oder bei www.juris.de zu erleichtern.

Normen des europäischen Rechts werden zitiert mit EUV und AEUV. Mit EUV wird der Vertrag über die Europäische Union in der Fassung des Vertrags von Lissabon zitiert; soweit auf die bis dahin geltende Fassung des Vertrags hinzuweisen ist, wird dies kenntlich gemacht mit dem Zusatz „aF" (= alter Fassung). Mit AEUV wird der Vertrag über die Arbeitsweise der Europäischen Union zitiert, der an die Stelle des EG-Vertrags getreten ist. Wo erforderlich, wird in Klammer die entsprechende Bestimmung des EG-Vertrags zitiert, in der Fassung, die bis zum Vertrag von Lissabon gegolten hat. Der EG-Vertrag hatte ja bereits mit dem Vertrag von Amsterdam 1999 eine durchgehende Neunummierung der Artikel erfahren, existiert also nunmehr in dreifacher Artikelzählung, was die Arbeit mit älteren Texten erschwert. Ein Konkordanzverzeichnis, in dem die sich sachliche entsprechenden Artikel mit der jeweiligen Nummerierung gegenübergestellt werden, findet sich in den Textsammlungen im Anhang zum Vertragstext.

aaO	am angegebenen Orte
AbgG	Abgeordnetengesetz
Abs	Absatz
abw	abweichend
AEUV	Vertrag über die Arbeitsweise der Europäischen Union (= Neufassung des EGV nach dem Vertrag von Lissabon),
aF	alte Fassung
AöR	Archiv des öffentlichen Rechts
aM	andere(r) Meinung
BayVBl	Bayerische Verwaltungsblätter
BayVerfGH	Bayerischer Verfassungsgerichtshof
BbgVerfG	Verfassungsgericht des Landes Brandenburg
Benda/Klein	Verfassungsprozessrecht, 3. Aufl. Heidelberg 2012
BerlVerfGH	Berliner Verfassungsgerichtshof
BMinG	Bundesministergesetz
BonnK	Kommentar zum Bonner Grundgesetz, Hamburg/Heidelberg 1950 ff, zit. nach Bearbeitern
BremStGH	Bremer Staatsgerichtshof
BT-Drucks.	Bundestagsdrucksache (Nummerierung: Wahlperiode/lfd. Nummer)
BVerfG	Bundesverfassungsgericht
BVerfGG	Bundesverfassungsgerichtsgesetz (Textbuch Nr 20)

BVerwG	Bundesverwaltungsgericht
BWG	Bundeswahlgesetz (Textbuch Nr 30)
DÖV	Die öffentliche Verwaltung
Dreier	Grundgesetz, Bd. I, 2. Aufl. 2004, Bd. II, 2. Aufl. 2006, Supplementum 2007, zit. nach Bearbeitern
DVBl	Deutsches Verwaltungsblatt
eA	einstweilige Anordnung
EG	Europäische Gemeinschaft
EGMR	Europäischer Gerichtshof für Menschenrechte
EGV	Vertrag über die Gründung der Europäischen Gemeinschaft
EMRK	Europäische Menschenrechtskonvention
ESM	Europäischer Stabilitäts-Mechanismus
EU	Europäische Union
EuG	Europäisches Gericht Erster Instanz
EuGH	Europäischer Gerichtshof
EuGRZ	Europäische Grundrechte Zeitschrift
EUV	Vertrag über die Europäische Union
f, ff	folgende/fortfolgende
FAG	Finanzausgleichsgesetz
FS	Festschrift
GeschO	Geschäftsordnung
GeschOBReg	Geschäftsordnung der Bundesregierung
GeschOBT	Geschäftsordnung des Deutschen Bundestags
Hbg	Hamburgisch
HdBVfR	Handbuch des Verfassungsrechts der Bundesrepublik Deutschland, 2. Aufl., Bd. I und II, Berlin/New York 1994
Hesse	Grundzüge des Verfassungsrechts der Bundesrepublik Deutschland, 20. Aufl., Heidelberg 1995, Neudruck 1999.
HessStGH	Hessischer Staatsgerichtshof
Hillgruber/Goos	Verfassungsprozessrecht, 3. Aufl., Heidelberg 2011
hM	herrschende Meinung (abs hM: absolut herrschende Meinung)
HStR	Isensee/Kirchhof (Hrsg.), Handbuch des Staatsrechts der Bundesrepublik Deutschland, Bd. I – IX, 3. Aufl. 2003–2011; Zitierweise: HStR I^3, HStR II^3 usf^3.
idF	in der Fassung
idR	in der Regel
ieS	im engeren Sinne
iFd	im Falle des
IntVG	Integrationsverantwortungsgesetz
iSd	im Sinne des
iSv	im Sinne von
iVm	in Verbindung mit
iW	im Wesentlichen
JA	Juristische Arbeitsblätter
Jarass/Pieroth	Grundgesetz, Kommentar, 11. Aufl., München 2011

Jura	Juristische Ausbildung
JuS	Juristische Schulung
JZ	Juristenzeitung
K&R	Kommunikation & Recht
Klausurenband I	*Degenhart*, Klausurenkurs im Staatsrecht I, 2. Aufl., Heidelberg 2011
Klausurenband II	*Degenhart*, Klausurenkurs im Staatsrecht II, 6. Aufl., Heidelberg 2011
Kloepfer I	Verfassungsrecht Band I. Grundlagen. Staatsorganisationsrecht. Bezüge zum Völker- und Europarecht, München 2011
Kloepfer II	Verfassungsrecht Band II. Grundrechte. München 2010.
LKV	Landes- und Kommunalverwaltung
lt SV	laut Sachverhalt
LVerfG MV	Landesverfassungsgericht Mecklenburg-Vorpommern
Maunz/Dürig	Grundgesetz, Kommentar, München 1958 ff, zit. nach Bearbeitern
Maurer	Staatsrecht I, 6. Aufl. 2010
mE	meines Erachtens
MMR	Multimedia und Recht
NJ	Neue Justiz
NJW	Neue Juristische Wochenschrift
NVwZ	Neue Zeitschrift für Verwaltungsrecht
NVwZ-RR	NVwZ Rechtsprechungs-Report
NWVBl	Nordrhein-Westfälische Verwaltungsblätter
ParlBG	Parlamentsbeteiligungsgesetz
PartG	Parteiengesetz (Textbuch Nr 35)
Peine	Allgemeines Verwaltungsrecht, 10. Aufl. 2011
Peine, Klausurenkurs	Klausurenkurs im Verwaltungsrecht, 4. Aufl. 2010
Pestalozza	Verfassungsprozessrecht, 3. Aufl., München 1991
Pieroth/Schlink	Grundrechte Staatsrecht II, 28. Aufl., Heidelberg 2012
PUAG	Untersuchungsausschussgesetz (Textbuch Nr 17)
RhPfVerfGH	Verfassungsgerichtshof Rheinland-Pfalz
Robbers	Verfassungsprozessuale Probleme in der öffentlich-rechtlichen Arbeit, 2. Aufl., München 2005
Rspr	Rechtsprechung
s.	siehe
Sachs	Grundgesetz, Kommentar, 6. Aufl., München 2011, zit. nach Bearbeitern
Sachs, Verfassungsprozessrecht	Verfassungsprozessrecht, 3. Aufl. 2010
SächsVBl	Sächsische Verwaltungsblätter
SächsVerfGH	Sächsischer Verfassungsgerichtshof
Schenke	Verwaltungsprozessrecht, 13. Aufl., Heidelberg 2012
Schlaich/Korioth	Das Bundesverfassungsgericht, 9. Aufl., München 2012
Schweitzer	Staatsrecht III, 10. Aufl., Heidelberg 2010
Stern I, II	Das Staatsrecht der Bundesrepublik Deutschland, Band I, 2. Aufl., München 1984, zit.: *Stern I,* Bd. II, München 1980, zit.: *Stern II*
str	strittig
Streinz	Europarecht, 9. Aufl., Heidelberg 2012

Textbuch	Textbuch Deutsches Recht – Staats- und Verwaltungsrecht Bundesrepublik Deutschland, 50. Aufl., Heidelberg 2011
ThürVBl	Thüringer Verwaltungsblätter
ThürVerfGH	Thüringer Verfassungsgerichtshof
U. v.	Urteil vom
UAbs.	Unterabsatz
Übbl	Überblick
unstr	unstrittig
v.H.	vom Hundert
v. Münch/Kunig	(Hrsg.), Grundgesetz-Kommentar, Bd. 1, 6. Aufl., München 2012, Bd. 2, 6. Aufl., München 2012, Bd. 3, 5. Aufl., München 2003, zit. nach Bearbeitern
VersG	Versammlungsgesetz (Textbuch Nr 80)
VerwArch	Verwaltungsarchiv
vMKS	von Mangoldt/Klein/Starck, Grundgesetz, Kommentar, 6. Aufl., Bd. 1: München 2010, Bd. 2: München 2010, Bd. 3: München 2010
VO	Verordnung
ZG	Zeitschrift für Gesetzgebung
Zippelius/Würtenberger	Deutsches Staatsrecht, 32. Aufl. des von Maunz begründeten Werkes, München 2008
zw	zweifelhaft

Zur Arbeit mit diesem Buch

Die Darstellung behandelt im **ersten Teil** zunächst einige Grundfragen zu Staat und Verfassung (§ 1), dann schwerpunktmäßig das *Demokratiegebot* (§ 2), hierbei insbesondere Fragen des parlamentarischen Systems (I, II), der Parteien und des Wahlrechts (III, IV), der direkten Demokratie (V) und widmet sich den immer drängenderen Fragen, wie der Prozess der europäischen Integration demokratisch zu gestalten ist. Ein erster Abschnitt zum Rechtsstaatsgebot des Grundgesetzes widmet sich dem Gesetz als der zentralen, demokratische Legitimation und Rechtssicherheit schaffenden Handlungsform des demokratischen Rechtsstaats. Hierzu werden zusammenfassend Fragen des Gesetzesbegriffs (I, II), der Gesetzgebungskompetenzen (III), des Gesetzgebungsverfahrens und des Verfahrens der Verfassungsänderung (IV) behandelt, unter Einbeziehung der Rechtsetzung durch die Europäische Union und des Verhältnisses von nationalem Recht und europäischem Recht (VI). Auch werden Besonderheiten der Landesgesetzgebung, hier vor allem der Volksgesetzgebung, dargestellt (V). Im Anschluss an die Behandlung der Gesetzgebung werden zum *Rechtsstaatsgebot* des Grundgesetzes (§ 4) der Grundsatz der Gewaltenteilung und damit im Zusammenhang die Gesetzmäßigkeit der Verwaltung und der untergesetzlichen Rechtsetzung (I) sowie mit dem Grundsatz der Rechtssicherheit und dem Übermaßverbot (II, III) die grundlegenden allgemeinen Anforderungen des Rechtsstaats behandelt. Rechtsstaatlichkeit verwirklicht sich durch Rechtsprechung – Rechtsschutz- und Justizgewähranspruch sowie die Verfahrensgrundrechte werden im Abschnitt hierzu zusammengefasst (IV). Die Behandlung der *bundesstaatlichen Ordnung* des Grundgesetzes (§ 5) konzentriert sich – neben Grundsatzfragen des Bundesstaatsbegriffs (I) – auf die föderalen Rechtsbeziehungen, wie sie durch Bundestreue und kooperativen Föderalismus geprägt sind (II), auf Verwaltungs- (III) und Vertragsschlusskompetenzen (VI) und auf die bundesstaatliche Finanzverfassung (V). *Staatsziele* (§ 6) werden dargestellt, soweit sie von aktueller Bedeutung für den Leser dieses Buches sind, insbesondere das Sozialstaatsgebot (I) und das Staatsziel Umweltschutz (II).

Im **zweiten Teil** werden schwerpunktmäßig Rechtsstellungen, Aufgaben und Befugnisse der wichtigsten **Staatsorgane** – *Bundestag* und *Bundesrat, Bundesregierung, Bundespräsident* – ausgeführt (§§ 7–10). Der **dritte Teil** widmet sich dem Schutz der Verfassung. Er bringt für das *Bundesverfassungsgericht* (§ 11) eine ausführliche Darstellung der allgemeinen Verfahrensfragen (I, III) und der einzelnen Verfahren (II) sowie für die Landesverfassungsgerichte (§ 12) landesspezifische Besonderheiten (I) und das Verhältnis zum BVerfG (II).

Fragen der **Verfassungsinterpretation** werden einleitend behandelt (§ 1 III); ergänzend wird hierauf eingegangen, wo es für die Beantwortung konkreter Fragestellungen erforderlich ist. Im jeweiligen Sachzusammenhang werden auch Fragen der europäischen Integration und der Einwirkungen des Gemeinschaftsrechts auf die

Rechtsordnung nach dem Grundgesetz einbezogen – ohne sie ist eine Darstellung verfassungsrechtlicher Fragen nicht mehr vorstellbar.

Besonderheiten des **Landesverfassungsrechts** werden jeweils im Zusammenhang der entsprechenden Abschnitte über das Staatsrecht der Bundesrepublik gebracht, insbesondere in § 2 V und § 3 V (direkte Demokratie in den Ländern, Volksbegehren und Volksentscheid), in § 6 IV (*Staatszielbestimmungen* der Landesverfassungen), im Anhang zu § 10 (*Staatsorgane* der Länder) und in § 12 *(Landesverfassungsgerichtsbarkeit)*.

Den einzelnen Teilabschnitten sind insgesamt 77 Ausgangsfälle vorangestellt, auf die die Darstellung – unter Einbeziehung weiterer Fallbeispiele – laufend zurückkommt; die Ausgangsfälle werden – meist am Schluss des jeweiligen Abschnitts – zusammenfassend gelöst. Die prozessualen Fragen der Ausgangsfälle werden im Zusammenhang nach § 11 III behandelt. Soweit als möglich ist bei der Auswahl der Fälle auf aktuelle Verfassungskonflikte Bezug genommen. Die Lösungen sind idR in Form von Lösungsskizzen gehalten; für ausformulierte Fälle wird auf die Klausurenbände verwiesen.

Insbesondere für Studienanfänger sind die einleitenden Hinweise zu den einzelnen Teilabschnitten und den dort behandelten Fragen gedacht.

Verweisungen auf Literatur und Rechtsprechung sind im Text knapp gehalten, die Darstellung soll aus sich heraus verständlich sein. Schrifttumshinweise im Anschluss an die einzelnen Teilabschnitte mögen zu vertiefendem Studium anregen; die vorangestellten **Leitentscheidungen des BVerfG** sollte der Leser/die Leserin gelegentlich nachschlagen (oder auf der **CD-Rom** zu diesem Buch nachlesen).

Aufbauhinweise werden im Zusammenhang der Darstellung gegeben. Einzelnen Abschnitten wurden zusammenfassende Übersichten und Prüfungsschemata angefügt. Auf *generelle* Klausurregeln wurde verzichtet, da es sie – jedenfalls im Staatsorganisationsrecht – nicht gibt; positives Wissen und tatsächliche Klausurpraxis bieten allein die Gewähr für den Examenserfolg. Zu Ersterem möchte dieses Buch einen Beitrag leisten.

Zur Vorbereitung auf Übung, Zwischenprüfung und Staatsexamina stehen die vom Verfasser vorgelegten **Klausurenkurse im Staatsrecht I und II** als Fall- und Repetitionsbände zur Verfügung. Der Band **„Klausurenkurs im Staatsrecht I"** ist auf die Anforderungen in Übung und Zwischenprüfung hin ausgelegt und deckt das Staatsorganisationsrecht und die Grundrechte ab. Er liegt derzeit in 2. Auflage 2011 vor. Der Band **„Klausurenkurs im Staatsrecht II. Mit Bezügen zum Europarecht"** ist Anfang 2012 in 6. Auflage erschienen. Die in den Bänden enthaltenen Musterklausuren mit Repetitoriumsteil ermöglichen die klausurmäßige Einübung des Stoffes, machen mit typischen Problemkonstellationen, im Klausurenkurs II auch in verwaltungsrechtlicher Einkleidung, vertraut und bringen einen gedrängten Überblick über den Stoff, der dann anhand der Schwerpunkte-Bände erarbeitet bzw nachgearbeitet werden kann.

Erster Teil

Verfassungsgestaltende Grundentscheidungen – Staatszielbestimmungen

§ 1 Grundlagen: Staat und Verfassung – das Grundgesetz als die Verfassung der Bundesrepublik Deutschland

I. Staat und Staatsrecht

1. Der Staat als Gegenstand des Staatsrechts

1 Gegenstand des Staatsrechts ist der Staat. Das Staatsrecht regelt, wie der Staat organisiert sein, wer für ihn handeln soll, und mit welchen Aufgaben und Befugnissen – dies ist Inhalt des Staatsorganisationsrechts. Es bestimmt weiterhin, wie das Verhältnis des Staates zu seinen Bürgern beschaffen sein soll – dies ist Inhalt vor allem der Grundrechte des Grundgesetzes. Das Staatsrecht der Bundesrepublik Deutschland ist in erster Linie im Grundgesetz enthalten, das als Verfassung deren rechtliche Grundordnung bestimmt; ergänzend treten weitere Gesetze hinzu, wie zB das Bundeswahlgesetz, das die näheren Bestimmungen für die Wahl des Bundestags enthält – während das Grundgesetz selbst in seinem Art. 38 Abs. 1 S. 1, wonach die Abgeordneten in allgemeiner, unmittelbarer, freier, gleicher und geheimer Wahl bestimmt werden, die grundsätzlichen Aussagen trifft.

2. Die drei Elemente des Staatsbegriffs

2 Dass die Bundesrepublik Deutschland ein „Staat" ist, wird im Grundgesetz ohne Weiteres vorausgesetzt. Drei Elemente werden regelmäßig als Voraussetzung für die Existenz eines Staates genannt und haben diese Funktion jedenfalls mit der Entstehung des Territorialstaates in der beginnenden Neuzeit: Staatsgebiet, Staatsvolk und Staatsgewalt.

a) Staatsgebiet und Staatsvolk

3 Beim Staatsgebiet handelt es sich um einen umgrenzten Teil der Erdoberfläche, der den räumlichen Geltungsbereich der Staatsgewalt bezeichnet, auf den sich die Staatsgewalt erstreckt, aber auch begrenzt. Staatsvolk sind all jene Personen, die durch die rechtliche Klammer der Staatsangehörigkeit dauerhaft mit dem Staat verbunden sind, auf die sich die Staatsgewalt in personeller Hinsicht erstreckt. Bei der Staatsangehörigkeit handelt es sich also um eine rechtliche Eigenschaft, die nicht schon durch den

tatsächlichen Aufenthalt im Staatsgebiet begründet wird. Wie sie erworben wird, dies regeln die einzelnen Staaten selbstständig. Dabei werden zwei unterschiedliche Rechtsprinzipien unterschieden. *Ius sanguinis* („Recht des Blutes") bedeutet: Erwerb der Staatsangehörigkeit durch Abstammung; *ius soli* („Recht des Bodens") bedeutet: Erwerb durch Geburt auf dem Territorium des Landes. Die Staatsangehörigkeit kann zudem durch Einbürgerung erworben werden. Die unterschiedlichen Regelungen der einzelnen Staaten können zum Entstehen mehrfacher Staatsangehörigkeit führen, doch suchen die Staaten dies möglichst zu vermeiden.

4 Das deutsche Staatsangehörigkeitsrecht folgt traditionell dem ius sanguinis. Dies bedeutet wiederum nicht, dass es nicht auch anders sein könnte. Wenn Art. 116 GG von deutscher Staatsangehörigkeit spricht, wird dadurch nicht schon das – einfachgesetzliche! – Staatsangehörigkeitsrecht, das vom Grundgesetz vorgefunden wurde, verfassungsrechtlich „zementiert". Es handelt sich um keine institutionelle Garantie[1], also nicht um eine Institution des einfachen Rechts, die in ihren wesentlichen Elementen (das wäre hier das Abstammungsprinzip) garantiert wird. Mit derartigen Garantien sollte zurückhaltend umgegangen werden: das Gesetz muss sich nach der Verfassung richten, nicht die Verfassung nach dem Gesetz. Einer doppelten Staatsangehörigkeit sind jedoch Grenzen gesetzt, da beim „Mehrstaatler" die Zugehörigkeit zum Staatsvolk und die vom Demokratieprinzip vorausgesetzte „Loyalität" hierzu nicht ohne Weiteres vorausgesetzt werden können[2].

b) Die Staatsgewalt im Verfassungsstaat

5 Entscheidendes Element des Staatsbegriffs ist die Staatsgewalt. Hierunter versteht man die alleinige, umfassende und prinzipiell unbegrenzte Herrschaftsmacht des Staates innerhalb seines Staatsgebiets und über das Staatsvolk. Ihm entspricht die Souveränität nach außen. Herrschaftsmacht bedeutet vor allem, dass der Staat – und nur der Staat – aus eigener Autorität, ohne dazu noch besonders ermächtigt zu werden, einseitig-verbindliche Regeln aufstellen und Entscheidungen treffen kann. Diese sind zu befolgen, ohne dass ihnen jeweils zugestimmt werden müsste. Dies gilt für den Erlass von Gesetzen ebenso wie für Entscheidungen der Gerichte. Staatsgewalt bedeutet, dass diese Anordnungen auch zwangsweise durchgesetzt werden können – der Staat hat das Gewaltmonopol. Der Bürger, der seine Rechte durchsetzen will, muss hierfür die Hilfe der Gerichte in Anspruch nehmen – der Staat ist verpflichtet, das Recht durchzusetzen (Justizgewähr, Rn 416 ff).

6 Diese Befugnis, einseitig-verbindliche Entscheidungen zu treffen, macht die hoheitliche Gewalt des Staates aus. Ihre Ausübung an feste, für den Staat selbst verbindliche Regelungen zu binden, sie damit für den Bürger berechenbar zu machen und diesem so gesicherte Rechte im Verhältnis zum Staat zu gewährleisten, ist Anliegen des Verfassungsstaates, wie er sich seit dem Ende des 18. Jahrhunderts in Nordamerika und Westeuropa entwickelt hat, hier mit der Französischen Revolution als der entscheidenden Zäsur. Die Bundesrepublik Deutschland ist Verfassungsstaat – das Grundgesetz als ihre Verfassung schafft die Grundlagen der staatlichen Ordnung und garantiert die Freiheiten der Bürger. Staatsgewalt kann hiernach nur in den Bahnen des Rechts

1 Vgl *Kokott*, in: Sachs, Art. 16 Rn 2.
2 Sie ist jedoch nicht verfassungswidrig, vgl *Kokott* aaO Rn 7.

ausgeübt werden – die Bundesrepublik ist Rechtsstaat. Jene Normen, die speziell die Befugnisse der staatlichen Gewalt, also der Hoheitsgewalt des Staates ausgestalten und begrenzen, also das Sonderrecht des Staats, machen in ihrer Gesamtheit das öffentliche Recht aus. Das Staatsrecht bezeichnet einen Teilausschnitt hieraus[3].

c) Die Staatsgewalt im Bundesstaat

Wenn als Merkmal des Staatsbegriffs die alleinige und umfassende Herrschaftsmacht 7 des Staates hervorzuheben ist, so besteht für die Bundesrepublik Deutschland die Eigentümlichkeit, dass sie als Bundesstaat einen Zentralstaat (die Bundesrepublik) und Gliedstaaten (die Länder) umfasst. Dies hat zur Folge, dass die Ausübung der Staatsgewalt, also die Wahrnehmung der von ihr umfassten Befugnisse der Rechtsetzung, des Vollzugs und der Rechtsprechung nicht ausschließlich durch den Staat „Bundesrepublik" selbst erfolgt, sondern auch durch „Länder" als Gliedstaaten der Bundesrepublik – diese ist ein Bundesstaat. In ihm ist die Ausübung der staatlichen Befugnisse zwischen Zentralstaat und Gliedstaaten in einer Weise verteilt, dass sie in ihrer Gesamtheit die umfassende Staatsgewalt ausmachen. Die Länder üben dabei eigene Staatsgewalt aus, können damit als Staaten gelten. In welchem Maße sie staatliche Befugnisse haben, dies bestimmt jedoch das Grundgesetz. Die Länder sind also nicht souverän. Es fehlt ihnen die Fähigkeit, sich selbst eine unabgeleitete und letztverbindliche Ordnung zu geben. Es ist die gesamtstaatliche Verfassung, die das Dasein und das Wesen der Länder determiniert. Art. 28 Abs. 1 GG bringt dies zum Ausdruck.

3. Staatlichkeit, Souveränität und Europäische Union

Das Prinzip der Souveränität gilt nicht mehr unbedingt, wie im Zeitalter der Natio- 8 nalstaaten im 19. und in der ersten Hälfte des 20. Jahrhunderts. Das Grundgesetz enthält die Ermächtigung und den Verfassungsauftrag zur europäischen Integration[4], wie er in Art. 23 Abs. 1 GG formuliert ist, und zur Eingliederung in internationale Gemeinschaften. Mit den Römischen Verträgen von 1957 ist die Bundesrepublik der damaligen Europäischen Wirtschaftsgemeinschaft (EWG), später Europäische Gemeinschaft (EG), beigetreten, ferner der – mittlerweile beendeten – Europäischen Gemeinschaft für Kohle und Stahl sowie Euratom (EAG)[5]. Der Beitritt erfolgte auf der Grundlage des seinerzeitigen Art. 24 GG, an dessen Stelle 1992 der „Europa-Artikel" 23 des Grundgesetzes getreten ist. Er ermächtigt ausdrücklich zur Übertragung von Hoheitsrechten (also von Souveränität) zur Verwirklichung eines vereinten Europas. Die Europäische Union (EU) wurde durch den Maastricht-Vertrag über die Europäische Union vom 7.2.1992 vereinbart. Sie bestand aus den „Säulen" der Gründungsgemeinschaften und der gemeinsamen Politiken. Der Vertrag von Lissabon hat diese Säulenstruktur aufgelöst. Die EG ist nunmehr in der EU aufgegangen, die EU ist

3 Vgl *Kloepfer* I § 1 Rn 41 ff.
4 BVerfGE 123, 267, 346 ff.
5 Einen gedrängten Überblick über die Entwicklung der europäischen Integration gibt das BVerfG im Tatbestand des Urteils vom 30.6.2009 zum Vertrag von Lissabon, BVerfGE 123, 267, 271 ff.

Rechtsnachfolger der EG[6]. Aus dem EGV wurde der Vertrag über die Arbeitsweise der Europäischen Union (AEUV), der zusammen mit dem EUV die Rechtsgrundlagen der Union bildet.

9 Die Mitgliedstaaten haben Hoheitsrechte auf die EG/EU übertragen. Die EU ist eine eigene Rechtsgemeinschaft mit eigener, ihr durch die Mitgliedstaaten übertragener Hoheitsgewalt. Ihre Entscheidungen sind gegenüber den Mitgliedstaaten und ihren Bürgern verbindlich; sie handelt durch eigene Organe. Der EuGH spricht von einer Gemeinschaft für unbegrenzte Zeit, mit eigenen Organen, internationaler Handlungsfähigkeit und *„insbesondere mit echten, aus der Beschränkung der Zuständigkeit der Mitgliedstaaten oder der Übertragung von Hoheitsrechten der Mitgliedstaaten auf die Gemeinschaft herrührenden Hoheitsrechten"*[7]. Das BVerfG hat in seinem Urteil zum Vertrag von Lissabon vom 30.6.2009 verfassungsrechtliche Grenzen für die Übertragung von Hoheitsrechten aufgezeigt (Rn 118 ff).

10 Als Staat kann die Union allerdings noch nicht angesehen werden, auch nicht nach dem Vertrag von Lissabon. Sie verfügt über keine Staatsgewalt iSv unbegrenzter Herrschaftsmacht, sondern nur über die Befugnisse, die ihr von den Mitgliedstaaten durch Vertrag übertragen worden sind. Sie kann diese nicht einseitig erweitern und hat also keine „Kompetenz-Kompetenz". Allerdings wurden durch den Vertrag von Lissabon Verfahren für eine vereinfachte Vertragsänderung und Kompetenzergänzung durch die Union selbst vorgesehen (Rn 118) – hieran ist jedoch der Bundestag zwingend zu beteiligen. Insoweit haben die Mitgliedstaaten ihre Souveränität nicht aufgegeben. Sie haben auch ein Recht zum Austritt. Andererseits haben sie auf Souveränitätsrechte dauerhaft verzichtet und sind in der Ausübung ihrer Staatsgewalt durch Gemeinschafts- bzw Unionsrecht gebunden – dies bedeutet jedenfalls eine geteilte Souveränität[8]. Einzelne Elemente der Staatlichkeit können also für die EU durchaus bejaht werden, zumal mit dem EuGH ein Gericht existiert, das eine, freilich nicht unbestrittene, Befugnis zur verbindlichen Letztentscheidung in Anspruch nimmt. Das BVerfG spricht in seinem Maastricht-Urteil von 1993 wie auch in seinem Urteil zum Vertrag von Lissabon von einem Staatenverbund demokratischer, souverän bleibender Staaten[9]. Dass die Bundesrepublik weiterhin ein souveräner Staat ist und die EU nicht die Qualität eines Bundesstaats erreicht hat, dies begründet das BVerfG in Heranziehung der Drei-Elementen-Lehre[10].

Schrifttum zu I.: *Isensee*, Staat und Verfassung, HStR II³, § 15; *Grawert*, Staatsvolk und Staatsangehörigkeit, HStR II³, § 16; *Randelzhofer*, Staatsgewalt und Souveränität, HStR II³, § 17; *Graf Vitzthum*, Staatsgebiet, HStR II³, § 18; *Oppermann*, Von der Gründungsgemeinschaft zur Mega-Union – Eine europäische Erfolgsgeschichte? –, DVBl 2007, 329; *Grimm*, Das Grundgesetz als Riegel vor einer Verstaatlichung der Europäischen Union, Der Staat 2009, 475 ff; *Nettesheim*, Die Integrationsverantwortung – Vorgaben des BVerfG und gesetzgeberische Umsetzung, NJW 2010, 177.

---

6 Vgl BVerfGE 123, 267, 282.
7 EuGH, U. v. 15.7.1964, Slg. der Rspr des Gerichtshofs der Europ. Gemeinschaften 1964, S. 1251 ff, 1269 ff.
8 *Kloepfer* I § 39 Rn 64 f.
9 BVerfGE 89, 155, 186.
10 BVerfGE 123, 267, 371 ff.

II. Das Grundgesetz als die Verfassung der Bundesrepublik Deutschland

1. Tragende Grundsätze: Art. 1 und Art. 20 GG

Das **Grundgesetz** ist die **Verfassung** der Bundesrepublik Deutschland. Es konstituiert ihre staatliche Ordnung. Die Grundprinzipien sind in Art. 20 GG niedergelegt. Dort werden die grundlegenden Aussagen über die Staatsform und die staatliche Organisation der Bundesrepublik Deutschland getroffen. Nach Abs. 1 ist ihre Staatsform die einer **Republik** und einer **Demokratie,** ist sie als **Bundesstaat** organisiert und hat ein **sozialer** Staat zu sein. Abs. 2 enthält vor allem die wesentlichen Aussagen zur Demokratie des Grundgesetzes mit dem Grundsatz der Volkssouveränität in Satz 1: „Alle Staatsgewalt geht vom Volke aus". Nach Satz 2 erfolgt nun die Ausübung der Staatsgewalt einerseits unmittelbar durch das Volk, durch Wahlen und Abstimmungen und andererseits mittelbar, durch die dort genannten besonderen Organe. Abs. 3 bindet alle staatliche Gewalt an Gesetz und Recht und kann als Grundlage des **Rechtsstaatsprinzips** des Grundgesetzes gesehen werden. Dass die Gesetzgebung an die verfassungsmäßige Ordnung gebunden ist, bedeutet: auch die Parlamentsmehrheit, die die Gesetze beschließt, hat die verfassungsmäßigen Rechte und hier vor allem die Grundrechte des Bürgers zu beachten. Rechtsstaatlichkeit ist also kein bloßes Organisationsprinzip, das Grundgesetz bekennt sich in Art. 20 Abs. 3 zum materiellen Rechtsstaat. Demokratieprinzip, republikanische Staatsform, Bundesstaatlichkeit, Rechtsstaatsprinzip und Sozialstaatsprinzip – dies sind die tragenden Strukturprinzipien für den Staat Bundesrepublik. Sie konstituieren seine verfassungsmäßige Ordnung. Es sind dies die maßgeblichen verfassungsgestaltenden Grundentscheidungen. **11**

Sie sind gleichwohl nicht an erster, „vornehmster" Stelle des Grundgesetzes genannt. **12** Diesen Platz nimmt Art. 1 GG ein: die Garantie der **Menschenwürde**. Sie hat Vorrang vor aller staatlichen Gewalt und allen Staatszwecken, ihr Schutz ist die wichtigste Aufgabe des Staates: „Der Staat ist um des Menschen willen da, nicht der Mensch um des Staates willen"[11]. Es bleibt nicht bei der allgemeinen Bekundung der Menschenwürde, Art. 1 besagt vielmehr in Abs. 2, was Schutz der Menschenwürde bedeutet: das Bekenntnis zu den unverletzlichen und unveräußerlichen **Menschenrechten** – Leben, Freiheit und Gleichheit, körperliche Unversehrtheit, Glaubens- und Gewissensfreiheit, Meinungsfreiheit, Eigentum. Diese Menschenrechte werden in den nachfolgenden Grundrechtsbestimmungen der Art. 2 – Art. 19 GG näher spezifiziert. Die **Grundrechte** des Grundgesetzes, dies besagt Art. 1 Abs. 3 GG, sind unmittelbar geltendes Recht und binden alle staatlichen Gewalten, auch die Gesetzgebung – auch deshalb ist der Rechtsstaat des Grundgesetzes materieller Rechtsstaat, und er ist **freiheitlicher Rechtsstaat**. Denn die Grundrechte sind nicht bloßer Programmsatz, sie können unmittelbar eingefordert werden. Sie sind subjektive Rechte des Einzelnen gegen den Staat. Das Bundesverfassungsgericht hat ihre Bedeutung noch dadurch entscheidend gesteigert, dass es sie als „objektive Prinzipien der Gesamtrechtsordnung"

11 So in Art. 1 Abs. 1 des Entwurfs von Herrenchiemsee.

sieht[12], die auf die gesamte Rechtsordnung ausstrahlen. Deshalb sind zB in äußerungsrechtlichen Streitigkeiten zwischen Privaten stets auch die Meinungs- und Pressefreiheit zu berücksichtigen. Einzelnen Grundrechten werden auch Schutzpflichten des Staates entnommen, etwa als ein Recht auf Schutz vor bestimmten Gefahren – in der Kernkraftdebatte spielte dies eine Rolle. Art. 1 GG und Art. 20 GG enthalten die tragenden Grundsätze für die staatliche Ordnung. Ihre Bedeutung wird dadurch hervorgehoben, dass sie in Art. 79 Abs. 3 GG für unabänderbar auch bei einer Verfassungsänderung erklärt werden – sog. **„Ewigkeitsgarantie“** – und dass sie auch im Zuge der europäischen Integration gewahrt werden müssen, Art. 23 Abs. 1 S. 3 GG.

13 Die Grundrechte des Grundgesetzes sind Gegenstand besonderer Darstellung – im Folgenden werden zunächst schwerpunktmäßig die verfassungsgestaltenden Grundentscheidungen des Art. 20 GG behandelt. Die Demokratie des Grundgesetzes ist parlamentarische Demokratie; in diesem Zusammenhang werden Wahlen und Abstimmungen und das Recht der politischen Parteien näher dargestellt (§ 2). Zentrale Handlungsform des demokratischen Rechtsstaats ist das Gesetz; den Voraussetzungen und dem Verfahren der Gesetzgebung ist daher unter dem Rechtsstaatsgebot des Grundgesetzes ein eigenes Kapitel gewidmet (§ 3), ebenso wie weiteren Aspekten der Rechtsstaatlichkeit (§ 4) und der bundesstaatlichen Ordnung des Grundgesetzes (§ 5) sowie des Sozialstaats (§ 6 I), dessen Probleme weniger im rechtlichen, als im politischen Feld liegen, und weiterer Staatsziele.

Art. 20 Abs. 1 GG enthält auch die Festlegung auf die Staatsform der **Republik.** Sie wirft in der Praxis keine rechtlichen Probleme auf. Sie ist primär historisch in Abgrenzung zur *monarchischen Staatsform* zu sehen[13]. Gewisse historische Inhalte des Begriffs der Republik mögen vom Grundgesetz damit jedoch aufgenommen worden sein, so etwa die Entscheidung für Freiheitlichkeit, für einen rationalen, antitotalitären Staat[14].

2. Das Grundgesetz als Verfassung im formellen und materiellen Sinn

14 Das Grundgesetz konstituiert die rechtliche Grundordnung des Gemeinwesens als einer politischen Einheit[15]; es ist **Verfassung** im **materiellen** Sinn. Es ist auch Verfassung im **formellen** Sinn, deren Inhalte in einer besonderen Verfassungsurkunde niedergelegt sind und deren Regelungen nur in einem besonderen Verfahren geändert werden können. Insbesondere sind qualifizierte Mehrheiten erforderlich. Auch muss der Text des Grundgesetzes ausdrücklich geändert werden, Art. 79 Abs. 1 S. 1 GG. Dadurch sollen Verfassungsdurchbrechungen ausgeschlossen werden. Dabei erklärt Art. 79 Abs. 3 GG bestimmte Grundprinzipien des Grundgesetzes für unveränderlich. Dies betrifft zB die Gliederung des Bundes in Länder: Auch durch Verfassungsänderung könnten die Länder nicht abgeschafft werden.

---

12 BVerfGE 7, 198, 208.

13 *Sachs*, in: Sachs, Art. 20 Rn 9.

14 Näher *Gröschner*, HStR II³, § 23 Rn 45 ff; s. auch *E. Klein*, DÖV 2009, 741 sowie das Fallbeispiel bei *Pieroth*, JuS 2010, 473, 476: Wahl eines Ministerpräsidenten auf Lebenszeit; zurückhaltend *Kloepfer* I § 8 Rn 9.

15 *Hesse*, Rn 6 ff, 16 ff.

Kennzeichen des Verfassungsrechts[16] ist also seine besondere Bestandskraft, zum andern seine Höherrangigkeit gegenüber sonstigem Recht. Die Normen des Grundgesetzes genießen Vorrang gegenüber allen anderen Rechtsnormen des Bundes und der Länder – das Verhältnis zu den Normen des Gemeinschaftsrechts allerdings ist komplexer (Rn 254 ff). Dieser Vorrang der Verfassung wird in Art. 20 Abs. 3 GG ausdrücklich im Blick auf den Gesetzgeber festgelegt: die Gesetzgebung ist an die verfassungsmäßige Ordnung gebunden; gleichermaßen gilt dies für die anderen Teilgewalten, die ja ihrerseits an „Gesetz und Recht" gebunden sind. In Art. 1 Abs. 3 GG wird diese unmittelbare Verfassungsbindung jeglicher staatlicher Gewalt für die Grundrechte eigens positiviert. Der Vorrang der Verfassung gilt umfassend: kein staatlicher Akt darf sich zu ihr in Widerspruch setzen; staatliche Akte, die im Widerspruch zum Grundgesetz stehen, sind rechtsfehlerhaft. Gesetze sind dann in der Regel nichtig (Rn 146). Darüber entscheidet das BVerfG. 15

3. „Pouvoir constituant", „pouvoir constitué" und europäische Verfassung

Das Staatsvolk der Bundesrepublik Deutschland als der Souverän ist Inhaber der **verfassungsgebenden Gewalt**, des *„pouvoir constituant"*. Dies wird in der Präambel zum Grundgesetz festgehalten und in Art. 146 GG ausdrücklich bestätigt. Das Grundgesetz selbst allerdings wurde nicht unmittelbar vom Volk – als dem Inhaber der verfassungsgebenden Gewalt – in einem Plebiszit bestätigt. Es trat vielmehr in Kraft nach dem in Art. 144 GG vorgesehenen Verfahren: Zustimmung durch eine qualifizierte Mehrheit der Landtage. Über eine Ablösung des Grundgesetzes durch eine völlig neue Verfassungsordnung könnte wohl nur das Volk entscheiden. Demgegenüber sind Änderungen des Grundgesetzes im Rahmen der bestehenden Ordnung Sache der verfassten Staatsgewalt, des *„pouvoir constitué"*. Sie können nach dem im Grundgesetz hierfür vorgesehenen Verfahren von Bundestag und Bundesrat beschlossen werden, jedoch wegen der erhöhten Bestandskraft der Verfassung nur mit besonderen, qualifizierten Mehrheiten (Rn 231 f). 16

Demgegenüber müsste das Volk als Souverän, also der *„pouvoir constituant"*, entscheiden, wenn die Bundesrepublik Deutschland ihre Existenz als souveräner Staat aufgeben und ihre Verfassung einer europäischen Verfassung unterordnen wollte. Denn dazu ermächtigt das Grundgesetz selbst noch nicht. Denn *„es ist allein die verfassungsgebende Gewalt, die berechtigt ist, den durch das Grundgesetz verfassten Staat freizugeben, nicht aber die verfasste Gewalt"*[17]. Für eine gesamteuropäische Verfassung wäre also zunächst die Entscheidung des Staatsvolks auf Bundesebene erforderlich, das Grundgesetz durch eine solche Verfassung abzulösen. Über die Geltung dieser Verfassung müsste dann ein gesamteuropäisches Volk entscheiden – das es aber noch nicht gibt. Das europäische Parlament etwa ist eine Vertretung der Völker der Union und nicht eines Unionsvolks. 17

16 Vgl *Kloepfer* I § 1 Rn 1 ff.
17 BVerfGE 123, 267, 332.

Exkurs: Deutsche Einigung, gesamtdeutsche Verfassung und Verfassungsreferendum

18 Mit dem Wirksamwerden des Beitritts der (damaligen) Deutschen Demokratischen Republik zur Bundesrepublik Deutschland am 3. Oktober 1990 ist das Grundgesetz im Beitrittsgebiet in Kraft getreten. Die Beitrittserklärung war erfolgt durch Beschluss der Volkskammer der DDR vom 23. August 1990 (Gbl DDR I, S. 1324 = BGBl II, S. 2057), in Ausübung des durch Art. 23 S. 2 GG aF eingeräumten Rechts, einseitig den Beitritt zu erklären. Die demokratische Legitimation hierfür war durch die Wahlen vom 18.3.1990 begründet worden[18]. Die Einzelfragen – insbesondere der Rechtsangleichung – wurden im Einigungsvertrag vom 31. August 1990 (EV) festgelegt. Durch (verfassungsänderndes) Gesetz vom 23. September 1990 (BGBl II, S. 885) wurde seitens der Bundesrepublik dem EV zugestimmt. Art. 146 GG, der den alternativen Weg über eine gesamtdeutsche Verfassungsgebung ermöglicht hätte, wurde in geänderter Form beibehalten und besagt nichts anderes als die an sich selbstverständliche Tatsache, dass das Grundgesetz durch eine neue Verfassung abgelöst werden könnte. Hier wäre dann aber der „pouvoir constituant" des Volkes (Rn 16) gefordert. Ebenso wie eine europäische bedürfte eine neue gesamtdeutsche Verfassung der Bestätigung im Plebiszit[19].

4. Landesverfassungen im Bundesstaat

19 Den Ländern wird im Bundesstaat des Grundgesetzes Staatsqualität zugesprochen (Rn 7, 448). Demgemäß haben sich auch die Länder Verfassungen gegeben und so die Grundlagen ihrer staatlichen Ordnung geregelt. Die **Verfassungsautonomie** der Länder ist im Bundesstaat des Grundgesetzes allerdings nicht unbeschränkt: Nach dem **Homogenitätsprinzip** des Art. 28 Abs. 1 GG muss die verfassungsmäßige Ordnung in den Ländern den verfassungsgestaltenden Grundentscheidungen des Grundgesetzes für die republikanische Staatsform, die Demokratie, den sozialen Rechtsstaat entsprechen; auch müssen in den Ländern Volksvertretungen bestehen, die nach den gleichen Grundsätzen wie der Bundestag (dazu Rn 72 ff) gewählt werden.

Schrifttum zu II.:

II.1.: Zur Bedeutung und Aufgabe der Verfassung etwa *Kloepfer* I § 1 Rn 98 ff*;* zur Entstehung des Grundgesetzes s. *Ziekow*, Einheit in Freiheit – 50 Jahre Grundgesetz für die Bundesrepublik Deutschland, JuS 1999, 417; *Maurer* § 3 Rn 16 ff; zum Grundgesetz als Verfassung s. *Zippelius/ Würtenberger* § 5; zur Entwicklung des Grundgesetzes seit 1945 s. den gleichnamigen Beitrag von *Wittreck*, in: Ad Legendum 2011, 1.

II.2.: *Degenhart*, Verfassungsfragen der deutschen Einheit, DVBl 1990, 973 ff; *Lerche*, Der Beitritt der DDR, HStR VIII², 1995, § 194; *Heckel*, Die Legitimation des Grundgesetzes durch das deutsche Volk, HStR VIII², § 197; *H.H. Klein*, Kontinuität des Grundgesetzes und seine Änderung im Zuge der Wiedervereinigung, HStR VIII², § 198.

II.4.: *Kloepfer* I § 3.

18 *Degenhart*, DVBl 1990, 973, 974.
19 Näher: *Huber*, in: Sachs, GG, Art. 146 Rn 9 ff.

III. Zur Verfassungsinterpretation

20 Die Verfassung ist Gesetz. Deshalb sind für die Verfassungsinterpretation zunächst die klassischen Methoden der Gesetzesinterpretation heranzuziehen. Es ist dies zuerst der Wortlaut der Norm: Wortlautinterpretation bzw grammatikalische Interpretation als eine der klassischen Auslegungsmethoden sind auch verfassungsrechtlich bedeutsam. Gleiches gilt für systematische und teleologische Interpretation als anerkannte Auslegungsmethoden. Der Entstehungsgeschichte wird in der Rechtsprechung des BVerfG zu Fragen der Verfassungsinterpretation regelmäßig keine ausschlaggebende Bedeutung zugesprochen, da die Auslegung vor allem den objektivierten Willen des Gesetzgebers, auch des Verfassungsgebers, ermitteln soll:

„Maßgebend für die Auslegung einer Gesetzesvorschrift ist der in dieser zum Ausdruck kommende objektivierte Wille des Gesetzgebers, so wie er sich aus dem Wortlaut der Gesetzesbestimmung und dem Sinnzusammenhang ergibt, in den diese hineingestellt ist. Nicht entscheidend ist dagegen die subjektive Vorstellung der am Gesetzgebungsverfahren beteiligten Organe […]. Der Entstehungsgeschichte einer Vorschrift kommt für deren Auslegung nur insofern Bedeutung zu, als sie die Richtigkeit einer nach den angegebenen Grundsätzen ermittelten Auslegung bestätigt oder Zweifel behebt, die auf dem angegebenen Weg allein nicht ausgeräumt werden können."[20]

21 Der Entstehungsgeschichte wird vor allem eine bestätigende Funktion für ein in Anwendung anderer Auslegungsmethoden ermitteltes Ergebnis zugewiesen[21]. Sie wird auch herangezogen, wenn der Wortlaut der Norm und ihr systematischer Zusammenhang zu keinem eindeutigen Ergebnis führen. In der tatsächlichen Auslegungspraxis des BVerfG wird die Entstehungsgeschichte mitunter auch gleichrangig neben den übrigen Kriterien herangezogen[22]. Dies gilt in besonderer Weise bei Verfassungsänderungen aus neuerer Zeit. Die Auslegung des 1994 neu gefassten Art. 72 GG im Grundsatzurteil des BVerfG zur Altenpflege[23] ist hierfür ein Beispiel. Dabei wird innerhalb der entstehungsgeschichtlichen Auslegung auch weiter differenziert nach genetischer Auslegung (die die Äußerungen der am Gesetzgebungsverfahren Beteiligten, für das Grundgesetz also der Mitglieder des Parlamentarischen Rates, heranzieht) sowie historischer Auslegung ieS, also unter Berücksichtigung der Vorläuferverfassung der WRV und ggf weiterer Verfassungstexte, etwa der Länderverfassungen aus der Entstehungszeit[24].

22 Spezifische Methoden der Verfassungsinterpretation ergänzen die klassischen Methoden und können sie ggf auch modifizieren. Verfassungsrecht hat die Bedeutung einer Rahmenordnung für die gesamte staatliche Ordnung. Die Normen des Verfassungsrechts sind deshalb oft in besonderer Weise ausfüllungs- und konkretisierungsbedürftig[25]. Besondere Bedeutung als spezifische Methode der Verfassungsauslegung hat der vor allem auf *Hesse* zurückgehende Grundsatz der **praktischen Konkordanz**[26]:

20 BVerfGE 1, 299, 312.
21 Vgl BVerfGE 90, 263, 275; 92, 365, 409 f; 95, 64, 95.
22 BVerfGE 87, 48, 66; 87, 273, 279, 281; 88, 187, 196 f; 90, 263, 275; 94, 49, 95.
23 BVerfGE 106, 62, 138.
24 Vgl zur Problematik auch *Müller/Christensen*, Juristische Methodik, 9. Aufl. 2004, S. 360 f; *Sachs*, DVBl 1984, 73 ff.
25 *Böckenförde*, NJW 1976, 2089, 2091.
26 *Hesse*, Rn 72 ff.

wo Kollisionen zwischen verfassungsrechtlich geschützten Rechtsgütern entstehen – zB zwischen dem Enquêterecht des Parlaments einerseits, Regierungsverantwortung und Persönlichkeitsrecht andererseits (Rn 645 f), bei Grundrechtskollisionen und Grundrechtsbeschränkungen – sind diese Verfassungsgüter einander so zuzuordnen, dass beide zu optimaler Wirksamkeit gelangen, es darf nicht eines einseitig auf Kosten des anderen durchgesetzt werden. Es ist dies letztlich das Prinzip der Güterabwägung. Dabei können sich auch innerhalb eines Verfassungsgrundsatzes entsprechende Spannungslagen ergeben, die einen Ausgleich erfordern: so zB innerhalb des demokratischen Prinzips zwischen dem Grundsatz der Bestandskraft der demokratisch gewählten Volksvertretung einerseits, der demokratischen Wahl andererseits im Fall unzulässiger Wahlbeeinflussung oder sonstiger Verstöße gegen Wahlrechtsgrundsätze (Rn 72 ff). Schließlich muss der Auslegung der Vorzug gegeben werden, die der Verfassungsnorm zu optimaler **Wirksamkeit** verhilft. Beim Grundsatz der **verfassungskonformen Auslegung** geht es demgegenüber um die Auslegung nicht der Verfassung selbst, sondern des einfachen Gesetzesrechts am Maßstab der Verfassung, s. Rn 802.

Schrifttum zu III.: *Stern* I, § 4 III 1; *Kloepfer* I, § 1 VI, VII.

§ 2 Staatsvolk und Staatsgewalt: die parlamentarische Demokratie des Grundgesetzes

Demokratie bedeutet Herrschaft des Volkes. Es ist der Souverän, der Träger der Staatsgewalt. Es übt diese in der Regel allerdings nicht unmittelbar aus, sondern durch seine gewählten Repräsentanten, durch das Parlament (II.). Deshalb fordert das Demokratieprinzip demokratische Wahlen. Wie deshalb das Wahlsystem auszugestalten ist, dies ist im Folgenden ebenso darzulegen (IV.), wie die Rolle der politischen Parteien hierbei (III.). Auch ist der Frage nachzugehen, wann das Volk unmittelbar zu entscheiden hat (V.), und ebenso der Frage, was das Demokratieprinzip für die europäische Integration bedeutet (VI.).

➔ **Leitentscheidungen:** BVerfGE 8, 104 (Volksbefragungen); BVerfGE 83, 37 (Ausländerwahlrecht); BVerfGE 89, 155 (Maastricht); BVerfGE 95, 335 und 408 (Wahlrecht – Überhangmandate und Grundmandatsklausel); BVerfGE 123, 267 (Vertrag von Lissabon); BVerfG NJW 2011, 2946 (Griechenlandhilfe); BVerfG, U.v. 25.7.2012 – 2 BvE 9/11, 2 BvF 3/11, 2 BvR 2670/11 – (negatives Stimmgewicht II); s. ferner bei den einzelnen Unterabschnitten.

23 **Fall 1: Zusammenfassender Ausgangsfall zur parlamentarischen Demokratie – Rettungsschirm**

Die Regierungen der Europäischen Union sind besorgt wegen der dramatischen Verschuldung einer Reihe von Staaten der Euro-Zone und deren Banken und beschließen, einen „Europäischen Stabilisierungs Fonds" (ESF) einzurichten. Dieser soll die in Zahlungsschwierigkeiten geratenen Mitgliedstaaten und maroden Banken insbesondere durch Darlehen und Finanzhilfen stützen, für die Darlehen sollen die Mitgliedstaaten anteilig bürgen. Durch völkerrechtlichen Vertrag der Staaten der Euro-Zone wird ein „Europäischer Stabilisierungs-Fonds" als rechtlich selbstständige zwischenstaatliche Einrichtung geschaffen. Er wird geleitet von einem Direktorium, das aus Vertretern der Mitgliedstaaten besteht. Dieses Direktorium soll alle Entscheidungen über Darlehen und Finanzhilfen treffen; das Direktorium bestimmt einen Geschäftsführer. Der Fonds soll mit einem Grundkapital von einer Billion Euro ausgestattet werden, zu dem die Bundesrepublik Deutschland 25% beitragen soll, zunächst im Wege einer Bareinlage von 25 Mrd. Euro. Sie verpflichtet sich unwiderruflich, auf Anforderung des Geschäftsführers ihren Anteil am Grundkapital innerhalb von sieben Tagen einzuzahlen; sind einzelne Mitglieder nicht in der Lage, ihren Anteil zu entrichten, so ergeht an die übrigen Mitgliedstaaten ein „erhöhter Kapitalabruf". Sie müssen also den Anteil der anderen Mitglieder übernehmen. Der Abgeordnete Dr. Josef Filser möchte wissen, ob der Bundestag dem Vertrag zustimmen durfte. Er möchte ferner wissen, ob er als Bürger dagegen das BVerfG anrufen kann. **Rn 29, 130**

I. Staatsgewalt in demokratischer Legitimation – parlamentarische Demokratie

1. Demokratische Legitimation der staatlichen Gewalt

Staatsform und Regierungsform der Bundesrepublik Deutschland ist die Demokratie. 24
Dies ist in Art. 20 Abs. 1 und Abs. 2 GG festgehalten. Nach Abs. 1 ist die Bundesrepublik ein demokratischer Bundesstaat. Die **Demokratie** heißt: Herrschaft des Volkes. Dies bedeutet: Das Volk ist Träger der Staatsgewalt. Eben dies besagt Art. 20 Abs. 2 S. 1 GG: *„Alle Staatsgewalt geht vom Volke aus."* Staatsgewalt bedeutet die ursprüngliche und prinzipiell unbeschränkte Herrschaftsmacht des Staates (Rn 5 f) in seinem Gebiet über die dort sich aufhaltenden Menschen. Im demokratischen Staat ist dies jedoch keine Herrschaft (der Regierenden) aus eigenem Recht, sondern eine Herrschaft, die auf das Volk zurückgeführt werden muss. Dies besagt das Prinzip der **Volkssouveränität**, wie es in Art. 20 Abs. 2 S. 1 GG zum Ausdruck kommt.

Das Volk ist Träger der Staatsgewalt, kann diese jedoch selbst nur in beschränktem 25
Ausmaß ausüben. Es kann abstimmen, es kann wählen, es kann aber nicht alle Entscheidungen selbst treffen, sondern muss durch besondere **staatliche Organe** handeln. Dies besagt Art. 20 Abs. 2 Satz 2 GG: Die Staatsgewalt wird vom Volk *„in Wahlen und Abstimmungen"*, aber auch *„durch besondere Organe der Gesetzgebung, der vollziehenden Gewalt und der Rechtsprechung"* ausgeübt. Organ der Gesetzgebung ist in erster Linie das Parlament, also der Bundestag. Organe der vollziehenden Gewalt sind die Bundesregierung und alle nachgeordneten Verwaltungsbehörden. Organe der Rechtsprechung sind die Gerichte. Da es aber das Volk ist, das durch diese besonderen Organe handelt, bedarf die Ausübung jeglicher staatlicher Macht der Legitimation durch das Volk. Sie muss in einer ununterbrochenen demokratischen Legitimationskette[1] auf das Volk zurückführbar sein. Das BVerfG spricht hier von einem

1 *Böckenförde*, HStR II³, § 24 Rn 11.

„Zurechnungszusammenhang zwischen Volk und staatlicher Herrschaft“[2]. Dies gilt für jegliche staatliche Herrschaft, also auch dann, wenn ein Teil der Staatsgewalt durch Organe der **Europäischen Union** oder andere zwischenstaatliche Einrichtungen wahrgenommen wird. Demokratische Legitimation erfordert auch hier eine „tatsächliche, durchgehende Anknüpfung an das Staatsvolk“[3].

26 Nach dem Grundgesetz ist es der **Bundestag** – also das Parlament der Bundesrepublik Deutschland –, der unmittelbar demokratisch legitimiert ist. Denn er geht aus **Wahlen** hervor, durch die das Staatsvolk als Gesamtheit der Wahlberechtigten seine Repräsentanten, also die Mitglieder des Bundestags bestimmt. Dies besagt Art. 39 Abs. 1 S. 1 GG. Nur der Bundestag wird vom Volk gewählt. Die Demokratie des Grundgesetzes ist daher eine parlamentarische Demokratie. Weitere Fälle von „Wahlen“ nach Art. 20 Abs. 2 S. 1 GG kennt das Grundgesetz für die Bundesebene nicht. Allerdings verlangt Art. 28 Abs. 1 S. 2 GG, dass es auch in den Ländern, den Gemeinden und den Kreisen, also den Gebietskörperschaften, Wahlen geben muss.

27 Nicht nur in Wahlen, sondern auch in **Abstimmungen** soll das Volk als Träger der Staatsgewalt nach Art. 20 Abs. 2 S. 2 GG seinen Willen äußern. Während durch Wahlen Personen „gewählt“ werden, wird in Abstimmungen unmittelbar über Sachfragen entschieden. Das Grundgesetz sieht Abstimmungen allerdings nur in einem Fall vor: bei einer etwaigen Neugliederung des Bundesgebiets, Art. 29 GG. Nach dem Grundgesetz übt das Volk also die Staatsgewalt nur „mittelbar“ durch „besondere Organe“ aus; wir sprechen deshalb von einer mittelbaren oder repräsentativen Demokratie.

28 Der Bundestag erhält seine demokratische Legitimation unmittelbar durch die Wahlen nach Art. 39 Abs. 1 S. 1 GG. Für die weiteren **„besonderen Organe“** des **Art. 20 Abs. 2 S. 2 GG** muss die demokratische Legitimation über den Bundestag mittelbar auf das Volk zurückgeführt werden können. So wird der Bundeskanzler nach Art. 63 GG vom Bundestag gewählt und ist diesem verantwortlich. Die übrigen Mitglieder der Bundesregierung werden demgegenüber vom Bundeskanzler bestimmt, Art. 64 GG; auch sie sind dem Bundestag verantwortlich. Staatsgewalt wird aber auch und vor allem durch Behörden ausgeübt, die der Regierung nachgeordnet sind. Sie leiten ihre Legitimation wiederum von der Regierung ab; hierdurch erhalten die weiteren Angehörigen der Exekutivgewalt **personelle** Legitimation. Da sie durch Art. 20 Abs. 3 GG an die Gesetze gebunden sind, die ihrerseits vom Parlament erlassen werden, besteht für sie auch **sachliche demokratische Legitimation**[4]. Eine vergleichbare Legitimationskette besteht für die rechtsprechende Gewalt.

29 Nach Art. 24 Abs. 1 GG kann auf zwischenstaatliche Einrichtungen und nach Art. 23 Abs. 1 GG insbesondere auf die **EU** staatliche Gewalt zur Ausübung übertragen werden. Auch diese staatliche Gewalt geht vom „Volk“ aus und muss deshalb demokratisch durch das Volk legitimiert sein – durch das Staatsvolk der Bundesrepublik, wenn diese staatliche Befugnisse überträgt – hierzu näher Rn 118 ff.

2 BVerfGE 83, 60, 71 f.
3 BVerfGE 126, 286, 319 (Sondervotum).
4 Vgl *Böckenförde*, HStR II^3, § 24 Rn 21 f: institutionelle und sachlich-inhaltliche Legitimation.

Staatsgewalt wird auch ausgeübt im **Fall 1** durch den ESF als zwischenstaatliche Einrichtung, da dieser verbindlich finanzwirksame Entscheidungen treffen, staatliche Bürgschaften begründen und finanzielle Mittel anfordern kann. Seine Entscheidungen müssen daher demokratisch legitimiert sein. Da die Entscheidungen von einem Verwaltungsrat getroffen werden, dem die Finanzminister der Staaten angehören, und diese den nationalen Parlamenten verantwortlich sind, können die Entscheidungen mittelbar auf die Völker der jeweiligen Mitgliedstaaten zurückgeführt werden. Eine andere Frage ist, ob dies ausreicht, und ob nicht auch der Bundestag eingebunden sein müsste – **Rn 130**

Staatliche Gewalt nehmen auch die **Gebietskörperschaften**, also die Gemeinden, Landkreise und (nicht in allen Bundesländern) die Bezirke wahr. Sie haben das Recht der Selbstverwaltung, also das Recht, ihre Aufgaben (bei denen es sich um spezifisch örtliche, „eigene" Angelegenheiten handelt), weisungsfrei wahrzunehmen. Auch sie müssen daher demokratisch gewählte Organe haben – dies wird in Art. 28 Abs. 1 S. 2 GG ausdrücklich festgehalten. Bei den Gemeinden sind dies die Gemeinderäte. Sie sind jedoch Teil der Exekutive. Die Bezeichnung als „Gemeindeparlament" ist deshalb ungenau[5]. Für einzelne Staatsaufgaben können darüber hinaus selbstständige Verwaltungsträger gebildet werden, die diese autonom, also nicht weisungsgebunden, in „Selbstverwaltung" wahrnehmen. Hier besteht nur eine abgeschwächte demokratische Legitimation, da die Organe derartiger Körperschaften ihre Stellung nicht unmittelbar auf das Parlament zurückführen können. Deshalb ist für ihre Gründung ein vom Parlament beschlossenes Gesetz zu fordern. Auch muss der Staat die Aufsicht über diese Körperschaften ausüben. Ob Selbstverwaltung eine Ergänzung und Verstärkung des demokratischen Prinzips darstellt, oder dessen Abschwächung, wird unterschiedlich eingeschätzt[6]. 30

Schrifttum zu I.: *Böckenförde*, Demokratie als Verfassungsprinzip, HStR II³, § 24; *Badura*, Die parlamentarische Demokratie, HStR II³, § 25; *Pieroth*, Das Demokratieprinzip des Grundgesetzes, JuS 2010, 473.

II. Parlamentarische Demokratie – Funktionen des Parlaments

Welche Vorgaben das Grundgesetz für die parlamentarische Arbeit enthält, welche Konflikte sich zwischen Regierungsmehrheit und Opposition und zwischen den einzelnen Fraktionen ergeben können und wie sie zu lösen sind, wie die Stellung des einzelnen Abgeordneten beschaffen ist und welche Rechte das Parlament – also der Bundestag – gegenüber der Regierung hat, wird im Abschnitt über die einzelnen Staatsorgane in § 7 – Der Bundestag – dargestellt. Im folgenden Abschnitt geht es um die grundsätzliche Bedeutung des Parlaments in der demokratischen Ordnung des Grundgesetzes, um seine wesentlichen Funktionen.

→ **Leitentscheidungen:** BVerfGE 49, 89 (Kalkar I); BVerfGE 68, 1 (Raketenstationierung); BVerfGE 90, 286 (Adria-Einsatz der Bundeswehr); BVerfGE 108, 282 (Kopftuch); BVerfGE 121, 135 (Türkeieinsatz der Bundeswehr); BVerfG NJW 2011, 2946 (Griechenlandhilfe); BVerfG, U.v. 19.6.2012 – 2 BvE 4/11 – (Organstreit ESM/Euro-Plus-Pakt).

5 Vgl dazu *v. Ungern-Sternberg*, Jura 2007, 256.
6 S. dazu BVerfGE 107, 59 und hierzu die Anm. von *Musil*, DÖV 2004, 116.

31 **Fall 2: Bundeswehreinsatz**

a) Operation Pegasus: In einem afrikanischen Staat kommt es im Herbst 2012 zu bürgerkriegsartigen Auseinandersetzungen zwischen Regierungstruppen und bewaffneten Aufständischen. Artilleriebeschuss und Luftangriffe durch Streitkräfte der Regierung fordern zahlreiche Opfer unter der Zivilbevölkerung. Die Bundesregierung beschließt darauf, deutsche Staatsangehörige zu evakuieren. Eine schwer bewaffnete Spezialeinheit der Bundeswehr, die ausdrücklich zum Waffengebrauch ermächtigt ist, führt den Auftrag so rasch und effektiv durch, dass es zu keiner gewaltsamen Auseinandersetzung kommt. Die oppositionelle P-Fraktion im Bundestag sieht hierdurch Rechte des Bundestags verletzt: dieser hätte zustimmen müssen; jedenfalls müsse eine nachträgliche Genehmigung eingeholt werden. Die Bundesregierung verneint dies: es habe sich um keinen Kampfeinsatz der Bundeswehr, sondern um eine humanitäre Aktion gehandelt; es sei ja auch nicht geschossen worden; zudem habe Gefahr im Verzug bestanden; schließlich sei der Einsatz erfolgreich abgeschlossen worden, so dass sich die Frage einer Parlamentsbeteiligung erledigt habe. Trifft die Auffassung der Bundesregierung zu? (Dabei soll das Parlamentsbeteiligungsgesetz vom 18.3.2005, BGBl I S. 775 außer Betracht bleiben) **Rn 38, 42**

b) Rückruf: Mit Gesetz vom 18.3.2005 (BGBl I S. 775), dem Parlamentsbeteiligungsgesetz, wurde das Verfahren der Zustimmung des Bundestags näher geregelt; danach hat die Bundesregierung den Antrag auf Genehmigung mit den in § 4 genannten näheren Angaben über Einsatzgebiet, Umfang und voraussichtlicher Dauer zu verbinden. § 8 ParlBG lautet: „Der Bundestag kann die Zustimmung zu einem Einsatz bewaffneter Streitkräfte widerrufen". Nachdem mit Zustimmung des Bundestags Anfang 2010 Bundeswehreinheiten zur Teilnahme an einer friedenssichernden Aktion in einem Krisengebiet des Mittleren Ostens entsandt wurden und sie im Sommer 2010 Ziel eines terroristischen Anschlags geworden sind, der hierauf zurückgeführt wird, fordert der Bundestag in einem Mehrheitsbeschluss die Bundesregierung unter Berufung auf § 8 ParlBG auf, die Einheiten unverzüglich zurückzurufen. Die Bundesregierung sieht ihre politische Glaubwürdigkeit gefährdet. Sie hält die Bestimmung des § 8 für verfassungswidrig, jedenfalls dürfe der Bundestag die Zustimmung nicht ohne Weiteres widerrufen. **Rn 42** (prozessual Rn 814).

32 **Fall 3: Generalklausel**

Im Gesetz über die Ordnungsbehörden des Landes A ist in § 3 die sog. ordnungsbehördliche Generalklausel enthalten, wie sie sich in dieser oder ähnlicher Form in allen Bundesländern findet; sie lautet: „Die Ordnungsbehörden können die notwendigen Anordnungen im Einzelfall treffen, um Gefahren für die öffentliche Sicherheit oder Ordnung abzuwehren." Im Land A haben sich seit einigen Jahren neuartige Vergnügungsbetriebe etabliert, deren Hauptattraktionen simulierte Tötungsspiele sind. Die Ordnungsbehörde der Stadt S erlässt gegen den Betreiber einer derartigen Anlage (Laserdrome) eine auf § 3 OBG gestützte Verfügung, in der sie den Weiterbetrieb dieser Spiele verbietet. Dieser ist der Auffassung, § 3 OBG sei keine ausreichende gesetzliche Grundlage, um ihm sein Gewerbe zu verbieten (Fall nach BVerwGE 115, 189 – s. auch **Klausurenband II Fall 10**). Deshalb sei die Anordnung rechtswidrig. **Rn 37, 43**

1. Funktionen des Parlaments – Überblick

33 Das Parlament – der Bundestag – ist die **Vertretung des Volkes**. Es ist in der demokratischen Ordnung des Grundgesetzes alleiniges unmittelbar demokratisch legitimiertes Organ des Staates. Als Volksvertretung ist das Parlament auch das primäre Forum der politischen Auseinandersetzung und Willensbildung. Im Parlament wird

demokratische Öffentlichkeit hergestellt. Es ist in der repräsentativen Demokratie das maßgebliche Forum für die Öffentlichkeit der politischen Willensbildung. Deshalb dürfen wesentliche politische Entscheidungen nicht am Parlament vorbei getroffen werden. Insbesondere die **Ausübung staatlicher Gewalt** in der Form der **Gesetzgebung** ist Sache des Parlaments, aber auch die **Kontrolle** der anderen Verfassungsorgane, insbesondere der Regierung – zB über die Einsetzung eines Untersuchungsausschusses (s. dazu im Kapitel über Organisation und Verfahrensweise des Bundestags, § 7 Rn 634 ff). Maßgeblichen Einfluss auf die Bildung der weiteren Staatsorgane übt der Bundestag über seine Kompetenz zur Kanzlerwahl aus.

Zusammenfassend können daher diese Funktionen des Parlaments, also des Bundestags, in der parlamentarischen Demokratie des Grundgesetzes als die **Hauptfunktionen** des Bundestags beschrieben werden:

- die **Gesetzgebungsfunktion**, zu der auch das **Budgetrecht** zu zählen ist;
- **Kontrollfunktionen** gegenüber der Exekutive, insbesondere der Regierung;
- mit der Bildung weiterer Verfassungsorgane seine **Kreationsfunktion**;
- seine **„Repräsentationsfunktion"** und **Öffentlichkeitsfunktion**; damit wird die Stellung des Bundestags als eigentliche Volksvertretung und als primäres Forum politischer Auseinandersetzung gekennzeichnet[7].

2. Insbesondere: Budgetrecht und Euro-„Rettung"

Das Budgetrecht des Bundestags, also sein Recht, über den Staatshaushalt, über Einnahmen und Ausgaben zu entscheiden, war und ist umstritten für die verschiedenen Rettungsaktionen aus Anlass der Schuldenkrise der Euro-Peripheriestaaten. Das **Budgetrecht**, zählt auch in der historischen Entwicklung zu den zentralen Errungenschaften des demokratischen Staates, wird deshalb auch als „Königsrecht" des Parlaments bezeichnet und ist ein wesentliches Element der parlamentarischen Demokratie des Grundgesetzes[8]. Durch die Maßnahmen zur „Euro-Rettung" wird dieses Recht des Bundestags in mehrfacher Hinsicht tangiert: Zum einen dadurch, dass zwischenstaatliche Einrichtungen wie der Europäische Stabilitätsmechanismus nach dem Vertrag vom 2. Februar 2012 zur Einrichtung des Europäischen Stabilitätsmechanismus (BT-Drs. 17/9045) in erheblichem Umfang finanzielle Dispositionen (Hilfen an notleidende Staaten und Banken) zu Lasten der Bundesrepublik treffen können, zum anderen durch die Höhe der damit verbundenen Haushaltsrisiken, die derzeit, je nach Berechnung, mit zwischen 400 Milliarden und einer Billion Euro veranschlagt werden. 34

Durch das Gesetz zur Einführung des „temporären Rettungsschirms" ESFS[9] wurde das Bundesministerium der Finanzen ermächtigt, für Kredite einer zu gründenden Zweckgesellschaft an notleidende Staaten des Euro-Währungsgebietes Gewährleistungen, also Bürgschaften mit einem Haftungsrisiko von bis zu 211 Milliarden Euro 35

7 *H.H. Klein*, HStR III³, § 50 Rn 39 ff.
8 Zum Budgetrecht des sächs. Landtags s. SächsVerfGH, U.v. 29.4.2009 – Vf. 41-I-08 – Rn 132 ff bei juris.
9 G.v. 22.5.2010, BGBl I 2010, 627.

zu übernehmen, ohne dass der Bundestag dem zustimmen musste. Die Mitwirkung beschränkte sich in der Benachrichtigung des Haushaltsausschusses. Das BVerfG legte dies in seinem Griechenland-Urteil vom 7. September 2011[10] verfassungskonform dahingehend aus, dass der Haushaltsausschuss zustimmen muss[11]. Die Einschätzung des Bundestags, das Haftungsrisiko sei noch tragbar, wurde gebilligt. Der permanente **Europäische Stabilisierungsmechanismus** (ESM) soll auf der Grundlage eines völkerrechtlichen Vertrags als zwischenstaatliche Einrichtung entstehen. Entscheidendes Organ ist ein Gouverneursrat, dem auch der Bundesfinanzminister angehört. Der ESM soll zunächst mit 700 Mrd. Euro Kapital ausgestattet werden, zu dem die Bundesrepublik einen Anteil von etwa 27 v.H. zu leisten hat. Ein Begleitgesetz sieht vor, dass der Bundestag jeder Aktivierung des Mechanismus, also jeder einzelnen, künftig einzugehenden Bürgschaftsübernahme oder sonstigen Finanzhilfe, zustimmen muss. Umstritten ist jedoch, ob die Bundesrepublik beim Ausfall, also der Zahlungsunfähigkeit anderer Mitgliedstaaten, deren Anteil übernehmen muss – dann wäre die Haushaltshoheit des Bundestags verletzt, da dann die Bundesrepublik Risiken übernehmen müsste, die sie nicht steuern kann.

Der Bundestag darf sich insbesondere auch nicht selbst entmündigen. Er darf sich durch Eingehen von Verpflichtungen – „und seien es auch nur Gewährleistungen" – seiner Gestaltungsmöglichkeiten nicht dauerhaft begeben[12]. Würden sich die Risiken des ESM verwirklichen, könnte jedoch eben dies der Fall sein.

3. Parlamentsvorbehalte

36 Es entspricht dem Demokratieprinzip des Grundgesetzes, dass das Parlament – der Bundestag – als das unmittelbar durch Wahlen demokratisch legitimierte Verfassungsorgan die für den Staat wesentlichen Fragen selbst entscheidet. In aller Regel tut es dies in der Form des Gesetzes (dazu § 3). Wenn es um Rechte des Bürgers geht, um Eingriffe in Freiheit und Eigentum, um seine Grundrechte, ist das Handeln in Gesetzesform zwingend – man spricht hier vom **Vorbehalt des Gesetzes:** die Exekutive darf nicht aus eigener Machtvollkommenheit tätig werden, sie muss hierzu durch ein formelles, also vom Parlament beschlossenes Gesetz ermächtigt sein. Der Vorbehalt des Gesetzes folgt zum einen aus den Grundrechten und dem Rechtsstaatsgebot (näher dort Rn 296 ff) – das Gesetz schafft Rechtssicherheit. Er folgt auch aus dem Demokratiegebot: das Gesetzgebungsverfahren gewährleistet parlamentarische **Öffentlichkeit** und begründet demokratische Legitimation.

37 Entscheidung durch das Parlament bedeutet nicht nur, dass – wie im **Fall 3** – die Maßnahme der Exekutive überhaupt auf ein Gesetz zurückgeht. Vielmehr muss der parlamentarische Gesetzgeber im formellen Gesetz auch selbst die wesentlichen Entscheidungen treffen, um die demokratische Legitimation herzustellen. Aus dem Vorbehalt des Gesetzes wird der Vorbehalt der parlamentarischen Entscheidungen, der **Parla-**

10 BVerfG NJW 2011, 2946 = BayVBl. 2012, 79.
11 AaO Abs-Nr 141.
12 AaO Abs-Nr 134.

mentsvorbehalt hergeleitet. Er geht also über den Vorbehalt des Gesetzes hinaus. Vor allem bei kontrovers diskutierten Entscheidungen in grundrechtsrelevanten Bereichen[13] muss das Parlament die wesentlichen Fragen selbst entscheiden.

Eben darum geht es im **Fall 3:** Das Verbot, ein Gewerbe in bestimmter Weise auszuüben, beschränkt in erheblichem Maße Grundrechte der Betroffenen: es geht in erster Linie um ihre Berufsfreiheit nach Art. 12 Abs. 1 GG.

Wenn der Bundestag auch regelmäßig seine Entscheidungen im Verfahren der Gesetzgebung trifft, muss dem Vorbehalt der parlamentarischen Entscheidung doch nicht in allen Fällen durch Erlass eines Gesetzes entsprochen werden. Auch dann, wenn an sich kein Gesetz erforderlich ist, kann das Demokratiegebot fordern, dass wesentliche Entscheidungen **nicht „am Parlament vorbei"** getroffen werden[14]. So hat das BVerfG in seiner Entscheidung vom 7. Mai 2008 zum Türkeieinsatz der AWACS-Aufklärer unter deutscher Beteiligung betont, dass die „Entscheidung über Krieg und Frieden" nach dem Grundgesetz Sache des Bundestags ist. Der Bundestag entscheidet konstitutiv über den bewaffneten auswärtigen Einsatz der Bundeswehr; um einen bewaffneten Einsatz handelte es sich bei der „Operation Pegasus", auch wenn es nicht zum Waffengebrauch kam. Es besteht ein wehrverfassungsrechtlicher Parlamentsvorbehalt für die Verwendung der Bundeswehr im Ausland, nicht demgegenüber Verwendungen im Inland, soweit diese vom Grundgesetz zugelassen sind (Rn 508)[15]. Der Bundestag erteilt seine Zustimmung zur Entsendung in Form eines sog. „schlichten" – weil nicht im Verfahren der Gesetzgebung zu treffenden – Parlamentsbeschlusses. Dieser ist aber bindend und nicht etwa nur eine unverbindliche Meinungskundgabe des Bundestages. **Parlamentsvorbehalt** kann also auch bedeuten: **Wahrnehmung parlamentarischer Verantwortung außerhalb des Gesetzgebungsverfahrens**. 38

Ein Parlamentsvorbehalt für wichtige politische Entscheidungen verkürzt die Handlungsspielräume der Regierung **(Fall 2b)**. Auch sie hat einen verfassungsrechtlichen Auftrag, ihre **politische Handlungsfähigkeit** ist deshalb auch ein Rechtsgut von Verfassungsrang. Damit ergibt sich die für staatsrechtliche Fragestellungen typische Kollision zwischen Verfassungsgütern, die in Ausgleich zu bringen sind (Rn 22): Die Verantwortung des Bundestags für wesentliche Entscheidungen einerseits, die politische Verantwortung und Handlungsfähigkeit der Regierung andererseits, gerade im Bereich der Außenpolitik. Wenn nun nach § 8 ParlBG[16] der Bundestag die Zustimmung jederzeit widerrufen kann, so könnte dies die politische Handlungsfähigkeit der Regierung nachhaltig schwächen. Gleichwohl ist die Bestimmung verfassungsmäßig. Denn der Bundestag trägt die fortlaufende Mitverantwortung für den Einsatz[17]. Deshalb hat er auch ein Rückholrecht. Es muss dabei der Einschätzung des Bundestags 39

13 Vgl zB BVerfGE 34, 165, 192 f; 41, 251, 269; 45, 400, 417; 49, 89, 126.
14 BVerfGE 68, 1, 109; 121, 135, 156.
15 BVerfGE 126, 55, 73 f, vgl *Hillgruber,* JA 2011, 76.
16 Entsendegesetz vom 18.3.2005 (BGBl I S. 775); dazu s. *Wiefelspütz,* BayVBl 2003, 609 ff; *Arndt,* DÖV 2005, 908.
17 BVerfGE 121, 135, 161; BVerfGE 124, 267, 275 f mit Anm. *Sachs,* JuS 2010, 89 und *Wiefelspütz,* DVBl 2010, 856.

überlassen sein, ob er etwa auf Grund veränderter Umstände den Einsatz für nicht mehr verantwortbar hält – doch muss jedenfalls der Bundesregierung hinreichend Spielraum für eine geordnete Beendigung belassen werden. Man könnte hier auch von einem **Kernbereich exekutiver Eigenverantwortung** der Regierung sprechen, der im parlamentarischen System des Grundgesetzes vom Bundestag zu respektieren ist.

40 Ein allgemeiner Parlamentsvorbehalt für grundlegende Entscheidungen jedweder Art besteht jedoch nicht – deshalb hat der Berliner Verfassungsgerichtshof einen Parlamentsvorbehalt für die Schließung einer staatlichen Schauspielbühne zu Recht verneint[18]. Auch die **Regierung** ist unter der demokratisch-parlamentarischen Ordnung des Grundgesetzes institutionell, funktionell und personell demokratisch legitimiert: *„Aus dem Grundsatz der parlamentarischen Demokratie darf nicht ein Vorrang des Parlaments und seiner Entscheidungen gegenüber den anderen Gewalten als ein alle konkreten Kompetenzzuordnungen überspielender Auslegungsgrundsatz hergeleitet werden."*[19] In **„wesentlichen"** Fragen, Fragen, die für das Gemeinwesen von maßgeblicher Bedeutung sind, darf jedoch nicht am Parlament vorbei entschieden werden.

41 **Methodik – das „Demokratieprinzip" in der Fallbearbeitung**

Beziehen sich staatsrechtliche Fragestellungen im Zusammenhang mit Aufgaben und Funktion des Parlaments auf konkret in der Verfassung geregelte Kompetenzen und Befugnisse, so ist zunächst auf die hierfür einschlägigen Bestimmungen zurückzugreifen. Bei ihrer Anwendung ist dann aus allgemeineren, grundsätzlicheren Erwägungen zur Funktion des Parlaments in der demokratischen Ordnung des Grundgesetzes zu argumentieren.

Fehlen ausdrückliche Regelungen (wie in den Fällen des Bundeswehreinsatzes), so muss unmittelbar auf diese allgemeinen Grundsätze zurückgegriffen werden. Auch dann sollte aber möglichst konkret argumentiert werden. Dies bedeutet, dass nicht unbesehen auf allgemeinste Prinzipien wie das *„demokratische Prinzip"* oder das der *„parlamentarischen Demokratie"* zurückgegriffen werden soll, sondern auf die hieraus abgeleiteten konkreteren Gesichtspunkte, etwa die wesentlichen Funktionen des Parlaments, die notwendige außenpolitische Handlungsfähigkeit der Regierung. Hieraus sind dann konkrete Gesichtspunkte für die Lösung abzuleiten.

So war im **Fall 1** auf das Budgetrecht des Bundestags abzustellen; bei der Frage, welche konkreten Anforderungen sich hieraus an die Ausgestaltung des Stabilisierungsfonds ergeben, war dann maßgeblich aus dem Prinzip der parlamentarischen Demokratie zu argumentieren. Im **Fall 3** war zunächst die Frage nach der gebotenen Beteiligung des Parlaments nach Maßgabe eines grundrechtlichen Gesetzesvorbehalts zu beantworten – an einem Gesetz fehlte es an sich aber nicht. Im Hinblick auf die Funktionen des Parlaments im Rahmen der politischen Staatswillensbildung war dann zu fragen, ob dieses sich erneut mit der Thematik zu befassen hatte. In **Fall 2a** und **b** musste aus dem Demokratieprinzip argumentiert werden, konkret: der Bedeutung der parlamentarischen Kontrolle über den Einsatz der Streitkräfte und der Bedeutung der außenpolitischen Handlungsfähigkeit der Regierung.

Hinweis: Zur Gesetzgebung allgemein s. § 3; zur Stellung der *Gesetzgebung* im Rahmen der grundgesetzlichen Gewaltenteilung § 4 I 1.; zum *Gesetzesvorbehalt* § 4 I 2.; zu den *Kompetenzen des Bundestags* u. § 7.

---

18 BerlVerfGH NJW 1995, 858.
19 BVerfGE 49, 89, 126.

Lösung Fall 2a: Operation Pegasus 42

1. Die Beteiligung der Bundeswehr an den Einsätzen hat dann die Rechte des Bundestags verletzt, wenn die Bundesregierung hierfür die Zustimmung des Bundestags einholen musste.

Beachte: Nur danach ist gefragt, nicht aber allgemein nach der Rechtsmäßigkeit des Bundeswehreinsatzes. Wie stets bei staatsrechtlichen Fragestellungen ist sorgfältig zu unterscheiden: Steht die Maßnahme, um die es geht, formell mit der Verfassung in Einklang, hat also zB das zuständige Organ gehandelt? Und ist die Maßnahme materiell verfassungsgemäß, durfte sie in der Sache so getroffen werden?

a) Ob für einen Einsatz der Bundeswehr die vorherige, konstitutive Zustimmung des Bundestags erforderlich ist, dies ist im Grundgesetz zwar nicht ausdrücklich festgelegt. Die Entscheidung über „Krieg und Frieden" ist jedoch von so essentieller Bedeutung für den Staat, dass sie in der parlamentarischen Demokratie des Grundgesetzes nicht am Parlament vorbei getroffen werden darf.

Dafür spricht auch die systematische Auslegung auf der Grundlage der wehrverfassungsrechtlichen Vorschriften des Grundgesetzes, wie Art. 115a GG und Art. 80a GG. In ihnen kommt ein allgemeiner Rechtsgrundsatz des Inhalts zum Ausdruck, dass der Bundestag in die maßgeblichen Entscheidungen einzubeziehen ist.

Ein bewaffneter Einsatz der Streitkräfte bedarf also der vorherigen Zustimmung des Bundestags.

b) Damit kommt es entscheidend darauf an, ob es sich um einen bewaffneten Einsatz handelte. Dies ist dann der Fall, wenn der Einsatz nach den konkreten politischen und militärischen Umständen in den Einsatz von Waffengewalt münden kann und wenn die Einbeziehung deutscher Soldaten unmittelbar zu erwarten ist. Dies war bei der Evakuierungsaktion nach den Gesamtsituation der Fall. Dass sich der Waffengebrauch dann tatsächlich nicht als erforderlich erwies, ist unerheblich. Denn es kommt auf die Einschätzung im Zeitpunkt der Entsendung an (ex-ante).

c) Die vorherige Zustimmung könnte jedoch deshalb nicht erforderlich gewesen sein, weil Gefahr im Verzug war: bei einer vorherigen Beratung und Beschlussfassung im Bundestag wäre die geplante Aktion vorzeitig bekannt und damit undurchführbar oder doch deutlich riskanter geworden. In diesem Fall ist der Bundesregierung das Recht einzuräumen, die zum Schutz der Betroffenen erforderlichen Maßnahmen zu treffen und nachträglich die Zustimmung des Bundestags einzuholen.

2. Eine nachträgliche Beschlussfassung im Bundestag ist jedoch zu fordern, um dessen Rechte zu wahren. Sie ist auch nicht gegenstandslos. Auch wenn die Angelegenheit sich erledigt, so bleibt die parlamentarische Behandlung doch bedeutsam: es geht um die Herstellung parlamentarischer Öffentlichkeit und um die Kontrollfunktion des Bundestags gegenüber der Bundesregierung[20].

Lösung Fall 2b: Rückruf

1. Das Recht des Bundestags, die Beendigung des Einsatzes zu verlangen, folgt aus § 8 ParlBG.

2. Die Bestimmung ist verfassungskonform. Denn der Einsatz der Bundeswehr steht unter umfassender parlamentarischer Verantwortung.

---

20 Vgl *Payandeh*, DVBl 2011, 1325, 1329 f.

3. Andererseits steht jedoch auch die Bundesregierung in der politischen Verantwortung. Sie hat den Einsatz zu lenken. Müsste sie jederzeit einem Rückholverlangen Folge leisten, so würde sie in ihrer politischen Handlungsfähigkeit beeinträchtigt. Deren Schutz ist bei der Anwendung des § 8 ParlBG Rechnung zu tragen. Dies kann sachgerecht in der Weise erfolgen, dass der Bundestag bei einer erheblichen Veränderung der Ausgangssituation den Rückruf verlangen kann, hierbei aber hinreichend Raum für eine geordnete Beendigung des Einsatzes lassen muss.

43 **Lösung Fall 3: Generalklausel**

Die Anordnung der Behörde könnte hier wegen Fehlens einer ausreichenden gesetzlichen Grundlage rechtswidrig sein.

1. Das Verbot, ein bestimmtes Gewerbe zu betreiben, beschränkt die Freiheit der Berufsausübung. Dies ist nur zulässig auf Grund eines Gesetzes, Art. 12 Abs. 1 S. 2 GG.

2. Dies könnte hier die Bestimmung des § 3 OBG sein, also ein formelles Gesetz; insoweit ist dem Gesetzesvorbehalt genügt.

a) Fraglich könnte sein, ob die Generalklausel ausreicht. Denn hier wird die Ausübung eines Gewerbes verboten, also eines Berufs iSd Art. 12 Abs. 1 GG. Es handelt sich um einen intensiven Grundrechtseingriff. Hier muss möglicherweise gefordert werden, dass der parlamentarische Gesetzgeber die wesentlichen Fragen selbst entscheidet und sich nicht mit einer bloßen Ermächtigung an die Exekutive begnügt und dieser iÜ die Entscheidung überlässt: Parlamentsvorbehalt für „grundrechtsrelevante" Fragen. Gegen diesen Parlamentsvorbehalt – der also über den bloßen Gesetzesvorbehalt hinausreicht – könnte es verstoßen, die allgemeine Eingriffsermächtigung des OBG als Grundlage für Beschränkungen der Berufsausübungsfreiheit heranzuziehen. Denn dann könnten die wesentlichen Fragen der Berufsfreiheit von der Exekutive nach eigenem Ermessen geregelt werden, an Stelle des parlamentarischen Gesetzgebers.

b) Andererseits könnte dann die Exekutive ihrer Aufgabe, die Allgemeinheit vor Gefahren auch bei neuartigen Formen gewerblicher Betätigung zu schützen, nicht nachkommen.

c) In diesem Fall müssen die Generalklauseln des Sicherheitsrechts solange als gesetzliche Grundlage taugen, wie eine spezialgesetzliche Regelung wegen mangelnder Erkenntnisse noch nicht möglich ist. § 3 OBG ist daher hinreichende gesetzliche Grundlage für ein Verbot (vgl **Klausurenband II Fall 10**, dort auch zur europarechtlichen Seite des Falles).

Schrifttum zu II.: *Badura*, Die parlamentarische Demokratie, in: HStR II³ § 25; *Dreier*, Das Demokratieprinzip des Grundgesetzes, Jura 1997, 249; *Wiefelspütz*, Konstitutiver Parlamentsvorbehalt und Entsendeausschuss, Jura 2004, 292; *ders.*, Das Parlamentsbeteiligungsgesetz vom 18.3.2005, NVwZ 2005, 496; *Payandeh*, Evakuierungseinsätze der Bundeswehr und Parlamentsbeteiligung, DVBl 2011, 1325; *Sauer*, JA 2004, 19 zu BVerfGE 108, 34; *Schmidt-Radefeldt*, Jura 2003, 201 (Klausurfall); s. ferner das Schrifttum zu § 7.

III. Zwischen Staat und Gesellschaft: die politischen Parteien in der parlamentarischen Demokratie des Grundgesetzes

Das Grundgesetz erkennt in Art. 21 ausdrücklich die Bedeutung der politischen Parteien für die demokratische Ordnung an, zählt sie zu deren integrierenden Bestandteilen. Entsprechend ausgeprägt ist ihre verfassungsrechtliche Stellung. Man spricht daher auch von der Demokratie des Grundgesetzes als einer parteienstaatlichen Demokratie – mitunter mit durchaus kritischem Unterton. Was politische Parteien in diesem Sinn sind, welche Rechte sie nach der Verfassung haben, wie die demokratische Gleichheit zwischen den Parteien zu sichern ist, ist ebenso Gegenstand des folgenden Abschnitts, wie die stets erneut aktuelle Problematik der Parteienfinanzierung. Sie lässt auch die Gefahren ungehinderten Parteienzugriffs auf den Staat erkennbar werden.

→ **Leitentscheidungen:** BVerfGE 5, 85 (Parteiverbot); BVerfGE 85, 264 (Parteienfinanzierung); BVerfGE 91, 262 (Parteibegriff); BVerfGE 107, 339 (NPD-Verbotsverfahren, Einstellung); BVerfGE 111, 382 (Drei-Länder-Quorum bei der Parteienfinanzierung); BVerfGE 111, 54 (Rechnungslegung); BVerfGE 121, 30 (Hess. Privatrundfunkgesetz).

Ausgangsfälle:

Fall 4a: Fernsehrat 44

Der Fernsehrat des Zweiten Deutschen Fernsehens besteht aus 77 Mitgliedern und setzt sich wie folgt zusammen: 16 von der jeweiligen Landesregierung entsandte Vertreter der einzelnen Länder und 3 von der Bundesregierung entsandte Vertreter des Bundes, 12 Vertreter der politischen Parteien, die von diesen entsprechend ihrem Stärkeverhältnis im Bundestag entsandt werden, 3 Vertreter der kommunalen Spitzenorganisationen, also der Gebietskörperschaften; die restlichen 43 Mitglieder werden von gesellschaftlichen Organisationen entsandt (zB Religionsgemeinschaften, Wirtschaftsverbände und Arbeitnehmerorganisationen, Wissenschaft uam). In einem Normenkontrollantrag zum Bundesverfassungsgericht wird geltend gemacht, der Fernsehrat sei in verfassungswidriger Weise staatlich dominiert. **Rn 63**

Fall 4b: Hessisches Privatrundfunkgesetz

Die SPD ist traditionell an verschiedenen Presseverlagen beteiligt. Einige dieser Verlage halten wiederum Anteile an privaten Rundfunkunternehmen. Eine Novelle zum Hessischen Privatrundfunkgesetz untersagt jegliche unmittelbare, mittelbare oder treuhänderische Beteiligung von Parteien an Rundfunkveranstaltern. Aktuell gehaltene Beteiligungen müssen veräußert werden, andernfalls verlieren die Rundfunkunternehmen ihre Lizenz. Der Gesetzgeber will damit jeglichen staatlichen Einfluss auf den Rundfunk ausschließen: wenn der Staat selbst nicht Rundfunk betreiben dürfe, müsse dies auch für die Parteien gelten. **Rn 47, 64, 197**

Fall 5: Front national allemand 45

a) Die dem rechtsradikalen Spektrum zugeordnete Partei „Freie Nationale Alternative" (FNA) will in der **Stadthalle** der Stadt S. im Vorfeld des Bundestagswahlkampfs eine Wahlveranstaltung abhalten. Die Stadt S. stellte ihre Stadthalle bisher stets für derartige Veranstaltungen zur Verfügung, weigert sich aber nunmehr, sie der FNA zu überlassen, bei der es sich um eine rechtsradikale, verfassungsfeindliche Partei handle. Zu Recht?

b) Die FNA hat zudem für den 1. Mai 2012 seit Längerem eine Kundgebung auf dem Hauptplatz der Stadt S. angemeldet, die unter dem Motto stehen sollte: „Gegen Sozialdumping und Massenarbeitslosigkeit". Die Stadt S. als zuständige Behörde verbot die Kundgebung nach § 15 Abs. 1 VersG. Eine Demonstration einer neonazistischen Partei zum 1. Mai rufe zwangsläufig Assoziationen an die Pervertierung und Instrumentalisierung des Feiertags der Arbeiterbewegung durch das NS-Regime hervor; dies verstoße gegen die öffentliche Ordnung. Die grundgesetzliche Ordnung beruhe auf einer Absage an den Nationalsozialismus. War das Verbot rechtmäßig? Wie wäre der Fall zu beurteilen, wenn auf der Veranstaltung der Historiker Irrgang sprechen soll, der bei allen seinen Auftritten ständig und beharrlich die NS-Vernichtungslager als „Erfindung der zionistischen Monopolpresse" zu bezeichnen pflegt?

c) Aufgeschreckt durch diese Meldungen, kündigt die örtliche Filiale der zur Hälfte in staatlichem Besitz befindlichen „Bad Bank" der FNA das **Girokonto**. Durfte sie dies? **Rn 65**

1. Politische Parteien zwischen Staat und Gesellschaft – Funktion und Begriff

46 Träger der Staatsgewalt ist in der parlamentarischen Demokratie des Grundgesetzes das Volk. Besondere Organe handeln für das Volk – insbesondere Parlament und Regierung. Diese bilden den Staatswillen und betätigen ihn. Sie handeln für das Volk und in Vertretung des Volkes. Daher muss die „Rückkoppelung" an den Willen des Volkes als des eigentlichen Trägers der Staatsgewalt gewährleistet sein. Hierbei spielen die politischen Parteien eine entscheidende Rolle[21]. In ihnen sollen sich die Bürger zu politisch aktionsfähigen Handlungseinheiten zusammenfinden, um auf das politische Geschehen Einfluss zu nehmen. Wesentliche **Funktion der Parteien**[22] ist es nun, die Willensbildung des Volkes und der staatlichen Organe zu verbinden. Dies wird in Art. 21 Abs. 1 GG ausdrücklich anerkannt: *„Die Parteien wirken bei der politischen Willensbildung des Volkes mit"*. Das BVerfG hat in stRspr die Parteien in den Rang einer **verfassungsrechtlichen Institution** erhoben[23]. Sie bilden sich im gesellschaftlichen Bereich, wirken aber von hier aus in den staatlichen Bereich ein[24]. Sie sind nicht Teil des Staates. Ihre Stellung ist im Schnittpunkt von **Staat und Gesellschaft**. Sie verknüpfen diese Bereiche: sie wirken an der Bildung des politischen Willens im Staatsvolk mit, um ihn in die staatliche Willensbildung einzubringen und so das staatliche Handeln zu beeinflussen.

47 Sie sind nicht selbst Teil des Staates, sind keine staatliche Einrichtung. Andererseits befinden sie sich in einer besonderen **Nähe zum Staat**. Dies unterscheidet sie von anderen rein gesellschaftlichen Organisationen. Deshalb enthält das Grundgesetz ausdrückliche Vorgaben für ihre innere Organisation – während sonst private Vereine oder Verbände hier weitgehend frei sind –: diese muss demokratischen Grundsätzen entsprechen, und es besteht auch öffentliche Rechenschaftspflicht für die Herkunft der finanziellen Mittel.

21 Vgl zuletzt grundlegend BVerfGE 121, 30.
22 Vgl BVerfGE 85, 264, 283 ff.
23 Beginnend mit BVerfGE 1, 208, 225; s. zB BVerfGE 20, 56, 101; 69, 92, 110.
24 BVerfGE 20, 56, 101; 73, 40, 85.

Die besondere Nähe der Parteien zum Staat spielte im Streit um das Hessische Privatrundfunkgesetz **(Fall 4b)** eine entscheidende Rolle. Dazu ist vorauszuschicken, dass nach gesicherter Rechtsprechung der Staat nicht als Rundfunkveranstalter auftreten darf; der Rundfunk muss frei sein vom Staat. Dies ist, so das BVerfG in seinem Urteil vom 12.3.2008, auch im Verhältnis zu den Parteien zu beachten. Auch wenn sie nicht dem Staat zuzuordnen sind, besteht eine gewisse Staatsnähe, der in der Rundfunkgesetzgebung Rechnung zu tragen ist. Parteien dürfen deshalb keinen bestimmenden Einfluss auf Rundfunkveranstalter gewinnen. Ein totales Verbot ist jedoch, so das BVerfG, unverhältnismäßig[25]. Über ihre Medienbeteiligungen wirken sie an der politischen Willensbildung mit; so können sie sich auch auf die Grundrechte der Meinungsfreiheit und der Rundfunkfreiheit berufen. Für die Frage, ob der Fernsehrat des ZDF als das in Programmfragen maßgebliche Gremium zu sehr staatlich beeinflusst ist, kommt es demgemäß auch darauf an, ob die in § 21 Abs. 1 lit. c ZDF-StV genannten 12 Vertreter der Parteien den „Staat" repräsentieren, **Fall 4a**.

Der **verfassungsrechtliche Begriff** der politischen Partei ergibt sich aus ihrer Funktion. Das Staatsvolk äußert seinen politischen Willen in Wahlen. Für die Parteien bedeutet dies: sie müssen an **Wahlen** mitwirken; dies müssen sie anstreben, und zwar **ernsthaft**[26]. Die Ernsthaftigkeit muss sich objektiv aus den tatsächlichen Verhältnissen der Partei ergeben. Sie muss sich, sobald sie über das Gründungsstadium hinausgelangt ist, hinreichend konsolidieren. Deshalb ist ua ein hinreichender **Mitgliederbestand** notwendig; eine Partei kann nicht auf Dauer nur aus den Gründern und einigen Funktionären bestehen[27]. Ebenso ist eine gewisse Festigkeit in der **Organisation** Voraussetzung. Deshalb sind politische Zirkel mit unbedeutendem Mitgliederbestand ebenso wenig Parteien wie bloße ad-hoc-Gruppierungen, Wählerinitiativen uÄ, die aus einem konkreten Anlass für oder gegen ein bestimmtes Vorhaben eintreten, etwa eine Initiative gegen die Rechtschreibreform[28]. Auch organisatorische Selbstständigkeit ist zu fordern – Parteien dürfen nicht verlängerter Arm einer anderen Organisation sein; dies betrifft auch sog. „Tarnlisten"[29]. Auf die **inhaltliche** Bewertung der Ziele der Partei kommt es nicht an. Die Parteien, die *verfassungswidrige Ziele* verfolgen, sind, wie aus dem Wortlaut des Art. 21 Abs. 2 GG hervorgeht, doch Parteien, wenngleich sie ggf vom BVerfG zu verbieten sind (Rn 54 ff). **48**

Keine Parteien sind Vereinigungen, die sich nur an Kommunalwahlen beteiligen („Rathausparteien") – obschon auch auf kommunaler Ebene politische Willensbildung stattfindet. Jedenfalls ist ihnen bei Kommunalwahlen Chancengleichheit zu sichern[30].

Verfassungsrechtlich ergibt sich also diese **Definition:** **49**

Parteien iSd Art. 21 GG sind Personenvereinigungen, deren Zweck es ist, im Sinn bestimmter politischer Ziele an der Vertretung des Volkes in den Parlamenten von Bund oder Ländern mitzuwirken.

Detaillierter noch formuliert dies § 2 Abs. 1 PartG: *„Vereinigungen von Bürgern, die dauernd oder für längere Zeit für den Bereich des Bundes oder eines Landes auf die*

25 BVerfGE 121, 30, 64.
26 Instruktiv: BerlVerfGH JR 2001, 495.
27 BVerfGE 91, 262, 274 f.
28 BerlVerfGH NVwZ-RR 2001, 5.
29 Dazu s. BVerfGE 74, 44, 49.
30 BVerfGE 69, 92, 107.

politische Willensbildung Einfluß nehmen und an der Vertretung des Volkes ... mitwirken wollen, wenn sie nach dem Gesamtbild der tatsächlichen Verhältnisse, insbesondere nach Umfang und Festigkeit ihrer Organisation, nach der Zahl ihrer Mitglieder und nach ihrem Hervortreten in der Öffentlichkeit eine ausreichende Gewähr für die Ernsthaftigkeit dieser Zielsetzung bieten".

Das BVerfG übernimmt diese Definition[31] iW.

2. Freiheit und Gleichheit – verfassungsmäßige Rechte der Parteien

50 Die verfassungsmäßigen Rechte der Parteien können in aller Kürze mit den Begriffen der Freiheit und der Gleichheit umschrieben werden[32]. **Freiheit** der Parteien, Art. 21 Abs. 1 S. 2 GG bedeutet: ihre Gründung und ihre Betätigung ist frei. Freiheit bedeutet vor allem Staatsfreiheit – dies schließt **staatliche Eingriffe** in die politische Betätigung der Parteien aus. Deshalb ist es verfassungswidrig, wenn für Verfassungsschutzbehörden V-Leute in einer Partei tätig sind – was im NPD-Verbotsverfahren zu einem Verfahrenshindernis führte (Rn 438). Parteien sind gemäß Art. 19 Abs. 3 GG grundrechtsfähig – sie sind eben nicht „Staat" – und können sich daher auf alle für ihre Tätigkeit thematisch einschlägigen **Grundrechte** berufen. Wird in ihr Eigentum eingegriffen, ist dies Art. 14 GG; im Fall ihrer mittelbaren Rundfunkbeteiligungen war dies Art. 5 Abs. 1 S. 2 GG[33].

51 Das Recht auf freie Betätigung kann auch **anspruchsbegründend** wirken: wenn Parteien während des Wahlkampfs Informationsstände oder Plakatständer aufstellen wollen, benötigen sie dafür an sich nach Straßenrecht eine sog. „Sondernutzungserlaubnis", also die Erlaubnis, den öffentlichen Straßenraum für besondere Zwecke und nicht nur für Verkehrszwecke zu benutzen[34]. Die Behörde hat hier an sich Ermessen. Art. 21 Abs. 1 GG bewirkt jedoch, dass sich dieses Ermessen „auf Null reduziert", dh die Behörde ist ausnahmsweise verpflichtet, die Erlaubnis zu erteilen.

52 Vor allem der Grundsatz der **Gleichheit** der Parteien ist häufiger Anlass für rechtliche Konflikte: Parteien fühlen sich durch das Wahlrecht benachteiligt, sie sehen sich dadurch diskriminiert, dass anderen Parteien mehr Sendezeit für Wahlwerbung im Fernsehen eingeräumt wird. Gleichheit bedeutet vor allem **Chancengleichheit**. Sie ist als verfassungsmäßiges Recht der Parteien durch Art. 21 Abs. 1 GG iVm Art. 3 Abs. 1 GG gewährleistet[35]. Für das Wahlrecht ist auf die speziellere Gewährleistung der (passiven) Wahlrechtsgleichheit in Art. 38 Abs. 1 S. 1 GG iVm Art. 21 Abs. 1 iVm Art. 3 Abs. 1 GG zurückzugreifen[36]. Wie stets bedeutet Gleichheit nicht schematische Gleichbehandlung, sondern erlaubt Differenzierungen aus sachlichen Gründen. Deshalb darf zB bei der Wahlkampfkostenerstattung (Rn 58) nach dem Wahlerfolg der

31 BVerfGE 91, 262, 266.
32 BVerfGE 111, 382.
33 BVerfGE 121, 30, 65 ff.
34 BVerwGE 56, 56; 56, 63.
35 S. auch dazu die Wahlrechtsentscheidung BVerfGE 95, 335, 354.
36 Vgl zB BVerfGE 44, 125, 138.

Partei, bei Sendezeiten und Verkehrsraum für Wahlwerbung nach ihrer Bedeutung differenziert werden. Für die Benutzung öffentlicher Einrichtungen gewährt § 5 PartG ausdrücklich einen Anspruch auf Gleichbehandlung bei der Zulassung zu ihrer Benutzung und erlaubt auch hierbei eine Differenzierung nach der Bedeutung der Parteien, Abs. 1 S. 2. Dies darf allerdings nicht dazu führen, dass kleinere Parteien nur in so geringem Umfang berücksichtigt werden, dass sie zB bei der Vergabe von Stellplätzen für Wahlplakate optisch „untergehen"[37]. Für die Ausgestaltung des Wahlrechts ist der Grundsatz der Gleichbehandlung in einem strengeren, formalen Sinn zu verstehen. Abweichungen – wie zB durch die Fünfprozentklausel – müssen durch zwingende Gründe gerechtfertigt sein.

Für **Wahlwerbesendungen** im Rundfunk[38] gilt: Art. 21 Abs. 1 GG verleiht den Parteien keinen unmittelbaren Anspruch hierauf; wenn aber Sendezeiten eingeräumt werden, haben die *öffentlich-rechtlichen* Rundfunkanstalten – die insoweit als „Träger öffentlicher Verwaltung" behandelt werden – den Grundsatz der Chancengleichheit nach näherer Maßgabe des § 5 PartG zu beachten. Anders bei redaktionell gestalteten Sendungen („Fernsehduell" der Spitzenkandidaten): hier sind die Anstalten zwar ebenfalls zur Gleichbehandlung verpflichtet, dies folgt aus Art. 21 Abs. 1 GG iVm Art. 3 Abs. 1 GG. Sie können sich andererseits aber auf ihre Programmfreiheit aus Art. 5 Abs. 1 S. 2 GG (Rundfunkfreiheit) berufen. Chancengleichheit der Parteien und Rundfunkfreiheit sind in Abwägung zu bringen[39]. Bei *privatem* Rundfunk müsste dann eine Drittwirkung des Gleichheitssatzes erwogen werden – dazu **Klausurenband II Fall 1**. **53**

3. Verfassungsfeindliche Parteien, Parteienprivileg und Parteiverbot

Parteien, die eine Beseitigung der freiheitlich-demokratischen Grundordnung oder eine Beeinträchtigung des Bestands der Bundesrepublik zum Ziel haben und dies auch tatsächlich anstreben, *„sind verfassungswidrig"*, Art. 21 Abs. 2 S. 1 GG. Hierüber entscheidet nach Satz 2 das BVerfG im Parteiverbotsverfahren[40]. Es wird nur auf Antrag tätig. Die Antragstellung liegt im Ermessen der antragsberechtigten Stellen (Bundestag, Bundesregierung und Bundesrat, Landesregierungen für Parteien, deren Organisation sich auf das Gebiet ihres Landes beschränkt, § 43 BVerfGG). Für den Begriff der **freiheitlich-demokratischen Grundordnung** sind entscheidend[41]: **54**

- mit der „Achtung vor den im Grundgesetz konkretisierten Menschenrechten, insbesondere dem Recht der Persönlichkeit auf Leben und freie Entfaltung": die Anerkennung der **Menschenrechte**;
- mit „Volkssouveränität, Gewaltenteilung, Verantwortlichkeit der Regierung, Gesetzmäßigkeit der Verwaltung, Unabhängigkeit der Gerichte": grundlegende Prinzipien der **Staatsorganisation**;
- mit „Mehrparteiensystem, Chancengleichheit politischer Parteien und Recht auf Opposition": Grundprinzipien der **politischen Willensbildung**.

37 Vgl BVerwGE 47, 293.
38 S. BVerwGE 87, 270.
39 Vgl BVerfG NJW 2002, 2939.
40 *Sichert,* DÖV 2001, 671, 675 ff.
41 BVerfGE 2, 1, 12 f; 5, 85, 140.

55 Verfassungswidrige Ziele verfolgen demnach Parteien, die die Freiheit des Einzelnen gegenüber den Interessen der „Volksgemeinschaft“ negieren[42], die Demokratie, Rechtsstaat und Menschenrechte bekämpfen, die rassistische Ziele verfolgen. Dabei sind alle Erkenntnisquellen auszuschöpfen (Äußerungen maßgeblicher Vertreter, parteinahe Publikationen ua). **Bestand der Bundesrepublik** bedeutet insbesondere deren staatsrechtliche Existenz, völkerrechtliche Unabhängigkeit und territoriale Integrität. Die Ziele der Europäischen Union sind in Art. 21 GG nicht genannt, doch sind die **Fundamentalprinzipien des Art. 2 EUV** mit denen der freiheitlich-demokratischen Grundordnung iSd Rspr des BVerfG deckungsgleich[43].

56 Die Regelung des Art. 21 Abs. 2 GG ist abschließend. Das **Entscheidungsmonopol** liegt beim **BVerfG**. Solange es eine Partei nicht verboten hat, darf diese sich frei betätigen und darf nicht als verfassungswidrig in ihrer Betätigung eingeschränkt werden, es gilt ein Parteienprivileg. Weder darf ihr der Zugang zu öffentlichen Einrichtungen verweigert werden mit der Begründung, sie sei verfassungswidrig, noch darf aus diesem Grund gegen eine Parteiveranstaltung eingeschritten, zB eine Versammlung verboten werden. Deshalb mussten Versuche der Ordnungsbehörden, Aufmärsche uÄ von Parteien wie der NPD wegen ihrer Nähe zur NS-Ideologie zu verbieten, wiederholt scheitern. Die Behörden hatten sich in diesen Fällen auf § 15 Abs. 1 VersG[44] berufen, wonach eine Versammlung verboten werden kann, wenn sie die öffentliche Ordnung gefährdet. Das OVG Münster[45] war dem wegen der bewussten Absage des Grundgesetzes an den NS-Staat und die NS-Ideologie beigetreten und hatte einen ordnungswidrigen Zustand bejaht. Demgegenüber betont das BVerfG, dass Parteien, soweit sie mit allgemein erlaubten Mitteln arbeiten, von jeder Behinderung frei bleiben müssen. Eine Parteiveranstaltung zu verbieten, weil dort verfassungswidrige Inhalte vertreten werden, würde bedeuten, die Partei selbst als verfassungswidrig zu behandeln, ohne dass ein Verbot ausgesprochen wäre[46]. Anders, wenn eine Parteiveranstaltung sich außerhalb der Rechtsordnung bewegt, zB durch Verbreiten der „Auschwitz-Lüge“, § 130 Abs. 3 StGB; näher **Klausurenband II Fall 15**. – Eine Partei durch den **Verfassungsschutz** zu beobachten, falls Anhaltspunkte für verfassungsfeindliche Bestrebungen gegeben sind, hindert Art. 21 Abs. 2 S. 2 GG jedoch nicht[47]. Denn dies dient der Vorbereitung der Entscheidung, ob ein Verbotsverfahren eingeleitet werden soll.

4. Zwischen Freiheit und Chancengleichheit: Parteienfinanzierung und Verfassungsrecht

57 Auch für die – seit jeher umstrittene und zur Gesetzesumgehung verleitende – Parteienfinanzierung gelten die verfassungsrechtlichen Grundsätze der Freiheit und der

42 Vgl BVerwGE 83, 158.
43 *Hatje*, DVBl 2005, 261 ff.
44 Das Versammlungsgesetz des Bundes gilt in den Ländern fort, solange diese keine eigenen Versammlungsgesetze erlassen haben, Art. 125a Abs. 1 GG
45 NJW 2001, 2114.
46 NJW 2001, 2069; 2075; 2076.
47 BVerwGE 137, 275.

Gleichheit. **Freiheit** der Parteien bedeutet hier konkret: die Parteienfinanzierung darf die Parteien nicht in Abhängigkeit vom Staat, aber auch nicht in Abhängigkeit von Großspendern bringen. **Gleichheit** bedeutet: die Parteienfinanzierung darf die Chancen der Parteien im Wettbewerb nicht verzerren. Die Chancen kleiner Parteien müssen gewahrt bleiben[48]. Schließlich muss die aus Art. 38 Abs. 1 S. 1 GG folgende **staatsbürgerliche Gleichheit** gewahrt sein, es dürfen nicht Einzelnen besondere Einflussmöglichkeiten eröffnet werden, zB durch steuerliche Begünstigung von Großspenden. Um sachwidrige Einflussmöglichkeiten des Staates auf die Parteien über ihre Finanzierung möglichst auszuschließen, muss die Parteienfinanzierung zwingend **durch Gesetz** geregelt werden.

Im Einzelnen gilt: **58**

– Unmittelbare **staatliche Leistungen** an die Parteien sind zulässig[49]. Dies wird aus der Wahrnehmung verfassungsrechtlicher Funktionen durch die Parteien auch außerhalb des Wahlkampfs begründet: Artikulation des Bürgerwillens, den sie in die organisierte Staatswillensbildung einbringen. Es darf sich hierbei jedoch nur um eine **Teilfinanzierung** handeln, die Eigenfinanzierung muss Vorrang haben: *„Gewönne der Bürger den Eindruck, die Parteien ‚bedienten' sich aus der Staatskasse, so führte dies notwendig zu einer Verminderung ihres Ansehens und würde letztlich ihre Fähigkeit beeinträchtigen, (ihre) … Aufgaben zu erfüllen.“*[50]

– Die staatlichen Leistungen müssen sich am **Erfolg der Parteien** beim Wähler orientieren, um ihren Erfolg im politischen Wettbewerb nicht zu verfälschen; eine erfolgsunabhängige Basisfinanzierung ist verfassungswidrig[51]. Deshalb gibt es jährliche Zuwendungen für jede bei Wahlen erzielte Stimme sowie staatliche Zuschläge auf Mittel, die durch Spenden oder Mitgliedsbeiträge eingeworben werden. Ein **Quorum** für die Gewährung staatlicher Leistungen – für Bundestagswahlen 0,5 % der gültigen Stimmen – ist zulässig, um Missbräuche auszuschließen. *Einzelheiten*: **§ 18 PartG**.

– Ob eine *Verpflichtung zu staatlicher Finanzierung* besteht, hat das BVerfG offengelassen. Der Grundsatz der Freiheit und Eigenverantwortung dürfte eher dagegen sprechen, aus der Zuweisung besonderer Aufgaben folgt noch nicht notwendig eine Finanzierungsgarantie.

– Für die Behandlung von **Parteispenden** gilt: Sie muss die staatsbürgerliche Gleichheit wahren. Deshalb dürfen Spenden nur in einer Größenordnung steuerlich begünstigt werden, wie sie von durchschnittlichen Einkommensbeziehern erreichbar ist[52]. Die aktuelle Grenze von € 6600 (bei Zusammenveranlagung) ist dann aber bedenklich. Spenden juristischer Personen, die ja keinen staatsbürgerlichen Willen haben, dürfen nicht begünstigt werden (zumal sonst die hinter ihnen stehenden natürlichen **59**

48 BVerfGE 111, 382, 398 ff.
49 Vgl BVerfGE 85, 264, 283 ff; anders noch BVerfGE 20, 56, 102; 52, 63, 85; 73, 40, 86: nur Erstattung der Wahlkampfkosten.
50 BVerfGE 85, 264, 290.
51 BVerfG aaO; BVerfGE 111, 382, 398.
52 BVerfGE 85, 264, 315 ff.

Personen ihre Einflussmöglichkeiten vervielfachen könnten). Hinsichtlich der Herkunft der Mittel besteht schon wegen Art. 21 Abs. 1 S. 4 GG eine **Rechenschaftspflicht**. Bei Verstößen sind Sanktionen vorgesehen[53]. Das BVerfG fordert auch eine materielle Richtigkeit des Rechenschaftsberichts im Hinblick auf den Normzweck, die Transparenz der politischen Willensbildung zu sichern.

5. Demokratische Binnenstruktur

60 Weil die Parteien an der Staatswillensbildung mitwirken, muss ihre innere Ordnung demokratischen Grundsätzen entsprechen, Art. 21 Abs. 1 S. 3 GG, es gilt ein Gebot **demokratischer Binnenstruktur.** Freiheit der politischen Auseinandersetzung muss innerhalb der Partei gewährleistet sein. Andererseits darf die Partei erwarten, dass sich ein Parteimitglied in der Öffentlichkeit loyal zu den Zielen der Partei zeigt und sich nicht parteischädigend verhält. Sie hat deshalb auch das Recht, Mitglieder auszuschließen. Der Parteiausschluss, der ja auch als „Disziplinierungsmittel" gegen innerparteiliche Opposition eingesetzt werden kann, muss jedoch bestimmten rechtlichen Erfordernissen genügen. Es besteht Rechtsschutz, zunächst durch ein Parteischiedsgericht. Dessen Spruch kann von staatlichen Gerichten (nur) daraufhin überprüft werden, ob er willkürlich ist. Dabei sind auch Grundrechte der Mitglieder zu berücksichtigen und die im Wege der „praktischen Konkordanz", also des wechselseitigen schonenden Ausgleichs, mit der Freiheit der Partei in Ausgleich zu bringen. Demgegenüber steht die **Aufnahme von Mitgliedern** grundsätzlich im Ermessen der Partei[54]. Es wäre in der Tat mit der Freiheit zu politischer Betätigung schwer vereinbar, der Partei gegen ihren Willen Mitglieder aufzuzwingen.

Zu Recht erfolgte der Ausschluss eines Parteimitglieds wegen seiner Zugehörigkeit zu Scientology[55]. Zwar war hier das Grundrecht der Religionsausübung auf Seiten des Mitglieds zu berücksichtigen, Art. 4 GG. Andererseits hatte die Partei ein berechtigtes Interesse daran, keine Angehörigen einer Organisation mit so umstrittenen Zielen wie Scientology in ihren Reihen zu haben. Der Ausschluss erfolgte zu Recht.

6. Politische Parteien im Verfassungsprozess

61 Die Doppelstellung der Parteien als Verfassungsorgane und private Vereinigungen hat prozessuale Konsequenzen.

– Streitigkeiten **innerhalb** einer Partei sind als Streitigkeiten innerhalb einer privaten Vereinigung im **Zivilrechtsweg** zu entscheiden – so im Fall eines Parteiausschlusses, gegen den der Rechtsweg eröffnet ist. Wenn die Behörde gegenüber der Partei ein Versammlungsverbot ausspricht, wie im **Fall 5b**, wenn sie ihr wie im **Fall 5a** *„Stadthallenfall"* die Benutzung einer öffentlichen Einrichtung verweigert oder wenn der Gesetzgeber den Parteien verbietet, Rundfunk zu veranstalten, befindet sich die Partei

53 Vgl BVerfGE 111, 54, 83 ff.

54 Näher *Kunig*, in: v. Münch/Kunig II, Art. 21 Rn 58, mit Argumenten für einen Anspruch auf Aufnahme, der jedoch durch BGHZ 101, 198 verneint wird.

55 BVerfG DVBl 2002, 968 = NJW 2002, 2227.

also in der gleichen Situation wie ein Bürger, der von derartigen Verboten betroffen ist, so hat sie die gleichen Rechtsbehelfe wie auch sonst ein Bürger gegen den Staat. Sie kann vor den Verwaltungsgerichten klagen und nach Erschöpfung des Verwaltungsrechtswegs **Verfassungsbeschwerde** erheben. Als gesellschaftliche Organisationen sind die Parteien grundrechtsfähig. Sie können sich bei Versammlungsverboten auf Art. 8 GG, gegenüber dem Privatrundfunkgesetz auf das Grundrecht der Rundfunkfreiheit nach Art. 5 Abs. 1 S. 2 GG und stets auch auf ihr Recht auf Gleichheit aus Art. 3 Abs. 1 GG iVm Art. 21 GG berufen. Dies gilt auch bei Streit über die Zuteilung von Plakatstellflächen durch eine Gemeinde (die ja kein Verfassungsorgan ist) oder über Sendezeiten im (öffentlich-rechtlichen) Rundfunk[56].

– Soweit die Parteien als Institutionen des Verfassungslebens betroffen sind, sind sie **62**
antragsberechtigt im Organstreitverfahren nach Art. 93 Abs. 1 Nr 1 GG, §§ 63 ff BVerfGG – sie sind „andere Beteiligte" iSd Art. 93 Abs. 1 Nr 1 GG[57]. Die Verfassungsbeschwerde ist dann ausgeschlossen. Dies betrifft zB die Ausgestaltung des Wahlrechts: Antragsgegenstand eines Organstreitverfahrens ist dann der Erlass des Gesetzes, Antragsgegner sind Bundestag und Bundesrat[58]. Auch eine die Chancengleichheit verletzende Öffentlichkeitsarbeit der Bundesregierung ist auf diesem Wege geltend zu machen[59] **(Fall 76)**. Machen die Parteien Grundrechte geltend, die ihnen unabhängig von ihrer Stellung als Partei zustehen, so sind sie wie jeder Bürger auf die Verfassungsbeschwerde verwiesen. Dies nahm das BVerfG[60] auch für Sanktionen an, die der Bundestagspräsident wegen Verletzungen der Rechenschaftspflichten der Parteien verhängt hatte: Er wurde hier als Verwaltungsbehörde tätig.

Lösung Fall 4a: Fernsehrat **63**

Die Zusammensetzung des Fernsehrats könnte gegen das Gebot der Staatsfreiheit des Rundfunks aus Art. 5 Abs. 1 S. 2 GG verstoßen.

1. Staatsfreiheit bedeutet: der Staat darf keinen bestimmenden Einfluss auf die Rundfunkanstalt und ihre Programmgestaltung erlangen.

2. Hieraus folgt: die Organe der Anstalt, die für das Programm verantwortlich sind, dürfen ihrerseits nicht staatlich beherrscht oder maßgeblich beeinflusst sein. Der Fernsehrat ist ein derartiges Organ. Er darf also nicht von Vertretern des Staates dominiert werden. Dies könnte dann der Fall sein, wenn ihre Zahl einen Anteil von einem Drittel deutlich übersteigt.

3. Entscheidend ist die Zahl der Vertreter des Staates.

a) Dazu zählen die von den Landesregierungen, der Bundesregierung und den Gemeinden entsandten Mitglieder im Fernsehrat (auch die Gemeinden üben staatliche Gewalt aus, Rn 30). Ihre Zahl macht 22 aus und liegt damit deutlich unter der problematischen Schwelle von einem Drittel.

b) Es könnten jedoch die 12 Parteienvertreter ebenfalls dazu gezählt werden; Dies ist der Fall, da die politischen Parteien zwar nicht Teil des Staates sind, sich aber in einer besonderen Nähe

56 BVerfGE 47, 198.
57 Vgl BVerfGE 60, 53, 61 f; *Hillgruber/Goos* Rn 352.
58 S. zB BVerfGE 111, 382, 398.
59 BVerfGE 44, 125, 137.
60 BVerfGE 111, 54, 81 f.

zum Staat befinden und maßgeblichen Einfluss auf die Staatswillensbildung haben. Dies widerspricht dem Grundsatz der Freiheit vom Staat. Die Zahl der im weiteren Sinn der staatlichen Seite zuzurechnenden Mitglieder beträgt daher 34 von 77; dies entspricht einer Quote von 44,16%.

c) Ob damit der staatliche Einfluss ein verfassungswidriges Ausmaß erreicht, ist Gegenstand eines vor dem BVerfG anhängigen Verfahrens. Dafür spricht, dass bei einem Anteil von deutlich mehr als einem Drittel, nahezu der Hälfte staatlicher Vertreter diese, wenn sie sich einig sind, das Gremien dominieren können. Dagegen wird eingewandt, dass es sich hierbei um keinen geschlossenen „Block" handelt, sondern um Vertreter unterschiedlicher Parteien und Länder.

64 **Lösung Fall 4b: Hessisches Privatrundfunkgesetz**

1. Zur Gesetzgebungskompetenz des Landes Rn 173

2. Materielle Verfassungsmäßigkeit

a) Mit der Beschränkung der Beteiligungen der Parteien am Rundfunk gestaltet der Gesetzgeber die Rundfunkordnung näher aus; hierzu ist er nach Art. 5 Abs. 1 S. 2 GG verpflichtet: er muss dafür sorgen, dass der Rundfunk frei von staatlichem Einfluss und in Vielfalt zur Meinungsbildung beitragen kann.

b) Die Beteiligung von Parteien zu beschränken, ist grundsätzlich gerechtfertigt, da diese näher am Staat sind als andere gesellschaftliche Gruppen.

c) Ein vollständiger Ausschluss ist jedoch nicht erforderlich; soweit es um Minderheitsbeteiligungen geht, genügen auch Publizitätspflichten uÄ; der Zwang zur Veräußerung bestehender Beteiligungen bedeutet eine unverhältnismäßige Belastung. Die Regelung ist also verfassungswidrig.

65 **Lösung Fall 5a: Stadthalle**

1. Anspruchsgrundlage: § 5 PartG

a) Anspruchsberechtigung: FNA müsste Partei iSd PartG bzw iSv Art. 21 GG sein; dies ist zu bejahen, da die Begriffsmerkmale – ua Beteiligung an der politischen Willensbildung bei Wahlen – auf sie zutreffen; eine inhaltliche Bewertung der Ziele der Partei ist insoweit unzulässig.

b) Die Stadthalle ist öffentliche Einrichtung iSv § 5 PartG.

2. Zum Einwand der Verfassungswidrigkeit: dieser Einwand ist unzulässig wegen des Entscheidungsmonopols des BVerfG.

Lösung Fall 5b: Versammlungsverbot

1. Ermächtigungsgrundlage: das Verbot bedeutet einen Eingriff in die Versammlungsfreiheit (Art. 8 GG) und bedarf deshalb einer gesetzlichen Grundlage. § 15 Abs. 1 VersG ermächtigt die Behörde, aus Gründen der öffentlichen Sicherheit und Ordnung Verbote auszusprechen und ist deshalb taugliche Ermächtigungsgrundlage.

2. Die Ermächtigungsgrundlage muss verfassungskonform angewandt werden. Wenn aber die Behörde die öffentliche Ordnung deshalb als bedroht sieht, weil mit dem Auftreten der FNA bestimmte grundgesetzwidrige Inhalte verbunden seien, wird diese Partei als verfassungswidrig behandelt. Dies steht im Widerspruch zu Art. 21 Abs. 2 GG.

Das Verbot ist rechtswidrig.

Abwandlung: Die Äußerungen des Irrgang verwirklichen den Straftatbestand des § 130 Abs. 3 StGB. Da zu erwarten ist, dass er sie auch auf der Kundgebung verbreiten wird, und deshalb eine Störung der öffentlichen Sicherheit durch Verwirklichung eines Straftatbestandes zu erwarten ist (*öffentliche Sicherheit* bedeutet ua: Unversehrtheit der Rechtsordnung), sind die Voraussetzungen des § 15 Abs. 1 VersG erfüllt.

Lösung Fall 5c: Girokonto

Das Parteienprivileg des Art. 21 Abs. 1 GG gilt auch gegenüber einer öffentlich-rechtlichen Bank bzw Sparkasse, wenn diese einer Partei das Konto kündigen will. Eine private Bank ist darin frei, wie ja zB auch der Inhaber einer Gaststätte sein Nebenzimmer keinesfalls für eine Parteiveranstaltung vermieten muss. Die Bindung aus Art. 21 GG dürfte aber auch gelten für eine Bank in privatrechtlicher Form, deren Anteile mehrheitlich vom Staat gehalten werden. Das BVerfG jedenfalls bejaht im FRAPORT-Urteil (NJW 2011, 1201) Grundrechtsbindung. Bei 50 % der Anteile dürfte es darauf ankommen, ob die staatlichen Anteilseigner maßgeblichen Einfluss ausüben. Im Ergebnis möchte ich die Bindung der B-Bank bejahen.

Schrifttum zu III.: *Kunig*, Parteien, in HStR III³, § 40; *Morlok*, Spenden – Rechenschaft – Sanktionen, NJW 2000, 761; *Sichert*, Das Parteiverbot in der wehrhaften Demokratie, DÖV 2001, 671; *v. Arnim*, Die neue Parteienfinanzierung, DVBl 2002, 1065; *Ipsen*, Das neue Parteienrecht, NJW 2002, 1909; *Koch*, Parteiverbote, Verhältnismäßigkeitsprinzip und EMRK, DVBl 2002, 1388; *Hatje*, Parteiverbote und Europarecht, DVBl 2005, 261.

IV. Staatsbürgerliche Gleichheit und Chancengleichheit: Legitimation durch Wahlen – verfassungsrechtliche Anforderungen an das Wahlrecht

→ **Leitentscheidungen:** BVerfGE 95, 335 und 408 (Wahlrecht – Überhangmandate und Grundmandatsklausel); BVerfGE 97, 317 (Listennachfolge); BVerfGE 103, 111 (Hessisches Wahlprüfungsgericht); BVerfGE 121, 266 (negatives Stimmgewicht I); BVerfGE 123, 39 (Wahlcomputer); BVerfG, U.v. 25.7.2012 – 2 BvE 9/11 ua – (negatives Stimmgewicht II); BVerfG, U.v. 4.7.2012 – 2 BvC 1/11, 2/11 – (Auslandswahlrecht).

Fall 6: Legislaturperiode 66

Um gesetzliche Reformvorhaben künftig unter geringerem Zeitdruck durchführen zu können, beschließt der Bundestag im Jahre 2006 mit 2/3-Mehrheit und unter einstimmiger Zustimmung des Bundesrats ein Gesetz zur Änderung des Grundgesetzes, das am 1.1.2007 in Kraft tritt und dessen hier interessierende Bestimmungen lauten:

„Art. 1: in Art. 39 Abs. 1 S. 1 GG wird das Wort „vier" durch das Wort „sechs" ersetzt."

„Art. 2: Dies gilt erstmals für den im Jahr 2005 gewählten Bundestag."

Ist dieses Gesetz gültig? **Rn 100**

Fall 7: Überhangmandate 67

Bei der Bundestagswahl im Jahr 200X erzielt die A-Partei in den Bundesländern A, B und C insgesamt 10 Überhangmandate, die ihr zur absoluten Mehrheit im Bundestag verhelfen; die anderen Parteien bleiben ohne Überhangmandate; dies wurde auch darauf zurückgeführt, dass die Wahlkreise in diesen Ländern im Durchschnitt weniger Wahlberechtigte haben, als im Bundesdurchschnitt. Im Land A etwa waren ihre Direktkandidaten in allen 12 Wahlkreisen erfolgreich, obschon ihr nach dem Verhältnis der Zweitstimmen nur 9 Mandate aus diesem Land zugestanden hätten. X, der für die unterlegene B-Partei gestimmt hat, hält die Bestimmung des § 6 Abs. 5 BWG für verfassungswidrig. **Rn 101** (prozessual Rn 816, 817)

68 **Fall 8: Familienwahlrecht**

Die Landesregierung von L. ist der Auffassung, die Politik berücksichtige zu wenig die Belange der Familien, da diese angesichts der demoskopischen Entwicklung kein hinreichend relevantes Wählerpotential mehr darstellten.

Sie will deshalb – erforderlichenfalls auch im Wege der Verfassungsänderung – ein Familienwahlrecht einführen. Eltern minderjähriger Kinder sollen hiernach für jedes Kind eine zusätzliche Stimme erhalten und diese gesplittet abgeben.

Ist dieses Vorhaben in verfassungskonformer Weise realisierbar? **Rn 102**

1. Wahlrecht und Wahlsystem: Art. 38 GG

69 Demokratie bedeutet: Die Staatsgewalt geht vom Volk aus. Deshalb muss jede Ausübung von Staatsgewalt vom Volk her legitimiert sein. Dies bedeutet: sie muss in einer ununterbrochenen Legitimationskette auf das Volk zurückzuführen sein. Erstes Glied in dieser Legitimationskette sind die Wahlen. In Wahlen übt das Volk seine Staatsgewalt unmittelbar aus und legitimiert die aus der Wahl hervorgehenden Verfassungsorgane zur Ausübung von Staatsgewalt. Nach dem Grundgesetz geht nur das Parlament, also der Bundestag, unmittelbar aus Wahlen hervor. Seine demokratische Legitimation ist also unmittelbar vom Volk abgeleitet. Damit aber die Wahlen zum Bundestag diese Legitimation schaffen, müssen sie bestimmten verfassungsrechtlichen Anforderungen genügen. Dies besagt die Bestimmung des Art. 38 Abs. 1 GG, die die maßgeblichen Wahlrechtsgrundsätze enthält: die Abgeordneten des Bundestages werden in *„allgemeiner, unmittelbarer, freier, gleicher und geheimer Wahl"* gewählt.

70 Ein bestimmtes **Wahlsystem** wird durch Art. 38 GG nicht vorgegeben. Die Festlegung und nähere Ausgestaltung des Wahlsystems und des Wahlverfahrens ist vielmehr Sache des Gesetzgebers. Dies besagt Art. 38 Abs. 3 GG: „Das nähere" bestimmt hiernach ein Bundesgesetz (das Bundeswahlgesetz). Die beiden prinzipiellen Optionen beim Wahlsystem sind: Mehrheitswahl und Verhältniswahl. Bei der **Mehrheitswahl** wird in jedem Wahlkreis ein Abgeordneter direkt gewählt; gewählt ist von den Bewerbern, wer die Mehrheit der Stimmen erhält. Wenn – wie bei den Wahlen zur französischen Nationalversammlung – absolute Mehrheit gefordert wird, diese aber kein Bewerber erreicht, müssen ggf die beiden erfolgreichsten Bewerber in einer Stichwahl gegeneinander antreten. Dieses Wahlsystem hat den Vorteil, dass der einzelne Abgeordnete zu den Wählern in seinem Wahlkreis in viel unmittelbarerer Beziehung steht, als der aus einer Liste gewählte Abgeordnete. Alle Abgeordneten sind dann Vertreter „ihres" Wahlkreises. Es kann andererseits dazu führen, dass eine Partei sehr viel mehr an Sitzen erringt, als ihrem Anteil an den insgesamt abgegebenen Stimmen entspricht und eine klare absolute Mehrheit der Mandate erreicht, auch wenn ihre

Wahlkreisbewerber in der Mehrzahl der Wahlkreise mit nur knapper relativer Mehrheit gewählt wurden. So würde zB eine Partei, deren Kandidaten in 400 von 598 Wahlkreisen mit 50% der Stimmen gewählt werden, im Bundestag eine Zwei-Drittel-Mehrheit erreichen. Geringfügige Änderungen im Wählerverhalten können hier zu durchaus erheblichen Veränderungen der parlamentarischen Mehrheiten führen. Auch sind die Chancen kleinerer und neuer Parteien deutlich gemindert. Diese Nachteile werden bei der **Verhältniswahl** vermieden. Hier werden die Mandate nach dem Verhältnis der Wählerstimmen an die Parteien vergeben. Die Zusammensetzung des Parlaments gibt dann die Mehrheitsverhältnisse genauer wieder. Es fehlt dann allerdings der unmittelbare Bezug des Abgeordneten zu seinen Wählern, und es bilden sich häufig keine klaren Mehrheiten heraus.

Das Bundeswahlgesetz versucht durch eine Kombination beider Systeme deren Nachteile möglichst zu vermeiden und deren Vorteile zu verbinden. Die Hälfte der Abgeordneten wird direkt im Wahlkreis gewählt; die andere Hälfte der Mandate wird über Landeslisten vergeben; die Zusammensetzung des Bundestags insgesamt soll dem Verhältnis der für die Parteien abgegebenen Stimmen entsprechen. Man spricht hier von personalisierter Verhältniswahl – dass dies das Wahlrecht nicht eben vereinfacht, liegt auf der Hand (s.u. Rn 83 ff). Durch eine Sperrklausel soll eine zu starke Zersplitterung der Mehrheitsverhältnisse vermieden werden. Eine Änderung des geltenden Wahlsystems wäre durch einfaches Gesetz möglich – das BVerfG lässt auch ein reines Mehrheitswahlsystem zu[61]. Demgegenüber schreibt zB Art. 41 Abs. 1 S. 2 SächsVerf für die Wahlen zum sächsischen Landtag ausdrücklich ein System vor, das Persönlichkeits- und Verhältniswahl verbindet. **71**

Die Wahlen müssen **periodisch** erfolgen, nach Art. 39 Abs. 1 S. 1 GG alle vier Jahre – Demokratie ist Herrschaft auf Zeit. Wahlen erfüllen ihre Funktion demokratischer Legitimation nur dann, wenn das den Repräsentationsorganen erteilte Mandat in regelmäßigen, von vornherein festgelegten Abständen erneuert wird: Periodizität der Wahlen ist unabdingbare Voraussetzung repräsentativer Demokratie. Das Grundgesetz entscheidet sich in Art. 39 Abs. 1 S. 1 GG für eine Wahlperiode von 4 Jahren, andere Gestaltungen sind denkbar. Mittlerweile dauert in den meisten Ländern die Wahlperiode des Landtags 5 Jahre. **71a**

2. Die Wahlrechtsgrundsätze des Art. 38 Abs. 1 GG

a) Allgemeinheit der Wahl

Allgemeinheit der Wahl bedeutet: das Wahlrecht steht grundsätzlich allen Bürgern zu. Wer wahlberechtigt ist, bestimmt Art. 38 Abs. 2 GG. Eine Absenkung des Wahlalters ist also nur im Wege der Verfassungsänderung möglich. Eine andere Frage ist, ob das Grundgesetz hier Grenzen nach unten setzt. Dies ist zu bejahen: die Stimmabgabe kann nur dann ihre demokratische Funktion der Legitimation der Staatsgewalt erfüllen, wenn der Abstimmende hinreichende Einsichtsfähigkeit in ihre Bedeu- **72**

61 BVerfGE 121, 266, 296.

tung hat. Ausnahmen bedürfen zwingender Gründe – sie wurden für den (inzwischen beseitigten) Ausschluss der Auslandsdeutschen vom Wahlrecht bejaht[62]. Verfassungsgemäß ist auch der (befristete) Ausschluss vom Wahlrecht als Nebenfolge einer strafrechtlichen Verurteilung und der Ausschluss von Personen, die unter Betreuung stehen[63]. Der Gesetzgeber durfte dies auf Grund einer „typisierenden" Wertung anordnen.

Typisierend bedeutet: der Gesetzgeber stellt im Interesse der Rechtssicherheit und gleichmäßiger Gesetzesanwendung auf „typische" Anwendungsfälle ab, auch wenn dies nicht allen Einzelfällen gerecht wird. Der Konflikt zwischen Rechtssicherheit und größtmöglicher Gerechtigkeit im Einzelfall durchzieht die gesamte Rechtsordnung.

73 Wahlberechtigung setzt deutsche Staatsangehörigkeit voraus[64]. Nach Art. 20 Abs. 2 GG ist das „Volk" Träger der Staatsgewalt. Damit ist das deutsche Volk gemeint[65]. Dies ergibt bereits die systematische Interpretation des Art. 20 Abs. 2 GG, in der Zusammenschau mit der Präambel des Grundgesetzes, mit Art. 1 Abs. 2 GG und mit Art. 146 GG, wo im Zusammenhang mit „Volk" stets vom deutschen Volk die Rede ist. Entscheidend kommt hinzu: mit der Teilnahme an Wahlen wird staatliche Gewalt ausgeübt. Träger der Staatsgewalt aber ist das Staatsvolk (Rn 3). Erst die Zugehörigkeit zum Staatsvolk – also die Staatsangehörigkeit – vermittelt jene dauerhafte Beziehung des Bürgers zum Staat, die einerseits durch dauerndes Unterworfensein unter die Staatsgewalt gekennzeichnet ist und andererseits die Notwendigkeit ihrer demokratischen Legitimation begründet.

74 Europarechtlich ist ein **Kommunalwahlrecht** für Ausländer vorgesehen. Anknüpfungspunkt ist die **„Unionsbürgerschaft"** nach Art. 20 AEUV. Unionsbürger ist hiernach, *„wer die Staatsangehörigkeit eines Mitgliedstaates besitzt"*. Hieraus folgt ua nach Art. 20 Abs. 2 lit. b, 22 Abs. 1 AEUV das aktive und passive Kommunalwahlrecht auch in Mitgliedstaaten, deren Staatsangehörigkeit ein Unionsbürger nicht besitzt. Dies machte eine Änderung des Grundgesetzes erforderlich, Art. 28 Abs. 1 S. 3 GG. Entsprechend der Richtlinie 94/80 vom 19.12.1994 (Abl. EG Nr 368) haben die Länder ihr Kommunalwahlrecht angepasst. Da nach Art. 7 Abs. 1 der Richtlinie der Wahlberechtigte sein Wahlrecht im Wohnsitzstaat ausübt, wenn er eine entsprechende Willensbekundung abgegeben hat, durfte der Landesgesetzgeber die erstmalige Teilnahme an der Kommunalwahl von einem Antrag auf Eintragung in die Wählerlisten abhängig machen[66].

b) Unmittelbare, freie und geheime Wahlen, Öffentlichkeit der Wahl

75 **Unmittelbar** sind Wahlen dann, wenn allein durch die Entscheidung des Wählers unmittelbar, also ohne dazwischengeschaltete Instanzen entschieden wird, wer Abgeordneter wird. Unmittelbarkeit bedeutet auch: der Wähler muss vor dem Wahlakt erkennen, wer sich um ein Mandat bewirbt und wie sich seine Stimmabgabe darauf auswirkt[67]. Dies ist bei der Stimmabgabe im Wahlkreis kein Problem. Soweit jedoch die Mandate über Listen vergeben werden, muss deren Zusammensetzung und muss

62 BVerfGE 58, 202, 205.
63 BayVerfGH BayVBl 2003, 44.
64 Vgl BVerfGE 123, 267, 340.
65 HM, vgl *Schink*, DVBl 1988, 417 ff m. zahlr. Nw.; differenzierend *Meyer*, HStR III³, § 46 Rn 7 ff.
66 Instruktiv BayVerfGH BayVBl 1997, 590.
67 BVerfGE 95, 335, 350.

die Reihenfolge der Bewerber im Voraus feststehen. Allerdings ist in einem Wahlsystem, das die Mehrheitswahl im Wahlkreis und Wahl über Listen verbindet, der unmittelbare Einfluss des Wählers dann nur gering, wenn der im Wahlkreis nicht gewählte bzw abgewählte Bewerber gleichwohl über den „sicheren" Listenplatz ein Mandat erlangt. Dies ist noch nicht verfassungswidrig, solange dies im Voraus klar geregelt ist, verfassungspolitisch gleichwohl nicht unbedingt zu begrüßen. – Ein Beispiel für eine nicht unmittelbare Wahl ist die des US-Präsidenten, bei der die Wähler in den einzelnen Bundesstaaten Wahlmänner bestimmen und diese dann den Präsidenten wählen.

Was **geheime Wahlen** sind, ist aus sich heraus verständlich: Es muss gewährleistet sein, dass die Stimmabgabe keinem Anderen bekannt wird. Es handelt sich um zwingendes Recht: Der Wähler kann nicht darauf verzichten. Die Verwendung besonderer Wahlumschläge ist jedoch nicht erforderlich[68]. Bei der **Briefwahl** sind geheime Wahlen nur bedingt gewährleistet: dass bei der Ausfüllung des Stimmzettels Dritte dem Wähler „über die Schulter blicken" und auch auf ihn Einfluss nehmen, kann nicht ausgeschlossen werden. Der Wähler hat daher eidesstattlich zu versichern, dass er den Stimmzettel persönlich und unbeeinflusst ausgefüllt hat[69]; die Stimmabgabe im Wahllokal hat der Regelfall zu sein[70]. Andererseits dient die Briefwahl aber der **Allgemeinheit** der Wahl, da sie auch demjenigen die Teilnahme an der Abstimmung ermöglicht, der gehindert ist, das Wahllokal aufzusuchen; dies rechtfertigt es, gewisse Einschränkungen der geheimen Wahl hinzunehmen. Diese sind auch beim Einsatz von Wahlcomputern nicht ganz ausgeschlossen; deshalb ist hier Zurückhaltung geboten. Ob die Stimmabgabe auf elektronischem Weg **(„Internetwahlen")** anstelle der bisher im BWG vorgeschriebenen Wahlscheine eingeführt werden könnte, hängt davon ab, ob die Wahlen dann noch „geheim" wären. **76**

Die Wahlen müssen **frei** sein. Dies schließt jeden auch nur mittelbaren Zwang oder Druck auf die Entscheidungsfreiheit des Wählers von außen aus. Aber auch das Wahlverfahren muss die Entschließungsfreiheit des Wählers beachten[71]. Unzulässige **Wahlbeeinflussung** kann auch dann vorliegen, wenn die Regierung im Wahlkampf in ihrer amtlichen Autorität als Regierung einseitig Einfluss nimmt und ist uU auch bei Wahlbeeinflussung von privater Seite denkbar (so waren in den 50er Jahren, als die Autorität der Kirchen noch ungebrochen war, die „Hirtenworte zur Wahl" ein häufiger Streitpunkt). Inhaber staatlicher oder kommunaler Ämter dürfen als Amtsträger jedenfalls Kandidaten nicht unterstützen[72]. Nötigung von Wählern unter Missbrauch eines Abhängigkeitsverhältnisses fällt unter § 108 StGB[73]. Bei der Briefwahl kann wiederum nicht mit Sicherheit gewährleistet werden, dass eine Stimmabgabe wirklich frei von unzulässiger Beeinflussung erfolgt ist. **77**

68 BerlVerfGH NVwZ-RR 2000, 193, 194.
69 BVerfGE 59, 119, 126.
70 Zur verfassungsrechtlichen Problematik der Briefwahl s *Richter*, DÖV 2010, 606.
71 BVerfGE 95, 335, 350.
72 VerfGH RhPf DÖV 2002, 163.
73 Vgl den Fall bei *Shirvani/Schröder*, Jura 2007, 143.

78 Nur scheinbar im Widerspruch zum Grundsatz der geheimen Wahl steht das Gebot der **Öffentlichkeit der Wahl**. Er wird aus Art. 38 Abs. 1 iVm Art. 20 Abs. 1 und 2 GG abgeleitet. In der parlamentarischen Demokratie unterliegt die Ausübung der staatlichen Gewalt der öffentlichen Kontrolle. Dies muss auch für den Wahlakt, durch den sie dem Parlament übertragen wird, gelten. Während die Stimmabgabe geheim ist, muss das Wahlvorschlagsverfahren ebenso wie die Auszählung der Stimmen und die Feststellung des Wahlergebnisses deshalb öffentlich sein[74]. Dagegen verstieß der Einsatz von Wahlcomputern bei der Bundestagswahl 2005, denn die Auszählung der Stimmen und Feststellung des Wahlergebnisses war nicht für jeden ohne besondere IT-Kenntnisse nachvollziehbar. Würde andererseits während des Wahlvorgangs die Funktionsweise des Wahlcomputers kontrolliert, so könnte dies gegen den Grundsatz der geheimen Wahl verstoßen. Deshalb wären „Internet-Wahlen“ auch eine Frage der Öffentlichkeit der Wahl, wenn die Auszählung der Stimmen dann nicht mehr transparent wäre[75].

c) Wahlrechtsgleichheit

79 Was allgemeine, unmittelbare, freie und geheime Wahlen bedeuten, lässt sich aus dem Wortsinn und aus der historischen Entwicklung bestimmen; darüber besteht auch weitgehend Konsens. Anders verhält es sich mit dem Gebot der **Gleichheit** der Wahl, das denn auch das umstrittenste der Merkmale des Art. 38 Abs. 1 S. 1 GG ist. **Wahlrechtsgleichheit** bedeutet zunächst **Zählwertgleichheit**: Jede abgegebene Stimme zählt gleich. Dies ist noch unproblematisch.

80 Ob ein **„Familienwahlrecht“** eingeführt werden könnte, ist eine Frage der Wahlrechtsgleichheit und auch der Unmittelbarkeit der Wahl. Es würde gegen den Grundsatz der Zählwertgleichheit verstoßen, wenn im Rahmen eines originären Elternwahlrechts die Stimmzahl der Eltern nach der Zahl der Kinder vergrößert würde. Dies dürfte auch für eine „Treuhänder-“ oder „Stellvertreter“-Lösung gelten – auch dann erhält de facto die Stimmabgabe zB durch die Eltern der Minderjährigen als deren Vertreter doppeltes Gewicht[76]. Gelangt man zu der Einschätzung, dass das Familienwahlrecht mit dem Grundsatz der Wahlrechtsgleichheit nicht vereinbar wäre, bliebe noch die Möglichkeit, das Grundgesetz selbst zu ändern. Diese Verfassungsänderung dürfte dann allerdings nicht gegen Art. 79 Abs. 3 GG (Rn 222) verstoßen. Es kommt also darauf an, inwieweit die Wahlrechtsgrundsätze des Art. 38 Abs. 1 S. 1 GG gleichzeitig änderungsfester Inhalt des Demokratieprinzips sind (Rn 7).

81 Wahlrechtsgleichheit bedeutet darüber hinaus aber auch **Erfolgswertgleichheit**: Jede Stimme muss die gleiche rechtliche Erfolgschance haben[77]. Das Wahlsystem muss vom Gesetzgeber so gestaltet werden, dass dies so weit wie möglich gewährleistet ist. Bei der reinen Mehrheitswahl bedeutet dies: die Wahlkreise müssen annähernd gleich groß sein. Alle Wähler haben bei der Wahl die gleiche Chance, durch ihre Stimmabgabe auf die Zusammensetzung des Parlaments einzuwirken. Allerdings bleiben die Stimmen, die nicht für den erfolgreichen Bewerber abgegeben wurden, ohne Auswir-

74 BVerfGE 123, 39, 68.
75 Vgl dazu *Bremke*, LKV 2004, 102 ff sowie zur Öffentlichkeit der Wahl BVerfGE 123, 39.
76 Holste, DÖV 2005, 110 ff; *Zippelius/Würtenberger*, § 39 II 5; vgl den Fall bei *Lechleitner*, Jura 2002, 602; für Verfassungsmäßigkeit der „Stellvertreterlösung“ *Rolfsen*, DÖV 2009, 348, 354.
77 BVerfGE 121, 268, 295 f.

kung auf die Zusammensetzung des Parlaments. Erfolgswertgleichheit bedeutet aber nur: gleiche Erfolgschancen innerhalb des jeweiligen Wahlsystems. Wird demgegenüber im System der Verhältniswahl gewählt, so bedeutet Erfolgswertgleichheit: die Berechnung der auf die Parteien entfallenden Mandate muss so erfolgen, dass die Anzahl der Stimmen, die auf ein Mandat entfallen, annähernd gleich groß ist.

3. Das geltende Wahlrecht nach den BWG

Von einem „geltenden Wahlrecht" kann derzeit – nach dem Urteil des BVerfG vom 25.7.2012 insofern nur bedingt gesprochen werden, als es an einer wirksamen Regelung des Sitzzuteilungsverfahrens für die Wahlen zum Deutschen Bundestag fehlt. Denn wesentliche Bestimmungen für die Sitzverteilung wurden vom BVerfG für nichtig erklärt. Sie waren erst durch das 19. Gesetz zur Änderung des BWG vom 25.11.2011 (BGBl I S. 2313) geändert worden. **82**

Weiterhin gilt jedoch das System der „mit einer Personenwahl verbundenen Verhältniswahl", § 1 S. 2 BWG; es wurde im Grundsatz nicht beanstandet. Danach werden von den 598 Abgeordneten des Bundestags (zu denen allerdings noch weitere Abgeordnete im Fall von Überhangmandaten hinzukommen, Rn 93 f) 299 in Wahlkreisen, die übrigen über die Landeslisten der Parteien gewählt. Die Wahlkreise sind in einer Anlage zum Gesetz festgelegt. § 3 BWG enthält nähere Vorgaben für die Bildung der Wahlkreise und sieht eine Wahlkreiskommission vor, die u.a. laufend die Bevölkerungsentwicklung in den Wahlkreisen zu beobachten und bei Veränderungen Vorschläge für einen Neuzuschnitt zu machen hat. Die Vorbereitungen zur Wahl umfassen vor allem die Einreichung der **Wahlvorschläge** – sie können für die Bewerber in einem Wahlkreis von Parteien, aber auch von wahlberechtigten Bürgern eingereicht werden, für Landeslisten nur von Parteien, § 27 BWG. Bei neu sich bewerbenden Parteien hat der Bundeswahlausschuss nach § 18 Abs. 3 BWG die Parteieigenschaft zu prüfen. **83**

Bei der Wahl hat jeder Wahlberechtigte zwei Stimmen. Mit der **Erststimme** wählt er den Wahlkreiskandidaten, mit der **Zweitstimme** die Landesliste einer Partei. Im Wahlkreis ist gewählt, wer die meisten Stimmen hat, § 5 BWG – damit sind die 299 direkt gewählten Abgeordneten bestimmt. Die übrigen Mandate, also die Listenmandate, werden gemäß § 6 BWG nach einem komplizierten Berechnungsverfahren, dem Verfahren von *Sainte-Laguë,* verteilt. Dieses Verfahren wird in § 6 Abs. 2 S. 2–7 BWG geregelt. **84**

(1) Nach der **bis 2011** geltenden, bei den Bundestagswahlen 2005 und 2009 zur Anwendung gekommenen Fassung des BWG erfolgte in einem ersten Schritt die sog. **Oberverteilung** auf die Parteien. Danach wurde die Anzahl der für die Landesliste einer Partei im gesamten Wahlgebiet abgegebenen gültigen Zweitstimmen gemäß § 6 Abs. 2 S. 2 BWG durch einen Zuteilungsdivisor geteilt. Dieser Divisor wurde nach § 6 Abs. 2 S. 4 BWG in der Weise bestimmt, dass die Zahl aller Zweitstimmen durch die Gesamtzahl der zu vergebenden Mandate geteilt wurde. Er gab also an, wie viele Zweitstimmen auf ein Mandat entfallen.

Dabei erfolgten noch gewisse Korrekturen: Von der Zahl der Mandate nach § 1 Abs. 1 BWG (598) waren diejenigen abzuziehen, die in ihrem Wahlkreis erfolgreich waren, aber keiner Partei oder aber einer Partei angehörten, die nach § 6 Abs. 6 BWG nicht berücksichtigt wurde, weil sie unter 5% geblieben war. Deren Mandate blieben unberücksichtigt, weil sich in ihnen nicht das Stimmenverhältnis der Parteien ausdrückte.

Wurde nun die Zahl der für eine Partei abgegebenen Zweitstimmen durch diesen Divisor geteilt, so ergab sich hieraus die Zahl der Mandate für diese Partei. Denn der Divisor bezeichnete ja die Zahl der Stimmen, die einem Mandat entsprechen. Nach § 6 Abs. 2 S. 3 und 4 BWG waren die Ergebnisse zu runden. Führte dies dazu, dass insgesamt mehr oder auch weniger Sitze auf die Landeslisten entfielen, als zu vergeben waren, so wurde der Zuteilungsdivisor nach § 6 Abs. 2 S. 7 BWG korrigiert, also herauf- bzw herabgesetzt, bis die Zahl der zu vergebenden Sitze erreicht war.

85 **Berechnungsbeispiel:** Die Zahl der gültigen Zweitstimmen möge 45 000 000 betragen. Hierauf entfallen: auf die A-Partei 15 500 000, die B-Partei 14 500 000, die C-Partei 9 070 000 und die D-Partei 5 930 000. Es sind keine erfolgreichen Wahlkreisbewerber nach § 6 Abs. 1 S. 4 BWG zu berücksichtigen.

Zunächst ist der Divisor zu bestimmen: Q = 45 000 000 : 598 = 75 250,84, gerundet 75 251;

Legt man diesen Divisor zugrunde, dann erhalten:

A: 15 500 000 : 75 251 = 205,9773, nach § 6 Abs. 2 S. 3 BWG gerundet auf 206;

B: 14 500 000 : 75 251 = 192,6885, gerundet auf 193;

C: 9 070 000 : 75 251 = 120,5329, gerundet auf 121;

D: 5 930 000 : 75 251 = 78,8029, gerundet auf 79;

die Gesamtzahl der Sitze würde dann betragen: 599.

Also ist der Faktor heraufzusetzen, § 6 Abs. 2 S. 7 BWG – wird Q gleich 75 300 gesetzt, so ergibt sich diese Verteilung:

A: 15 500 000 : 75 300 = 205,8433, nach § 6 Abs. 2 S. 3 BWG gerundet auf 206;

B: 14 500 000 : 75 300 = 192,5631, gerundet auf 193;

C: 9 070 000 : 75 300 = 120,4515, gerundet auf 120;

D: 5 930 000 : 75 300 = 78,7517, gerundet auf 79;

nunmehr beträgt die Gesamtzahl der Sitze: 598. Maßgeblicher Zuteilungsfaktor ist also: 75 300.

86 **(2)** Nach dieser Oberverteilung folgte in einem **zweiten Schritt** die **Unterverteilung** auf die Landeslisten der Parteien, § 6 Abs. 2 BWG, wiederum mittels des genannten Zuteilungsdivisors. Auf die hiernach auf die Landesliste einer Partei entfallenden Mandate wurden in einem **dritten Schritt** die im jeweiligen Land erworbenen **Direktmandate** angerechnet, die verbleibenden Mandate aus der Landesliste besetzt, § 6 Abs. 4 BWG. Hatte die Partei innerhalb eines Landes mehr Direktmandate erworben, als ihr nach der Verteilung gemäß Abs. 2–3 an sich zustanden, so verblieben ihr diese als **Überhangmandate**, um die sich die Zahl der Abgeordneten erhöhte. Ein Ausgleich erfolgte nicht, § 6 Abs. 5 BWG. Wer all dies für kompliziert und schwer durchschaubar hält, befindet sich in guter Gesellschaft: Auch das BVerfG monierte

bereits für die bis 2011 geltende Regelung „das für den Wähler kaum noch nachzuvollziehende Regelungsgeflecht der Berechnung der Sitzverteilung im Deutschen Bundestag“[78].

Die Neuregelung 2011 machte das Verfahren nicht einfacher, es wurde bei der Sitzverteilung lediglich die Reihenfolge umgekehrt: zuerst sollten die Mandate auf die Länder, dann erst innerhalb der Länder auf die Landeslisten der Parteien verteilt werden.

4. Verfassungsfragen des bisherigen Wahlrechts

a) Negatives Stimmgewicht und Reststimmenverwertung

Das Verfahren der Ober- und Unterverteilung konnte nach dem für 2005 und 2009 geltenden Wahlrecht uU zu paradoxen Ergebnissen führen, wie das BVerfG in seinem Urteil vom 3.7.2008 zum negativen Stimmgewicht ausführt[79]. **87**

Bei Überhangmandaten kommt es ja nicht auf die Zahl der Zweitstimmen in diesem Land an. Deshalb war es für eine Partei, die in einem Land Überhangmandate erhielt, auch unschädlich, wenn die Zweitstimme für eine andere Partei abgegeben wurde. In diesem Land behielt sie ihre Überhangmandate. Gleichzeitig konnte der Fall eintreten, dass sie gerade wegen einer geringeren Zweitstimmenzahl in einem Land in einem anderen Land wegen des relativ größeren Gewichts der dort erzielten Zweitstimmen bei der Unterverteilung ein Listenmandat mehr erhielt. Verursacht wurde das durch die Berücksichtigung der verbundenen Listen bei Berechnung der Überhangmandate nach § 7 Abs. 3 S. 2 BWG. Dementsprechend erklärte das BVerfG diese Regelung für verfassungswidrig. Im konkreten Fall der Bundestagswahl 2005 wurde die Ungleichheit zusätzlich verstärkt durch die im Wahlkreis Dresden I wegen des Todes eines Wahlkreiskandidaten notwendig gewordene Nachwahl, § 43 Abs. 1 Nr 2 BWG. Nach Bekanntgabe des vorläufigen amtlichen Endergebnisses am Tag der Wahl konnten die Wähler im fraglichen Wahlkreis bei der Stimmabgabe im Rahmen der Nachwahl „strategisch“ wählen, insbesondere mit ihrer Zweitstimme, und erhielten dadurch größeren Einfluss auf die Zusammensetzung des Bundestags[80]. Die Nachwahl ist in derartigen Fällen schon wegen des Grundsatzes der Chancengleichheit der Parteien erforderlich: der Ersatzkandidat für den verstorbenen Wahlkreisbewerber benötigt eine Frist, um sich im Wahlkreis bekannt zu machen. Die Wahlergebnisse andererseits bis zum Zeitpunkt der Nachwahl unter Verschluss zu halten, ist nicht nur praktisch nicht vorstellbar: Das Demokratieprinzip erfordert Transparenz und damit unverzügliche Stimmauszählung und Bekanntgabe des Wahlergebnisses.

Aber auch die Neuregelung des § 6 Abs. 1 BWG und die Einführung des § 6 Abs. 2a BWG im Jahre 2011 hoben den Effekt des negativen Stimmgewichts nicht auf und wurden daher vom BVerfG in seinem Urteil vom 25.7.2012 ebenfalls für verfassungswidrig erklärt[81]. **88**

Aufgrund der Neuregelung von 2011 sollte zuerst die Zuteilung der Listenmandate auf die Länder erfolgen. Hierzu sollte die Gesamtzahl der auf dieses Land entfallenden Wähler (nicht Wahlberechtigten!) durch den schon beschriebenen, variablen **Zuteilungsdivisor** geteilt werden. Eine geringere Wahlbeteiligung in einem Land hätte bedeutet: weniger Listenmandate für dieses Land,

---

78 BVerfGE 121, 266, 316.
79 BVerfGE 121, 266, 316 ff.
80 Zu diesen Möglichkeiten s. *Ipsen*, DVBl 2005, 1465.
81 BVerfG, U.v. 25.7.2012 – 2 BvE 9/11, 2 BvF 3/11, 2 BvR 2670/11.

und auch für einzelne Parteien in diesem Land. Dies wiederum hätte, wie das BVerfG aufzeigt, dazu führen können, dass eine Partei in einem anderen Land mehr Mandate erringen konnte[82]. Damit wäre die Nichtabgabe einer Stimme der unterstützten Partei uU dienlicher gewesen, als die Abgabe der Stimme.

Dieser Effekt, als **negatives Stimmgewicht** bezeichnet, ist verfassungswidrig. Er kann dazu führen, dass die Zweitstimme eines Wählers ihre Wirkung in der Mandatsverteilung nicht zu Gunsten, sondern zu Lasten der gewählten Partei entfaltet. Dies führt zu einer Beeinträchtigung des Grundsatzes der **Gleichheit** der Wahl, der nicht aus zwingenden Gründen gerechtfertigt werden kann. Zwar sind gewisse Verschiebungen stets unvermeidlich, schon wegen der Notwendigkeit, aufzurunden oder abzurunden – es können nur ganze Mandate zugeteilt werden. Dass aber die Gefahr besteht, mit der Stimmabgabe dem eigenen Wahlziel zu schaden, kann verfassungsrechtlich nicht gerechtfertigt werden[83]. Auch war der Grundsatz der **Unmittelbarkeit** der Wahl verletzt: Der Wähler konnte nicht mit Sicherheit erkennen, ob seine Stimmabgabe sich tatsächlich für den gewählten Kandidaten/die gewählte Partei auswirkt.

89 Dem Effekt des verfassungswidrigen negativen Stimmgewichts sollte mit der Neuregelung des BWG von 2011 durch die sog. **Reststimmenverwertung** nach der für nichtig erklärten Bestimmung des § 6 Abs. 2a BWG begegnet werden. Die bei der länderinternen Sitzzuteilung nach der Division der Stimmen durch den Zuteilungsdivisor „übrig gebliebenen" Zweitstimmen sollten[84], bundesweit zusammengerechnet und dann nochmals durch den Divisor geteilt werden. Das BVerfG sah hierdurch aber die Erfolgswertgleichheit und die Chancengleichheit der Parteien nach Art. 38 Abs. 1 S. 1 iVm Art. 21 I GG in ungerechtfertigter Weise verletzt[85], da nur die Abrundungsverluste, nicht die Aufrundungsgewinne in Betracht gezogen wurden, die durch Abrundung entstehenden Reststimmen also einseitig bevorzugt wurden.

b) Sperrklauseln

90 Die 5%-Sperrklausel des § 6 Abs. 6 1. HS BWG bewirkt eine erhebliche Einschränkung der **Wahlrechtsgleichheit**. Hiernach bleiben Parteien bei der Sitzvergabe unberücksichtigt, die nicht mindestens 5% der gültigen Zweitstimmen erhalten haben. Der Erfolgswert der für sie abgegebenen Stimmen ist dann gleich Null. Auch wird die **Chancengleichheit** vor allem kleinerer und noch nicht etablierter Parteien beeinträchtigt. Als rechtfertigender „zwingender Grund" für die 5%-Sperrklausel wird die Wahrung der **Funktionsfähigkeit des Parlaments** im Interesse auch der Bildung regierungsfähiger Mehrheiten anerkannt[86]. Dem Ziel der Handlungs- und Entscheidungsfähigkeit kommt nach wie vor ein hoher Stellenwert zu[87]. 5% sind jedoch die

---

82 BVerfG, U.v. 25.7.2012 – 2 BvE 9/11, 2 BvF 3/11, 2 BvR 2670/11 –, Rn 84 f, zitiert nach juris.
83 BVerfGE 121, 266, 306 f; BVerfG, U.v. 25.7.2012 – 2 BvE 9/11, 2 BvF 3/11, 2 BvR 2670/11 –, Rn 85, zitiert nach juris.
84 BVerfG, U.v. 25.7.2012 – 2 BvE 9/11, 2 BvF 3/11, 2 BvR 2670/11 –, Rn 99, zitiert nach juris.
85 BVerfG, U.v. 25.7.2012 – 2 BvE 9/11, 2 BvF 3/11, 2 BvR 2670/11 –, Rn 98 ff, zitiert nach juris.
86 BVerfGE 95, 408, 418 f.
87 BayVerfGH NVwZ-RR 2007, 73 = BayVBl 2007, 13; vgl auch ThürVerfGH ThürVBl 2006, 229 zur Sperrklausel im Kommunalwahlrecht.

Obergrenze für ein Quorum, auch wegen der Funktion der Wahlen, zur Integration aller Kräfte und Strömungen im Volk beizutragen – so das BVerfG.

Für die erste **gesamtdeutsche Bundestagswahl** war die 5%-Sperrklausel jeweils im Rahmen **getrennter Wahlgebiete** Ost und West anzuwenden: andernfalls hätten Parteien mit Schwerpunkt im Osten keine reellen Wahlchancen gehabt: sie hätten im Osten weit über 20% Stimmen erzielen müssen (damals für die PDS unvorstellbar), um bundesweit auf 5% zu kommen[88].

Für die Wahlen zum Europäischen Parlament verneint das BVerfG in seinem Urteil vom 9.11.2011 demgegenüber die Rechtfertigung der Sperrklausel: hier sieht es eine Beeinträchtigung der Arbeitsfähigkeit des Parlaments nicht als nachgewiesen. Es stellt auf die Unterschiede zum nationalen Parlament, also zum Bundestag ab: diesem obliegt die Wahl des Bundeskanzlers und damit mittelbar die Regierungsbildung. Dies setzt regierungsfähige Mehrheiten voraus. Das ist beim **Europäischen Parlament** nicht der Fall. Es hat auch sonst weniger zu entscheiden, als der Bundestag; für die Gesetzgebung der Union kommt es nicht auf bestimmte Mehrheitsverhältnisse im Parlament an[89]. **90a**

Auch für **Kommunalwahlen** gelten wegen Art. 28 Abs. 1 S. 2 GG die hier dargelegten Wahlrechtsgrundsätze. Allerdings sind Kommunalvertretungen keine Parlamente im staatsrechtlichen Sinn. Ihre Aufgaben sind nicht vergleichbar; ihnen ist in erster Linie verwaltende Tätigkeit anvertraut, sie unterliegen der Kommunalaufsicht. Die Gründe, die für Bundestag und Landtag Sperrklauseln rechtfertigen, gelten hier nicht ohne Weiteres. Dass die Funktionsfähigkeit der Gemeindevertretung als zwingender Grund die Beeinträchtigung der Wahlrechtsgleichheit und der Chancengleichheit der Parteien aus Art. 38 Abs. 1 GG gefährdet sein könnte, muss konkret belegt werden. Der Gesetzgeber hat hierfür eine besondere Darlegungslast, zumal in den Bundesländern, die keine entsprechende Sperrklausel im Kommunalwahlrecht kennen, wie etwa Bayern oder Baden-Württemberg, es in den zurückliegenden 50 Jahren zu keiner signifikanten Gefährdung der Funktionsfähigkeit der Gemeindevertretungen gekommen ist. Sowohl das Landesverfassungsgericht für Nordrhein-Westfalen[90] als auch das BVerfG als Landesverfassungsgericht für Schleswig-Holstein[91] verneinten demgemäß die Berechtigung der Sperrklausel für die kommunale Ebene. Um bestimmte (etwa rechtsextreme) Parteien zu bekämpfen, sind Sperrklauseln allerdings ebenso wenig zulässig, wie mit dem Ziel, sog. Rathausparteien mit begrenztem Interessenspektrum zu verhindern: der Bürger selbst muss entscheiden, welche Partei seine Interessen vertritt. **91**

c) Grundmandatsklausel, Überhangmandate und Wahlrechtsgleichheit

Direkt erworbene Mandate verbleiben der Partei in jedem Fall. Hat eine Partei aber drei Direktmandate errungen, so gilt für sie die Sperrklausel des § 6 Abs. 6 S. 1 1. HS BWG nicht: Nach der sog. **Grundmandatsklausel** des § 6 Abs. 6 S. 1 2. HS BWG[92] nimmt diese Partei an der Verteilung der Mandate nach dem Verhältnis der Zweitstimmen über die Landeslisten teil. Damit wird das Fünfprozentquorum balancierend ausgeglichen, um den Integrationscharakter der Wahlen zu sichern – für Parteien, die mindestens drei Direktmandate erringen, durfte der Gesetzgeber davon **92**

88 Vgl BVerfGE 82, 322, 339 ff.
89 BVerfG, U.v. 9.11.2011, NVwZ 2012, 32, Abs-Nr 118 ff.
90 VerfGH NW DVBl 1999, 1271; s. dazu die Anm. von *Hönig*, JA 2000, 278; s. auch LVerfG MV NJ 2001, 138 (= LKV 2001, 270).
91 BVerfGE 120, 92; s. hierzu *Krajewski*, DÖV 2008, 435.
92 Dazu *Hoppe*, DVBl 1995, 265.

ausgehen, dass sie Anliegen mit besonderer Akzeptanz in der Bevölkerung vertreten und schon deshalb ihre Repräsentation im Parlament legitimiert ist. Hierdurch wird auch eine Ungleichbehandlung im Verhältnis zu anderen Parteien gerechtfertigt, die möglicherweise mehr Zweitstimmen, aber eben keine drei Direktmandate errungen haben[93].

93 Der Grundsatz der **Wahlrechtsgleichheit** kann unter dem Aspekt der Erfolgswertgleichheit durch **Überhangmandate** nachhaltig berührt sein. Erhält eine Partei Überhangmandate, so ist sie gegenüber anderen Parteien begünstigt. Dies bedeutet aber auch: Die Erfolgswertgleichheit der Stimmen nach Art. 38 Abs. 1 S. 1 GG ist gemindert. Denn dann, wenn Überhangmandate entstehen, entspricht die Zusammensetzung des Bundestags nicht mehr dem Verhältnis der gültigen Zweitstimmen, so dass den Wählerstimmen insoweit unterschiedliches Gewicht zukommt. Diese Ungleichheit im Erfolgswert müsste verfassungsrechtlich gerechtfertigt sein. Verschiebungen in der Erfolgswertgleichheit, die durch das jeweilige Wahlsystem bedingt werden, sind jedoch eben hieraus gerechtfertigt. Eben dies ist bei den Überhangmandaten fraglich: sie könnten durch Ausgleichsmandate ausgeglichen werden wie zT in den Bundesländern[94]. Auf den Ausgleich zu verzichten ist jedoch deshalb gerechtfertigt, weil im geltenden Wahlrecht ohnehin das Prinzip der Mandatsverteilung nach dem Stimmenverhältnis nicht strikt durchgeführt wird[95]. Die Hälfte der Sitze wird in **Direktwahl** vergeben. Bei der Direktwahl aber kommt es nur darauf an, wer im Wahlkreis die Mehrheit der Stimmen hat; insofern muss die Erfolgswertgleichheit nicht gesondert festgestellt werden. Allerdings müssen dann die Wahlkreise annähernd gleich groß sein. Die „Überhangmandate" aber werden in Direktwahl vergeben. Wenn ihre Verteilung zu einem Ungleichgewicht führt, so ist dies im System des geltenden Wahlrechts angelegt, sieht man dieses als Kombination von Mehrheitswahl und Verhältniswahl.

Anders wäre dies zu beurteilen, sieht man das geltende Wahlrecht als ein System der Verhältniswahl, das durch Elemente der Mehrheitswahl lediglich modifiziert wird. Dazu neigten im Wahlrechtsurteil vom 10.4.1997 die vier Richter, die die Entscheidung nicht mittrugen und einen Verfassungsverstoß bejahten; die Stimmgleichheit im Senat führte jedoch dazu, dass wegen § 15 Abs. 4 S. 3 BVerfGG ein Verfassungsverstoß nicht festgestellt werden konnte. Diese vier Richter vertraten die Auffassung, es müsse im Gesamtergebnis der Wahl die Erfolgswertgleichheit nach Grundsätzen der Verhältniswahl gewahrt bleiben[96]. Dann müssten für Überhangmandate Ausgleichsmandate vergeben werden.

93a Jedoch ist ein durch Überhangmandate verursachtes Ungleichgewicht nur insoweit zulässig, wie hierdurch nicht der Grundcharakter der Verhältniswahl aufgehoben wird. Nach dem BVerfG ist davon bis zu einer Überhangmandatszahl auszugehen, die in etwa der Hälfte einer Fraktionsstärke entspricht[97]. Damit hat das BVerfG die zulässige Anzahl der Überhangmandate auf ca. 15 beschränkt. In der laufenden Legislatur-

93 BVerfGE 95, 408, 420 f.
94 Für Berlin BerlVerfGH JR 2000, 12; für Bayern BayVerfGH BayVBl 1999, 591.
95 So bei BVerfGE 95, 335, 354 ff die vier die Entscheidung tragenden Richter.
96 BVerfGE 95, 335, 467 f.
97 BVerfG, U.v. 25.7.2012 – 2 BvE 9/11, 2 BvF 3/11, 2 BvR 2670/11 – 2. LS, Rn 109 f, zitiert nach juris.

periode gibt es 22 Überhangmandate, die alle der CDU/CSU zu gute kommen. Dementsprechend hat der Gesetzgeber das BWG bis zur nächsten Bundestagswahl insoweit anzupassen, als dass die mögliche Zahl der Überhangmandate auf den Maximalwert von 15 reduziert wird.

Mittels der verfassungswidrigen Reststimmenverwertung nach § 6 Abs. 2a BWG wäre nicht nur der Effekt des negativen Stimmgewichts aufgehoben (s Rn 89), sondern auch die Zahl der Überhangmandate gesenkt worden. Nach § 6 Abs. 4 BWG wird von der Zahl der über Landeslisten erworbenen Mandate die Anzahl der Direktkandidaten abgezogen. Es kann nun passieren, dass mehr Direktkandidaten gewählt werden, als nach Landesliste Mandate zur Verfügung stehen. Diese überzähligen Mandate bleiben nach § 6 Abs. 5 BWG aber als sog. Überhangmandate erhalten. Wird nun aber die Zahl der Landeslistenmandate durch die Reststimmenverwertung erhöht, dann verringert sich damit auch die Zahl der Überhangmandate. Jedoch verletzt die Reststimmenverwertung die Erfolgswertgleichheit und die Chancengleichheit der Parteien nach Art. 38 Abs. 1 S. 1 iVm Art. 21 Abs. 1 GG und ist daher verfassungswidrig[98].

Scheidet ein Abgeordneter aus dem Bundestag aus, so rückt nach § 48 Abs. 1 S. 1 **94**
BWG der nächste Kandidat auf der Landesliste nach. Wenn allerdings die Partei, der er angehört, über Überhangmandate verfügt, besteht hierfür keine Notwendigkeit, im Gegenteil: hierdurch würde die durch Überhangmandate hervorgerufene Besserstellung dieser Partei fortgeführt, ohne dass diese verfassungsrechtlich geboten wäre. Deshalb findet in diesem Fall kein **Nachrücken** statt[99] – jedenfalls dann, wenn der ausscheidende Abgeordnete aus einem Land kommt, auf das Überhangmandate entfielen.

Zusammenfassung: Ob eine Wahlrechtsnorm gegen den Grundsatz der Wahlrechtsgleichheit **95**
verstößt, ist also wie folgt zu prüfen:

1. Ist die Wahlrechtsgleichheit beeinträchtigt? Insbesondere: Ist der Erfolgswert der Stimmen unterschiedlich?
2. Ist dieser unterschiedliche Erfolgswert zwingend im geltenden Wahlsystem angelegt?
3. Kann die Ungleichheit aus Gründen gerechtfertigt werden, die durch die Verfassung legitimiert sind?

5. Wahlprüfungsverfahren

Der Streit um die Grundmandatsklausel wurde ebenso wie das negative Stimmge- **96**
wicht in einem sog. **Wahlprüfungsverfahren** nach Art. 41 Abs. 2 GG, § 48 BVerfGG iVm § 49 BWG zur Entscheidung durch das BVerfG gebracht. Es handelt sich hier um ein objektives Beanstandungsverfahren, dh der Antragsteller muss nicht geltend machen, in eigenen Rechten verletzt zu sein. Dem verfassungsgerichtlichen Verfahren ist ein Vorverfahren vorgeschaltet, in dem der Bundestag selbst auf Einspruch eines Wahlberechtigten (und anderer Einspruchsberechtigter, § 2 Abs. 2 Wahl-

98 BVerfG, U.v. 25.7.2012 – 2 BvE 9/11, 2 BvF 3/11, 2 BvR 2670/11 – Rn 98 f, zitiert nach juris.
99 S. dazu BbgVerfG LKV 2001, 267 und BVerfGE 97, 317, 323 ff und dazu die Anm. von *Rossi*, LKV 2001, 258.

prüfG) über die Gültigkeit der Wahl entscheidet. Der Bundestag beschränkt sich auf die Prüfung, ob die Vorschriften des geltenden Wahlrechts fehlerfrei angewandt worden sind, prüft aber nicht, ob sie verfassungsmäßig sind[100].

97 Gegen den Beschluss des Bundestags kann dann **Wahlprüfungsbeschwerde** zum BVerfG nach Art. 41 Abs. 2 GG, erhoben werden.

Die **Zulässigkeitsvoraussetzungen** ergeben sich aus § 48 BVerfGG. Beschwerdeberechtigt ist nach § 48 Abs. 1 BVerfGG (neu gefasst durch G.v. 12.7.2012, BGBl I S. 1501) jeder Wahlberechtigte, dessen Einspruch vom Bundestag abgewiesen wurde, oder eine Gruppe von Wahlberechtigten, sowie eine Fraktion des Bundestags oder eine Gruppe von Abgeordneten. Weitere Antragsberechtigte sind in § 48 Abs. 1 BVerfGG genannt[101] (Rn 798). Beschwerdegegenstand ist die Gültigkeit der Wahl in dem Umfang, in dem der Bundestag über den Einspruch entschieden hat. Eine besondere Beschwerdeberechtigung ist nicht Voraussetzung, die Beschwerdefrist beträgt zwei Monate. Mit Ablauf der Wahlperiode erledigt sich die Beschwerde; das BVerfG prüft die Beschwerde aber gleichwohl, wenn ein relevantes Klarstellungsinteresse besteht[102].

Der Antrag ist **begründet**, wenn die Wahl **fehlerhaft** durchgeführt wurde, also bei falscher Stimmauszählung, fehlerhafter Nichtberücksichtigung einer Partei, fehlerhafter Verwendung von Wahlcomputern uam. Wenn der Beschwerdeführer die Verfassungswidrigkeit von Bestimmungen des geltenden Wahlrechts rügt, so wird dies zwar nicht vom Bundestag bei der Entscheidung über den Einspruch, wohl aber vom BVerfG bei der Entscheidung über die Wahlprüfungsbeschwerde geprüft – so im Fall des negativen Stimmgewichts[103]. Voraussetzung für die Begründetheit ist jedoch **Mandatsrelevanz**: Der gerügte Fehler muss tatsächlich Auswirkungen auf die Zusammensetzung des Bundestags gehabt haben oder jedenfalls gehabt haben können[104].

Ungültigerklärung der Wahl? Auch wenn das BVerfG einen relevanten Wahlfehler feststellt, erklärt es nicht ohne Weiteres die Wahl für ungültig. Es gilt der Grundsatz des Bestandsschutzes der gewählten Volksvertretung, der in Ausgleich zu bringen ist mit dem Gewicht des Wahlfehlers. Es gilt der Grundsatz des geringstmöglichen Eingriffs.

98 Soweit es um die Gültigkeit einer Wahl geht, ist das Wahlprüfungsverfahren gegenüber der Verfassungsbeschwerde nach Art. 93 Abs. 1 Nr 4a GG das speziellere Verfahren. Dies betrifft zB Beschwerden einer Partei gegen Entscheidungen des Bundeswahlausschusses. Nicht verdrängt wird demgegenüber eine Verfassungsbeschwerde, sei es eines Wählers, sei es eines Wahlbewerbers, mit der der Beschwerdeführer gel-

100 BVerfGE 121, 266, 290.
101 Vgl dazu auch *Robbers*, § 22; *Lackner*, JuS 2010, 307.
102 BVerfGE 122, 304, 306.
103 BVerfGE 121, 266, 290.
104 S. dazu *Schreiber*, DVBl 2010, 609, 612.

tend macht, durch Bestimmungen des geltenden Wahlrechts in seinen Rechten aus Art. 38 Abs. 1 S. 1 GG verletzt zu sein[105]. Sehen sich **politische Parteien** durch die Ausgestaltung des Wahlrechts in ihrem Recht auf Chancengleichheit aus Art. 38 Abs. 1 GG verletzt, so kommt für sie als Beteiligte am Verfassungsleben das Organstreitverfahren nach Art. 93 Abs. 1 Nr 1 GG in Betracht, wenn es um Bundesrecht geht, bei Landesrecht ein Organstreitverfahren vor dem jeweiligen Landesverfassungsgericht[106].

6. Art. 38 Abs. 1 GG als grundrechtsgleiches Recht

Art. 38 Abs. 1 S. 1 GG gewährleistet das aktive **Wahlrecht** als **grundrechtsgleiches** 98a
Recht – Letzteres ergibt sich daraus, dass Art. 38 GG in Art. 93 Abs. 1 Nr 4a GG zu den Rechten zählt, auf die eine Verfassungsbeschwerde gestützt werden kann. Das BVerfG hat in seinen Entscheidungen zum Vertrag von Maastricht und zum Vertrag von Lissabon, wo es um Verfassungsfragen der europäischen Integration ging[107], dieses Recht um eine materielle Komponente erweitert: der Bürger hat nicht nur ein Recht darauf, den Bundestag zu wählen, sondern er kann auch beanspruchen, dass dieser Bundestag mit hinreichenden Befugnissen in der Sache ausgestattet ist. Dieses Recht ist dann verletzt, wenn staatliche Befugnisse in einem Maße auf die EU übertragen werden, dass dem Bundestag keine hinreichenden substanziellen Befugnisse verbleiben. Dies ist auch wegen der prozessualen Konsequenzen bedeutsam: der einzelne Bürger kann dann unmittelbar im Wege der **Verfassungsbeschwerde** gegen ein Gesetz vorgehen, das sich nicht in den Grenzen der **Integrationsermächtigung** des Art. 23 GG hält; hierauf stützt sich die Verfassungsbeschwerde gegen ESM und Fiskalpakt.

Art. 38 Abs. 1 S. 1 GG ist lex specialis zu Art. 3 Abs. 1 GG, wenn es um die Wahlrechtsgleichheit geht. Verfassungsbeschwerden aus diesem Grund können daher wenn es um die Wahlen zum Bundestag geht, nur auf Art. 38 Abs. 1 S. 1 GG und nicht auf Art. 3 Abs. 1 GG gestützt werden, während bei Wahlen zu einem Landtag ausschließlich die einschlägige Garantie der Landesverfassung herangezogen werden kann; demgemäß kann gegen Landtagswahlen auch nicht das BVerfG, sondern nur das Verfassungsgericht des Landes angerufen werden[108].

Für die Wahl der **Landesparlamente** (Landtag, in den Stadtstaaten: Bürgerschaft) gilt Art. 38 GG 98b
nicht unmittelbar. Die in Abs. 1 S. 1 aufgeführten Wahlrechtsgrundsätze sind Voraussetzung dafür, dass von demokratischen Wahlen gesprochen werden kann. Sie sind nach Art. 28 Abs. 1 S. 2 GG für die Länder unmittelbar verbindlich Auch die Wahlen zum Landtag müssen also allgemein, gleich, unmittelbar, frei und geheim sein. Die Verfassungen der Länder enthalten durchweg entsprechende Vorgaben. Dass Art. 38 GG nicht unmittelbar gilt, hat jedoch praktisch bedeutsame Konsequenzen für den Rechtsschutz. Das Wahlrecht eines Landes kann nicht an Art. 38 Abs. 1 S. 1 GG gemessen werden, aber auch nicht an Art. 3 GG, sondern nur an den Vorgaben der Lan-

105 S. BVerfGE 82, 322, 336.
106 S. dazu LVerfG MV NJ 2001, 138.
107 BVerfGE 123, 267, 341 ff.
108 BVerfGE 99, 1, 17 f, bestätigt durch BVerfG NVwZ-RR 2010, 945.

desverfassung. Damit ist nicht das BVerfG, sondern allein das jeweilige Landesverfassungsgericht zuständig[109]. Dies gilt für alle Wahlen, bei denen es um Ausübung von Staatsgewalt geht, so zB den Wahlen zu den Hamburgischen Bezirksversammlungen[110].

7. Nach der Wahl: Fraktions- und Regierungsbildung (Überblick)

99 Im parlamentarischen System des Grundgesetzes werden die Bundestagsabgeordneten gewählt, und nicht etwa der Bundeskanzler – „Kanzlerkandidat" ist ein politischer, kein verfassungsrechtlicher Begriff. Der Kanzler wird vielmehr vom neu zusammengetretenen Bundestag gewählt; das Vorschlagsrecht liegt zunächst beim Bundespräsidenten – die Einzelheiten werden im Abschnitt über die Bundesregierung behandelt (Rn 693 f). Wen der Bundespräsident vorschlägt, ist nicht geregelt und wird in der Praxis vom Ergebnis der üblicherweise vorausgehenden Koalitionsverhandlungen abhängig gemacht. Ein Recht etwa des „Kanzlerkandidaten" der stärksten Partei auf Vorschlag besteht keineswegs, ebenso wenig wie die stärkste Partei notwendig an der Regierung beteiligt sein muss.

Die verfassungsrechtliche Stellung der gewählten **Abgeordneten** wird in erster Linie durch die Bestimmung des Art. 38 Abs. 1 S. 2 GG bestimmt, also den Grundsatz des freien Mandats; näher hierzu im Abschnitt über den Bundestag und die Abgeordneten (Rn 607 ff). Die Abgeordneten ihrerseits schließen sich regelmäßig zu **Fraktionen** zusammen. Deren Rechtsstellung wird im Grundgesetz nicht ausdrücklich geregelt. Sie ergibt sich einerseits aus Art. 38 Abs. 1 S. 2 GG als der Grundnorm für die Rechtsstellung des Abgeordneten: wie diese, nehmen auch die Fraktionen gleichberechtigt an der Arbeit des Bundestags teil. Andererseits wird die Rechtsstellung der Fraktionen durch Art. 21 GG bestimmt. Fraktionen sind Zusammenschlüsse von Abgeordneten, die grundsätzlich der gleichen Partei angehören. Art. 21 GG bestimmt auch maßgeblich die verfassungsrechtliche Stellung des einzelnen Abgeordneten: dieser ist ja einerseits Inhaber eines freien Mandats und als solcher nur seinem Gewissen unterworfen, Art. 38 Abs. 1 S. 2 GG. Er hat sein Mandat aber andererseits auch als Vertreter seiner Partei inne. Dieses **Spannungsverhältnis** zwischen **Art. 38 Abs. 1 GG** und **Art. 21 Abs. 1 GG** bestimmt durchweg das Recht der Abgeordneten und das Recht der Fraktionen wie auch das Verhältnis von Regierung und Parlament – dazu näher im 2. Teil – Staatsorgane.

100 **Lösung Fall 6: Legislaturperiode**

Art. 1: Verlängerung der Wahlperiode

Da die Bestimmung im Wege der Grundgesetzänderung und lt. SV unter Beachtung der formellen Voraussetzungen erlassen wurde, ist sie nur verfassungswidrig, wenn sie gegen in Art. 79 Abs. 3 GG für *unantastbar* erklärte Grundsätze verstößt.

109 BVerfGE 99, 1, 98 ff.
110 BVerfG DVBl 2008, 236.

1. Hier könnte das *Demokratiegebot* nach Art. 20 Abs. 1, 2 GG berührt sein.

a) Zu seinen wesentlichen Inhalten gehören *Wahlen*, durch die das Volk als Träger der Staatsgewalt seinen Willen kundtut. Es muss auch die Möglichkeit haben, seine gewählten Repräsentanten zu *kontrollieren*.

b) Dies ist nur dann gewährleistet, wenn Wahlen in angemessenen Zeitabständen stattfinden; die Periodizität der Wahlen zählt also zu den Grundsätzen des Art. 20 GG.

2. Diese Grundsätze müssten hier nun berührt sein.

a) Die konkrete Ausgestaltung des Wahlrechts ist nicht unveränderbar – es müssen hierbei eben nur die fraglichen „Grundsätze" gewahrt sein.

b) Ein ganz *bestimmter* Zeitabstand lässt sich hieraus nicht ableiten. Einerseits mindern zu lange Wahlperioden die Effektivität der politischen Kontrolle durch das Volk. Andererseits ist auch das Anliegen legitim, die Arbeitsfähigkeit der Volksvertretung nicht durch zu häufige Wahlkämpfe zu beeinträchtigen. Auch entspricht es dem repräsentativen Prinzip, eine gewisse Unabhängigkeit der Volksvertretung von *momentanen* Stimmungsschwankungen anzustreben.

c) In *Abwägung* dieser Gesichtspunkte dürfte eine Wahlperiode von 6 Jahren – wie sie auch auf *kommunaler* Ebene üblich ist – das *Demokratieprinzip* in seinem *Kernbereich* – nur dieser ist durch Art. 79 Abs. 3 GG für *unantastbar* erklärt – nicht verletzen, aber doch an der Grenze liegen. Dies zeigt sich auch im internationalen Vergleich, wo Wahlperioden von vier Jahren die Regel sind.

3. Ergebnis: Art. 1 des Gesetzes ist mit dem Demokratieprinzip, soweit dieses durch Art. 79 Abs. 3 GG für unantastbar erklärt wird, vereinbar.

Art. 2: Verlängerung der *laufenden* Wahlperiode

1. Hier könnte ein wesentliches demokratisches Prinzip des Art. 20 GG verletzt sein: das der Repräsentation.

a) Wahlen legitimieren das Parlament zur Repräsentation des Staatsvolks. Durch die Verlängerung der *laufenden* Wahlperiode wird die Legitimation des Parlaments überschritten: sie erstreckt sich auf die Dauer der laufenden Wahlperiode, nicht darüber hinaus.

b) Dies hat hier zur Folge: Die Volksvertretung nimmt eine ihr tatsächlich nicht verliehene Repräsentationsbefugnis in Anspruch. Sie setzt das repräsentative Prinzip insoweit außer Kraft.

2. Hierin liegt eine Verletzung des Demokratiegebots in seinem gemäß Art. 79 Abs. 3 GG unantastbaren Kernbereich. Art. 2 des Gesetzes ist also verfassungswidrig.

Lösung Fall 7: Überhangmandate **101**

1. § 6 Abs. 5 BWG könnte gegen Art. 38 Abs. 1 S. 1 GG verstoßen. Art. 38 Abs. 1 S. 1 GG fordert: Zählwert- und Erfolgswertgleichheit der Stimmen. Letztere ist hier dadurch beeinträchtigt, dass die Zusammensetzung des Bundestags nicht mehr dem Verhältnis der gültigen Zweitstimmen entspricht.

2. Dies wäre allerdings dann gerechtfertigt, wenn es sich hierbei um eine zwingende Konsequenz aus dem geltenden Wahlsystem handelt.

a) Dafür spricht, dass das geltende Wahlrecht Elemente der Mehrheits- und Verhältniswahl kombiniert und Überhangmandate durch Erstere bedingt sind (Rn 82 f).

b) Dagegen spricht, dass entscheidendes Kriterium für die Sitzverteilung das Verhältnis der Zweitstimmen ist.

3. Der Gesetzgeber hat jedoch Ermessen in der Frage, inwieweit er den Grundsätzen der Verhältnis- oder der Mehrheitswahl stärkeres Gewicht beilegt. Doch müssen auch dann die Überhangmandate auf insgesamt maximal eine halbe Fraktionsstärke (ca. 15 Sitze) begrenzt werden. Da die A-Partei die 10 einzigen Überhangmandate im Bundestag errungen hat, liegt hier noch kein Verstoß gegen die Gleichheit der Wahl vor.

102 **Lösung Fall 8: Familienwahlrecht**

I. Änderung des BWG?

Das angestrebte Familienwahlrecht macht zunächst eine Änderung des BWG erforderlich. Diese müsste die Grundsätze des Art. 38 Abs. 1 S. 1 GG beachten.

1. Ein Familienwahlrecht könnte gegen den Grundsatz der gleichen Wahl verstoßen.

a) Dies ist dann der Fall, wenn die Stimme eines Wahlberechtigten mehr zählt, als die anderer Wahlberechtigter. Eben darum geht es hier.

b) Der Grundsatz der Wahlrechtsgleichheit gilt streng formal. Deshalb ist hier kein sachlich rechtfertigender Grund für eine Ungleichbehandlung erkennbar.

2. Ein Familienwahlrecht könnte auch in der Weise ausgestaltet werden, dass die minderjährigen Kinder selbst als wahlberechtigt gelten und ihre Stimmen durch ihre gesetzlichen Vertreter abgegeben werden. Auch dann hätten aber deren Stimmen erhöhtes Gewicht, da in der Sache sie die Wahlentscheidung treffen würden. Ferner würde gegen den Grundsatz der Unmittelbarkeit der Wahl verstoßen.

II. Einführung nach Grundgesetzänderung?

1. Eine Grundgesetzänderung könnte eine Ausnahme von der Wahlrechtsgleichheit vorsehen. Dies könnte jedoch gegen Art. 79 Abs. 3 GG verstoßen. Danach müssen auch bei Grundgesetzänderungen die Grundsätze des Art. 20 GG gewahrt bleiben.

2. Hier könnte das *Demokratiegebot* nach Art. 20 Abs. 1, 2 GG berührt sein. Es setzt freie Wahlen ebenso voraus wie staatsbürgerliche Gleichheit. Ein Familienwahlrecht würde diese fundamentalen Grundsätze berühren, nicht nur die Ausgestaltung des Wahlrechts. Es könnte auch durch Grundgesetzänderung nicht eingeführt werden (str., Rn 80).

Schrifttum zu IV.: *Isensee,* Funktionsstörung im Wahlsystem: das negative Stimmgewicht, DVBl 2010, 269; *Pukelsheim/Rossi*, Wahlsystemnahe Optionen zur Vermeidung negativer Stimmgewichte, JZ 2010, 922; *Richter*, Briefwahl für alle?, DÖV 2010, 606.

V. „Wahlen und Abstimmungen" – direkte Demokratie

103 **Fall 9: Volksbefragung – Energiewende I**

Angesichts einer aktuellen Diskussion um die Rettung des Weltklimas wollen die Parteien der Regierungskoalition einen breiten Konsens in der Bevölkerung erzielen. Deshalb wird ein Bundesgesetz verabschiedet, das verschiedene alternative Modelle vorsieht, die dem Volk unmittelbar zur Abstimmung vorgelegt werden sollen. Ist dies verfassungsrechtlich zulässig?

Abwandlung: Falls nicht, könnte zumindest im Wege einer Volksbefragung die Meinung zu Fragen einer „Energiewende" erkundet werden? **Rn 115**

Fall 10: Volksentscheid 104

Gegen Ende der 14. Legislaturperiode wurde ein Entwurf zur Änderung des Grundgesetzes eingebracht, der Volksbegehren und Volksentscheid auf Bundesebene einführen sollte. Ein Volksbegehren auf Erlass eines Gesetzes sollte bei Unterstützung von 5 v.H. der Wahlberechtigten zustande kommen. Für Volksentscheide war eine Mindestbeteiligung von 20 v.H. der Stimmberechtigten (Quorum) als Voraussetzung für das Zustandekommen des Gesetzes vorgesehen, für Grundgesetzänderungen von 40 v.H. und eine Abstimmendenmehrheit von 2/3.

Gegen den Entwurf wurde ua der Einwand erhoben, das Grundgesetz schließe die Einführung derartiger Verfahren direkter Demokratie zwingend aus, jedenfalls aber sei durch die niedrigen Quoren die notwendige demokratische Legitimation von Volksbegehren und Volksentscheid nicht gewährleistet; auch seien die vorgesehenen Sicherungen gegenüber Änderungen des Grundgesetzes nicht ausreichend. – Zu Recht? **Rn 116**

1. Direkte Demokratie – Offenheit des Grundgesetzes

a) Instrumente direkter Demokratie

Art. 20 Abs. 2 S. 2 GG erwähnt „Wahlen und Abstimmungen", durch die das Volk die Staatsgewalt ausübt. Wahlen sind vorgesehen für den Bundestag, Art. 38 GG, Abstimmungen in bestimmten Fällen einer Neugliederung des Bundesgebiets nach näherer Maßgabe des Art. 29 GG. Weitere Fälle von Abstimmungen kennt das Grundgesetz nicht. Es sieht insbesondere keine Volksentscheide über Gesetze vor – anders, als die Verfassungen der Länder. Die Demokratie des Grundgesetzes ist, so wie sie konkret durch dessen Normen ausgeformt wurde, repräsentative Demokratie. Im Gegensatz entscheidet bei direkter (oder „sachunmittelbarer") Demokratie das Volk unmittelbar über Sachfragen. Erscheinungsformen direkter Demokratie sind vor allem Volksentscheide – hier entscheidet das Volk in einer Abstimmung unmittelbar über ein Gesetz (ggf auch über sonstige Sachfragen) – und, den Volksentscheiden üblicherweise vorausgehend, Volksbegehren, bei denen eine bestimmte Anzahl von Wahlberechtigten (zB 20 v.H.) eine Gesetzesvorlage unterstützen muss, damit das Parlament sich damit befasst oder aber ein Volksentscheid über die Vorlage stattfindet. Beim **Referendum** wird das Volk um Zustimmung für ein Vorhaben der Regierung angerufen. – Bei der **Volksbefragung** wird demgegenüber die Meinung der Stimmberechtigten zu einer bestimmten Frage in einem förmlichen Verfahren, aber ohne rechtliche Bindungswirkung erkundet. 105

b) Offenheit des Grundgesetzes – Kriterien einer Verfassungsänderung

Um Volksentscheide einzuführen, müsste das Grundgesetz geändert werden. Dies folgt aus diesen Überlegungen: das Verfahren und die Zuständigkeiten für den Erlass von Gesetzen sind im Grundgesetz – in den Art. 76 ff – eingehend geregelt. Wollte man außer der Gesetzgebung durch das Parlament Gesetzgebung unmittelbar durch das Volk einführen, so müsste auch dies dort geregelt werden. Hinzu kommt: von wem und in welchem Verfahren staatliche Gewalt ausgeübt wird, dies muss im Verfas- 106 sungsstaat durch die Verfassung geregelt werden. Wie im Fall des Art. 29 GG müssten andere Fälle von Abstimmungen in gleicher Weise positiv geregelt sein. Es besteht ein **Verfassungsvorbehalt**[111].

Dass aber durch Verfassungsänderung Volksentscheide eingeführt werden könnten, daran kann ernstlich kein Zweifel bestehen. Art. 20 Abs. 2 S. 2 GG nennt ausdrücklich Wahlen und Abstimmungen als Form der Willensbetätigung durch das Staatsvolk. Art. 29 GG besagt nicht zwingend, dass Abstimmungen nur in den dort genannten Fällen möglich sein sollen; ebenso wenig kann davon ausgegangen werden, dass Art. 20 Abs. 2 S. 2 GG nur den Fall des Art. 29 GG erfasst; tatsächlich ist Art. 29 GG nicht einmal ein Fall der Abstimmung durch das Staatsvolk des Bundes; abgestimmt wird auf Landesebene. Nach Art. 79 Abs. 3 GG dürfen zwar die Grundsätze des Art. 20 GG auch im Wege der Grundgesetzänderung nicht angetastet werden – aber eben nur die Grundsätze. Die aktuelle Ausgestaltung der parlamentarischen Demokratie ist nicht auf Dauer zementiert. Dies gilt auch für das Verhältnis von direkter und repräsentativer Demokratie. Wenn gerade in Art. 20 Abs. 2 GG auch Abstimmungen als Element demokratischer Staatswillensbildung genannt werden, so ist das Grundgesetz damit für direkte Demokratie offen. Ihre Einführung kann also nicht gegen Art. 79 Abs. 3 GG verstoßen. Dass durch Verfassungsänderung Formen direkter Demokratie in das Grundgesetz eingeführt werden könnten, wird vom BVerfG in seinem Urteil zum Lissabon-Vertrag ganz selbstverständlich vorausgesetzt[112].

107 Um die Ernsthaftigkeit, Gemeinwohlorientierung und demokratische Legitimation des im Volksentscheid zustande gekommenen Gesetzes zu gewährleisten, müssen bestimmte Verfahrenserfordernisse eingehalten werden. Maßstabsnorm ist jedenfalls für Änderungen des Grundgesetzes nur Art. 79 Abs. 3 GG: bei einer Einführung von Volksentscheiden durch Grundgesetzänderung müssen die Grundsätze auch des Art. 20 GG beachtet werden. Das Verfahren muss also so ausgestaltet sein, dass das Demokratieprinzip des Grundgesetzes gewahrt bleibt. Im Einzelnen werden die Anforderungen des Art. 79 Abs. 3 GG – wie auch die der mit Art. 79 Abs. 3 GG vergleichbaren Bestimmungen der Landesverfassungen – unterschiedlich gesehen[113]. Genannt werden insbesondere bestimmte **Quoren** (also eine bestimmte Mindestbeteiligung), die als Beteiligungsquoren oder als Zustimmungsquoren ausgestaltet werden können. Bei Ersteren ist der Volksentscheid nur gültig, wenn sich ein bestimmter Prozentsatz der Wahlberechtigten daran beteiligt hat; bei Letzteren kommt das Gesetz nur zustande, wenn es nicht nur mit der Mehrheit der Abstimmenden gebilligt wird, sondern wenn die Ja-Stimmen beispielsweise 25 v.H. der Stimmberechtigten ausmachen. Derartige Quoren werden gefordert, um die demokratische Legitimation des Gesetzes zu gewährleisten, so dass dieses tatsächlich auf den Volkswillen zurückgeführt werden kann.

---

111 Vgl *Graf Kielmansegg*, JuS 2006, 323, 324.
112 BVerfGE 123, 267, 367.
113 Sehr eng etwa vom ThürVerfGH ThürVBl 2002, 31; dazu *Jutzi*, NJ 2001, 645; s. auch BayVerfGH BayVBl 2000, 397.

c) Art. 146 GG

Das Staatsvolk bleibt jedoch stets der eigentliche Träger der Staatsgewalt und es ist Träger der verfassungsgebenden Gewalt. Würde die Bundesrepublik im Zuge der europäischen Union unter Aufgabe der eigenen Staatlichkeit in einen europäischen Bundesstaat aufgehen wollen, so müsste hierüber zwingend im Wege der Volksabstimmung entschieden werden[114]. Dies ist Art. 146 GG zu entnehmen. Unabhängig davon könnten durch entsprechende Änderung des Art. 23 GG auch sonstige Entscheidungen im Rahmen der europäischen Integration, wie zB wesentliche Änderungen der Verträge oder die Aufnahme neuer Mitglieder, unter Referendumsvorbehalt gestellt, von zustimmenden Volksentscheidungen abhängig gemacht werden. 108

2. Direkte Demokratie in den Ländern

a) Verfassungsautonomie der Länder

Wie das Grundgesetz, treffen die Verfassungen der Bundesländer die verfassungsgestaltende Grundentscheidung für parlamentarische Demokratie. Sie verwirklichen jedoch in stärkerem Maße **unmittelbare Demokratie**. Beim **Volksbegehren** unterstützt ein bestimmter Prozentsatz der Wahlberechtigten den Antrag auf Verabschiedung eines Gesetzes. Wenn das Parlament dem nicht entspricht, kommt es zum **Volksentscheid**. Dies in ihrer Verfassung vorzusehen, sind die Länder im Rahmen ihrer Verfassungsautonomie frei; auch das Homogenitätsgebot des Art. 28 Abs. 1 GG (Rn 19) hindert sie nicht daran[115]. Die verfassungsmäßige Ordnung in den Ländern muss demokratischen Grundsätzen des Grundgesetzes entsprechen – dies belässt ihnen Entscheidungsfreiheit in der Ausgestaltung dieser Grundsätze. Art. 28 Abs. 1 S. 2 GG, der für die Länder eine aus demokratischen Wahlen hervorgegangene Volksvertretung fordert, wäre nur berührt, wenn deren Aufgaben und Befugnisse so weit reduziert würden, dass von einer echten Volksvertretung nicht mehr die Rede sein könnte. Vom Volk initiierte und beschlossene Gesetze und parlamentarische Gesetze sind iÜ gleichrangig. Dies bedeutet aber auch, dass das Parlament *verfassungsrechtlich* nicht gehindert ist, ein im Wege des Volksentscheids zustande gekommenes Gesetz wieder aufzuheben oder zu ändern[116]. 109

b) Gemeinsamkeiten und aktuelle Verfassungskonflikte

Die landesrechtlichen Regelungen sind unterschiedlich ausgestaltet (Rn 233 ff); gewisse **Grundstrukturen** sind jedoch gemeinsam. 110

Durchweg wird unterschieden zwischen **Volksbegehren** und **Volksentscheid**; teilweise ist dem noch die sog. **Volksinitiative** vorgeschaltet. Die Verfassungen jüngeren Datums kennen ein **dreistufiges Verfahren** mit Volksinitiative, Volksbegehren und Volksentscheid. Dabei kann sich die **Volksinitiative** generell auf *„Gegenstände der politischen Willensbildung"* beziehen, nicht nur

114 BVerfGE 123, 267, 364.
115 BVerfGE 60, 175, 208.
116 HbgVerfG DÖV 2005, 252.

auf Gesetze. Es sind nur verhältnismäßig wenige Unterschriften erforderlich, der Landtag muss sich hiermit aber auch nur „befassen". So in Berlin, Brandenburg, Mecklenburg-Vorpommern, Niedersachsen, Rheinland-Pfalz, Sachsen-Anhalt und Schleswig-Holstein; Hamburg kennt die Volksinitiative, aber beschränkt auf Gesetze[117].

111 Volksbegehren und Volksentscheid können sich in aller Regel nur auf den Erlass eines **Gesetzes** richten. **Bestimmte Materien**, vor allem Abgabengesetze, Besoldungsgesetze, das Haushaltsgesetz, teilweise generell finanzwirksame Gesetze, werden **ausgeschlossen**. Dass das Volksbegehren sich im Rahmen der Zuständigkeiten des Landes bewegen muss, liegt auf der Hand. Stets muss ein **ausgearbeiteter und begründeter Gesetzentwurf** vorgelegt werden. Stets hat sich zunächst der **Landtag** mit der Volksinitiative bzw dem erfolgreichen Volksbegehren zu befassen. Er kann den Entwurf übernehmen, dann ist das Gesetz zustande gekommen. Andernfalls kommt es zum **Volksentscheid**, wobei stets ein **Alternativentwurf** mit vorgelegt werden kann.

Der sog. **Haushaltsvorbehalt** wird – auch abhängig vom konkreten Wortlaut – unterschiedlich interpretiert. Einige Landesverfassungsgerichte verstehen ihn als Verbot von Gesetzen mit Auswirkungen auf den Haushalt[118], anders der Sächsische Verfassungsgerichtshof[119]: Gesetz über den Haushalt ist das Haushaltsgesetz. Dies entspricht dem Wortsinn. Auch würde andernfalls der Anwendungsbereich von Volksbegehren und Volksentscheid gegen Null tendieren. Verfassungsnormen aber müssen so ausgelegt werden, dass sie wirksam zur Geltung kommen[120]. In Bayern wurde die Frage nach Zulässigkeit und Grenzen **staatlicher Einflussnahme** aktuell: Die Staatsregierung hatte massiv für den vom Landtag gem. Art. 74 Abs. 4 BayVerf mit vorgelegten Gesetzentwurf geworben. Der BayVerfGH[121] verneinte eine unzulässige Einflussnahme. Die **Neutralitätspflicht** der Regierung, wie sie für den Wahlkampf gilt[122] (Rn 717), kann hiernach nicht auf die Auseinandersetzung um einen Volksentscheid übertragen werden. Im Gesetzgebungsverfahren kann die Regierung ihre Auffassung geltend machen – für die Gesetzgebung durch das Volk gelte nichts anderes als für das parlamentarische Gesetzgebungsverfahren[123].

112 Durchweg ist eine **vorbeugende Normenkontrolle** durch das Verfassungsgericht vorgesehen: der einem Volksbegehren zugrunde liegende Gesetzentwurf wird zunächst von der Landesregierung oder vom Landtag auf seine Verfassungsmäßigkeit und vor allem auch darauf überprüft, ob überhaupt das Land zuständig ist. Gelangen sie hierbei zur Unzulässigkeit, so müssen sie entweder das Verfassungsgericht anrufen oder aber sie können das Volksbegehren als unzulässig behandeln; dann müssen sich die Initianten (Vertrauensleute) des Volksbegehrens an das Verfassungsgericht wenden. Hierdurch werden die fehlenden institutionellen Sicherungen der parlamentarischen Gesetzgebung für die Volksgesetzgebung ausgeglichen und es soll verhindert werden, dass ein im Volksentscheid beschlossenes Gesetz nachträglich vom Verfassungsgericht aufgehoben wird. Das **Verfassungsgericht** prüft auch die **Gesetzgebungszuständigkeit** des Landes (Rn 866).

113 Die **Kompetenzfrage** stellte sich beim hessischen Volksbegehren *„Startbahn West"* des Flughafens Frankfurt/M. Der Gesetzesentwurf hatte eine Änderung des Raumordnungsprogramms des Landes in der Weise vorgesehen, dass durch räumliche Begrenzung des Flughafengeländes der

117 Zur „Befassungspflicht" des Landtags s. *Röper*, ThürVBl 2003, 154.
118 BVerfGE 102, 176 als Landesverfassungsgericht für das Land Schleswig-Holstein, das erst seit 2008 ein eigenes Verfassungsgericht hat; VerfGH NW NVwZ 1982, 188; BbgVerfG LKV 2002, 77; ThürVerfGH LKV 2002, 83.
119 SächsVerfGH LKV 2003, 327; eine vermittelnde Auffassung vertritt HbgVerfG DVBl 2006, 631.
120 So zutr. HmbVerfG DVBl 2006, 631.
121 BayVerfGH BayVBl 1994, 203 und 238.
122 BVerfGE 44, 125, 145 ff.
123 Kritisch hierzu *Morlok/Voss*, BayVBl 1995, 513.

Bau der Startbahn unmöglich wurde. Die Landesregierung lehnte die Zulassung wegen fehlender Gesetzgebungszuständigkeit des Landes ab. Dagegen legten die Vertrauenspersonen Beschwerde zum HessStGH ein (s. §§ 2 ff HessVuVG). Dieser verneinte die Zulässigkeit des Volksbegehrens wegen fehlender Gesetzgebungskompetenz des Landes[124]. Denn es geht um Luftverkehr – dafür aber ist allein der Bund zuständig (Art. 73 Abs. 1 Nr 6 bzw Art. 87d GG). Da das Volksbegehren sich auf einen zulässigen Gegenstand beziehen muss, bewegen sich die Antragsteller mit einem Gesetz außerhalb der Landeszuständigkeit außerhalb ihrer Befugnisse.

Es gelten nahezu durchweg bestimmte **Quoren**: Ein bestimmter Prozentsatz der Wahlberechtigten muss sich beteiligen bzw zustimmen. Für das Volksbegehren gilt ein **Unterstützungsquorum** von meist 5 bis 10 v.H. der Wahlberechtigten. Für den Volksentscheid gilt: bei einem **Beteiligungsquorum** muss sich ein bestimmter Prozentsatz an der Abstimmung beteiligen; bei einem **Zustimmungsquorum** (dies ist die Regel) muss ein bestimmter Prozentsatz mit Ja stimmen. 114

In erster Linie auf das **Homogenitätsgebot** des Art. 28 Abs. 1 GG stützte sich der – bis dahin nicht sonderlich aufgefallene – Bremer Staatsgerichtshof, als er eine Änderung der Landesverfassung für unzulässig erklärte, durch die das Unterstützungsquorum für Volksbegehren auf 5 % der bei der jeweils letzten Landtagswahl abgegebenen Stimmen begrenzt werden sollte. Dies hätte im Regelfall etwa 3 % der Stimmberechtigten entsprochen[125]. Hierin sah er einen Verstoß gegen unantastbare (Art. 79 Abs. 3 GG!) Prinzipien der parlamentarischen Demokratie: im Gesetzgebungsverfahren sei **demokratische Legitimation** nicht mehr gewährleistet. Der *BayVerfGH*[126] stützt sich auf die demokratischen Grundgedanken der BayVerf, die durch deren Art. 75 Abs. 1 einer Verfassungsänderung entzogen sind, und beschwört die Gefahr, dass eine beim *„demokratischen Grundakt, den Wahlen"* unterlegene Minderheit dem Parlament entgegenarbeiten und hierdurch das parlamentarische System gefährden könnte. Ähnlich restriktiv ist die Haltung des **Thüringer Verfassungsgerichtshofs**[127].

Lösung Fall 9: Volksbefragung – Energiewende I 115

1. Nach Art. 20 Abs. 2 S. 2 GG wird Staatsgewalt durch das Volk in „Wahlen und Abstimmungen" ausgeübt. Eine Abstimmung des Volkes über Gesetze könnte eine Abstimmung iS dieser Bestimmung darstellen. Im Grundgesetz ist jedoch nur in Art. 29 GG eine Abstimmung des Volkes (über Neugliederungen des Bundesgebiets) vorgesehen. Die Frage ist daher, ob Abstimmungen auch in anderen Fällen – wie hier – möglich sind.

2. Art. 29 GG besagt nicht zwingend, dass Abstimmungen nur in den dort genannten Fällen möglich sein sollen (Rn 111); auch Art. 79 Abs. 3 iVm Art. 20 Abs. 2 S. 2 GG steht nicht entgegen.

3. Der Volksentscheid kann jedoch nicht durch einfaches Bundesgesetz angeordnet werden: es besteht ein Verfassungsvorbehalt.

Ergebnis: Die unterschiedlichen Vorschläge dem Volk zur Abstimmung vorzulegen, wäre ohne Verfassungsänderung unzulässig.

Zur Abwandlung: Für die Zulässigkeit der Volksbefragung könnte sprechen, dass hier nichts entschieden werden soll, das Volk also keine Staatsgewalt ausübt.

124 HessStGH NJW 1982, 1142.
125 BremStGH BayVBl 2000, 342 = NVwZ-RR 2001, 1.
126 BayVerfGH BayVBl 2000, 397, 401.
127 ThürVerfGH ThürVBl 2002, 31.

Dagegen spricht, dass derartige Volksbefragungen, wenn sie staatlicherseits veranstaltet werden, gleichsam als „Entscheidungshilfe“, eben doch zu einer unmittelbaren Teilhabe an der Wahrnehmung staatlicher Funktionen führen. Sie sind eben mehr als eine unverbindliche Meinungsäußerung (und deshalb auch kein Fall des Art. 5 GG).

Insbesondere könnte das Parlament einem Entscheidungsdruck ausgesetzt sein, der mit seinen Aufgaben und seiner Stellung schwer vereinbar wäre. Dies gilt jedenfalls dann, wenn die Volksbefragung über konkrete Gesetzesvorhaben geht und damit ein Eingriff in das Gesetzgebungsverfahren verbunden wäre[128]. Wenn demgegenüber ohne Bindung an ein konkretes Gesetzesvorhaben lediglich die Meinung zu bestimmten Sachfragen erkundet werden soll, sprechen keine zwingenden Gesichtspunkte dagegen.

116 **Lösung Fall 10: Volksentscheid**

1. Volksbegehren und Volksentscheide sind im Grundgesetz nicht vorgesehen. Ihre Einführung im Wege der Grundgesetzänderung ist am Maßstab des Art. 79 Abs. 3 GG zu messen. Berührt sein könnten die Grundsätze des Art. 20 Abs. 2 GG – Demokratieprinzip –. Art. 20 Abs. 2 S. 2 GG spricht jedoch von Wahlen und Abstimmungen. Deshalb steht Art. 79 Abs. 3 iVm Art. 20 GG nicht entgegen.

2. Abstimmungsquoren sind ein legitimes Mittel, um demokratische Legitimation des volksbeschlossenen Gesetzes zu gewährleisten. Sie dürfen andererseits nicht so hoch sein, dass die Verfassungsnorm leer läuft. In Abwägung dieser Gesichtspunkte sind 20 v.H. sachgerecht und realistisch.

3. Für Verfassungsänderungen folgen aus der erhöhten Bestandskraft der Verfassung erhöhte Anforderungen. Mit einer Abstimmendenmehrheit von 2/3 bei einer Mindestbeteiligung an der Abstimmung von 40% der Stimmberechtigten werden jene 25% an Zustimmung zu verfassungsändernden Gesetzen erreicht, die etwa der Bayerische Verfassungsgerichtshof für erforderlich hält (Rn 114).

Schrifttum zu V.: *Degenhart*, Direkte Demokratie in den Ländern – Impulse für das Grundgesetz?, Der Staat 31 (1992), 77; *Jürgens*, Direkte Demokratie in den Ländern, 1993; *Jung*, Abschluß und Bilanz der jüngsten plebiszitären Entwicklung in Deutschland auf Landesebene, JöR nF 48 (2000), 39; *Degenhart*, Volksgesetzgebungsverfahren und Verfassungsänderung nach der Verfassung des Freistaats Thüringen, DVBl 2001, 211; *ders.*, Volksbegehren und Volksentscheide „über den Haushalt“, BayVBl 2008, 453.

VI. Demokratieprinzip und Europäische Integration

→ **Leitentscheidungen:** BVerfGE 123, 267 (Vertrag von Lissabon); BVerfGE 126, 286 (Mangold).

117 **Fall 11: Europäische Verfassung**

Da nach dem Beitritt weiterer Mitgliedstaaten die Entscheidungsverfahren in der auf 32 Mitgliedstaaten angewachsenen Europäischen Union immer schwerfälliger geworden sind, vereinbaren die Regierungen in einem Vertrag eine neue Europäische Verfassung. Diese enthält,

128 Vgl *Krause*, HStR III³, § 35 Rn 24; BVerfGE 8, 104.

anders als der Vertrag von Lissabon, in einer einheitlichen Verfassungsurkunde Grundrechte, Aufgaben und Befugnisse der europäischen Organe, einen Zuständigkeitskatalog nach dem Muster der Art. 70 ff GG und erweitert die Rechte des Europaparlaments, dessen Mitglieder in allgemeinen, freien, gleichen, geheimen und unmittelbaren Wahlen gewählt werden sollen. Es soll ohne Mitwirkung der Mitgliedstaaten auf bestimmten Gebieten mit einfacher Mehrheit Rechtsvorschriften erlassen und mit 2/3-Mehrheit auch die Europäische Verfassung selbst ändern können. Das deutsche Zustimmungsgesetz zu diesem Vertrag wird nahezu einstimmig im Bundestag und Bundesrat verabschiedet. Die Landesregierung von L hält das Zustimmungsgesetz jedoch für nichtig. Denn es bedeute nicht mehr und nicht weniger als das Ende Deutschlands als souveräner Staat. Dies könne, wenn überhaupt, nur das Staatsvolk selbst beschließen. **Rn 129** (prozessual Rn 834, 835).

Zusatzfrage: Auch Rechtsanwalt Dr. G, Mitglied des Deutschen Bundestags, möchte gegen das Gesetz das BVerfG anrufen, sei es in seiner Eigenschaft als Abgeordneter, sei es als Privatmann.

1. Demokratische Legitimation der EU – Demokratiedefizit?

a) Das Konzept der „doppelten" Legitimation

Wie eingangs ausgeführt, haben die Mitgliedstaaten der EU dieser hoheitliche Befugnisse übertragen. Nach Art. 24 Abs. 1 GG kann auf zwischenstaatliche Einrichtungen und nach Art. 23 Abs. 1 GG insbesondere auf die **EU** staatliche Gewalt zur Ausübung übertragen werden. Dies ist im Fall der EU geschehen. Die EU kann verbindliche Rechtsakte erlassen. Sie wirken auch für die Bürger der Union (Rn 251 ff). Daher bedeutet die Mitgliedschaft der Bundesrepublik Deutschland in der EU: diese übt Staatsgewalt aus, die von der Bundesrepublik als Mitgliedstaat herrührt. Sie muss deshalb ebenfalls vom Volk der Bundesrepublik ausgehen und muss demokratisch legitimiert sein. Für die EU wird von einer **„doppelten" Legitimationskette** ausgegangen: zum einen besteht der Rat als ein entscheidendes Organ der Union aus Mitgliedern der Regierungen der Mitgliedstaaten, Art. 16 EUV[129]. Der Europäische Rat, Art. 15 EUV, ist die Versammlung der Staats- und Regierungschefs sowie der Präsidenten von Kommission und Europäischem Rat. Die Vertreter der Mitgliedstaaten sind ihrerseits ihren nationalen Parlamenten verantwortlich; ein für die Bundesrepublik dem Rat angehörender Bundesminister ist also dem Bundestag verantwortlich. Hierdurch erhalten die Entscheidungen der EU eine wenn auch über mehrere Stufen vermittelte Legitimation aus dem Volk. Zum anderen wird demokratische Legitimation über das **Europäische Parlament** hergestellt, dessen Mitglieder von den Bürgern der Mitgliedstaaten gewählt werden. Deshalb spricht man vom Konzept der **doppelten Legitimation.** 118

b) Strukturelles Demokratiedefizit

Gleichwohl verbleiben demokratische Defizite. Für das Europäische Parlament ist die **Wahlrechtsgleichheit** nur unvollkommen verwirklicht: Die kleineren Mitgliedstaaten 119

129 Hierzu und zum Folgenden informativ: *Ambos/Rackow*, Jura 2006, 505 ff.

entsenden proportional deutlich mehr Vertreter in das Europäische Parlament. Es ist also nach wie vor eine Vertretung der Völker in der Union und nicht eines einheitlichen Unionsvolks – in diesem Fall müsste Wahlrechtsgleichheit gegeben sein[130]. Auch sind die Aufgaben und Befugnisse des Europaparlaments mit denen des Bundestags nicht vergleichbar. Die Beteiligungsrechte des Europäischen Parlaments im Bereich der Rechtsetzung sind auch nach dem Vertrag von Lissabon eingeschränkt – so fehlt ein generelles Initiativrecht. Sie sind jedoch dadurch deutlich gestärkt worden, dass das **Mitentscheidungsverfahren** nach Art. 294 AEUV beim Erlass von Rechtsakten nunmehr das Regelverfahren ist; es wird als ordentliches Gesetzgebungsverfahren bezeichnet, Art. 289 AEUV. Parlament und Rat werden hier als gleichberechtigte Beteiligte auf Vorschlag der Kommission tätig. Entscheidend kommt in der Frage der demokratischen Legitimation hinzu: die Mitglieder des Rats sind nicht in der Weise dem Parlament verantwortlich, wie dies für die Bundesregierung im Verhältnis zum Bundestag gilt. Das Parlament hat keinen Einfluss auf die Zusammensetzung des Rats. Der Rat aber ist das maßgebliche Rechtsetzungsorgan. Der Bürger kann damit mit seiner Stimmabgabe bei den Wahlen seinerseits keinen Einfluss auf die Zusammensetzung des Rats nehmen. Er hat nicht die Chance, durch sein Stimmverhalten eine politische Richtungsentscheidung zu treffen, einen „Machtwechsel" herbeizuführen[131].

120 Der **Rat** als das zentrale Organ der Rechtsetzung geht nicht aus Wahlen, auch nicht aus parlamentarischen Wahlen hervor. Dies ist zwingende Konsequenz aus seiner demokratischen Rückbindung an die Mitgliedstaaten. Denn seine Mitglieder sind ihrerseits verantwortlich im Verhältnis zum nationalen Parlament ihres jeweiligen Mitgliedstaates und dessen Staatsvolk. Sie werden vom Mitgliedstaat entsandt; wird dort eine neue Regierung gebildet, so werden neue Vertreter entsandt. Insofern findet ein kontinuierlicher Wechsel in der Zusammensetzung des Rats statt. Es fehlt jedoch an der entscheidenden demokratischen Zäsur der **Wahlperiode**. Dies ist durch die Konstruktion der Union als supranationaler Gemeinschaft bedingt, in der politische Richtungswechsel nur im Konsens vorzunehmen sind. Diese demokratischen Defizite sind also strukturell bedingt. Denn solange sie selbst kein Staat ist, müssen Entscheidungen weitgehend im Konsens der beteiligten Staaten getroffen werden.

2. Grenzen der Integrationsermächtigung

a) Begrenzte Einzelermächtigung – keine „Kompetenz-Kompetenz"

121 Die Ausübung staatlicher Befugnisse durch die EU muss jedoch demokratisch legitimiert bleiben. Das demokratische Prinzip des Grundgesetzes ist nach Art. 79 Abs. 3 GG iVm Art. 23 Abs. 1 S. 3 GG auch im Zuge der europäischen Integration unantastbar. Da es kein europäisches Staatsvolk gibt, muss die ununterbrochene demokratische Legitimationskette von den europäischen Organen zu den Völkern in den Mitgliedstaa-

130 BVerfGE 123, 267, 371 f.
131 Vgl auch BVerfGE 123, 267, 341 f zur Bedeutung der Wahl als politischer Richtungsentscheidung.

ten gehen. Diese müssen die „Herren der Verträge" bleiben. Deshalb darf keine unbegrenzte, sachlich nicht determinierte Integrationsermächtigung erteilt werden. Es muss beim Grundsatz einer **begrenzten Einzelermächtigung** bleiben, Art. 5 Abs. 1 S. 1 und Abs. 2 EUV, nach dem die europäischen Organe nur die ihnen konkret zugewiesenen Befugnisse haben, sie aber nicht befugt sind, ihre Kompetenzen eigenständig zu erweitern[132]. Die Europäische Union darf nicht die Möglichkeit haben, sich eine „Kompetenz-Kompetenz" anzueignen. Die **Übertragung von Hoheitsrechten** muss in einer Weise erfolgen, die ihre Tragweite und das „Integrationsprogramm" hinreichend festlegt; es darf **keine Generalermächtigung** erfolgen. Dies wäre dann der Fall, wenn die EU die Befugnis hätte, künftig selbst Verfassungsrecht zu setzen, ihre Befugnisse einseitig zu erweitern, etwa auf der Grundlage einer „Europäischen Verfassung". Allerdings wird für die Rechtsprechung des **EuGH** kritisch vermerkt, dass seine Rechtsprechung durch eine extensive Auslegung der Kompetenzen der Union einer von den Verträgen nicht mehr gedeckten autonomen Vertragsergänzung führt[133].

b) Staatlichkeit und Verfassungsidentität als Schranke der Integration

Dies bedeutet: die Übertragung von Hoheitsrechten auf die EU muss in der Weise er- 122
folgen, dass die Bundesrepublik nicht, auch nicht durch Verfassungsänderung, auf ihre **staatliche Souveränität** verzichtet. Art. 79 Abs. 3 GG steht dem entgegen – allenfalls die verfassungsgebende Gewalt des Volkes selbst wäre hierzu in der Lage. Und auch unterhalb dieser Schwelle müssen der Bundesrepublik als Mitgliedstaat der EU hinreichende substanzielle Räume zu eigener politischer Gestaltung bleiben[134]. Das BVerfG nennt hier bestimmte Sachbereiche, die es als besonders sensibel ansieht, wo also **Hoheitsrechte** nur sehr zurückhaltend übertragen werden dürfen und die Kompetenzen der EU eng auszulegen sind, so zB im Bereich der Strafrechtspflege (wo ja schon der „Europäische Haftbefehl" beanstandet worden war[135]), die Verfügung über den Einsatz der Streitkräfte und das parlamentarische Budgetrecht, aber auch die wesentlichen Strukturen der sozialen Sicherung im Sozialstaat und Kultur, Medien, Bildung.

Die demokratischen Institutionen des Grundgesetzes – Bundestag und Bundesrat – 123
müssen also in der Verantwortung bleiben. Sie müssen dies umso mehr, als auf der supranationalen Ebene der Union demokratische Defizite bestehen und dort Entscheidungen im Rahmen exekutiver und intergouvernementaler Zusammenarbeit getroffen (also zwischen den Regierungen und sonstigen Beteiligten ausgehandelt) werden. Umso höhere Anforderungen ergeben sich an die demokratische Legitimation auf nationaler Ebene, umso mehr müssen die **nationalen Parlamente** eingebunden sein. So muss insbesondere auch weiterhin der Deutsche Bundestag dem Volk gegenüber verantwortlich über wesentliche Ausgaben des Staates entscheiden[136]. Dies dürfte auch

132 Vgl BVerfGE 123, 267, 349 f.
133 Vgl BVerfGE 126, 298, 322.
134 BVerfGE 123, 267, 359 f, s. bereits BVerfGE 89, 155, 185.
135 BVerfGE 113, 273, 298 f; 123, 267, 359 f.
136 BVerfGE 123, 267, 361.

für Einrichtungen wie europäische Rettungsschirme, Stabilisierungsfonds und -mechanismen gelten[137], wie sie nunmehr dauerhaft etabliert werden sollen. Auch diese dürfen nicht losgelöst von den nationalen Parlamenten agieren.

c) Verfassungsgerichtliche Kontrolle

124 Ob die Schranken der Integrationsermächtigung gewahrt sind, dies kann vom Bundesverfassungsgericht überprüft werden. Die Übertragung von Hoheitsrechten erfolgt durch Gesetz, Art. 23 Abs. 1 S. 2 GG. Dieses Gesetz – konkret also das Zustimmungsgesetz zu einer Änderung der Verträge, durch die die EU Befugnisse erhält und damit der **Übertragungsakt** iSv Art. 23 Abs. 1 S. 2 GG – ist Gegenstand verfassungsgerichtlicher Kontrolle. Das BVerfG prüft hier, ob die Staatlichkeit der Bundesrepublik und ihre Verfassungsidentität gewahrt, der EU keine unzulässige Generalermächtigung erteilt wurde. Dies kann im Verfahren der Normenkontrolle nach Art. 93 Abs. 1 Nr 2 GG geschehen, dann allerdings nur auf Antrag der Bundesregierung (die den Antrag nicht stellen wird, wenn sie zuvor die Vertragsänderung vereinbart hat), eines Viertels der Bundestagsmitglieder oder einer Landesregierung. Für den einzelnen Staatsbürger ist der Weg zum BVerfG über die Verfassungsbeschwerde eröffnet, da – s. Rn 98a – das Wahlrecht des Art. 38 Abs. 1 S. 1 GG auch dann betroffen ist, wenn der hiernach zu wählende Bundestag nicht mehr über hinreichende Kompetenzen verfügt. Das Bundesverfassungsgericht behält sich auch die Überprüfung vor, ob sich die europäischen Organe im Rahmen ihrer Zuständigkeiten halten[138] (Rn 256).

3. Integrationsverantwortung des Bundestags

125 Der Vertrag von Lissabon sieht eine derartige unzulässige Kompetenz-Kompetenz nicht vor. Er verleiht allerdings unter bestimmten Voraussetzungen der EU die Befugnis zu ergänzenden Vertragsänderungen, die nicht von den nationalen Parlamenten ratifiziert werden müssen, insbesondere über sog. Brückenklauseln, Art. 48 Abs. 7 UAbs. 3 EUV, für die aber ein Ablehnungsrecht besteht, Art. 81 Abs. 3 UAbs. 3 AEUV. Es müssen also nicht vorab alle Mitgliedstaaten zustimmen, aber sie können die Änderungen ablehnen. Auf diese Weise sollen die demokratisch gebotenen Mitwirkungsrechte der nationalen Parlamente gesichert werden.

126 Der Vertrag von Lissabon sieht weitergehende **Beteiligungsrechte** für die **nationalen Parlamente** an Entscheidungen der EU vor, als sie bisher bestanden: das Recht, eine sog. Subsidiaritätsrüge zu erheben, wenn Initiativen auf der Ebene der Union gegen das Subsidiaritätsprinzip verstoßen; das Recht, gegen Gesetzgebungsakte der Union (Rn 252) die **Subsidiaritätsklage** vor dem EuGH zu erheben und das Recht, den Entwurf eines Gesetzgebungsaktes abzulehnen, Art. 48 Abs. 7 UAbs. 3 EUV und Art. 81 Abs. 3 UAbs. 3 AEUV. Die Subsidiaritätsklage ist in Art. 23 Abs. 1a GG geregelt, dessen Inkrafttreten bis zum Inkrafttreten des Vertrags von Lissabon hinausgeschoben

137 Zu den damit verbundenen Verfassungsfragen s. *Horn*, NJW 2011, 1398.
138 Vgl BVerfGE 123, 267, 353 f; zur Reichweite der Identitäts- und ultra-vires-Kontrolle kritisch *Callies*, ZEUS 2009, 559 ff.

war. Das Verfahren der Subsidiaritätsklage und das Zusammenwirken von Bundestag und Bundesrat bei der Wahrnehmung der Beteiligungsrechte waren zunächst im Gesetz über die Ausweitung und Stärkung der Rechte des Bundestages und des Bundesrates in Angelegenheiten der Europäischen Union[139] normiert. Dieses **Ausweitungsgesetz** sollte die Beteiligungsrechte der gesetzgebenden Körperschaften, die ja verfassungsrechtlich geboten sind, festlegen. Das BVerfG bewertete diese Rechte in seinem Urteil zum Vertrag zu Lissabon als nicht ausreichend[140]. Die Integrationsverantwortung von Bundestag und Bundesrat ist insbesondere bei Vertragsänderungen gefordert, also auch bei der Anwendung der sog. **Brückenklauseln** (Rn 125). Nach dem Ausweitungsgesetz in seiner vom BVerfG im Lissabon-Urteil verworfenen Form hätte die Ablehnung nur von Bundestag und Bundesrat gemeinsam ausgesprochen werden können. Dies war, so das BVerfG, verfassungswidrig: Dem Bundestag muss auf jeden Fall das Recht verbleiben, selbst über die Ablehnung zu entscheiden, ohne hierfür auf die Mitwirkung des Bundesrats angewiesen zu sein. Das BVerfG hat hier den Bundestag sehr deutlich an seine Verantwortung für die Wahrung des Demokratiegebots in der Union erinnert, die er in der Vergangenheit nicht immer hinreichend ernst genommen hatte.

Das Verfahren der Subsidiaritätsklage sowie die Mitwirkung von Bundestag und **127**
Bundesrat an Akten der EU, durch die sie ihre Integrationsverantwortung wahrnehmen, richtet sich nunmehr nach dem **Integrationsverantwortungsgesetz** vom 22.9.2009 (BGBl. I S. 3022). Nach dessen §§ 2 und 3 darf der deutsche Vertreter bestimmten Beschlüssen der EU nicht ohne vorheriges Zustimmungsgesetz nach Art. 23 GG zustimmen. Dies betrifft vor allem das vereinfachte Vertragsänderungsverfahren nach Art. 48 Abs. 6 EUV und bestimmte Beschlüsse des Rats, etwa zur gemeinsamen Sicherheits- und Verteidigungspolitik nach Art. 42 Abs. 2 UAbs. 1 S. 2 EUV. Des Weiteren darf der deutsche Vertreter im Rat bestimmten Beschlussvorschlägen nach Art. 31 Abs. 3 EUV oder 312 Abs. 2 AEUV nur zustimmen, wenn vorher ein Beschluss des Bundestags gefasst wurde, § 5 Abs. 1 IntVG. Vornehmlich dann, wenn Gebiete in der Zuständigkeit der Länder betroffen sind, ist zusätzlich ein Beschluss des Bundesrats erforderlich; nach § 10 IntVG können Bundestag oder Bundesrat die Ablehnung von Initiativen des Europäischen Rates nach Art. 48 Abs. 7 EUV beschließen[141].

Für den Bundestag ist zu konstatieren, dass er sich seiner Integrationsverantwortung **128**
nicht immer hinreichend bewusst zu sein schien. So musste im Verfahren um den Vertrag von Lissabon das BVerfG den Bundestag deutlich an seine parlamentarische Verantwortung erinnern. Tatsächlich waren Angelegenheiten der EU bisher weitgehend als Sache der Regierung behandelt worden und hatte zum Vertrag von Lissabon eine ernstliche parlamentarische Debatte kaum stattgefunden. Im Verfahren um den Europäischen Haftbefehl (Rn 122, 258) hatte sich gezeigt, dass sich der Bundestag seiner

139 BT-Drucks. 16/8489; das Gesetz wurde nicht im Bundesgesetzblatt ausgefertigt und verkündet, da sein Inkrafttreten ebenfalls hinausgeschoben war.
140 BVerfGE 123, 267, 344 f.
141 Kritisch zur Mitwirkungsgesetzgebung zB *Lecheler*, JZ 2009, 1156.

Gestaltungsmöglichkeiten nicht einmal bewusst gewesen war und so seine Aufgabe, die Grundrechte der Bürger auch auf europäischer Ebene zu wahren, verfehlt hatte. Ebenso scheint die Rolle des Bundestags in der aktuellen **Wirtschaftskrise** eher die der Akklamation vorgeblich alternativloser Regierungsvorlagen.

129 **Lösung Fall 11: Europäische Verfassung**

1. Da mit dem Zustimmungsgesetz zum Vertrag Hoheitsrechte auf die EU übertragen werden, könnte hier ein Fall des Art. 23 Abs. 1 GG vorliegen.

a) Dann muss es hier um die Entwicklung der Europäischen Union gehen, Art. 23 Abs. 1 S. 1 GG. Dies ist zu bejahen, da hier die EU auf eine neue vertragliche Grundlage gestellt werden soll.

b) Damit besteht eine Ermächtigung zur Übertragung von Hoheitsrechten nach Art. 23 Abs. 1 S. 2 GG; hierauf kann das Zustimmungsgesetz gestützt werden.

c) Es liegt ein Fall des Art. 23 Abs. 1 S. 3 GG vor: die vertraglichen Grundlagen der EU werden verändert, auf die Kompetenzordnung des Grundgesetzes wird eingewirkt; Art. 79 Abs. 2 und 3 GG sind also zu beachten.

2. Damit sind die Verfahrenserfordernisse des Art. 79 Abs. 2 GG – qualifizierte Mehrheiten in Bundestag und Bundesrat – zu beachten. Lt. SV sind sie gewahrt.

3. In materieller Hinsicht müsste auch die Unabänderlichkeitssperre des Art. 79 Abs. 3 GG gewahrt sein.

a) Hier könnten die Grundsätze des Demokratiegebots nach Art. 20 GG berührt sein. Danach müssen substanzielle Befugnisse des Bundestags erhalten bleiben. Dies ist dann nicht mehr der Fall, wenn die EU durch ihre Verfassung ohne Mitwirkung des Bundestags diesem Zuständigkeiten entziehen kann. Schon deshalb überschreitet das Zustimmungsgesetz den Rahmen der Art. 23 Abs. 1, 79 Abs. 3 GG.

b) Auch das Bundesstaatsprinzip könnte hier in verfassungswidriger Weise berührt sein. Wenn die EU einseitig Befugnisse an sich ziehen kann, so wird auch die Mitwirkung der Länder im Rahmen der Integration aufgehoben. Auch dies überschreitet die Grenzen der Integrationsermächtigung.

4. Letztlich gibt hier die Bundesrepublik ihre Staatlichkeit teilweise auf; dazu ist der verfassungsändernde Gesetzgeber nicht befugt[142]; hier müsste vielmehr der Inhaber der verfassungsgebenden Gewalt („pouvoir constituant") entscheiden, also das Staatsvolk der Bundesrepublik[143].

Zusatzfrage: Wie jeder Bürger, hat Dr. G ein subjektives Recht auf Wahrung der aus dem Demokratieprinzip folgenden Grenzen der Integration; dieses Recht ergibt sich aus Art. 38 Abs. 1 S. 1 GG und kann im Wege der Verfassungsbeschwerde geltend gemacht werden. Demgegenüber berührt die geltend gemachte Verfassungswidrigkeit des Zustimmungsgesetzes Dr. G nicht in seinen spezifischen organschaftlichen Rechten als Abgeordneten, so dass der für diesen Fall vorgesehene Antrag im Organstreitverfahren nach Art. 93 Abs. 1 Nr 1 GG unzulässig wäre.

Schrifttum zu VI.: *Hatje/Kindt*, Der Vertrag von Lissabon – Europa endlich in guter Verfassung?, NJW 2008, 1761; *Mayer*, Der Vertrag von Lissabon im Überblick, JuS 2010, 189; aus der

142 S. *Franzke*, NWVBl 2000, 158.
143 BVerfGE 123, 267, 329 f.

kaum mehr überschaubaren Anmerkungsliteratur zum Lissabon-Urteil des BVerfG: *Grimm*, Das Grundgesetz als Riegel vor einer Verstaatlichung der Europäischen Union, Der Staat 2009, 475; *Herz*, Subjektives Recht gegen die europäische Integration?, JA 2009, 573; *Würtenberger/Kunz*, Die Mitwirkung der Bundesländer in Angelegenheiten der Europäischen Union, JA 2010, 406; *Nettesheim*, Die Integrationsverantwortung – Vorgaben des BVerfG und gesetzgeberische Umsetzung, NJW 2010, 177; *Murswiek*, Art. 38 GG als Grundlage eines Rechts auf Achtung des unabänderlichen Verfassungskerns, JZ 2010, 702.

Lösung Fall 1: Rettungsschirm (Rn 23) 130

1. Die Zustimmung zum Vertrag könnte sich nach Art. 23 Abs. 1 GG richten, Dann müsste sich hier hierbei um Angelegenheiten der Europäischen Union handeln.

a) Dagegen könnte sprechen, dass hier Befugnisse auf eine zwischenstaatliche Einrichtung übertragen werden sollen, die außerhalb der Europäischen Union gegründet werden soll.

b) Dafür spricht jedoch, dass die Einrichtung im engen Zusammenhang mit der EU entstehen soll, dass ihr ausschließlich Mitgliedstaaten der EU angehören sollen, und dass die Zielsetzungen und Aufgaben des Fonds ebenfalls mit der Politik der EU eng verbunden sind.

2. Die Zustimmung zum Stabilitätsfonds könnte die Schranken der Ermächtigung nach Art. 23 Abs. 1 S. 2 GG überschreiten.

a) Die Errichtung des Fonds hat zur Folge, dass wesentliche Entscheidungen über den Haushalt, insbesondere Ausgabenentscheidungen und die Übernahme von Gewährleistungen/Bürgschaften nicht mehr vom Bundestag, sondern von dem Organ einer zwischenstaatlichen Einrichtung getroffen werden. Dies gilt insbesondere für die Verpflichtung, den Anteil ausfallender Staaten zu übernehmen. Hierdurch werden die Gestaltungsmöglichkeiten des Bundestags, in einem zentralen Bereich, dem der Haushaltspolitik, nachhaltig beeinträchtigt. Dass für die Bundesrepublik ein Mitglied der Bundesregierung in das Direktorium entsandt werden soll, gleicht dies nicht aus.
Damit werden dem Bundestag wesentliche parlamentarische Rechte entzogen.

b) Eine unzulässige Gefährdung der Haushaltsautonomie des Bundestags liegt auch in der absoluten Höhe der Haftungssummen, die ein Mehrfaches eines Bundeshaushalts ausmachen.

c) Damit wird insgesamt die Haushaltshoheit des Bundestags und die Finanzautonomie der Bundesrepublik in einer mit den Grundsätzen des Demokratiegebots des Art. 20 Abs. 1 und 2 GG nicht zu vereinbarenden Weise ausgehöhlt. Die Zustimmungsgesetze sind verfassungswidrig.

Zusatzfrage: Der Abgeordnete kann als Bürger im Wege der Verfassungsbeschwerde nach Art. 93 Abs. 1 Nr 4a GG vorgehen. Er müsste hierzu Verfassungsbeschwerde gegen das deutsche Zustimmungsgesetz zum Stabilitätsmechanismus einlegen. Diese könnte auf eine Verletzung des Art. 38 Abs. 1 S. 1 GG gestützt werden, mit der Begründung, dem Bundestag würden substantielle Befugnisse entzogen, hierdurch würde das Wahlrecht des H materiell verkürzt.

§ 3 Der Rechtsstaat des Grundgesetzes (I): Das Gesetz als die zentrale Handlungsform des demokratischen Rechtsstaates

Der Rechtsstaat des Grundgesetzes ist formeller und materieller Rechtsstaat. In ihm kommt dem „Gesetz" eine tragende Funktion zu. Es schafft Rechtssicherheit für den Bürger und demokratische Legitimation für das staatliche Handeln. Die Gesetzesprüfung steht im Mittelpunkt zahlreicher Verfassungskonflikte. Rechtsstaatlichkeit insbesondere bedeutet staatliches Handeln im Rahmen der Rechtsordnung und den Bestand und die Gewährleistung der Rechtsordnung als einer Gesamtordnung des Gemeinwesens. Zentrales Ordnungsinstrument ist das Gesetz. Von ihm abgeleitet ist das untergesetzliche Recht – Rechtsverordnungen und Satzungen. Die Normen der gesetzlichen und der untergesetzlichen Ebene sind ihrerseits eingebunden in die Ordnung des Verfassungsrechts. Aus dem Rechtsstaatsgebot folgen formelle und materielle Anforderungen an die Verfassungsmäßigkeit des Gesetzes. Sie bestimmen die Gesetzesprüfung.

I. Grundlagen der rechtsstaatlichen Ordnung – Rechtsstaat und Gesetz

1. Der materielle Rechtsstaat des Grundgesetzes

131 Die tragenden Grundsätze für die Verfassungsordnung der Bundesrepublik sind in Art. 1 und Art. 20 GG enthalten. Aus ihnen folgt die verfassungsgestaltende Grundentscheidung für den freiheitlichen und materiellen Rechtsstaat (Rn 11 f). Ausdrücklich findet sich der Begriff des Rechtsstaats in Art. 28 Abs. 1 S. 1 GG, wonach die verfassungsmäßige Ordnung in den Ländern der des Rechtsstaats iSd Grundgesetzes entsprechen muss – sog. Homogenitätsklausel – sowie in Art. 23 Abs. 1 S. 1 GG, wonach die EU rechtsstaatlichen Grundsätzen entsprechen muss. Als positiv-grundgesetzlicher Anknüpfungspunkt für das Rechtsstaatsprinzip wird überwiegend Art. 20 Abs. 3 GG gesehen[1]. Mit der Bindung von *Verwaltung* und *Rechtsprechung* an *„Gesetz und Recht"*, mit der Bindung auch der *Gesetzgebung* an die *„verfassungsmäßige Ordnung"* wird jedenfalls ein Grundanliegen der Rechtsstaatlichkeit verwirklicht, die rechtliche Bindung der Staatsgewalt. Auch **Art. 1 Abs. 3 GG** ist in diesem Zusammenhang zu nennen, der die unmittelbare Bindung aller staatlichen Gewalt, auch der Gesetzgebung, an materielle Grundrechte festlegt (Rn 12); wie auch **Art. 20 Abs. 2 GG**, der den Grundsatz der Gewaltenteilung enthält. Welche Grundgesetzbestimmung nun im Einzelnen *sedes materiae* ist, kann letztlich dahinstehen, wenngleich mE **Art. 20 Abs. 3 GG** den Grundgedanken des Rechtsstaats durchaus zum Ausdruck

1 Vgl BVerfGE 35, 41, 47; 39, 128, 143; *Stern* I, § 20 III.

bringt. Jedenfalls erschließt sich das Rechtsstaatsprinzip aus einer Zusammenschau der genannten Bestimmungen und aus der **Gesamtkonzeption des Grundgesetzes**[2].

Der materielle Rechtsstaat des Grundgesetzes ist in Abgrenzung zum **nur formellen** Rechtsstaatsbegriff zu sehen. Dieser entwickelte sich im 19. Jahrhundert[3] – Schwerpunkt waren Gesetzmäßigkeit der Verwaltung, Unabhängigkeit der Gerichte und Gewaltenteilung. Der *bürgerlich-liberale Rechtsstaat* begrenzte die absolute Macht des Souveräns. Auch der formelle Rechtsstaat im Sinn des Konstitutionalismus verfolgte ein durchaus materielles Anliegen, die Herstellung und Sicherung bürgerlicher **Freiheit**, durch formale Sicherungen und Garantien (neben den genannten Prinzipien vor allem der Vorbehalt des Gesetzes für Eingriffe in Freiheit und Eigentum und das Budgetrecht und Steuerbewilligungsrecht des Parlaments). Solange im Wesentlichen Konsens über bürgerliche Freiheit und Gleichheit bestand, konnte dem der formale Rechtsstaat genügen. Er konnte jedoch, als dieser Konsens entfallen war, vom **totalitären NS-Staat** zu seinen Zwecken missbraucht werden: der Rechtsstaat wurde zum bloßen *„Gesetzesstaat"*, in dem das Gesetz jeden beliebigen Inhalt annehmen konnte, auch den materiellen Unrechts[4]. Auch als Reaktion hierauf ist die Hinwendung des Grundgesetzes zum *auch* **materiellen** Rechtsstaat zu sehen. Eine starke **Verfassungsgerichtsbarkeit** (und auch Verwaltungsgerichtsbarkeit) soll iE Wahrung materieller Rechtsstaatlichkeit garantieren. Formelle und materielle Elemente greifen also im Rechtsstaat des Grundgesetzes ineinander; **Form** und **Inhalt** sind hier eine *„untrennbare Synthese"*[5] eingegangen. Doch darf darüber nicht verkannt werden: auch der umfassend materiell eingebundene Rechtsstaat bedarf des Grundkonsenses über sein zentrales Anliegen der Freiheitssicherung, wenn er Belastungsproben bestehen soll. **132**

Materielle Rechtsstaatlichkeit wird vor allem durch die **Grundrechte** und deren unmittelbare Verbindlichkeit nach Art. 1 Abs. 3 GG begründet[6]. Damit wird ein **staatsfreier** Bereich **individueller** Freiheit anerkannt, in Abgrenzung und Trennung der Sphären von Bürger und Staat – der Rechtsstaat des Grundgesetzes ist **freiheitlicher** Rechtsstaat. Sein Anliegen ist die rechtliche Begrenzung und Mäßigung aller staatlichen Machtausübung. Zu den Grundrechten treten weitere allgemeine Verfassungsgrundsätze hinzu, die sowohl den sachlichen Gehalt staatlicher Maßnahmen bestimmen, als auch die Art und Weise staatlichen Vorgehens. Derartige **allgemeinrechtsstaatliche Grundsätze** sind vor allem das Gebot der **Rechtssicherheit** und das **Verhältnismäßigkeitsgebot**. **Formelle** Rechtsstaatlichkeit wird im Grundgesetz verfahrensmäßig-organisatorisch verwirklicht durch den Grundsatz der **Gewaltenteilung**; damit im Zusammenhang durch das Gebot der Gesetzmäßigkeit der Verwaltung, also **Vorrang und Vorbehalt des Gesetzes** sowie Unabhängigkeit der Gerichte, umfassenden **Gerichtsschutz** auch gegen Akte der öffentlichen Gewalt (Art. 19 Abs. 4 GG) und die Existenz einer **Verfassungsgerichtsbarkeit** zur Gewährleistung der Verfassungsmäßigkeit staatlichen, insbesondere auch gesetzgeberischen Handelns. **133**

2 Vgl *Kloepfer* I § 10 Rn 20 ff.
3 Vgl *Kloepfer* I § 10 Rn 5 ff.
4 *Stern* I, § 20 I 3; *Kloepfer* I § 10 Rn 9.
5 *Stern* I, § 20 I 3b.
6 *Kloepfer* I, § 10 Rn 25, 41 f.

2. Funktionen des Gesetzes – Rechtssicherheit und demokratische Legitimation

134 Rechtsstaatlichkeit bedeutet **Gesetzesgebundenheit** staatlichen Handelns, und hierin äußert sich gleichzeitig das demokratische Prinzip des Grundgesetzes. Denn es ist das Parlament als die demokratisch legitimierte Volksvertretung, das die Gesetze beschließt, dessen Willen sich im Gesetz verkörpert. Zentrale Handlungsform des Staates in der rechtsstaatlichen und demokratischen Ordnung des Grundgesetzes und generell des modernen Verfassungsstaates ist damit das **Gesetz**. In ihm äußert sich der Wille der parlamentarischen Volksvertretung – Gesetzgebung bedeutet Rechtsetzung durch das Parlament. Es ist Grundlage und Grenze aller Ausübung von **Staatsgewalt** und schafft **Rechtssicherheit** für den Bürger im Staat[7]. Das Gesetz bindet alles staatliche Handeln – es gilt der Vorrang des Gesetzes (Rn 294), und es ist in vielen Bereichen notwendige Grundlage staatlichen Handelns, dieses steht weitgehend unter dem Vorbehalt des Gesetzes (Rn 36 ff, 296 ff). Es vermittelt demokratische Legitimation und es enthält die politischen Grundentscheidungen für das Gemeinwesen. Das Gesetz ist deshalb Grundlage und Rahmen für alles weitere staatliche Handeln.

135 Das Gesetz schafft also einerseits **Rechtssicherheit**, andererseits **demokratische Legitimation** für die Ausübung der Staatsgewalt – eben deshalb ist es zentrales Element der parlamentarischen Demokratie des Grundgesetzes wie des Rechtsstaatsprinzips. Dem Parlament als der Legislative obliegt also die **Normsetzung** in der Form der parlamentarischen **Gesetzgebung**. Hieraus beantwortet sich bereits die Frage nach dem Gesetzesbegriff des Grundgesetzes – das hierfür ja keine explizite Definition enthält. Entscheidend hierfür ist der Erlass durch die parlamentarische Gesetzgebungskörperschaft, durch den Bundestag; auf Grund der bundesstaatlichen Ordnung des Grundgesetzes sind zusätzlich auch die Länder über den Bundesrat zu beteiligen. Gesetzgebung unmittelbar durch das Volk ist im Grundgesetz nicht vorgesehen, wohl aber in den Ländern (Rn 109 ff, 233 f).

II. Gesetzesbegriff des Grundgesetzes – Gesetz und Verfassung

136 **Fall 12: Investitionsmaßnahmegesetz I**

Durch ein Investitionsmaßnahmegesetz des Bundes wurde über einen Abschnitt der Eisenbahn-Neubaustrecke Hannover-Berlin (Südumfahrung Stendal) unmittelbar entschieden in der Weise, dass mit Inkrafttreten des Gesetzes die Errichtung dieses Abschnitts planungsrechtlich genehmigt war. Auf diese Weise sollten Verzögerungen durch ein behördliches Planfeststellungsverfahren und ein sich anschließendes Verwaltungsstreitverfahren vermieden werden. Der in der Nähe der Eisenbahnstrecke wohnende Nepomuk ist der Auffassung, bei dem Investitionsmaßnahmegesetz handle es sich in Wahrheit um einen Verwaltungsakt in Gesetzesform, und erhebt deshalb Klage vor dem Verwaltungsgericht mit dem Antrag, das „Gesetz“ aufzuheben. **Rn 143** (prozessual Rn 841).

7 Vgl *Badura* F 3.

1. Formeller Gesetzesbegriff des Grundgesetzes

a) Gesetz im Sinn des Grundgesetzes – Definition

Der parlamentarische Gesetzgeber ist in der Entscheidung darüber, welche Gegenstände er in der Gesetzesform regeln will, grundsätzlich frei, sofern nicht Verfassungsrecht für Eingriffe in die Rechte des Bürgers (Rn 296 ff) oder aus anderen Gründen zwingend die Gesetzesform fordert. Der Gesetzesbegriff des Grundgesetzes kann deshalb nicht nach inhaltlichen Kriterien definiert werden. Der Gesetzgeber ist weder auf bestimmte Gegenstände der Sache nach beschränkt noch auf bestimmte Typen von Regelungen. Gesetz im Sinn des Grundgesetzes ist nicht nur die **„abstrakt-generelle"** Regelung, die sich an eine Vielzahl von Personen richtet und eine unbestimmte Vielzahl von Fällen[8] betrifft, das eine dauerhafte normative Ordnung errichten will. Dies gilt zB für das StGB, dessen Normen für jeden Fall der Verwirklichung abstrakt umschriebener Tatbestände bestimmte Rechtsfolgen vorsehen, die jeden treffen, der den Tatbestand verwirklicht („wer … wird bestraft"). 137

Gesetz im Sinn des Grundgesetzes ist vielmehr auch die in Gesetzesform getroffene konkrete Maßnahme. „Klassisches" Beispiel ist das HaushaltsG, das jeweils für ein Haushaltsjahr einen konkret bezifferten Haushalt verabschiedet. In der Praxis des modernen Rechts- und Sozialstaats sind zahlreiche weitere Formen von **Maßnahmegesetzen** hinzugekommen, zB Organisationsgesetze, durch die bestimmte staatliche Einrichtungen geschaffen werden (etwa die Errichtung einer Universität, einer Bundesbehörde oder einer Körperschaft iFd Art. 87 Abs. 3 GG). Auch Struktureingriffe in die private Wirtschaft sind denkbar, oder die Privatisierung staatlicher Unternehmen durch Gesetz. Maßnahmegesetz ist auch das Plangesetz **(Fall 12)**. 138

Das Grundgesetz geht also von einem **formellen Gesetzesbegriff** aus. **Gesetz** ist die staatliche Anordnung, die von den für die Gesetzgebung zuständigen Organen, also dem Parlament (sowie weiteren zu beteiligenden Organen wie dem Bundesrat), in dem von der Verfassung hierfür vorgesehenen Verfahren und in der hierfür vorgesehenen Form erlassen wird. 139

Keine Gesetze in diesem Sinn sind daher Rechtsnormen des **untergesetzlichen Rechts**, also Rechtsverordnungen und Satzungen. Durch Gesetz kann die Exekutive unter bestimmten Voraussetzungen, die in Art. 80 Abs. 1 GG näher umschrieben sind, ermächtigt werden, **Rechtsverordnungen** zu erlassen. Dies sind Normen im Rang unterhalb des Gesetzes. Sie müssen sich im Rahmen der gesetzlichen Ermächtigung halten, und diese muss hinreichend bestimmt und gegenständlich begrenzt sein. Die hier mitunter anzutreffende Bezeichnung als Gesetze im materiellen Sinn ist missverständlich und sollte vermieden werden. (Allerdings ist auch die grundgesetzliche Terminologie nicht ganz einheitlich; so sind „allgemeine Gesetze" iSv Art. 5 Abs. 2 GG auch untergesetzliche Normen.). Untergesetzliches Recht sind auch die sog. **autonomen Satzungen**. Sie werden von Gebietskörperschaften (Rn 30) oder anderen Selbst- 140

8 *Degenhart*, DÖV 1981, 477; *Ossenbühl*, HStR III³, § 61 Rn 13; *Kloepfer* I § 10 Rn 98 spricht hier vom Gesetz im materiellen Sinn.

verwaltungskörperschaften zur Regelung ihrer eigenen Angelegenheiten erlassen. Es sind dies etwa die Satzungen der Gemeinden (s. § 7 GO NW), aber auch zB Promotions- oder Habilitationsordnungen der Universitäten und Berufsordnungen, wie sie von berufsständischen Kammern erlassen werden (näher Rn 343 ff).

b) Einzelfallgesetze

141 Keine Frage des Gesetzesbegriffs ist die der Zulässigkeit sog. **Einzelfallgesetze**, also von Gesetzen, die einen bestimmten, konkreten Sachverhalt regeln. Dass Einzelfallgesetze nach dem Grundgesetz nicht ausgeschlossen sind, zeigt sich zB in Art. 14 Abs. 3 S. 2 GG: danach kann unmittelbar durch Gesetz eine Enteignung vorgenommen werden. Um ein Einzelfallgesetz handelt es sich, wenn das Gesetz sich nur an ganz bestimmte Adressaten richtet. Dabei ist es unerheblich, ob die Adressaten konkret benannt werden, oder aber das Gesetz zwar im Tatbestand abstrakt-generell formuliert ist, die Tatbestandsmerkmale jedoch so gefasst sind, dass das Gesetz nur auf einen Einzelfall Anwendung finden kann.

Beispiel (nach BVerfGE 74, 297): Ein Rundfunkgesetz sah vor, dass lokaler Rundfunk privaten Veranstaltern vorbehalten sein sollte. Die bei Inkrafttreten des Gesetzes bereits vorhandenen öffentlich-rechtlichen Lokalprogramme sollen eingestellt werden. Tatsächlich betraf dies nur ein Programm eines bestimmten Veranstalters: getarntes Einzelfallgesetz.

Gegenbeispiel: Ein Ladenschlussgesetz sieht vor, dass Bahnhofsapotheken besonderen, restriktiven Öffnungszeiten unterliegen. Bei Inkrafttreten des Gesetzes existiert in seinem Geltungsbereich nur eine einzige Bahnhofsapotheke. Es handelt sich gleichwohl um kein Einzelfallgesetz, wie es zwar bei seinem Inkrafttreten nur einen einzelnen Fall betrifft, nach seiner tatbestandlichen Fassung auch auf künftige gleichgelagerte Fälle Anwendung finden kann. Denn auch künftig neu eröffnete Betriebe fallen unter die Ladenschlussregelung[9].

142 Einzelfallgesetze sind nach Art. 19 Abs. 1 S. 1 GG unzulässig, wenn sie Grundrechte einschränken; im Beispielsfall ergab sich die Verfassungswidrigkeit schon aus Art. 5 Abs. 2 GG – die Rundfunkfreiheit des Art. 5 Abs. 1 S. 2 GG kann nur durch „allgemeine" Gesetze eingeschränkt werden – dies bedeutet auch Allgemeinheit in personaler Hinsicht. IÜ ist es jedenfalls eine Frage des Art. 3 Abs. 1 GG, ob der Gesetzgeber Einzelfälle herausgreifen und belastenden Regelungen unterwerfen darf – hier bedarf es dann einer besonderen Rechtfertigung. Keinesfalls aber kann gesagt werden, dass Einzelfallgesetze generell verfassungswidrig sind.

143 **Lösung Fall 12: Investitionsmaßnahmegesetz I**

Es handelt sich, wie der Name schon sagt – um ein Maßnahmegesetz. Dies allein ist verfassungsrechtlich irrelevant. Das IMG könnte jedoch verstoßen gegen

1. Art. 19 Abs. 1 S. 1 GG – Verbot des Einzelfallgesetzes.

a) Einzelfallgesetz? Liegt hier vor bezüglich der konkreten, individuell bezeichneten Baumaßnahme, die durch das Gesetz genehmigt wird.

---

9 Dazu BVerfGE 13, 225, 229 f.

b) Unzulässiges Einzelfallgesetz? Art. 19 Abs. 1 S. 1 GG wäre nur dann verletzt, wenn das Gesetz einen Grundrechtseingriff vornehmen würde. Möglicherweise bedeuten die mit dem Vorhaben verbundenen Immissionen einen Eingriff in Grundrechte der Nachbarn – insoweit gilt das Gesetz aber nicht nur im Einzelfall, da es gegen alle jetzt und künftig potentiell Betroffenen gleichermaßen wirkt.

2. Zur Frage, ob das Gesetz gegen den Gewaltenteilungsgrundsatz verstößt, s.u. Rn 283; BVerfGE 95, 1 verneint dies.

3. Dann ist auch kein Verstoß gegen die Rechtsschutzgarantie des Art. 19 Abs. 4 GG anzunehmen: wenn der Gesetzgeber hier handeln durfte, bestimmt sich der Rechtsschutz von vornherein nach den Kriterien, die auch sonst gegenüber Gesetzen gelten.

4. Damit ist auch eine Klage vor dem VG ausgeschlossen, vielmehr ist, wie auch sonst gegen Gesetze, Verfassungsbeschwerde zu erheben.

Schrifttum zu II.1.: *Degenhart*, Gesetzgebung im Rechtsstaat, DÖV 1981, 477; *Grawert*, Gesetz und Gesetzgebung im modernen Staat, Jura 1982, 247, 300; *Kloepfer* I § 21 A.

2. Gesetzgebung in verfassungsrechtlicher Gebundenheit – Gesetzesprüfung

Soll das Gesetz seine Funktion erfüllen, demokratische Legitimation zu vermitteln und Rechtssicherheit zu schaffen, so muss eindeutig und verlässlich geregelt sein, **wer** die Gesetze erlässt, und **wie** sie zustande kommen. Dies ist im **Verfassungsstaat** die Aufgabe der Verfassung. Dabei stellt sich im Bundesstaat des Grundgesetzes, in dem die Ausübung der Staatsgewalt zwischen Bund und Ländern aufgeteilt ist, die **Kompetenzfrage** unter zwei Aspekten. Zum einen ist die **Verbandskompetenz** zu bestimmen – die Frage also, ob Bund oder Länder für den Erlass bestimmter Gesetze zuständig sind. Zum anderen ist die **Organkompetenz** zu klären, die Frage also, welche der Verfassungsorgane des Bundes – bei Bundesgesetzen – an der Gesetzgebung zu beteiligen sind. Die Zuständigkeitsverteilung zwischen Bund und Ländern regelt das Grundgesetz vornehmlich in Art. 70–74 GG, das eigentliche Verfahren der Gesetzgebung und der Beteiligung der Verfassungsorgane daran in Art. 76–82 GG. Für Landesgesetze ist das Gesetzgebungsverfahren in den einzelnen Landesverfassungen geregelt – die Zuständigkeit für die Gesetzgebung zu bestimmen, ist im Bundesstaat des Grundgesetzes aber Sache des Bundes. Zuständigkeit und Gesetzgebungsverfahren sind Fragen der **formellen Verfassungsmäßigkeit** eines Gesetzes. **144**

Das Grundgesetz begnügt sich nicht mit diesen Regelungen der Zuständigkeit und des Verfahrens. Eben weil der Rechtsstaat des Grundgesetzes materieller Rechtsstaat ist, muss das Gesetz auf seine **materielle Verfassungsmäßigkeit** überprüft werden. Denn auch der im Parlamentsgesetz zum Ausdruck kommende Wille des vom Parlament repräsentierten Souveräns, die *volonté générale*, darf sich nicht über diese materiellen Anforderungen hinwegsetzen. Es sind dies, wie schon gezeigt wurde, die nach Art. 1 Abs. 3 GG auch den Gesetzgeber bindenden Grundrechte des Grundgesetzes und weitere verfassungsrechtlichen Anforderungen wie etwa Bestimmtheit und Rechtssicherheit. (Rn 353 ff). **145**

146 Das **verfassungswidrige** Gesetz ist **nichtig**: im Fall eines Widerspruchs zwischen Verfassungsnorm und Gesetz derogiert das Grundgesetz als höherrangiges Recht das einfachgesetzliche Recht – ebenso wie das einfache Gesetz die Rechtsverordnung als niederrangiges Recht außer Kraft setzt. Die Verfassungswidrigkeit des formellen Gesetzes festzustellen, ist Aufgabe der Verfassungsgerichtsbarkeit; wenn es um Verstöße gegen das Grundgesetz geht, des BVerfG. Aufgabe der Landesverfassungsgerichte ist es, über die Einhaltung der Landesverfassung zu wachen. Ihre Prüfungszuständigkeit beschränkt sich auf Landesrecht. Demgegenüber kann das BVerfG sowohl Gesetze des Bundes als auch Gesetze der Länder prüfen. Denn das Grundgesetz ist Maßstab sowohl für Bundes- als auch für Landesrecht.

147 Gesetze auf ihre Verfassungsmäßigkeit zu prüfen, gehört zu den zentralen Fragestellungen des Staatsrechts und wird in unterschiedlichen staatsrechtlichen wie auch sonstigen Fragestellungen erforderlich.

Beteiligte am Verfassungsleben – Bund und Länder durch ihre Regierungen, aber auch Abgeordnete oder Gruppen von Abgeordneten – können ein Interesse daran haben, allgemeinverbindlich feststellen zu lassen, ob ein Gesetz verfassungsmäßig ist. Sie können einen Antrag auf **Normenkontrolle** nach Art. 93 Abs. 1 Nr 2 GG beim BVerfG stellen (abstrakte Normenkontrolle, Rn 774 ff). Nach Art. 93 Abs. 1 Nr 4a GG kann „jedermann", der sich durch ein Gesetz unmittelbar in seinen Grundrechten verletzt sieht, **Verfassungsbeschwerde** gegen dieses Gesetz einlegen (Rn 791 ff). Auch hat jedes Gericht, für dessen Entscheidung es auf die Verfassungsmäßigkeit eines Gesetzes ankommt, dieses dem BVerfG zur Prüfung vorzulegen, wenn es glaubt, es sei verfassungswidrig; dies im Verfahren der konkreten Normenkontrolle nach Art. 100 Abs. 1 GG (Rn 784 ff). Die verbindliche Entscheidung über die Nichtigkeit eines Gesetzes kann nur das Verfassungsgericht treffen: dies erfordert die Autorität des demokratisch legitimierten Gesetzgebers.

148 Handelt es sich um Gesetze eines **Landes**, so ist zu unterscheiden: wird Verfassungswidrigkeit in Bezug auf die Landesverfassung geltend gemacht, so ist das jeweilige Landesverfassungsgericht zuständig. Geht es demgegenüber um die Vereinbarkeit mit dem Grundgesetz, das ja auch für den Gesetzgeber auf Landesebene verbindlich ist, so ist wiederum das BVerfG zuständig. Zu den komplexen Zuständigkeitsabgrenzungen, wenn es um Vorschriften des Europäischen Recht und deren Verhältnis zum deutschen Recht geht, Rn 254 ff.

149 Die Gesetzesprüfung erfolgt regelmäßig in diesen Schritten:

(1) Zuständigkeit
(2) Gesetzgebungsverfahren
(3) Materielle Verfassungsmäßigkeit, insbesondere:
- Vereinbarkeit mit Grundrechten
- Vereinbarkeit mit sonstigem Verfassungsrecht.

III. Formelle Verfassungsmäßigkeit des Gesetzes: Gesetzgebungskompetenzen

Die Gesetzgebungskompetenzen werden durch die Art. 70 ff GG verteilt. Für jedes Gesetz ist hiernach die konkrete Zuständigkeit des Bundes oder der Länder zu ermitteln; erster Punkt im Rahmen der Prüfung der Verfassungsmäßigkeit eines Gesetzes ist stets die Frage der Kompetenz. Die Frage der Gesetzgebungskompetenzen ist für weitere verfassungsrechtliche Fragestellungen vorgreiflich: die Verteilung der Verwaltungszuständigkeiten in Art. 83 ff GG knüpft an die Gesetzgebungszuständigkeiten an – der Bund darf nur dann Behörden errichten, wenn er für die fragliche Materie auch die Gesetzgebungszuständigkeit hat. Die Befugnisse des Bundesrats in Angelegenheiten der Europäischen Union nach Art. 23 GG richten sich nach den Gesetzgebungszuständigkeiten. Die Länder können nach Art. 32 Abs. 3 GG Verträge über Materien schließen, für die sie die Gesetzgebungszuständigkeit haben.

→ **Leitentscheidungen:** BVerfGE 12, 205 (1. Rundfunkurteil); BVerfGE 61, 149 (Staatshaftung); BVerfGE 96, 345 (Landesverfassungsbeschwerde); BVerfGE 98, 265 (Abtreibung III); BVerfGE 106, 62 (Altenpflegegesetz); BVerfGE 109, 190 (Unterbringung gefährlicher Straftäter); BVerfGE 111, 10 (Ladenschluss); BVerfGE 112, 226 (Studiengebühren); SächsVerfGH, U.v. 21.6.2012 – 77-II-11 – (Ladenschluss).

Fall 13: Hessisches Privatrundfunkgesetz II (Fortsetzung von Fall 4b, Rn 44) 150

Im **Fall 4b** bestreitet die Bundesregierung die Zuständigkeit des Landes für den Erlass der gesetzlichen Regelung. Es gehe hier um das Recht der politischen Parteien. Die Landesregierung ist der Auffassung, es handle sich um Rundfunkrecht. Dafür sei das Land zuständig. **Rn 197**

Fall 14: Energiewende II 151

Im Zuge der „Energiewende" der Bundesregierung erweist es sich als notwendig, in großem Umfang Strom aus großen Offshore-Windparks in der Nordsee in die Wirtschaftszentren im Westen und Süden der Bundesrepublik zu transportieren. Um die dafür erforderlichen Hochspannungsleitungen zu sichern, sollen in einem „Gesetz über die Festlegung von Hochspannungstrassen" die genauen Trassenführungen verbindlich festgelegt werden. Ist der Bund für ein solches Gesetz zuständig? **Rn 198**

Fall 15: Sicherungsverwahrung 152

Als Reaktion auf die Rechtsprechung des EGMR und des BVerfG zur Sicherungsverwahrung und in Erinnerung an das seinerzeitige Kanzlerwort „Wegschließen für immer!" beschließt der Landtag L ein „Gesetz über die nachträgliche Sicherungsverwahrung". Dieses sieht vor, dass Straftäter, die wegen bestimmter Gewaltverbrechen, insbesondere Straftaten gegen die sexuelle Selbstbestimmung, verurteilt sind, nach Verbüßung ihrer Strafe auch dann, wenn im Urteil Sicherungsverwahrung nicht angeordnet wurde, in Sicherungsgewahrsam zu nehmen sind, wenn sich während der Haft auf Grund ihres Verhaltens und ihrer Entwicklung herausstellt, dass von ihnen weiterhin die Gefahr einschlägiger Straftaten ausgeht. Ist das Land zuständig? **Rn 199**

153 **Fall 16: Ladenschluss**

Durch die Föderalismusreform 2006 erhielt Art. 74 Abs. 1 Nr 11 GG folgende Fassung: „Das Recht der Wirtschaft (... Gewerbe ... Handel ...) ohne das Recht des Ladenschlusses, der Gaststätten ..." Zu diesem Zeitpunkt enthielt das Ladenschlussgesetz des Bundes ein prinzipielles Verbot der Ladenöffnung an Sonn- und Feiertagen, von dem Ausnahmen vorgesehen werden konnten. Es enthielt weiterhin Bestimmungen über die Arbeitszeiten der Beschäftigten im Einzelhandel. Im Jahr 2010 verabschiedete das Land A ein neues „Ladenöffnungsgesetz". Es sieht ua Ausnahmen vom Verbot der Sonntagsöffnung für Geschäfte in Bahnhöfen, Tankstellen u.ä. sowie die generelle Zulässigkeit der Sonntagsöffnung an insgesamt 6 Sonntagen im Jahr vor. § 6 des Gesetzes bestimmt unter „Schutz der Arbeitnehmer":

„(1) In Verkaufsstellen dürfen Arbeitnehmer an Sonn- und Feiertagen nur während der ausnahmsweise zugelassenen Öffnungszeiten und, falls dies zur Erledigung von Vorbereitungs- und Abschlussarbeiten unerlässlich ist, während insgesamt weiterer 30 Minuten beschäftigt werden. Die Dauer der Beschäftigungszeit des einzelnen Arbeitnehmers an Sonn- und Feiertagen darf acht Stunden nicht überschreiten.

(2) In Verkaufsstellen, die ... generell an Sonn- und Feiertagen geöffnet sein dürfen, dürfen Arbeitnehmer an jährlich höchstens 22 Sonn- und Feiertagen beschäftigt werden. Ihre Arbeitszeit an Sonn- und Feiertagen darf vier Stunden nicht überschreiten".

Die oppositionelle A-Partei ist der Auffassung, es handle sich hier in Wahrheit um Arbeitsrecht. Das Land sei deshalb nicht zuständig gewesen. **Rn 200**

154 **Fall 17: Hochschulgesetz**

Ein Bundesgesetz über Hochschulabschlüsse (BHSAG) vom 1.2.2012 sieht vor, dass in allen Studiengängen die Abschlüsse „Bachelor" und „Master" verbindlich sind. Es sieht ferner vor, dass mit dem Bachelor eines jeden Bundeslandes in jedem anderen Bundesland ein Master-Studium aufgenommen werden kann. Bereits am 1.6.2012 erlässt das Bundesland B ein eigenes Hochschulgesetz (HSG-B). Es bestimmt, dass die Abschlüsse „Bachelor" und „Master" nur in bestimmten, einzeln aufgeführten Studiengängen vorzusehen sind und dass ein Bachelor-Grad anderer Bundesländer nur dann zum Master-Studium in B berechtigt, wenn die jeweilige Hochschule des Landes B Gleichwertigkeit attestiert. Die Landesrektorenkonferenz von B möchte nun zu Beginn des Wintersemesters 2012/13 wissen, was eigentlich gilt. Sie ist vollends verwirrt zu Beginn des Wintersemesters 2013/14, nachdem ein am 1.7.2013 erlassenes Änderungsgesetz zum Bundesgesetz (BHSAGÄndG) diese Bestimmungen ersatzlos streicht. **Rn 201**

1. Systematik der Kompetenzverteilung – Grundregel des Art. 70 GG

155 Die Aufteilung der Gesetzgebungskompetenzen zwischen Bund und Ländern erfolgt iW durch die Bestimmungen der Art. 70 ff GG. Auszugehen ist dabei stets von der Grundsatznorm des Art. 70 GG. Nach dessen Abs. 1 haben die Länder das Recht der Gesetzgebung, soweit nicht das Grundgesetz dem Bund Gesetzgebungsbefugnisse verleiht – was es tatsächlich in sehr weitem Umfang tut; in der Praxis liegt, wie schon erwähnt, der Schwerpunkt der Gesetzgebung beim Bund. Die Abgrenzung der Gesetzgebungszuständigkeiten von Bund und Ländern wird dann in den nachfolgenden Bestimmungen der Art. 71–74 GG (sowie in einigen weiteren, über das Grundgesetz

verstreuten Kompetenznormen) vorgenommen. Hierauf verweist Art. 70 Abs. 2 GG, auf die Vorschriften des Grundgesetzes über die ausschließliche und die konkurrierende Gesetzgebung.

Vorschriften über die **ausschließliche** Gesetzgebung des Bundes enthält das Grundgesetz in Art. 71 und 73 GG. Art. 71 GG sagt, was ausschließliche Gesetzgebungszuständigkeit bedeutet: Nur der Bund ist für eine bestimmte Materie zuständig (Rn 179). Art. 73 GG benennt dann konkret diese Materien. **156**

Konkurrierende Zuständigkeit bedeutet: Bund und Länder sind nebeneinander – eben „konkurrierend" – für eine bestimmte Materie zuständig. Wer dann unter welchen Voraussetzungen gesetzgeberisch tätig werden darf, regelt generell Art. 72 GG (s. Rn 180 ff). Art. 74 GG enthält die einzelnen **Kompetenztitel**. Die **Systematik** der Regelung im Grundgesetz ist also diese: zunächst wird der jeweilige Kompetenztypus geregelt – Art. 71 bzw Art. 72 GG –, dann werden die einzelnen Kompetenztitel aufgezählt – Art. 73 bzw Art. 74 GG. **157**

Bei der konkurrierenden Zuständigkeit nach Art. 72 GG wird seit der „Föderalismus-Reform" 2006[10] weiter differenziert: für bestimmte Gebiete darf der Bund nur tätig werden, wenn nachgewiesen ist, dass eine bundesgesetzliche Regelung erforderlich ist. Diese Gebiete werden in Abs. 2 aufgeführt. Nach der bis zu dieser Verfassungsreform geltenden Fassung des Abs. 2 musste dies stets nachgewiesen werden. Für alle nicht in Abs. 2 genannten Gebiete ist der Bund ohne Weiteres zur Gesetzgebung befugt; man könnte hier von einer **Vorranggesetzgebung** des Bundes sprechen. In einigen anderen Gebieten – sie werden in Abs. 3 aufgeführt – wurde die neuartige Möglichkeit einer **Abweichungsgesetzgebung** eingeführt: auch wenn der Bund schon ein Gesetz erlassen hat, können die Länder hiervon abweichende Gesetze erlassen (Rn 187). **158**

Ein weiterer, spezieller Kompetenztypus wird in Art. 70 Abs. 2 GG nicht erwähnt: die sog **Grundsatzgesetzgebung** für die Haushaltswirtschaft von Bund und Ländern in Art. 109 Abs. 3 GG. Die *Rahmengesetzgebung* nach Art. 75 GG aF wurde durch die Föderalismus-Reform abgeschafft. **159**

Aussagen zu den Gesetzgebungszuständigkeiten von Bund und Ländern sind noch an **anderen Stellen** des Grundgesetzes zu finden. **Art. 105 GG** betrifft die Gesetzgebung über Steuern (dazu näher u. Rn 533 ff). Schließlich finden sich verschiedentlich im Grundgesetz Formulierungen wie „Das Nähere regeln Bundesgesetze", vgl zB für das Recht der politischen Parteien Art. 21 Abs. 3 GG. Hierin ist die Zuweisung einer (ausschließlichen) Gesetzgebungszuständigkeit für den Bund zu sehen[11]. Unter bestimmten – engen – Voraussetzungen werden zudem **ungeschriebene Gesetzgebungszuständigkeiten** des Bundes anerkannt (dazu u. Rn 174 ff). **160**

---

10 Enthalten im 52. Gesetz zur Änderung des Grundgesetzes vom 28. August 2006, BGBl. I S. 2034.
11 Näher und zu weiteren Fällen s. *Degenhart*, in: Sachs, Art. 71 Rn 3.

161 **Prüfung der Zuständigkeit:**

Um die Frage nach der Zuständigkeit für den Erlass eines bestimmten Gesetzes zu beantworten – und darum geht es bei der **Kompetenzprüfung** – sind also diese Schritte zu vollziehen:

- Am Anfang steht die Grundregel des Art. 70 GG: der Bund ist nur zuständig, wenn ihm eine Zuständigkeit positiv verliehen ist; sonst bleibt es bei der Zuständigkeit der Länder;
- daher muss zunächst nach einem positiven **Kompetenztitel** für den Bund gefragt werden, dieser ist aus den Art. 73 und 74 GG, ggf aus den weiteren im Grundgesetz enthaltenen Kompetenznormen und, wenn hierfür konkrete Anhaltspunkte bestehen, aus den Grundsätzen über ungeschriebene Bundeszuständigkeiten zu entnehmen (dazu nachstehend 2.);
- in einem weiteren Prüfungsschritt sind dann die allgemeinen Voraussetzungen zu prüfen, unter denen von dem fraglichen Kompetenztitel auch konkret Gebrauch gemacht werden darf. Diese Voraussetzungen sind in Art. 71 und 72 festgelegt (s. nachstehend 3.);
- besteht hiernach keine Bundeszuständigkeit, so verbleibt es bei der Grundregel des Art. 70 Abs. 1 GG und damit bei der Gesetzgebungszuständigkeit der Länder.

2. Feststellung des einschlägigen Kompetenztitels

162 Insbesondere Art. 73 Abs. 1 Nrn 1–14 und Art. 74 Abs. 1 Nrn 1–33 GG enthalten umfangreiche **Kompetenzkataloge**. Um festzustellen, ob eine gesetzliche Regelung in einen dieser Kompetenzkataloge fällt, bedarf es der **Subsumtion**: das Gesetz, um das es geht, ist unter den in Betracht kommenden Kompetenztitel zu subsumieren. Um diese Subsumtion vornehmen zu können, ist der Kompetenztitel zunächst in seiner Bedeutung im Wege der **Auslegung** zu bestimmen. Die einzelnen Auslegungsmethoden werden in den Entscheidungen des BVerfG zum Altenpflegegesetz[12] und zur landesgesetzlichen Straftäterunterbringung[13] beispielhaft durchdekliniert.

a) Auslegung der Kompetenznormen

163 Geht man die einzelnen Kompetenzkataloge durch, so wird deutlich, dass das Grundgesetz die Kompetenzmaterien auf zwei unterschiedliche Weisen beschreibt[14]. Zum einen bezeichnen die Verfassungsnormen bestimmte Sachbereiche oder Lebenssachverhalte und verwenden hierbei Kompetenzbegriffe, die sich aus allgemeinem Sprachgebrauch erschließen, so zB in Art. 73 Abs. 1 Nr 6 GG – Luftverkehr –, in Art. 74 Abs. 1 Nr 11 GG – Wirtschaft – Bergbau, Industrie etc –, in Art. 73 Abs. 1 Nr 14 GG – Kernenergie –. Derartige Kompetenznormen bezeichnen also ihren Gegenstand vornehmlich faktisch-deskriptiv. Häufiger sind jedoch Kompetenznormen, die ihren Gegenstand normativ bezeichnen, durch Benennung einer bestimmten Rechtsmaterie, so zB Art. 73 Abs. 1 Nr 2 GG – Staatsangehörigkeit –, Art. 74 Abs. 1 Nr 1 GG – Bürgerliches Recht und Strafrecht –.

164 Beide Ansätze können auch kombiniert werden, etwa beim Begriff der Sozialversicherung in Art. 74 Abs. 1 Nr 12 GG, wo es einerseits um die Bezeichnung eines bestimmten Sachbereichs

12 BVerfGE 106, 62, 104 ff.
13 BVerfGE 109, 190, 212.
14 Vgl *Degenhart*, in: Sachs, Art. 70 Rn 51 ff; BVerfGE 109, 190, 218.

geht – der „Versicherung“ gegen „soziale“ Risiken wie Alter, Invalidität oder Krankheit –, andererseits auf den Begriff der Sozialversicherung Bezug genommen wird, wie er sich in der RVO entwickelt hat. Schließlich können Sachbegriffe, die in den Kompetenznormen des Grundgesetzes gebraucht werden, in der Rechtssprache einen anderen Bedeutungsgehalt haben, als nach allgemeinem Sprachgebrauch.

Bei der **Auslegung** der Kompetenznormen des Grundgesetzes wird der **historischen Interpretation** (Rn 21) erhöhte Bedeutung beigelegt[15]. Dies gilt besonders dort, wo die Kompetenzmaterie im dargelegten Sinn (Rn 163) *„normativ-rezeptiv“* benannt wird. Wo es sich um historisch geformte, vom Grundgesetzgeber vorgefundene Rechtsmaterien handelt, wird in der Interpretation der diesbezüglichen Kompetenznormen auf Tradition und Entwicklung dieser Materien abgestellt. Es wird dann gewissermaßen vermutet, der Verfassungsgeber habe den Kompetenzbegriff entsprechend dieser Tradition in die Verfassung aufnehmen wollen. Deshalb hat der Sächsische Verfassungsgerichtshof auch Bestimmungen über die Sonntagsarbeit von Beschäftigten im Einzelhandel, wie sie stets im Ladenschlussgesetz des Bundes enthalten waren, unter „Ladenschluss“ gefasst[16]. 165

So auch das BVerfG in seiner Entscheidung zur Unterbringung gefährlicher Straftäter („nachträgliche Sicherungsverwahrung I“)[17]: *„Hat der Verfassungsgeber eine normativ ausgeformte Materie vorgefunden und sie als solche gleichsam nachvollziehend benannt, so ist davon auszugehen, dass die einfachgesetzliche Ausformung in der Regel den Zuweisungsgehalt auch der Kompetenznorm bestimmt (Degenhart, in: Sachs, 3. Aufl., Art. 70, Rn 44, 47). Sinn und Zweck der Umschreibung eines vom Verfassungsgeber bereits vorgefundenen Normenbereichs in der Kompetenzvorschrift sprechen dafür, dass der vorgefundene Normenbereich von ihr erfasst werden soll.“* Dies bedeutet zB für das Straftäterunterbringungsgesetz in **Fall 15**: Weil Maßregeln der Sicherung und Besserung schon immer im Strafrecht geregelt waren, handelt es sich hierbei auch um „Strafrecht“ iSv Art. 74 Abs. 1 Nr 1 GG. 166

Derartige **normative Traditionen** können auch dort eine Rolle spielen, wo die Bezeichnung der Kompetenzmaterie durch Benennung des entsprechenden Sachbereichs oder Lebenssachverhalts erfolgt. So wurde zB im „1. Rundfunkurteil“ des BVerfG[18] zum Sachbereich „Telekommunikation“ (früher: Fernmeldewesen) das gezählt, was der Verfassungsgeber als wesentlichen Inhalt eben dieser Materie vorgefunden hatte, also Fragen der Frequenzzuordnung, nicht aber inhaltliche Fragen des Rundfunks. Fehlen derartige Anknüpfungspunkte für eine historische Auslegung der Kompetenznorm, so ist primär auf den **allgemeinen Sprachgebrauch** abzustellen. 167

Die Auslegung der Kompetenznormen aus der Tradition und der Entwicklung des jeweiligen Rechtsgebiets hindert den Gesetzgeber jedoch nicht, die Materie weiterzuentwickeln. Deshalb musste der Bundesgesetzgeber für den Bereich der *Sozialversicherung* (konkurrierende Zuständigkeit, Art. 74 Abs. 1 Nr 12 GG) nicht starr an der Sozialversicherung im Rahmen der RVO so 168

15 BVerfGE 106, 62, 105.
16 SächsVerfGH, U.v. 21.6.2012 – 77-II-11.
17 BVerfGE 109, 190, 218.
18 BVerfGE 12, 205, 226.

festhalten, wie der Grundgesetzgeber sie vorgefunden hatte. Er kann andererseits aber auch nicht unter dem Titel „Sozialversicherung" eine ganz andere Form der sozialen Sicherung einführen, die mit Sozialversicherung nichts mehr zu tun hat. Sozialversicherung iSd Art. 74 Abs. 1 Nr 12 GG ist alles, „was sich der Sache nach als Sozialversicherung darstellt"[19]. Deren prägende Elemente müssen im Prinzip gewahrt bleiben. Dazu gehören die „gemeinsame Deckung eines möglichen Bedarfs durch Verteilung auf eine organisierte Vielheit". Gemeint ist der Solidarausgleich und das Prinzip der Versicherung: die versicherungsmäßige Deckung bestimmter Risiken. Eine Beschränkung auf Arbeitnehmer, wie dies anfänglich bei der Sozialversicherung der Fall war, ist demgegenüber nicht zwingend gefordert; der Gesetzgeber konnte also durchaus neue Personenkreise erfassen.

169 Andererseits durfte der Bundesgesetzgeber auf der Grundlage des Art. 74 Abs. 1 Nr 1 GG nicht an Stelle der herkömmlich im BGB geregelten, an das deliktische Handeln des Beamten anknüpfenden Staatshaftung (§ 839 BGB) eine völlig neuartige, nicht an das Haftungssystem des BGB anknüpfende, verschuldensunabhängige unmittelbare Haftung des Staates einführen – hier handelte es sich nicht mehr um „Bürgerliches Recht"[20], die neu eingefügte Nr 25 begründete dann eine konkurrierende Zuständigkeit.

b) Kompetenzmäßige Zuordnung: Subsumtion des Gesetzes unter die Kompetenznorm

170 Die Prüfung, ob ein Gesetz sich auf einen bestimmten Kompetenztitel stützen kann, erfolgt also in zwei Schritten: zunächst muss die Kompetenznorm ausgelegt werden, dann muss das Gesetz unter die so ausgelegte Kompetenznorm subsumiert werden – man kann hier von kompetenzmäßiger Zuordnung sprechen. Diese kann durchaus für einzelne Vorschriften eines Gesetzes unterschiedlich erfolgen.

Wenn zB in einem Gesetz über Telemedien in einer Bestimmung die Verpflichtung des Anbieters zur Kennzeichnung seiner Angebote geregelt wird, in einer anderen Bestimmung die Frage eines Rücktrittsrechts des Bestellers von Kaufverträgen, so gilt im ersteren Fall Art. 73 Abs. 1 Nr 7 GG (Telekommunikation), für Letzteren Art. 74 Abs. 1 Nr 1 GG (Bürgerliches Recht).

171 Allerdings dürfen einzelne **Teilregelungen** eines umfassenden Regelungskomplexes nicht aus ihrem Regelungszusammenhang gelöst und für sich betrachtet werden.

Beispielhaft kann auf die Entscheidung des BVerfG zum Recht des Schwangerschaftsabbruchs verwiesen werden[21]. Für die Bestimmungen über das Aufsuchen einer Beratungsstelle bestand bei isolierter Betrachtungsweise keine Bundeszuständigkeit. Sie waren jedoch mit den Bestimmungen über die strafrechtliche Behandlung der Abtreibung derart eng *„verzahnt"*, dass sie als Teil der Gesamtregelung zu betrachten waren. Für das Strafrecht war der Bund zuständig, Art. 74 I Nr 1 GG. Er durfte dann zusammen mit den strafrechtlichen Bestimmungen auch die Fragen der Beratung regeln.

172 Die **Zuordnung** einer bestimmten Regelung zu einer Kompetenznorm geschieht anhand von unmittelbarem Regelungsgegenstand, Normzweck, Wirkung und Adressat der zuzuordnenden Norm sowie der Verfassungstradition[22]. Im Urteil des BVerfG zur Medienbeteiligung politischer Parteien vom 12.3.2008 **(Fall 4b/13)** wird dies bei-

19 BVerfGE 75, 108, 146 f.
20 BVerfGE 61, 149, 176 ff.
21 BVerfGE 98, 265, 299.
22 Vgl zusammenfassend BVerfGE 121, 30, 47 f.

spielhaft entwickelt. Für das landesgesetzliche Verbot einer Rundfunkbeteiligung für Parteien waren unterschiedliche Zuordnungen möglich: Recht der Parteien, Art. 21 Abs. 3 GG (ausschließliche Bundeszuständigkeit) oder Rundfunkrecht (Zuständigkeit der Länder):

- **unmittelbarer Gegenstand des Gesetzes** war die Organisation des Rundfunks; es legte hierbei näher fest, wer beteiligt sein darf und wer nicht;
- **Ziel des Gesetzes** war es, die Rundfunkfreiheit vor den Einflüssen politischer Parteien zu schützen;
- **Adressat des Gesetzes** war die Rundfunkaufsicht, die zu prüfen hatte, wer an einem Rundfunkunternehmen beteiligt ist;
- die **Wirkung des Gesetzes** zielte auf den Rundfunk: bei unzulässiger Parteienbeteiligung waren Aufsichtsmaßnahmen gegen die Rundfunkunternehmen zu ergreifen.
- **Tradition** der Gesetzgebung: derartige Fragen waren traditionell im Rundfunkrecht der Länder geregelt worden.

Bleibt hiernach **mehrfache Zuordnung** möglich, ist auf den **Schwerpunkt** der Regelung und die insoweit maßgebliche Zielsetzung abzustellen, wobei *„eng verzahnte"* Regelungen wie im Fall der Schwangerenberatung (Rn 171) **einheitlich** zuzuordnen sind: entscheidend ist dann, wo der Schwerpunkt liegt[23]. Auch dies spricht im **Fall 4b/13** für Zuordnung zum Rundfunk: die Vorschriften über die Parteienbeteiligungen standen in engem Zusammenhang mit den übrigen rundfunkrechtlichen Normen, waren also Bestandteil eines größeren Komplexes und mit diesem „eng verzahnt". Eine **eindeutige** kompetenzmäßige Zuordnung muss aber vorgenommen werden: Doppelzuständigkeiten für die gleiche Materie sind ausgeschlossen. Ebenso ist eine eindeutige Zuordnung zu den verschiedenen Spielarten einer konkurrierenden Gesetzgebung nach Art. 72 Abs. 2 und 3 GG (Rn 158, 181) geboten. **173**

c) Zuständigkeitskataloge und ungeschriebene Bundeskompetenzen

Ist keiner der Kompetenztitel in den Katalogen der Art. 73, 74 GG gegeben, so kann noch eine **ungeschriebene Gesetzgebungskompetenz des Bundes** in Betracht kommen. Derartige ungeschriebene Kompetenzen werden unter engen Voraussetzungen anerkannt, wobei unterschieden wird zwischen Bundeskompetenzen kraft „Natur der Sache", Annex-Kompetenzen des Bundes und Bundeskompetenzen kraft „Sachzusammenhangs"[24]. **174**

Eine Bundeszuständigkeit aus der **Natur der Sache** wird dann angenommen, wenn ein Gegenstand **begriffsnotwendig**[25] nur durch Bundesgesetz geregelt werden kann. Bloße Zweckmäßigkeit genügt nicht. Wann Begriffsnotwendigkeit bejaht werden kann, mag ein vergleichender Blick auf die Kompetenztitel des Art. 73 GG verdeutlichen. Wenn zB für die Staatsangehörigkeit im Bund (Nr 2) oder die Rechtsverhältnisse der Bundesbeamten (Nr 8) eine ausschließliche Bundeszuständigkeit besteht, so **175**

23 BVerfGE 98, 265, 303 ff.
24 S. dazu BVerfGE 98, 265, 200.
25 BVerfGE 12, 205, 251 ff.

müssen Fälle einer ungeschriebenen Bundeszuständigkeit aus der Natur der Sache dem vergleichbar sein. Es handelt sich dann um notwendig ausschließliche Bundeszuständigkeiten.

Beispiele: Ein Bundesgesetz, das den Sitz der Bundesorgane oder nationale Symbole wie Bundesflagge, Bundeswappen, Nationalhymne festlegt, kann begrifflich nur vom Bund erlassen werden, hierfür ist also eine Bundeskompetenz aus der Natur der Sache zu bejahen. Demgegenüber wurde für das **Rundfunkrecht** eine Bundeskompetenz aus der Natur der Sache verneint: zwar mögen hier bundesgesetzliche Regelungen zweckmäßiger sein. Landesrechtliche Regelungen, die auf den Sitz des jeweiligen Veranstalters abstellen, sind aber jedenfalls nicht ausgeschlossen[26].

176 Von einer **Kompetenz kraft Sachzusammenhangs** spricht man dann[27], wenn eine Materie nicht sinnvoll geregelt werden kann, ohne dass der Gesetzgeber in eine andere, ihm nicht ausdrücklich zugewiesene Materie ausgreift. Dabei ist **Zurückhaltung** geboten. Denn sie bedeutet ein Übergreifen in eine anders geartete Materie, für die an sich kein Kompetenztitel besteht, damit aber eine Verschiebung der expliziten Kompetenzverteilung. Deshalb darf kein substanzieller Eingriff in die positiv normierte Kompetenzverteilung erfolgen. Die kraft Sachzusammenhangs dem positiven Kompetenztitel zugeschlagene Materie darf nicht von bestimmendem Gewicht sein.

Beispiel: Einen kompetenzbegründenden Sachzusammenhang sah das BVerfG im 1. Rundfunkurteil[28] für die Regelung der Wahlwerbung politischer Parteien im Rundfunk und das Parteienwesen nach Art. 21 Abs. 3 GG, bejahte deshalb Bundeszuständigkeit auch für Erstere. Ein Sachzusammenhang zwischen dem Recht der Telekommunikation nach Art. 73 Abs. 1 Nr 7 GG und der Veranstaltung von Rundfunkprogrammen ist demgegenüber zu verneinen. Technische Fragen können hier getrennt vom Programmbereich (zB den inhaltlichen Schranken für Rundfunksendungen und den sachlichen Anforderungen an Rundfunkveranstalter) geregelt werden. Außerdem hat letzterer Bereich eigenständiges Gewicht. Den Programmbereich (Landeszuständigkeit) kraft Sachzusammenhangs zum sendetechnischen Bereich (Bundeskompetenz) zu ziehen, würde eine unzulässige, substanzielle Verschiebung der grundgesetzlichen Kompetenzordnung bewirken[29].

177 Von **Annexkompetenzen**[30] spricht man, wenn ein Kompetenztitel des GG eine bestimmte Materie – eben die Annexmaterie – nicht ausdrücklich umfasst, aber ein enger sachlicher Zusammenhang besteht, so dass die Regelung der Annexmaterie für die wirksame Regelung der Hauptmaterie erforderlich ist, der Vorbereitung und Durchführung[31] dient. So wurde zB eine Regelung über den Straßenverkehr behindernde Werbeanlagen, obwohl an sich baurechtlicher Natur (Länderzuständigkeit) gleichwohl als Annex zum Recht des Straßenverkehrs nach Art. 74 Abs. 1 Nr 22 GG gesehen[32]; die Regelung der Verjährung sog. Pressedelikte ist im Wege einer Annexzuständigkeit der Gesetzgebungskompetenz der Länder für das Presserecht zugeordnet[33]. Häufig wird die Annexkompetenz auch nur als Unterfall der Kompetenz kraft Sachzu-

26 BVerfGE 12, 205, 251 ff.
27 *Degenhart*, in: Sachs, Art. 70 Rn 42 ff.
28 BVerfGE 12, 205, 241.
29 BVerfGE 12, 205, 25 ff.
30 Näher *Degenhart*, in: Sachs, Art. 70 Rn 30 ff.
31 *Stern* I, § 19 III 3a.
32 BVerfGE 32, 319, 326.
33 BVerfGE 7, 29, 38.

sammenhangs gesehen[34]. Die **Unterscheidung** ist jedenfalls nicht ganz eindeutig, tatsächlich werden die Begriffe auch nicht immer klar geschieden. Während aber die Annexkompetenz „in die Tiefe" geht, geht die Kompetenz kraft Sachzusammenhangs „in die Breite".

Auf Annexkompetenz oder Sachzusammenhang sollte erst zurückgegriffen werden, 178
wenn die Möglichkeiten der **Auslegung** der positiven Kompetenznorm und der kompetenzmäßigen Zuordnung nach dem Schwerpunkt der Materie erschöpft sind – wie ja auch im Urteil des BVerfG zum Schwangerenhilfe-Ergänzungsgesetz (Rn 171) letztlich unklar bleibt, ob das Gericht über die „enge Verzahnung" der Materien zu einer ungeschriebenen Bundeskompetenz kraft Sachzusammenhangs gelangen will, oder aber schlicht die geregelte Materie (Beratungskonzept) als Gegenstand des entsprechend weit verstandenen Kompetenztitels „Strafrecht" sieht. Dann war die Begründung aus dem Sachzusammenhang überflüssig und trägt – wie manches andere in dem genannten Urteil – eher zur Verwirrung bei[35].

3. Voraussetzungen der Kompetenzausübung – Art. 71, 72 GG

a) Ausschließliche Bundeszuständigkeit, Art. 71 GG

Besteht eine ausschließliche Gesetzgebungszuständigkeit des Bundes, so sind die Vo- 179
raussetzungen für ein Gebrauchmachen von dieser Kompetenz unproblematisch: der Bund ist ohne Weiteres befugt, Gesetze zu erlassen, die Länder sind hiervon ausgeschlossen. Allerdings kann der Bund seine Gesetzgebungsbefugnis nach Art. 71, 2. HS GG auf die Länder delegieren; „wenn und soweit" eine solche Delegation erfolgt, werden die Länder wieder zuständig. Die Möglichkeit einer solchen Ermächtigung ist bisher aber nicht praktisch relevant geworden.

b) Konkurrierende Zuständigkeit, Art. 72 GG

Konkurrierende Zuständigkeit bedeutet: Bund und Länder können Gesetze in einer 180
bestimmten Materie erlassen. Dann aber stellt sich die Frage, wann nun der Bund, wann das Land tätig werden darf und wer Vorrang hat. Dies ist in Art. 72 GG näher geregelt. Geht es in einem Bereich konkurrierender Zuständigkeit um den Erlass eines Bundesgesetzes, dann ist Art. 72 Abs. 2 GG einschlägig. Dort ist geregelt, unter welchen Voraussetzungen der Bund von der konkurrierenden Zuständigkeit Gebrauch machen darf. Geht es um den Erlass eines Landesgesetzes, dann ist Abs. 1 einschlägig sowie in bestimmten, praktisch weniger bedeutsamen Fällen Abs. 3 und Abs. 4.

NB: *Art. 72 GG regelt nur, unter welchen Voraussetzungen Bund oder Länder von einer Zuständigkeit Gebrauch machen dürfen. Art. 72 GG begründet selbst also keine Gesetzgebungszuständigkeit und regelt nicht, wann eine konkurrierende Zuständigkeit besteht. Dies folgt aus Art. 74 GG.*

34 *Pieroth*, in: Jarass/Pieroth, Art. 70 Rn 12.
35 So ist wohl auch BVerfGE 98, 265, 299 zu verstehen.

181 **aa) Gesetzgebungsbefugnis des Bundes, Art. 72 Abs. 2 GG.** Wenn nach Art. 74 GG eine konkurrierende Gesetzgebungszuständigkeit besteht, so ist für die Kompetenz des Bundes zu unterscheiden:

(1) Auf bestimmten Gebieten des Art. 74 Abs. 1 GG kann der Bund nicht ohne Weiteres tätig werden. Zuerst muss vielmehr geprüft werden, ob ein Bundesgesetz überhaupt **„erforderlich"** ist. Dies bestimmt sich nach Art. 72 Abs. 2 GG: Eine bundesgesetzliche Regelung muss zur Herstellung gleichwertiger Lebensverhältnisse oder zur Wahrung der Rechts- oder Wirtschaftseinheit im gesamtstaatlichen Interesse **erforderlich** sein. Welche Gebiete dies sind, dies ist in Art. 72 Abs. 2 GG abschließend aufgeführt.

Art. 72 Abs. 2 GG benennt drei unterschiedliche **Zielvorgaben**, die ein Tätigwerden des Bundesgesetzgebers auf den dort genannten Gebieten rechtfertigen: der Bund hat das Gesetzgebungsrecht, „wenn und soweit"

- die Herstellung gleichwertiger Lebensverhältnisse im Bundesgebiet oder
- die Wahrung der Rechtseinheit im gesamtstaatlichen Interesse oder
- die Wahrung der Wirtschaftseinheit im gesamtstaatlichen Interesse

eine bundesgesetzliche Regelung erforderlich macht.

(2) Auf allen anderen Gebieten des Art. 74 GG ist der Bund ohne Weiteres zuständig. Für sie wird unwiderlegbar vermutet, dass eine bundesgesetzliche Regelung erforderlich ist. Die Erforderlichkeit muss also nicht eigens geprüft werden. Man kann hier von einer **Vorranggesetzgebung** sprechen; auch die Begriffe der bedingungslosen Bundeszuständigkeit oder Kernkompetenz des Bundes werden hier gebraucht.

182 Art. 72 Abs. 2 GG hat eine wechselvolle Geschichte hinter sich[36].

Nach Art. 72 Abs. 2 GG in seiner ursprünglichen, bis zum 15.11.1994 geltenden Fassung musste ein *Bedürfnis* nach bundeseinheitlicher Regelung gegeben sein. Dies hatte das BVerfG jedoch im *Ermessen* des (Bundes-) Gesetzgebers gesehen und kaum überprüft[37]. Um die Länder zu stärken, wurde dann 1994 die Bedürfnis- in eine Erforderlichkeitsklausel umgewandelt. Dadurch sollten die Anforderungen „konzentriert, verschärft und präzisiert" werden (Gemeinsame Verfassungskommission)[38]. Sie sollten insbesondere auch justiziabel gemacht werden. Deshalb wurde für die Überprüfung der Voraussetzungen des Art. 72 Abs. 2 GG sogar mit der Normenkontrolle nach Art. 93 Abs. 1 Nr 2a GG ein eigenes verfassungsgerichtliches Verfahren eingeführt (Rn 781 f). Das BVerfG prüfte nun die Erforderlichkeit eines Bundesgesetzes intensiv nach[39]. So erklärte es eine hochschulrechtliche Norm des Bundes, die die Einführung von Studiengebühren untersagte, für nichtig, da es keine Notwendigkeit für eine bundesgesetzliche Regelung der Materie sah[40]. Da nun befürchtet wurde, der Bund könnte für weite Bereiche der konkurrierenden Gesetzgebung handlungsunfähig werden, wurde mit der sog. Föderalismusreform 2006 die Erforderlichkeitsprüfung für die meisten – und wichtigsten – Gebiete des Art. 74 GG ganz abgeschafft. Man ging also noch hinter den 1994 bestehenden Rechtszustand zurück.

---

36 Vgl *Degenhart*, in: Sachs, Art. 72 Rn 2 ff; *Kloepfer* I § 21 Rn 75 ff.
37 Überblick bei *Degenhart*, in: Sachs, Art. 72 Rn 2.
38 *Degenhart*, in: Sachs, Art. 72 Rn 2.
39 Grundlegend BVerfGE 106, 62, 142 ff.
40 BVerfGE 112, 226, 244 f.

Zur Auslegung der Erforderlichkeitsklausel nach Art. 72 Abs. 2 GG hat sich das BVerfG erstmals in seinem Urteil zum Altenpflegegesetz vom 24.10.2002 grundsätzlich geäußert. 183

– Im Hinblick auf die erstgenannte Zielsetzung der Herstellung der **Gleichwertigkeit der Lebensverhältnisse** ist hiernach der Bundesgesetzgeber nur dann zum Eingreifen befugt, „wenn sich die Lebensverhältnisse in den Ländern der Bundesrepublik in erheblicher, das bundesstaatliche Sozialgefüge beeinträchtigender Weise auseinander entwickelt haben oder sich eine derartige Entwicklung konkret abzeichnet“[41].

– Die zweite Zielvorgabe – **Rechtseinheit** – greift nicht schon dann ein, wenn in den Ländern unterschiedliches Recht gilt – denn im Anwendungsbereich des Art. 74 GG will das Grundgesetz Rechtsvielfalt zulassen. Es müssen also zusätzliche Umstände hinzutreten, die eine Vereinheitlichung des Rechts erforderlich machen.

Das BVerfG nennt hier „unzumutbare Behinderungen im länderübergreifenden Rechtsverkehr“[42] oder Störungen der Freizügigkeit und führt als Beispiel unterschiedliche Personenstandsregelungen auf – wenn zB Eheschließung oder Scheidung nicht in allen Bundesländern gleichermaßen rechtlich behandelt und anerkannt würden, wenn also zB eine in Berlin eingegangene „eingetragene Lebenspartnerschaft“ in Bayern nicht anerkannt würde. Die meisten Bereiche, für die Rechtseinheit erforderlich werden könnte, sind jetzt jedoch in die Vorranggesetzgebung aufgenommen, dh, die Erforderlichkeit einer bundesgesetzlichen Regelung muss nicht eigens geprüft werden.

– Geht es um wirtschaftlich bedrohliche Auswirkungen unterschiedlichen Rechts, so greift die dritte Zielvorgabe der **Wirtschaftseinheit** ein. Sie kann sich mit der der Rechtseinheit überschneiden.

Erforderlichkeit einer bundesgesetzlichen Regelung wurde unter diesem Aspekt verneint für Regelungen des Schornsteinfegerrechts: „*... denn der Schornsteinfeger übt ein Gewerbe aus, das in der Regel lokale oder regionale Arbeitsbereiche bildet, so dass – anders als bei Berufen, welche landesüberschreitende Aufgaben in bundesweiten Infrastrukturen wahrnehmen ... Regelungen von jedem Land getroffen werden können*“[43]. Demgegenüber wurde die Erforderlichkeit bundesgesetzlicher Vorgaben für die Gewerbesteuer in den Gemeinden bejaht, um wirtschaftlich unsinnige Wanderbewegungen aus rein steuerlichen Gründen zu vermeiden[44]. 184

bb) Gesetzgebungsbefugnis der Länder, Art. 72 Abs. 1 GG. Im Bereich der **konkurrierenden** Gesetzgebung sind die Länder nach Art. 72 Abs. 1 GG zuständig, „solange und soweit der Bund von seiner Gesetzgebungszuständigkeit nicht durch Gesetz Gebrauch gemacht hat“, solange also nicht die „Sperrwirkung“ des Bundesgesetzes eingetreten ist. Dies bedeutet: 185

– Ist der Bundesgesetzgeber noch nicht tätig geworden, so bleibt es beim Gesetzgebungsrecht der Länder.

41 BVerfGE 106, 62, 142.
42 BVerfGE 106, 62, 135 f.
43 BVerfG (K) NVwZ-RR 2011, 385, 386.
44 BVerfGE 125, 141, 155 ff.

– Ist der Bundesgesetzgeber tätig geworden, so sind damit die Länder nur dann generell von eigener Gesetzgebung ausgeschlossen, wenn der Bundesgesetzgeber eine **abschließende** Regelung treffen wollte, im Sinn einer **„Kodifikation"** als **„Kompetenzsperre"**.

Beispiel (Fall nach *G. Scholz*): ein Landesgesetz bestimmt die Anfechtbarkeit unter Föhneinfluss abgegebener Willenserklärungen; obwohl dieser Anfechtungsgrund in §§ 119 ff BGB nicht geregelt ist, ist das Gesetz gleichwohl kompetenzwidrig zustande gekommen, da die Regelungen des BGB insoweit abschließend sind, eine geschlossene Kodifikation darstellen.

186 An Art. 72 Abs. 1 GG scheiterte die Begründung weitreichender Abhörbefugnisse im niedersächsischen SOG zum Zweck der Sicherung der Strafverfolgung: Strafverfolgung ist Strafverfahren – dieses aber bundesrechtlich kodifiziert[45]. Sperrwirkung tritt in dem Umfang ein, in dem der Bund tatsächlich im Wege der Gesetzgebung tätig geworden ist; dabei ist auf den Zeitpunkt der Verkündung abzustellen[46]. Das BVerfG will eine Sperrwirkung des Bundesgesetzes auch im Fall eines „absichtsvollen Regelungsverzichts" bejahen – dies sogar dann, wenn der Bund nur auf der Grundlage einer Kompetenz kraft Sachzusammenhangs tätig geworden ist[47] (Rn 171, 173, 176).

187 **cc) Abweichungsgesetzgebung der Länder, Art. 72 Abs. 3 GG.** Mit der Föderalismusreform 2006 wurde die neuartige Möglichkeit einer **„Abweichungsgesetzgebung"** für die Länder eingeführt. Für bestimmte Gebiete, die in Art. 72 Abs. 3 GG aufgeführt sind, dürfen die Länder eigene, vom Bundesgesetz abweichende Regelungen treffen. Es gilt dann im Verhältnis von Bundes- und Landesrecht, abweichend von Art. 31 GG, das jeweils spätere Gesetz; dies bestimmt Art. 72 Abs. 3 S. 3 GG. Dass die jeweils jüngere Regelung „vorgeht", bedeutet, dass die nachrangige ältere Regelung nicht zur Anwendung kommt: **Anwendungsvorrang** des jüngeren Gesetzes. Wird dieses vorrangige Gesetz später wieder aufgehoben, so kommt ohne Weiteres wieder das ältere Gesetz zur Anwendung[48]. Das jüngere Gesetz setzt also das ältere Gesetz nicht außer Kraft, es derogiert dieses nicht.

Demnach könnten Bund und Land jeweils wechselseitig ihre Gesetze außer Geltung setzen. Für Bundesgesetze ist allerdings vorgesehen, dass sie grundsätzlich erst sechs Monate nach ihrem Erlass in Kraft treten, Art. 72 Abs. 3 S. 2 GG. Damit hätten die Länder die Möglichkeit, noch vor Inkrafttreten des Bundesgesetzes dieses bereits außer Geltung zu setzen, also seine Anwendung auszuschließen. Für einige der Gebiete des Abs. 3 S. 1 wird die Abweichungsbefugnis wiederum beschränkt, der Verfassungstext bestimmt hier sog. **„abweichungsfeste Kerne"**. Daraus würde im Umkehrschluss folgen, dass außerhalb dieser Kerne beliebiges Abweichen möglich ist.

188 Ob all dies zur angestrebten Entflechtung der föderalen Ordnung beitragen kann, erscheint fraglich. Jedenfalls wirft der neue Typus der Abweichungsgesetzgebung eine Reihe von offenen Fragen auf, die erst die Rechtsprechung wird zu klären haben.

45 BVerfGE 113, 348, 369 ff.
46 *Degenhart*, in: Sachs, Art. 72 Rn 25 ff, 35 ff.
47 BVerfGE 98, 265, 300.
48 Vgl zur Abweichungsgesetzgebung *Mammen*, DÖV 2007, 376; *Degenhart*, DÖV 2010, 422; *Kloepfer* I § 21 Rn 111 ff.

So könnte zB fraglich sein, ob ein Landesgesetz sich schlicht darauf beschränken kann, das Bundesgesetz außer Kraft zu setzen, ohne in der Sache eigene Regelungen zu treffen. Die sachliche Reichweite der Abänderungsbefugnis ist an sich nicht begrenzt, soweit nicht im Text des Grundgesetzes selbst bestimmte Kernbereiche als änderungsfest ausgenommen sind. So dürfen zB die Länder nach Art. 72 Abs. 3 S. 1 Nr 1 GG für das Jagdrecht abweichende Regelungen treffen. Hiervon ist wiederum das Recht der Jagdscheine ausgenommen, für das die Länder also keine abweichende Regelung treffen können. Fraglich könnte auch sein, ob noch von einer „Abweichung" gesprochen werden kann, wenn – wie im **Fall 17** – ein Bundesgesetz gänzlich außer Kraft gesetzt wird.

dd) „Rückholmöglichkeit", Art. 72 Abs. 4 GG. Seit der Verfassungsreform 1994 enthält Art. 72 GG eine sog. **„Rückholklausel"** (oder auch: Freigabeklausel[49]). Wenn für ein Bundesgesetz die Erforderlichkeit nach Abs. 2 nachträglich entfallen ist, kann der Bundesgesetzgeber die Länder ermächtigen, es durch eigene Gesetze zu ersetzen, Art. 72 Abs. 4 GG[50]. Von dieser Möglichkeit ist bisher nicht Gebrauch gemacht worden. Der Anwendungsbereich des Abs. 2 wurde mit der Föderalismusreform 2006 drastisch zurückgenommen. Andererseits besteht jetzt die Möglichkeit, die bundesgesetzliche Ermächtigung durch eine Entscheidung des BVerfG zu ersetzen, s. Art. 93 Abs. 2 GG nF. 189

ee) Übergangsrecht. Durch die Föderalismusreform 2006 wurden einzelne Sachbereiche aus der konkurrierenden Zuständigkeit des Art. 74 GG in die ausschließliche Zuständigkeit der Länder überführt, so zB das Versammlungsrecht. Nach der Übergangsvorschrift des Art. 125a Abs. 1 GG gilt das Bundesgesetz – also zB das VersG des Bundes – als Bundesrecht weiter. Es kann von den Ländern durch jeweils eigene Versammlungsgesetze ersetzt werden. Das VersG des Bundes gilt dann nur in den Ländern weiter, in denen es nicht durch ein Landesgesetz ersetzt worden ist. 190

Art. 125a Abs. 2 GG betrifft den Fall, dass ein Bundesgesetz vor 1994 erlassen worden ist, aber wegen der Verschärfung des Art. 72 Abs. 2 (Rn 182) nicht mehr erlassen werden könnte. Es gilt fort, und auch die Kompetenzsperre des Art. 72 Abs. 1 GG bleibt wirksam, so dass es nicht von den Ländern ersetzt werden kann. Der Bund „kann" jedoch nach Art. 125a Abs. 2 S. 2 GG die Länder ermächtigen, das Bundesgesetz durch Landesrecht zu ersetzen. Sollte es aber wegen geänderter Verhältnisse notwendig werden, das Gesetz zu ändern, darf der Bundesgesetzgeber Korrekturen vornehmen, aber keine grundlegende Neugestaltung. Hierfür hat die Rückübertragung an die Länder zu erfolgen. Hierzu kann der Bund nach dem Prinzip der Bundestreue (Rn 467 ff) sogar verpflichtet sein[51]. Nach Art. 93 Abs. 2 GG kann jedoch wie bei Art. 72 Abs. 4 das BVerfG angerufen werden – seine Entscheidung ersetzt das Bundesgesetz. Ob der Bund auch im Fall des Abs. 1 sein Gesetz ändern kann, ist str.[52]. Die Übergangsvorschrift des **Art. 125b GG** bezieht sich auf die frühere *Rahmengesetzgebung* des Bundes. Die Befugnis, fortgeltende Bundesgesetze, die nicht neu erlassen werden könnten, wie zB das Hochschulrahmengesetz, aufzuheben, wird man dem Bund als ungeschriebene Kompetenz weiterhin zugestehen dürfen. Man könnte hier von einem actus contrarius sprechen[53].

49 So *Kloepfer* I § 21 Rn 103.
50 Bis zur Änderung des GG 2006: Abs. 3.
51 BVerfGE 111, 10, 28 ff.
52 *Degenhart*, in: Sachs GG, Art. 125a Rn 7.
53 S. dazu *Lindner*, NVwZ 2007, 180.

4. Zum Verhältnis von Bundesrecht und Landesrecht, Art. 31 GG

191 Im **Verhältnis von Bundes- und Landesrecht** greift die **Kollisionsregel** des **Art. 31 GG** – *„Bundesrecht bricht Landesrecht"* – dann ein, wenn die fraglichen Normen gültig, insbesondere aber auch **kompetenzgerecht** erlassen wurden. Fehlt es bereits an der Kompetenz des Landesgesetzgebers, so ist **gültiges** Landesrecht, das zu Bundesrecht in Kollision treten könnte, von vornherein nicht zustande gekommen; des Rückgriffs auf die Kollisionsregel des Art. 31 GG bedarf es dann nicht.

Im Einzelnen bedeutet dies: besteht eine ausschließliche Gesetzgebungskompetenz des Bundes, so ist ein gleichwohl erlassenes Landesgesetz bereits wegen fehlender Kompetenz nichtig (es braucht also nicht „gebrochen" werden).

Gleiches gilt bei konkurrierender Gesetzgebungszuständigkeit, soweit der Bundesgesetzgeber bereits von seiner Kompetenz Gebrauch gemacht hat und keine Abweichungsbefugnis nach Art. 72 Abs. 3 GG besteht; die Länder haben dann kein Recht zur Gesetzgebung mehr.

Nichts anderes gilt für Landesrecht, das vor Eintritt der Sperrwirkung des Bundesgesetzes erlassen wurde. Hier ließe sich allerdings auch an die Anwendung des Art. 31 GG denken, da das Landesgesetz in diesem Fall ja zunächst wirksam zustande gekommen ist. Art. 72 Abs. 1 GG entzieht jedoch dem Landesgesetz die Kompetenzgrundlage, ohne dass es auf einen Normwiderspruch ankäme, so dass auch insoweit kein Fall des Art. 31 GG vorliegt[54].

192 Umstritten ist, ob auf Grund des Art. 31 GG auch **gleichlautendes Landesrecht** außer Kraft tritt. Art. 31 GG regelt jedoch die Kollision zwischen entgegenstehenden Normen. Eine solche Kollision liegt bei gleich lautendem Landesrecht nicht vor. Es bleibt also gültig (für gleich lautendes **Landesverfassungsrecht** s. BVerfGE 36, 342, 366). Wird etwa nachträglich die bundesgesetzliche Regelung aufgehoben, kann ohne Weiteres auf die landesrechtliche Regelung zurückgegriffen werden.

193 Ob ein Landesgesetz mit Bundesrecht vereinbar ist, ist vom BVerfG sowohl im Wege der **abstrakten** wie auch der **konkreten** Normenkontrolle zu prüfen, Art. 93 Abs. 1 Nr 2 bzw Art. 100 Abs. 1 GG (dazu u. § 11 Rn 774, 784 ff; s. auch § 12 Rn 870 zur str. Frage, ob Art. 31 GG das Landesverfassungsgericht hindert, die Anwendung von Bundesrecht am Maßstab der Landesverfassung zu prüfen).

Zum ehemaligen DDR-Recht in der Kompetenzordnung des Grundgesetzes s. *Degenhart*, JuS 1993, 627.

Anhang: Prüfungsschema Gesetzgebungszuständigkeit

194 Erster Punkt bei der Prüfung der Verfassungsmäßigkeit eines Gesetzes ist stets die Frage nach der Kompetenz. Die Prüfung in diesem Punkt ist unterschiedlich aufzubauen, je nach dem, ob der Bundes- oder Landesgesetzgeber tätig geworden ist.

54 S.a. *Degenhart*, in: Sachs GG, Art. 72 Rn 38; anders hier bis zur 19. Auflage.

A) Zuständigkeitsprüfung bei Bundesgesetzen 195

1. **Ausgangspunkt – Art. 70 GG:** der Bund ist nur dann zuständig für ein Gesetz, wenn die Zuständigkeit nach Art. 71 ff GG für das in Frage stehende Gesetz konkret begründet werden kann; andernfalls bleibt es bei der Kompetenz der Länder.

2. **Ausschließliche** Gesetzgebungszuständigkeit des Bundes?

Wenn das Gesetz unter eine der in Art. 73 GG genannten Materien subsumiert werden kann, ist der Bund ohne Weiteres zuständig, ebenso, wenn seine *Zuständigkeit an anderer Stelle geregelt* ist (Rn 160).

Zweckmäßigerweise wird auch eine ungeschriebene Bundeskompetenz kraft Natur der Sache bereits hier geprüft, da es sich hierbei begrifflich nur um eine ausschließliche Bundeskompetenz handeln kann (hierzu ie Rn 175).

Wenn keine ausschließliche Bundeskompetenz besteht, weiter mit Punkt (3):

3. **Konkurrierende** Gesetzgebungszuständigkeit?

a) Kann Gesetz subsumiert werden unter Art. 74 Abs. 1 Nrn 1–33 GG? (Wenn wegen Änderung des Art. 74 GG Bundeszuständigkeiten nachträglich entfallen, ist dies für Fortgeltung unerheblich; s. Art. 125a GG nF). Wenn dies bejaht wird, zu prüfen:

b) Darf der Bundesgesetzgeber tätig werden – Art. 72 Abs. 2 GG?

aa) Liegt ein Fall der Vorranggesetzgebung vor, fällt also das Gesetz in keines der Gebiete nach Art. 72 Abs. 2 GG? – dann ist der Bund ohne Weiteres zuständig;

bb) Fällt das Gesetz in eines der Gebiete nach Art. 72 Abs. 2 GG? – dann ist zu prüfen: Erforderlichkeit.

Ob *Annexkompetenz* oder Kompetenz kraft *Sachzusammenhangs* vorliegt, wird zweckmäßigerweise im Zusammenhang mit der in Betracht kommenden positiven Kompetenzzuweisung geprüft (2 bzw 3a).

Besteht nach (2) bis (3) keine Zuständigkeit des Bundes: Bundesgesetz mangels Kompetenz **nichtig**.

B) Zuständigkeitsprüfung bei Landesgesetzen 196

1. Ausgangspunkt auch hier Grundregel des **Art. 70 GG**: Land zuständig, wenn nicht Bundeszuständigkeit durch Grundgesetz begründet.

2. Besteht **ausschließliche** Bundeskompetenz nach Art. 73 GG bzw nach Kompetenzzuweisung an anderer Stelle des Grundgesetzes (Rn 160, 179): Land ist nicht zuständig, Gesetz nichtig.

(*Ausnahme:* Bundesgesetzgeber ermächtigt Land ausdrücklich zu eigener Regelung, Art. 71 GG)

3. **Konkurrierende** Gesetzgebungszuständigkeit?

a) Fällt Materie des Landesgesetzes unter Zuständigkeitskatalog des Art. 74 Abs. 1 GG? Wenn ja, entfällt Landeszuständigkeit, weil

b) *Kompetenzsperre* durch Bundesgesetz?

aa) Wenn umfassende bundesgesetzliche *Kodifikation*: Landesgesetzgeber kann nicht mehr tätig werden, bzw nur insoweit, als er im Bundesgesetz hierzu ausdrücklich ermächtigt wird.

bb) Wenn nur punktuelle bundesgesetzliche Regelung: Landesgesetzgeber insoweit ausgeschlossen, als durch Bundesgesetz gleicher Gegenstand bereits geregelt oder „absichtsvoller Regelungsverzicht“ (Rn 186).

Zu aa) und bb): nur das verfassungsmäßig zustande gekommene Bundesgesetz kann seinerseits als Kompetenzsperre wirken; insbesondere müssen also für das Bundesgesetz die Voraussetzungen des Art. 72 Abs. 2 GG gegeben sein.

cc) Wenn keine bundesgesetzliche Regelung: Land zuständig.

c) Liegt ein Fall der Abweichungsgesetzgebung nach Art. 72 Abs. 3 GG vor?

d) Ferner kommt noch in Betracht: Ersetzungsbefugnis des Landes nach Art. 125a Abs. 1 GG, wenn wegen Änderung des Art. 74 GG die konkurrierende Zuständigkeit entfallen ist; ferner nach Art. 125a Abs. 2 und nach Art. 72 Abs. 4 GG; dann aber erforderlich: ausdrückliche Ermächtigung durch Bundesgesetz.

Lösung der Ausgangsfälle:

197 **Fall 4b bzw 13: Hessisches Privatrundfunkgesetz bzw Privatrundfunkgesetz II**

1. Grundsatznorm: Art. 70 GG;

2. Ausdrücklich geregelte Bundeskompetenz?

a) Art. 73 Abs. 1 Nr 1–14 GG greift ersichtlich nicht ein; jedoch könnte Art. 21 Abs. 3 GG einschlägig sein: Recht der politischen Parteien – das Gesetz regelt Rechte und Pflichten politischer Parteien; aus der Formulierung „Das Nähere regelt ein Bundesgesetz“ folgt ausschließliche Zuständigkeit des Bundes;

b) Es könnte sich jedoch um Rundfunkrecht handeln; hierfür besteht keine ausdrückliche Bundeskompetenz; das Gesetz regelt die Veranstaltung von Rundfunk.

c) Für die Zuordnung sind folgende Gesichtspunkte maßgeblich (Rn 172): Unmittelbarer Gegenstand des Gesetzes – Rundfunkorganisation; Adressat des Gesetzes: primär die Behörden der Rundfunkaufsicht; die Rechtsfolgen des Gesetzes betreffen die Rundfunklizenz und die Zielsetzung des Gesetzes ist primär der Schutz der Rundfunkfreiheit – dies spricht für Rundfunkrecht; ergänzend kommt hinzu: wer als Rundfunkveranstalter auftreten darf, wurde herkömmlich durch die Länder im Rundfunkrecht geregelt.

d) Ergebnis: Rundfunkrecht.

3. Rechtsfolge: Art. 70 GG – ausschließliche Zuständigkeit des Landes

198 **Lösung Fall 14: Energiewende II**

1. Grundsatznorm: Art. 70 GG.

2. Ausdrücklich geregelte Bundeskompetenz?

a) Art. 73 Abs. 1 Nr 1–14 GG greift ersichtlich nicht ein;

b) Art. 74 Abs. 1 Nr 11 GG (Energiewirtschaft) könnte von der Materie her eingreifen, da die Festlegung von Leitungstrassen der *Energieerzeugung* zugerechnet werden könnte, die von Art. 74 Abs. 1 Nr 11 GG erfasst wird. Art. 74 Abs. 1 Nr 11 GG betrifft jedoch die wirtschaftlichen Bedingungen der Energieerzeugung, diese sind unabhängig von konkreten Standorten und Trassen; vielmehr ist die primär planungsrechtliche Frage der Eingliederung der Einzelnen in ihre Umgebung Gegenstand der Regelung: Art. 74 Abs. 1 Nr 11 GG greift also nicht ein.

c) Es könnte sich um eine Frage der Raumordnung handeln, für die nach Art. 74 Abs. 1 Nr 31 GG ebenfalls eine konkurrierende Zuständigkeit besteht. Bei der Raumordnung geht es jedoch um die Planungsgrundsätze für den Gesamtraum und nicht die Festlegung konkreter Standorte und Trassen.

3. Eine ungeschriebene Kompetenz des Bundes kraft Natur der Sache greift nicht ein, da eine Regelung durch Bundesgesetz möglicherweise *zweckmäßig*, aber *nicht begriffsnotwendig* ist.

Eine Kompetenz kraft Sachzusammenhangs entfällt, da die wirtschaftlichen Bedingungen der Energieerzeugung von der Festlegung der Trassen „abgekoppelt" werden können und diese Frage zudem von *substanziellem eigenen Gewicht* ist; es besteht auch keine Annexkompetenz, da keine anders geartete Sachmaterie betroffen ist.

4. Ergebnis: Es verbleibt bei Art. 70 GG: Zuständigkeit der Länder.

Lösung Fall 15: Sicherungsverwahrung 199

1. Ausgangspunkt: Art. 70 GG.

2. Bundeszuständigkeit:

Hier könnte Kompetenztitel des Art. 74 Abs. 1 Nr 1 GG in Betracht kommen; dann müsste es sich um „Strafrecht" handeln.

– *Auslegung der Kompetenznorm:* Dann müsste der Kompetenzbegriff in der Weise auszulegen sein, dass hierunter auch Maßregeln der Sicherung und Besserung fallen. „Strafrecht" ist ein normativer Kompetenzbegriff (Rn 163). Es ist daher davon auszugehen, dass das Grundgesetz den Begriff so verstehen wollte, wie es ihn einfachgesetzlich vorgefunden hat, unter Einbeziehung des zweispurigen Sanktionensystems des StGB. Strafrecht ist dann entsprechend der vorgefundenen Ausgestaltung der Kompetenzmaterie die Regelung aller repressiven oder präventiven staatlichen Reaktionen, die an die Straftat anknüpfen, ausschließlich für Straftäter gelten und ihre sachliche Rechtfertigung auch aus der Anlasstat beziehen[55].

– *Zuordnung:* Hiernach könnte die Regelung dem Strafrecht zuzuordnen sein, da sie eine Anlasstat voraussetzt. Sie dient zwar auch der Prävention. Entscheidend ist jedoch, dass nach dem Normzweck Täter erfasst werden sollen, die bereits wegen bestimmter Delikte bestraft sind. Die Regelung gilt also nur für Straftäter, knüpft an Straftaten an und ist daher in erster Linie Reaktion auf begangene Straftaten. Sie ist daher dem Strafrecht im dargelegten Sinn zuzuordnen.

3. Sperrwirkung, Art. 72 Abs. 1 GG: das Strafrecht ist im StGB auch für Maßregeln der Sicherung und Besserung umfassend kodifiziert: keine Landeszuständigkeit.

NB: Der Begriff der „Strafe" in Art. 103 Abs. 2 und 3 GG ist selbstständig zu bestimmen; dass es sich um Strafrecht iS der Kompetenznorm handelt, bedeutet noch nicht, dass eine „Strafe" iSv Art. 103 Abs. 2, 3 GG vorliegt – s. Rn 370.

Lösung Fall 16: Ladenschluss 200

1. Nach der Grundregel des Art. 70 GG haben die Länder das Recht der Gesetzgebung, soweit nicht das Grundgesetz dem Bund eine Gesetzgebungszuständigkeit verleiht.

2. a) Da von der konkurrierenden Gesetzgebungskompetenz des Bundes für das Recht der Wirtschaft nach Art. 74 Abs. 1 Nr 11 GG das Recht des Ladenschlusses ausdrücklich ausgenommen wurde, verbleibt es insoweit bei der alleinigen Zuständigkeit des Landes.

b) Gemäß Art. 125a Abs. 1 S. 1 GG konnte das Land A die im Bundesgesetz über den Ladenschluss enthaltenen Bestimmungen zu den Ladenzeiten durch Landesrecht ersetzen.

3. a) Bei den Bestimmungen zur Ladenöffnung an Sonntagen handelt es sich um Recht des Ladenschlusses; hierfür sind die Länder ausschließlich zuständig.

55 Vgl BVerfGE 109, 190, 212.

b) Bei § 6 des Gesetzes könnte es sich demgegenüber um „Arbeitsschutz“ iSv Art. 74 Abs. 1 Nr 12 GG handeln. Es kommt also darauf an, wie der Begriff „Ladenschluss“ in Nr 11 zu verstehen ist. Der Begriff wird im GG erstmals mit der Rückverlagerung der Zuständigkeit auf die Länder durch die Föderalismusreform 2006 gebraucht; zu diesem Zeitpunkt war das Recht des Ladenschlusses im Bundesgesetz enthalten. Daher ist davon auszugehen, dass der verfassungsändernde Gesetzgeber das Recht des Ladenschlusses so, wie es bisher durch Bundesgesetz geregelt war, auf die Länder rückverlagern wollte.

4. Ergebnis: Das Land hat die Gesetzgebungszuständigkeit.

201 **Lösung Fall 17: Hochschulgesetz**

Frage 1: Rechtslage zu Beginn des WS 2012/13

1. Hier könnte das Bundesgesetz gelten, sofern nicht das abweichende Landesgesetz vorgeht.

Dann müsste zunächst das Bundesgesetz kompetenzgerecht erlassen worden sein:

a) *Grundsatznorm:* Art. 70 GG;

b) *Kompetenztitel:* Art. 74 Abs. 1 Nr 33 GG: das Gesetz regelt Hochabschlüsse und mit der Zulassung zum Masterstudium auch den Hochschulzugang; es fällt also unter Nr 33: konkurrierende Gesetzgebung;

c) Erforderlichkeit bundesgesetzlicher Regelung? Da Art. 74 Abs. 1 Nr 33 in Art. 72 Abs. 2 GG nicht aufgeführt wird, ist der Bund ohne Weiteres zuständig: Vorranggesetzgebung;

2. Es könnte jedoch das später erlassene Landesgesetz vorgehen: Nach Art. 72 Abs. 3 S. 1 Nr 6 GG fallen Hochschulzulassung und -abschlüsse unter die Abweichungsgesetzgebung.

a) Das Land hat ein Abweichungsgesetz erlassen; Art. 72 Abs. 3 S. 1 Nr 6 GG;

b) Für Hochschulzulassung und -abschlüsse nennt Art. 72 Abs. 3 S. 1 Nr 6 GG keine abweichungsfesten Kerne; daher darf der Landesgesetzgeber auch zur Gänze von der bundesgesetzlichen Regelung abweichen.

3. Rechtsfolge: das Landesgesetz „geht vor“; es ist also zu Beginn des WS 2012/13 anzuwenden.

Frage 2: Rechtslage zu Beginn des WS 2013/14

Es könnte nun wieder das Bundesgesetz zur Anwendung kommen. Dann dürfte es nicht außer Kraft getreten sein. Nach Art. 72 Abs. 3 S. 3 GG geht das jüngere Gesetz dem älteren nur vor und derogiert dieses nicht. Damit ist nach Aufhebung des Abweichungsgesetzes (also des HSG-B) wieder das Bundesgesetz anzuwenden.

Schrifttum zu III.[56]**:** *Ehlers*, Ungeschriebene Kompetenzen, Jura 2000, 323; *Lechleitner*, Die Erforderlichkeitsklausel des Art. 72 Abs. 2 GG, Jura 2004, 746; *Ipsen*, Die Kompetenzverteilung zwischen Bund und Ländern nach der Föderalismusreform, NJW 2006, 2801; *Degenhart*, Die Neuordnung der Gesetzgebungskompetenzen durch die Föderalismusreform, NVwZ 2006, 1209; *Lindner*, Darf der Bund das Hochschulrahmengesetz aufheben?, NVwZ 2006, 180; *Mammen*, Der neue Typus der konkurrierenden Gesetzgebung mit Abweichungsrecht, DÖV 2007, 376; *Epiney*, Zur Abgrenzung der Kompetenzen zwischen EU und Mitgliedstaaten, Jura 2006, 755.

56 Die nachstehenden Literaturangaben erfolgen unter Vorbehalt: sie berücksichtigen zT (bis 2004) noch nicht die Ergebnisse der Föderalismus-Reform.

IV. Verfahren der Bundesgesetzgebung

Der Ablauf des Gesetzgebungsverfahrens wird in Art. 76–78 GG geregelt; die Beachtung der dort aufgestellten Verfahrenserfordernisse ist grundsätzliche Voraussetzung für das Zustandekommen eines verfassungsmäßigen Gesetzes. Dies ist Gegenstand des folgenden Abschnitts.

→ **Leitentscheidungen:** BVerfGE 37, 363 (Zustimmungsbedürftigkeit); BVerfGE 101, 297 (Vermittlungsausschuss); BVerfGE 106, 310 (Zuwanderungsgesetz); BVerfGE 112, 118 (Zusammensetzung des Vermittlungsausschusses); BVerfGE 120, 56 (Vermittlungsausschuss II); BVerfGE 125, 104 (Haushaltsbegleitgesetz-Vermittlungsausschuss III).

Fall 18: 202

a) Eile mit Weile: Die Bundesrepublik ist mit der Umsetzung einer Richtlinie der EU zum Bankrecht in Verzug geraten. Um die Umsetzungsfrist einhalten zu können, bezeichnet die Bundesregierung ihren Gesetzentwurf, den sie als Regierungsvorlage dem Bundesrat zuleitet, als besonders eilbedürftig. Der Bundesrat sieht keine Eilbedürftigkeit, möchte seinerseits eine Stellungnahme abgeben und beantragt, die Frist hierfür auf 9 Wochen zu verlängern. In zwei Ländern seien neue Koalitionsregierungen gebildet worden, die noch Zeit bräuchten, um ihre politische Linie festzulegen. Die Bundesregierung wartet jedoch die Stellungnahme des Bundesrats nicht ab und leitet die Gesetzesvorlage bereits nach 3 Wochen dem Bundestag zu; dieser berät und beschließt das Gesetz; der Bundestagspräsident leitet es dem Bundespräsidenten zu, dieser möge das Gesetz ausfertigen.Wegen der besonderen Eilbedürftigkeit hat die Bundesregierung den Gesetzentwurf nicht wie sonst durch das fachlich zuständige Ministerium erarbeiten lassen, sondern hiermit die Rechtsanwaltskanzlei *Global & Player* beauftragt, die kurzfristig einen ausformulierten und begründeten Gesetzentwurf erstellt hat, der vom Bundeskabinett unverändert übernommen wurde. Die Anwaltskanzlei ist international tätig und zählt auch bedeutende Kreditinstitute des In- und Auslands zu ihrer Mandantschaft. Der Bundespräsident hat Bedenken wegen des Zustandekommens des Gesetzes. **Rn 229**

b) Erster Durchgang: Könnte die Bundesregierung den Gang des Verfahrens dadurch beschleunigen, dass sie entgegen Art. 76 Abs. 2 eine Gesetzesvorlage unmittelbar dem Bundestag zuleitet? **Rn 229** (prozessual Rn 818).

Fall 19: Aufspaltung 203

Die Bundesregierung bringt den Entwurf für ein neues Luftverkehrsgesetz im Bundestag ein. Das Gesetz regelt umfassend die Aufgaben der Luftverkehrsverwaltung und sieht vor, dass bestimmte Aufgaben von den Ländern in Auftragsverwaltung wahrzunehmen sind. Der Bundesrat, dem das Gesetz nach Art. 76 Abs. 2 GG zugeleitet wird, äußert Bedenken. Daraufhin zieht die Bundesregierung den Entwurf zurück, streicht die Bestimmung über die Auftragsverwaltung und bringt den gekürzten Gesetzentwurf iÜ unverändert vor den Bundesrat. Eine Woche später leitet sie die ursprünglichen Bestimmungen über die Auftragsverwaltung sachlich unverändert in Form eines eigenen Gesetzentwurfs dem Bundesrat zu. Zu beiden Vorlagen äußert sich der Bundesrat nicht mehr. In einer Stellungnahme weist er darauf hin, dass er bereits die Rücknahme des ersten Entwurfs, erst recht aber dessen Aufspaltung in zwei Gesetze, für verfassungswidrig halte. Der Bundestag beschließt beide Gesetze.

Bestehen die Bedenken des Bundesrats zu Recht? **Rn 230** (prozessual Rn 819).

Für das Gesetzgebungsverfahren sind nach Art. 76–78 GG folgende Stadien zu unterscheiden: **Gesetzesinitiative – Beschlussfassung durch Bundestag und Bundesrat – Ausfertigung und Verkündung** des zustande gekommenen **Gesetzes.**

1. Gesetzesinitiative

a) Initiativrecht

204 Das Recht zur *Gesetzesinitiative* ist in Art. 76 GG geregelt. Es steht der *Bundesregierung*, dem *Bundestag* und dem *Bundesrat* zu. Gesetzesvorlagen der **Bundesregierung** werden durch diese als Kollegialorgan beschlossen; da Art. 76 Abs. 1 GG von „der Bundesregierung" spricht, ist von der Zuständigkeit des Kollegialorgans auszugehen; § 15 GeschOBReg bestätigt dies. Gesetzesvorlagen **„aus der Mitte des Bundestags"** sind von einer zumindest der *Stärke einer Fraktion* (Rn 625) entsprechenden Anzahl von Abgeordneten einzubringen, vgl § 76 GeschOBT: Gesetzentwürfe müssen von einer Fraktion oder von 5 v.H. der gesetzlichen Mitgliederzahl des Bundestags unterzeichnet sein.

205 Ist die Gesetzesvorlage „aus der Mitte des Bundestags" von einer geringeren Anzahl von Abgeordneten unterzeichnet worden, als in der GeschOBT vorgesehen, so führt dieser Mangel **im Verfahren jedoch** *nicht* zur Nichtigkeit des Gesetzes. Dies gilt generell für Verstöße gegen die Geschäftsordnung als solche, wie bereits der Wortlaut des Art. 82 GG belegt: „Die nach den Vorschriften *dieses Grundgesetzes* zustande gekommenen Gesetze"[57]. Im Übrigen macht sich der BT mit der Beschlussfassung über die Gesetzesvorlage diese jedenfalls zu eigen. Teilweise wird das 5%-Quorum der GeschOBT als verfassungswidrig eingeschätzt: das Initiativrecht der Abgeordneten werde unverhältnismäßig eingeschränkt[58].

Zweifelhaft ist, ob dies auch dann noch gilt, wenn der Gesetzentwurf durch einen **einzelnen Abgeordneten** eingebracht wurde. Versteht man die Formulierung „aus der Mitte des Bundestages" dahingehend, dass es sich jedenfalls um eine, wenn auch zahlenmäßig nicht festgelegte Gruppe von Abgeordneten handeln muss, so läge in der Tat ein Verstoß auch gegen das Grundgesetz (und nicht nur gegen die GeschOBT) vor[59]. Man wird jedoch Art. 76 Abs. 1 GG dahingehend verstehen dürfen, dass hier keine zahlenmäßigen Vorgaben gemacht werden, also auch der Gesetzentwurf eines einzelnen Abgeordneten „aus der Mitte des Bundestages" erfolgt.[60]

Gesetzesvorlagen des **Bundesrats** erfordern dessen vorausgehenden Mehrheitsbeschluss.

205a Eine unvollständige Gesetzesvorlage wurde von der Bundesregierung im Fall des Begleitgesetzes zum ESM-Vertrag eingebracht. Die Gesetzesvorlage der Bundesregierung (BT-Drucks. 17/9048) enthält hier eine Leerstelle. Die Gesetzesvorlage ist wie folgt formuliert:

„§ 3

[Beteiligungsrechte]

(1) […] „

57 Vgl zutr. *Elicker*, JA 2005, 513, 514.
58 *Elicker*, JA 2005, 513, 514.
59 So *Stern II*, § 37 III 4; aM *Bryde*, in: v. Münch/Kunig III, Art. 76 Rn 13.
60 Vgl den Klausurfall bei *Seifarth*, JuS 2010, 790, 792.

Die Beteiligungsrechte des Bundestags wurden erst nachträglich während des Gesetzgebungsverfahrens auf Initiative des Haushaltsausschusses formuliert und eingefügt. Hier waren die Mindestanforderungen an eine Gesetzesvorlage nicht mehr gewahrt; dies könnte einen Verfahrensverstoß bedeuten. Denn der Bundestag sollte von Anfang an sich darüber im Klaren sein, worüber er berät und beschließt. Hier wurden die Inhalte des Gesetzes erst in der Ausschussberatung vervollständigt. Es kommt nunmehr darauf an, ob auch dann noch hinreichende parlamentarische Willensbildung erfolgen konnte und so der Verfahrensverstoß geheilt wurde.

b) Zur weiteren Behandlung der Gesetzesinitiative

Gesetzesvorlagen der Bundesregierung werden zunächst gemäß Art. 76 Abs. 2 S. 1 GG dem Bundesrat zur Stellungnahme zugeleitet. Er hat hierfür eine Frist von 6 Wochen Art. 76 Abs. 2 S. 2 GG und kann, muss jedoch nicht Stellung nehmen. Die Stellungnahme muss dem Bundesrat als solchem zurechenbar sein – wenn Landesminister im Bundestag auf Grund des ihnen zustehenden Rederechts nach Art. 43 Abs. 2 Satz 2 GG auftreten, ist dies keine Stellungnahme des Bundesrats. Werden auf diesem Wege neue Inhalte in das Gesetzgebungsverfahren eingebracht, so genügt dies nicht den Anforderungen an die Förmlichkeit des Gesetzgebungsverfahrens. Als im Gesetzgebungsverfahren zum HaushaltsbegleitG 2004 von zwei Landesministern auf diesem Wege ein umfangreiches Papier den Materialien beigefügt wurde (das sog Koch/Steinbrück-Papier), wurde es damit noch nicht Inhalt der Gesetzesinitiative – und durfte dann auch vom Vermittlungsausschuss nicht in das Gesetz eingefügt werden[61]. **206**

Nach Art. 76 Abs. 2 S. 3 GG kann der Bundesrat aus „wichtigem Grund" **Verlängerung** der Frist für seine Stellungnahme auf 9 Wochen beantragen, *„insbesondere"* bei umfangreichen, aber etwa auch bei besonders schwierigen oder umstrittenen Vorlagen. Bei Grundgesetzänderungen und in den Fällen der Art. 23, 24 GG beträgt nach S. 5 die Frist stets 9 Wochen. Andererseits kann die Bundesregierung eine Vorlage als **besonders eilbedürftig** bezeichnen, aber nur **ausnahmsweise**. In diesem Fall bleiben zwar an sich die Fristen nach S. 2, 3, innerhalb derer der Bundesrat sich äußern kann, unverändert; die Bundesregierung kann aber die Vorlage schon früher dem Bundestag zuleiten, nämlich nach 3 (statt 6) oder, wenn der Bundesrat aus wichtigem Grund Verlängerung beantragt hat, nach 6 (statt 9) Wochen, auch wenn der Bundesrat sich noch nicht geäußert hat, S. 4. In diesem Fall ist die Stellungnahme des Bundesrats, sobald sie eingeht, unverzüglich durch die Bundesregierung nachzureichen. Bei Grundgesetzänderungen und in den Fällen der Art. 23, 24 GG darf nach S. 5 2. HS eine Vorlage nicht als besonders eilbedürftig bezeichnet werden. **207**

Für Vorlagen des **Bundesrats** gilt Abs. 3. Sie sind dem Bundestag durch die Bundesregierung zuzuleiten, gehen also zunächst an diese, S. 1. Die **Frist** beträgt nach S. 1 6 Wochen, doch kann die Bundesregierung nach S. 3 **Fristverlängerung** auf 9 Wochen beantragen. Andererseits kann der Bundesrat eine Vorlage ausnahmsweise als besonders **eilbedürftig** bezeichnen; in diesem Fall beträgt die entsprechende Frist **208**

61 BVerfGE 125, 104, 126 f.

für die Bundesregierung 3, oder, wenn sie aus wichtigem Grund nach S. 3 Fristverlängerung beantragt, 6 Wochen, vgl S. 4. Bei Grundgesetzänderungen und in den Fällen der Art. 23, 24 GG beträgt die Frist stets 9 Wochen, S. 5; die Vorlage kann hier nicht als besonders eilbedürftig bezeichnet werden, S. 5 2. HS In jedem Fall „soll" die Bundesregierung ihre Auffassung darlegen, wenn sie die Vorlage dem Bundestag zuleitet, S. 2.

Abs. 3 S. 6 verpflichtet den Bundestag zur Beratung und Beschlussfassung in angemessener Frist; dies gilt für alle Gesetzesvorlagen, die beim Bundestag eingebracht werden.

209 Ungeklärt ist für Regierungsvorlagen, ob ein Verstoß gegen Art. 76 Abs. 2 S. 1 GG zur Nichtigkeit des Gesetzes führt, vgl **Fall 18**. Für einen materiellen Gehalt des Art. 76 Abs. 2 S. 1 GG – und damit für Nichtigkeitsfolge – spricht zunächst der Wortlaut: Gesetzesvorlagen *sind* dem Bundesrat zuzuleiten; S. 2 spricht für eine korrespondierende Rechtsposition des Bundesrats. Die frühzeitige Vorlage beim Bundesrat soll zudem dem Bundestag die Möglichkeit geben, in einem frühzeitigen Verfahrensstadium den Standpunkt des Bundesrats zu berücksichtigen[62]. Andererseits ist die Stellungnahme des Bundesrats nicht bindend; sie ist auch nicht zwingend vorgeschrieben. Auch gibt der Bundesrat dann, wenn er dem Gesetz zustimmt, bzw auf Einspruch verzichtet, zu erkennen, dass er sich die Gesetzesvorlage zu eigen macht. Dies könnte es rechtfertigen, Art. 76 Abs. 2 S. 1 GG als bloße Ordnungsvorschrift anzusehen, einen Verstoß hiergegen nicht als Nichtigkeitsgrund zu werten. Letztlich aber dürfte der Wortlaut des Art. 76 Abs. 2 S. 1 GG den Ausschlag geben: Gesetzesvorlagen der Bundesregierung *sind* dem Bundesrat zuzuleiten; ist dies unterblieben, so ist das Gesetz *nicht nach dieser Vorschrift des Grundgesetzes* zustande gekommen[63]. Es handelt sich um keinen bloßen Geschäftsordnungsverstoß.

210 Der **erste Durchgang** beim Bundesrat nach Art. 76 Abs. 2 GG wird vermieden, wenn ein *Gesetzentwurf der Bundesregierung* von einer *Fraktion* des Bundestags – also etwa der Regierungsfraktion – als Gesetzesvorlage „aus der Mitte des Bundestags" eingebracht wird. In diesem – in der Praxis nicht unüblichen Verfahren – ist kein Verstoß gegen das Gebot der *Organtreue* (Rn 725) und auch keine unzulässige Umgehung des Art. 76 Abs. 2 GG zu sehen[64]: Das Initiativrecht des Bundestags ist unbegrenzt, der Bundestag kann sich daher Gesetzentwürfe der Regierung im Stadium der Gesetzesinitiative zu eigen machen. Schon deshalb sollte hier nicht von „Umgehung" gesprochen werden[65]. Es handelt sich vielmehr um eine durch die Verfassung eröffnete Gestaltung der politischen Willensbildung im parlamentarischen System. Die Rechte des Bundesrats werden zudem im zweiten Durchgang gewahrt. Vor allem aber ist das *Verfahrensrecht* in diesem Bereich auf *Rechtssicherheit durch Formalisierung* angewiesen. Gesichtspunkte wie Umgehung oder Rechtsmissbrauch sollten daher nur zurückhaltend eingesetzt werden. Ein Verfassungsverstoß ist zu verneinen[66].

---

62 *Bryde*, in: v. Münch/Kunig III, Art. 76 Rn 17.
63 Ebenso *Elicker*, JA 2005, 513, 515.
64 Vgl *Stern II*, § 37 III 4b.
65 *Stern*, aaO; *Bryde*, aaO, Rn 21.
66 So auch *Stern* aaO; *Nolte/Tams*, Jura 2000, 158, 160.

c) „Outsourcing" und Kooperation – aktuelle Probleme der parlamentarischen Gesetzgebung

Eine Gesetzesvorlage einzubringen bedeutet, einen ausformulierten und begründeten Gesetzentwurf vorzulegen. Wie es zu diesem Gesetzentwurf kommt, wer ihn ausformuliert, dazu sagt das Grundgesetz nichts. Die Gesetzesvorbereitung erfolgt im politischen Raum; in der Mehrzahl werden die Gesetzentwürfe von der Ministerialbürokratie ausgearbeitet. Im Zuge der Gesetzgebung zur Stabilisierung der Finanzmärkte in der Folge der Bankenkrise wurde eine offenbar auch anderweitig übliche Praxis bekannt, den **Auftrag zur Erstellung eines Gesetzentwurfs** an spezialisierte Anwaltskanzleien zu vergeben[67]. Dies wird vor allem mit deren besonderer Sachkompetenz begründet; die Heranziehung externen Sachverstandes kann als sachgerechte Erwägung gelten. Grundsätzlich dürfen sich Bundesregierung und Bundestag im Rahmen ihres Initiativrechts extern formulare Entwürfe zueigen machen. Andererseits kann es hierbei typischerweise zu Interessenkollisionen kommen, wie im **Fall 18a** deutlich wird. Auch der ESM-Vertrag über den dauerhaften „Rettungsschirm" wurde unter Mithilfe einer Anwaltskanzlei formuliert. Dass derartige Interessenkollisionen möglichst auszuschließen sind, ist ein anerkannter rechtsstaatlicher Verfahrensgrundsatz. Auch ist es unter demokratischen Gesichtspunkten bedenklich, wenn einzelnen Betroffenen ein besonderer Einfluss auf die Gesetzgebung eingeräumt wird, wie dies der Fall ist bei der Beauftragung Privater. Die Möglichkeit, dass Gesetze in ihrem Inhalt zwischen der Bundesregierung und einzelnen betroffenen Privaten ausgehandelt werden, ist dann nicht von der Hand zu weisen. In besonderem Maße ist dies der Fall, wenn der Inhalt eines Gesetzes zwischen der Bundesregierung und den Adressaten des Gesetzes vereinbart wird, wie dies der Fall war beim ursprünglichen „Ausstiegsgesetz" des Jahres 2002[68]. Hier hatten sich Bundesregierung und Energieunternehmen in einem Konsenspapier darauf geeinigt, dass im Atomgesetz bestimmte Restlaufzeiten festgelegt würden, die Energieerzeuger ihrerseits aber zusagten, auf Klagen, insbesondere auch auf Entschädigungsansprüche zu verzichten. Derartige vertragsähnliche Absprachen, die sich weitgehend der demokratischen Öffentlichkeit entziehen, schmälern faktisch die Entscheidungsfreiheit des Bundestags in der Gesetzgebung und laufen dem demokratischen Prinzip des Grundgesetzes zuwider[69]. Die Schwelle zum **justiziablen Verfassungsverstoß** allerdings dürfte nur ausnahmsweise überschritten sein. Es müsste dann dargetan werden, dass die Bundesregierung bzw der Bundestag ohne eigene Willensbildung den Entwurf der Kanzlei übernommen haben oder diese kollusiv mit Interessenten zusammengewirkt hat, oder dass der Bundestag die Vorlagen, ohne sich näher mit ihnen zu befassen, „abgenickt" hat – auch dies wäre ggf ein Verstoß gegen das **demokratische** Prinzip. Es würde dann an der Legitimation des Gesetzesinhalts durch die parlamentarische Entscheidung fehlen. Dies kann sich sowohl auf die Verfassungsmäßigkeit des Gesetzgebungsverfahrens, als auch des Gesetzesinhalts auswirken[70]. **211**

67 Vgl auch den Klausurfall von *Otto/Saurer*, JuS 2011, 235.
68 „Gesetz zur geordneten Beendigung der Kernenergienutzung zur gewerblichen Erzeugung von Elektrizität" vom 22. April 2002 (BGBl I S. 1351)
69 Vgl hierzu eingehend *Kloepfer/Bruch*, JZ 2011, 377 ff.
70 Auf letzteren Aspekt stellen *Otto/Saurer*, JuS 2011, 235, 238 f ab.

2. Beschlussfassung in Bundestag und Bundesrat

212 An das Initiativverfahren schließt sich das Verfahren der **Beschlussfassung durch Bundestag und Bundesrat**, das **Hauptverfahren** an. Der Bundestag ist **verpflichtet**, sich mit der ordnungsgemäß eingebrachten Initiative zu befassen und hierüber Beschluss zu fassen.

a) Gesetzesbeschluss des Bundestags

Im **Bundestag** wird die Gesetzesvorlage in **drei Lesungen** behandelt, vgl §§ 78 ff GeschOBT; die GeschO spricht von *„Beratungen"*.

In der *ersten Beratung* werden nur allgemeine Erklärungen der Fraktionen abgegeben; die Gesetzesvorlage wird dann an die Ausschüsse (Rn 603) verwiesen. Die Ausschüsse – bei „Justizgesetzen" wie zB BGB, ZPO, StPO der Rechtsausschuss, bei Steuergesetzen der Finanzausschuss – können Änderungen empfehlen, nach § 62 Abs. 1 S. 2 GeschOBT Ergänzungen aber nur insoweit, als diese in sachlichem Zusammenhang zum Inhalt der Gesetzesinitiative stehen. Dies hat die Frage aufgeworfen, ob dann, wenn dem Text der Gesetzesinitiative auf Empfehlung eines Ausschusses Regelungen beigefügt werden, die diesen sachlichen Zusammenhang nicht mehr wahren, mit einem Verstoß gegen § 62 Abs. 1 S. 2 GeschOBT der Ausschuss in verfassungswidriger Weise ein Initiativrecht entgegen Art. 76 GG wahrnimmt und das Gesetz damit verfahrensfehlerhaft zustande kommt[71]. Die maßgebliche parlamentarische Willensbildung im Plenum des Parlaments findet in der *zweiten Beratung* statt, durch Einzelberatung über die Bestimmungen des Gesetzes mit jeweils anschließender Abstimmung; hier kann jeder Abgeordnete Änderungsanträge stellen. Die *dritte Beratung* – in der Änderungsanträge nur begrenzt zulässig sind – kann mit der zweiten Beratung zusammengezogen werden, s. iE § 85 GeschOBT. Wird die Vorschrift des § 78 GeschOBT nicht beachtet, der Gesetzentwurf also in einer Lesung beschlossen, führt dies nicht zur Verfassungswidrigkeit: die Pflicht zur Gesetzesberatung in mehreren Lesungen folgt nicht unmittelbar aus dem Grundgesetz[72].

Nach Ende der dritten Beratung findet die **Schlussabstimmung** statt. Damit liegt – wenn der Bundestag der Gesetzesvorlage zustimmt – der **Gesetzesbeschluss des Bundestags** vor, Art. 77 Abs. 1 S. 1 GG.

213 Erforderlich ist einfache *Abstimmungsmehrheit* (Rn 600). Enthaltungen werden nicht mitgezählt. Die *Anwesenheit* einer bestimmten Anzahl von Abgeordneten bei der Schlussabstimmung ist *nicht* erforderlich. Die Beschlussfähigkeit des Bundestags ist in § 45 GeschOBT geregelt: Erforderlich ist zwar die Anwesenheit der Hälfte der Mitglieder des Bundestags, doch muss die Beschlussunfähigkeit vor Beginn der Sitzung durch den Bundestag *festgestellt* werden; ohne diese Feststellung ist der Bundestag beschlussfähig[73].

214 **Verstöße gegen die Geschäftsordnung** führen auch insoweit nicht zur Nichtigkeit des Gesetzes. Dies gilt jedoch nur für Verstöße gegen die Geschäftsordnung als solche: Wird etwa durch eine Verletzung der Geschäftsordnung das Recht der parlamentarischen Minderheit auf Mitwirkung am Verfahren verletzt, so liegt hierin ein Verfas-

---

71 Vgl dazu *Brandner*, Jura 1999, 449 ff.

72 BVerfGE 29, 221, 234; vgl dazu Fall 3 bei *Nolte/Tams*, Jura 2000, 158, 160 f; zur landesverfassungsrechtlich vorgeschriebenen Beratung eines Gesetzes in mehreren Lesungen und zur Nichtigkeitsfolge eines Verstoßes hiergegen s. LVerfG MV DVBl 2005, 1578; dazu s. *Pestalozza*, NJ 2006, 1.

73 Zur Problematik s. auch BVerfGE 44, 308, 314; s. dazu Fall 3 bei *Nolte/Tams*, Jura 2000, 158, 161.

sungsverstoß, der zur Fehlerhaftigkeit des Verfahrens führen kann. Dem Schutz der Minderheit dient es auch, dass nach § 126 GeschOBT Abweichungen von der Geschäftsordnung zwar beschlossen werden können, hierfür aber eine Mehrheit von zwei Dritteln erforderlich ist.

Denkbar wäre die Annahme eines in verfassungswidriger Weise fehlerhaften Verfahrens möglicherweise auch dann, wenn schwerwiegende Verstöße gegen die GeschO dazu führen, dass das parlamentarische Verfahren die ihm durch die Verfassung zugeordneten Funktionen der Beratung und Entscheidungsfindung nicht mehr erfüllt; stets aber müssen Verfahrensverstöße aus der Verfassung begründet sein (also etwa aus Erfordernissen des Demokratiegebots, des repräsentativen Prinzips). Bei der Verabschiedung des sog. Finanzmarktstabilisierungsgesetzes vom 17.10.2008 (BGBl I S. 1982) war u a § 78 Abs. 5 GeschOBT missachtet worden; danach hätte die Beratung erst am dritten Tage nach Verteilung der Drucksache beginnen dürfen[74]. Der Umstand allein, dass Sorgfalt und Intensität der parlamentarischen Beratung darunter gelitten haben könnten, führt jedoch noch nicht zur Verfassungswidrigkeit des Gesetzes. Wohl aber kann das Gesetzgebungsverfahren fehlerhaft sein, wenn nachträglich Ergänzungs- und Änderungsvorschläge eingebracht werden, die nicht Bestandteil der Gesetzesinitiative waren und diese auf Vorschlag des Vermittlungsausschusses Eingang in das Gesetz finden (Rn 206). Dem Grundgesetz lassen sich insoweit aber schwerlich justiziable Sorgfaltspflichten entnehmen. Ebenso ist es mit verfassungsrechtlichen Kriterien schwer fassbar, wenn Gesetzentwürfe, wie in ähnlichem Zusammenhang geschehen, im Auftrag der Bundesregierung von privaten Kanzleien ausgearbeitet werden (Finanzmarktstabilisierungsgesetz – Rn 35, 211) – obschon Zweifel an der Gemeinwohlorientierung der Gesetzgebung dann erlaubt sein dürfen.

b) Beteiligung des Bundesrats

aa) Einspruchs- und Zustimmungsgesetze. Der Bundestagspräsident leitet den Gesetzesbeschluss unverzüglich an den Bundesrat, Art. 77 Abs. 1 S. 2 GG. An die Beschlussfassung im Bundestag schließt sich nun die **Beteiligung des Bundesrats** an. Hinsichtlich der *Mitwirkung im Gesetzgebungsverfahren* ist zu unterscheiden zwischen **Einspruchs- und Zustimmungsgesetzen**. Für das Zustandekommen der Letzteren ist die positive Zustimmung des Bundesrats erforderlich. Bei Ersterem kann der Bundesrat zwar Einspruch einlegen, der Bundestag diesen jedoch mit qualifizierter Mehrheit (Rn 600) zurückweisen. Wann ein Gesetz Einspruchs-, wann es Zustimmungsgesetz ist, dazu näher im Abschnitt über den Bundesrat (Rn 662 f). Als Grundsatz gilt: ein Gesetz bedarf nur dann der Zustimmung des Bundesrats, wenn das Grundgesetz dies ausdrücklich fordert. Ist aber auch nur eine Bestimmung innerhalb des Gesetzes zustimmungspflichtig, dann erstreckt sich die Zustimmungspflicht auf das Gesetz als Ganzes. 215

bb) Verfahren bei Einspruchsgesetzen. Will der Bundesrat Einspruch gegen ein Gesetz einlegen, so ist zunächst der **Vermittlungsausschuss** anzurufen, Art. 77 216

74 Vgl *Brandner*, NVwZ 2009, 211.

Abs. 2 S. 1 GG. Dieser wird aus jeweils 16 Mitgliedern des Bundestags und des Bundesrats gebildet. Dabei müssen die 16 Mitglieder des Bundestags die kräftemäßige Zusammensetzung des Plenums widerspiegeln. Er gibt sich eine eigene Geschäftsordnung, die das Verfahren näher regelt, vgl Art. 77 Abs. 2 S. 2 GG[75]. Die Anrufung des Vermittlungsausschusses muss innerhalb einer Frist von *drei Wochen nach Eingang des Gesetzesbeschlusses* beim Bundesrat erfolgen. Wird innerhalb dieser Frist der Vermittlungsausschuss *nicht angerufen*, so ist das **Gesetz zustande gekommen**, vgl Art. 78 Var. 2 GG.

217 Wird der **Vermittlungsausschuss** angerufen, so findet im Ausschuss eine Beratung des Gesetzesbeschlusses statt. Der Ausschuss kann hier *Änderungsvorschläge* machen, die auch auf eine Zurückziehung des Gesetzesbeschlusses abzielen, nicht aber auf ein sachlich neues Gesetz hinauslaufen dürfen. Denn die entscheidende Funktion im Gesetzgebungsverfahren hat der Bundestag. Aus dem Mandat der Abgeordneten folgt ihr Recht, im Bundestag nicht nur zu beschließen, Art. 42 Abs. 2 GG, sondern auch zu beraten, Art. 42 Abs. 1 GG. Diese Rechte des Abgeordneten dürfen nicht über den Vermittlungsausschuss ausgehebelt werden, und ebenso wenig die Öffentlichkeit der Beratung, Art. 42 Abs. 1 S. 1 GG (der Vermittlungsausschuss tagt nichtöffentlich – § 6 der gemeinsamen Geschäftsordnung).

218 Deshalb darf der Vermittlungsausschuss zwar Änderungen, Streichungen und Ergänzungen im Gesetz vorschlagen. Seine Vorschläge müssen jedoch die Rechte der Abgeordneten wahren und **inhaltlich** im Rahmen des bisherigen Gesetzgebungsverfahrens und der hierbei eingebrachten Anträge und Stellungnahmen bleiben. Der Vermittlungsausschuss hat nicht das Recht der Gesetzesinitiative. Er darf nichts vorschlagen, was nicht schon bisher erörtert wurde[76], sei es im Gesetzesvorschlag, sei es in Änderungsanträgen und Beschlussempfehlungen der Ausschüsse oder in Stellungnahmen nach Art. 76 GG[77]. Seine Vermittlungsvorschläge dürfen nicht auf Informationen beruhen, die den Abgeordneten in den Beratungen im Zeitpunkt des Gesetzesbeschlusses nicht zugänglich waren.

219 Entwickelt der Vermittlungsausschuss **Änderungsvorschläge**, so geht der Gesetzesbeschluss **erneut an den Bundestag**, Art. 77 Abs. 2 S. 5 GG, der hierüber **berät und abstimmt**. Nach dieser erneuten Behandlung im Bundestag, bzw, wenn der Vermittlungsausschuss keine Änderungsvorschläge gemacht hat, unmittelbar nach dessen Beratung, wenn also das **Verfahren nach Art. 77 Abs. 2 GG abgeschlossen** ist, kann der Bundesrat über einen Einspruch beraten und beschließen, Art. 77 Abs. 3 GG. Die **Einspruchsfrist** beträgt gem. Art. 77 Abs. 3 S. 1 GG **zwei Wochen** ab Abschluss des Verfahrens nach Art. 77 Abs. 2 GG. Das Verfahren nach Art. 77 Abs. 2 GG wird abgeschlossen durch den Beschluss des Bundestags über Änderungsvorschläge des

---

75 Zum Streit um die Besetzung des Vermittlungsausschusses nach den Bundestagswahlen 2002 s. *Stein*, NVwZ 2003, 557; BVerfGE 106, 253; 112, 118.

76 BVerfGE 101, 297, 308 (dazu *Heselhaus*, JA 2001, 205); BVerfGE 125, 104, 122; s. hierzu *Möllers*, Jura 2010, 401.

77 BVerfGE 120, 56, 74 ff; s. zu den Befugnissen des Vermittlungsausschusses den Klausurfall von *Seifahrt*, JuS 2010, 790, 793 f.

Ausschusses; dieser Beschluss ist dem Bundesrat zuzuleiten, mit Eingang beim Bundesrat beginnt die Frist. Macht der Ausschuss keine Änderungsvorschläge, so teilt sein Vorsitzender gemäß Art. 77 Abs. 3 S. 2 GG dem Bundesrat den Abschluss des Verfahrens mit; mit Eingang dieser Mitteilung beginnt der Fristablauf. Wird innerhalb der Frist **kein Einspruch** eingelegt, so ist das Gesetz **zustande gekommen**, Art. 78 Var. 3 GG, ebenso dann, wenn der Bundesrat seinen **Einspruch zurücknimmt**, Art. 78 Var. 4 GG.

Hat der **Bundesrat** – innerhalb der Zweiwochenfrist des Art. 77 Abs. 3 S. 1 GG – **Einspruch eingelegt**, so geht der Gesetzesbeschluss erneut an den Bundestag. Er hat – ohne erneute Beratung – Beschluss zu fassen, ob er den Einspruch des Bundesrats **zurückweisen** will. Hierfür sind qualifizierte Mehrheiten erforderlich: Hat der Bundesrat mit einfacher Mehrheit beschlossen – erforderlich ist jedoch die Mehrheit der Stimmen des Bundesrats, vgl Art. 52 Abs. 3 S. 1 GG –, so bedarf die Zurückweisung des Einspruchs der Mehrheit der gesetzlichen Mitgliederzahl des Bundestags (Rn 600), Art. 77 Abs. 4 S. 1 GG. Hat der Bundesrat mit zwei Dritteln seiner Stimmen beschlossen, Einspruch einzulegen, so muss der Beschluss über die Zurückweisung des Einspruchs mit einer Mehrheit von zwei Dritteln der *abgegebenen Stimmen*, mindestens aber der Mehrheit der gesetzlichen Mitgliederzahl des Bundestags gefasst werden, Art. 77 Abs. 4 S. 2 GG. 220

Beispiel: Mehrheit der gesetzlichen Mitgliederzahl 300; Bundesrat beschließt Einspruch mit 2/3-Mehrheit, Zurückweisung durch Bundestag mit 290 von 420 abgegebenen Stimmen: Einspruch *nicht* wirksam zurückgewiesen; mit 320 von 580 abgegebenen Stimmen: Einspruch *nicht* wirksam zurück gewiesen; mit 400 von 590 abgegebenen Stimmen: Einspruch wirksam zurückgewiesen.

Wird der Einspruch mit der nach Art. 77 Abs. 4 GG erforderlichen Mehrheit **zurückgewiesen**, ist das **Gesetz** zustande gekommen. Kommt die erforderliche Mehrheit nicht zustande, ist das Gesetzesvorhaben (endgültig) gescheitert (kann aber jederzeit neu eingebracht werden).

cc) Verfahren bei Zustimmungsgesetzen. Bei Zustimmungsgesetzen ist die Anrufung des **Vermittlungsausschusses nicht vorgeschrieben**. Dies wird aus einem Umkehrschluss aus Art. 77 Abs. 3 GG hergeleitet: bei **Einspruchsgesetzen muss** zunächst das Verfahren nach Abs. 2 durchgeführt werden. Der Bundesrat **kann** jedoch den Vermittlungsausschuss anrufen; dies ergibt sich aus Art. 77 Abs. 2 S. 4 GG („auch"). Wird der Ausschuss vom Bundesrat angerufen, so ist das Verfahren zunächst das Gleiche wie bei Einspruchsgesetzen, ggf muss also – bei Änderungsvorschlägen – der Bundestag erneut abstimmen. Der Bundesrat hat nun, ggf also nach Abschluss des *(fakultativen)* Verfahrens vor dem Vermittlungsausschuss, darüber Beschluss zu fassen, ob er dem Gesetz zustimmt. Er muss dies nach der deklaratorischen[78] Bestimmung des Art. 77 Abs. 2a in „angemessener Frist" tun. Nur wenn er *mit der Mehrheit seiner Stimmen*, Art. 52 Abs. 3 S. 1 GG, dem Gesetz zustimmt, kommt dieses zustande, Art. 78 Var. 1 GG. Bei Verweigerung der Zustimmung ist das Geset- 221

78 Vgl *Pieroth*, in: Jarass/Pieroth, Art. 77 Rn 6.

zesvorhaben wiederum *gescheitert*; solange der Bundesrat untätig bleibt (er ist jedoch zur Beschlussfassung binnen angemessener Frist verpflichtet, Art. 77 Abs. 2a), kommt das Gesetz nicht zustande.

222 Verweigert der Bundesrat die Zustimmung, so können Bundestag und Bundesregierung nach Art. 77 Abs. 2 S. 4 GG ihrerseits die Einberufung des Vermittlungsausschusses verlangen; im Fall von Änderungsvorschlägen gilt auch hier S. 5: erneute Beschlussfassung durch den Bundestag. Nach Abschluss des Verfahrens vor dem Ausschuss findet eine erneute Beschlussfassung des Bundesrats statt. Stimmt er nun dem Gesetz zu, ist dieses zustande gekommen. Ob für die Anrufung des Vermittlungsausschusses durch Bundestag und Bundesregierung die 3-Wochen-Frist des Art. 77 Abs. 2 S. 1 GG gilt, ist str, dürfte aber zu verneinen sein: der Wortlaut der Norm ist eindeutig. Von einer planwidrigen Regelungslücke, die eine Analogie rechtfertigen könnte, kann hiernach nicht ausgegangen werden[79].

c) Zustandekommen eines Gesetzes

223 **Zusammenfassend** gilt also für das **Zustandekommen eines Gesetzes**:

Einspruchsgesetze kommen zustande, wenn

- der Bundesrat nicht innerhalb von 3 Wochen den Vermittlungsausschuss anruft, Art. 77 Abs. 2 GG;
- der Bundesrat den Vermittlungsausschuss anruft, nach Abschluss dieses Verfahrens jedoch nicht innerhalb von 2 Wochen Einspruch einlegt;
- der Bundesrat Einspruch einlegt, diesen jedoch zurücknimmt;
- der Bundesrat Einspruch einlegt, der Bundestag jedoch den Einspruch mit der Mehrheit des Art. 77 Abs. 4 GG zurückweist.

Zustimmungsgesetze kommen nur zustande, wenn der Bundesrat ausdrücklich zustimmt.

Ein Gesetzesvorhaben ist **gescheitert**, wenn

- die Gesetzesvorlage in der Schlussabstimmung des Bundestags keine Mehrheit findet, Art. 77 Abs. 1 S. 1 GG;
- ein Einspruch des Bundesrats nicht mit der erforderlichen Mehrheit zurückgewiesen wird;
- der Bundesrat die Zustimmung zu einem zustimmungsbedürftigen Gesetz verweigert, Bundesregierung und Bundestag den Vermittlungsausschuss nicht anrufen oder aber auch nach Anrufung des Vermittlungsausschusses der Bundesrat dem Gesetz nicht zustimmt.

224 Bei **umstrittener Zustimmungsbedürftigkeit** wird im Fall verweigerter Zustimmung durch den Bundesrat gleichwohl der Bundestag das Verfahren der *Ausfertigung* durch den *Bundespräsidenten* einleiten, der seinerseits die Frage der Zustimmungsbedürftigkeit zu prüfen hat; das nicht zustimmungsbedürftige Gesetz kommt ja bereits dadurch zustande, dass der Bundesrat nicht fristgerecht Einspruch einlegt. Demgemäß wird empfohlen, der Bundesrat solle vorsorglich jedenfalls Einspruch einlegen, um zumindest die erneute Beschlussfassung durch den Bundestag nach Art. 77 Abs. 4 GG zu erzwingen[80]. Möglicherweise kann auch die Verweigerung der Zustimmung in einen Einspruch umgedeutet werden – jedenfalls bei ausdrücklich erklärter Verweigerung.

79 Vgl *Mann*, in: Sachs, Art. 77 Rn 12.
80 *Mann*, in: Sachs, Art. 77 Rn 36.

Denn sie enthält die eindeutige Erklärung, dass der Bundesrat das Zustandekommen eines Gesetzes verhindern will[81].

Die auf Seiten des Bundestags erforderlichen Verfahrensschritte müssen innerhalb der laufenden Legislaturperiode erfolgen; es gilt der Grundsatz der **sachlichen Diskontinuität**. Gesetzesvorlagen *verfallen*, das Gesetzgebungsvorhaben ist gescheitert, wenn vor Ablauf der Legislaturperiode der Bundestag keinen Gesetzesbeschluss gefasst hat, der im Fall des Art. 77 Abs. 2 S. 5 GG erforderliche erneute Beschluss nicht mehr gefasst, bzw ein Einspruch des Bundesrats nicht zurückgewiesen wurde[82]. 225

3. Ausfertigung und Verkündung: das Abschlussverfahren

Ist das **Gesetz** nach einer der vorstehend genannten Möglichkeiten **zustande gekommen** – Art. 78 GG fasst diese Möglichkeiten *klarstellend* zusammen –, so folgt die **Ausfertigung und Verkündung durch den Bundespräsidenten**, Art. 82 Abs. 1 S. 1 GG. Dabei wird zunächst die **Bundesregierung** tätig: Ihr wird der Gesetzentwurf zur **Gegenzeichnung** nach Art. 58 S. 1 GG zugeleitet; die durch den Bundeskanzler und den Minister des federführenden Ressorts sowie weitere beteiligte Bundesminister, vgl § 29 Abs. 1 GeschOBReg, bereits **gegengezeichnete Gesetzesurkunde** wird dann dem **Bundespräsidenten** zum Verfahren nach Art. 82 GG zugeleitet. 226

Mit der **Ausfertigung** gem. Art. 82 Abs. 1 S. 1 GG – der Unterzeichnung der Gesetzesurkunde – bescheinigt der Bundespräsident den ordnungsgemäßen Abschluss des Gesetzgebungsverfahrens und die Übereinstimmung des Gesetzestextes mit dem im Verfahren festgestellten Gesetzesinhalt. Gleichzeitig ordnet der Bundespräsident die Verkündung des Gesetzes an. Mit der **Verkündung im Bundesgesetzblatt** ist das **Gesetzgebungsverfahren abgeschlossen**. Die Verkündung von Rechtsvorschriften ist ein unmittelbares Erfordernis des Rechtsstaatsgebots: der Bürger soll in verlässlicher Weise von ihrem Inhalt Kenntnis nehmen können (zum Gebot der Rechtsklarheit Rn 354 ff), wie der HessStGH in seiner Entscheidung zur Ersatzverkündung von Verordnungen durch Auslegung in einer behördlichen Dienststelle[83] zu Recht betont. Als Verkündungsorgan ist in Art. 82 Abs. 1 S. 1 GG ausdrücklich das Bundesgesetzblatt vorgeschrieben – nach dem eindeutigen Wortsinn also ein Druckwerk. Die Internetpublikation reicht nicht aus[84]. 227

Von diesem Zeitpunkt an liegt ein *„fertiges"* Gesetz vor, kann dann etwa auch ein Normenkontrollverfahren nach Art. 93 Abs. 1 Nr 2 GG durchgeführt werden. Bis zu diesem Zeitpunkt spätestens müssen jedoch auch die kompetenzmäßigen Voraussetzungen für den Erlass des Gesetzes gegeben sein. Wenn also hierfür eine Kompetenzzuweisung durch Grundgesetzänderung erforderlich ist, muss zum Zeitpunkt der Verkündung des Gesetzes diese bereits in Kraft getreten sein. Tritt sie erst später in Kraft, dann ist das Gesetz ohne Kompetenzgrundlage erlassen worden und damit nichtig.

81 So zutr *Nolte/Tams*, Jura 2000, 158, 160.
82 *Stern* II, § 26 III 4b.
83 HessStGH NVwZ 1989, 1153.
84 Vgl *Kissel*, NJW 2006, 801, 804.

Dies gilt unabhängig davon, wann das Gesetz in Kraft tritt; es ist also auch dann nichtig, wenn in dem Zeitraum zwischen Erlass des Gesetzes und seinem Inkrafttreten die Kompetenznorm wirksam wird[85].

228 Das **Inkrafttreten** des Gesetzes bestimmt sich nach Art. 82 Abs. 2 GG; sofern nicht der Tag des Inkrafttretens nach S. 1 bestimmt ist, tritt das Gesetz nach S. 2 vierzehn Tage nach Ausgabe derjenigen Nummer des Bundesgesetzblatts in Kraft, in dem es verkündet wird; davon zu unterscheiden ist der Tag der Ausfertigung, unter dem Gesetze üblicherweise zitiert werden („Gesetz vom …"). Entscheidend ist der Tag des erstmaligen Inverkehrbringens der jeweiligen Ausgabe des Bundesgesetzblatts[86]; der Ausgabetag selbst wird bei Bestimmung der Frist nach Art. 82 Abs. 2 S. 2 GG nicht mitgezählt[87].

229 **Lösung der Ausgangsfälle**

Fall 18a: Eile mit Weile

Das Gesetz könnte auf Grund von Verfassungsverstößen im Initiativstadium verfahrensfehlerhaft zustande gekommen sein.

1. Einschaltung der Anwaltskanzlei: Vorbereitung und Ausarbeitung der Gesetzesvorlage ist verfassungsrechtlich nicht ausdrücklich geregelt; die Auslagerung auf die Anwaltskanzlei könnte jedoch gegen das Demokratieprinzip verstoßen und daher dem Gesetz die demokratische Legitimation entziehen;

- Grundsätzlich kein Verbot, externe Sachverständige hinzuzuziehen;
- jedoch möglicherweise Verstoß gegen das Demokratieprinzip, wenn die Regierung ihrer Verantwortung im Gesetzgebungsverfahren nicht nachgekommen ist, so dass die Gesetzesinitiative insoweit nicht demokratisch legitimiert ist; wenn jedoch Entwurf im Kabinett beraten und beschlossen wurde, dürfte externe Erarbeitung unschädlich sein; auch kollusives Zusammenwirken hier nicht nachweisbar.

2. Äußerungsrecht des Bundesrats – Art. 76 Abs. 2 S. 2–4 GG – Äußerungsfrist für den Bundesrat nicht eingehalten?

a) Art. 76 Abs. 2 S. 2: grundsätzlich 6 Wochen; hier: nur dreiwöchige Frist durch Bundesregierung eingehalten; dies ausreichend iFd S. 4: die Bundesregierung hat die Vorlage als besonders eilbedürftig bezeichnet; fraglich könnte sein, ob bloße Erklärung der Bundesregierung ausreichend ist, oder aber tatsächlich besondere Eilbedürftigkeit zu fordern ist; Letzteres dürfte zu bejahen, der Bundesregierung aber auf Grund der politischen Natur der Frage ein Einschätzungsspielraum zuzugestehen sein: ihre Einschätzung darf nicht fehlerhaft oder missbräuchlich sein; sie ist hier angesichts der sehr kurzen Umsetzungsfrist plausibel.

b) Bundesrat: hat seinerseits „Verlangen nach Satz 3" gestellt, also Verlängerung aus wichtigem Grund beantragt; Frist dann bei Eilbedürftigkeit 6 Wochen, Art. 76 Abs. 2 S. 4 GG/2. Variante.

Wichtiger Grund? Nach Art. 76 Abs. 2 S. 3 GG „insbesondere" bei besonderen Umfang der Vorlage; sonstige Gründe müssen dann ähnlich gelagert sein, also in der Vorlage selbst begründet sein. Dass sich einzelne Länder nicht auf eine klare Linie im Bundesrat einigen können, ist kein in diesem Sinn „wichtiger" Grund.

85 BVerfGE 34, 9, 24.
86 BVerfGE 87, 48, 60.
87 Vgl näher *Gröpl*, Jura 1995, 641.

Fall 18b: Erster Durchgang

Hier liegt ein Verstoß gegen Art. 76 Abs. 2 S. 1 GG vor. Das Gesetz ist, wenn man, wie hier, die Bestimmung nicht als bloße Ordnungsvorschrift auffasst, nicht nach den Vorschriften des Grundgesetzes zustande gekommen, vom Bundespräsidenten nicht auszufertigen, vgl Rn 226.

Wird jedoch die Gesetzesvorlage von einer *Fraktion des Bundestags* – auch der Regierungsfraktion – als eigene Gesetzesinitiative eingebracht, so kommt das Gesetz gültig zustande, vgl Rn 210.

Fall 19: Aufspaltung 230

Das *Zurückziehen des Entwurfs* durch die Bundesregierung nach dem ersten Durchgang im Bundesrat nach Art. 76 Abs. 2 GG wird überwiegend als zulässig erachtet: Der Entwurf hat bis zu diesem Zeitpunkt nur vorläufigen Charakter; der Bundesrat hat insoweit keine selbstständige Rechtsposition[88].

Aufspaltung des Gesetzentwurfs:

Die Aufspaltung ist zulässig. Einerseits ist das *Initiativrecht* nach Art. 76 Abs. 1 GG nicht begrenzt; andererseits erfordern Aspekte der *Rechtssicherheit* die selbstständige Beurteilung des Gesetzes als gesetzgebungstechnische Einheit im Verfahren[89].

Eine Trennung aus sachfremden Motiven mag zwar im Einzelfall als *rechtsmissbräuchlich* beurteilt werden, doch sollte hier das in besonderer Weise auf Rechtssicherheit durch Formalisierung angewiesene Verfahrensrecht nur in Ausnahmefällen durchbrochen werden. Der Schutz der Rechte des Bundesrats bleibt gewährleistet. Er kann durch Verweigerung der Zustimmung zu dem zustimmungsbedürftigen Gesetz den Bundestag auch hinsichtlich des nicht zustimmungsbedürftigen Gesetzes hinreichend in seinem Sinn beeinflussen.

4. Verfahren der Verfassungsänderung

Für verfassungsändernde Gesetze enthält Art. 79 GG besondere Anforderungen in formeller und materieller Hinsicht. Bestimmte Grundsätze der Verfassung können auch durch verfassungsänderndes Gesetz nicht aufgehoben werden.

a) Formelle Voraussetzungen

In *verfahrensmäßiger* Hinsicht ist zu beachten, dass durch Gesetze zur Änderung des Grundgesetzes stets der *Text der Verfassung* selbst *geändert* werden muss, Art. 79 Abs. 1 S. 1 GG. Für das Gesetzgebungsverfahren erfordert Art. 79 Abs. 2 GG qualifizierte Mehrheiten von *zwei Dritteln* der *Mitglieder des Bundestags* (*gesetzliche* Mitgliederzahl) und *zwei Dritteln* der *Stimmen des Bundesrats*; verfassungsändernde Gesetze sind also stets *Zustimmungsgesetze*. Zweidrittelmehrheit bedeutet, dass im Bundestag bei 598 Abgeordneten mindestens 399 Ja-Stimmen (bei Überhangmandaten – 601 Abgeordneten entsprechend mehr Ja-Stimmen) erforderlich sind; im Bundesrat sind bei derzeit 69 Mitgliedern 46 Stimmen erforderlich. 231

88 *Pieroth* in: Jarass/Pieroth, Art. 76 Rn 4; *Schmidt-Jortzig/Schürmann*, BonnK, Art. 76 (1996) Rn 186 ff.
89 BVerfGE 105, 313, 338 ff.

b) Materielle Voraussetzungen

232 In materieller Hinsicht ist für Verfassungsänderungen die Unveränderlichkeitssperre des Art. 79 Abs. 3 GG zu beachten. Hierunter fällt die **bundesstaatliche Ordnung** des Grundgesetzes unter mehreren Gesichtspunkten: zum einen mit der Gliederung des Bundes in Länder, zum anderen mit der Mitwirkung der Länder bei der Gesetzgebung. Sie bezieht sich auf ihre Teilhabe an der *Gesetzgebung des Bundes*, wie auch das Erfordernis *eigener Gesetzgebungsbefugnisse*, das zudem von der Garantie der Gliederung des Bundes in Länder, der Staatsqualität der Länder umfasst wird. Schließlich sind die in Art. 20 GG genannten Grundsätze unabänderlich; dazu zählt auch die Bundesstaatlichkeit sowie vor allem **Rechtsstaatlichkeit** und **Demokratie**, in dem etwa vom BVerfG im Rahmen des Begriffs der **„freiheitlich-demokratischen Grundordnung"** bezeichneten Umfang: demokratisches Mehrheitsprinzip bei Minderheitenschutz und Chancengleichheit der politischen Kräfte, insbesondere Freiheit und Chancengleichheit für politische Parteien und Recht auf Opposition; Verantwortlichkeit der Regierung, Gesetzmäßigkeit der Verwaltung, Unabhängigkeit der Gerichte. Unabänderlich sind die in **Art. 1 GG** genannten Grundsätze, also der Schutz der **Menschenwürde**. Nicht genannt sind die **Einzelgrundrechte** der Art. 2–19 GG, auf die andererseits Art. 1 Abs. 3 GG Bezug nimmt. Im Ergebnis bedeutet dies Unabänderlichkeit dieser Grundrechte in ihrem sachlichen Gehalt, soweit der **Kernbereich** der Grundrechte, also ihr **Menschenwürdegehalt** betroffen ist. Beispielhaft für die Bedeutung der Unveränderlichkeitssperre als Prüfungsmaßstab für Verfassungsänderungen ist das Urteil des BVerfG vom 3.3.2004, zur Vereinbarkeit des Art. 13 Abs. 3 GG (Lauschangriff) mit Art. 79 Abs. 3 GG[90]. Generell ist zu beachten, dass die in Art. 79 Abs. 3 GG genannten Verfassungsgrundsätze nicht in ihrer konkreten, positiven Ausgestaltung unabänderlich sind, sondern eben nur als *Grundsätze*; s. dazu auch **Fall 10**.

Art. 79 Abs. 3 GG selbst muss einer Verfassungsänderung entzogen sein, soll die hierin liegende Beschränkung auch des verfassungsändernden Gesetzgebers nicht gegenstandslos werden; doch sind hier die Grenzen des Geltungsanspruchs der Verfassung erreicht.

Schrifttum zu IV.: *Stern* II, § 37 III; *Kloepfer* I § 21 C Rn 729 ff; *Elicker*, Examensrelevante Probleme aus dem Bereich der Gesetzesinitiative und des Vorverfahrens, JA 2005, 513; *Kloepfer/Bruch*, Die Laufzeitverlängerung im Atomrecht zwischen Gesetz und Vertrag, JZ 2011, 377; *Cornils*, Politikgestaltung durch den Vermittlungsausschuss, DVBl 2002, 497; *Burghart*, Zur Zusammensetzung des Vermittlungsausschusses gem. Art. 77 Abs. 2 S. 2 GG, DÖV 2005, 815; zu den beitrittsbedingten Änderungen des Grundgesetzes s. BVerfGE 84, 90 sowie *von Mangoldt/Klein/v. Campenhausen*, Art. 143, Rn 17: s. auch *Seifarth*, Anfängerklausur – Öffentliches Recht: Staatsorganisationsrecht – Verfahrene Gesetzgebung, JuS 2010, 790; *Schürmann*, Das angemaßte Gesetzesinitiativrecht, in: Festschrift Schmidt-Jortzig, 2011, S. 541.

90 BVerfGE 109, 279, 311 ff.

V. Landesgesetzgebung

Da in den Ländern keine zweiten Kammern existieren, gestaltet sich das Gesetzgebungsverfahren für die **parlamentarische Gesetzgebung** weniger komplex. Nach den Verfassungen der Länder können Gesetzesvorlagen durchweg von der jeweiligen Landesregierung und „aus der Mitte" des Landtags (der Bürgerschaft) eingebracht werden. Letztere Formulierung findet sich in nahezu allen Landesverfassungen; nach Art. 59 Abs. 1 BWVerf können Gesetzesinitiativen „von Abgeordneten" eingebracht werden, nach Art. 98 SaarlVerf von einem einzelnen Abgeordneten oder einer Fraktion. 233

Landesspezifische Besonderheiten ergeben sich durchweg aber aus der in allen Ländern vorgesehenen unmittelbaren **Beteiligung des Volkes** an der Gesetzgebung.

Baden-Württemberg: Die *Verfassung des Landes Baden-Württemberg* vom 11. November 1953 sieht in Art. 59, 60 **Volksbegehren und Volksabstimmung über Gesetze** vor. Gemäß Art. 59 Abs. 1 liegt das Recht, Gesetzesinitiativen einzubringen, *auch beim Volk*; dabei muss ein Volksbegehren gemäß Abs. 2 von 1/6 der Wahlberechtigten getragen sein. Das Volksbegehren wird von der Regierung – versehen mit deren Stellungnahme – dem Landtag zugeleitet, der über das Gesetz abstimmt. Stimmt er unverändert zu, ist das Gesetz in dieser Gestalt zustande gekommen. Sonst findet die Volksabstimmung statt. Für **Verfassungsänderungen** ist die Mehrheit der Stimmberechtigten erforderlich; die Initiative hierzu kann auch auf Antrag der Mitgliedermehrheit des Landtags erfolgen, Art. 64 Abs. 3. Die Möglichkeit einer **vorzeitigen Auflösung des Landtags durch Volksabstimmung** sieht Art. 43 Abs. 2 vor. 234

Bayern: Die *Verfassung des Freistaates Bayern* vom 2. Dezember 1946 regelt in Art. 72 Abs. 1, Art. 74 die **Volksgesetzgebung**. Das Verfahren beginnt zunächst mit einem Vorverfahren, dem Zulassungsverfahren zum Volksbegehren, Art. 63 ff LWG. Werden die Zulassungsvoraussetzungen verneint, so ist die Entscheidung des BayVerfGH herbeizuführen, vgl Art. 64 Abs. 1 LWG. Er prüft hier den Gesetzentwurf auch auf seine Vereinbarkeit mit Bundesrecht[91]. Das anschließende **Volksbegehren** muss von 1/10 der Stimmberechtigten unterstützt werden und geht dann in den **Landtag**. Dieser prüft es erneut. Gegen seine ablehnende Entscheidung kann der BayVerfGH angerufen werden. Nimmt der Landtag den Gesetzentwurf nicht unverändert an, findet der **Volksentscheid** statt. 235

Für **Verfassungsänderungen** gilt ein **obligatorisches Referendum**. Sie können auf Initiative des Landtags erfolgen. Erforderlich ist zunächst dessen Beschluss mit 2/3-Mehrheit. Dann kommt es zum **Referendum** (Art. 75 Abs. 2 S. 2 BayVerf; einfache Mehrheit). Verfassungsänderungen können aber auch Gegenstand eines **Volksbegehrens** sein. Dann findet auf jeden Fall der Volksentscheid statt. In seiner E. vom 17.9.1999 über die Abschaffung des Bay. Senats fordert der BayVerfGH[92] ein Quorum für den Volksentscheid über eine Verfassungsänderung, die durch Volksbegehren initiiert wurde. Zwar besagt die Verfassung hierüber nichts. Der BayVerfGH sieht hierin aber eine Regelungslücke, die im Wege der Verfassungsauslegung auszufüllen sei. Denn die Verfassung genieße erhöhte Bestandskraft. Der Gesetzgeber hat nach der E. des BayVerfGH – gleichsam als Verfassungsinterpret – deshalb ein Quorum festzusetzen. Anders als der StGH Bremen (Rn 238) bemüht der BayVerfGH aber nicht Art. 28 Abs. 1 GG (Homogenitätsgebot).

Auch die Bayerische Verfassung kennt die **Abberufung des Landtags**, Art. 18 Abs. 3.

91 BayVerfGHE 43, 35 = BayVBl 1990, 367 und bereits BayVerfGHE 40, 94, 101 ff.
92 BayVerfGH DÖV 2000, 28; kritisch *Lege*, DÖV 2000, 283.

236 **Berlin:** Die *Verfassung von Berlin* vom 2. September 1950 sieht idF vom 22.10.1995 ein dreistufiges Verfahren der Volksgesetzgebung vor: Die **Volksinitiative** nach Art. 61 kann sich auf alle Gegenstände der politischen Willensbildung im Rahmen der Zuständigkeiten des Abgeordnetenhauses beziehen; mitwirkungsberechtigt sind alle Bewohner Berlins, während beim Volksbegehren, Art. 62, 7 v.H. der Wahlberechtigten zustimmen müssen (Art. 63 Abs. 1). Es kann, ebenso wie der anschließende Volksentscheid nach Art. 63, auch auf die vorzeitige Beendigung der Wahlperiode des Abgeordnetenhauses gerichtet sein.

237 **Brandenburg:** Das Verfahren der Volksgesetzgebung ist dreistufig. Für die **Volksinitiative** sind 20 000 Unterschriften erforderlich, Art. 76 Abs. 1 S. 3 BbgVerf. Landesregierung oder Landtag (dort mindestens ein Drittel der Abgeordneten) können gegen das Volksbegehren das Landesverfassungsgericht anrufen, Art. 77 Abs. 2. Für das **Volksbegehren** sind 80 000 Unterschriften erforderlich. Im **Volksentscheid** muss mindestens ein Viertel der Stimmberechtigten zustimmen, Art. 78 Abs. 2. Für Verfassungsänderungen gelten qualifizierte Mehrheitserfordernisse, Art. 78 Abs. 3. Volksinitiative, -begehren und -entscheid sind nicht auf die Gesetzgebung beschränkt, sondern können sich generell auf „Gegenstände der politischen Willensbildung" richten, Art. 76 Abs. 1 S. 1.

238 **Bremen:** Die *Landesverfassung der Freien Hansestadt Bremen* vom 21. Oktober 1947 sieht in Art. 69 ff Volksbegehren und Volksentscheid für Gesetze vor; eine Besonderheit bildet hier die Bestimmung des Art. 70 lit.b), nach der auch die Volksvertretung (die *Bürgerschaft*) eine in ihre Zuständigkeit fallende Frage von sich aus dem Volksentscheid unterbreiten kann. Das Parlament kann also hier die plebiszitäre Bestätigung in Sachfragen suchen. Für Verfassungsänderungen sieht Art. 70 lit.a) das **obligatorische Referendum** vor; Ausnahme: einstimmiger Beschluss der Bürgerschaft; – zu den Schranken der Zulässigkeit eines Volksbegehrens s. BremStGH NVwZ 1998, 388. Dass Verfassungen erschwert abänderbar sein müssen, gehört für den BremStGH[93] zum nach Art. 28 Abs. 1 GG unverzichtbaren Bestand der Verfassungsordnung.

239 **Hamburg:** Die *Verfassung der Freien und Hansestadt Hamburg* vom 6. Juni 1952 sieht seit 1996 in Art. 50 **Volksinitiative** (durch 10 000 Wahlberechtigte), **Volksbegehren** (Unterstützungsquorum: 1/20) und **Volksentscheid** vor. Art. 50 Abs. 3 VerfHH sieht unterschiedliche Quoren vor und differenziert auch danach, ob die Abstimmung gleichzeitig mit einer Wahl stattfindet[94].

240 **Hessen:** Nach der *Verfassung des Landes Hessen* vom 1. Dezember 1946 sind gemäß Art. 116 Abs. 1 Volk und Landtag gleichberechtigte Organe der Gesetzgebung, wenngleich die Gesetzgebung durch Letzteren gemäß Art. 116 Abs. 2 als Regelfall gilt. Das **Verfahren** der Gesetzgebung durch **Volksentscheid** ist in ähnlicher Weise wie in der Bayerischen Verfassung geregelt: dem Volksbegehren geht ein **Zulassungsverfahren** voraus (näher geregelt im Gesetz über Volksbegehren und Volksentscheid – VuVG); für den Antrag auf Zulassung sind 3 % der Stimmberechtigten erforderlich.

241 **Mecklenburg-Vorpommern:** Die *Verfassung des Landes Mecklenburg-Vorpommern* vom 23. Mai 1993, angenommen durch Volksentscheid vom 13. Juni 1994, sieht das dreistufige Verfahren (Rn 110) vor. Das **Volksbegehren** (auf Gesetzeserlass) muss von mindestens 120 000 Wahlberechtigten unterstützt werden. Auf Antrag der Landesregierung oder eines Viertels der Mitglieder des Landtags hat das Landesverfassungsgericht über seine Zulässigkeit zu entscheiden. Diese Prüfung soll offenbar, wie sich aus der systematischen Stellung des Art. 60 Abs. 2 S. 2 ergibt, erst erfolgen, nachdem das Volksbegehren zustande gekommen ist. Im **Volksentscheid** gilt ein Zustimmungsquorum von einem Drittel der Wahlberechtigten. Für Verfassungsänderungen ist

93 BremStGH BayVBl 2000, 915 = NordÖR 2000, 186.
94 Vgl auch HbgVerfG DÖV 2005, 252.

eine Zweidrittelmehrheit der Abstimmenden und gleichzeitig die Zustimmung der Hälfte der Wahlberechtigten erforderlich.

Niedersachsen: Die neue *Niedersächsische Verfassung* vom 19. Mai 1993, durch die die vorläufige Verfassung aus dem Jahre 1949 abgelöst wurde, sieht in ihrem 5. Abschnitt ebenfalls das dreistufige Verfahren unter Einschluss der **Volksinitiative** vor (Rn 110). Das **Volksbegehren** nach Art. 48 kann nur Gesetze zum Gegenstand haben. Die Landesregierung prüft die Zulässigkeit, gegen ihre Entscheidung kann der Staatsgerichtshof angerufen werden, Art. 48 Abs. 2. Um dann erfolgreich zu sein, muss das Volksbegehren die Unterstützung von 10% der Wahlberechtigten erlangen. Im **Volksentscheid** muss ein Viertel der Wahlberechtigten, bei Verfassungsänderungen die Hälfte zustimmen. **242**

Nordrhein-Westfalen: Die *Verfassung für das Land Nordrhein-Westfalen* vom 28. Juni 1950 sah von Anfang an Volksbegehren und Volksentscheid über Gesetze, aber auch die **Auflösung des Landtags** vor, Art. 35 Abs. 2 iVm Art. 68 Abs. 3. Durch Gesetz vom 5. März 2002 (GVBl S. 108) wurden die Verfahrenshürden abgesenkt und außerdem die Volksinitiative eingeführt, Art. 67a. **243**

Das **Volksbegehren** muss nur noch von 8 v.H. der Stimmberechtigten gestellt werden; es ist von der Landesregierung zu überprüfen, gegen ihre Entscheidung kann der Verfassungsgerichtshof angerufen werden. Dass auch die Zuständigkeit des Landesgesetzgebers zu prüfen ist, wird in Art. 68 Abs. 1 S. 3 ausdrücklich klargestellt. Im Volksentscheid gilt ein Zustimmungsquorum von nur 15 v.H., bei Verfassungsänderungen 50 v.H. und 2/3-Mehrheit der Abstimmenden.

Nach Art. 68 Abs. 3 kann sich die **Landesregierung** gleichsam *„am Parlament vorbei"* an das Volk wenden, um einen von ihr eingebrachten und im Landtag abgelehnten Gesetzentwurf zum Volksentscheid zu bringen. Es ist dies ein für die Landesregierung riskantes Verfahren: lehnt das Volk den Gesetzentwurf ab, muss die Regierung **zurücktreten**; – im Ergebnis also eine Form der Vertrauensfrage der Regierung an das Volk. Wird das Gesetz jedoch angenommen, so kann die Regierung den Landtag auflösen.

Rheinland-Pfalz: Die *Verfassung für Rheinland-Pfalz* vom 18. Mai 1947, 2000 umfassend novelliert, sieht in Art. 108a die **Volksinitiative** vor, ferner in Art. 109 **Volksbegehren** und **Volksentscheid**, gerichtet nicht nur auf Gesetze, sondern auch auf die **Auflösung des Landtags**. Art. 114 RhPfVerf verpflichtet den Landtag, die Verkündung von Gesetzen auf zwei Monate auszusetzen, wenn ein Drittel der Mitglieder es verlangt. In diesem Fall können bereits 150 000 Wahlberechtigte den Volksentscheid über das Gesetz verlangen, Art. 115. Art. 114, 115 geben damit praktisch der **Opposition** die Möglichkeit, gegen die Entscheidung der Parlamentsmehrheit das Volk unmittelbar anzurufen. **244**

Saarland: Die *Verfassung des Saarlandes* vom 15. Dezember 1947 sieht **Volksbegehren** und **Volksentscheid** über Gesetze vor, nimmt jedoch Verfassungsänderungen hiervon aus (während umgekehrt die Bayerische Verfassung, vgl o. Rn 235, gerade Verfassungsänderungen dem obligatorischen Referendum unterwirft). Das Verfahren ist ähnlich geregelt wie in Bayern und Hessen: **Vorverfahren – Volksbegehren** und **Volksentscheid**. **245**

Sachsen: Das Verfahren der Volksgesetzgebung ist mehrstufig ausgestaltet, *Verfassung des Freistaates Sachsen* vom 27. Mai 1992, Art. 70 ff. Der **Volksantrag**, für den 40 000 Unterschriften erforderlich sind, der aber nur Gesetze zum Gegenstand haben kann, ist vom Landtagspräsidenten auf seine Zulässigkeit zu überprüfen, der den Verfassungsgerichtshof anrufen kann, Art. 71 SächsVerf. Übernimmt der Landtag die Volksinitiative nicht, findet das Volksbegehren statt, für das 450 000 Unterschriften erforderlich sind. Beim Volksentscheid entscheidet allein die Mehrheit der abgegebenen Stimmen, ein Quorum ist nicht vorgesehen, Art. 72 Abs. 4 SächsVerf. Die Mehrheit der Stimmberechtigten ist beim Volksentscheid über **Verfassungsänderungen** erforderlich, Art. 74 Abs. 3 S. 3 SächsVerf. Ein Volksentscheid über Verfassungsänderungen kann auch vom Landtag initiiert werden, Art. 74 Abs. 3 S. 1 SächsVerf. **246**

247 **Sachsen-Anhalt:** Die *Verfassung des Landes Sachsen-Anhalt* vom 16. Juli 1992 sieht auch die **Volksinitiative** (Rn 110) vor. Das **Volksbegehren** kann sich nur auf Gesetze beziehen und muss von 11 von 100 der Wahlberechtigten unterstützt werden, Art. 81 Abs. 1. Die Landesregierung prüft seine Zulässigkeit; gegen ihre negative Entscheidung kann das Landesverfassungsgericht angerufen werden. Im **Volksentscheid** beträgt nach Art. 81 Abs. 3 das Zustimmungsquorum ein Viertel der Stimmberechtigten. Dieses Quorum entfällt für einen etwaigen Alternativentwurf des Landtages nach Abs. 4. Der Grund für diese Regelung ist darin zu sehen, dass in diesem Fall bereits der Landtagsbeschluss dem Gesetz die erforderliche demokratische Legitimation verschafft hat. Für **Verfassungsänderungen** gelten höhere Quoren.

248 **Schleswig-Holstein:** Die neue Verfassung vom 13. Juni 1990 idF vom 13. Mai 2008 sieht Volksinitiativen einerseits, Volksbegehren und Volksentscheid andererseits vor. Die Volksinitiative ist vom Landtag zu behandeln; übernimmt er sie nicht, kann die Durchführung des Volksbegehrens beantragt werden, Art. 42 Abs. 1. Über dessen Zulässigkeit ist auf Antrag der Landesregierung oder eines Viertels der Mitglieder des Landtags vom Landesverfassungsgericht zu entscheiden. Für das Volksbegehren ist die Zustimmung von 5 v.H. der Wahlberechtigten erforderlich. Ist es erfolgreich, findet der Volksentscheid statt; Art. 42 Abs. 4 sieht differenzierte Quoren vor.

249 **Thüringen:** Die *Verfassung des Freistaates Thüringen* vom 25. Oktober 1993 benennt in Art. 82 Volksbegehren und Volksentscheid, bezogen ausschließlich auf die *Gesetzgebung* des Landes. Dem Volksbegehren müssen 8 v.H. der Stimmberechtigten innerhalb von zwei Monaten zustimmen. Landesregierung und ein Drittel der Mitglieder des Landtags haben den Verfassungsgerichtshof anzurufen. Für den Volksentscheid gilt nach Art. 82 Abs. 7 S. 3 2. HS ein – **hohes** – Zustimmungsquorum von einem Viertel der Stimmberechtigten, für Verfassungsänderungen beträgt das entsprechende Quorum nach Art. 83 Abs. 2 S. 2 40 von Hundert der Stimmberechtigten.

Schrifttum zu V.: S. zu § 2 V, nach Rn 116.

VI. Europäisches Recht in der Rechtsordnung des Grundgesetzes: Unionsrecht und EMRK

→ **Leitentscheidungen:** BVerfGE 37, 271 (Solange I); BVerfGE 73, 339 (Solange II); BVerfGE 89, 155 (Maastricht); BVerfGE 102, 147 (Bananenmarktordnung); BVerfGE 111, 307 (EMRK- Fall Görgülü)); BVerfGE 113, 273 (Europäischer Haftbefehl); BVerfGE 126, 286 (Fall Mangold); BVerfGE 128, 326 (Sicherungsverwahrung II).

250 **Fall 20: Mangold**

Ein Gesetz über befristete Arbeitsverhältnisse – BefrG sieht vor, dass Arbeitsverhältnisse nur bei Vorliegen eines besonderen, sachlichen Grundes befristet abgeschlossen werden dürfen. Bei Arbeitnehmern, die älter als 56 Jahre sind, bedarf es jedoch keines besonderen Grundes. Das Gesetz soll die Chancen älterer Arbeitnehmer auf dem Arbeitsmarkt verbessern.

Der 57-jährige, längere Zeit arbeitslose Anton Abromeit wurde von dem Automobilzulieferer H auf Grund dieses Gesetzes mit einem vom 1.3.2003 bis zum 30.11.2004 befristeten Arbeitsvertrag eingestellt. Kurz nach seiner Einstellung machte er die Unwirksamkeit der Befristung geltend. Er berief sich auf Art. 2 Abs. 1 einer Antidiskriminierungsrichtlinie der EU; diese erklärt Diskriminierungen in Beschäftigung und Beruf auf Grund von Alter, Geschlecht, Herkunft etc für unzulässig. Nach Art. 6 Abs. 1 können die Mitgliedstaaten jedoch vorsehen, dass eine Ungleichbehandlung auf Grund des Alters keine Diskriminierung darstellt, wenn sie durch legitime Ziele der Sozial- und Arbeitsmarktpolitik gerechtfertigt und angemessen ist. Die Richtlinie musste von den Mitgliedstaaten bis Ende 2006 umgesetzt werden.

Mit Urteil vom November 2005 entschied der EuGH, dass Gemeinschaftsrecht dem Erlass von Vorschriften wie der des BefrG entgegenstünde; die nationalen Gerichte müssten sie unangewendet lassen, auch wenn die Umsetzungsfrist noch nicht abgelaufen sei. Daraufhin erklärte das Bundesarbeitsgericht (BAG) die Befristung für unwirksam. H, der hierdurch seine Vertragsfreiheit verletzt sieht, ist der Auffassung, der EuGH habe seine Kompetenzen überschritten. Das Bundesverfassungsgericht müsse hier einschreiten, zumal er auf die Regelungen des BefrG vertraut habe. **Rn 275**

(Der Fall beruht auf BVerfGE 126, 286 – Sachverhalt und Daten sind verändert und vereinfacht.)

1. Rechtsquellen des Unionsrechts

Unionsrecht, wie das Recht der EU nach Inkrafttreten einheitlich bezeichnet wird, **251** während bis dahin beim Recht der vormaligen EG vom Gemeinschaftsrecht gesprochen wurde (so auch im **Fall 20**), wirkt in mehrfacher Hinsicht auf die innerstaatliche Rechtsordnung ein. Zum einen ist das Gemeinschaftsrecht/Unionsrecht innerstaatlich rechtsverbindlich. Hierin unterscheidet es sich vom Völkerrecht, das durch Gesetz in innerstaatliches Recht transformiert werden muss. Denn die EU ist (wie schon die EG) eine Rechtsgemeinschaft mit eigener öffentlicher Gewalt (Rn 9). Zum anderen verpflichten die Richtlinien der EU zur Angleichung der innerstaatlichen Rechtsordnung an das Recht der EU. Man schätzt, dass bereits über 60% der aktuellen Gesetzgebung in diesem Sinn gemeinschaftsrechtlich „induziert" sind. Dies hat erhebliche Auswirkungen für das Verhältnis von Verfassung und Gesetz: soweit eine gesetzliche Regelung zwingend durch Unionsrecht gefordert wird, überlagert diese Verpflichtung die Bindung an das Grundgesetz. Die Rechtsgrundlagen der EU sind in den Verträgen, nunmehr also EUV und AEUV enthalten – es ist dies das *primäre Unionsrecht*. Auf der Grundlage der Verträge ergeht das *sekundäre Unionsrecht*. Art. 288 Abs. 1 AEUV nennt als **Rechtsakte der Europäischen Union** Richtlinien und Verordnungen, sowie Beschlüsse und nicht verbindliche Empfehlungen und Stellungnahmen.

Verordnungen[95] sind allgemein verbindlich und gelten unmittelbar in jedem Mitglied- **252** staat. Sie sind also im Rahmen der Rechtsanwendung von den Behörden der Bundesrepublik zu beachten. **Richtlinien** (Art. 288 Abs. 3 AEUV) richten sich an die Mitgliedstaaten. Sie verpflichten sie, ihre innerstaatliche Rechtsordnung der Richtlinie anzugleichen, sog. Umsetzung. Sie waren ursprünglich nach Art. 249 Abs. 3 EGV als eine Art Rahmenvorschriften gedacht, doch ist die Praxis, vom EuGH gebilligt, darüber hinweggegangen. Richtlinien haben mittlerweile einen hohen Grad an Detailliertheit erreicht. Beschlüsse sind Einzelfallentscheidungen. Ein europäisches „Gesetz" kennen die Verträge nicht, doch spricht Art. 289 Abs. 3 AEUV von Gesetzesakten; dies sind Rechtsakte, die in einem Gesetzgebungsverfahren angenommen wurden.

Da Richtlinien sich an die Mitgliedstaaten richten, werden sie für die Bürger an sich **253** erst dann unmittelbar wirksam, wenn die Mitgliedstaaten sie „umgesetzt", also ihr na-

95 Dazu *Schweitzer*, Rn 339 ff.

tionales Recht der Richtlinie angeglichen haben. Hierfür geben die Richtlinien stets eine Umsetzungsfrist vor. Wenn die Mitgliedstaaten diese allerdings verstreichen lassen, ohne ihrer Verpflichtung nachzukommen, so können unter bestimmten Voraussetzungen die Bürger sich unmittelbar auf die Richtlinie berufen; das vertragswidrige Verhalten des Staates darf nicht zu ihren Lasten gehen. Man spricht hier von **„Direktwirkung“** von Richtlinien. Sie wird vom EuGH[96] unter der Voraussetzung bejaht, dass die Richtlinie inhaltlich bestimmt und deshalb einer unmittelbaren Anwendung zugänglich ist. So wurden zB Bestimmungen in einer Richtlinie über Höchstarbeitszeiten im Gesundheitswesen Direktwirkung zugesprochen[97]. Deshalb konnten angestellte Krankenhausärzte die Anrechnung von Bereitschaftszeiten unmittelbar auf Grund der Richtlinie gegenüber den Krankenhausträgern beanspruchen. Der EuGH gelangte hier zur Direktwirkung im Rahmen eines arbeitsgerichtlichen Rechtsstreits, also zwischen Privaten[98]. Auch besteht nach Ablauf der Umsetzungsfrist die Pflicht, die nationale Rechtsordnung richtlinienkonform anzuwenden und unter verschiedenen Auslegungsmöglichkeiten für nationales Recht diejenige zu wählen, bei der der Zweck der Richtlinie am besten verwirklicht wird[99]. Im **Fall Mangold** ging der EuGH noch darüber hinaus: schon während der noch laufenden Umsetzungsfrist dürfe der nationale Gesetzgeber keine Vorschriften erlassen, die der Richtlinie widersprächen. Der EuGH hat damit in seiner Rechtsprechung die Wirkung der Richtlinien kontinuierlich erweitert: er hat ihnen zunächst unmittelbare Geltung nach Ablauf der Umsetzungsfrist zugesprochen, einen gemeinschaftsrechtlichen Haftungsanspruch bei verzögerter oder fehlerhafter Umsetzung begründet, die Mitgliedstaaten zu richtlinienkonformer Auslegung des nationalen Rechts verpflichtet und nunmehr ihnen auch Vorwirkungen vor Ablauf der Umsetzungsfrist zuerkannt[100].

2. Unionsrecht und Grundgesetz – EuGH und BVerfG

a) Vorrang des Unionsrechts – Identität des Grundgesetzes

254 Im Kollisionsfall kommt dem europäischen Recht grundsätzlich Vorrang gegenüber innerstaatlichem Recht zu. Der Vorrang des Gemeinschaftsrechts/Unionsrechts wird aus den Gründungsverträgen, insbesondere aus Art. 288 AEUV abgeleitet[101]. Er wird für die Rechtsordnung des Grundgesetzes anerkannt durch die Integrationsermächtigung des Art. 23 Abs. 1 GG als innerstaatlichen Anwendungsbefehl[102]: Wenn Hoheitsgewalt auf die EU als zwischenstaatliche Einrichtung übertragen wird, so liegt hierin ein Verzicht auf die Ausübung innerstaatlicher Hoheitsgewalt, sind die Hoheitsakte der zwischenstaatlichen Einrichtung anzuerkennen. Hierbei handelt es sich um

96 Slg. 1982, S. 53 ff, wiedergegeben bei BVerfGE 75, 223, 238 ff.
97 EuGH NJW 2003, 2971; NJW 2004, 3547.
98 Zu den Voraussetzungen vgl iE *Schweitzer*, Rn 348 ff; *Jarass*, NJW 1990, 2420 ff; insbesondere zur „horizontalen“ Drittwirkung s. *Gassner*, JuS 1996, 303 ff; zum EuGH s. die didaktische Aufbereitung bei *Lochen*, Jura 2005, 690.
99 S. dazu EuGH, U. v. 4.7.2006, JZ 2007, 187 mit Anm. *Franzen*.
100 Vgl näher zur Mangold-Entscheidung *Hillgruber*, JA 2011, 78, 80.
101 Näher *Schweitzer*, Rn 45 ff.
102 *Kloepfer* I § 42 Rn 10 f.

einen Anwendungsvorrang: Das unionswidrige innerstaatliche Recht ist nicht nichtig, doch kommt es jeweils im Konfliktfall nicht zur Anwendung, also auch im Verhältnis zum Grundgesetz.

Der Vorrang des Unionsrechts gegenüber nationalem Recht gilt an sich unabhängig von dessen innerstaatlichem Rang, im Verhältnis zu Verfassungsrecht jedoch mit der Maßgabe, dass das BVerfG sich die Kontrolle vorbehält, ob es von der Integrationsermächtigung gedeckt ist[103]. Nach Art. 23 Abs. 1 S. 3 GG iVm Art. 79 Abs. 3 GG müssen auch bei einer Übertragung von Hoheitsrechten auf die EU die in Art. 79 Abs. 3 GG genannten Grundsätze unangetastet bleiben, also insbesondere Demokratie- und Rechtsstaatsprinzip und die Achtung der Grundrechte in ihrem Menschenwürdekern. Diese Grundsätze machen die Verfassungsidentität der Bundesrepublik aus. Sie muss gewahrt werden. Dies gilt auch gegenüber Akten der Organe der EU. **255**

b) Identitätskontrolle und ultra-vires-Kontrolle durch das BVerfG

Das BVerfG beansprucht deshalb das Recht, Akte der EU daraufhin zu überprüfen, ob sie diese Grundsätze einhalten: **Identitätskontrolle**. Sie erstreckt sich auch darauf, ob auf Unionsebene Grundrechtsschutz gewährleistet ist, der den Anforderungen des Art. 79 Abs. 3 GG entspricht. Dies sieht das BVerfG derzeit als gegeben an. Dabei reicht es aus, dass der Grundrechtsschutz auf der Ebene der Union generell und nicht in jedem Einzelfall dem nach dem Grundgesetz entspricht[104]. Das BVerfG sieht sich auch befugt, zu prüfen, ob die Organe der EU, auch der EuGH, sich im Rahmen ihrer Zuständigkeiten gehalten haben, und ggf deren Akte für unanwendbar zu erklären: sog. **„ultra-vires-Kontrolle“**[105]. Von einem ultra-vires-Akt wird gesprochen, wenn der Staat oder die juristischen Personen des öffentlichen Rechts den ihnen vom Recht gezogenen Wirkungskreis überschreiten (der Begriff stammt aus dem anglo-amerikanischen Rechtskreis). Das BVerfG wollte im Urteil zum Lissabon-Vertrag diese Kontrolle auf „ersichtliche Grenzüberschreitungen“ beziehen, um dann im *Urteil Mangold* zurück zu rudern: nur noch dann soll die ultra-vires-Kontrolle eingreifen, wenn der angegriffene Hoheitsakt nicht nur offensichtlich kompetenzwidrig ist, sondern darüber hinaus zu einer „strukturell bedeutsamen Verschiebung zulasten der Mitgliedstaaten“ führt[106]. Damit hat es seinen eigenen Ansatz entkräftet. Denn dass ein einzelner Rechtsakt zu einer strukturell bedeutsamen Kompetenzverschiebung führt, wird sich kaum darstellen lassen. **256**

c) Zum Rangverhältnis der Normen – Kollisionslagen und ihre Auflösung

Das Nebeneinander der Rechtsordnungen auf Unionsebene und nationaler Ebene und die Verschiedenrangigkeit der Normen auf beiden Ebenen kann zu unterschiedlichen Normenkollisionen sowohl innerhalb der jeweiligen Ordnung als auch zwischen die- **257**

103 *Kloepfer* I § 42 Rn 25 f.
104 BVerfGE 102, 147, 165 ff.
105 BVerfGE 123, 267, 353 f; 126, 286, 302 f; vgl hierzu *Koch/Ilgner*, JuS 2011, 540.
106 BVerfGE 126, 286, 304 ff, 398.

sen Ordnungen führen. Derartige Kollisionen werfen die Frage auf, wie sie zu entscheiden sind und vor allem, wer für die Entscheidung zuständig ist, und in welchem Verfahren.

258 **aa) Nationales Recht kein Maßstab für Unionsrecht – Unzulässigkeit der Verfassungsbeschwerde.** Unionsrecht hat, wie ausgeführt, Vorrang gegenüber nationalem Recht – es gilt ein Anwendungsvorrang (Rn 254). Unionsrecht kann daher nicht am Maßstab des nationalen Rechts überprüft werden; dies gilt auch für sekundäres Unionsrecht. Dies bedeutet: eine **Verfassungsbeschwerde** unmittelbar gegen eine Verordnung oder Richtlinie ist **unzulässig** – es sei denn, es könnte geltend gemacht werden, der Grundrechtsschutz durch die Union bleibe hinter dem unverzichtbaren Standard entsprechend Art. 79 Abs. 3 GG zurück, was auf absehbare Zeit aber nicht realistisch ist. Unzulässig sind auch Richtervorlagen (Rn 784 ff), mit denen die Überprüfung von sekundärem Unionsrecht am Maßstab der Grundrechte des Grundgesetzes beantragt wird.

259 **bb) Keine Überprüfung unionsrechtlich determinierten Rechts am Grundgesetz – Unionsrecht als Maßstab für nationales Recht.** Nicht nur die unmittelbare Überprüfung von Unionsrecht am Grundgesetz und damit die Verfassungsbeschwerde (bzw der Normenkontrollantrag)[107] unmittelbar gegen eine Richtlinie/Verordnung ist unzulässig. Auch mittelbar darf das Unionsrecht nicht am Maßstab des Grundgesetzes gemessen werden. Deshalb kann Verfassungswidrigkeit eines Gesetzes nicht geltend gemacht werden, soweit dieses lediglich eine Richtlinie umsetzt. Denn dann würde mittelbar die Richtlinie am Maßstab des Grundgesetzes überprüft. Dies wurde bei der Verfassungsbeschwerde gegen Bestimmungen des Telekommunikationsgesetzes (TKG) zur Vorratsdatenspeicherung bedeutsam. Denn die entsprechenden Bestimmungen waren in Umsetzung einer Richtlinie erlassen worden. Die Bundesregierung machte nun geltend, die Verfassungsbeschwerde sei insoweit unzulässig[108]. Das Bundesverfassungsgericht trat dem nicht bei: es sah einen erheblichen Umsetzungsspielraum für den nationalen Gesetzgeber[109] und führt hierzu aus: *„Die Beschwerdeführer können sich auf die Grundrechte des Grundgesetzes jedoch insoweit berufen, als der Gesetzgeber bei der Umsetzung von Unionsrecht Gestaltungsfreiheit hat, das heißt durch das Unionsrecht nicht determiniert ist.“* Schon beim Europäischen Haftbefehl hatte der bundesdeutsche Gesetzgeber seinen Umsetzungsspielraum nicht erkannt und die Grundrechte des Grundgesetzes in verfassungswidriger Weise unberücksichtigt gelassen[110]. Nur soweit also das nationale Recht zwingend unionsrechtlich determiniert ist, kann es nicht am Maßstab des Grundgesetzes geprüft werden, mit der Folge, dass eine Verfassungsbeschwerde auch insoweit unzulässig ist[111]. Im Übrigen kann das Gesetz, das in Umsetzung einer Richtlinie ergangen ist, zulässigerweise mit der Rüge angegriffen werden, es verstoße gegen das Grundgesetz[112].

107 BVerfGE 129, 186.
108 S. BVerfGE 125, 260, 293 f.
109 BVerfGE 125, 260, 306 ff.
110 BVerfGE 113, 273, 301 ff; s. dazu *Kretschmer*, Jura 2005, 780.
111 BVerfGE 121, 1, 15.
112 S. auch *Kloepfer* I § 42 Rn 64 f.

Fallbeispiel: Angenommen, eine Richtlinie sieht zwingend vor, dass im Fernsehen ausnahmslos nicht für alkoholische Getränke geworben werden darf und dass auch Sportereignisse, bei denen dafür geworben wird, nicht übertragen werden dürfen. Der Bund bzw die Länder erlassen entsprechende Gesetze. Das BVerfG prüft dann nicht, ob diese Gesetze zB gegen Art. 5 GG oder Art. 12 GG verstoßen. Denn diese Prüfung würde sich mittelbar gegen den Inhalt der Richtlinie richten und deren Umsetzung hindern[113]. Wenn aber das jeweilige Bundes- oder Landesgesetz über die Richtlinie noch hinausgeht und zB verbietet, dass bei Sportereignissen überhaupt geworben wird, so kann diese „überschießende" Regelung selbstverständlich vom BVerfG überprüft werden.

Soweit das nationale Recht nicht am Grundgesetz überprüft werden kann, weil es durch Unionsrecht determiniert ist, muss jedoch, da sich der Gesetzgeber dann im **Anwendungsbereich des Unionsrechts** bewegt, das höherrangige Unionsrecht unter Einbeziehung der europäischen Grundrechte Maßstab für nationales Recht sein. Gesetze zur Umsetzung von Richtlinien sind zudem richtlinienkonform auszulegen, die Richtlinien selbst konform zum höherrangigen Primärrecht der Union, also auch den Gemeinschaftsgrundrechten. 260

cc) Sekundäres und höherrangiges Unionsrecht – Prüfungs- und Verwerfungskompetenz. Sekundäres Unionsrecht ist also nicht am Maßstab des Grundgesetzes zu messen, wohl aber am Maßstab des höherrangigen (primären) Unionsrechts. Dies sind insbesondere die Verträge, also EUV und AEUV. Prüfungsmaßstab sind insbesondere auch die europäischen Grundrechte. Sie wurden vom EuGH aus den gemeinsamen Verfassungstraditionen der Mitgliedstaaten und aus der EMRK abgeleitet; nach Art. 6 Abs. 1 EUV hat auch die europäische Grundrechtecharta den Rang des Primärrechts der Union[114]. Eben dies machten im Verfahren um die Vorratsdatenspeicherung die Beschwerdeführer geltend. Sie rügten nicht nur Verstöße gegen die Grundrechte des Grundgesetzes wie das Fernmeldegeheimnis des Art. 10 GG[115]. Sie machten auch geltend, die zugrunde liegende Richtlinie verstoße ihrerseits gegen höherrangiges Unionsrecht, insbesondere europäische Grundrechte und es fehle an einer gemeinschaftsrechtlichen Kompetenzgrundlage. 261

Ob sekundäres Unionsrecht gegen höherrangiges Unionsrecht verstößt, mit der Folge der Nichtigkeit, dies hat der **EuGH** zu prüfen. Das nationale Gericht – auch das Bundesverfassungsgericht – hat diese Frage ggf dem EuGH vorzulegen. Dieser entscheidet im **Vorabentscheidungsverfahren** nach Art. 267 AEUV. Zur Vorlage nach Art. 267 AEUV sind die letztinstanzlichen nationalen Gerichte verpflichtet, alle übrigen nationalen Gerichte berechtigt und für den Fall, dass sie Unionsrecht wegen Nichtigkeit nicht anwenden wollen, wohl ebenfalls verpflichtet[116] – wie ein Gericht ja auch bei der Überzeugung, ein Gesetz sei verfassungswidrig, dieses dem BVerfG vorzulegen hat. Im Verfahren um die Vorratsdatenspeicherung erstrebten die Beschwerdeführer deshalb eine Vorlage durch das BVerfG an den EuGH, damit dieser im Wege der Vorabentscheidung nach Art. 267 AEUV die Richtlinie für nichtig er- 262

113 BVerwGE 108, 289; BVerfG NJW 2001, 1267; kritisch dazu *Weidemann*, NVwZ 2006, 623.
114 S. dazu *Kokott/Sobotta*, EuGRZ 2010, 265 ff; *Streinz* Rn 732 ff.
115 S. dazu im **Klausurenband II Fall 18**.
116 Vgl *Streinz* Rn 652; *Wernsmann*, Vorabentscheidungsverfahren, in: Ehlers/Schoch, Rechtsschutz im Öffentlichen Recht, 2010, § 11 Rn 49 – für Vorlagepflicht, ebenso *Herdegen*, Europarecht § 9 Rn 31.

kläre und so den Weg frei mache für eine Überprüfung des Gesetzes am Maßstab des Grundgesetzes[117].

263 Nicht eindeutig ist demgegenüber geregelt, wie ein Gericht zu verfahren hat, wenn es ein (formelles) Gesetz für unanwendbar hält, weil es seiner Auffassung nach gegen Unionsrecht verstößt (Rn 267). Eine Vorlage zum BVerfG scheidet aus, sie wäre unzulässig (Rn 258). Gegen die Nichtanwendung des aus Sicht des Gerichts gemeinschaftsrechtswidrigen formellen Gesetzes könnte die Bindung des Richters an Gesetz und Recht sprechen, Art. 20 Abs. 3 GG. Andererseits ist auch Unionsrecht „Gesetz und Recht"; der Anwendungsvorrang des Unionsrechts zählt zu dessen tragenden Prinzipien. Das Gericht ist daher gehalten, das Gesetz nicht anzuwenden – wenn es hierfür auf die Auslegung des Unionsrechts ankommt, kann dies im Wege des Vorabentscheidungsverfahrens nach Art. 267 Abs. 1a AEUV geklärt werden – wobei für das letztinstanzliche Gericht Vorlagepflicht besteht. Wird eine Vorlagepflicht missachtet, kann dies wiederum gegen das Recht auf den gesetzlichen Richter nach Art. 101 Abs. 1 S. 2 GG verstoßen (Rn 432).

264 **dd) Weitere Rechtsschutzfragen.** Wie sich **Verwaltungsbehörden** zu verhalten haben, wenn sie ein Gesetz für unionsrechtswidrig halten, ist offen. Wenn eine entsprechende Verwerfungskompetenz zuerkannt wird, also die Befugnis oder sogar die Verpflichtung, dieses Gesetz nicht anzuwenden, so steht dies zunächst im Widerspruch zur Gesetzesgebundenheit der Exekutive. Andererseits haben Behörden keine Vorlagemöglichkeit, sind aber nach Art. 4 Abs. 3 EUV gehalten, dem Unionsrecht effektiv Geltung zu verschaffen. Eine Evidenzkontrolle dürfte hier eine sachgerechte Lösung darstellen, also eine Verwerfungsbefugnis – der dann aber auch eine Verwerfungspflicht entspricht – bei evidenten Verstößen gegen Unionsrecht[118].

265 Sieht sich ein Bürger durch einen Akt deutscher Behörden in Anwendung sekundären Unionsrechts in Grundrechten verletzt (zB die Verweigerung eines Einfuhrkontingents für Bananen), so wird er hiergegen zunächst vor dem zuständigen deutschen Fachgericht klagen (Verwaltungsgericht). Dieses hat allerdings keine Verwerfungskompetenz, kann also nicht die Unanwendbarkeit einer Norm des Unionsrechts feststellen, sondern hat die Vorabentscheidung des EuGH einzuholen, Art. 267 AEUV. Sollte es jedoch zu der Überzeugung gelangen, der unverzichtbare Grundrechtsstandard sei nicht mehr gewahrt, oder es handle sich um einen „ultra-vires-Akt", also zB einer Verordnung, mit der die EU offensichtlich ihre Kompetenzen schwerwiegend überschritten habe, dann müsste es entweder selbst über Anwendbarkeit oder Nichtanwendbarkeit des Unionsrechts entscheiden oder aber analog Art. 100 Abs. 1 GG die Frage dem BVerfG vorlegen[119]. Wenn dann allerdings die EU ein Vertragsverletzungsverfahren einleitet, landet die Sache wieder beim EuGH. Letztlich könnte ein so tiefgreifender Konflikt justiziell kaum gelöst werden.

117 BVerfGE 125, 260, 280.
118 *Streinz/Herrmann*, BayVBl 2008, 1, 8 f; *Burger*, DVBl 2011, 985.
119 Vgl *Polzin*, JuS 2012, 1, 5.

Bei unmittelbar anwendbaren Verordnungen oder Entscheidungen von Unionsorganen ist für den Bürger die Direktklage zum Europäischen Gericht erster Instanz bzw zum EuGH gegeben. Sind die europäischen Gerichte nicht bereit, den unverzichtbaren Grundrechtsschutz zu gewähren (wovon bis auf Weiteres nicht auszugehen ist!), wäre theoretisch Verfassungsbeschwerde zum BVerfG möglich[120]. Keine Verfassungsbeschwerde ist möglich gegen die Zustimmung der Bundesregierung zu einer Richtlinie. 266

Ein **Gericht**, das sich mit der Frage der **Verfassungswidrigkeit** oder **Unionsrechtswidrigkeit** des von ihm anzuwendenden Rechts konfrontiert sieht, hat also wie folgt vorzugehen: 267

- Es hält das Gesetz für verfassungswidrig: Vorlage zum BVerfG nach Art. 100 Abs. 1 GG.
- Soweit das Gesetz gemeinschaftsrechtlich determiniert ist, ist die Vorlage nach Art. 100 Abs. 1 GG unzulässig (praktisch derzeit nicht relevante Ausnahme: kein gleichwertiger Rechtsschutz auf Unionsebene).
- Hält das Gericht in diesem Fall aber das Unionsrecht für nichtig, weil zB eine Richtlinie gegen Gemeinschaftsgrundrechte verstößt: dies ist im Vorabentscheidungsverfahren nach Art. 267 AEUV zu prüfen; nach hM hat das Gericht hier eine Vorlagepflicht, keine Verwerfungskompetenz.
- Hält das Gericht aber ein Gesetz für unionsrechtswidrig – etwa wegen unrichtiger oder unvollständiger Umsetzung einer Richtlinie, so hat es das Gesetz nicht anzuwenden; es kann jedoch hinsichtlich der Auslegung des Unionsrechts den EuGH nach Art. 267 Abs. 1a oder 1b AEUV im Vorabentscheidungsverfahren anrufen – entscheidet es in letzter Instanz, muss es dies tun, Art. 267 Abs. 3 AEUV.

Für das **Vorabentscheidungsverfahren** nach Art. 267 AEUV gelten diese **Zulässigkeitsvoraussetzungen**. 268

1) Vorlageberechtigung: nur Gerichte
2) Vorlagegrund
   a) Entscheidung über die Auslegung des Vertrags, Art. 267 Abs. 1a AEUV
   b) Entscheidung über die Gültigkeit und Auslegung von Handlungen der Gemeinschaftsorgane – also auch von sekundärem Gemeinschaftsrecht, Art. 267 Abs. 1b AEUV
3) Entscheidungserheblichkeit

3. Gesetzgebungszuständigkeiten und EU-Recht

Soweit Unionsrecht durch innerstaatliches Recht „umgesetzt" werden muss (Rn 251), richtet sich die Zuständigkeit hierfür wiederum nach den **Art. 70 ff GG**; insoweit bestehen keine Besonderheiten. Allenfalls könnte etwa die Verpflichtung zur Umsetzung einer Richtlinie in den Fällen des Art. 72 Abs. 2 GG für die Erforderlichkeit einer bundesgesetzlichen Regelung sprechen. Einen besonderen Kompetenztypus einer „Umsetzungsgesetzgebung" gibt es jedoch nicht; allein die Notwendigkeit der Umsetzung europäischen Rechts macht eine bundesgesetzliche Regelung nicht erforderlich[121]. 269

120 Übersicht über die verschiedenen Klagemöglichkeiten bei *Zuck/Lenz*, NJW 1997, 1193 ff, 1200.
121 S. dazu BVerfG NVwZ-RR 2011, 385, 386.

270 Für die Verteilung der Zuständigkeiten zwischen **EU** und den **Mitgliedstaaten** gelten teilweise andere Regeln, als für das Verhältnis von Bund und Ländern (vorstehend III.). Zunächst gilt allerdings auch hier, dass die „höhere Ebene" – also die Union – nur die Zuständigkeiten hat, die ihr ausdrücklich zugewiesen sind. Man spricht vom Prinzip der *„begrenzten Einzelermächtigung"*, Art. 5 Abs. 1 EUV. Auch die Kompetenzordnung der EU kennt ausschließliche und konkurrierende – sog. „geteilte" Zuständigkeiten. Die Mitgliedstaaten dürfen hier ihre Kompetenzen nicht mehr ausüben, sobald, soweit und solange die Gemeinschaft von ihrer Handlungsbefugnis Gebrauch macht, Art. 2 Abs. 2 AEUV. Die einzelnen Kompetenznormen sind meist offener formuliert. Dies liegt daran, dass die Unionszuständigkeiten häufig nicht **gegenständlich**, also für bestimmte Sachgebiete, sondern **final** bestimmt werden. Dh es wird ein bestimmter Zustand angestrebt, zu dessen Verwirklichung die Gemeinschaft dann die erforderlichen Maßnahmen ergreifen kann. So ist zB nach Art. 26 AEUV der Binnenmarkt wichtigstes Ziel und es können nach Art. 114 AEUV Maßnahmen getroffen werden, die dessen Errichtung und sein Funktionieren zum Gegenstand haben. Derartige Kompetenzen erlauben es, die verschiedensten Sachbereiche zu regeln *(„Querschnittkompetenzen")*. Der EuGH lässt es meist genügen, dass ein Gesetz, sei es auch als Nebenwirkung, zum Funktionieren des Binnenmarkts beiträgt, wenn etwa eine primäre gesundheitspolitisch motivierte Richtlinie durch eine Vereinheitlichung des Rechts der Werbung für bestimme Produkte auch dazu beitragen kann, die Wettbewerbsbedingungen zu vereinheitlichen (Tabakrichtlinie)[122].

Die Wahrnehmung der Unionskompetenzen ist dann wiederum an bestimmte allgemeine Voraussetzungen gebunden. Es gelten die **Kompetenzausübungsregelungen** der Subsidiarität und der Verhältnismäßigkeit, Art. 5 EUV. **Subsidiarität** insbesondere bedeutet: mitgliedstaatliche Regelungen können das angestrebte Ziel nicht verwirklichen. Allerdings wird der Gemeinschaft hier ein erheblicher Gestaltungs- und Einschätzungsspielraum zugebilligt[123].

271 Kennzeichnend für die finale Bestimmung von Kompetenzen der EU und deren mitunter sehr großzügige Auslegung durch den EuGH ist seine Entscheidung zur Vorratsdatenspeicherung. Eine Richtlinie der EG sieht vor, dass Daten, die „bei der Bereitstellung öffentlich zugänglicher elektronischer Kommunikationsdienste oder öffentlicher Kommunikationsnetze anfallen, sechs Monate „auf Vorrat" gespeichert werden – also wer mit wem wann telefoniert hat, von welcher Adresse wann an welche Adresse e-mails gesandt wurden. Diese Daten sollen den Ermittlungsbehörden zum Zweck der Strafverfolgung zugänglich sein; als Begründung wird auf die Gefahren des Terrorismus verwiesen. Von der grundrechtlichen Problematik abgesehen, stellte sich die Frage nach der Zuständigkeit der (damaligen) EG für eine solche Richtlinie[124]. Der EuGH stützt sie auf Art. 95 Abs. 1 EGV aF (jetzt: Art. 114 AEUV) – Maßnahmen zur Errichtung und zum Funktionieren des Binnenmarktes. Ohne eine entsprechende Richtlinie der EG bestünde, so der EuGH, die Gefahr, dass die Mitgliedstaaten die Vorratsdatenspeicherung unterschiedlich regeln könnten. Dies könnte den Binnenmarkt stören. Nach dem Kompetenzverständnis des Grundgesetzes fiele ein entsprechendes Gesetz unter Art. 74 Abs. Nr 1 GG: dies ist der unmittelbare Gegenstand der Regelung; hier liegt ihr Schwerpunkt. Dass dies mittelbar den Wirtschaftsverkehr er-

122 EuGH, U. v. 10.12.2002 – C-491/01, EuGRZ 2003, 248; *Doerfert*, JA 2003, 550.
123 Vgl näher *Epiney*, Jura 2006, 755 ff.
124 Vgl EuGH NJW 2009, 1801 zur Richtlinie 2996/24/EG des Europäischen Parlaments und des Rates vom 15.3.2006.

leichtern kann, ändert hieran nichts. Anders die Sichtweise des EuGH: Bereits dieser Nebeneffekt reicht aus, um die Richtlinie der Materie „Binnenmarkt“, also dem Recht der Wirtschaft zuzuschlagen.

4. Grundgesetz und EMRK

Die Europäische Menschenrechtskonvention (EMRK) ist nicht Gemeinschaftsrecht/ 272
Unionsrecht, sondern ein völkerrechtlicher Vertrag zwischen den Konventionsstaaten. Völkerrechtliche Verträge werden durch Gesetz in die deutsche innerstaatliche Rechtsordnung „transformiert“ (zum Verfahren Rn 558). Für die allgemeinen Grundsätze des Völkerrechts (zB die Staatenimmunität, das Gewaltverbot) bestimmt demgegenüber Art. 25 GG, dass sie unmittelbar gelten. Die EMRK ist kein solcher „allgemeiner Grundsatz“; sie gilt in der Bundesrepublik nach Ratifikation (Rn 558) als **Bundesgesetz**. Die EMRK gibt jedermann das Recht, sich bei Verletzung der in der Konvention garantierten Rechte durch einen Konventionsstaat nach Erschöpfung des innerstaatlichen Rechtswegs an den Europäischen Gerichtshof für Menschenrechte (EGMR) zu wenden. In das Bewusstsein einer breiteren Öffentlichkeit ist der EGMR durch sein Urteil vom 24.6.2004[125] in der Sache *Caroline v. Monaco/Hannover* gedrungen, als er feststellte, die Bundesrepublik, insbesondere deren Gesetzgebung und deren Gerichte unter Einschluss des BVerfG[126] gewährleisteten keinen hinreichenden Schutz des Rechts auf Privatheit gegenüber den Medien. Seine Urteile zur Konventionswidrigkeit der Sicherungsverwahrung veranlassten das BVerfG, die Bestimmungen des StGB zur Sicherungsverwahrung für verfassungswidrig zu erklären.

Das Bundesverfassungsgericht misst dabei nicht unmittelbar die Normen des StGB 273
an den Gewährleistungen der EMRK, da diese ja ihrerseits nur den formellen Rang eines **einfachen Bundesgesetzes** hat. Es zieht jedoch die Rechte der EMRK und deren Interpretation durch den EGMR maßgeblich für die Auslegung der Grundrechte und der rechtsstaatlichen Grundsätze des Grundgesetzes heran[127]. Es stützt diese Vorgehensweise auf eine „völkerrechtsfreundliche Tendenz“ des Grundgesetzes[128]. Sie wird aus einer Zusammenschau des Art. 25 GG aber auch des Art. 24 Abs. 3 und des Art. 9 Abs. 2 GG entnommen und hat zur Folge, dass das innerstaatliche Recht im Zweifel so auszulegen ist, dass es dem Inhalt völkerrechtlicher Verträge entspricht. Das BVerfG bezieht sich weiterhin auf das Rechtsstaatsprinzip: die Gesetzesbindung nach Art. 20 Abs. 3 GG fordert die Berücksichtigung der Grundfreiheiten der Konvention im Rahmen „methodisch vertretbarer Gesetzesauslegung“[129]. Eine „schematische Parallelisierung“ ist jedoch nicht geboten[130]; entscheidend ist das Ergebnis. Deshalb war das BVerfG nicht gehalten, Sicherungsverwahrung oder Unterbringung als Strafe iSv Art. 103 Abs. 2, 3 GG zu qualifizieren, während der EGMR hier von

125 NJW 2004, 2647.
126 BVerfGE 101, 361 (Caroline v. Monaco).
127 Vgl BVerfGE 74, 358, 370; 82, 106, 120 zur Unschuldsvermutung nach Art. 6 EMRK; BVerfGE 128, 326, 366 ff.
128 BVerfGE 75, 1, 17; 111, 307, 319; BVerfGE 128, 326, 367 f.
129 BVerfGE 111, 307, 317.
130 BVerfGE 128, 326, 370.

einer Strafe iSv Art. 7 Abs, 1 EMRK ausgeht[131]. Die verfassungsrechtlichen Anforderungen an die Sicherungsverwahrung müssen jedoch auch denen der EMRK Rechnung tragen; das BVerfG nennt hier die strikte Beachtung der Verhältnismäßigkeit, die nur ausnahmsweise Zulässigkeit und die Wahrung eines Abstandsgebots gegenüber dem Strafvollzug.

Sowohl die fehlende Auseinandersetzung mit einer Entscheidung des Gerichtshofs als auch deren fehlerhafte Berücksichtigung kann einen Verfassungsverstoß darstellen[132].

274 Dies wurde bedeutsam im vielzitierten Fall *Görgülü*[133]. Dort hatten deutsche Gerichte in einem Sorgerechtsstreit dem Vater eines in einer Pflegefamilie untergebrachten Kindes das Umgangsrecht in einer Weise entzogen, in der der EGMR einen Verstoß gegen die EMRK erblickte. Die Sache ging dann wieder durch die Instanzen; das zuständige OLG sah die EMRK und die Entscheidung des EGMR als für sich nicht verbindlich an. Dem trat das BVerfG unter Hinweis auf die völkerrechtsfreundliche Tendenz des Grundgesetzes und eben auch die Bindung der Gerichte nach Art. 20 Abs. 3 GG entgegen. S. auch **Klausurenband I Fall 13 und II Fall 13**.

275 **Lösung Fall 20: Mangold**

1. Gegenstand der Kontrolle durch das BVerfG ist unmittelbar das Urteil des BAG als Akt der deutschen hoheitlichen Gewalt, in dem die Befristung des Arbeitsverhältnisses für unwirksam erklärt wurde.

2. Nichtanwendung des BefrG durch BAG wegen Verstoß gegen Gemeinschaftsrecht: Bindung des BAG an Urteil des EuGH.

3. Überprüfbarkeit des Urteils des EuGH durch BVerfG?

a) Grundsatz der Verbindlichkeit des Urteils des EuGH

b) Ultra-Vires-Kontrolle durch BVerfG:

- Kompetenzüberschreitung durch EuGH könnte darin liegen, dass dieser eine Richtlinie, für die die Umsetzungsfrist noch nicht abgelaufen war, gleichwohl unmittelbar angewandt hat; das BVerfG sieht hierin jedoch noch vertretbare Rechtsfortbildung, jedenfalls keine offensichtliche Kompetenzüberschreitung;
- Im Hinblick auf die begrenzte Wirkung der Entscheidung ist jedenfalls auch eine „strukturelle Verschiebung" im Kompetenzgefüge zu verneinen.

c) Identitätskontrolle: keine Einschränkung der Verfassungsgrundsätze des Art. 79 Abs. 3 GG.

Schrifttum zu VI.: *Jarass/Beljin*, Die Bedeutung von Vorrang und Durchführung des EG-Rechts für die nationale Rechtsetzung und Rechtsanwendung; NVwZ 2004, 1; *Kretschmer*, Das Urteil des BVerfG zum Europäischen Haftbefehlsgesetz, Jura 2005, 780; *Masing*, Vorrang des Europarechts bei umsetzungsgebundenen Rechtsakten, NJW 2006, 264; *Terhechte*, Grundwissen – Öffentliches Recht: Der Vorrang des Unionsrechts, JuS 2008, 403; *v. Arnauld*, Die Europäisierung des Rechts der inneren Sicherheit, JA 2008, 327; *Hummel*, Die Missachtung des parlamen-

131 Vgl BVerfGE 128, 326, 374 f.
132 BVerfGE 111, 307, 325 f; BVerfG K 5, 161–170.
133 BVerfGE 111, 307, 317 ff – bei juris sind unter „*Görgülü*" insgesamt 6 Entscheidungen des BVerfG nachgewiesen.

tarischen Gesetzgebers durch die Fachgerichte unter dem Deckmantel des Anwendungsvorrangs europäischen Rechts, NVwZ 2008, 36; *Böhm*, Grundlagen und Rechtsquellen der Europäischen Union, JA 2008, 838; *Koch/Ilgner*, Referendarexamensklausur: Mangold, Lissabon, Honeywell – Von der Rechtsfortbildung des EuGH zur Ultra-vires-Kontrolle durch das BVerfG, JuS 2011, 540; *Polzin*, Das Rangverhältnis vom Verfassungs- und Unionsrecht nach der neuesten Rechtsprechung des BVerfG, JuS 2012, 1; *Ziegenhorn*, Kontrolle von mitgliedstaatlichen Gesetzen „im Anwendungsbereich des Unionsrechts" am Maßstab der Unionsgrundrechte, NVwZ 2010, 803.

§ 4 Der Rechtsstaat des Grundgesetzes (II): Gewaltenteilung – rechtsstaatliche Grundsätze

Die vorstehenden Überlegungen zeigten: in der parlamentarischen Gesetzgebung verwirklichen sich Demokratieprinzip und Rechtsstaatlichkeit – sowie das bundesstaatliche Prinzip – des Grundgesetzes. Das verfassungskonforme Gesetz ist im Rechtstaat Grundlage staatlichen Handelns. Dem ist im Folgenden nachzugehen, wenn nach dem Verhältnis der Teilgewalten der Gesetzgebung, der Rechtsprechung und der Verwaltung zueinander gefragt wird. In diesem Zusammenhang ist insbesondere auf das rechtsstaatliche Prinzip der Gesetzmäßigkeit der Verwaltung, auf rechtsstaatliche Gesetzesvorbehalte einzugehen. Weitere allgemeine rechtsstaatliche Erfordernisse an staatliches Handeln folgen aus dem Grundsatz der Rechtssicherheit und dem der Verhältnismäßigkeit.

I. Gesetzgebung, Verwaltung, Rechtsprechung: Gewaltenteilung

Der Grundsatz der Gewaltenteilung bezeichnet eine der zentralen Errungenschaften des freiheitlichen Rechtsstaates. In der Ordnung des Grundgesetzes bestehen freilich zahlreiche Gewaltenverschränkungen und -balancierungen. Probleme, die sich aus der Funktionsabgrenzung zwischen Legislative, Exekutive und Judikative ergeben, sind im Folgenden zu erörtern.

Fall 21 (Ausgangsfall zu I.1. und I.2.): Moratorium und juristische Spitzfindigkeiten 276

Am 14.3.2011 verkündete die Bundeskanzlerin unter dem Eindruck des Reaktor-Unglücks in Japan: „Wir (werden) die erst kürzlich beschlossene Verlängerung der Laufzeiten der deutschen Kernkraftwerke aussetzen. Dies ist ein Moratorium. Dieses Moratorium gilt für drei Monate."[1] Kurz zuvor waren durch Gesetz die Betriebszeiten der bis 1980 in Betrieb gegangenen sieben Anlagen um acht Jahre und die der zehn übrigen Atomkraftwerke um 14 Jahre ver-

1 Zitiert nach *Ewer*, NJW 2011, 1082, der sich auf den offiziellen Mitschnitt der Pressekonferenz der Bundesregierung bezieht sowie nach *Kloepfer/Bruch*, JZ 2011, 377, 386 mit Fn 83.

längert worden. Eben dieses Gesetz sollte nun für drei Monate nicht zur Anwendung kommen. Auf hiergegen geäußerte verfassungsrechtliche Bedenken wird seitens der Bundesregierung erwidert, juristische Spitzfindigkeiten seien Sache der Opposition, die Regierung müsse handeln. **Rn 295a**

1. Gewaltenteilung im Grundgesetz: Legislative, Exekutive, Judikative

277 **Fall 22: Investitionsmaßnahmegesetz II**

Im **Fall 12** (Rn 136) halten einige Betroffene ein derartiges anlagenbezogenes Planungsgesetz für verfassungswidrig; die Anlagengenehmigung bzw anlagenbezogene Planung müsse Sache der Verwaltung sein. **Rn 286**

278 **Fall 23: Ladendiebstähle**

Ein Gesetz zur Neuregelung der Verfolgung der Bagatellkriminalität sieht vor, dass Ladendiebstähle bis zu einer Wertgrenze von € 50,– künftig als Ordnungswidrigkeit durch die Ordnungsbehörden verfolgt werden sollen. **Rn 287**

279 **Fall 24: Paparazzi**

Die in der Boulevard-Verlags-GmbH erscheinende, bunt illustrierte Wochenzeitschrift „Das Schrille Blatt" veröffentlicht ohne deren Einwilligung Fotos der aktuellen Lebensabschnittsgefährtin C. des Bundesministers M. Sie zeigen C. beim Besuch des Wochenmarktes, in einem Straßencafe und in ähnlichen unverfänglichen Situationen. C. sieht sich hierdurch in ihrem Persönlichkeitsrecht verletzt und verklagt die B-GmbH auf Schadensersatz in Höhe von € 25 000; dieser Betrag wird ihr letztlich durch das Hanseatische Oberlandesgericht zugesprochen. Die Verlags-GmbH sieht das Urteil als gesetzwidrig an; das Gericht habe sich hier über den ausdrücklichen Wortlaut des § 253 BGB hinweggesetzt; wenn die geltende Regelung für den Schutz der Persönlichkeitsrechte als unbefriedigend empfunden werde, sei es am Gesetzgeber, dies zu korrigieren. **Rn 288** (prozessual Rn 842)

a) Gewaltenteilung: Begriff und Bedeutung

280 Nach Art. 20 Abs. 2 S. 2 GG erfolgt die Ausübung der **Staatsgewalt** durch besondere Organe der **gesetzgebenden Gewalt, der vollziehenden Gewalt** und der **Rechtsprechung**. Damit wird der Grundsatz der **Gewaltenteilung** festgelegt. Dieser ist tragendes Organisationsprinzip des freiheitlichen Rechtsstaats und steht historisch gesehen am Anfang seiner Entwicklung. Dem Gewaltenteilungsgrundsatz liegt der Gedanke der Begrenzung staatlicher Macht durch deren Aufgliederung in diese Teilgewalten und deren wechselseitige Kontrolle, Hemmung und Mäßigung *(„checks and balances")* zugrunde. Sie soll damit auch berechenbar, und kontrollierbar werden und verantwortlich ausgeübt werden. Gewaltenteilung soll aber auch dazu beitragen, dass staatliche Funktionen bestmöglich wahrgenommen werden[2], also die Organe des Staates jeweils das tun, wozu sie am besten befähigt sind. Die Trennung der Gewalten

2 Vgl BVerfGE 95, 1, 15.

muss im Grundsatz funktionell, organisatorisch und personell erfolgen[3]. Es erfolgt aber keine strikte Trennung. Vielmehr bestehen zahlreiche Gewaltenverschränkungen organisatorischer, personeller, aber auch funktionaler Art. So gehören die Mitglieder der Regierung meist auch dem Parlament an oder übernimmt die die Exekutive Rechtsetzungsfunktionen. Dabei darf keine der Teilgewalten einseitig ein Übergewicht erhalten. Der Kernbereich der Teilgewalten muss unangetastet bleiben[4] – ihn exakt zu definieren, ist bisher aber noch nicht überzeugend gelungen, insbesondere nicht für die Exekutive.

b) Legislative und Exekutive

In der parlamentarischen Demokratie des Grundgesetzes, liegt die gesetzgebende Gewalt beim Parlament – dieses ist also Träger der **Legislative**. Die Legislative ist damit die eigentliche **„Leitgewalt"** in der Demokratie[5]. Das Parlamentsgesetz muss Grundlage für die Ausübung staatlicher Gewalt sein. Dem Parlament als der Legislative obliegt die **Normsetzung** in der Form der parlamentarischen **Gesetzgebung**. Dabei gilt, wie dargelegt, ein *formeller Gesetzesbegriff* (Rn 139). Hier zeigt sich die herausgehobene Stellung der Gesetzgebung in der gewaltenteilenden Demokratie des Grundgesetzes: dem parlamentarischen Gesetzgeber steht es grundsätzlich frei, seine politischen Entscheidungen in die Form des Gesetzes zu gießen. Deshalb durfte im **Fall 12/22** der parlamentarische Gesetzgeber auch die konkrete Planungsentscheidung als Einzelfallentscheidung treffen. **281**

Auch der Funktionsbereich der **vollziehenden Gewalt** wird im Grundgesetz nicht positiv bestimmt – ihre typische Aufgabe ist aber jedenfalls der Vollzug von Gesetzen, doch beschränkt sich ihre Tätigkeit nicht hierauf. Die Vielfältigkeit exekutiver Funktionen erschwert eine positive Begriffsbestimmung[6]. Übereinstimmung besteht lediglich hinsichtlich einer **Negativdefinition**: Verwaltung als die Tätigkeit des Staates oder eines sonstigen Trägers öffentlicher Gewalt außerhalb von Rechtsetzung und Rechtsprechung[7]. Die Funktion der *„Regierung"* wird teilweise als besondere Staatsfunktion neben der der Verwaltung genannt[8]. Sie ist jedenfalls Teil der vollziehenden Gewalt. Jegliche, auch die nicht-gesetzesakzessorische Verwaltung (Rn 486, 489) aber hat sich im Rahmen der Gesetze zu bewegen; ihre Stellung im System der Gewaltenteilung wird also bestimmt durch Vorrang und Vorbehalt des Gesetzes (Rn 294 ff). **282**

Die Verwaltung hat also die Entscheidung des Gesetzgebers zu beachten – inwieweit die vollziehende Gewalt ihrerseits sich gegenüber dem Gesetzgeber auf einen verfassungsrechtlich geschützten Funktionsbereich berufen kann – wie dies etwa im **Fall 12** geltend gemacht wurde, ist ungeklärt. Das BVerfG hat im Fall des Investitionsmaßnahmegesetzes vor allem auf die Besonderheit von Planungsentscheidungen abge- **283**

3 Vgl *Voßkuhle/Kaufhold*, JuS 2012, 314.
4 Vgl *Kloepfer* I § 10 Rn 77 ff.
5 *Dreier*, in: Dreier, GG II, Art. 20 Rn 76 ff, 88 ff, 109 ff.
6 Hierzu ausführlich *Stern II*, § 41 I; *Wolff/Bachof/Stober/Kluth*, Verwaltungsrecht I, § 2.
7 Vgl *Kloepfer* I § 22 Rn 1 ff; *Voßkuhle/Kaufhold*, JuS 2012, 314, 315.
8 Vgl *Kloepfer* I § 22 Rn 6 ff.

stellt, die vom Grundgesetz weder der Exekutive noch der Legislative eindeutig zugeordnet sind[9]. Geht man im Grundsatz davon aus, dass jeder der Teilgewalten ihr typischer Funktionsbereich zu erhalten ist[10], so wäre es unzulässig, wenn der Gesetzgeber in breitem Umfang Verwaltungsfunktionen an sich ziehen würde. Deshalb fordert das BVerfG sachliche Gründe für den Zugriff des Gesetzgebers auf konkret-einzelfallbezogene Entscheidungen über Detailpläne wie den einer Investitionsmaßnahme. Den Kernbereich der Verwaltungszuständigkeiten nach dem Grundgesetz sah das BVerfG jedenfalls nicht berührt, und es ist auch sonst kein Fall ersichtlich, in dem das Gericht ein Gesetz deshalb für nichtig erklärt hätte, weil es einen Eingriff in den Kernbereich der Exekutive bewirkte.

c) Judikative

284 Funktionsmäßig und organisatorisch klar von den übrigen Teilgewalten geschieden ist die **Rechtsprechung**. Dies bewirkt insbesondere der Richtervorbehalt des Art. 92 GG: *Rechtsprechende Gewalt* ist Richtern anvertraut, wird durch **Gerichte** ausgeübt, also durch besondere organisatorische Einheiten der staatlichen Gewalt, die mit Richtern iSd Grundgesetzes besetzt sind[11]. Die Stellung des Richters wird vor allem bestimmt durch dessen *sachliche* wie *persönliche Unabhängigkeit*, Art. 97 Abs. 1, 2 GG[12]. Der Begriff der Rechtsprechung selbst wird im Grundgesetz nicht definiert. Ihr obliegt jedenfalls *„die Aufgabe autoritiver und damit verbindlicher, verselbstständigter Entscheidung in Fällen bestrittenen oder verletzten Rechts in einem besonderen Verfahren*“, sie *„dient ausschließlich der Wahrung und mit dieser der Konkretisierung und Fortbildung des Rechts*“[13]. Zur Rechtsprechung, für die dann der Richtervorbehalt des Art. 92 GG gilt, zählen insbesondere deren *traditionelle Kernbereiche* wie bürgerliche Rechtsstreitigkeiten und Strafgerichtsbarkeit[14]; auch hier erfolgt also die Auslegung von Kompetenzbegriffen in Rückgriff auf die „Tradition“ der Materie (vgl o. Rn 165 f, 168). Deshalb darf der Gesetzgeber jedenfalls den Kernbereich des Strafrechts nicht der Rechtsprechung entziehen und etwa Verwaltungsbehörden übertragen. Amnestiegesetze bewirken dann, wenn sie laufende Verfahren betreffen und diese niederschlagen, einen Eingriff in den Zuständigkeitsbereich der Judikative und hierin besonderer Rechtfertigung[15], etwa wegen eines Zustands allgemeiner Rechtsunsicherheit.

285 Ausdrückliche Aussagen zum Funktionsbereich der Rechtsprechung trifft auch das Grundgesetz selbst, so in Art. 19 Abs. 4 GG für den Rechtsschutz gegen Akte der öffentlichen Gewalt des Staates, der durch „Gerichte“ gewährleistet sein muss, nicht etwa nur durch verwaltungsinterne Beschwerdeinstanzen. In vergleichbarer Weise richtet sich bei Verletzung privater Rechte der Anspruch auf Justizgewähr auf Rechts-

9 BVerfGE 95, 1, 16.
10 Vgl *Kloepfer* I, § 10 Rn 77 ff.
11 Vgl *Pieroth*, in: Jarass/Pieroth, Art. 92 Rn 10.
12 Vgl *Detterbeck*, in: Sachs, Art. 97 Rn 11 ff; *Kloepfer* I, § 23 Rn 48 ff.
13 *Hesse*, Rn 548.
14 BVerfGE 22, 73, 77 f.
15 BVerfGE 10, 234, 246.

schutz durch die Gerichte. Diese bereits organisatorisch herausgehobene Stellung der Gerichte im System der Gewaltenteilung wird im Verhältnis zum Bürger akzentuiert durch die sog. **Justizgrundrechte** der Art. 101 ff GG (Rn 435 ff). Ihre Stellung zur Legislative ist wie die der Verwaltung unmittelbar durch das Grundgesetz vorgegeben: die **Gesetzesbindung** des Art. 20 Abs. 3 GG gilt für vollziehende Gewalt und Rechtsprechung. Sie begrenzt die Befugnis der Rechtsprechung zur Fortbildung des Rechts. Sie darf praeter, nicht aber contra legem erfolgen.

Lösung der Ausgangsfälle:

Fall 22: Investitionsmaßnahmegesetz II 286

1. Es könnte sich um ein Einzelfallgesetz handeln; hierin liegt jedoch kein Verfassungsverstoß, Rn 143.

2. Es könnte ein Verstoß gegen den Grundsatz der Gewaltenteilung vorliegen.

a) Maßnahmegesetze sind nicht ausgeschlossen, doch ist der Funktionsbereich der Verwaltung zu wahren; auch die Rechtsschutzgarantie des Art. 19 Abs. 4 GG ist hier berührt, da gegen Gesetze kein Verwaltungsrechtsschutz eröffnet ist, sondern nur die Verfassungsbeschwerde zum BVerfG.

c) Deshalb sind rechtfertigende Gründe erforderlich – s. BVerfGE 95, 1: besondere Umstände („Aufbau Ost"), Eilbedürftigkeit.

3. Es könnte ein unzulässiger Eingriff des Bundes in die Verwaltungszuständigkeit der Länder vorliegen; dies ist jedoch zu verneinen, da der Bund hier die umfassende Zuständigkeit für Gesetzgebung und Vollzug hat.

Fall 23: Ladendiebstähle 287

In der Übertragung der Ahndung von Ladendiebstählen an Verwaltungsbehörden könnte ein Verstoß gegen Art. 92 GG liegen.

1. Richtervorbehalt

a) Ein Richtervorbehalt für die Strafgerichtsbarkeit folgt aus Art. 92 GG[16]; Freiheits- und Geldstrafen als Sühne für kriminelles Unrecht sind hiernach den Gerichten vorbehalten (für Freiheitsstrafen gilt zudem Art. 104 GG).

b) Diebstahlsdelikte fallen herkömmlicherweise unter „Strafrecht", ihre Ahndung liegt damit im Bereich der „klassischen Strafgerichtsbarkeit". Folge: Richterverbehalt des Art. 92 GG.

2. Abänderbarkeit?

a) Der Bereich der „klassischen Strafgerichtsbarkeit" ist nicht unveränderlich festgeschrieben, der Gesetzgeber kann Bagatelldelikte ausgliedern, hat jedoch den Kernbereich der Strafgerichtsbarkeit zu wahren; dies ist das durch den Gesichtspunkt eines „ethischen Schuldvorwurfs" gekennzeichnete Strafrecht.

b) Außerhalb des „Kernbereichs" der Strafgerichtsbarkeit kann die Ahndung mit Bußgeld durch die *Verwaltungsbehörden* vorgesehen werden; entscheidend ist daher, ob ein Wandel der Auffassungen dahingehend erfolgt ist, dass mit Ladendiebstählen ein „ethischer Schuldvorwurf" nicht mehr verbunden ist – was wohl zu verneinen sein dürfte.

---

16 BVerfGE 22, 49, 73 ff.

3. Ergebnis: Verstoß gegen Richtervorbehalt des Art. 92 GG (aA je nach Feststellung zu 2.b vertretbar).

NB: Gegen die Maßnahmen der Verwaltungsbehörden ist dann aber wegen Art. 19 Abs. 4 GG Rechtsschutz durch die Gerichte möglich; der Rechtsweg darf nicht abgeschnitten werden.

288 **Fall 24: Paparazzi**

Die Entscheidung des Gerichts könnte gegen den Grundsatz der Gesetzesgebundenheit der Rechtsprechung verstoßen, Art. 20 Abs. 3 GG.

1. Die Rechtsfolge – Schadensersatz – wurde im Wege richterlicher Rechtsfortbildung entgegen dem Wortlaut des § 253 BGB gefunden.

2. Mit der Zubilligung einer Geldentschädigung strebt hier das Gericht jedoch einen wirksamen Schutz der Persönlichkeitsrechte an. Diese haben grundrechtlichen Rang; sie sind begründet in den Grundrechten aus Art. 1 und Art. 2 Abs. 1 GG.

3. Dies rechtfertigt eine „schöpferische Rechtsfortbildung"[17] durch die Zivilgerichte in Fällen wie dem vorliegenden. Da es sich bei § 253 BGB um vorkonstitutionelles Recht handelt, steht einer Rechtsfortbildung hier auch keine eindeutige Entscheidung des Gesetzgebers entgegen.

Schrifttum zu I.1.: *Di Fabio*, Gewaltenteilung, HStR II³, § 27; *Stern II*, § 36; *Voßkuhle/Kaufhold*, Grundwissen – öffentliches Recht: Der Grundsatz der Gewaltenteilung, JuS 2012, 314 ff.

2. Gewaltenteilung: Gesetzmäßigkeit der Verwaltung – Vorrang und Vorbehalt des Gesetzes

Zu den tragenden Prinzipien der rechtsstaatlichen und demokratischen Ordnung des Grundgesetzes zählt der Grundsatz der Gesetzmäßigkeit der Verwaltung. Er umfasst Vorrang und Vorbehalt des Gesetzes. Vorrang des Gesetzes bedeutet: Bindung an das Gesetz. Vorbehalt des Gesetzes bedeutet: Notwendigkeit einer gesetzlichen Grundlage für das Handeln der Verwaltung. Die durch diese Grundsätze aufgeworfenen Fragen des Verhältnisses von Gesetzgebung und Verwaltung im Rechtsstaat des Grundgesetzes sind Gegenstand des folgenden Abschnitts.

→ **Leitentscheidungen:** BVerfGE 33, 1 (Strafvollzug); BVerfGE 33, 125 (Facharzt); BVerfGE 47, 46 (Sexualkunde); BVerfGE 49, 89 (Kalkar I); BVerfGE 98, 218 (Rechtschreibreform); BVerfGE 101, 312 (Bundesrechtsanwaltsordnung); BVerfGE 105, 252 und 279 (Glykol/Osho).

289 **Fall 25: Besoldungsvereinbarung**

Die Finanzverwaltung des Landes A beklagt, dass sie, weil sie über keine entsprechenden Experten verfügt, den Steuervermeidungsstrategien international tätiger Unternehmen nichts entgegenzusetzen hat. Sie möchte den hochqualifizierten Steuerfachanwalt Findig als Leiter der entsprechenden Abteilung in der Oberfinanzdirektion M. einstellen. Dieser ist bereit, diese Funktion zu übernehmen, aber nicht zu dem besoldungsrechtlich vorgesehenen Gehalt nach Bundesbesoldungsordnung B 3. Das Land A und Findig vereinbaren daraufhin, dass Findig zusätzlich zu seinem Gehalt einen Betrag von € 10 000 im Monat Karenzentschädigung dafür erhalten soll, dass er seine Steuerkanzlei nicht weiter betreiben kann. Die Tätigkeit des F führt

17 BVerfGE 34, 269, 287 ff.

bereits nach einem Jahr zu Mehreinnahmen der Finanzverwaltung in Höhe von 6 Mio. Umso erstaunter ist F, als im Rahmen einer parlamentarischen Anfrage die Zulässigkeit der Vereinbarung angezweifelt wird. **Rn 322**

Fall 26: Anschluss- und Benutzungszwang 290

Die Gemeindeordnung des Landes A (ein formelles Gesetz) lautet in § 24: „Durch Satzung kann die Gemeinde vorsehen, dass im Gemeindegebiet belegene Grundstücke sich an gemeindliche Einrichtungen zur Versorgung mit Wasser, Gas und Elektrizität anzuschließen und ausschließlich von diesen Leistungen zu beziehen haben (Anschluss- und Benutzungszwang). Die Satzung kann die erforderlichen Anordnungen im Einzelfall vorsehen." Die Stadt S schreibt in ihrer Satzung vor, dass im Stadtbezirk „Altstadt" auch Fernwärme von den kommunalen Versorgungswerken zu beziehen ist und die Stadt deshalb die Stilllegung von Heizungsanlagen anordnen kann. Sie trifft eine dahingehende Anordnung gegenüber dem E. E hält die Anordnung für gesetzwidrig. S sieht kein Gesetz, das hier entgegenstehen könnte; jedenfalls aber könne § 24 der Gemeindeordnung des Landes A analog angewandt werden. Auch diene die Satzung dem Umweltschutz. Dieser habe aber Verfassungsrang, wie sich aus Art. 20a GG ergebe; dem diene der Einsatz umweltfreundlicher Fernwärme. Schon deshalb sei ihr Vorgehen rechtmäßig. **Rn 323**

Fall 27: Jugendsekten 291

Der Bundesminister für Jugend und Familie gibt eine Broschüre heraus, in der die Tätigkeit von Jugendsekten aufklärend dargestellt wird. Dabei wird insbesondere vor der Sekte „Kinder der Erleuchtung" gewarnt. Diese gehe mit massivem psychologischen Druck vor und stehe zudem in Verdacht, Kinderprostitution zu betreiben. Die betroffene Sekte sieht hierin einen unzulässigen, weil gesetzlosen Eingriff. **Rn 302, 324**

Fall 28: Subventionen 292

a) Fassadenpreis: Die Gemeinde G beschließt im Satzungswege, im Rahmen der Aktion „Diese unsere Stadt soll schöner werden" Zuschüsse zu besonders gelungenen Fassadenrenovierungen zu leisten. Gemeindebürger A hat die Jugendstilfassade seines Anwesens mit einem Aufwand von € 25 000 renoviert und hierfür einen Zuschuss von € 5000,– erhalten. Später ist die Gemeinde der Auffassung, der Zuschuss sei zu Unrecht gezahlt worden, da es hierfür kein Gesetz gebe, und fordert Rückzahlung.

b) Notleidende Presse: Das Land A stellt im Haushaltsplan Mittel für die Subventionierung lokaler Zeitungsverlage bereit. Die Bedingungen und Vergabemodalitäten werden durch Richtlinien des Innenministeriums geregelt, die Subventionen hiernach ausgezahlt.

Der Verlag „Neue Presse", der keine Subventionen in Anspruch nehmen möchte, hält dies für gesetzwidrig. **Rn 325**

Fall 29: Schulstreit – Sexualkunde und Rechtschreibung 293

Ein Erlass des zuständigen Ministeriums für Unterricht und Kultus sieht für die Schulen des Landes A die Einführung von Sexualkundeunterricht vor. Dabei sollen über die biologische Wissensvermittlung hinaus Fragen des sexuellen Verhaltens und Methoden der Empfängnisverhütung weltanschaulich neutral besprochen werden. Eine hiergegen sich formierende „Elterninitiative" von Angehörigen fundamentalistischer Glaubensgemeinschaften hält dies für verfassungswidrig, das Elternrecht werde verletzt. Von staatlicher Seite wird entgegnet, das Schulwesen sei ein Bereich „leistender Verwaltung", den die Exekutive nach ihrem Ermessen gestalten könne.

Abwandlung: War die Reform der Rechtschreibregeln auf Grund eines Beschlusses der Kultusministerkonferenz (KMK) verfassungsmäßig oder bedurfte es hierfür eines Gesetzes? Der Beschluss der KMK wurde in den Ländern im Rahmen von Unterrichtsrichtlinien umgesetzt.

Betroffene Schüler sahen hierin einen Eingriff in ihre Persönlichkeitsrechte, deren Eltern eine Beeinträchtigung des elterlichen Erziehungsrechts (Art. 6 Abs. 2 GG), da sie sich nicht mehr in der Lage sahen, ihren Kindern in diesen schulischen Fragen beratend und unterstützend zur Seite zu stehen. **Rn 326**

a) Vorrang des Gesetzes

294 **Vorrang des Gesetzes** bedeutet zunächst nichts anderes als Bindung der Verwaltung an das geltende Recht: Die Verwaltung darf bei ihrem Handeln nicht gegen Rechtsnormen verstoßen; dies besagt der klare Wortlaut des Art. 20 Abs. 3 GG. Dies gilt für jegliches Verwaltungshandeln, also auch für begünstigende Maßnahmen, unabhängig von der Rechtsform des Verwaltungshandelns, für Verwaltungsakte ebenso wie für Realakte, für Verwaltungshandeln in der Rechtsform des Vertrages wie für die Normsetzung der Exekutive. Dass also eine Maßnahme den Betroffenen begünstigt und darüber hinaus auch öffentlichen Interessen dient, hebt die Gesetzesbindung nicht auf.

295 Aus Art. 20 Abs. 3 GG folgt auch, dass die Exekutive geltende Gesetze anwenden muss. Deshalb kann auch die Regierung nicht die Anwendung eines Gesetzes aussetzen. Dies stünde im Widerspruch zu ihrer Gesetzesgebundenheit[18]. Deshalb war die Nichtanwendung des sog. Zugangserschwerungsgesetzes vom 17.2.2010[19], mit dem bestimmte Internetseiten mit kinderpornographischen Inhalten gesperrt werden konnten, verfassungswidrig. Ebenso wird das sog. **Atom-Moratorium**[20] – **Fall 21** – als verfassungswidrig gesehen, da es offenbar darauf gerichtet war, die Geltung des Atomgesetzes in bestimmten Inhalten (Laufzeiten der Kernkraftwerke) auszusetzen. Es verstößt gegen die Gesetzesbindung der Verwaltung aus Art. 20 Abs. 3 GG und damit gegen das **Rechtsstaatsprinzip** des Grundgesetzes; es verstößt auch gegen das Prinzip der **parlamentarischen Demokratie** des Grundgesetzes, da die Regierung die vom Parlament beschlossenen Gesetze zu beachten hat und nicht befugt ist, über deren Anwendung oder „Aussetzung“ zu entscheiden.

295a **Lösung Ausgangsfall 21: Moratorium und juristische Spitzfindigkeiten**

Für die verfassungsrechtliche Bewertung des Moratoriums kommt es zunächst darauf an, wie die Ankündigung rechtlich einzustufen ist: es könnte sich lediglich um eine unverbindliche politische Absichtserklärung handeln;

– dagegen spricht jedoch, dass der Verwaltung der Vollzug der Gesetze obliegt und die Regierung als Spitze der Exekutive ihr gegenüber weisungsberechtigt damit für den Vollzug der Gesetze verantwortlich ist; beschließt sie, ein Gesetz nicht anzuwenden, so bedeutet dies eine entsprechende Anweisung an die Exekutive;

18 Vgl *Kloepfer/Bruch*, JZ 2011, 377, 386.
19 BGBl I S. 78.
20 S. hierzu *Kloepfer/Bruch*, JZ 2011, 377; *Rebentisch*, NVwZ 2011, 533.

– wird das Gesetz zur Laufzeitverlängerung aus dem Jahr 2010 nicht angewendet, so bedeutet dies, dass die Verwaltung nicht gemäß geltendem Recht handelt, sondern gemäß der Rechtslage, die vor Inkrafttreten dieses Gesetzes bestand; dies verstößt gegen die Gesetzesbindung der Verwaltung aus Art. 20 Abs. 3 GG;

– selbst wenn man die Ankündigung der Regierung als nur unverbindliche politische Absichtserklärung werten wollte, negiert sie die Gesetzesbindung der Verwaltung;

– hierin liegt auch ein Eingriff in die Rechte des Parlaments: dieses hat ein verfassungsmäßiges Recht darauf, dass Regierung und Verwaltung die parlamentsbeschlossenen Gesetze beachten.

b) Vorbehalt des Gesetzes für Eingriffsakte

Unter dem **Vorbehalt des Gesetzes** versteht man das Erfordernis einer besonderen gesetzlichen Grundlage für ein Handeln der Verwaltung. Derartige Vorbehalte enthält das Grundgesetz in zahlreichen Bestimmungen. So können eine Reihe von Grundrechten „auf Grund eines Gesetzes" eingeschränkt werden (zB Art. 8 Abs. 2 GG oder Art. 12 Abs. 1 GG – **Fall 3**); neue Bundesbehörden sind nach Art. 87 Abs. 3 GG „durch Bundesgesetz" zu errichten. Es handelt sich hierbei um einen allgemeinen Verfassungsgrundsatz. Er wird in Art. 20 Abs. 3 GG nicht ausdrücklich angesprochen, jedoch *vorausgesetzt*. Denn die Bindung der Verwaltung an das Gesetz wäre gegenstandslos, könnte sie nach ihrem Ermessen ohne Bindung an eine gesetzliche Ermächtigung tätig werden. Wie weit der Vorbehalt des Gesetzes reicht, soweit er nicht ausdrücklich in einzelnen Bestimmungen des Grundgesetzes (wie zB in Art. 87 Abs. 3 GG) enthalten ist, dies ist aus allgemeinen Verfassungsgrundsätzen, insbesondere der Grundrechtsbindung der öffentlichen Gewalt und dem Demokratie- und Rechtsstaatsgebot zu entnehmen. 296

Der Grundlage in einem formellen Gesetz bedürfen unstreitig **Eingriffsakte**, also belastende Maßnahmen der Verwaltung, – in der herkömmlichen Terminologie des Konstitutionalismus Eingriffe in *„Freiheit und Eigentum"*. Mit der letztgenannten Formel wird die Problematik im Übrigen durchaus zutreffend gekennzeichnet, denn über die *Grundrechte*, insbesondere auch Art. 2 Abs. 1 GG als „Auffanggrundrecht", besteht umfassender Schutz gegenüber belastenden Maßnahmen, die nicht auf eine gültige Gesetzesgrundlage zurückgehen[21]. Der Vorbehalt des Gesetzes für die Eingriffsverwaltung wird daher als im Grundsatz unbestrittener Bestandteil des **rechtsstaatlichen Prinzips**, des in Art. 20 Abs. 3 GG festgelegten Grundsatzes der Gesetzmäßigkeit der Verwaltung vorausgesetzt. 297

Eingriff ist zunächst jede hoheitliche Maßnahme, die die Freiheit des Bürgers final und unmittelbar rechtlich beschränkt. Hierunter fallen **Verbote** (zB Verbot, ein Gewerbe auszuüben, Fahrverbot, Verbot, eine Kundgebung abzuhalten, Verbot, ein denkmalgeschütztes Haus abzureißen) wie **Gebote** (zB die Anordnung, Geld zu bezahlen, im Steuerbescheid; die Anordnung, einen Schwarzbau abzureißen), generell jede 298

21 Vgl BVerfGE 8, 274, 325 f; 17, 306, 313 f; 20, 150, 158.

Maßnahme, die dem Bürger ein Handeln, Tun oder Unterlassen gebietet. Dies ist der klassische Eingriffsbegriff. Ergänzungen bringt der **„moderne Eingriffsbegriff“**, der insbesondere auch faktische und informale Beeinträchtigungen erfasst[22].

299 **Beispiel:** Im Handel sind möglicherweise gesundheitsgefährdende Produkte aufgetaucht. Erlässt die Behörde einen Bescheid an die Händler, die Produkte aus dem Regal zu nehmen, ist dies ein Eingriff, der mit „Befehl und Zwang“ durchgesetzt wird – und gegen den der Betroffene, wenn er glaubt, er erfolge zu Unrecht, sich auch wehren kann. Wie aber, wenn die Behörde über Hörfunk und Fernsehen vor diesen Produkten warnt? Die Folgen dürften nicht weniger nachteilig sein – kann ein Eingriff deshalb verneint werden, weil dem Handel ja nicht verboten wird, die Produkte weiter zu führen? – Dazu Rn 302 ff.

300 **Eingriffe** können durch Entscheidungen der Verwaltungsbehörden im Einzelfall, also durch **Verwaltungsakte** (Legaldefinition in § 35 S. 1 VwVfG) erfolgen, aber auch in **Rechtsnormen** (insbesondere Ge- und Verbotsnormen) enthalten sein. Handelt es sich um Eingriffe in untergesetzlichen Normen (Rechtsverordnungen oder Satzungen, Rn 328 ff), so müssen diese ihrerseits wieder auf formelle Gesetze zurückzuführen sein. Eine in einer Satzung oder Rechtsverordnung enthaltene Gebots- oder Verbotsnorm verstößt also gegen den Grundsatz vom Vorbehalt des Gesetzes, wenn sie den Rahmen der Ermächtigung überschreitet. Deshalb erklärte das BVerfG eine Regelung der Berufsordnung der Rechtsanwälte, einer von der Rechtsanwaltskammer erlassenen Satzung, für nichtig, die den Anwälten untersagte, im Zivilprozess ohne vorherige Ankündigung ein Versäumnisurteil zu beantragen[23]. Denn in der Bundesrechtsanwaltsordnung (BRAO) als der bundesgesetzlichen Grundlage für den Erlass der Berufsordnung war keine Ermächtigung enthalten, das Verhalten im Prozess in dieser Weise zu regeln. Deshalb verstieß die Satzungsbestimmung gegen den Vorbehalt des Gesetzes – daneben auch gegen den Vorrang des Gesetzes, da der Antrag auf Erlass eines Versäumnisurteils in der ZPO anders geregelt war.

301 Eine Norm des untergesetzlichen Rechts darf also nur dann einen Eingriff enthalten, wenn der Gesetzgeber zu diesem Eingriff ermächtigt. Dies gilt unabhängig davon, ob sich das fragliche Gebot oder Verbot unmittelbar aus der untergesetzlichen Norm ergibt, oder diese ihrerseits eine Ermächtigung zum Erlass eines Eingriffsaktes enthält. Eine solche Ermächtigung zum Erlass kann also in einer Norm des untergesetzlichen Rechts enthalten sein, doch muss diese dann ihrerseits auf ein formelles Gesetz zurückgehen[24]. Deshalb durfte im **Fall 26** (Rn 290) kein Anschluss- und Benutzungszwang angeordnet werden, wenn hierfür keine Grundlage in der Gemeindeordnung (dem formellen Gesetz) enthalten war; die Festlegung eines Anschluss- und Benutzungszwangs für eine gemeindliche Einrichtung allein durch Satzung reicht nicht aus.

c) Insbesondere: Gesetzesvorbehalt für staatliche Informationstätigkeit

302 In der „Informationsgesellschaft“ nimmt auch die Bedeutung staatlicher **Informationstätigkeit** zu, wie das BVerfG in seiner *„Glykol“-Entscheidung* vom 26.6.2002

22 *Pieroth/Schlink*, Rn 252 ff.
23 BVerfGE 101, 312, 323.
24 Vgl *Sachs*, in: Sachs, Art. 20 Rn 118.

und seiner *„Osho"-Entscheidung* vom gleichen Tag näher ausführt[25]: der Bürger erwarte rechtzeitige öffentliche Informationen zur Bewältigung von Konflikten in Staat und Gesellschaft[26]. Deshalb müsse der Staat und müsse insbesondere die Regierung den Bürger informieren und ihm ggf durch „Aufklärung, Beratung und Verhaltensempfehlungen" Orientierung bieten. Derartige Hinweise und Empfehlungen, ggf auch Warnungen können durchaus intensiv auf Rechte Dritter einwirken, von Gewerbetreibenden, vor deren Produkten gewarnt wird, oder wie im **Fall 27 Jugendsekten** auf die Ausübung der Grundrechte des Art. 4 GG. Ein Eingriff im klassischen Sinn, also im Sinn eines verbindlichen Gebots oder Verbots, liegt allerdings nicht vor: Informationen sind keine verbindlichen Anordnungen, ergehen nicht rechtsförmig. Doch wurden derartige „Realakte" (im Unterschied zu rechtsförmigen Anordnungen) ganz überwiegend dann als Eingriffe gewertet, wenn sie intensiv auf Grundrechte einwirken, insbesondere auch final auf bestimmte Grundrechtsträger gerichtet sind[27]; der „moderne" (in Erweiterung zum klassischen) Eingriffsbegriff umfasst also auch **mittelbar-faktische Beeinträchtigungen** und hier insbesondere warnende und kritische Äußerungen[28]. Das BVerfG spricht hier von einem „funktionalen Eingriffsäquivalent"[29].

Soweit sich die Bundesregierung jedoch im Rahmen ihrer allgemeinen Befugnis zur **Öffentlichkeitsarbeit** bewegt, ist eine besondere gesetzliche Ermächtigung nicht erforderlich. Die Befugnis hierzu wird bereits aus ihrer verfassungsrechtlichen Aufgabenstellung abgeleitet; eine weitergehende gesetzliche Normierung sei für faktisch-mittelbare Beeinträchtigungen nicht sachgerecht. In diesem Bereich genügt also die Aufgabennormierung[30]. Diese liegt für die Bundesregierung wiederum in deren Informationsaufgabe. Diese ist zwar nicht ausdrücklich im Grundgesetz normiert. Sie kann aber aus der in den Art. 62 ff GG vorausgesetzten Aufgabe der Staatsleitung abgeleitet werden[31]. Dies gilt auch für die der Regierung nachgeordneten Verwaltungsbehörden[32]. Auch sie haben entsprechende Informationsaufgaben. Die Befugnis zum „Informationseingriff" folgt also aus der Informationsaufgabe des Staates[33]. **303**

Allerdings müssen Informationen oder Warnhinweise rechtmäßig sein. Die staatliche Zuständigkeitsordnung muss eingehalten, die Verbandskompetenz gegeben sein. Handelt es sich um Sachverhalte von bundesweiter Bedeutung, dann ist der Bund zuständig. Schließlich müssen die Äußerungen inhaltlich richtig sein. Dies stellt sich (wie immer dann, wenn Gefahrenvorsorge zu treffen ist) mitunter erst im Nachhinein heraus – in diesem Fall kann nur verlangt werden, dass alle zumutbare Sorgfalt eingehalten wurde. Die Äußerungen müssen schließlich nach Form und Inhalt angemessen **304**

25 BVerfGE 105, 252 und 105, 279.
26 BVerfGE 105, 252, 269.
27 Vgl auch *Pieroth/Schlink*, Rn 253 ff.
28 So die bisher hL, vgl *Murswiek*, NVwZ 2003, 1.
29 BVerfGE 105, 252, 273; 105, 279, 303.
30 BVerfGE 105, 279, 303; s. auch BVerwG NJW 2006, 1303, 1304.
31 BVerfGE 105, 279, 306.
32 BVerfGE 105, 252, 268.
33 BVerfGE 105, 252, 268; 105, 279, 303.

sein, Diffamierungen sind unzulässig. Das BVerfG hat damit die im Schrifttum heftig kritisierte Rspr des BVerwG bestätigt[34].

305 Bleibt es nicht bei der bloßen Informationstätigkeit, bei Warnhinweisen u.ä., so wird eine ausdrückliche gesetzliche Grundlage erforderlich. Dies hat das Bundesverwaltungsgericht für ein behördliches Vorgehen bejaht, durch das Unternehmen veranlasst werden sollten, die Beziehungen zu Geschäftspartnern davon abhängig zu machen, dass diese sich ihrerseits von einer bestimmten Sekte (Scientology) distanzierten[35]. Die allgemeine Informationsaufgabe der Regierung genügte hier nicht. Denn die hoheitliche Maßnahme wirkte hier **zielgerichtet** zu Lasten Betroffener und damit als Eingriff in deren Rechte. Das Bundesverwaltungsgericht ging deshalb von einem nicht gerechtfertigten Eingriff in die Rechte der Sekte – konkret: deren Grundrecht aus Art. 4 GG – aus.

306 Als Grundrechtseingriff wurde demgemäß auch die Aufnahme einer politischen Wochenzeitung als verfassungsfeindlich in den Verfassungsschutzbericht eines Landes gewertet. Eine derartige Kennzeichnung gerade im Verfassungsschutzbericht, der ja kein beliebiges Erzeugnis staatlicher Öffentlichkeitsarbeit ist, wie das BVerfG betont, hat den Charakter einer gezielten Warnung und kann dazu führen, dass sich Leser und Inserenten von der Zeitung abwenden[36]. Dies bedeutet eine erhebliche Beeinträchtigung der Pressefreiheit der Herausgeber dieser Wochenzeitung – das Grundrecht der Pressefreiheit aus Art. 5 Abs. 1 S. 2 GG schützt die gesamte Tätigkeit der Presse, ihre publizistischen Wirkungsmöglichkeiten und ihre wirtschaftlichen Grundlagen und fordert Freiheit von staatlicher Einflussnahme. Der Eingriff war auch nicht gerechtfertigt – die Behörden hatten die gebotene Sorgfalt außer Acht gelassen.

d) Gesetzesvorbehalt und Leistungsverwaltung

307 Die Frage nach dem Vorbehalt des Gesetzes für die **Leistungsverwaltung** hat wegen der fortschreitenden Vergesetzlichung auch dieses Bereichs an Bedeutung verloren. So dürfen im Bereich der Sozialleistungen nach § 31 SGB-AT, *„Rechte ... in den Sozialleistungsbereichen dieses Gesetzbuchs ... nur begründet ... werden, soweit ein Gesetz es vorschreibt oder zulässt"*.

308 **Für** einen Gesetzesvorbehalt spricht die Tatsache, dass die Einflussnahme des Staates auf den Bürger sich hier nicht weniger intensiv gestalten kann als im Bereich der Eingriffsverwaltung: Der Bürger kann auf staatliche Leistungen angewiesen sein. Im Recht der Subventionsgewährung kann zudem die Begünstigung eines Leistungsempfängers einen gleichzeitigen Wettbewerbsnachteil des nicht begünstigten Konkurrenten bedeuten. Schließlich muss jegliche staatliche Leistung im Wege des (Steuer-)Ein-

34 Vgl BVerwGE 82, 76; 87, 37; 90, 112; informativer Überblick über die Rspr bei *Lege*, DVBl 1999, 569; ferner *Detterbeck*, Jura 2002, 235, 240; *Bethge*, Jura 2003, 327.
35 BVerwG NJW 2006, 1303.
36 BVerfGE 113, 63, 77; vgl auch den Fall bei *Engelbrecht*, JA 2007, 197 zum „polizeilichen Gefährdungsschreiben".

griffs finanziert werden[37]. **Gegen** diese Ausdehnung des Gesetzesvorbehalts spricht das Erfordernis der Flexibilität staatlichen Handelns. Durch Vergesetzlichung auch von Leistungsansprüchen und normative Bindungen wird die Exekutive gehindert, flexibel auf die jeweilige Bedarfssituation zu reagieren. Auch sind gesetzlich festgelegte Leistungen erschwert rücknehmbar und verengen die Handlungsspielräume des Staates. Ein *„Totalvorbehalt"* des Gesetzes wird – auch wegen der Gefahr einer „Übernormierung"[38] – daher überwiegend zu Recht **abgelehnt**[39]. Ein Ansatz im Haushaltsplan ist allerdings erforderlich, um die Verwaltung zu Leistungen zu ermächtigen[40]; er stellt aber im *Außenverhältnis* zum Bürger *keine gesetzliche Grundlage* für Leistungen dar und begründet keine Rechte des Bürgers, s. § 3 Abs. 2 HGrG, § 3 Abs. 2 BHO[41].

Für bestimmte Sachbereiche ergeben sich jedoch Besonderheiten aus anderweitigen Vorgaben des Grundgesetzes. So fordert das Grundrecht der Pressefreiheit in **Art. 5 Abs. 1 S. 2 GG** eine *freie*, vom Staat *unabhängige* Presse; sie ist unabdingbar für die Funktionsfähigkeit einer parlamentarischen Demokratie. Auch staatliche Subventionierung begründet die Gefahr einer Einflussnahme. Deshalb wird überwiegend eine unmittelbare Pressesubventionierung generell als verfassungswidrig angesehen. Jedenfalls aber ist, wenn Subventionen vergeben werden, eine gesetzliche Grundlage erforderlich, um der Gefahr unkontrollierbarer Einflussnahme zu begegnen, sei es auch nur durch eine befürchtete Abhängigkeit. Nur Rechtssicherheit durch Gesetz ist geeignet, dieser Gefahr zu begegnen[42]. **309**

In einer Entscheidung vom 23.3.1990 hat das OVG Münster[43] aus ähnlich gelagerten Erwägungen die finanzielle Förderung eines Vereins für rechtswidrig erklärt, der es sich zur Aufgabe gemacht hat, vor Jugendsekten zu warnen (zum Gesetzesvorbehalt für *behördliche Warnungen* s. Rn 302 ff). Hiergegen hatte eine der betroffenen Sekten geklagt. Entscheidend wurde abgestellt auf eine spezifische Staatsferne des weltanschaulich-religiösen Bereichs, die hieraus folgende besondere Neutralitätspflicht des Staates. In der Förderung des fraglichen Vereins wurde also, ähnlich wie bei der Förderung der Presse, ein Eingreifen des Staates in einen von Verfassungs wegen staatsfreien Bereich gesehen, für den es keine Rechtsgrundlage gab. **310**

Wo also der Staat durch das Grundgesetz zu strikter Neutralität und Nichteinmischung verpflichtet ist (im Bereich der Presse, dem der Religion, nicht dem der Wirtschaft, eingeschränkt im Bereich etwa der Kunstförderung), darf dieses Gebot auch nicht im Wege der Förderung umgangen werden. **Förderungsmaßnahmen** sind insoweit **Eingriffsmaßnahmen** gleichzustellen und bedürfen deshalb einer gesetzlichen Grundlage. **311**

---

37 *Stern* I, § 20 IV 4b.
38 Dazu s. *Kloepfer*, VVDStRL 40 [1982], 63 ff; *Degenhart*, DÖV 1981, 477, 481 ff.
39 Vgl *Stern I,* § 20 IV 4b; BVerwG DVBl 1978, 212; aA zB *Maurer*, Allgemeines Verwaltungsrecht, § 6 Rn 14.
40 S. bes. BVerwGE 6, 282, 287 f; BVerwG DVBl 1978, 212; OVG Münster NVwZ 1982, 381.
41 BVerfGE 38, 121, 125.
42 So auch VG und OVG Berlin DVBl 1975, 268 und JZ 1976, 402; näher *Degenhart*, BonnK, Art. 5 Rn 480 ff.
43 OVG Münster DVBl 1990, 999 ff.

e) Wesentlichkeitsvorbehalte

312 Die vorstehend genannten Fälle aus grundrechtlich sensiblen Bereichen der Presse und der Weltanschauung machten deutlich, warum auch unabhängig von der Eingriffswirkung staatlichen Handelns Gesetzesvorbehalte eingreifen können: dann, wenn das staatliche Handeln **grundrechtlich** besonders **bedeutsam** ist. Auf diesen Gesichtspunkt ist zurückzugreifen, wenn ein Handeln nicht eindeutig der Eingriffs- oder der Leistungsverwaltung zuzurechnen ist. Denn beide Bereiche lassen sich nicht immer eindeutig trennen, wie dies für die schulischen Konflikte deutlich wird (**Fall 29**, Rn 293). Das Bildungs- und Unterrichtswesen dürfte insgesamt der „leistenden" Verwaltung zuzurechnen sein. Andererseits können konkrete Unterrichtsinhalte in das Persönlichkeitsrecht des Schülers (Art. 2 Abs. 1 GG) und das Erziehungsrecht der Eltern (Art. 6 GG) eingreifen. Dies könnte dafür sprechen, hier Gesetzesvorbehalte zugrunde zu legen, wie sie für die Eingriffsverwaltung gelten.

313 Darauf kommt es aber dann nicht an, wenn es sich bei der Einführung von Sexualkundeunterricht um eine Maßnahme handelt, die, unabhängig davon, ob man sie als *Eingriff* in die Grundrechte von Eltern und Schülern einordnet, für diese Grundrechte doch von *wesentlicher* Bedeutung ist[44]. Dies ist die entscheidende Aussage der sog. **„Wesentlichkeitsrechtsprechung"** des BVerfG, der **„Wesentlichkeitstheorie"**. Rechtsstaats- und Demokratieprinzip – so das BVerfG in stRspr[45] – verpflichten den Gesetzgeber, in grundlegenden normativen Bereichen, zumal im Bereich der Grundrechtsausübung, soweit sie staatlicher Entscheidung zugänglich sind, alle wesentlichen Entscheidungen selbst zu treffen. Dies gilt losgelöst vom Kriterium des Eingriffs. Deshalb mussten zB für das Schulwesen die gesetzliche Festlegung wesentliche Ausbildungsziele und Unterrichtsinhalte, insbesondere auch für die Sexualerziehung, durch Gesetz festgelegt werden[46]. Aber auch das **Grundrecht auf Gewährleistung eines menschenwürdigen Existenzminimums**, das das Bundesverfassungsgericht in seinem Urteil zu „Hartz IV" aus Art. 1 Abs. 1 GG iVm dem Sozialstaatsprinzip des Art. 20 Abs. 1 GG hergeleitet hat, muss in seinem Inhalt gesetzlich geregelt sein. Der Hilfsbedürftige muss gesetzliche Ansprüche auf eben dieses Existenzminimum haben und darf nicht vom Ermessen des Staates abhängig sein[47].

314 „Wesentlichkeit" iSd dargelegten Rechtsprechung ist also in erster Linie **Grundrechtswesentlichkeit**. Wesentlich sind Entscheidungen, die für die Grundrechtsausübung wesentlich sind. So wurde die Wesentlichkeitstheorie für Sachverhalte entwickelt, in denen der Einzelne umfassend in seiner Existenz erfasst wird, wie etwa Ausbildung und Beruf[48]. Dieses **intensive Betroffensein** ist ein maßgebliches Kriterium; weiterhin wird darauf abgestellt, ob es um **kontrovers** diskutierte Fragen geht. Teilweise werden Wesentlichkeitsvorbehalte auch auf Entscheidungen ausgedehnt,

44 Näher BVerfGE 47, 46, 78 ff; s. ferner E 33, 303, 345 (Hochschulzugang); E 34, 165, 192 und E 45, 400, 417 (Schulwesen); E 40, 237, 249 (Strafvollzug).
45 Vgl zB BVerfGE 49, 89, 126.
46 BVerfGE 47, 46, 78.
47 BVerfGE 125, 175, 222 f.
48 BVerfGE 33, 125, 160.

die für grundlegende **Verfassungsprinzipien** wie das Rechtsstaatsgebot bedeutsam sind. So hat der Verfassungsgerichtshof für Nordrhein-Westfalen[49] die Entscheidung des Ministerpräsidenten, Innen- und Justizministerium zusammenzulegen, unter Wesentlichkeitsvorbehalt gestellt und deshalb für verfassungswidrig erklärt. Die Organisationsgewalt der Regierung (Rn 691) wird hierdurch eingeschränkt[50]. Der Verfassungsgerichtshof sah hier aber durch eine Organisationsentscheidung Grundsätze der Gewaltenteilung und der Unabhängigkeit der Rechtsprechung berührt, sah sie deshalb als wesentlich für das Rechtsstaatsprinzip, aber auch für die Rechtsschutzgarantie des Art. 19 Abs. 4 GG und die Justizgrundrechte des Bürgers. Fragen des Sexualkundeunterrichts können als grundrechtswesentlich gelten, weil es hier nicht nur um reine Wissensvermittlung, sondern um persönlichkeitsrelevante Fragen und auch um das Verhältnis Schule – elterliches Erziehungsrecht geht; bei der Rechtschreibreform vermag ich diese Grundrechtswesentlichkeit nicht zu erkennen[51].

Grundrechtswesentlichkeit bedeutet im Hinblick auf die Tragweite eines Gesetzesvor- **315**
behalts: es genügt nicht, dass überhaupt eine gesetzliche Regelung vorliegt; der Gesetzgeber muss auch die wesentlichen Fragen selbst im Gesetz entschieden haben. Insoweit umfasst der Gesetzesvorbehalt auch einen **Parlamentsvorbehalt**, wie er hier für wesentliche Fragen bereits aus dem Demokratieprinzip hergeleitet wurde (Rn 36 ff). Dies spielte auch im Fall der ordnungsbehördlichen Generalklausel – **Fall 3** (Rn 32) – eine Rolle: hier kam es darauf an, ob der Gesetzgeber bei so weitgehenden Eingriffen wie einem Gewerbeverbot selbst entscheiden muss, welche Gewerbe hiervon betroffen sein sollen, oder aber die Entscheidung über eine Generalklausel der Exekutive überlassen kann.

f) Insbesondere: Gesetzesvorbehalt und „besonderes Gewaltverhältnis"

Bedeutung erlangt der Gesichtspunkt der Grundrechtswesentlichkeit auch für die **316**
rechtliche Erfassung der sog. **„besonderen Gewaltverhältnisse"** oder „Sonderstatusverhältnisse".

Besondere Gewaltverhältnisse, Sonderstatusverhältnisse oder „verwaltungsrechtliche Sonderbeziehungen" sind Rechtsverhältnisse, in denen der Bürger in engerer Beziehung zur Verwaltung steht als im allgemeinen Staat-Bürger-Verhältnis; Schulverhältnis, das Verhältnis des Beamten zum Dienstherrn, Wehrpflicht und Strafgefangenenverhältnis werden meist in diesem Zusammenhang genannt.

Auch im „besonderen Gewaltverhältnis" gelten die Grundrechte und gilt der allge- **317**
meine Gesetzesvorbehalt[52]. Doch sind an den Vorbehalt des Gesetzes weniger strenge Anforderungen zu stellen. Angesichts der Vielschichtigkeit der Rechtsbeziehungen in derartigen Sonderstatusverhältnissen kann nicht jede einzelne Maßnahme von vorn-

49 VerfGHNW NJW 1999, 1243 mit krit. Anm. *Böckenförde*, NJW 1999, 1235; s. dazu *Aulehner*, JA 2000, 23 und *Brinktrine*, Jura 2000, 123.
50 Dazu *v. Arnauld*, AöR 124 (1999), 658.
51 So aber OVG Lüneburg NJW 1997, 3456 und OVG Bautzen SächsVBl 1997, 298, anders zB OVG Münster NJW 1998, 1243 und jetzt BVerfGE 98, 218, 250 ff; vgl aus dem Schrifttum etwa *Menzel*, NJW 1998, 1177.
52 BVerfGE 33, 1; 40, 276; *Peine*, Allgemeines Verwaltungsrecht, Rn 275 ff.

herein gesetzlich festgelegt werden. Zu sachgerechten Ergebnissen führt auch insoweit die tradierte Eingriffsformel, berücksichtigt man, dass Maßnahmen durchführenden, technischen Charakters im Rahmen der Funktion des Sonderstatusverhältnisses noch nicht als Grundrechtseingriff zu werten sind (zB eine Stundenplanregelung).

318 Eine gesetzliche Grundlage ist jedoch zu fordern für darüber hinausgehende **Grundrechtseingriffe**. Dies sind Maßnahmen, die sich nicht auf den „Innenbereich" der verwaltungsrechtlichen Sonderbeziehung beschränken. Deshalb ist eine Anweisung im Rahmen des Unterrichts kein Grundrechtseingriff, die Verweisung von der Schule aber sehr wohl; ebenso zB die Anweisung an die Schülerin muslimischen Glaubens, ihr Kopftuch, das sie aus religiösen Gründen trägt, abzulegen, wie generell Maßnahmen, die nicht der statusinternen Organisationsgewalt zugerechnet werden können (insbesondere „klassische" Grundrechtseingriffe wie Briefzensur). Deshalb war das Strafvollzugsverhältnis gesetzlich zu regeln und ist es verfassungswidrig, dass der Jugendstrafvollzug bisher nicht gesetzlich geregelt war[53]. Im Übrigen bedürfen die wesentlichen normativen (dh generell zu regelnden) Fragen stets gesetzgeberischer Entscheidung, etwa die Festlegung grundsätzlicher Lehrinhalte, im **Fall 29** (Rn 293) die Regelung des – kontrovers erörterten – **Sexualkundeunterrichts**. Gerade beim „besonderen Gewaltverhältnis" geht es auch um die Frage, wie weit die Entscheidung des parlamentarischen Gesetzgebers selbst reichen muss. Letzteres wurde bedeutsam für die umstrittene Frage, ob einer Lehrerin verboten werden darf, im Schulunterricht bestimmte religiös motivierte Bekleidung (Kopftuch) zu tragen: das Bundesverfassungsgericht sah die allgemein gehaltene Formulierung im Landesbeamtengesetz, wonach der Beamte sich zur Wertordnung des Grundgesetzes bekennen muss, als nicht ausreichend an[54].

g) Zum Einfluss des Europarechts – Rückforderung gemeinschaftsrechtswidriger (unionsrechtswidriger) Subventionen

319 Eine neue, noch umstrittene Verwaltungspraxis stellt tatsächliche oder vermeintliche Anforderungen des Gemeinschaftsrechts (Unionsrechts) über die gefestigten rechtsstaatlichen Grundsätze des Vorbehalts des Gesetzes, wenn es um die Rückforderung gemeinschaftsrechtlich/unionsrechtlich unzulässiger Subventionen geht.

Zum Hintergrund: Staatliche Beihilfen für die Wirtschaft sind nach europäischem Wettbewerbsrecht nur unter bestimmten formellen und materiellen Voraussetzungen zulässig. Sie dürfen den Wettbewerb nicht verfälschen und müssen bei der Kommission angemeldet und genehmigt werden. Dagegen wird von den Mitgliedstaaten nicht selten verstoßen. In diesen Fällen fordert die Kommission den Mitgliedstaat auf, die rechtswidrig gewährte Beihilfe zurückzufordern. Hat nun eine Behörde einem Unternehmen eine Subvention – zB einen Zuschuss zu einer Betriebsansiedlung oder die verbilligte Überlassung eines Grundstücks – bewilligt, so nimmt sie den diesbezüglichen Bescheid zurück. Die Rücknahmebestimmungen der Verwaltungsverfahrensgesetze sind Rechtsgrundlage für die entsprechenden Rücknahmebescheide, bei denen es sich ja um belastende Maßnahmen, also um Eingriffe handelt (dazu, dass kein Vertrauensschutz gewährt wird, s. Rn 391).

53 BVerfGE 116, 68.
54 S. dazu *Sachs*, NWVBl 2004, 209; *Peine*, Allgemeines Verwaltungsrecht, Rn 278.

Wurde die Subvention durch privatrechtlichen Vertrag gewährt, so müsste die Behörde diesen Vertrag kündigen und auf Rückzahlung klagen. Denn für den Erlass eines entsprechenden Verwaltungsaktes fehlt in diesem Fall die Rechtsgrundlage. Die eingangs erwähnte Verwaltungspraxis sieht dies jedoch als entbehrlich an; in einer Eilentscheidung hat das OVG Brandenburg dies vorläufig gebilligt[55]. Da die Kommission von den deutschen Behörden eine rasche und effiziente Rückforderung der zu Unrecht gewährten Beihilfen fordere, seien diese gehalten, ein Verfahren einzuschlagen, bei dem das Gemeinschaftsinteresse voll berücksichtigt werde. Insbesondere müsse nach einer Verordnung der EG[56] (EU) die sofortige Vollstreckung gewährleistet sein. Hierfür komme nur der Erlass eines Verwaltungsaktes in Betracht. Es handelt sich hierbei um einen belastenden Verwaltungsakt, also einen Eingriff. Vom Erfordernis einer nationalen gesetzlichen Grundlage soll gleichwohl „aus Gründen des Unionsrechts" abgesehen werden können. Damit wird der Vorbehalt des Gesetzes für Eingriffsakte außer Kraft gesetzt. Dass hierzu ein Gericht befugt sein sollte, ist zweifelhaft: mit der Bindung der Rechtsprechung an Gesetz und Recht ist dies jedenfalls nur schwerlich vereinbar. **320**

Zusammenfassung: Vorrang und Vorbehalt des Gesetzes **321**

Vorrang des Gesetzes: umfassende Bindung der Verwaltung an das Gesetz, gilt ausnahmslos, Art. 20 Abs. 3 GG.

Vorbehalt des Gesetzes: Erfordernis gesetzlicher Grundlage für Handeln der Verwaltung; vorausgesetzt in Art. 20 Abs. 3 GG; gilt stets im Bereich der Eingriffsverwaltung; darunter kann auch schlicht-hoheitliches Handeln fallen;

– gilt nach hM nicht für Maßnahmen der *leistenden Verwaltung*; hier ausr.: *Ansatz im Budget* (was allein noch keine gesetzliche Ermächtigung für das Verwaltungshandeln darstellt); Ausnahmen Art. 5 und Art. 4 GG!;

– gilt unabhängig von der Frage, ob Eingriffs- oder Leistungsverwaltung für *wesentliche, insbesondere grundrechtswesentliche normative Entscheidungen*, Grundlage: Rechtsstaats- und Demokratiegebot; wesentliche Entscheidungen sind dabei vom Gesetzgeber *selbst* zu treffen;

– gilt auch für *Sonderstatusverhältnisse*, sofern nicht nur Maßnahmen statusinterner Organisationsgewalt in Frage stehen.

Lösung der Ausgangsfälle:

Fall 25: Besoldungsvereinbarung **322**

1. Die Vereinbarung könnte verstoßen gegen § 2 Abs. 2 BBesG[57]. Danach sind Vereinbarungen mit dem Ziel, dem Beamten höhere als die ihm gesetzlich zustehenden Bezüge zu verschaffen, unwirksam.

---

55 OVG Berlin-Brandenburg NVwZ 2006, 104 mit Anm. *Hildebrandt/Castillon*.

56 Es handelt sich um die Verordnung des Rats vom 22.3.1999 über besondere Vorschriften für die Anwendung von Art. 93 des EG-Vertrags (jetzt: Art. 108 AEUV), Abl. 1999 Nr L 83 S. 1.

57 Das Gesetz gilt nach Wegfall der Kompetenzgrundlage in Art. 74a GG gemäß der Übergangsvorschrift des Art. 125a Abs. 1 GG als Bundesrecht fort, bis die Länder eigene Gesetze erlassen haben (was sie tun können, nicht müssen).

2. Die Behörde hat damit gegen vorrangiges Gesetzesrecht verstoßen. Sie hat ihre Bindung an das Gesetz und damit den Vorrang des Gesetzes nicht beachtet. Dass sich die Vereinbarung im Ergebnis zugunsten der Behörde ausgewirkt hat und damit dem öffentlichen Interesse dient, hebt die Bindung an das Gesetz nicht auf (zu den Rechtsfolgen s. *Peine*, Klausurenkurs im Verwaltungsrecht, Fall 5).

323 **Fall 26: Anschluss- und Benutzungszwang**

1. Für die Anordnung der Behörde, sich an die kommunale Fernheizung anzuschließen, bedarf es einer gesetzlichen Grundlage, wenn es sich um einen Eingriffsakt handelt. Dies ist zu bejahen. Dem E wird aufgegeben, Fernwärme von der S zu beziehen und deshalb seine Anlage nicht mehr zu nutzen.

2. Die Anordnung könnte sich auf die kommunale Satzung stützen.

a) Diese sieht einen Anschluss- und Benutzungszwang auch für Fernwärme und entsprechende Anordnungen im Einzelfall vor.

b) Die Satzung ist jedoch kein formelles Gesetz. Sie ist damit noch keine hinreichende Grundlage für einen Eingriff.

3. Die Satzung müsste ihrerseits auf ein formelles Gesetz zurückzuführen sein.

a) Hier kommt § 24 GO in Betracht; die Bestimmung ermächtigt jedoch nicht dazu, Anschluss- und Benutzungszwang auch für Fernwärme und entsprechende Anordnungen im Einzelfall vorzuschreiben.

b) § 24 GO kann hier auch nicht analog angewandt werden.

c) Art. 20a GG verpflichtet zum Schutz der Umwelt „nach Maßgabe von Gesetz und Recht." Die Bestimmung ist noch keine Ermächtigungsgrundlage für einen Engriff, sondern normiert eine Aufgabe für den Staat, entsprechende Gesetze zu schaffen. Der Schluss von der Aufgabe auf die Befugnis ist unzulässig.

4. Ergebnis: Es fehlt an einer Befugnis der Stadt, Anschluss- und Benutzungszwang vorzusehen und entsprechende Anordnungen im Einzelfall zu erlassen. Die Anordnung gegen E ist rechtswidrig.

324 **Fall 27: Jugendsekten**

1. Ermächtigungsgrundlage – Vorbehalt des Gesetzes?

a) Äußerungen der Bundesregierung wirken als mittelbar-faktische Grundrechtsbeeinträchtigung, daher ist eine Ermächtigungsgrundlage zu fordern.

b) Dafür ist hier aber ausreichend: die Informationsaufgabe der Bundesregierung (bzw der Bundesminister); diese wurde tätig zum Schutz Dritter (der von den Aktivitäten der Sekte betroffenen Jugendlichen) und damit auch in Wahrnehmung ihrer Gemeinwohlverpflichtung; hieraus folgt eine Informationsaufgabe und damit auch Äußerungsbefugnis – bei staatlicher Informationstätigkeit folgt also aus der Aufgabe ausnahmsweise auch die Befugnis.

2. Kompetenz:

a) Verbandskompetenz: **Bundeskompetenz** bei bundesweit relevantem Sachverhalt.

b) Ressortkompetenz: Bundesinnenminister.

3. Materielle Rechtmäßigkeit:

a) Tatsachen zutreffend? Bei Verdachtsmitteilung: sorgfältige Tatsachenermittlung?

b) Angemessenheit im Verhältnis von „Eingriffs"-Wirkung und Anlass für die Warnung; dies dürfte hier zu bejahen sein; ebenso Wahrung der staatlichen Pflicht zur Neutralität;

c) Form der Äußerung – diffamierend? – hier keine Anhaltspunkte.

Ergebnis: Äußerung rechtmäßig (s. auch **Klausurenband I Fall 3 und II Fall 11**).

Fall 28: Subventionen 325

a) Fassadenpreis:

1. Ermächtigungsgrundlage:

a) Hier ist die Maßnahme allein auf die Satzung der Gemeinde gestützt, diese ihrerseits aber nicht auf ein formelles Gesetz.

b) Dies könnte dann unzulässig sein, wenn hier der Vorbehalt des Gesetzes gelten würde.

2. Es handelt sich um einen Akt der leistenden Verwaltung, für den eine Grundlage in einem formellen Gesetz nicht erforderlich ist. Vielmehr genügt auch insoweit der Ansatz der entsprechenden Mittel im Haushaltsplan der Gemeinde, der im Übrigen ja kein Gesetz im formellen Sinn darstellt.

b) Notleidende Presse:

1. Ermächtigungsgrundlage? Die Vergabe der Pressesubventionen erfolgte hier ohne Grundlage in einem formellen Gesetz; dass entsprechende Mittel im Haushaltsplan des Landes A bereitgestellt wurden, reicht als Ermächtigungsgrundlage nicht aus (Rn 309).

2. Eine Ermächtigungsgrundlage in einem formellen Gesetz könnte jedoch entbehrlich sein, da es sich hier um eine Maßnahme der leistenden Verwaltung handelte. Hier reicht regelmäßig aus, dass Mittel im Haushaltsgesetz ausgewiesen sind.

3. Hier jedoch können sich Besonderheiten ergeben aus der Pressefreiheit des **Art. 5 GG**. Wegen der Bedeutung einer *freien*, *staatsunabhängigen* Presse für die parlamentarische Demokratie sind Subventionen jedenfalls nur auf gesetzlicher Grundlage zulässig, Rn 309. Daran fehlt es hier. Deshalb ist die Subventionierung rechtswidrig.

Fall 29: Schulstreit – Sexualkunde und Rechtschreibung 326

Sexualkundeunterricht:

1. Die Einführung des Sexualkundeunterrichts könnte deshalb rechtswidrig sein, weil es an einer ausdrücklichen Grundlage in einem formellen Gesetz fehlt.

2. Dann müsste auch insoweit ein Gesetzesvorbehalt gelten.

a) Dies wäre zu bejahen für den Fall eines Eingriffs; dafür spricht, dass hier die Unterrichtsinhalte verbindlich sind, dagegen spricht, dass der Schulunterricht insgesamt dem Bereich der leistenden Verwaltung zuzurechnen sein könnte.

b) Darauf könnte es deshalb nicht ankommen, weil die Einführung von Sexualkundeunterricht unabhängig davon, ob man sie als *Eingriff* einordnet, für die Grundrechte von Schülern und Eltern von *wesentlicher* Bedeutung ist.

c) Dies ist zu bejahen; daher muss der Gesetzgeber die wesentlichen Fragen selbst entscheiden.

Abwandlung Rechtschreibreform: Hier ist unter **2c)** Grundrechtswesentlichkeit zu verneinen.

Schrifttum zu I.2.: *Brinktrine*, Organisationsgewalt der Regierung und Vorbehalt des Gesetzes, Jura 2000, 123; *Hölscheidt*, Der Grundsatz der Gesetzmäßigkeit der Verwaltung, JA 2001, 409; *Detterbeck*, Vorrang und Vorbehalt des Gesetzes, Jura 2002, 235; *Gusy*, Gesetzesvorbehalte im Grundgesetz, JA 2002, 610; *Murswiek*, Das Bundesverfassungsgericht und die Dogmatik mittelbarer Grundrechtseingriffe, NVwZ 2003, 1; *Bethge*, Zur verfassungsrechtlichen Legitimation informalen Staatshandelns der Bundesregierung, Jura 2003, 327; *Uwen/Wodarz*, Verabschiedung des Gesetzesvorbehalts bei der Umsetzung von Kommissionsentscheidungen im EG-Beihilfenrecht?, DÖV 2006, 989.

3. Gesetzmäßigkeit der Verwaltung, Gewaltenteilung und exekutive Normsetzung

Von Seiten der Exekutive können unter bestimmten Voraussetzungen Normen des untergesetzlichen Rechts erlassen werden – Rechtsverordnungen und Satzungen (vgl zum Aufbau der Rechtsordnung insoweit § 3 Rn 131 f). Auch für die Rechtsetzung durch die Verwaltung gelten dabei Vorrang und Vorbehalt des Gesetzes. Nicht um Rechtsnormen handelt es sich bei Verwaltungsvorschriften.

→ **Leitentscheidungen:** BVerfGE 33, 125 (Facharzt); BVerfGE 101, 1 (LegehennenVO); BVerfGE 101, 312 (Bundesrechtsanwaltsordnung); BVerfGE 127, 293 (Legehennenhaltung II).

327 **Fall 30: Polizeiverordnung**

Nach § 1 des Landespolizeigesetzes L – LPolG – haben die Polizeibehörden die Aufgabe, Gefahren für die öffentliche Sicherheit und Ordnung abzuwehren. Nach § 5 LPolG können sie zur Erfüllung ihrer Aufgaben für alle geltende Gebote und Verbote Rechtsverordnungen erlassen. Die Polizeibehörde der kreisfreien Stadt S erlässt „auf der Grundlage des § 5 LPolG" eine „Polizeiverordnung über das Führen gefährlicher Hunde im Stadtgebiet S." Danach dürfen Hunde bestimmter Rassen und der Kreuzungen aus ihnen nicht in der Öffentlichkeit mitgeführt werden; für weitere Rassen besteht Beißkorb- und Leinenzwang.

Hinweis: Nach Art. 80 S. 1 der Landesverfassung können durch Gesetz die Behörden des Landes ermächtigt werden, Rechtsverordnungen zu erlassen. Art. 80 S. 2 und 3 der Landesverfassung stimmen wörtlich mit Art. 80 Abs. 1 S. 2 und 3 GG überein. **Rn 341**

a) Rechtsverordnungen

328 **aa) Ermächtigung durch Gesetz.** Nach Art. 80 Abs. 1 GG kann der Gesetzgeber die Exekutive zum Erlass von Rechtsverordnungen ermächtigen. Es handelt sich hierbei um Rechtsvorschriften im Rang unterhalb des Gesetzes. Sie werden von der Exekutive erlassen. Deshalb gilt für sie der Grundsatz vom Vorrang und Vorbehalt des Gesetzes. Art. 80 Abs. 1 GG erweitert diesen Grundsatz: Jede Rechtsverordnung muss auf einer ausdrücklichen gesetzlichen Grundlage beruhen, Satz 1[58]. Diese muss nach Satz 2 auch hinreichend bestimmt formuliert sein. Art. 80 Abs. 1 GG ist eine Konsequenz aus dem Grundsatz der **Gewaltenteilung**: mit dem Erlass von Rechts-

58 Zur Frage, ob die Verordnung in Kraft bleibt, wenn das Gesetz aus irgendeinem Grund außer Kraft tritt (grundsätzlich ja, vgl BVerfGE 9, 3, 12; 78, 179, 198), s. *Kotulla*, NVwZ 2000, 1263.

verordnungen nimmt die Exekutive materiell Funktionen der gesetzgebenden Gewalt wahr. Deshalb darf der Gesetzgeber der Exekutive keine „Blankovollmacht" erteilen, er darf sich seiner Befugnisse nicht entäußern. **Unzulässig** sind deshalb auch sog. **gesetzesvertretende Verordnungen**: Der Gesetzgeber kann die Exekutive nicht dazu ermächtigen, das Gesetz selbst außer Kraft zu setzen oder zu ändern. Hierin liegt ein Wesensmerkmal des öffentlichen Rechts im Unterschied zum Privatrecht, wo Privatautonomie gilt: wenn einem Hoheitsträger Kompetenzen übertragen sind, muss er diese selbst wahrnehmen und darf sie nicht weiterübertragen (es sei denn, er ist hierzu ausdrücklich ermächtigt, wie eben der Gesetzgeber in Art. 80 Abs. 1 GG). Die **öffentlich-rechtliche Kompetenzordnung ist zwingend.**

Als Gebot des Rechtsstaats gilt das Bestimmtheitserfordernis auch für **Verordnungsermächtigungen in Landesgesetzen**. Für sie ist allerdings nicht auf Art. 80 Abs. 1 S. 2 GG zurückzugreifen, sondern auf die entsprechenden Garantien in den Landesverfassungen bzw dort, wo solche Garantien, wie in einigen älteren Landesverfassungen, fehlen, unmittelbar auf das Rechtsstaatsprinzip. Landesverfassungsrechtlich bestehen einige Besonderheiten, so zB das Notverordnungsrecht nach Art. 101 Abs. 2 BremVerf, der Erlass von Ausführungsverordnungen nach Art. 55 Nr 2 BayVerf[59]. **329**

Nach Art. 80 Abs. 1 S. 2 GG muss die **Ermächtigungsgrundlage** hinreichend bestimmt sein nach *„Inhalt, Zweck und Ausmaß"*. Dies bedeutet, dass bereits *aus dem* Gesetz selbst hinreichend deutlich vorhersehbar ist, *„in welchen Fällen und mit welcher Tendenz von der Ermächtigung Gebrauch gemacht werden wird und welchen Inhalt die … Verordnungen haben können"*[60]. Hinreichende Vorgabe der *„Tendenz"* bedeutet Bestimmung des vom Verordnungsgeber zu verfolgenden Normzwecks. Hinreichend bestimmter gesetzgeberischer Vorgabe bedürfen auch die in der Verordnung vorzusehenden Rechtsfolgen („Inhalt der Verordnungen"). Der Gesetzgeber muss selbst den sachlichen Regelungsbereich für den Verordnungsgeber umgrenzen („in welchen Fällen"). In einer Verordnungsermächtigung kann dem Adressaten grundsätzlich Ermessen in der Frage eingeräumt werden, ob er von ihr Gebrauch machen will. Dieses Ermessen darf jedoch nicht so weit gehen, dass im Ergebnis der Verordnungsgeber darüber entscheidet, ob das Gesetz überhaupt zur Anwendung kommt[61]. Eine Verordnungsermächtigung, die den politischen Gestaltungswillen des Gesetzgebers nicht verwirklicht, sondern das *„ob überhaupt"* der Verwaltung überlässt, ist hinsichtlich ihres **Zwecks** nicht hinreichend bestimmt. **330**

Beispiel aus der Rspr – BVerfGE 78, 232: Ein Bundesgesetz über den sozialen Wohnungsbau hatte eine sog. Fehlbelegungsabgabe eingeführt, die von Mietern von geförderten Sozialwohnungen erhoben wurde, wenn deren Einkommen nicht mehr innerhalb der Fördergrenzen lag. Der Wohnungsbauminister wurde ermächtigt, die Gemeinden, in denen diese Abgabe erhoben werden sollte, im Verordnungswege zu bestimmen. Hier hatte es der Verordnungsgeber in der Hand, darüber zu entscheiden, ob überhaupt das Gesetz über die Fehlbelegungsabgabe zur Anwendung kam – dies war unzulässig. **331**

59 S. dazu die 14. Aufl.; zur Fortgeltung von RVOen der DDR –, für die, wie stets in Übergangslagen, geringere Anforderungen zu stellen sind, vgl *Mann*, DÖV 1999, 228.
60 BVerfGE 1, 14, 60, vgl zB E 58, 257, 277.
61 Vgl BVerfGE 78, 232, 272 ff.

Gegenbeispiel: Beim Betrieb von Atomanlagen muss Vorsorge gegen Schäden getroffen sein, § 7 Abs. 2 Nr 3 AtG; dies hat die zuständige Behörde zu gewährleisten. Nach § 12 Abs. 1 AtG *kann* durch Rechtsverordnung näher bestimmt werden, welche Vorsorge iE zu treffen ist. Wird keine Rechtsverordnung erlassen, bleibt es doch bei der Anwendung des § 7 Abs. 2 Nr 3 AtG; die Anforderungen sind dann unmittelbar aus dem Gesetz zu entnehmen. Hier entscheidet der Verordnungsgeber also nicht über die Anwendung des Gesetzes selbst.

332 Es genügt jedoch, wenn Inhalt, Zweck und Ausmaß der Verordnungsermächtigung im Wege der **Auslegung** aus dem **Gesamtzusammenhang** der Regelung, aus Sinn und Zweck des Gesetzes entnommen werden können. Auch die **Entstehungsgeschichte** des Gesetzes kann einbezogen werden[62]. Auch können Gesichtspunkte herangezogen werden, die im Gesetz selbst nicht unmittelbar angesprochen sind; so etwa der Umstand, dass ein **unbestimmter Rechtsbegriff** durch eine stRspr eine hinreichend gesicherte Bedeutung erlangt hat. Dies gilt zB für den Begriff der *„öffentlichen Sicherheit und Ordnung"* im Polizei- und Sicherheitsrecht der Länder[63]. Also auch aus anderen – in gleichem sachlichen Zusammenhang erlassenen – Gesetzen können sich Anhaltspunkte für die Auslegung der VO-Ermächtigung ergeben; ebenso aus einer bereits gefestigten VO-Praxis[64].

333 Hinreichende Bestimmtheit bedeutet nicht: größtmögliche Bestimmtheit. Mit der Übertragung von Rechtsetzungsbefugnissen auf die Exekutive soll die gesetzliche Regelung selbst entlastet werden; dies dient auch der Rechtsklarheit (Rn 355 f). Die Regelung von Detailfragen soll der sachnäheren Verwaltung überlassen bleiben, die auch schneller auf Veränderungen reagieren kann. Auch unter rechtsstaatlichen Gesichtspunkten kann die Ermächtigung an die Verwaltung, Rechtsverordnungen zu erlassen, sinnvoll sein. Höhere Anforderungen an die Bestimmtheit gelten dann, wenn es um Grundrechtseingriffe geht. Dass der Gesetzgeber die **wesentlichen** Entscheidungen in grundrechtsrelevanten Bereichen selbst treffen muss, gilt auch für Verordnungsermächtigungen[65].

334 Die **Verordnungsermächtigung** kann auch Bezug nehmen auf Normen des europäischen Rechts und **zur Umsetzung von Rechtsakten der EG/EU** ermächtigen. Ist der umzusetzende Rechtsakt (Richtlinie) hinreichend bestimmt, so braucht die gesetzliche Ermächtigung nicht zusätzlich Inhalt, Zweck und Ausmaß zu bestimmen – anders, wenn die Richtlinie ihrerseits Spielräume eröffnet[66]. Bedenklich weit gefasst ist die Ermächtigung des § 48a BImSchG, Verordnungen zur Erfüllung von bindenden Beschlüssen der Europäischen Gemeinschaft (EU) zu erlassen[67].

335 Hinreichende Bestimmtheit ist Voraussetzung für die Gültigkeit der Ermächtigungsgrundlage; Voraussetzung für die Gültigkeit der Verordnung ist weiterhin, dass sie sich in deren Rahmen hält. Dabei ist die Ermächtigungsnorm ihrerseits in einer Weise

62 BVerfGE 76, 130, 142.
63 Vgl *Schneider*, Gesetzgebung, Rn 237.
64 BVerfGE 28, 66, 84.
65 Vgl hierzu BVerfGE 101, 1, 33 zur Käfighaltung von Legehennen *(Gallus Gallus)*; dazu auch BVerfGE 127, 293.
66 Vgl hierzu *Ziekow*, JZ 1999, 963 ff.
67 Vgl *Saurer*, NVwZ 2003, 1178.

auszulegen, bei der ihre hinreichende Bestimmtheit noch gewahrt bleibt. Ist also die Rechtsverordnung nur bei weiter Auslegung der Ermächtigungsnorm mit dieser vereinbar, so bedarf besonderer Prüfung, ob das Gesetz dann noch den Bestimmtheitserfordernissen des Art. 80 Abs. 1 S. 2 GG entspricht.

bb) Adressaten, Verfahren. Die möglichen **Adressaten** einer bundesgesetzlichen Verordnungsermächtigung sind in Art. 80 Abs. 1 S. 1 GG abschließend genannt; hervorzuheben ist, dass durch Bundesgesetz zwar die einzelnen *Landesregierungen*, *nicht* aber einzelne *Landesminister* zum Erlass von Verordnungen ermächtigt werden können. Auch hierin kommt die Organisationshoheit der Länder zum Ausdruck. Die Landesregierung kann jedoch zur Subdelegation der Verordnungsbefugnis ermächtigt (nicht jedoch verpflichtet) werden. *Rechtsverordnungen*, die auf Grund *bundesgesetzlicher Ermächtigung* von *Behörden eines Landes* erlassen werden, sind Rechtsvorschriften des **Landesrechts**[68]. Dies ist in **prozessualer** Hinsicht bedeutsam: Es sind die gegen untergesetzliche Rechtsnormen des Landesrechts gegebenen Rechtsbehelfe eröffnet. Art. 80 Abs. 4 GG sieht nunmehr für die Länder die Möglichkeit vor, im Fall einer ihnen erteilten Verordnungsermächtigung wahlweise auch eine gesetzliche Regelung zu treffen. 336

Im Gegensatz zum Gesetzgebungsverfahren ist das **Verfahren** beim Erlass von Rechtsverordnungen im GG nicht eigens geregelt. Wird eine RVO durch die Bundesregierung erlassen, so muss sichergestellt sein, dass der Erlass ihr auch tatsächlich materiell zugerechnet werden kann. Ein Umlaufverfahren nach dem Prinzip *„qui tacet consentire videtur“* (Verzicht auf Widerspruch wird als positive Beschlussfassung gewertet) genügt dem nicht[69] (Rn 713). Gemäß Art. 80 Abs. 1 S. 3 GG ist die Verordnungsermächtigung in der Verordnung anzugeben; ein Verstoß gegen dieses Erfordernis führt zur Nichtigkeit der Verordnung[70]. Das ermächtigende Gesetz kann seinerseits weitere Verfahrenserfordernisse aufstellen; so erklärte das BVerfG eine Verordnung zur Haltung von Legehennen deshalb für nichtig, weil das im Tierschutzgesetz enthaltene Gebot der Einbeziehung einer Tierschutzkommission nicht beachtet wurde[71]. 337

Der **Zustimmung des Bundesrats** bedürfen Rechtsverordnungen in den Fällen des Art. 80 Abs. 2 GG; praktisch bedeutsam ist hier der letztgenannte Fall – Rechtsverordnungen auf Grund von Bundesgesetzen, die von den Ländern in landeseigener Verwaltung ausgeführt werden –, da dies nach Art. 83 GG der Regelfall ist. In einer Verordnungsermächtigung kann sich der Bundestag auch das Recht vorbehalten, Rechtsverordnungen zuzustimmen oder ihre Änderung zu verlangen, so in § 48b BImSchG[72]. Schließlich kann der **Bundestag** auch im Verfahren der Gesetzgebung nach Art. 76 ff GG eine Rechtsverordnung ändern. Die auf diesem Wege geänderte Rechtsverordnung bleibt aber als Ganzes im Rang einer Rechtsverordnung. Dies erfordert schon der Grundsatz der Rechtsklarheit. Normadressat und Rechtsanwender, also Bürger und Gerichte, müssen im Klaren darüber sein, welche Möglichkeiten des Rechtsschutzes bestehen. Es gilt das 338

68 BVerfGE 18, 407, 418.
69 BVerfGE 91, 148, 166 f.
70 S. hierzu BVerfGE 101, 1, 44 (Legehennen-VO).
71 BVerfGE 127, 293–335.
72 Dazu *Saurer*, NVwZ 2003, 1176.

Gebot der **Rechtsmittelklarheit** und der Rechtsschutzeffizienz und allgemein der **Formenklarheit**. Deshalb dürfen Verordnungs- und Gesetzesrecht auch nicht beliebig vermischt werden. Wenn also der Bundestag im Gesetzgebungsverfahren in eine Verordnung eingreift, ist er an die Grenzen der Verordnungsermächtigung gemäß Art. 80 Abs. 1 S. 3 GG gebunden[73].

339 Die nachstehend zusammengefassten Gültigkeitsvoraussetzungen sind stets dann zu beachten, wenn eine Rechtsverordnung überprüft wird. Dies kann der Fall sein in einem Normenkontrollverfahren nach § 47 VwGO oder auch in einem verfassungsgerichtlichen Verfahren. Aber auch in jedem anderen gerichtlichen Verfahren hat das Gericht dann, wenn Zweifel an der Gültigkeit einer Verordnung bestehen, diesen nachzugehen und die Verordnung zu überprüfen. Gelangt es zur Überzeugung von der Ungültigkeit der Verordnung, hat es diese nicht anzuwenden. Das Gericht hat also nicht nur die Prüfungs-, sondern auch die **Verwerfungskompetenz**. Man spricht hier von Inzidentprüfung und -verwerfung. Das Gericht erklärt dabei die Verordnung nicht für unwirksam bzw nichtig, sondern wendet sie nicht an; die Entscheidung wirkt dann auch nur im Verhältnis der Parteien (*inter partes*, nicht *inter omnes*). Dem gegenüber führt das Verfahren nach § 47 Abs. 5 S. 2 VwGO zur Unwirksamkeitserklärung, die dann *inter omnes* wirkt.

340 IE sind folgende Punkte zu prüfen:

1. *Ermächtigungsnorm*, hierbei Kompetenz des Gesetzgebers und formell ordnungsgemäßes Zustandekommen des Gesetzes vorausgesetzt, insbesondere zu achten auf:
- hinreichende Bestimmtheit der Verordnungsermächtigung, wenn bundesgesetzlich: Art. 80 Abs. 1 S. 2 GG unmittelbar, wenn landesgesetzlich: Rechtsstaatsprinzip, sofern keine ausdrückliche Aussage der LVerf, s. Rn 329;
- Bestimmung des *Adressaten* der Verordnungsermächtigung, wenn bundesgesetzlich: Art. 80 Abs. 1 S. 1 GG;
- ggf Prüfung der materiellen Verfassungsmäßigkeit des Gesetzes.

2. *Rechtsverordnung*, hierbei insbesondere zu prüfen:
- *Zuständigkeit* des Verordnungsgebers aus Ermächtigung;
- *ggf besondere Verfahrenserfordernisse*, zB bei VO einer Gemeinde aus der Gemeindeordnung; häufig ist hier auch die Genehmigung der Rechtsaufsichtsbehörde erforderlich; bei VO des Bundes kann die Zustimmung des Bundesrats erforderlich sein, Art. 80 Abs. 2, 19 Abs. 4 GG; wird die *Bundesregierung* zum Erlass einer VO ermächtigt, so kommt diese nur wirksam zustande, wenn sie der Regierung als Ganzes zugerechnet werden kann; bei Beschlussfassung durch die Mitglieder der Regierung im *Umlaufverfahren* darf die Zustimmung nicht unterstellt oder fingiert werden; auch die Ermächtigungsnorm selbst kann besondere Verfahrenserfordernisse aufstellen (so ist zB bei Rechtsverordnungen auf dem Gebiet der Landesplanung oder auch der kommunalen Neugliederung die Zustimmung des Parlaments erforderlich);
- ordnungsgemäße *Bekanntmachung*, bei VO des Bundes: BGBl, bei VO des Landes: Gesetz- und Verordnungsblatt des Landes, bei kommunaler VO: s. die einschlägigen kommunalrechtlichen Bestimmungen des Landes;
- ggf bei VO auf Grund bundesgesetzlicher Ermächtigung: Angabe der Ermächtigungsnorm erforderlich, Art. 80 Abs. 1 S. 3 GG, Fehlen führt zur Nichtigkeit; bei landesgesetzlicher Ermächtigung: landesrechtlich unterschiedlich geregelt;

73 S. dazu BVerfGE 114, 196, 239 ff; hierauf aufbauend der Klausurfall „Änderung einer Rechtsverordnung durch den parlamentarischen Gesetzgeber" von *Hushan*, JA 2007, 276.

- *materielle Vereinbarkeit der VO mit der Ermächtigungsnorm*, dabei zu beachten, dass diese hinreichend bestimmt bleiben muss;
- ggf Vereinbarkeit der VO mit *höherrangigem Recht*, insbesondere Grundrechte, Übermaßverbot (soweit VO-Geber Ermessensspielraum hat).

Rechtsfolge aus einem Verstoß gegen die genannten Erfordernisse ist grundsätzliche **Nichtigkeit**, sofern nicht – was bei Verfahrensverstößen mitunter der Fall sein kann – das Gesetz ihre Unbeachtlichkeit anordnet (dies tun in einigen Fällen die Gemeindeordnungen der Länder).

Lösung Fall 30: Polizeiverordnung 341

1. Ermächtigungsnorm: § 5 LPolG

a) Zuständigkeit des Landes: Art. 70 GG (Sicherheitsrecht), kein Fall des Art. 74 Abs. 1 Nr 20 GG (Tierschutz): es geht um den Schutz vor Tieren, nicht den Schutz von Tieren. Ordnungsgemäßes Gesetzgebungsverfahren ist zu unterstellen.

b) Bestimmtheit der VO-Ermächtigung?

– Zweckbestimmung: die VO muss zur Erfüllung der Aufgaben der Polizei aus § 1 LPolG ergehen; dass sich dieser Zweck aus dem Zusammenhang des Gesetzes ergibt (und nicht allein aus der Ermächtigungsnorm), steht nicht entgegen; die Zielsetzung des Schutzes der öffentlichen Sicherheit und Ordnung könnte zu unbestimmt sein, doch handelt es sich hier um unbestimmte Rechtsbegriffe, die in der Rechtsprechung einen fest umrissenen Bedeutungsgehalt haben (Rn 332).

– in welchen Fällen Verordnungen erlassen werden können, ergibt sich ebenfalls aus dem Zusammenhang des Polizeigesetzes: bei Gefahren für die öffentliche Sicherheit und Ordnung; der Inhalt der Verordnungen ist dadurch bestimmt, dass sie nur gefahrenabwehrende Anordnungen treffen können; damit ist die Ermächtigung auch nach Inhalt und Ausmaß bestimmt.

2. Rechtsverordnung

a) Formelle Rechtmäßigkeit

aa) Zuständigkeit: Stadt S als Polizeibehörde.

bb) Verfahren (nach Gemeindeordnung): Mangels entgegenstehender Anhaltspunkte ist von einem ordnungsgemäßen Verfahren auszugehen.

cc) Angabe der Ermächtigungsnorm, Art. 80 Abs. 1 S. 3 LVerf: lt SV zu bejahen.

b) Materielle Rechtmäßigkeit

aa) Vereinbarkeit mit der Ermächtigungsnorm: VO ist zur Gefahrenabwehr erlassen; von einer Gefahr für die öffentliche Sicherheit ist dann auszugehen, wenn Rechtsgüter wie Leib und Leben bedroht sind; VO müsste dann erforderlich zur Gefahrenabwehr sein; dies ist nach SV zu bejahen.

bb) Vereinbarkeit mit höherrangigem Recht: Frage der Gleichbehandlung (Art. 3 Abs. 1 GG)[74].

74 BVerfGE 110, 141, 167 f.

b) Satzungen

342 **Fall 31: Berufsordnung**

Das Landesärztegesetz (LÄG) des Landes A bestimmt in § 1: „Die Ärzte sind verpflichtet, ihren Beruf gewissenhaft auszuüben und dem ihnen entgegengebrachten Vertrauen zu entsprechen.“ § 10 lautet: „Die Berufsordnung kann weitere Vorschriften über Berufspflichten im Rahmen des § 1 enthalten, insbesondere über … die Werbung.“ § 11 lautet: „Die Berufsordnung wird von der Landesärztekammer erlassen und bedarf der Genehmigung durch die Landesregierung.“

Die von der Landesärztekammer erlassene Berufsordnung bestimmt in § 21: *„(1) Jegliche Werbung und Anpreisung ist dem Arzt untersagt. (2) Veröffentlichung wissenschaftlicher Berichte in Fachpublikationen ist zulässig.“*

Dr. med. Eisenbarth ist Inhaber eines Privatsanatoriums für Frischzellentherapie. In seinem Buch „Frischzellentherapie heute“ berichtet er über seinen Berufsweg, die von ihm entwickelten Therapien und seine Behandlungserfolge. Hierin sieht die Ärztekammer einen Verstoß gegen das Werbeverbot. In einem berufsgerichtlichen Verfahren wird Dr. med. Eisenbarth zu einer Geldbuße verurteilt. Er hält die Berufsordnung, soweit sie das Werbeverbot enthält, für unwirksam. Derartige Eingriffe in Grundrechte könne, wenn überhaupt, nur der Gesetzgeber vorsehen. **Rn 346**

343 Staatliche Funktionen werden in bestimmten Fällen durch öffentlich-rechtliche Körperschaften in **Selbstverwaltung** wahrgenommen (Rn 30). Die Gründung der Körperschaft, die Aufgabenzuweisung und die Verleihung hoheitlicher Befugnisse erfolgen durch Gesetz. Dies schließt regelmäßig auch die Befugnis ein, eigene Angelegenheiten durch Rechtsvorschriften in Form **autonomer Satzungen** zu regeln (Rn 140): dies sind zB die Satzungen der Gemeinden (s. § 7 GO NW), aber auch zB Promotions- oder Habilitationsordnungen der Universitäten und Berufsordnungen, wie sie von berufsständischen Kammern erlassen werden. Sie werden von den in aller Regel gewählten Beschlussorganen der Selbstverwaltungskörperschaften beschlossen (Gemeinderat, Fachbereichsrat). Anders als beim Erlass von Verordnungen, liegt im Erlass von Satzungen keine Durchbrechung des Gewaltenteilungsprinzips. Deshalb gilt hier Art. 80 Abs. 1 S. 2 GG nicht. Andererseits ist der Satzungsgeber in der Frage, was er durch Satzung regeln will, keineswegs frei: er ist auf den jeweiligen Aufgabenbereich der Selbstverwaltungskörperschaft beschränkt. Gemeinden können nur örtliche, Universitäten nur inneruniversitäre Angelegenheiten durch Satzung regeln.

344 Weitere Einschränkungen ergeben sich aus dem Parlamentsvorbehalt für **grundrechtswesentliche** Fragen (Rn 36 ff), aber auch aus dem rechtsstaatlichen Gesetzesvorbehalt für Eingriffsmaßnahmen (Rn 296 ff). Wenn daher eine Gemeinde eine Abgabe erheben will, zB eine Zweitwohnungssteuer, bedarf sie hierfür einer gesetzlichen Grundlage, etwa in einem Kommunalabgabengesetz, durch die sie zu eben dieser Art von Abgaben ermächtigt wird; vgl auch für eine Satzung über einen Anschluss- und Benutzungszwang **Fall 26** (Rn 290, 323). Auch durfte die Berufsordnung für Anwälte keine Vorgaben über das Verhalten im Prozess beim Antrag auf Erlass eines Versäum-

nisurteils enthalten[75] (Rn 300). Der Parlamentsvorbehalt für grundrechtswesentliche Entscheidungen begrenzt generell Satzungsbefugnisse autonomer Körperschaften vor allem im **Berufsrecht der freien Berufe** (wo derartige satzungsmäßige Ordnungen traditionell eine bedeutsame Rolle spielen). Grundlegend war das *„Facharzt-Urteil“*[76]: Der Erwerb der Facharzt-Qualifikation ist für den einzelnen Arzt in seiner beruflichen Betätigung grundrechtlich in Bezug auf Art. 12 GG so bedeutsam, dass die Voraussetzungen hierfür, unabhängig vom Vorliegen eines Grundrechts„eingriffs“, vom parlamentarischen Gesetzgeber selbst getroffen werden müssen, dieser sich seiner Regelungsbefugnis nicht zu Gunsten berufsständischer Selbstverwaltungskörperschaften entäußern darf, dies vor allem dann nicht, wenn auch ein relevantes Interesse der Allgemeinheit an der fraglichen Regelung besteht[77].

Für die Überprüfung von Satzungen ist regelmäßig auf diese Punkte zu achten: **345**

1. Verleihung der Satzungsautonomie durch Gesetz; Art. 80 Abs. 1 S. 2 GG nicht, auch nicht entsprechend anwendbar;

– wenn Satzung zu Eingriffsakten ermächtigt, hierfür erforderlich: gesetzliche Grundlage;
– Entscheidung der *„wesentlichen“* Fragen durch den Gesetzgeber (Rn 344).

Anmerkung: für die Satzungsermächtigungen im Kommunal- und Kommunalabgabenrecht der Länder kann in aller Regel davon ausgegangen werden, dass sie den genannten Anforderungen genügen.

2. Satzungserlass – *Verfahren*, hierbei insbesondere zu prüfen:

– ist zuständiges Organ der Körperschaft tätig geworden (bei kommunalen Satzungen: Gemeinderat)?
– Einhaltung des vorgeschriebenen Beschlussverfahrens;
– ordnungsgemäße Verkündung und Bekanntmachung;
– ggf Genehmigung durch Rechtsaufsichtsbehörde, soweit gesetzlich vorgeschrieben;
– wenn Verfahrensfehler festgestellt wird, ist Fehlerfolge zu bestimmen: nicht ausnahmslos Nichtigkeit.

3. *Materielle* Voraussetzungen

– Satzung im Rahmen der gesetzlich verliehenen Satzungsautonomie?
– Wenn Eingriffsmaßnahmen vorgesehen, hierfür Ermächtigung?
– Verstoß gegen höherrangiges Recht?

Rechtsfolge aus einem Verstoß gegen die vorstehend genannten Erfordernisse ist grundsätzlich **Unwirksamkeit**; allerdings sehen zB §§ 214, 215 BauGB für städtebauliche Satzungen und die Gemeindeordnungen der Länder generell für Satzungen der Gemeinde die **Unbeachtlichkeit** bzw **Heilbarkeit** bestimmter, nicht innerhalb einer bestimmten Frist gerügter Verfahrens- und Abwägungsmängel vor.

75 BVerfGE 101, 312, 325.
76 BVerfGE 33, 125, 157 f.
77 Zum Satzungserlass durch Selbstverwaltungskörperschaften s. auch BVerfGE 36, 212, 216; 53, 96, 99; 57, 121, 132; *Schneider*, Gesetzgebung, Rn 286.

346 **Lösung Fall 31: Berufsordnung**

1. Bei der Verhängung einer Geldbuße durch das Berufsgericht handelt es sich um einen *Eingriff*. Hierfür ist eine Grundlage in einem formellen Gesetz erforderlich. Derartige Ermächtigungen finden sich in den einschlägigen Landesgesetzen; davon soll für das LÄG des Landes A ausgegangen werden.

2. Die Verhängung einer Geldbuße wegen Verstoßes gegen die Berufsordnung (BO) setzt deren Gültigkeit voraus.

a) Es handelt sich bei der BO um eine Satzung; notwendige Grundlage ist die Verleihung der Satzungsautonomie. Sie findet sich in §§ 10, 11 LÄG.

b) Die Satzungsermächtigung müsste ihrerseits gültig sein. Art. 80 Abs. 1 S. 2 GG gilt nicht. § 10 LÄG ermächtigt jedoch zu grundrechtsbeschränkenden Satzungen: Werbeverbote beschränken die Freiheit der Berufsausübung, Art. 12 Abs. 1 GG, sowie der Meinungsäußerung, Art. 5 Abs. 1 S. 1 GG. Hier muss der Gesetzgeber die maßgeblichen Entscheidungen selbst treffen, in welchem Maße, bestimmt sich nach der Intensität der Grundrechtsbeschränkung. Im Ausgangsfall geht es jedoch nur um die Art und Weise der Berufsausübung *nach* Zulassung. Hier genügt es, wenn der Gesetzgeber generell festlegt, dass Werbebeschränkungen erlassen werden können. Diese sind dann eigenverantwortlicher Ordnung durch die Berufsverbände zugänglich[78]. Der Gesetzes- und Parlamentsvorbehalt ist deshalb hinreichend gewahrt.

c) Werbebeschränkungen für freie Berufe sind auch materiell mit Art. 12 Abs. 1 GG und Art. 5 Abs. 1 S. 1 GG vereinbar.

3. Die Satzung müsste rechtswirksam erlassen worden sein.

a) Formell ordnungsgemäßer Satzungserlass ist hier zu unterstellen.

b) Materielle Voraussetzungen:

Die Satzung hält sich im Rahmen der Satzungsermächtigung: nähere Definition der Berufspflichten im Zusammenhang mit Werbung. Sie verstößt nicht gegen höherrangiges Recht, denn Werbeverbote sind grundsätzlich mit Art. 12 Abs. 1 GG und mit Art. 5 Abs. 1 GG vereinbar[79]. Sie können zu grundrechtswidrigen Ergebnissen führen; dem ist bei ihrer Anwendung im Einzelfall nach Maßgabe der Wechselwirkungstheorie zu Art. 5 Abs. 1, 2 GG Rechnung zu tragen.

4. Hier ist die Annahme eines Verstoßes gegen die Berufspflichten mit Art. 5 GG nicht mehr vereinbar: die öffentliche Auseinandersetzung über umstrittene Behandlungsmethoden ist vom Schutzzweck der Meinungsfreiheit umfasst, Werbeeffekte des Buchs sind hier nur notwendige Nebenwirkung, die es nicht rechtfertigt, den Beitrag des Dr. E zu dieser Auseinandersetzung zu unterdrücken[80].

78 BVerfGE 71, 162, 172.
79 Näher BVerfGE 71, 162, 173 ff.
80 Vgl BVerfGE 85, 248, 258 ff.

c) Verwaltungsvorschriften, Gesetzmäßigkeit der Verwaltung und Gewaltenteilung

Fall 32: Beihilferichtlinien **347**

Im Landesbeamtengesetz des Landes A ist folgende Bestimmung enthalten:

„Beamte des Landes A haben Anspruch auf Beihilfe in Krankheits-, Geburts- und Todesfällen nach Maßgabe der jeweiligen Beihilfevorschriften der Landesregierung".

Die Beihilferichtlinien sehen vor, dass Kosten, die durch die Behandlung von Alkoholismus entstehen, nicht beihilfefähig sind. Der Landesbeamte B ist auf Grund beruflicher Frustrationen zum Alkoholiker geworden. Nachdem er sich mit Erfolg einer Entziehungskur unterzogen hat, beantragt er Beihilfe für die hierfür angefallenen Kosten von € 2500,–. Seine Dienststelle möchte die Beihilfe an sich bewilligen, sieht sich aber durch die Beihilferichtlinien daran gehindert. Zu Recht?

B klagt vor dem Verwaltungsgericht; der Vertreter des Landes verweist auf die auch für das Gericht verbindlichen Beihilferichtlinien. Muss das Gericht diese beachten? **Rn 349, 352** (prozessual Rn 837)

Die Verwaltung hat die Gesetze und sonstigen Rechtsvorschriften zu beachten. Häufig **348**
lassen die anzuwendenden Rechtsnormen Entscheidungsspielräume: Ermessensnormen geben der Verwaltung die Befugnis, bestimmte Maßnahmen zu treffen (zB gegen nicht genehmigte Versammlungen einzuschreiten, bei Ordnungswidrigkeiten Bußgelder zu verhängen), schreiben ihr dies jedoch nicht zwingend vor. In derartigen Fällen kann ein Bedürfnis nach einer einheitlichen Verwaltungspraxis bestehen. Gleiches gilt, wenn das Handeln der Verwaltung gesetzlich nicht geregelt ist, zB häufig bei Gewährung von Subventionen. Hier kann die im behördlichen Instanzenzug vorgeordnete Behörde für die ihr nachgeordneten Behörden (also etwa der Innenminister für die Regierungspräsidenten und Kreisverwaltungsbehörden) allgemeine Richtlinien erlassen, die die Handhabung des Verwaltungsermessens „dirigieren". Diese Richtlinien sind für die nachgeordneten Verwaltungsbehörden verbindlich, grundsätzlich aber nicht im Außenverhältnis für den Bürger. Sie werden als „Verwaltungsvorschriften", in der Praxis auch als Richtlinien, Erlasse, Verwaltungs- oder Dienstanweisungen bezeichnet.

Ein Bedürfnis nach einheitlicher Gesetzesanwendung kann weiterhin dann bestehen, **349**
wenn ein Gesetz interpretationsbedürftige *unbestimmte Rechtsbegriffe* enthält, dies vor allem dann, wenn das Gesetz in einer Vielzahl gleich gelagerter Fälle zu vollziehen ist. Auch hier können Verwaltungsvorschriften ergehen, die das Gesetz in genereller Weise für die mit der Anwendung des Gesetzes befassten Behörden interpretieren. Man spricht hier von **gesetzesinterpretierenden** Verwaltungsvorschriften, so bei **Fall 32 Beihilferichtlinien** (Rn 347): Die Bestimmung im Landesbeamtengesetz wird dahingehend interpretiert, dass Alkoholismus keine Krankheit iS dieser Bestimmung ist. Damit wird gleichzeitig der Beihilfeanspruch des Berechtigten näher konkretisiert. Besonders häufig sind gesetzesinterpretierende Verwaltungsvorschriften im *Steuerrecht* als „Erlasse" des Finanzministers. Die Gleichmäßigkeit des Gesetzesvollzugs ist hier von besonderer Bedeutung. Verwaltungsvorschriften lassen den We-

sentlichkeitsvorbehalt unberührt: grundrechtswesentliche Fragen hat der Gesetzgeber selbst zu regeln[81].

350 Verwaltungsvorschriften sind also generelle, nur verwaltungsintern verbindliche Regelungen: Sie sind keine **Rechtsnormen**, die vom Staat mit Verbindlichkeit für den Bürger gesetzt werden[82]. Im Verhältnis zum Bürger können sie also keine Rechte und Pflichten begründen. Nur **mittelbar** können sie Bindungswirkung im Verhältnis zum Bürger entfalten: Hat sich die Verwaltung auf eine bestimmte Handhabung ihres Ermessens festgelegt, so bindet sie sich hierdurch selbst im Verhältnis zum Bürger, der dann einen Anspruch auf Gleichbehandlung im Rahmen gleichförmiger Verwaltungspraxis hat; dieser Anspruch folgt jedoch aus **Art. 3 Abs. 1 GG**[83]. Wenn also zB Subventionsrichtlinien bestimmte Vergabekriterien festlegen und die Behörde bisher stets hiernach entschieden hat, so hat ein Antragsteller, der diese Kriterien erfüllt, einen Anspruch auf Gleichbehandlung. Die Behörde kann jedoch jederzeit die Vergabekriterien ändern.

351 Für die Gerichte sind Verwaltungsvorschriften grundsätzlich nicht verbindlich: sie sind an das Gesetz gebunden, nicht aber an die Gesetzesinterpretation der Behörde. Eine Ausnahme gilt jedoch für die sog. **normkonkretisierenden Verwaltungsvorschriften**, die vor allem im **Umwelt- und Technikrecht** bedeutsam sind[84]. Sie bestimmen den Inhalt unbestimmter Rechtsbegriffe. So sind nach § 5 Abs. 1 S. 1 Nr 1 BImSchG *schädliche Umwelteinwirkungen durch Geräusche* zu vermeiden. Ab wann Lärm als (gesundheits-)schädlich gilt, dies ist in einer Verwaltungsvorschrift, der TA Lärm[85] geregelt. Sie ist auch für die Gerichte im Grundsatz verbindlich. Diese haben, sofern nicht besondere Anhaltspunkte dagegen sprechen, die unbestimmten Rechtsbegriffe mit dem Inhalt anzuwenden, wie er in den Verwaltungsvorschriften – zB der TA Lärm – näher bestimmt wird[86]. Diese Verwaltungsvorschriften müssen in einem sorgfältigen Verfahren unter Einbeziehung unabhängiger Sachverständiger erarbeitet werden[87]. Sie müssen zudem bekanntgemacht werden[88]. Sie müssen in der Sache am Gesetz orientiert sein und es dürfen auch keine Anhaltspunkte dafür bestehen, dass sie überholt sind[89]. Das Bundesverwaltungsgericht hat auch Vorschriften über die Pauschalierung von Sozialhilfeleistungen als normkonkretisierend eingestuft[90].

352 **Lösung Fall 32: Beihilferichtlinien**

Das Gericht hat zu prüfen, ob die gesetzlichen Voraussetzungen für einen Anspruch auf Beihilfe in besonderer Lebenslage gegeben sind.

Hierfür könnte es auf die Beihilferichtlinie zurückgreifen, wenn es sich um eine normkonkretisierende Verwaltungsvorschrift handelt. Dafür spricht, dass durch die Richtlinie die Ansprüche näher konkretisiert werden sollen.

---

81 Grundlegend BVerwGE 121, 103 für die beamtenrechtlichen Beihilfevorschriften, s. dazu *Saurer*, DÖV 2005, 587.
82 Vgl *Peine*, Allgemeines Verwaltungsrecht, Rn 151 ff.
83 Näher *Pieroth/Schlink*, Rn 494 ff; *Peine*, Allgemeines Verwaltungsrecht, Rn 151.
84 Dazu BVerwGE 72, 300, 320; 107, 338, 341; *Jarass*, JuS 1999, 105.
85 Technische Anleitung Lärm, vgl dazu BVerwGE 129, 209.
86 Zur notwendigen Zustimmung des Bundesrats wegen Art. 84 Abs. 2, 85 Abs. 2 GG s. BVerfGE 100, 249, 261 f.
87 Vgl zu den Voraussetzungen *Peine*, Allgemeines Verwaltungsrecht, Rn 158.
88 BVerwGE 122, 264 mit Anm. *Maurer*, JZ 2005, 895.
89 BVerwGE 107, 338, 341.
90 „Anspruchskonkretisierend", BVerwGE 122, 264, 267 f.

Das *Gericht* ist jedoch an die Richtlinie nicht gebunden. Wenn es der Auffassung ist, dass diese den Anforderungen des Gesetzes nicht entspricht oder gegen höherrangiges Recht verstößt, hat es sie nicht anzuwenden.

Die Dienststelle des B war demgegenüber gehalten, die Richtlinie zu befolgen (abgesehen von gewissen dienstrechtlichen, hier nicht weiter interessierenden Möglichkeiten im verwaltungsinternen Instanzenzug).

Schrifttum zu I.3.: *Mößle*, Das Zitiergebot, BayVBl 2003, 477; *Cremer*, Art. 80 Abs. 1 S. 2 GG und Parlamentsvorbehalt, AöR 122 (1997), 248; *Sommermann*, Verordnungsermächtigung und Demokratieprinzip, JZ 1998, 434; *Ossenbühl*, Satzung, HStR III, § 66; *Remmert*, Rechtsprobleme von Verwaltungsvorschriften, Jura 2004, 728; *Saurer*, Verwaltungsvorschriften und Gesetzesvorbehalt, DÖV 2005, 587.

II. Rechtsstaatlichkeit und Rechtssicherheit

Aus dem Rechtsstaatsgebot des Art. 20 Abs. 3 GG folgt das Gebot der Rechtssicherheit. Dies bedeutet Rechtsklarheit: der Adressat der Norm muss hinreichend klar erkennen können, was Inhalt der Norm ist. Dies bedeutet aber auch Verlässlichkeit der Rechtsordnung: deshalb muss das Vertrauen des Bürgers in den Bestand der Rechtsnormen geschützt werden. Andererseits muss der Staat in der Lage sein, notwendige Reformen zu verwirklichen. Deshalb sind Vertrauensschutz des Bürgers und öffentliche Interessen an Neuregelungen in Ausgleich zu bringen. Dies wird vor allem dann relevant, wenn der Gesetzgeber auf bereits gegebene Sachverhalte Zugriff nimmt oder rückwirkend tätig wird. Im Folgenden ist zu erörtern, welche Schranken hier das Rechtsstaatsgebot dem Gesetzgeber setzt. Rechtssicherheit ist auch ein allgemeiner Grundsatz des Gemeinschaftsrechts bzw nunmehr Unionsrechts.

→ **Leitentscheidungen:** zu 2.: BVerfGE 98, 106 (gemeindliche Verpackungssteuer); BVerfGE 72, 200 (Rückwirkung); BVerfGE 92, 1 (Sitzblockaden); zu 3.: BVerfGE 95, 96 und EGMR EuGRZ 2001, 214 (Mauerschützen); BVerfGE 109, 133 (unbefristete Sicherungsverwahrung); BVerfG NJW 2010, 3629, 3634 und 3638 = BVerfG (K) 127, 1–31, (K) 127, 31–60, (K) 127, 61–87 (Rückwirkung im Steuerrecht I, II und III); BVerfGE 128, 326 (Sicherungsverwahrung II).

1. Grundsätzliche Bedeutung

Rechtsstaatlichkeit bedeutet Ausübung staatlicher Gewalt im Rahmen der Rechtsord- 353
nung, Schutz einer rechtlich gesicherten Sphäre des Bürgers gegenüber dem Staat. Dies bedingt Gesetzmäßigkeit der Verwaltung, Verfassungsmäßigkeit der Gesetze und vor allem auch **Rechtssicherheit**: Die Rechtssphäre des Bürgers bedarf der hinreichend sicheren Abgrenzung, sodass der Normadressat sich in seinem Verhalten hierauf einrichten kann. **Bestimmtheit, Klarheit, Verlässlichkeit der Rechtsordnung** und damit **Rechtssicherheit** ist also ein **Gebot des Rechtsstaats**. Die Rechtsordnung soll dem Normadressaten verlässliche Grundlage für sein Verhalten sein. Daraus folgt für den Bürger als Normadressaten: Rechtssicherheit erfordert zunächst *Bestimmtheit*

der Norm im eigentlichen Sinn, also *hinreichend klare Fassung* ihres Wortlauts. Ferner muss die Rechtsordnung insgesamt klar, überschaubar und widerspruchsfrei sein[91]. Dieses Erfordernis wird nun auch wirksam in zeitlicher Hinsicht: Widerspruchsfreiheit und konsequentes Verhalten des Gesetzgebers bedeutet dann Kontinuität gesetzgeberischen Handelns, Schutz des Vertrauens des Bürgers in die Beständigkeit der Rechtsordnung, seiner hiernach getroffenen Dispositionen.

Rechtsstaatlichkeit also bedeutet Rechtssicherheit. Rechtssicherheit bedeutet Rechtsklarheit und – in der zeitlichen Dimension – Vertrauensschutz.

2. Insbesondere: Rechtsklarheit

354 **Fall 33: Ausländergesetz**

Eine Bestimmung des Ausländergesetzes möge lauten: „*Ausländer, die in den Geltungsbereich dieses Gesetzes einreisen und sich darin aufhalten wollen, bedürfen einer Aufenthaltserlaubnis. Die Aufenthaltserlaubnis darf erteilt werden, wenn die Anwesenheit des Ausländers Belange der Bundesrepublik nicht beeinträchtigt.*"

Ist die Vorschrift hinreichend bestimmt? **Rn 363**

a) Klarheit und Bestimmtheit der Norm

355 Das Gebot der **Bestimmtheit** der Norm folgt aus dem Gebot der **Rechtssicherheit** als einem „Unterprinzip" des **Rechtsstaatsprinzips**. Es kann noch in anderen Elementen des Rechtsstaatsprinzips verankert werden: Gewaltenteilung, Vorrang und Vorbehalt des Gesetzes fordern hinreichend bestimmte Vorgaben für Exekutive und Judikative. In jedem Fall bedeutet Klarheit und Bestimmtheit der Norm Erkennbarkeit des vom Gesetzgeber Gewollten. Dass das Gesetz auslegungsbedürftig ist, steht dem noch nicht entgegen, ebenso wenig die Verwendung von *Generalklauseln*, deren Bedeutung durch Verwaltung und Rechtsprechung zu konkretisieren ist. Grundsätzlich zulässig ist die Verwendung unbestimmter Rechtsbegriffe[92]. Das Gebot der Rechtsklarheit bezeichnet also nur Mindestanforderungen an die Fassung der Norm. Nur in Ausnahmefällen, bei in sich widersprüchlichen oder unklaren Normen wird deren Nichtigkeit allein aus ihrer Unbestimmtheit abzuleiten sein (für Strafgesetze Rn 358). Nach einer vom BVerfG regelmäßig zugrundegelegten Formel muss die Norm den „rechtsstaatlichen Grundsätzen der Rechtsklarheit und Justiziabilität" entsprechen, sie muss „in ihren Voraussetzungen und in ihrem Inhalt so formuliert sein, dass die von ihr Betroffenen die Rechtslage erkennen und ihr Verhalten danach einrichten können" – so das BVerfG in einer Entscheidung zum Kleingartenrecht[93].

356 Dort werden die Anforderungen an die **Bestimmtheit von Normen** in grundsätzlicher Weise konkretisiert. Gegenstand der Entscheidung waren Bestimmungen des Kleingartenrechts, die die

91 Vgl etwa BVerfGE 17, 306, 314 zur Fassung der Norm; BVerfGE 98, 106, 131 ff zum Gebot der Widerspruchsfreiheit der Rechtsordnung.
92 BVerfGE 21, 73, 79.
93 BVerfGE 52, 1, 41.

Kündigung von Pachtverträgen von einer behördlichen Genehmigung abhängig machten. Von der Behörde war zu prüfen, ob *„öffentliche Belange“* entgegenstünden. Dies war zu unbestimmt: Aus dem Gesetz ging nicht hervor, welche öffentlichen Belange die Versagung der Genehmigung rechtfertigen sollten. Der unbestimmte Rechtsbegriff *„öffentliche Belange“* war hier also nicht hinreichend bestimmt. In anderem Zusammenhang kann die Verwendung dieses *unbestimmten Rechtsbegriffs* demgegenüber zulässig sein (etwa in § 35 BauGB), dann nämlich, wenn die Bedeutung des Begriffs sich aus dem Gesamtzusammenhang der gesetzlichen Regelung ergibt, oder wenn dieser in der Rechtsprechung hinreichende Konkretisierung erfahren hat (so etwa der Begriff der *„öffentlichen Sicherheit und Ordnung“* in den Eingriffsermächtigungen des Sicherheitsrechts). Grundsätzlich zulässig ist auch die Verweisung auf außerrechtliche Normen, wenn deren Bedeutungsgehalt durch Auslegung ermittelt werden kann (die „anerkannten Regeln der Baukunst“ im Bauordnungsrecht, die „Regeln der Technik“ oder der „Stand von Wissenschaft und Technik“ im Recht der technischen Sicherheit), oder sonstige Wertvorstellungen, wie etwa das Kriterium der besonderen künstlerischen oder geschichtlichen Bedeutung im Denkmalschutzrecht[94].

Das BVerfG betont in der Entscheidung zum Kleingartenrecht das Gebot der Rechtsklarheit auch im Hinblick darauf, dass es hier um eine Eingriffsermächtigung im Bereich der Grundrechtsausübung ging. Das Gebot der Bestimmtheit ist also im Zusammenhang des rechtsstaatlich-demokratischen Gesetzesvorbehalts zu sehen: In „grundrechtswesentlichen“ Fragen sind die Anforderungen an die bestimmte Fassung der Norm stringenter. Gleichwohl werden konkrete Folgerungen iSd Feststellung der Nichtigkeit einer Norm nur ausnahmsweise gezogen – auch wenn das BVerfG in jüngster Zeit zu einer strengeren Handhabung des Bestimmtheitsgebots zu neigen scheint[95]. 357

Im **Strafrecht** gelten strengere Anforderungen. **Art. 103 Abs. 2 GG** als *lex specialis* zum allgemein-rechtsstaatlichen Bestimmtheitsgebot legt den Grundsatz des *nulla poena sine lege* – zentrale Errungenschaft rechtsstaatlicher Strafrechtspflege – als grundrechtsgleiches Recht fest. Hieraus folgt das Gebot der hinreichend bestimmten Fassung von Strafgesetzen: der Normadressat muss aus dem Gesetz erkennen können, ob sein Verhalten strafbar ist. Dies schließt auslegungsbedürftige Begriffe nicht aus, solange in Grenzfällen jedenfalls das *Risiko* der Bestrafung erkennbar wird[96]. Hinreichend bestimmt sein müssen Straftatbestand und Strafandrohung. Starre Strafandrohungen sind jedoch nicht geboten – der Gesetzgeber kann einen Strafrahmen bezeichnen und muss dies auch tun, um im Einzelfall die „gerechte“, also schuldangemessene Strafe zu ermöglichen. Die Kriterien für die Strafzumessung müssen aber aus dem Gesetz selbst hervorgehen. Weil dies bei der Vermögensstrafe des § 43a StGB nicht der Fall war, hat sie das BVerfG[97] für verfassungswidrig erklärt. Für die **Rechtsprechung** folgt hieraus ein Verbot der Analogie zu Lasten des Angeklagten, und zwar ein Verbot nicht nur der Analogie im technischen Sinn, sondern jeder Rechtsanwendung, die über den Inhalt einer Strafbestimmung hinausgeht: die Norm muss in ihrer Anwendung durch die Gerichte hinreichend bestimmt sein. 358

94 BerlVerfGH LKV 1999, 361.
95 Vgl hierzu etwa *Papier/Möller*, AöR 122 (1997), 121 ff.
96 BVerfGE 92, 1, 12.
97 BVerfGE 105, 135, 159 ff.

359 So sieht das BVerfG in seiner Entscheidung zur Strafbarkeit von Sitzblockaden den Nötigungstatbestand des § 240 StGB als hinreichend bestimmt[98]. Der Begriff der *Gewalt* lässt sich, so das BVerfG, in seiner Tragweite durch eine an Wortlaut und Gesetzeszweck orientierte Auslegung ermitteln. Nicht mehr zulässig ist die weite *Auslegung* des Gewaltbegriffs durch die Gerichte, wonach auch rein psychische Einwirkungen Gewalt iSv § 240 StGB sind[99]. Welches Verhalten strafbar sei, könne dann nicht mit hinreichender Sicherheit beurteilt werden. Diese Ungewissheit in der Anwendung der Strafrechtsnorm führe zur *Verfassungswidrigkeit* der entsprechenden *Auslegung* durch die Rspr; Strafbarkeitslücken zu schließen, sei Sache des Gesetzgebers[100]. Auch in der Gleichsetzung von „Zombies" mit Menschen bei der Auslegung des § 131 StGB lag eine unzulässige Analogie[101].

360 Als allgemeiner rechtsstaatlicher Grundsatz gilt das Bestimmtheitserfordernis auch für die **Verwaltung**; in § 37 Abs. 1 VwVfG ist dies für Verwaltungsakte ausdrücklich geregelt.

b) Klarheit und Widerspruchsfreiheit der Rechtsordnung

361 Nicht nur die einzelne Rechtsnorm, sondern auch die Rechtsordnung insgesamt muss für den Bürger klar und widerspruchsfrei sein – was für manche Bereiche des Steuer- und Sozialrechts, aber auch des Umweltrechts durchaus zweifelhaft ist. Um konkrete Konsequenzen hieraus zu ziehen, müsste man jedoch zu der Feststellung gelangen, dass gerade eine bestimmte Norm wegen der Unübersichtlichkeit oder Unklarheit der Regelung der Gesamtmaterie verfassungswidrig ist. Für den Fall der *kommunalen Verpackungssteuer* (auf Einweggeschirre von Fast-Food-Betrieben) hat das BVerfG[102] entsprechende Konsequenzen aus einem rechtsstaatlichen Gebot der Widerspruchsfreiheit der Rechtsordnung gezogen. Das Rechtsstaatsprinzip verpflichtet hiernach die rechtsetzenden Organe, Widersprüche innerhalb der Rechtsordnung zu vermeiden. Welche der Normen zu weichen hat, bestimmt sich dann nach ihrem Rang, ihrer Zeitenfolge und Spezialität – wobei etwa eine abgabenrechtliche Bestimmung im Fall des Widerspruchs zu einer Sachregelung zurückzutreten hat[103].

362 Das *BVerfG* sah danach die landesrechtliche Regelung über die Verpackungssteuer, obschon an sich von der Landeskompetenz für die örtlichen Verbrauchs- und Aufwandssteuern (Art. 105 Abs. 2a GG) umfasst, im Widerspruch zu Zielsetzung und Systematik des Abfallrechts des Bundes. Der Steuergesetzgeber begründe hier Zahlungspflichten, die den Adressaten zur Vermeidung des steuerbelasteten Tatbestandes – also des Anfalls von Einweggeschirr – veranlassen sollten. Diese Regelung laufe dem Konzept des Sachgesetzgebers im Abfallrecht zuwider, das auf Kooperation in der Abfallwirtschaft gerichtet sei. Der Steuergesetzgeber dürfe aber keine Regelungen herbeiführen, die der vom zuständigen Sachgesetzgeber getroffenen Regelung widersprechen, sei es, dass sie in direktem Widerspruch zu einzelnen Bestimmungen der Sachregelung stehen, sei es, dass sie deren Gesamtkonzept zuwiderlaufen. Demgegenüber sah das OVG Koblenz, im Gegen-

98 BVerfGE 73, 206, 234 ff; ebenso BVerfGE 92, 1, 12 ff.
99 BVerfGE 92, 1, 12 ff.
100 BVerfGE 92, 1, 14 ff, s. aber auch dort die abw Meinung; s. auch BVerfGE 104, 92.
101 BVerfGE 87, 209, 225; vgl *Degenhart*, in: Sachs, GG, Art. 103 Rn 70.
102 BVerfGE 98, 106, 131 ff.
103 Krit. *Kloepfer/Brücker*, DÖV 2001, 1.

satz zum Bayerischen Verwaltungsgerichtshof, keinen Wertungswiderspruch zwischen der Begünstigung von Hotelübernachtungen im Umsatzsteuerrecht und der in Reaktion hierauf in manchen Gemeinden eingeführten „Bettensteuer“[104] (Rn 552).

Lösung Fall 33: Ausländergesetz 363

Hier wird der unbestimmte Rechtsbegriff „Belange der Bundesrepublik“ gebraucht, hinzu kommt eine weitgefasste Ermessensnorm, die der Behörde weitgehende Entscheidungsspielräume eröffnet („darf“). Auch wenn man den Begriff der „Belange“ noch als hinreichend bestimmt ansieht, erscheint doch die Kombination von unbestimmtem Rechtsbegriff und weitem Ermessen auf der Rechtsfolgenseite hier unter rechtsstaatlichen Gesichtspunkten nicht unbedenklich. Das BVerfG hat hinreichende Bestimmtheit unter Hinweis auf die hinreichende Konkretisierung der normativen Merkmale der Vorschrift durch die Rechtsprechung, insbesondere des Bundesverwaltungsgerichts, (noch) bejaht[105]. Auch der rechtsstaatlich-demokratische Gesetzesvorbehalt sei gewahrt, da gerade im Bereich des Ausländerrechts rasches und flexibles behördliches Handeln erforderlich sei.

3. Rechtssicherheit – Rückwirkungsverbot und Vertrauensschutz

Fall 34: Haustürgeschäfte 364

Ein Gesetz über „Haustürgeschäfte“ sieht vor, dass Gerichtsstand bei Streitigkeiten aus solchen Geschäften ausschließlich der Wohnsitz des Kunden ist und bestimmt ausdrücklich: „Entgegenstehende Vereinbarungen sind nichtig. Dies gilt auch für Verträge, die vor Inkrafttreten dieses Gesetzes geschlossen wurden.“

Die Multimedia Vertriebsgesellschaft m.b.H., die im Haustürgeschäft Zeitschriftenabonnements vertreibt, hat als Gerichtsstand stets ihren Firmensitz vereinbart. Sie hält das Gesetz für verfassungswidrig, weil es rückwirkend in bereits abgeschlossene Verträge eingreife. **Rn 380, 382, 393**

Fall 35: Frankenstein 365

Im **Fall 15 – Nachträgliche Sicherungsverwahrung** (Rn 199) hat der Bund unter dem 30.6.2007 ein entsprechendes Gesetz erlassen. Es lautet sinngemäß:

„Sind nach einer Verurteilung zu einer Freiheitsstrafe von mindestens fünf Jahren wegen oder auch wegen eines Verbrechens gegen das Leben, die körperliche Unversehrtheit oder die sexuelle Selbstbestimmung durch welches das Opfer seelisch oder körperlich schwer geschädigt oder einer solchen Gefahr ausgesetzt worden ist, vor Ende des Vollzugs Tatsachen erkennbar, die auf eine erhebliche Gefährlichkeit des Verurteilten für die Allgemeinheit hinweisen, so kann das Gericht nachträglich die Unterbringung in der Sicherungsverwahrung anordnen, wenn die Gesamtwürdigung des Verurteilten, seiner Tat oder seiner Taten und seiner Entwicklung während des Vollzugs ergibt, dass er mit hoher Wahrscheinlichkeit erneut Straftaten der vorbezeichneten Art begehen wird.“

Das Gesetz ist zum 1.7.2007 in Kraft getreten. Es gilt auch für sog. „Altfälle“, also bei einer Verurteilung vor diesem Zeitpunkt.

---

104 OVG Koblenz, GewArch 2011, 350–354; anders BayVGH DVBl 2012, 767.
105 Vgl BVerfGE 76, 1, 74.

Frankenstein war 1998 wegen sexueller Gewaltdelikte zu einer 10-jährigen Freiheitsstrafe verurteilt worden. Er hat sich im Strafvollzug jeder Therapie verweigert. Die forensische Begutachtung attestiert ihm ein während der Haft noch deutlich gesteigertes Gefährdungspotential. Daraufhin ordnet die zuständige Strafvollstreckungskammer im Oktober 2007 unbefristete Verwahrung auf der Grundlage des Gesetzes vom 30.6.2007 an. Frankenstein hält dies schon deshalb für verfassungswidrig, weil seine Strafe nicht rückwirkend verschärft werden dürfe; er verweist außerdem auf den Grundsatz „ne bis in idem". **Rn 370, 394**

366 **Fall 36: Müllsatzung**

Die Gemeinde A erlässt im Jahr 2000 eine am 1.1.2005 in Kraft tretende Satzung über Beiträge zur Müllabfuhr. Wegen eines Verfahrensfehlers wird diese Satzung durch gerichtliche Entscheidung vom 31.1.2006 für nichtig erklärt. In nunmehr ordnungsgemäßem Verfahren ergeht eine Satzung gleichen Inhalts, die rückwirkend ab 1.1.2005 gelten soll. Gemeindebürger B sieht hierin einen Fall unzulässiger Rückwirkung. **Rn 382, 395**

367 **Fall 37: Sozialpfandbriefe**

In der Bundesrepublik waren in den Jahren bis 1955 sog. „Sozialpfandbriefe" ausgegeben worden. Sie dienten der Finanzierung des sozialen Wohnungsbaus. Um Kapital für diese seinerzeit dringende Aufgabe (es herrschte kriegsfolgenbedingte Wohnungsnot) anzuziehen, wurden die Zinsen durch eine besondere Vorschrift im Einkommensteuerrecht von der Steuerpflicht befreit. Die Laufzeit der Pfandbriefe war außerordentlich lang – Endfälligkeit ist in den Jahren 2000–2012. Die Vita Lebensversicherungs-AG hatte im Jahr 1965 derartige Pfandbriefe im Nennwert von DM 10 Mio. zum Kurs von 118 erworben. Im Zuge eines Haushaltskonsolidierungsgesetzes wurde die Bestimmung über die Steuerbefreiung im Jahr 1990 ersatzlos gestrichen. Dadurch ging der Kurs der Papiere von 112 im Jahr 1990 auf 102 zurück. Die Lebensversicherungs-AG hat Zweifel an der Verfassungsmäßigkeit dieses Vorgehens.
– Fall nach: BVerfGE 105, 17. **Rn 379**

a) Das Problem

368 In der zeitlichen Dimension bedeutet Rechtssicherheit vor allem **Schutz des Vertrauens** in die Beständigkeit der Gesetze. Der Bürger, der sich in seinem Verhalten auf eine Regelung eingestellt hat, hat berechtigtes Interesse daran, dass seine Dispositionen nicht durch nachträgliche Rechtsänderung durchkreuzt werden. Er muss darauf vertrauen können, dass sein Verhalten, das sich an der Rechtsordnung orientiert, von dieser mit allen damit verbundenen Folgen anerkannt bleibt. Vor allem bei *rückwirkender* Rechtsänderung wird dieses Vertrauen berührt, wenn also in der Vergangenheit liegende Tatbestände nachträglich neu bewertet werden[106].

b) Verbot rückwirkender Strafgesetze: Art. 103 Abs. 2 GG

369 Dies ist evident bei Strafgesetzen: Diese sollen dem Bürger verlässlich die Grenzen seiner Handlungsfreiheit aufzeigen. Dann aber darf ein Verhalten, das dem geltenden Recht entspricht, nicht nachträglich als rechtswidrig bzw strafbar bewertet werden. Die Strafbarkeit einer Tat muss also im Zeitpunkt ihrer Begehung gesetzlich bestimmt

106 Vgl BVerfGE 127, 1, 31.

sein; demgemäß enthält **Art. 103 Abs. 2 GG** in Konkretisierung des allgemeinen Rechtsstaatsgebots ein **Verbot rückwirkender Strafgesetze**. Entsprechend dem Schutzzweck der Norm, im Voraus Rechtssicherheit hinsichtlich der Strafbarkeit zu gewährleisten, bezieht dieses Verbot sich auf den Tatbestand, in dem die Strafbarkeit festgelegt ist, aber auch auf Rechtfertigungsgründe, wie schließlich auch auf die „Strafe" selbst. **Strafe** ist die missbilligende hoheitliche Reaktion auf schuldhaftes Unrecht. Sie darf nicht rückwirkend festgesetzt oder verschärft werden.

Für sonstige Sanktionen gilt dies nach Auffassung des Bundesverfassungsgerichts **370**
nicht – insbesondere nicht für Maßregeln der Sicherung und Besserung wie die **Sicherungsverwahrung** in **Fall 35**. Sie zählt zwar zum **Strafrecht** iSv Art. 74 Abs. 1 Nr 1 GG (Rn 166), ist aber, so das BVerfG, **nicht Strafe** iSv Art. 103 Abs. 2 GG[107]. Der EGMR sieht demgegenüber in seinem Urteil vom 17.12.2009 die Sicherungsverwahrung als Strafe iSd Rückwirkungsverbots nach **Art. 7 EMRK**, da es sich um eine Maßnahme handelt, die an die Verurteilung wegen einer Straftat anknüpft und auch in ihrem Vollzug einer Strafe gleichkommt. Er hat deshalb die nachträgliche Anordnung unbefristeter Sicherungsverwahrung auf Grund einer nach der Tat erfolgten Gesetzesverschärfung als Verstoß gegen das Rückwirkungsverbot des Art. 7 Abs. 1 EMRK eingestuft. In seinem Urteil vom 4.5.2011 hält das BVerfG zunächst daran fest, dass die Sicherungsverwahrung nicht Strafe iSv Art. 103 Abs. 2 und 3 GG ist; es wendet sich ausdrücklich gegen eine Verpflichtung, die Begrifflichkeit der Konvention „schematisch" zu übernehmen (Rn 273)[108]. Es trägt der Entscheidung des EGMR vielmehr dadurch Rechnung, dass es dessen Wertungen im Rahmen des allgemein-rechtsstaatlichen **Vertrauensschutzes** berücksichtigt und dabei insbesondere auf den intensiven Eingriff in das Recht auf Freiheit der Person (Art. 2 Abs. 2 S. 2, Art. 104 GG) abstellt, s. Rn 374 ff.

Bloße Verfolgungsvoraussetzungen wie die **Verjährung** fallen nicht unter die Garan- **371**
tiefunktion des Art. 103 Abs. 2 GG. Der Tatbestand des *Strafgesetzes*, also die Begehung einer bestimmten Tat, an die die Rechtsfolge der Strafbarkeit anknüpft, wurde daher auch durch die Verlängerung der Verjährungsfrist für NS-Verbrechen nicht berührt. Sie bedeutete also keine (rückwirkende) Änderung eines *Strafgesetzes*. Art. 103 Abs. 2 GG greift daher *nicht* ein[109].

Das rechtsstaatliche Rückwirkungsverbot des Art. 103 Abs. 2 GG kann vor allem in Fällen der **372**
Staatskriminalität (NS-Verbrechen, DDR-Unrecht) in Konflikt geraten mit rechtsstaatlichen Erfordernissen **materieller Gerechtigkeit**. Darauf zielt die sog. *Radbruch'sche* Formel. Danach muss bei einem Verstoß gegen die allen Völkern gemeinsamen, auf Wert und Würde bezogenen Rechtsüberzeugungen das positive Recht der Gerechtigkeit weichen. Das BVerfG ist dem beigetreten[110]. Überragende Erfordernisse materieller Gerechtigkeit können hiernach die Garantiefunktion des Art. 103 Abs. 2 GG begrenzen. Dies wurde angenommen für die Anwendung von Rechtfertigungsgründen des DDR-Rechts, die, mochten sie auch der Staatspraxis der DDR entsprochen

107 Vgl einerseits BVerfGE 109, 133, 167 ff; BVerfG JZ 2007, 582, andererseits nunmehr EGMR, U. v. 17.12.2009 – EuGRZ 2010, 25, bestätigt durch E der Großen Kammer vom 11.5.2010 – Az 1934/04.
108 BVerfG NJW 2011, 1931, 1936 Abs. Nr. 91.
109 Vgl BVerfGE 25, 269, 286.
110 BVerfGE 95, 96, 133 ff.

haben, materiell schwerstes Unrecht bedeuteten. Für die Strafbarkeit der **„Mauerschützen"** war bereits BGHSt 39, 1 von der Nichtanwendbarkeit der Rechtfertigungsgründe des DDR-Rechts (§ 27 DDR-GrenzG) wegen offensichtlicher **Menschenrechtswidrigkeit** ausgegangen. Aus diesen Überlegungen kann auch ein DDR-Richter wegen **Rechtsbeugung** verurteilt werden[111].

373 Die Bestrafung von **DDR-Spionen** nach den Strafgesetzen der Bundesrepublik (§§ 94, 99 StGB)[112] ist kein Problem des Art. 103 Abs. 2 GG. Denn die Strafbarkeit der Spionagetätigkeit *nach dem Recht der Bundesrepublik* habe zur Tatzeit bereits festgestanden (auch wenn nach DDR-Recht die entsprechenden Taten naturgemäß straflos waren). Das BVerfG gelangt gleichwohl zu (teilweiser) Straflosigkeit: wegen der „Eigentümlichkeit" der Strafbarkeit der Spionage könne eine Bestrafung zum jetzigen Zeitpunkt keinen legitimen Strafzweck mehr erfüllen und sei deshalb unverhältnismäßig.

c) IÜ: Rechtsstaatliches Rückwirkungsverbot

374 Schlechthin unzulässig sind also rückwirkende Strafgesetze. Rückwirkende Gesetze sind auch im Übrigen nicht uneingeschränkt zulässig. Denn stets kann hier das Vertrauen des Bürgers in die Beständigkeit der Rechtsordnung gegenüber nachträglicher Neubewertung betroffen sein. Aus dem Rechtsstaatsgebot des Art. 20 Abs. 3 GG folgen also Schranken für rückwirkende Gesetze. Für rückwirkende Eingriffe in Eigentumsrechte folgt dies auch unmittelbar aus **Art. 14 Abs. 1 GG**[113]. Bei der dann erforderlichen Prüfung, ob eine Eigentumsbeschränkung angemessen ist, also einen sachgerechten Ausgleich zwischen Eigentümerinteresse und Sozialpflichtigkeit vornimmt, ist dann auf das Rückwirkungsverbot einzugehen. Sachlich ergeben sich hierbei jedoch keine Änderungen.

375 Die Rechtsprechung[114] unterscheidet zwischen unterschiedlichen Formen der Rückwirkung, zwischen **„echter"** (retroaktiver) und **„unechter"** (retrospektiver) **Rückwirkung**. **Echte Rückwirkung** liegt vor, wenn der Gesetzgeber nachträglich in Tatbestände eingreift, die in der Vergangenheit begonnen und abgeschlossen wurden, deren Rechtsfolgen also vor Verkündung des Gesetzes eingetreten sind. Da in diesem Fall das Gesetz an bereits abgeschlossene Tatbestände neue Rechtsfolgen knüpft, spricht man insoweit auch von der *Rückbewirkung von Rechtsfolgen*[115]. Echte Rückwirkung ist nur in Ausnahmefällen zulässig. **Unechte Rückwirkung** liegt vor, wenn das Gesetz ein Geschehen betrifft, das in der Vergangenheit ins Werk gesetzt, jedoch noch nicht abgeschlossen wurde, die Rechtsfolgen des Gesetzes aber erst nach seiner Verkündung eintreten. Die Norm knüpft in ihrem Tatbestand an Gegebenheiten vor ihrer Verkündung an, um Rechtsfolgen für die Zukunft zu regeln. Das BVerfG[116] spricht insoweit auch von *tatbestandlicher Rückanknüpfung*. Diese ist nicht grundsätzlich unzulässig, sondern nur dann, wenn das schutzwürdige Vertrauen des Bürgers die Interessen der Allgemeinheit, die mit dem Gesetz verfolgt werden, überwiegt. Es geht also in der Sache stets um **Vertrauensschutz**.

---

111 EGMR EuGRZ 2001, 210; s. dazu *Kadelbach*, Jura 2002, 329.
112 BVerfGE 92, 277, 323 ff.
113 BVerfGE 95, 64, 86.
114 Zusammenfassung der Grundsätze der Rspr auf aktuellem Stand bei BVerfGE 126m 1m 31, Rn 55 ff.
115 BVerfGE 76, 256, 345; 105, 17, 37.
116 BVerfGE 72, 200, 241 f; 105, 17, 37.

Deshalb war eine rückwirkende Änderung ehemaligen DDR-Rechts in weiterem Maß zulässig, weil spätestens seit dem Beitritt kein schutzwürdiges Vertrauen mehr in dessen Fortbestand anzuerkennen war[117].

Die **Unterscheidung** zwischen beiden Rückwirkungsfällen kann am Beispiel des Steuerrechts verdeutlicht werden[118]. Entscheidende **Rechtsfolge** steuerrechtlicher Normen ist die Entstehung der Steuerschuld. Diese entsteht im Einkommenssteuerrecht mit Ablauf des Veranlagungszeitraums und damit des Kalenderjahres, § 25 Abs. 1 EStG. Ändert der Gesetzgeber nachträglich eine bereits entstandene Steuerschuld, also zB durch ein Gesetz im Jahr 2011 die Steuerschuld für 2010, so ist dies ein Fall echter Rückwirkung. Führt das Gesetz aber dazu, dass sich die Steuerschuld für 2011 ändert, so werden keine bereits entstandenen Rechtsfolgen geändert, liegt also keine Rückbewirkung von Rechtsfolgen vor, und damit kein Fall echter Rückwirkung. Die Rechtsfolge, die geändert wird, entsteht erst mit Ablauf des Jahres 2010. Wenn sie sich jedoch auf Sachverhalte bezieht, die bereits in der Vergangenheit *„ins Werk gesetzt"* wurden, so liegt ein Fall unechter Rückwirkung vor. Dies ist zB dann der Fall, wenn ein bereits erworbener Vermögenswert in die Besteuerung einbezogen wird, wenn also etwa ein im Jahr 2005 erworbener Gegenstand nach bisherigem Recht hätte steuerfrei veräußert werden können, nach der Rechtsänderung aber der Wertzuwachs bei Veräußerung versteuert werden müsste. Deshalb war die Verlängerung der Spekulationsfrist für Grundstücke durch das – bezeichnender Weise so genannte – Steuerentlastungsgesetz 1999/2000/2002 verfassungswidrig, soweit es Grundstücke betraf, für die nach bisherigem Recht die Spekulationsfrist bereits abgelaufen war. Hier wurde dem Vertrauensschutzinteresse Vorrang eingeräumt. Anders für die Grundstücke, für die die Frist noch nicht abgelaufen war: hier hatte der Vertrauensschutz geringeres Gewicht. Denn die bloße Erwartung, dass eine günstige Rechtslage fortbesteht, ist verfassungsrechtlich in aller Regel nicht schutzwürdig. **376**

Es geht also in der Sache um **Rechtssicherheit** und **Vertrauensschutz**. Im Fall der nachträglichen Änderung von Rechtsfolgen ist die Rechtssicherheit intensiv beeinträchtigt. Deshalb hat hier der Vertrauensschutz in aller Regel Vorrang. **377**

Für die Zulässigkeit rückwirkend-belastender Gesetze gelten diese Grundsätze:

Echte Rückwirkung ist nur ausnahmsweise zulässig:

(1) Wenn für den Rückwirkungszeitraum mit der dann getroffenen Regelung zu rechnen war und aus diesem Grund kein schutzwürdiger Vertrauenstatbestand geschaffen wurde[119]. Dies kann der Fall sein bei der Ersetzung einer vorläufigen durch eine endgültige Regelung, oder auch, wie im **Fall 36**, einer aus formellen Gründen nichtigen durch eine wirksame Regelung gleichen Inhalts.

(2) Wenn die bisherige Rechtslage „unklar und verworren" war, ihre Bereinigung ein Erfordernis der Rechtssicherheit, kann die Entstehung schutzwürdigen Vertrauens ausgeschlossen und deshalb Rückwirkung zulässig sein. Gleiches kann gelten, wenn etwa nachträglich System-

117 BVerfGE 88, 384, 404 f.
118 Vgl BVerfGE 127, 31, 60.
119 Vgl BVerfGE 37, 363, 397 f; 45, 142, 173 f.

widrigkeiten eines umfangreicheren Gesetzgebungswerks korrigiert, verfassungswidrige Lücken im System der gesetzlichen Regelung geschlossen werden[120].

(3) Auch bei ganz geringfügigen Beeinträchtigungen („Bagatellvorbehalt")[121] kann eine Ausnahme in Betracht kommen.

(4) Ob darüber hinaus *„zwingende Gründe des öffentlichen Wohls"* dem Gebot der Rechtssicherheit übergeordnet sein können[122], ist fraglich. Jedenfalls müsste es sich um besonders gelagerte Ausnahmefälle handeln.

Ist keiner der vorgenannten Tatbestände gegeben, ist echte Rückwirkung unzulässig.

378 Für die Verfassungsmäßigkeit **unechter Rückwirkung** kommt es darauf an, ob das Interesse des Staates und des gemeinen Wohls die schutzwürdigen Interessen der Gesetzesadressaten am Fortbestand einer ihnen günstigen Rechtslage überwiegen[123]. **Wohl der Allgemeinheit** und **Vertrauensschutzinteressen** sind also gegeneinander abzuwägen. Dabei ist insbesondere darauf abzustellen, ob Grundrechte in belastender Weise betroffen sind[124]. Aber auch anderweitige, durch eine Gesetzesänderung nachteilig betroffene Dispositionen können eine Rolle spielen[125]. Wenn überwiegender Vertrauensschutz besteht, kann dem durch Übergangsvorschriften Rechnung getragen werden.

379 **Lösung Fall 37: Sozialpfandbriefe**

Diese Abwägung erfolgt beispielhaft in der Entscheidung zu den Sozialpfandbriefen[126]. Es handelte sich hier um einen Fall tatbestandlicher Rückanknüpfung oder unechter Rückwirkung. Denn die Inhaber der Pfandbriefe hatten auch im Fall des Zweiterwerbs Vermögensdispositionen ins Werk gesetzt, an die neue Rechtsfolgen belastender Art geknüpft wurden. Der Gesetzgeber verfolgte dabei ein legitimes Interesse: über die Einnahmeerzielung hinaus wurde hier durch den Abbau von Vergünstigungen das rechtsstaatliche Ziel der Steuergerechtigkeit angestrebt. Andererseits war auch das Vertrauen der Inhaber der Pfandbriefe schutzwürdig, dies umso mehr, als deren Erwerb ausdrücklich erwünscht war, um Geld in den sozialen Wohnungsbau zu lenken. Dies ist ein relevanter Aspekt in der Abwägung: Private Dispositionen sind dann besonders schutzwürdig, wenn sie staatlicherseits erwünscht waren.

Doch war auch die lange Laufzeit der Pfandbriefe zu berücksichtigen. Die Inhaber konnten nicht unbedingt davon ausgehen, dass sich in diesem Zeitraum nichts ändern würde. In ihre Dispositionen wurde auch nicht entwertend eingegriffen – Rückzahlung in voller Höhe bei Endfälligkeit ist weiterhin gewährleistet. In der Abwägung sind die öffentlichen Interessen vorrangig – zumal mit dem unveränderten Fortbestand einer günstigen Rechtslage für die Zukunft grundsätzlich nicht gerechnet werden kann.

---

120 BVerfGE 7, 129, 151 ff; 72, 200, 260 ff.
121 BVerfGE 30, 367, 389; 72, 200, 258 f.
122 BVerfGE 13, 261, 272.
123 BVerfGE 105, 17, 37 f.
124 Vgl BVerfGE 72, 200, 242.
125 Instruktiv: HambVerfG DÖV 2006, 1001 zur Schutzwürdigkeit der Initiatoren eines Volksbegehrens, die im Vertrauen auf geltende Regelungen erheblichen organisatorischen und finanziellen Aufwand hatten, gegenüber Änderungen der Verfahrensregeln.
126 BVerfGE 105, 17, 34 ff.

Die **Unterscheidung** zwischen **echter** und **unechter** Rückwirkung ist nicht durchweg eindeutig. In seiner Entscheidung zur nachträglichen Sicherungsverwahrung vom 4.5.2011[127] lässt es das BVerfG ausdrücklich offen, ob man insoweit von einer „echten" oder einer „unechten" Rückwirkung beziehungsweise von einer Rückbewirkung von Rechtsfolgen oder einer tatbestandlichen Rückanknüpfung ausgehen kann. Es stellt vielmehr entscheidend auf den „Eingriff in das Vertrauen der in ihrem Freiheitsgrundrecht betroffenen Grundrechtsträger" ab. Auch beim Eingriff in laufende Vertragsbeziehungen wie im **Fall 34** ist die Unterscheidung oft nicht zwingend. Stellt man auf den Vertragsschluss ab, so gelangt man zu echter Rückwirkung, da an eine in der Vergangenheit abgeschlossene vertragliche Vereinbarung neue Rechtsfolgen geknüpft werden. So tritt im **Fall 34** an Stelle des vertraglich bestimmten, gewillkürten Gerichtsstands der vom Gesetz festgelegte Gerichtsstand. In den abgeschlossenen Tatbestand des Vertragsschlusses wird nachträglich eingegriffen. Die Rechtsfolgen hieraus werden neu bestimmt. Insoweit liegt eine Rückbewirkung von Rechtsfolgen vor. Stellt man jedoch auf die Anwendung der Gerichtsstandsvereinbarung ab, so gelangt man zu nur *unechter Rückwirkung*. Denn dann würden mit der Unwirksamkeit dieser Vereinbarung an einen in der Vergangenheit begonnenen Tatbestand – das Vertragsverhältnis – für die Zukunft neue Rechtsfolgen geknüpft. Es liegt dann ein Fall tatbestandlicher Rückanknüpfung vor[128]. **380**

Das BVerfG tendiert zur Annahme unechter Rückwirkung, zB für die Beschränkung von Rechten des Vermieters (Kappungsgrenze für Mieterhöhungen) bei bestehenden Mietverträgen an[129]. Demgegenüber bedeutete die Verlängerung der Verjährungsfristen für vertragliche Ansprüche bei bereits eingetretener Verjährung, mit der Folge, dass die verjährten Ansprüche wieder durchsetzbar wurden, *echte Rückwirkung*[130]. Ein Fall unechter Rückwirkung ist gegeben, wenn ein Studierender, der sein Studium gebührenfrei begonnen hat, sich in hohem Semester mit einer neu eingeführten **Studiengebühr** konfrontiert sieht[131]. Unechte Rückwirkung bedeutete auch die Änderung des § 66b Abs. 2 StGB in der Weise, dass ein wegen bestimmter Gewaltdelikte verurteilter Täter noch nachträglich in Sicherungsverwahrung genommen werden konnte, wenn sich während der Haft seine fortdauernde Gefährlichkeit herausstellt. Die Norm knüpft an eine Anlasstat an, die vor der Gesetzesänderung begangen wurde, so dass jedenfalls ein Fall der Rückwirkung vorliegt. Es werden aber nicht die Rechtsfolgen der Anlasstat selbst nachträglich verändert. Vielmehr wird auf Grund neuer Tatsachen eine neue Rechtsfolge ausgesprochen. Dies ist ein Fall unechter Rückwirkung[132]. **381**

Dass es auf die Unterscheidung zwischen echter und unechter Rückwirkung entscheidend ankommen kann, wird deutlich im **Fall 34 Haustürgeschäfte:** Geht man von echter Rückwirkung des Gesetzes aus, gelangt man zur Nichtigkeit; keiner der anerkannten Ausnahmefälle **382**

127 BVerfG NJW 2011, 1931, 1939, Abs. Nr 133.
128 So auch BVerfGE 31, 222, 226.
129 BVerfGE 71, 230, 251.
130 Vgl BVerfGE 18, 70, 80.
131 Vgl VG Gera ThürVBl 2005, 256 – Studiengebühr für Langzeitstudenten, dort auch zu den materiell-grundrechtlichen Fragen.
132 BVerfG JZ 2007, 582; BVerfG (K) 9, 108.

greift ein. Bejaht man demgegenüber nur „unechte" Rückwirkung, so müsste zunächst das Ausmaß des Vertrauensschadens näher umrissen werden. Es müsste dargetan werden, dass die Vertriebsfirmen vom Vertragsschluss überhaupt Abstand genommen oder aber die Verträge mit anderem Inhalt abgeschlossen hätten, wenn sie mit der Nichtigkeit der Gerichtsstandsvereinbarungen gerechnet hätten. Im **Fall 36 Müllsatzung** ist demgegenüber von echter Rückwirkung auszugehen, soweit bereits abgeschlossene Gebührentatbestände betroffen sind, doch fehlt es hier am schutzwürdigen Vertrauen: zum Zeitraum der Verwirklichung der Gebührentatbestände – also bei Erbringung der gemeindlichen Leistungen der Müllabfuhr – musste damit gerechnet werden, dass für diese Leistungen Gebühren anfielen[133].

383 Nicht eindeutig zu entscheiden ist mitunter auch die Frage, ob ein Gesetz überhaupt als rückwirkendes Gesetz einzustufen ist, wie an folgendem Fall aus der Rechtsprechung des Bundesverwaltungsgerichts deutlich wird.

Nach dem 1999 in Kraft getretenen Bundesbodenschutzgesetz wurden Grundstückseigentümer verpflichtet, auf ihre Kosten etwaige in ihrem Grundstück lagernde „Altlasten" (zB Rückstände) zu beseitigen. Das Bundesverwaltungsgericht[134] sah hierin kein Rückwirkungsproblem: Die Gefahr für den Boden wirke fort; Sanierungspflichten hätten auch vor Inkrafttreten des Gesetzes auf Grund sicherheitsrechtlicher Vorschriften mit im Wesentlichen gleichem Inhalt bestanden, und auch eine Rechtsnachfolge in öffentlich-rechtliche Pflichten sei bei Inkrafttreten des Gesetzes nicht unbekannt gewesen. Eine entsprechende gesetzliche Regelung hatte allerdings nicht bestanden. Kann aber der Gesetzgeber etwas rückwirkend anordnen, was bis dahin nur im Wege des Richterrechts gegolten hatte?

384 Als maßgeblichen Zeitpunkt, bis zu dem der Bürger gegenüber rückwirkenden Belastungen in seinem Vertrauen in die bestehende Gesetzeslage geschützt ist, bezeichnet das BVerfG die Verkündung des Änderungsgesetzes, teilweise auch den endgültigen Gesetzesbeschluss im Bundestag[135].

Für den Fall eines Wegfalls von Steuererleichterungen im Steuerrecht hat das BVerfG abweichend auf den Zeitpunkt der **Ankündigung der Neuregelung** abgestellt. Der Gesetzgeber hatte die als verfehlt erachteten Abschreibungsmöglichkeiten für Schiffsbeteiligungen gestrichen. Im Zeitraum zwischen Ankündigung des Gesetzes durch die Bundesregierung und Gesetzesbeschluss waren in erheblichem Umfang noch begünstigte Beteiligungen erworben worden, hierdurch wäre die Neuregelung weitgehend unterlaufen worden. Für diesen Fall unechter Rückwirkung verneinte das BVerfG Vertrauensschutz bereits ab dem Zeitpunkt der Ankündigung des Gesetzesvorhabens: Dem Gesetzesadressaten war es zuzumuten, sich vom Zeitpunkt der Ankündigung der Gesetzesänderung an hierauf einzustellen – also im Fall der Änderung einer steuerlichen Regelung keine Abschreibungsobjekte mehr zu erwerben[136].

d) Vertrauensschutz außerhalb des Rückwirkungsverbots?

385 Inwieweit **Vertrauensschutz** im Verhältnis zum **Gesetzgeber** über die anerkannten Rückwirkungsfälle hinaus rechtsstaatlich geboten ist, ist nicht abschließend geklärt. Einerseits ist der Einzelne in seinen Dispositionen von staatlicher Gesetzgebung ab-

133 Vgl zB OVG Magdeburg LKV 2001, 41.
134 BVerwGE 125, 325, 329; vgl *Wittreck*, Jura 2008, 534.
135 BVerfGE 95, 64, 87; 97, 67, 79; BVerfG NJW 2010, 3629, 3630 Abs. Nr 56 = BVerfGE 127, 1.
136 BVerfGE 97, 67, 83 f mit Anm. *Arndt/Schumacher*, NJW 1998, 1538.

hängig, möchte auf deren Bestand vertrauen können. Andererseits muss der Gesetzgeber zur Anpassung an geänderte Gegebenheiten in der Lage sein.

Die Rechtsprechung ist hier zurückhaltend[137]. Voraussetzung ist zunächst, dass der Betroffene auf den Fortbestand einer gesetzlichen Regelung tatsächlich vertraut hat, auf Grund dieses Vertrauens seinerseits Dispositionen getroffen hat und sein Vertrauen im konkreten Fall auch schutzwürdig ist. Letzteres wird zB dann der Fall sein, wenn es gerade die Absicht des Gesetzgebers war, zu entsprechenden Dispositionen zu veranlassen. Diese Fallgestaltung ist mit den Tatbeständen der unechten Rückwirkung gleich zu behandeln. 386

Beispiel[138]**:** Geminderte Absatzchancen inländischer Produzenten durch Herabsetzung von Schutzzöllen – auch wenn hier inländische Unternehmer im Vertrauen auf den Fortbestand hoher Zölle disponiert hatten, hatten sie dies doch nur in Ausnutzung sich bietender Chancen getan, waren hierzu nicht vom Gesetzgeber veranlasst worden. Deshalb bestand kein Vertrauensschutz.

Die Feststellung eines **Vertrauenstatbestandes** ist nur ein erster Schritt. Das schutzwürdige Vertrauen muss zudem gegenüber dem Anliegen des Gesetzgebers überwiegen. Auch hier ist die Rspr zurückhaltend: grundsätzlich kann der Bürger nicht auf den Fortbestand einer für ihn günstigen Rechtslage vertrauen. **Übergangsregelungen** können aber erforderlich sein, um den Eingriff abzumildern; sie reichen in der Rspr meist auch aus. Wenn also zB eine Prüfungsordnung grundlegend geändert wird, muss für diejenigen Studierenden, die sich im Vertrauen auf die alte Ordnung auf ihr Examen vorbereitet haben, übergangsweise die Ablegung nach dieser Ordnung ermöglicht werden – bei sehr langer Unterbrechung des Studiums gilt dies jedoch nicht mehr, wie der Bayerische Verwaltungsgerichtshof jüngst entschieden hat[139]. 387

Prüfungsschema: 388

Die Prüfung der Frage nach **Vertrauensschutz gegenüber dem Gesetzgeber** vollzieht sich also in mehreren Stufen:

(1) Zunächst ist festzustellen, ob ein *Vertrauenstatbestand* gegeben ist; dies setzt iE voraus:

- Vertrauen des Betroffenen in den Fortbestand der Regelung;
- Dispositionen auf der Grundlage dieses Vertrauens;
- Schutzwürdigkeit dieses Vertrauens, hierbei insbesondere bedeutsam: Veranlassung zu bestimmtem Verhalten durch den Gesetzgeber.

(2) Ist ein Vertrauenstatbestand demnach gegeben, so ist eine konkrete *Abwägung* zwischen Vertrauensschutzinteressen des Betroffenen und den Zielen der Neuregelung vorzunehmen.

(3) Bestimmung der *Rechtsfolge*, wenn Vertrauensschutz bejaht wird.

Als allgemein-rechtsstaatliches Prinzip gilt Vertrauensschutz gleichermaßen gegenüber der Exekutive, hier zT positiv geregelt für Rücknahme und Widerruf von Verwaltungsakten[140]. 389

137 Vgl BVerfGE 30, 392; ausführlich *Ossenbühl*, Staatshaftungsrecht, 5. Aufl., S. 378; *Wernsmann*, JuS 1999, 1177 f.
138 BGHZ 45, 83.
139 Instruktiv: BayVGH BayVBl 2005, 761.
140 Vgl *Peine*, Allgemeines Verwaltungsrecht, Rn 918, 937 ff, 971, 982, 1039.

e) Europäisches Recht

390 Das Verbot **rückwirkender Strafgesetze**, in Art. 7 EMRK ausdrücklich festgehalten, ist ein allen EU-Staaten gemeinsamer Rechtsgrundsatz[141], der zu den allgemeinen Rechtsgrundsätzen des Gemeinschaftsrechts (Unionsrechts) gehört. Im Übrigen behandelt der EuGH die Frage einer rückwirkenden Geltung von Rechtsakten unter dem Gesichtspunkt des Vertrauensschutzes, betont allerdings vor allem in wirtschaftlichen Zusammenhängen das Ermessen der Unionsorgane in der Anpassung gemeinschaftsrechtlicher Vorgaben an Änderungen der wirtschaftlichen Lage, etwa bei unionsrechtlichen Marktordnungen. Vertrauensschutz des Marktteilnehmers besteht also nur eingeschränkt[142].

391 **Unionsrecht** kann Vertrauensschutz nach dem Grundgesetz **einschränken**: wenn die Bundesrepublik unter Verstoß gegen die Beihilfevorschriften des EG-Rechts (jetzt: Unionsrechts) einem Unternehmen **Subventionen** gewährt hat, ist sie unionsrechtlich verpflichtet, diese zurückzufordern. Sie hat dann die Vorschriften des innerstaatlichen Rechts über die Rücknahme so anzuwenden, dass sie die Durchsetzung des Unionsrechts nicht hindern. Vertrauensschutz muss dann zurücktreten[143]. Hiernach kann sich der Adressat, wenn das unionsrechtlich vorgeschriebene Verfahren nicht eingehalten worden ist, nicht auf Vertrauensschutz berufen. Die Frage nach Vertrauensschutz kann sich auch gegenüber der **Rechtsprechung des EuGH** stellen, so im *Fall Mangold* – **Fall 20** (Rn 250/275). Dort war ja der befristete Arbeitsvertrag auf der Grundlage des Gesetzes über die Zulässigkeit von Befristungen abgeschlossen worden, das dann vom EuGH wegen Unvereinbarkeit mit einer Richtlinie der EU (damals: EG) als im Streitfall nicht anwendbar verworfen worden war. Auch die rückwirkende Feststellung der Nichtanwendbarkeit eines Gesetzes durch den EuGH kann schutzwürdiges Vertrauen durchkreuzen: der Arbeitgeber hatte gerade im Vertrauen auf die bestehende Rechtslage den Arbeitnehmer befristet eingestellt. Wenn in einem derartigen Fall das Vertrauen schutzwürdig ist, dann ist es Sache der mitgliedstaatlichen Gerichte, Vertrauensschutz zu gewähren. Die Entscheidung des EuGH über die Nichtanwendbarkeit des unionsrechtswidrigen Gesetzes ist dabei aber zu respektieren, Vertrauensschutz kann hier also nur im Wege des Ersatzes des Vertrauensschadens gewährt werden[144].

392 **Zusammenfassung: Rückwirkende Gesetze und Vertrauensschutz**

1. *Rückwirkende Gesetze* – Begriff:

Zu unterscheiden ist zwischen *echter* Rückwirkung (Tatbestand in der Vergangenheit abgeschlossen) und *unechter* Rückwirkung (Tatbestand in der Vergangenheit begonnen, noch andauernd); das BVerfG spricht hier teilweise von Rückbewirkung von Rechtsfolgen (zeitliche Rückerstreckung des Anwendungsbereichs einer Norm = echte Rückwirkung) und tatbestandlicher Rückanknüpfung (= unechte Rückwirkung).

141 EuGH Slg. 1990, 4023.
142 Näher *Gornig/Trüe*, JZ 2000, 501, 504 f.
143 EuGH NJW 1998, 47 und BVerwGE 106, 328.
144 BVerfGE 126, 286, 313 ff.

2. *Eingeschränkte Zulässigkeit rückwirkender Gesetze*

a) *Stets unzulässig:* Strafgesetze, Art. 103 Abs. 2 GG;

b) nur *eingeschränkt zulässig: belastende* rückwirkende Gesetze;

aa) „echte" Rückwirkung: idR unzulässig, Ausnahmen: Fallgruppen o. Rn 377,

bb) „unechte" Rückwirkung: idR zulässig, sofern nicht entgegensteht: schutzwürdiges Vertrauen des Bürgers.

3. Wenn kein Fall der Rückwirkung, aber durch Gesetzesänderung bereits getroffene Dispositionen entwertet, möglicherweise: Vertrauensschutz, Voraussetzungen s. Rn 388; Zurückhaltung geboten.

Zusammenfassende Hinweise zu den Ausgangsfällen

Lösung Fall 34: Haustürgeschäfte 393

Gesetz von unzulässiger Rückwirkung?

Rückwirkung: Eingriff in abgeschlossenen Vertrag; echte oder unechte Rückwirkung: zw, s. Rn 380.

Alternativlösung:

a) Wenn echte Rückwirkung, ausnahmsweise zulässig? – Keine der anerkannten Fallgruppen gegeben, „übergeordnete, zwingende Gemeinwohlgründe" (wenn überhaupt, dann nur in sehr engen Grenzen anzuerkennender Ausnahmefall) nicht dargetan; Gesetz nichtig, da unzulässige Rückwirkung.

b) Wenn unechte Rückwirkung: *Abwägung*, dürfte hier wohl im Ergebnis zur Verfassungsmäßigkeit des Gesetzes führen.

Lösung Fall 35: Frankenstein 394

Sicherungsverwahrung des F ist verfassungswidrig bei Verfassungswidrigkeit des Gesetzes über die Sicherungsverwahrung

1. Verstoß gegen Art. 103 Abs. 2 GG?

Problem: Sicherungsverwahrung als „Strafe"? – So EGMR: Rückwirkungsverbot des Art. 7 Abs. 1 EMRK[145]; anders BVerfG: Begriff der „Strafe" iSv Art. 103 Abs. 2 GG autonom zu bestimmen: nur die eigentliche Bestrafung, nicht aber die Sicherungsverwahrung als Maßregel der Sicherung und Besserung, hier Prävention vorrangiger Zweck.

2. Rechtsstaatliches Rückwirkungsverbot?

a) Echte oder unechte Rückwirkung: keine rückwirkende Verschärfung der Rechtsfolge der Anlasstat, also der Verurteilung, sondern Anknüpfung an neue Erkenntnisse, die sich während des Vollzugs ergeben – tatbestandliche Rückwirkung bzw unechte Rückwirkung.

b) Verfassungswidrigkeit der unechten Rückwirkung? Hier erforderlich Abwägung Schutz des Vertrauens in die bestehende Rechtslage – Sicherheitsinteressen der Allgemeinheit; unter Einbeziehung der Wertungen des Art. 7 EMRK Gesetz verfassungswidrig.

145 BVerfGE 109, 133, 186 f.

395 **Lösung Fall 36: Müllsatzung**

1. Rückwirkung? Satzung knüpft an zurückliegende Tatbestände (Gebührentatbestände aus 2004); diese in der Vergangenheit abgeschlossen, also *echte* Rückwirkung.

2. Hier zulässig? – Kein schutzwürdiges Vertrauen der Bürger, da auf Grund erster Satzung mit Gebührenpflicht zu rechnen; Satzung also zulässig.

Lösung Fall 37: Sozialpfandbriefe s. Rn 379

Schrifttum zu II.: *Stern* I, § 20 IV 4 f; *Kloepfer* I, § 10 VI; *Maurer*, Kontinuitätsgewähr und Vertrauensschutz, HStR III, § 60; *Wernsmann*, Grundfälle zur verfassungsrechtlichen Zulässigkeit rückwirkender Gesetze, JuS 1999, 1177 und JuS 2000, 39; *Fischer*, Die Verfassungsmäßigkeit rückwirkender Normen, JuS 2001, 861; *Voßkuhle/Kaufhold*, Grundwissen öffentliches Recht – Vertrauensschutz, JuS 2011, 794.

III. Rechtsstaat und Übermaßverbot

Alles staatliche Handeln steht unter dem Gebot der Verhältnismäßigkeit. Es besagt, dass nur in dem Maße in Rechte des Bürgers eingegriffen werden darf, in dem dies erforderlich ist, um mit geeigneten Mitteln den angestrebten Zweck zu erreichen, und dass der Eingriff dem damit verfolgten Ziel angemessen sein muss, dass ganz allgemein ein sachgerechter Ausgleich zwischen widerstreitenden Interessen gefunden werden muss. Was dies konkret für Gesetzgeber und Verwaltung und auch die Rechtsprechung bedeutet, ist im Folgenden darzustellen – wobei auch einigen häufig anzutreffenden Missverständnissen über den Anwendungsbereich dieser Grundsätze entgegenzutreten ist.

→ **Leitentscheidungen:** BVerfGE 7, 377 (Apothekenurteil); BVerfGE 70, 297 (Unterbringungsgesetz); BVerfGE 90, 145 (Cannabis); BVerfGE 92, 277 (DDR-Spione).

396 **Fall 38: Twitter**

a) Auf Twitter verbreitet sich an einem Freitagnachmittag die Nachricht, dass sich am Wochenende die Finanzminister der Euro-Staaten in der sächsischen Stadt L. zu einer Geheimkonferenz treffen werden, um über ein mehrere hundert Milliarden Euro schweres Rettungspaket für weitere überschuldete Staaten und deren Gläubigerbanken zu beraten. Daraufhin versammeln sich in L. mehrere tausend besorgte Bürger, um ihre Wut darüber zum Ausdruck zu bringen. Die Polizei verfügt die Auflösung der völlig friedlich verlaufenden Versammlung unter Berufung auf § 15 Abs. 3 VersG, da diese nicht nach § 14 Abs. 1 VersG ordnungsgemäß angemeldet worden sei.

b) Einige Zeit später wird der Besuch einer hochrangigen Regierungsdelegation aus dem wirtschaftlich aufstrebenden, aber diktatorisch regierten asiatischen Staat S. angekündigt, die über einen milliardenschweren Auftrag für die Solarindustrie des Landes verhandeln soll. Die Menschenrechtsvereinigung L. e.V. meldet fristgerecht eine Kundgebung gegen die gravierenden Menschenrechtsverstöße in S an. Die zuständige Behörde erlässt gemäß § 15 Abs. 1 VersG ein „Näherungsverbot" als Auflage; danach darf sich die Versammlung nicht mehr als 5 km Luftlinie dem Ort der Konferenz nähern. Die Konfrontation mit den Protesten müsse von den ausländischen Gästen, zumal unter Berücksichtigung ihrer Mentalität, als gravierende Beleidigung empfunden werden – dies widerspreche der öffentlichen Ordnung.

c) Auch die aus **Fall 5** (Rn 45) bekannte FNA meldet eine Kundgebung an. Die Behörde verbietet diese Kundgebung. Angesichts bisheriger Erfahrungen müsse davon ausgegangen werden, dass der als Hauptredner vorgesehene Historiker Irrgang erneut in einer gegen § 130 Abs. 1 StGB verstoßenden Weise zum Fremdenhass aufstacheln werde. **Rn 413**

1. Verfassungsrechtliche Grundlagen und Inhalte des Übermaßverbots – Verhältnismäßigkeitsprinzip

a) Verhältnismäßigkeit staatlichen Handelns als rechtsstaatlicher Grundsatz

Das Übermaßverbot oder auch Gebot der Verhältnismäßigkeit gilt für alles staatliche 397
Handeln und hat als allgemein-rechtsstaatlicher Grundsatz Verfassungsrang. „Die **Grundsätze der Verhältnismäßigkeit und des Übermaßverbotes** … als *übergreifende Leitregeln allen staatlichen Handelns" ergeben sich zwingend aus dem Rechtsstaatsprinzip*[146]. Seine rechtsgeschichtlichen Wurzeln sind im Polizeirecht des konstitutionellen Rechtsstaats des 19. Jahrhunderts zu finden: die „Polizei" – im weitesten Sinn, also auch die Bau„polizei" oder Gewerbe„polizei" – sollten nur dann gegen den Bürger einschreiten dürfen, wenn dies erforderlich war, um Gefahren für die öffentliche Sicherheit und Ordnung abzuwehren, und gehalten sein, das mildeste, erfolgversprechende Mittel zu wählen. Polizei in diesem Sinn ist die klassische Eingriffsverwaltung. Hier findet auch das Übermaßverbot seinen eigentlichen Anwendungsbereich: im Schutz der Rechte des Bürgers gegen staatliche Eingriffe.

Die Freiheit des Bürgers im Rechtstaat des Grundgesetzes wird umfassend durch 398
Grundrechte geschützt. Diese binden den Gesetzgeber unmittelbar nach Art. 1 Abs. 3 GG (Rn 12, 15, 131 ff). Schon deshalb muss das Übermaßverbot, das ja die Freiheit des Bürgers schützen soll, auch den Gesetzgeber binden. So wird das Übermaßverbot mitunter auch unmittelbar aus den Grundrechten hergeleitet. Sieht man das Grundanliegen des Rechtsstaats des Grundgesetzes in der Mäßigung, Begrenzung und Berechenbarkeit der Ausübung staatlicher Macht, so ist das Übermaßverbot Ausdruck dieses Anliegens und damit ein wesentliches Teilelement des Rechtsstaatsgebots, wie ja auch die positive Geltung der Grundrechte ein wesentliches Element des materiellen Rechtsstaats des Grundgesetzes ist.

b) Die Elemente des Verhältnismäßigkeitsgebots: Legitimer Zweck, Geeignetheit, Erforderlichkeit, Angemessenheit

Das Verhältnismäßigkeitsprinzip umfasst diese drei Elemente: Geeignetheit, Erfor- 399
derlichkeit sowie Verhältnismäßigkeit im engeren Sinn („Proportionalität") einer Maßnahme:

146 BVerfGE 23, 127, 133; vgl auch *Kloepfer* I, § 10 Rn 192.

- Eine Maßnahme muss **geeignet** sein, den angestrebten Zweck auch tatsächlich zu erreichen.
- Sie ist **erforderlich**, wenn sie unter mehreren für die Verwirklichung des angestrebten Zwecks in Betracht kommenden, *gleichermaßen geeigneten* Maßnahmen die am geringsten belastende Maßnahme darstellt: Prinzip des *geringstmöglichen Eingriffs*.
- **Verhältnismäßigkeit im engeren Sinn**, Proportionalität oder Angemessenheit bedeutet schließlich: auch die mit dem geringstmöglichen Eingriff verbundene Belastung darf nicht außer Verhältnis stehen zu dem damit verfolgten Zweck, darf nicht „unzumutbar" sein.

Es geht also um eine Zweck-Mittel-Relation. Deshalb muss jedenfalls ein **legitimer Zweck** verfolgt werden, der vor der Rechtsordnung und insbesondere dem Grundgesetz Bestand hat. Dies ist zunächst festzustellen, ehe in die eigentliche Verhältnismäßigkeitsprüfung eingetreten wird. Der Zweck der Maßnahme ist in Beziehung zu setzen zu ihren Auswirkungen und zu dem damit verbundenen Eingriff. Es geht im Rahmen der Zweck-Mittel-Relation also konkret darum, in Bezug auf welche Rechte und rechtlich relevanten Interessen eine staatliche Maßnahme unverhältnismäßig ist. Es muss also zunächst festgestellt werden, in welche Rechte überhaupt eingegriffen wird. Dieser Gesichtspunkt wird häufig übersehen und so das konkrete Abwägungsprinzip der Verhältnismäßigkeit missverstanden als undifferenzierte Billigkeitsklausel. Eine hoheitliche Maßnahme kann in aller Regel nicht als schlechthin „unverhältnismäßig" gewertet werden, wenn sie im Einzelfall als unbillig erscheinen mag. Unverhältnismäßigkeit ist vielmehr stets in Bezug auf **konkret betroffene Rechtspositionen** darzutun. So kann etwa die Verfolgung von Rechtsverletzungen als solche in aller Regel nicht unverhältnismäßig sein[147]; insoweit bestehen keine geschützten Rechte, in die eingegriffen würde. Übermaß kann jedoch gegeben sein auf Grund der Art und Weise der Durchführung der Verfolgung.

2. Geltungsbereich und Anwendung des Übermaßverbots

a) Gesetzgebung, Verwaltung und Rechtsprechung als Bindungsadressaten

400 Das rechtsstaatliche Übermaßverbot gilt für alles staatliche Handeln. Es gilt für die Gesetzgebung, die Verwaltung und die Rechtsprechung, allerdings in unterschiedlicher Weise. Denn der **Gesetzgeber** ist freier in der Bestimmung der maßgeblichen Zweck-Mittel-Relation, während Verwaltung und Rechtsprechung innerhalb des Gesetzes handeln müssen, Art. 20 Abs. 3 GG. Der **Verwaltung** sind die Ziele ihres Handelns weitgehend durch Gesetz vorgegeben, und das mildeste Mittel kann sie nur dort ergreifen, wo sie Ermessen in der Wahl des Mittels hat. Wenn also ein Versammlungsgesetz vorsieht, dass eine nicht ordnungsgemäß angemeldete Versammlung aufgelöst werden *kann*, so bedeutet dies: die Behörde hat Ermessen, muss also prüfen, ob die Auflösung im konkreten Einzelfall verhältnismäßig ist. Eine andere Frage ist, ob das

147 *Degenhart*, JuS 1982, 330 ff.

Gesetz seinerseits unverhältnismäßig ist, wenn schon geringfügige Versäumnisse bei der Anmeldung der Versammlung den schwerwiegenden Eingriff eines Verbots oder einer Auflösung der Versammlung rechtfertigen können. Wenn für ein **Gericht** das Übermaßverbot im Strafrecht bedeutet, dass es eine der Tat angemessene, also verhältnismäßige Strafe zu verhängen hat[148], so ist es doch durch den Strafrahmen des Gesetzes in seinem Entscheidungsermessen gebunden. Eine andere Frage ist wiederum die der Verhältnismäßigkeit der gesetzlich vorgesehenen Rechtsfolgen.

Es findet also bei Maßnahmen, die in Vollzug eines Gesetzes ergehen, regelmäßig Entscheidungen der Exekutive oder der Gerichte, eine **zweistufige Verhältnismäßigkeitsprüfung** statt: 401

- zunächst muss das Gesetz und müssen die dort vorgesehenen Rechtsfolgen dem Übermaßverbot standhalten – erste Stufe; auf dieser Stufe ist die Verhältnismäßigkeitsprüfung generalisierend vorzunehmen und nicht schon auf den Einzelfall bezogen: der Gesetzgeber trifft eine generelle Entscheidung;
- zum Zweiten muss die Anwendung des Gesetzes im Einzelfall in verhältnismäßiger Weise erfolgen – zweite Stufe: hier ist eine auf den konkret betroffenen Einzelfall bezogene Prüfung vorzunehmen.

Umso mehr, als die Entscheidungen der Behörde bzw des Gerichts durch das Gesetz determiniert sind, verlagert sich der Schwerpunkt der Prüfung auf die erste Stufe, die der Gesetzesprüfung. Umgekehrt stellt sich die Frage der Verhältnismäßigkeit umso mehr auf der zweiten Stufe der Gesetzesanwendung, als das Gesetz für die vollziehende Stelle Entscheidungsfreiheit einräumt. Flexible Rechtsfolgen sind deshalb ein Mittel, um die Verhältnismäßigkeit der Gesetzesanwendung im Einzelfall zu ermöglichen. Sie sind andererseits der Rechtssicherheit abträglich, wenn sie der Verwaltung zu weitgehendes Ermessen einräumen. Die rechtsstaatlichen Erfordernisse der **Rechtssicherheit** und der **Einzelfallgerechtigkeit** in Gestalt der dem Einzelfall angemessenen Entscheidung stehen hier wie auch anderweitig in einem **Spannungsverhältnis** zueinander.

b) Anwendung des Übermaßverbots: legitimes Handlungsziel

Ausgangspunkt für die Prüfung der Verhältnismäßigkeit ist die Feststellung eines **legitimen Eingriffszwecks**: der Gesetzgeber ist hier im Rahmen der Verfassung frei, kann also die Ziele seines Handelns autonom bestimmen. Die Verfassung, insbesondere Grundrechte können hier jedoch engere Schranken ziehen, wenn sie qualifizierte Gesetzesvorbehalte enthalten. So finden die nach dem Wortlaut der Verfassungsnorm „schrankenlos" gewährleisteten Grundrechte, wie Art. 5 Abs. 3 GG (Kunst und Wissenschaft) oder Art. 4 GG (Glaubens- und Bekenntnisfreiheit) ihre Schranken nur in hochrangigen Verfassungsrechtsgütern. Ein diese Grundrechte beschränkendes Gesetz, das nicht dem Schutz derartiger Verfassungsgüter dient, ist bereits deshalb verfassungswidrig. Andererseits kann ein gesetzgeberisches Handlungsziel durch Wer- 402

148 BVerfGE 75, 1, 16.

tungen der Verfassung besonderes Gewicht erhalten: im **Fall 35** (Rn 365) erhält die gesetzlich vorgesehene Sicherungsverwahrung ihre verfassungsrechtliche Legitimation vor allem daraus, dass das Gesetz den Schutz der Bürger, ihres Lebens und ihrer körperlichen Unversehrtheit gewährleisten soll – dies sind Rechtsgüter von Verfassungsrang, wie sich aus Art. 2 Abs. 2 GG ergibt.

403 Die Handlungsziele der Verwaltung sind gesetzlich determiniert – soweit die Verwaltung hier Spielräume hat, ist sie an die Wertungen des Grundgesetzes gebunden. Dies gilt auch für die Auslegung unbestimmter Rechtsbegriffe. Deshalb darf sie den Begriff einer Störung der „öffentlichen Ordnung" nicht in der Weise interpretieren, dass hierunter unliebsame Meinungen gefasst werden, wie im **Fall 38b** (Rn 396). Dies würde der Bedeutung der Meinungsfreiheit des Art. 5 Abs. 1 GG nicht gerecht. Deshalb dürfen auch „rechte" Kundgebungen nicht wegen des dort verbreiteten Gedankenguts verboten werden, solange dessen Äußerung nicht die – hoch liegende – Schwelle der Strafbarkeit überschreitet[149]. – Zur Unverhältnismäßigkeit einer Bestrafung wegen DDR-Spionage s. Rn 373: hier sah das BVerfG schlechthin keinen relevanten Grund mehr für Bestrafung.

c) Anwendung des Übermaßverbots: Geeignetheit und Erforderlichkeit

404 Ob eine Maßnahme **geeignet** ist, ihr Ziel zu erreichen, kann regelmäßig nur auf Grund einer **Prognose** beurteilt werden. Hier kommt es dann darauf an, ob die Prognose vertretbar war – dass sich eine Maßnahme im Nachhinein als unwirksam erweist, ist dann unschädlich. Insbesondere dem Gesetzgeber wird eine *„Einschätzungsprärogative"* zuerkannt. Ein *Gesetz* wird nur dann wegen *mangelnder Geeignetheit* für *verfassungswidrig* erklärt, wenn die Prognose durch den Gesetzgeber *offensichtlich fehlsam* ist. Besonders großzügig wird diese Einschätzungsprärogative bei wirtschaftslenkenden Gesetzen bemessen. Geeignetheit setzt auch nur voraus, dass die Maßnahme dazu **beiträgt**, das Handlungsziel zu erreichen – wenn also etwa durch Gesetz die Werbung für alkoholische Getränke eingeschränkt wird, um den Alkoholismus bei Jugendlichen zu bekämpfen, ist diese Maßnahme nicht schon deshalb ungeeignet, weil damit nur eine von mehreren Ursachen des Jugendalkoholismus erfasst wird.

405 Ein Eingriff ist dann nicht **erforderlich**, wenn das Ziel der Maßnahme durch eine weniger intensiv eingreifende Maßnahme ebenso gut erreicht werden kann. Auch hierauf bezieht sich der Prognosespielraum des Gesetzgebers: auf die Frage, ob eine andere Maßnahme ebenso gut geeignet ist. Die Verwaltung ihrerseits kann dann gegen den Grundsatz der Erforderlichkeit verstoßen, wenn sie ein Auswahlermessen zwischen verschiedenen Maßnahmen hat. So musste sie im **Fall 38c** (Rn 396) die Versammlung nicht verbieten, sondern konnte sie von der Auflage abhängig machen, einen anderen Redner auftreten zu lassen. Die **Auflage** ist das mildere Mittel im Vergleich zum **Verbot**.

149 BVerfGE 111, 147, 155 ff.

d) Verhältnismäßigkeit im engeren Sinn

aa) Das Prinzip der Abwägung. Den dritten Schritt im Rahmen der Verhältnismäßigkeitsprüfung bezeichnet die Frage der **Verhältnismäßigkeit im engeren Sinn (Proportionalität)**: Auch die an sich erforderliche und geeignete Maßnahme ist unzulässig, wenn sie außer Verhältnis steht zu dem mit ihr verfolgten Zweck. Es ist dies ein allgemeines Rechtsprinzip, das die **gesamte Rechtsordnung** durchzieht. 406

Als *Schulfall* wird hier im Polizeirecht wie für das Recht auf Notwehr in straf- und zivilrechtlichen Fragestellungen gern die gezielte Ladung Schrot genannt, als das allein geeignete und insoweit erforderliche, aber eben unverhältnismäßige Mittel zur Vertreibung des Kirschendiebs aus dem Baum. Einen durchaus ernsteren Hintergrund belegt der Fall eines schuldunfähigen Täters, der sich wegen Taten im unteren Schwerebereich der Kriminalität von 1965 bis 1995 ca. 24 Jahre im Maßregelvollzug befunden hatte. Dies konnte auch durch Sicherungserfordernisse nicht mehr gerechtfertigt werden, da das Ausmaß der Freiheitsentziehung außer Verhältnis zum Gewicht der etwa drohenden Straftaten stand; mit zunehmender Dauer der Maßnahme waren erhöhte Anforderungen an deren Verhältnismäßigkeit zu stellen[150].

Im Rahmen dieser engeren Verhältnismäßigkeitsprüfung ist nun Raum für die eigentliche **Güterabwägung** eröffnet. Dabei sind auf Seiten des Betroffenen die Auswirkungen der Maßnahme in grundsätzlich zwei Schritten zu bewerten. Zunächst sind seine Rechtsgüter und rechtlich geschützten Interessen in die Abwägung einzustellen und zunächst abstrakt rechtlich zu bewerten. Hier ist zB die Bedeutung der Rechtsgüter des Art. 2 Abs. 2 GG als höchstwertige, personale Rechtsgüter darzulegen – dies betrifft die Sicherungsverwahrung –, die Bedeutung der Meinungsfreiheit als „schlechthin konstituierend für die freiheitliche Demokratie", etwa in den Versammlungsfällen. Dabei ist auch für die öffentlichen Interessen, die mit einem Eingriff verfolgt werden, stets eine rechtliche Bewertung vorzunehmen (Rn 402). Anschließend an eine dergestalt „abstrakte" Bewertung ist dann die Intensität des konkreten Betroffenseins durch die fragliche Maßnahme zu ermitteln. Ebenso ist im Ansatz vorzugehen, wenn die durch die in Frage stehende Maßnahme verfolgten öffentlichen Interessen – bzw zu schützenden Interessen Dritter – bewertet werden. **Abstrakte Bewertung** und **konkrete Beeinträchtigung** der kollidierenden Rechtsgüter und Interessen sind also in die eigentliche Verhältnismäßigkeitsprüfung einzustellen. Dies kann auch dazu führen, dass das an sich höherwertige Rechtsgut zu weichen hat, wenn dessen Beeinträchtigung noch verhältnismäßig ist. 407

Fallbeispiel: Eine auf eine Ermächtigungsnorm im Landesstraßengesetz gestützte RVO verbietet aus Gründen der Reinlichkeit das Verteilen von Flugblättern uÄ im Geltungsbereich ausnahmslos. A sieht hierin eine erhebliche Beeinträchtigung seiner Meinungsfreiheit. Ihm wird erwidert, dies sei der einzig mögliche Weg, den öffentlichen Verkehrsraum sauber zu halten. 408

Die Maßnahme ist geeignet und auch erforderlich, um das Ziel – Reinhaltung der öffentlichen Verkehrsflächen – zu realisieren. Eine Abwägung nach Verhältnismäßigkeitsgesichtspunkten ieS führt gleichwohl zur Unverhältnismäßigkeit: hier ist für die RVO als *„allgemeines Gesetz"*

150 BVerfG NJW 1995, 3048 im Anschluss an BVerfGE 70, 297.

iSv Art. 5 Abs. 2 GG[151] eine Abwägung vorzunehmen. Die Meinungsfreiheit hat Verfassungsrang, während der mit der RVO verfolgte Zweck zwar normativ – im Straßenrecht – festgelegt, jedoch an sich niederrangig im Verhältnis zu Art. 5 Abs. 1 S. 1 GG ist. Dies allein lässt dieses öffentliche Interesse jedoch noch nicht zurücktreten. Hierfür ist vielmehr auf die Intensität des konkreten Eingriffs abzustellen. Hierbei ist zu berücksichtigen, dass für Private, die keinen Zugang zu den Medien haben, gerade das Verteilen von Flugblättern uÄ ein Mittel ist, sich unmittelbar an die Öffentlichkeit zu wenden, ein Verbot damit intensiv in ihre Meinungsfreiheit eingreift, während andererseits hierin nur eine von zahlreichen Ursachen der von der Gemeinde bekämpften Verschmutzung der öffentlichen Verkehrsflächen liegt, zudem keine der gravierendsten Ursachen. Dann aber muss das Grundrecht der Meinungsfreiheit im Rahmen einer Verhältnismäßigkeitsprüfung Vorrang haben[152].

409 **bb) Grenzen der Abwägung: Menschenwürde.** Die Menschenwürde des Art. 1 Abs. 1 GG ist **nicht abwägungsfähig**. Dies betraf den kontrovers diskutierten Fall der Abschussermächtigung für ein entführtes Verkehrsflugzeug bei Terroraktionen nach dem Vorbild des 11. September im Luftsicherheitsgesetz. Der Abschuss würde die Tötung der Insassen und damit einen (finalen!) Eingriff in ihr Recht auf Leben aus Art. 2 Abs. 2 S. 1 GG bedeuten. Andererseits hat der Staat auch eine Schutzpflicht für das Leben der potenziellen Opfer am Boden. Den Abschuss zu rechtfertigen, würde bedeuten, quantitativ Leben (etwa 100 Insassen des Flugzeugs) gegen Leben (vielleicht 1000 und mehr Opfer am Boden) abzuwägen. Es würde auch bedeuten, das Leben der Ersteren geringer zu gewichten, weil sie ohnehin schon todgeweiht, zur Waffe in der Hand der Attentäter umfunktioniert sind. In einer solchen Betrachtungsweise sah das BVerfG eine Herabstufung des Einzelnen zum Objekt staatlichen Handelns und damit einen Verstoß gegen Art. 2 Abs. 1 iVm Art. 1 Abs. 1 GG[153]. Hier waren die Grenzen der Abwägung erreicht.

410 Dass die Menschenwürde nicht abwägungsfähig ist, wird bedeutsam, wenn es um die Strafbarkeit zB von Beleidigungen oder sonst um die Zulässigkeit von Äußerungen geht: wo diese die Menschenwürde verletzen, hat die Meinungsfreiheit zurückzutreten[154]. Allerdings kann die Menschenwürde unterschiedlich interpretiert werden. So sah der BGH in einer Werbekampagne der Fa. Benetton, die mit dem Instrumentarium der Schock-Werbung arbeitete, in der Darstellung menschlichen Elends (Aidskranke) eine zynische Herabsetzung der Menschenwürde der Betroffenen und bewertete sie als sittenwidrig; das BVerfG verneinte dies, da die Darstellung dem Betrachter die Interpretation überlasse[155].

e) Geltung zwischen Hoheitsträgern?

411 Im Verhältnis **staatlicher Organe** und im **Bund-Länder-Verhältnis** ist das Verhältnismäßigkeitsprinzip grundsätzlich nicht anwendbar, so das BVerfG für den Fall einer Weisung im Bereich der Bundesauftragsverwaltung[156]: das Denken in den Kategorien von „Freiheit und Eingriff" kann nicht auf Kompetenzabgrenzungen übertragen werden. Hier gelten spezielle Verfassungsgrund-

---

151 Hierzu vgl *Degenhart*, BonnK, Art. 5 I und II Rn 66 ff.
152 So auch BayVGH BayVBl 1992, 83.
153 BVerfGE 115, 118, 153 ff.
154 Beispiel: BVerfGE 75, 369.
155 Vgl BGHZ 149, 247 und BVerfGE 102, 347; 107, 275.
156 BVerfGE 81, 310, 338.

sätze, wie zB die Verpflichtung zu bundesfreundlichem Verhalten, die im Fall einer in der Sache unangemessenen – und in diesem Sinn eben doch „unverhältnismäßigen" – Maßnahme durchaus verletzt sein kann. Ob das Übermaßverbot im Verhältnis Staat – Gemeinde anzuwenden ist, ist str und hängt vor allem davon ab, ob man in der Selbstverwaltungsgarantie eine grundrechtsähnliche Garantie sehen will, oder aber in erster Linie ein staatsorganisatorisches Prinzip[157]. Bei der Prüfung der Voraussetzungen des **Art. 72 Abs. 2 GG** prüft das BVerfG neuerdings jedoch eingehend, ob ein Eingreifen des Bundesgesetzgebers erforderlich ist[158].

f) Europäisches Recht

Das Verhältnismäßigkeitsprinzip ist als allgemeiner Grundsatz des Gemeinschafts- 412
rechts bzw nunmehr des Unionsrechts anerkannt und positiv in Art. 5 Abs. 4 EUV normiert. Sowohl Maßnahmen der Unionsorgane als auch Maßnahmen der Organe der Bundesrepublik in Anwendung von Unionsrecht müssen, wenn sie Unionsbürgern Belastungen auferlegen, geeignet, erforderlich und ieS verhältnismäßig sein. Bei wirtschaftspolitischen Entscheidungen wird die Prüfung der Verhältnismäßigkeitskriterien auf eine Evidenzkontrolle beschränkt; bei Eingriffen in Grundrechte ist die Prüfung intensiver[159].

Lösung Fall 38: Twitter 413

a) Spontanversammlung

1. Ermächtigungsgrundlage für Auflösung § 15 Abs. 3 VersG – keine rechtzeitige Anmeldung.

2. Verfassungsmäßigkeit der Ermächtigungsgrundlage?

a) Anmeldepflicht nach § 14 Abs. 1 und Auflösung nach § 15 Abs. 3 VersG als Eingriff in die Versammlungsfreiheit; Grundlage in Art. 8 Abs. 2 GG;

b) VersG formell verfassungsmäßig? VersG des Bundes gilt gemäß Art. 125a Abs. 1 GG bis zur Ersetzung durch Landesrecht fort;

c) §§ 14, 15 Abs. 3 VersG materiell verfassungsmäßig, insbesondere: verhältnismäßig?

aa) Zielsetzung der Anmeldepflicht legitim: vorbeugende Vermeidung von Konflikten, auch im Interesse der Versammlung selbst; ebenso Auflösung nach § 15 Abs. 3 VersG als Konsequenz der Anmeldepflicht;

bb) Eignung der Anmeldepflicht, Konflikten vorbeugend zu begegnen; ein milderes Mittel ist nicht ersichtlich; Auflösung ist wiederum notwendige Sanktion der Anmeldepflicht;

cc) Anmeldepflicht als unzumutbare und unangemessene Belastung?; grundsätzlich nein, im Fall der Spontan- oder Eilversammlung jedoch Gefahr des Leerlaufens der Versammlungsfreiheit, die es ja ermöglichen soll, zu Angelegenheiten von öffentlichem Interesse Stellung zu beziehen; dem kann jedoch bei der Anwendung des Gesetzes im Rahmen des Ermessens nach § 15 Abs. 3 VersG Rechnung getragen werden: Gesetz daher noch nicht verfassungswidrig.

157 Für Anwendbarkeit des Übermaßverbots etwa BbgVerfG LKV 2000, 199 – BVerfGE 79, 127 wird unterschiedlich interpretiert, vgl *Krebs*, Jura 2001, 228, 234.
158 Vgl *Stettner*, JZ 2005, 619.
159 Zur Rspr des EuGH: *Gornig/Trüe*, JZ 2000, 501.

3. Anwendung des Gesetzes: Das Gesetz müsste verfassungskonform angewandt worden sein.

a) Befugnis zur Auflösung: § 14 Abs. 1 iVm § 15 Abs. 3 VersG;

b) Auflösung der Versammlung verhältnismäßig? Zielsetzung der Maßnahme vom Gesetz vorgegeben – Unterbindung der nicht angemeldeten Kundgebung; die Auflösung ist hierzu auch geeignet und erforderlich, jedoch im konkreten Fall unverhältnismäßig, da es sich um eine Spontanversammlung bzw Eilversammlung handelt. Hier würde es das Grundrecht unverhältnismäßig beschränken, wollte man auf der Anmeldefrist bestehen. Die Anwendung des Gesetzes war mithin verfassungswidrig, weil unverhältnismäßig.

b) Staatsgast

1. Ermächtigungsgrundlage für Versammlungsverbot: § 15 Abs. 1 VersG.

2. Verfassungsmäßigkeit der Ermächtigungsgrundlage:

a) Einschränkbarkeit der Versammlungsfreiheit: Art. 8 Abs. 2 GG (s. zu a);

b) Formelle Verfassungsmäßigkeit: s. zu a);

c) Materielle Verfassungsmäßigkeit? Abwehr von Störungen der öffentlichen Sicherheit und Ordnung ist als Zielsetzung legitim; Versammlungsverbot bzw Auflagen sind hierzu geeignet und können erforderlich sein; ob eine Maßnahme angemessen, also im engeren Sinn verhältnismäßig ist, dies ist eine Frage der Gesetzesanwendung im Einzelfall.

3. Anwendung der Ermächtigungsgrundlage

a) Befugnis zum „Näherungsverbot": Art. 15 Abs. 1 VersG; es handelt sich um eine Auflage;

b) Verhältnismäßigkeit? Schutz der öffentlichen Ordnung als legitimes Handlungsziel, nicht aber Unterdrückung unliebsamer Meinungen oder Rücksichtnahme auf kritikempfindliche Staatsgäste: dies ist nicht vereinbar mit der Meinungsfreiheit des Art. 5 Abs. 1 S. 1 GG;

Ergebnis: kein legitimes Handlungsziel, Näherungsverbot ist rechtswidrig.

c) Versammlungsredner

1. Ermächtigungsgrundlage für Versammlungsverbot: § 15 Abs. 1 VersG.

2. Verfassungsmäßigkeit der Ermächtigungsgrundlage – s. zu Fall 38a und b;

3. Anwendung der Ermächtigungsgrundlage

a) Befugnis zum Verbot: Art. 15 Abs. 1 VersG; hier wegen Störung der öffentlichen Sicherheit: Behörde durfte davon ausgehen, dass Irrgang auch bei dieser Gelegenheit gegen § 130 Abs. 1 StGB verstoßen würde – Verwirklichung eines Straftatbestandes ist stets Störung der öffentlichen Sicherheit:

b) Zielsetzung der Behörde, Straftaten zu verhindern, ist im Rechtsstaat legitim – hierfür würde aber die Auflage ausreichen, einen anderen Redner auftreten zu lassen; das Verbot ist also nicht erforderlich und deshalb rechtswidrig. – S. auch **Klausurenkurs I Fall 18** und **Klausurenkurs II Fall 15**.

Schrifttum zu III.: *Stern* I, § 20 IV 7; *Kloepfer* I, § 10 VII; *Kluth*, Das Übermaßverbot, JA 1999, 606; *Michael*, Grundfälle zur Verhältnismäßigkeit, JuS 2001, 654, 764, 866; *Voßkuhle*, Grundwissen – öffentliches Recht: Der Grundsatz der Verhältnismäßigkeit, JuS 2007, 429.

IV. Justizgewähr, Rechtsschutz und gerichtliches Verfahren: Der Schutz der Rechtsstaatlichkeit

1. Rechtsschutzgarantie und Justizgewährungsanspruch

Im Rechtsstaat ist es Aufgabe des Staates, die Wahrung der Rechtsordnung zu garantieren. In Fällen verletzten oder bestrittenen Rechts ist dies die Aufgabe der Gerichte. Der Bürger hat demgemäß einen Anspruch darauf, dass sein Fall von Gerichten entschieden wird – er hat einen Anspruch auf Justizgewährung. Ist es die öffentliche Gewalt des Staates selbst, durch die der Bürger in seinen Rechten beeinträchtigt wird, so greift die Rechtsschutzgarantie des Art. 19 Abs. 4 GG ein. Sie gewährleistet effektiven Rechtsschutz durch unabhängige Gerichte. Art. 19 Abs. 4 GG wird auch als „Schlussstein im Gewölbe des Rechtsstaats" bezeichnet.

→ **Leitentscheidungen:** BVerfGE 35, 832 (Ausweisung); BVerfGE 84, 34 und 59 (Prüfungsrecht); BVerfGE 107, 395 (Plenarentscheidung – außerordentliche Rechtsmittel); BVerfGE 113, 273 (Europäischer Haftbefehl).

Fall 39: Energiewende II 414

Im Zuge der angestrebten Energiewende ist die Bundesregierung bestrebt, rechtliche Hindernisse für den Ausbau der erneuerbaren Energien auszuräumen. Ein Gesetzentwurf sieht ua vor:

a) Die Standorte für Wind- und Solarkraftwerke werden von einer mit unabhängigen Experten besetzten und nicht weisungsgebundenen Klimakommission vorgeschlagen und durch Gesetz festgelegt.

b) Akustische und optische Einwirkungen einer Windkraftanlage gelten nicht als schädliche Umwelteinwirkungen und können von Anwohnern nicht geltend gemacht werden.

c) Die Umweltverträglichkeit von Hochspannungstrassen für Strom aus regenerativen Energien und ihre Vereinbarkeit mit dem Schutz von Natur und Landschaft werden von einer unabhängigen Klimakommission beurteilt; deren Entscheidung kann nicht gerichtlich überprüft werden.

Ist das Gesetz mit Art. 19 Abs. 4 GG vereinbar? **Rn 423**

Fall 40: Erledigte Durchsuchung 415

Nachdem ein Nachrichtenmagazin einen aufsehenerregenden Bericht des Journalisten R über eine Korruptionsaffäre veröffentlicht und hierbei aus vertraulichen Unterlagen der Staatsanwaltschaft zitiert hatte, leitete diese ein Ermittlungsverfahren wegen Verletzung des Amtsgeheimnisses ein. Da R sich weigerte, die Identität seiner Informanten preiszugeben, erwirkte die Staatsanwaltschaft L einen Durchsuchungsbefehl beim Amtsgericht L nach §§ 103, 105 StPO, in dessen Vollzug die Privatwohnung des R ergebnislos durchsucht wurde, um Beweismittel sicherzustellen. Die Beschwerde nach §§ 304, 306 StPO wurde vom Landgericht L wegen prozessualer Erledigung als unzulässig zurückgewiesen. Gegen dessen Entscheidung legt R Verfassungsbeschwerde wegen Verletzung seiner Grundrechte aus Art. 5 Abs. 1 S. 2, 13 und 19 Abs. 4 GG ein *(Fall nach BVerfG (K) NJW 1998, 2131)*. **Rn 424**

a) Der grundgesetzliche Anspruch auf Rechtsschutz

416 Art. 20 Abs. 3 GG enthält mit der Bindung der Gesetzgebung an die verfassungsmäßige Ordnung und von Rechtsprechung und Verwaltung an Gesetz und Recht das Prinzip der Rechtsstaatlichkeit. Den Schutz des Rechtsstaats vertraut das Grundgesetz den Gerichten an: ihnen obliegt die letztverbindliche Kontrolle jeglichen Staatshandelns. Soweit es sich um die Gesetzgebung handelt, ist es Aufgabe der Verfassungsgerichte, sie zu kontrollieren, ob sie sich im Rahmen der verfassungsmäßigen Ordnung hält. Im Übrigen enthält Art. 19 Abs. 4 GG ein Gebot umfassenden **Rechtsschutzes:** jedem, der sich durch die öffentliche Gewalt des Staates in seinen Rechten verletzt sieht, steht der Rechtsweg zu den Gerichten offen. Gemeint ist hierbei die **Exekutive**. Gegen sie muss Rechtsschutz durch Gerichte gegeben sein – gemäß Art. 92 GG also durch Richter, die in richterlicher Unabhängigkeit entscheiden, Art. 97 GG. Auf die **Rechtsprechung** selbst wird die Rechtsschutzgarantie des Art. 19 Abs. 4 GG generell nicht erstreckt: Sie fordert Rechtsschutz durch den Richter, nicht gegen den Richter[160]. Allerdings können auch im gerichtlichen Verfahren selbstständige Grundrechtsverstöße erfolgen, wenn zB der Partei das rechtliche Gehör nach Art. 103 Abs. 1 GG verweigert wird. Ein solcher Grundrechtsverstoß muss gerichtlicherseits überprüft und behoben werden. Insoweit besteht also auch Rechtsschutz gegen die Gerichte selbst. Auf die Gesetzgebung, deren Kontrolle ja Aufgabe der Verfassungsgerichte ist, wurde die Rechtsschutzgarantie des Art. 19 Abs. 4 GG bisher nicht erstreckt[161], wohl aber auf untergesetzliches Recht, insbesondere auf Rechtsverordnungen[162]. Dies ist folgerichtig, da es sich hierbei um Akte der Exekutive handelt.

417 In einem Ausnahmefall hat das BVerfG mit der verwaltungsgerichtlichen Normenkontrolle des § 47 VwGO die Rechtsschutzgarantie des Art. 19 Abs. 4 GG auf förmliche Gesetze erstreckt: Nach hamburgischem Landesrecht können bestimmte planungsrechtliche Festsetzungen statt durch Satzung durch Gesetz getroffen werden. Für derartige „satzungsvertretende Gesetze" dürfe die Tragweite der Rechtsschutzgarantie nicht verkürzt werden[163]. Ebenso besteht Rechtsschutz gegen Gesetze, wenn diese Rechtsverordnungen ändern[164].

418 Der Garantie des Rechtsschutzes gegen die öffentliche Gewalt durch Art. 19 Abs. 4 GG entspricht in anderen Fällen verletzten Rechts (also bei zivilrechtlichen Streitigkeiten[165]) ein allgemeiner **Justizgewährungsanspruch**[166]. Er folgt aus dem Rechtsstaatsgebot iVm Art. 2 Abs. 1 GG. Wenn der Bürger einerseits gehalten ist, zur Durchsetzung seiner Rechte die Gerichte in Anspruch zu nehmen und auf Selbsthilfe zu verzichten, so muss ihm andererseits der wirksame Rechtsschutz durch die Gerichte gewährleistet sein. Dies zählt zu den grundlegendsten Aufgaben des Staates überhaupt.

---

160 Vgl *Sachs*, in: Sachs, Art. 19 Rn 120.
161 BVerfGE 24, 27, 29; 45, 297, 334.
162 BVerfGE 115, 81, 92 f.
163 BVerfGE 70, 35, 54 ff.
164 BVerwGE 117, 313; dazu *Ossenbühl*, JZ 2003, 1066; *Winkler*, JA 2006, 336.
165 BVerfGE 54, 277, 291; 107, 395, 401 ff; *Papier*, HStR VI, § 153 Rn 1.
166 Grundlegend: BVerfGE 107, 395, 403 ff; vgl hierzu *Degenhart*, HStR V³, § 114 Rn 7 f.

b) Voraussetzungen und Tragweite der Rechtsschutzgarantie

aa) Schutz subjektiver Rechte und Grundrechte. Das gesamte System des Rechtsschutzes ist auf den Schutz **subjektiver Rechte** zugeschnitten: nur der kann grundsätzlich in zulässiger Weise Klage erheben, der geltend machen kann, in seinen *eigenen Rechten* verletzt zu sein. Die *Popularklage* und die *Verbandsklage* sind die Ausnahme. Auch Art. 19 Abs. 4 GG gewährleistet Rechtsschutz nur für den, der in *seinen* Rechten verletzt ist[167]. Dem entspricht die Beschränkung der Klagebefugnis nach § 42 Abs. 2 VwGO. Ob Rechte iSv Art. 19 Abs. 4 GG verletzt sind, bestimmt sich nach dem *materiellen Recht:* Wenn dieses subjektive Rechte verleiht, greift Art. 19 Abs. 4 GG ein. Für den Adressaten einer belastenden Maßnahme ist dies unproblematisch: eine rechtswidrige belastende Maßnahme bedeutet immer einen Eingriff in subjektive Rechte, da schon wegen Art. 2 Abs. 1 GG jedermann ein Recht darauf hat, von rechtswidrigen Eingriffen verschont zu bleiben. IÜ (für einen Dritten, wenn eine Begünstigung begehrt wird) kommt es darauf an, ob das Gesetz, auf das der Kläger sich beruft, seinen Schutz bezweckt, ob es eine Schutznorm ist[168]. Dies hat zunächst der Gesetzgeber zu entscheiden. Geht es um den Schutz von Grundrechten, so greift die Rechtsschutzgarantie des Art. 19 Abs. 4 GG ein und kann die gerichtliche Kontrolle nicht ausgeschlossen werden. Deshalb können Klagerechte gegen bestimmte Vorhaben, wie bedeutsam diese immer sein mögen, nicht von vornherein ausgeschlossen werden wie im **Fall 39a** (Rn 414). 419

bb) Kein Letztentscheidungsrecht der Verwaltung. Da den Gerichten nach Art. 19 Abs. 4 GG die Kontrolle der Verwaltung obliegt, sind kontrollfreie Räume der Verwaltung gegenüber der Rechtsprechung nicht anzuerkennen. Auch Ermessensentscheidungen sind auf Ermessensfehler zu überprüfen. Die Anwendung von *Rechtsbegriffen* unterliegt stets der gerichtlichen Kontrolle. Ein sog. *„Beurteilungsspielraum"* der Verwaltung ist nur ausnahmsweise anzuerkennen. Denn dies bedeutet ja die Anerkennung einer *Letztentscheidungskompetenz* der Verwaltung. Die letztverbindliche Entscheidung über einen Rechtsbegriff muss aber grundsätzlich bei der Rechtsprechung liegen, insbesondere dann, wenn Grundrechte betroffen sind. Deshalb darf für Prüfungsentscheidungen, die für den Zugang zu einem Beruf entscheidend sind, kein genereller Beurteilungsspielraum der Verwaltung anerkannt werden, etwa beim juristischen Staatsexamen[169]; nur insoweit, als die Unwiederholbarkeit der speziellen Prüfungssituation eine gerichtliche Nachprüfung unmöglich macht, ist ein Beurteilungsspielraum anzuerkennen. 420

cc) Verfahrensordnungen und effektiver Rechtsschutz. Art. 19 Abs. 4 GG fordert nicht nur, dass überhaupt der Rechtsweg zu den *Gerichten* eröffnet wird, sondern auch **effektiven Rechtsschutz**. Deshalb darf zB der sofortige Vollzug von Verwaltungsakten nicht die Regel sein, müssen Rechtsmittel vielmehr grundsätzlich aufschiebende Wirkung haben. Auch wenn Eingriffe bereits vollzogen sind, muss eine gerichtliche 421

167 Vgl BVerfGE 113, 273, 310.
168 Näher *Schenke*, Verwaltungsprozessrecht, Rn 497 ff.
169 BVerfGE 84, 34, 49 ff.

Überprüfung möglich sein, insbesondere bei Grundrechtseingriffen, deren Adressat typischerweise keine Chance hat, Rechtsschutz vor dem Vollzug zu erreichen, wenn zB eine Wohnungsdurchsuchung wegen Gefahr im Verzug vor Ergehen einer richterlichen Entscheidung erfolgt, oder wenn der Termin, für den eine Versammlung beabsichtigt war, verstrichen ist, wenn ein kurzfristiger Polizeigewahrsam beendet ist. In derartigen Fällen ist ein Rechtsschutzinteresse anzuerkennen. Dem ist bei der Handhabung des Verfahrensrechts Rechnung zu tragen. Deshalb ist für eine Fortsetzungsfeststellungsklage analog § 113 Abs. 1 S. 4 VwGO das nach dieser Vorschrift erforderliche Rechtsschutzinteresse wegen Art. 19 Abs. 4 GG zu bejahen[170]. Dieser Rechtsgedanke gilt auch für Maßnahmen des Ermittlungsrichters und die im **Fall 40** (Rn 415) gegebene Konstellation der **prozessualen Überholung** nach StPO. Auch hier darf ein Rechtsschutzinteresse nicht verneint werden, wenn sich ein intensiver Grundrechtseingriff wie eine Durchsuchung typischerweise bereits vor Ergehen der gerichtlichen Entscheidung faktisch erledigt[171].

422 Die Ausgestaltung des Verfahrensrechts obliegt dem Gesetzgeber, der hierbei auch Fristen und weitere prozessuale Anforderungen zu bestimmen hat. Zulässig sind zB Präklusionsvorschriften, wonach Einwendungen, die nicht innerhalb einer bestimmten Frist oder in einem bestimmten Verfahrensstand vorgebracht werden, ausgeschlossen sind. Eine Grenze ist dort erreicht, wo eine wirksame Kontrolle der öffentlichen Gewalt nicht mehr möglich ist. Art. 19 Abs. 4 GG fordert nicht ausnahmslos einen bestimmten **Instanzenzug** und mehrere Instanzen[172]. Deshalb durfte der Gesetzgeber für bestimmte Großvorhaben auch das Bundesverwaltungsgericht als erste und letzte Instanz vorsehen, und er durfte die Zulassung der Berufung nach VwGO von bestimmten Zulassungsgründen abhängig machen.

423 **Lösung Fall 39: Energiewende II**

a) Standortbestimmung

a) Gesetzliche Standortfestlegung könnte einen Verstoß gegen Art. 19 Abs. 4 GG bedeuten, weil damit der Rechtsweg verkürzt wird: gegen Gesetze ist nur die Verfassungsbeschwerde mit ihrem begrenzten Prüfungsmaßstab eröffnet;

b) Grundsätzlich ist der Gesetzgeber befugt, auch einzelne Planungsentscheidungen durch Gesetz zu treffen, s. **Fall 12** (Rn 143).

c) Hier aber kein Einzelfall, sondern generelle Standortbestimmung durch Gesetz; hierdurch unzulässige Umgehung der gerichtlichen Kontrolle und damit Verstoß gegen Art. 19 Abs. 4 GG.

b) Ausschluss von Nachbarklagen

Wer in der Nachbarschaft einer Anlage lebt, hat einen Anspruch darauf, dass er durch ein Vorhaben nicht in seinem Grundrecht auf Gesundheit (Art. 2 Abs. 2 S. 1 GG) gefährdet wird. Geräusche und andere Einwirkungen von Windrädern können die Gesundheit gefährden und auch

170 Vgl *Schenke*, Verwaltungsprozessrecht, Rn 583.
171 BVerfG (K) NJW 1998, 2131; s. dazu *Achenbach*, JuS 2000, 27; s. auch BVerfG NJW 2005, 1855 – Eingriffe in das Grundrecht aus Art. 10 GG.
172 Vgl BVerfGE 11, 232, 233; 49, 329, 340.

das Eigentum entwerten. Dies muss der Nachbar im Wege der Klage geltend machen können. Dies wird durch das Gesetz jedoch ausgeschlossen. Deshalb ist die Regelung unter b) mit Art. 19 Abs. 4 GG unvereinbar.

c) Letztentscheidungsrecht der Verwaltung

Ein solches Letztentscheidungsrecht verstößt grundsätzlich gegen Art. 19 Abs. 4 GG. Hier könnte jedoch die Entscheidung durch ein Sachverständigengremium – hinreichende Kompetenz und Objektivität vorausgesetzt – im Ergebnis den Schutz der Grundrechte durch sachnähere Entscheidungen verstärken. Doch sind hier die Voraussetzungen für die ausnahmsweise Anerkennung eines Beurteilungsspielraums nicht gegeben.

Lösung Fall 40: Erledigte Durchsuchung 424

1. Zulässigkeit der Verfassungsbeschwerde, Art. 93 Abs. 1 Nr 4a GG

a) Beschwerdeentscheidung des LG als Akt öffentlicher Gewalt; behauptete Grundrechtsverletzung: s. Art. 5 Abs. 1 S. 2, 13 und 19 Abs. 4 GG.

b) Gegenwärtigem Betroffensein des R könnte entgegenstehen: Erledigung der Durchsuchung; dann aber kein Grundrechtsschutz bei intensiven Grundrechtseingriffen, die sich häufig bereits vor einer gerichtlichen Entscheidung faktisch erledigen – dies wäre unvereinbar mit Art. 19 Abs. 4 GG.

c) Rechtswegerschöpfung, § 90 Abs. 2 BVerfGG, ist wegen § 310 StPO – keine weitere Beschwerde – zu bejahen.

2. Begründetheit: Ist R durch die Entscheidung in seinen Grundrechten verletzt?

a) Zurückweisung der Beschwerde als unzulässig wegen prozessualer Erledigung:

aa) Art. 19 Abs. 4 GG als Gewährleistung gerichtlichen Rechtsschutzes gegen Maßnahmen der öffentlichen Gewalt. Hier: Rechtsschutz gegen gerichtliche Anordnungen durch eine weitere Instanz[173]?

bb) Kein Recht auf zweite Instanz – wenn aber die einfachgesetzliche Prozessordnung einen Instanzenweg eröffnet, muss dieser dem Betroffenen auch offen gehalten werden; dies betrifft auch Beschluss des Ermittlungsrichters, der in der Sache als Eingriffsakt zu werten ist[174].

b) Ob der Eingriff in die Grundrechte aus Art. 5 Abs. 1 S. 2 und Art. 13 GG gerechtfertigt war, kann nach dem SV nicht abschließend beurteilt werden (s. dazu den Examensfall SächsVBl 2000, 96 sowie **Klausurenband I Fall 12 und II Fall 14**). Das BVerfG wird jedenfalls wegen Verletzung des Art. 19 Abs. 4 GG die Beschwerdeentscheidung aufheben und die Sache an das Beschwerdegericht zurückverweisen, § 95 Abs. 2 BVerfGG.

2. Gerichtsorganisation

Aus der Rechtsschutzgarantie des Art. 19 Abs. 4 GG und aus dem allgemeinen Justizgewährungsanspruch folgen verfassungsrechtliche Vorgaben an die Organisation der Gerichtsbarkeit und an das gerichtliche Verfahren.

→ **Leitentscheidungen:** BVerfGE 95, 322 (Spruchgruppen); BVerfGE 82, 159 (EuGH als gesetzlicher Richter).

173 BVerfGE 49, 329, 340.
174 BVerfG (K) NJW 1998, 2131; *Achenbach*, JuS 2000, 27, 30.

425 **Fall 41: Vorlage zum EuGH**

Im **Fall 3 (Rn 32)** bezieht der Betreiber des Laserdromes, die Fun-GmbH mit Sitz in S, die Spielidee und die Ausrüstung als Franchise-Nehmer von der Fun Ltd mit Sitz im Vereinigten Königreich. Sie geht gegen das Verbot gerichtlich vor und macht vor den Verwaltungsgerichten in allen Instanzen geltend, vergleichbare Spiele seien in anderen EU-Staaten durchaus üblich; die Entscheidung der S verstoße gegen die Dienstleistungs- und Warenverkehrsfreiheit nach Art. 56 und 34 AEUV. Die Verwaltungsgerichte verneinen einen derartigen Verstoß; Gründe der öffentlichen Ordnung hätten Vorrang. Die Fun-GmbH ist der Auffassung, die Frage hätte vom EuGH entschieden werden müssen und wendet sich mit dieser Begründung an das BVerfG. **Rn 433** (prozessual Rn 844)

426 Im Rahmen der Gerichtsorganisation ist sicherzustellen, dass der konkrete Rechtsfall durch Richter entschieden wird, die sich auch in diesem konkreten Fall allein dem Recht verpflichtet sehen und die in der Lage sind, neutral, sachlich und „distanziert" Recht zu sprechen. Sachwidrigen Einflüssen ist entgegenzuwirken, effektiver und chancengleicher Rechtsschutz *„due process in law"* anzustreben. Hieran sind die Bestimmungen über den Aufbau der Gerichtsbarkeit, die Zusammensetzung der Spruchkörper, über Zuständigkeiten und Instanzenzüge und ist deren Handhabung im konkreten Fall zu messen.

a) Gewährleistung der fachlich gegliederten Gerichtsbarkeit und eines Instanzenzugs?

427 Ob die bestehende **fachliche Gliederung** der Gerichtsbarkeit **von Verfassungs wegen** gewährleistet wird, ist nicht ganz unstr, dürfte jedoch zu bejahen sein. Art. 95 GG sieht die Errichtung oberster Bundesgerichte für die dort genannten Teilgerichtsbarkeiten vor. Die Bestimmung bezieht sich nicht unmittelbar auf die Instanzgerichte in den Ländern, doch dürfte der Bestand einer fachlich gegliederten Instanzgerichtsbarkeit vorausgesetzt sein. Dies belegt auch eine *historische Interpretation*: zunächst hatte Art. 96 aF die Errichtung eines „obersten Bundesgerichts" vorgesehen. Dieser nicht erfüllte Verfassungsauftrag wurde durch das 16. ÄndG zum GG vom 18.6.1968[175] gestrichen. Hierin dürfte eine Grundsatzentscheidung *gegen* eine Vereinheitlichung zu sehen sein. Die Schaffung von einheitlichen **Rechtspflegeministerien** ist dadurch ebenso wenig ausgeschlossen, wie eine weitergehende **Vereinheitlichung der Verfahrensordnungen** und Verschiebungen in den bestehenden Zuständigkeiten dies sind. Einzelne, sachlich zusammengehörige Gerichtsbarkeiten zusammenzulegen, wie zB die Verwaltungsgerichtsbarkeit und die Sozialgerichtsbarkeit, dürfte ebenfalls nicht ausgeschlossen sein[176]. Zur Zusammenlegung von Justiz- und Innenministerium in NRW s. Rn 314, 691.

428 Die Rechtsschutzgarantie des Art. 19 Abs. 4 GG bzw der allgemeine **Justizgewährungsanspruch** (Rn 418 ff) bedeutet für den Bürger, dass **Gerichte** iSv Art. 92 GG (Rn 284 ff) über seinen Fall entscheiden müssen, bedeutet jedoch **nicht**, dass ihm **mehrere gerichtliche Instanzen** eröffnet sein müssen. Einen Anspruch auf Zugang zu einer zweiten und weiteren Instanz hat die Rechtsprechung des BVerfG stets verneint[177]. Anforderungen an einen Instanzenzug könnten sich jedoch aus Art. 95 GG ergeben. Hieraus folgt jedenfalls, dass *oberste Bundesgerichte* bestehen müssen, die

175 Eingehend dazu *Achterberg*, BonnK, Art. 96 Rn 41–103.
176 Vgl hierzu näher *Schenkel*, DÖV 2011, 481 ff.
177 S. BVerfGE 54, 277, 291; BVerfGE 107, 395, 401.

letztinstanzliche Entscheidungen treffen und hierdurch auch die *Einheitlichkeit der Rechtsprechung* im Interesse der Rechtssicherheit herstellen. Auch das *Bundesstaatsprinzip* fordert die Wahrung der Rechtseinheit durch die Rechtsprechung. Deshalb darf der Rechtsweg zu den Bundesgerichten nicht generell abgeschnitten werden – die Ausgestaltung iE ist aber Sache des Gesetzgebers, der auch Rechtsmittel weitgehend beschränken könnte. Soweit aber der Gesetzgeber Instanzenzüge eröffnet hat, ist gleichmäßiger und berechenbarer Zugang zu den Instanzen zu gewährleisten. Deshalb durften Bestimmungen über die Zulassung der Revision nicht dergestalt gehandhabt werden, dass das Gericht auch erfolgversprechende Revisionen im Wege einer „Selbststeuerung" seiner Arbeitsbelastung zurückweisen konnte[178].

b) Das Recht auf den gesetzlichen Richter

Zu den grundlegenden rechtsstaatlichen Garantien im Bereich der Rechtsprechung **429**
zählt das grundrechtsgleiche **Recht auf den gesetzlichen Richter** in Art. 101 Abs. 1 S. 2 GG. Es umfasst zwei wesentliche Aspekte: zum einen das Recht auf den gesetzlich bestimmten, den **zuständigen** Richter; zum anderen das Recht auf den gesetzlichen Anforderungen – insbesondere den Anforderungen des Grundgesetzes – gemäßen Richter[179].

Art. 101 Abs. 1 S. 2 GG als das Recht auf den zuständigen Richter erfordert, dass der **430**
im konkreten Fall zur Entscheidung berufene Richter im Voraus eindeutig bestimmt sein muss, grundsätzlich durch (formelles) Gesetz. Soweit eine Bestimmung durch Gesetz aus praktischen Gründen ausgeschlossen ist, also für die Verteilung der Rechtssachen auf die einzelnen Spruchkörper innerhalb der Gerichte (als organisatorische Einheiten, also Amtsgericht X, Verwaltungsgericht Y), sind im Voraus in richterlicher Unabhängigkeit Geschäftsverteilungspläne aufzustellen, die die eindeutige Bestimmung des innerhalb des Gerichts zuständigen Spruchkörpers und auch des einzelnen Richters ermöglichen; ferner müssen für den Fall der Verhinderung des an sich zuständigen Richters Vertreter bestimmt sein[180]. Als verfassungsrechtlich problematisch gilt das System der beweglichen Zuständigkeiten in der Strafprozessordnung, das es der Staatsanwaltschaft, also der Exekutive erlaubt, zwischen verschiedenen Gerichtsständen in einer Sache zu wählen[181]. Art. 101 Abs. 1 S. 2 GG als Recht auf den grundgesetzmäßigen Richter fordert zudem Regelungen, die die **Ausschließung** von Richtern ermöglichen, die nicht die hinreichende Gewähr für Sachlichkeit und Unparteilichkeit bieten. So wird etwa durch § 23 Abs. 2 StPO im Wiederaufnahmeverfahren ein vorher mit der Sache befasster Richter ausgeschlossen. Wirkt er gleichwohl entgegen dieser Bestimmung im Wiederaufnahmeverfahren mit, so wird hierdurch der gesetzliche Richter entzogen.

Nicht jeder Verstoß gegen einfachgesetzliches Verfahrensrecht ist freilich schon gleich- **431**
bedeutend mit einem Verstoß gegen Verfassungsrecht – wie stets prüft das BVerfG nur

178 BVerfGE 54, 277, 292.
179 S. näher *Degenhart*, in: Sachs, Art. 101 Rn 5 ff, 8 f.
180 Näher *Degenhart*, aaO, Rn 14.
181 So auch *Pieroth/Schlink*, Rn 1145.

die Verletzung **spezifischen Verfassungsrechts**. Demgegenüber ist der bloße Irrtum des Gerichts über seine Zuständigkeit – der *error in procedendo* – nur dann als Verfassungsverstoß zu werten, wenn das Gericht seine Entscheidung willkürlich getroffen hat. Andernfalls würde das *BVerfG* in die Rolle einer „Superrevisionsinstanz" in Bezug auf die Zuständigkeitsregelungen der Verfahrensordnungen gedrängt[182].

432 Gesetzlicher Richter iSv Art. 101 Abs. 1 S. 2 GG ist auch der **Europäische Gerichtshof** (Rn 262). Ein Gericht, das seiner Verpflichtung, eine Vorabentscheidung des EuGH über die Auslegung von Unionsrecht nach Art. 267 AEUV herbeizuführen, nicht nachkommt, wie im **Fall 41** (Rn 425), verletzt daher das Recht auf den gesetzlichen Richter. Dies ist vom BVerfG im Verfahren der Verfassungsbeschwerde festzustellen. Nicht jede fehlerhafte Entscheidung verletzt jedoch bereits das Recht auf den gesetzlichen Richter. Ein Verfassungsverstoß kann erst dann festgestellt werden, wenn die Vorlagepflicht in unvertretbarer Weise gehandhabt wird. Dies ist insbesondere dann der Fall,

- wenn eine Vorlage überhaupt nicht in Erwägung gezogen wurde, oder
- wenn von einer Entscheidung des EuGH bewusst abgewichen wird oder
- wenn bei Fehlen einer Rechtsprechung eindeutig vorzugswürdige Auffassungen übergangen werden.

Letztere Fallgruppe wurde auf Grund der Rechtsprechung des EuGH dahingehend modifiziert, dass ein Gericht immer dann vorlegen muss, wenn sich in dem bei ihm anhängigen Verfahren eine entscheidungserhebliche Frage des Gemeinschaftsrechts bzw Unionsrechts stellt, es sei denn, hierzu existiert bereits Rechtsprechung des EuGH oder die Frage ist offenkundig; diese Voraussetzungen müssen jedoch vom Gericht geprüft und dargelegt werden[183].

433 **Lösung Fall 41: Vorlage zum EuGH**

Die Fachgerichte könnten hier gegen eine Vorlagepflicht verstoßen und hierdurch die Fun-GmbH in ihrem Recht auf den gesetzlichen Richter verletzt haben.

1. Als Verfahrensbeteiligte ist die Fun-GmbH Trägerin der Rechte aus Art. 101 GG.

2. Art. 101 Abs. 1 S. 2 GG ist durch unterlassene Vorlage zum EuGH dann verletzt, wenn dieser gesetzlicher Richter im Sinn dieser Verfassungsbestimmung ist. Dies ist zu bejahen[184]. Er hat die Qualität eines Gerichts, seine Zuständigkeiten sind gesetzlich bestimmt; ihm sind durch die verbindliche Rechtsordnung der Union bestimmte Rechtsprechungsfunktionen im Verhältnis zu den innerstaatlichen Gerichten zugewiesen.

3. Im vorliegenden Fall war nach Art. 267 AEUV vorzulegen, da mit dem Verbot auch Grundfreiheiten des AEUV eingeschränkt wurden, insbesondere die Dienstleistungsfreiheit im Verhältnis Franchise-Geber zu Franchise-Nehmer.

4. Die Entscheidung des letztinstanzlichen Gerichts verstößt daher dann gegen Art. 101 Abs. 1 S. 2 GG, wenn sie auf einer „offensichtlich unhaltbaren" Rechtsanwendung beruht[185].

---

182 Näher *Degenhart*, in: Sachs, Art. 101 Rn 18 ff.
183 Grundlegend BVerfGE 82, 159, 195 f; s. jetzt auch BVerfG (K) NJW 2010, 1268.
184 Vgl BVerfGE 73, 339, 366.
185 BVerfGE 82, 159, 195 f; in der Sache ist EuGH NVwZ 2004, 1471 dem BVerwG beigetreten; dazu *Reich*, JA 2005, 419; **Klausurenband II Fall 10**.

3. Gerichtliches Verfahren und Grundgesetz

Aufgabe des gerichtlichen Verfahrens ist es, effektiven Rechtsschutz durch rechtsstaatliche Verfahrensgestaltung zu sichern. Dem dient insbesondere als „prozessuale Grundnorm" das durch Art. 103 Abs. 1 GG als Grundrecht gewährleistete Recht auf Gehör; weitere verfassungsrechtliche Anforderungen an das gerichtliche Verfahren werden unmittelbar aus dem Rechtsstaatsprinzip abgeleitet.

→ **Leitentscheidungen:** BVerfGE 52, 203 (Geschäftsstelle des Gerichts); BVerfGE 57, 250 (Zeuge vom Hörensagen); BVerfGE 101, 397 (Rechtspfleger); BVerfGE 107, 395 (Plenarentscheidung – außerordentliche Rechtsmittel).

Fall 42: Kanzleigehilfe *(nach BVerfGE 57, 117)* 434

Rechtsanwältin R beauftragt am letzten Tag einer ihr in einem Zivilprozess vom Gericht gesetzten Schriftsatzfrist ihren Kanzleigehilfen K, einen Schriftsatz zu Gericht zu bringen. K gibt den Schriftsatz wenige Minuten vor Dienstschluss in der Posteingangsstelle des Gerichts ab, obwohl dort ein gut sichtbarer Hinweis angebracht ist, wonach fristwahrende Schriftsätze unmittelbar auf der Geschäftsstelle der jeweiligen Kammer einzuliefern sind. Der Schriftsatz gelangt im Laufe des folgenden Tages zur zuständigen Kammer. Er wird für die Urteilsfindung nicht mehr berücksichtigt.

R als Vertreterin der unterlegenen Prozesspartei sieht hierin einen Verstoß gegen das Recht auf Gehör und gegen die Grundsätze einer rechtsstaatlichen Verfahrensgestaltung. Welche Rechtsschutzmöglichkeiten stehen ihr offen? **Rn 439** (prozessual Rn 845)

a) Das Recht auf Gehör

Rechtliches Gehör bedeutet zunächst, dass den Verfahrensbeteiligten Gelegenheit gegeben wird, sich zum Gegenstand des Verfahrens in tatsächlicher und rechtlicher Hinsicht zu äußern, und dass das Gericht seinerseits nur solche Tatsachen und Beweisergebnisse zugrundelegt, zu denen die Beteiligten sich äußern konnten. Wird ihnen keine **Gelegenheit zur Äußerung** gegeben, so liegt hierin eine Verletzung des Rechts auf Gehör. Die Möglichkeit der Äußerung setzt voraus, dass die Beteiligten zunächst von der Sache Kenntnis erlangen: das Recht auf Gehör begründet also **Informations- und Mitteilungspflichten** des Gerichts. So ist es zur wirksamen Strafverteidigung für den Angeklagten unabdingbar, Kenntnis zu erlangen von allen Gesichtspunkten, die durch die Anklagebehörde in das Verfahren eingebracht werden[186]. Das Gericht muss weiterhin die Äußerungen der Beteiligten auch tatsächlich **zur Kenntnis nehmen** und sie im Verfahren **berücksichtigen**, „in Erwägung ziehen"[187]. 435

Aufgabe des **einfachgesetzlichen Verfahrensrechts** ist es, die Voraussetzungen und Modalitäten, unter denen rechtliches Gehör zu gewähren ist, näher zu bestimmen; es darf dabei etwa die Berücksichtigung des Parteivorbringens von der Einhaltung bestimmter Formen und **Fristen** abhängig machen und verspätetes Vorbringen nicht mehr 436

186 BVerfGE 57, 250, 274; 63, 45, 60 ff.
187 Vgl etwa BVerfG (K) NJW 1988, 817; zu den einzelnen Realisierungsstufen des Rechts auf Gehör s. *Degenhart*, in: Sachs, Art. 103 Rn 11, 16 ff, 20 ff, 28 ff.

berücksichtigen – man spricht hier von Präklusion. Sie dient der **Verfahrensbeschleunigung**. Dies ist legitim, zumal wirksamer Rechtsschutz auch zeitgerechter Rechtsschutz bedeutet. Die Gerichte müssen aber ihrerseits bei Anwendung der Präklusionsvorschriften der Bedeutung des Rechts auf Gehör Rechnung tragen; wir begegnen auch hier der typischen **Wechselwirkung** zwischen Verfassungsgarantie und einfachem Gesetz[188]. So ist das Recht auf Gehör verletzt, wenn fristgerecht eingegangene Schriftsätze nicht berücksichtigt werden, aber auch bei unangemessen kurzen Fristen[189]. Das Verfahrensrecht ist in einer Weise anzuwenden, die den Verfahrensbeteiligten die Verfolgung ihrer Rechte nicht unverhältnismäßig erschwert. Wird dem Verfahrensbeteiligten das Recht auf Gehör verweigert, so verlangt Art. 19 Abs. 4 GG bzw der rechtsstaatliche Justizgewährungsanspruch, dass hiergegen Rechtsschutz gewährt wird[190]. Denn hiernach muss bei Verletzungen des Grundrechts auf Gehör Rechtsschutz gewährleistet sein. Durch das Anhörungsrügegesetz vom 9.12.2004 (BGBl. I S. 3220) wurden entsprechende Regelungen in den Verfahrensordnungen geschaffen.

b) Rechtsstaatlichkeit und „Fairness" des Verfahrens, insbesondere im Strafprozess

437 Ziel des Strafverfahrens ist die Feststellung und Durchsetzung des **staatlichen Strafanspruchs**, unter Wahrung rechtlicher Garantien für den Beschuldigten im rechtsstaatlich geordneten, **justizförmigen Verfahren**. Dies erfordert „Waffengleichheit" gegenüber der Anklagebehörde, ein „faires Verfahren" und **wirksame Verteidigung**. Sie umschließt auch das Recht auf freie Verteidigerwahl, kann uU mit dem Interesse des Staates an wirksamer Strafverfolgung kollidieren, das unter dem Gesichtspunkt des Interesses an einer **„funktionstüchtigen Strafrechtspflege"** vom *BVerfG* in den Rang eines Verfassungsgutes erhoben wird[191]. Dies ist nicht unproblematisch: wirksame Verteidigung darf nicht als „störender Eingriff" in eine „funktionstüchtige Rechtspflege" und damit ihrerseits als legitimationsbedürftig gesehen werden. Geschützt ist nicht etwa nur das Interesse des unschuldigen Angeklagten an der Feststellung seiner Unschuld: eben diese Feststellung muss im justizförmigen, rechtsstaatlichen Verfahren ermittelt werden. Bis dahin gilt die rechtsstaatliche **Unschuldsvermutung**. Sie ist explizit in Art. 6 Abs. 2 EMRK gewährleistet und wird für das Grundgesetz aus dem Rechtsstaatsprinzip abgeleitet, wie auch sonst die Rechtsprechung des BVerfG und die der Fachgerichte sich deutlich an der des EGMR zu den Verfahrensgarantien der EMRK orientiert. Die Unschuldsvermutung ist insbesondere von den Strafverfolgungsbehörden im Rahmen ihrer Öffentlichkeitsarbeit zu beachten, was im Fall Kachelmann nicht unbedingt gewährleistet war.

438 Das Gebot eines „fairen Verfahrens" gilt auch im **Verfassungsprozess**. In seiner Entscheidung zur Einstellung des NPD-Verbotsverfahrens leitet das BVerfG aus der Unterwanderung der Parteispitze durch V-Leute des Verfassungsschutzes ein **absolutes Verfahrenshindernis** ab; es bezieht

188 Näher *Degenhart*, in: Sachs, Art. 103 Rn 12 ff.
189 BVerfGE 60, 313, 318.
190 BVerfGE 107, 395, 401 ff.
191 BVerfGE 57, 250, 384 ff; 80, 367, 377 – zur Verwertung tagebuchartiger Aufzeichnungen.

sich hierfür auf seine Rechtsprechung zum Strafprozess[192]. Dies war die Ansicht einer Minderheit im Senat, während die Mehrheit ein prozessuales Verwertungsverbot für ausreichend hielt – für Entscheidungen im Parteiverbotsverfahren ist jedoch nach § 15 Abs. 4 S. 1 BVerfGG eine Mehrheit von zwei Dritteln erforderlich.

Lösung Fall 42: Kanzleigehilfe **439**

Der am letzten Tag der Schriftsatzfrist bei der Poststelle eingereichte, aber erst am Tag danach zur zuständigen Kammer gelangte Schriftsatz durfte nicht als verspätet behandelt werden: ausreichend ist, dass er rechtzeitig in den Verantwortungsbereich des Gerichts gelangt ist. Die Prozessbeteiligten dürfen dann darauf vertrauen, dass er ordnungsgemäß weitergeleitet wird. Das Gericht hat hier die Anforderungen an die Wahrnehmung des rechtlichen Gehörs überzogen[193].

Wegen der Verletzung des rechtlichen Gehörs ist an sich die Verfassungsbeschwerde zum BVerfG eröffnet. Um dieses zu entlasten, wurde jedoch im Rahmen der ZPO-Reform mit **§ 321a ZPO** ein besonderes **Rügeverfahren** eingeführt. Erst wenn alle Rechtsmittel ausgeschöpft sind, kann Verfassungsbeschwerde eingelegt werden.

Schrifttum zu IV.: *Papier*, Justizgewähranspruch, in: HStR VIII³, § 176; *Degenhart*, Gerichtsorganisation, in: HStR V³, § 114; *Degenhart*, Gerichtsverfahren, in: HStR V³, § 115; *Pieroth/ Schlink*, § 30; *Britz*, Das Grundrecht auf den gesetzlichen Richter in der Rechtsprechung des Bundesverfassungsgerichts, in: JA 2001, 573; *Voßkuhle*, Bruch mit einem Dogma: Die Verfassung garantiert Rechtsschutz gegen den Richter, in: NJW 2003, 2193; *Schenke*, Rechtsschutz gegen normatives Unrecht, JZ 2006, 1004.

V. Das Widerstandsrecht des Art. 20 Abs. 4 GG

Als letzte Sicherung des Rechtsstaats gewährt Art. 20 Abs. 4 GG ein Recht zum Widerstand als „subsidiäres Ausnahmerecht"[194] gegen Versuche zu dessen Beseitigung, unter der Voraussetzung, dass anderweitige (staatliche) Hilfe, insbesondere auch gerichtliche Hilfe nicht erreichbar ist. Dieses Recht richtet sich sowohl gegen Inhaber der staatlichen Gewalt („Staatsstreich von oben"), als auch gegen den „Staatsstreich von unten"; es richtet sich gegen Versuche, die verfassungsmäßige Ordnung als solche zu beseitigen, nicht gegen einzelne Entscheidungen, die im Rahmen dieser Ordnung getroffen werden, mag der Einzelne sie auch als verfassungswidrig empfinden (zB die Errichtung einer Atomanlage). Mit Art. 20 Abs. 4 GG versucht das Grundgesetz, Ausnahmesituationen rechtlich zu erfassen, in denen sein Geltungsanspruch gerade nicht mehr gewahrt ist. Wird die von Art. 20 Abs. 4 GG vorausgesetzte verfassungsmäßige Ordnung, also die „freiheitlich-demokratische Grundordnung", tatsächlich beseitigt, so entfällt damit auch die Anerkennung des Widerstandsrechts; die Berufung auf Art. 20 Abs. 4 GG würde, wenn das Grundgesetz insgesamt nicht mehr anerkannt wird, sinnlos. Bleibt der Umsturzversuch erfolglos, so ist Art. 20 Abs. 4 GG nicht notwendig, um Widerstandshandlungen zu rechtfertigen. Die Grundsätze der Staatsnot- **440**

192 BVerfGE 107, 339, 363 ff unter Bezugnahme auf BVerfGE 51, 324, 343 ff.
193 BVerfGE 52, 203, 210.
194 BVerfGE 123, 267, 333.

hilfe würden ausreichen[195]. So kommt der Positivierung des Widerstandsrechts primär klarstellende und appellative Funktion zu. Dies gilt auch für seine Erwähnung in Art. 93 Abs. 1 Nr 4a GG. Hiernach kann das Recht im Wege der Verfassungsbeschwerde geltend gemacht werden. Nun greift das Widerstandsrecht dann erst ein, wenn andere, insbesondere gerichtliche Hilfe nicht erlangt werden kann. Deshalb, so das BVerfG im Urteil zum Vertrag von Lissabon, kann es nicht in einem Verfahren geltend gemacht werden, in dem gerade Abhilfe gegen eine behauptete Beseitigung der verfassungsmäßigen Ordnung Rechtsschutz gesucht wird[196] – die Beschwerdeführer hatten ein Recht auf Unterlassung aller Handlungen, welche eine Widerstandslage auslösen würden, postuliert.

441 Von der Wahrnehmung eines Widerstandsrechts zu unterscheiden ist der sog. *„zivile Ungehorsam"*[197]. Hierunter ist der Protest des Bürgers gegen einzelne gewichtige, für ethisch illegitim gehaltene staatliche Entscheidungen zu verstehen, der unter bewusster, Aufsehen erregender Regelverletzung erfolgt (zB die sog. „Sitzblockaden" in Mutlangen[198]; aber auch die bewusste und demonstrative Missachtung rassendiskriminierender Gesetze durch die Bürgerrechtsbewegungder 60er Jahre in den USA). Ob derartiger ziviler Ungehorsam innerhalb einer rechtsstaatlichen Ordnung legitimiert sein kann, ist umstritten. Gegner verweisen auf innerstaatliche Friedenspflicht und demokratisches Mehrheitsprinzip, Befürworter – unter Hinweis auf Vorbilder in den angelsächsischen Demokratien – auf die Unvollkommenheiten des demokratischen Willensbildungsprozesses als eines Prozesses von *trial and error.* Jedenfalls aber rechtfertigt „ziviler Ungehorsam" nicht die Rechtsverletzung, setzt sie vielmehr schon begrifflich voraus[199].

Das Widerstandsrecht ist also auf die Wahrung der bestehenden Ordnung gerichtet, insofern „legalitätsbezogen", während bei Ausübung „zivilen Ungehorsams" Legitimität gegen Legalität durchgesetzt werden soll.

Schrifttum zu V.: *Dolzer*, Der Widerstandsfall, HStR VII², § 171; *Stern* II, § 57; *H.H. Klein*, Der Gesetzgeber und das Widerstandsrecht, DÖV 1968, 865; *Karpen*, „Ziviler Ungehorsam" im demokratischen Rechtsstaat, JZ 1984, 249.

§ 5 Das bundesstaatliche Prinzip des Grundgesetzes

Die Bundesrepublik Deutschland ist, wie sich aus Art. 20 Abs. 1 GG und aus anderen Verfassungsbestimmungen ergibt, ein Bundesstaat. Die Staatsgewalt als die Gesamtheit staatlicher Befugnisse ist aufgeteilt zwischen einem „Gesamtstaat" – dem Bund – und Gliedstaaten – den (derzeit) 16 Ländern –. Wie im Einzelnen diese Befugnisse zwischen Bund und Ländern aufgeteilt sind, wie sie auszuüben sind, welche Einwirkungsmöglichkeiten der Bund auf die Länder hat und umgekehrt, wie ganz allgemein

195 *Hesse*, Rn 760.
196 BVerfGE 123, 267, 333.
197 *Sachs*, in: Sachs, Art. 20 Rn 169.
198 BVerfGE 73, 206.
199 BVerfGE 73, 206, 251 f.

das Verhältnis zwischen Bund und Ländern beschaffen ist und wie Konflikte zwischen ihnen zu lösen sind, dies ist Gegenstand des nachstehenden Abschnitts über den Bundesstaat des Grundgesetzes.

I. Grundlagen

Im Folgenden sollen zunächst einige wesentliche Merkmale des Bundesstaatsbegriffs nach dem Grundgesetz erörtert werden. Kennzeichnend hierfür ist zunächst die Staatsqualität des Bundes und der Länder. Dass diese Prämisse auch durchaus praktische Konsequenzen hat, soll im Folgenden deutlich werden. Dabei sind auch die Grenzen aufzuzeigen, die das Grundgesetz, vor allem in Art. 79 Abs. 3 GG, Veränderungen der bundesstaatlichen Ordnung setzt.

→ **Leitentscheidungen:** BVerfGE 34, 9 (Art. 74a GG); BVerfGE 72, 330 (Finanzausgleich); BVerfGE 103, 332 (LNatSchG SH); BVerfGE 111, 226 (Juniorprofessur).

Fall 43: Bildungskompetenz 442

Als Reaktion auf deutliche Leistungsunterschiede zwischen den Bundesländern im Bildungswesen wird durch Verfassungsänderung dem Bund die Gesetzgebungszuständigkeit für „das Schul- und Hochschulwesen und das Recht der beruflichen Bildung" übertragen. Gesetze auf Grund dieser Zuständigkeitsnorm bedürfen jedoch der Zustimmung des Bundesrats. Das Bundesland B hat Bedenken gegen die Verfassungsmäßigkeit der Grundgesetzänderung. Den Ländern werde damit der Kernbereich ihrer Zuständigkeiten entzogen. Die Bundesregierung ist der Auffassung, durch die Möglichkeit der Länder, über den Bundesrat an der Gesetzgebung mitzuwirken, werde dies hinreichend ausgeglichen. **Rn 457**

Fall 44: Gebietsabtretung 443

Im Zuge einer Grenzbereinigung tritt die Bundesrepublik mehrere Hektar unbewohntes Gelände in Mecklenburg-Vorpommern an die Republik Polen ab. Das Land stimmte der Abtretung auf Anfrage der Bundesregierung nicht zu. Die Bundesregierung setzte sich jedoch darüber hinweg. Hat sie hierdurch gegen das Grundgesetz verstoßen? **Rn 449, 458**

Fall 45: Wahltermin 444

Im Wege einer Verfassungsänderung wird in das Grundgesetz eine Bestimmung eingefügt, die die Termine für die Landtagswahlen in den einzelnen Bundesländern einheitlich mit dem Termin zur Bundestagswahl zusammenlegt. Dadurch soll das politische Geschehen von der ständigen Wahlkampfsituation entlastet werden.

Die Länder sehen einen unzulässigen Eingriff in ihre Eigenstaatlichkeit. Zu Recht?

(Eine dahingehende Verfassungsänderung wurde im Rahmen der Beratungen der Gemeinsamen Verfassungskommission erwogen, aber im Ergebnis nicht befürwortet.)
Rn 454, 459 (prozessual Rn 828)

1. Geschichtlich

445 Nach S. 2 der Präambel zum Grundgesetz in ihrer Neufassung durch den Einigungsvertrag haben die Deutschen in den – dort im Einzelnen aufgeführten – 16 Ländern die Einheit und Freiheit Deutschlands vollendet. Bereits die Präambel nimmt damit Bezug auf die Existenz von Ländern als Ausgangspunkt für die Staatlichkeit der Bundesrepublik. Dem entspricht die ausdrückliche und durch die *„Ewigkeitsgarantie"* des Art. 79 Abs. 3 GG abgesicherte Festlegung auf die **Bundesstaatlichkeit** als tragendes **Strukturprinzip für den Staatsaufbau** in Art. 20 Abs. 1 GG. Es ist die historisch gewachsene Staatsform Deutschlands. Die Reichsgründung 1871 erfolgte unter Aufrechterhaltung der Staatsqualität der bis dahin souveränen Gliedstaaten. Stärker unitarisch geprägt war die Weimarer Reichsverfassung, doch war auch die *Weimarer Republik* Bundesstaat. Nach der nationalsozialistischen Machtergreifung wurde durch ein *„Gesetz über den Neuaufbau des Reiches"* vom 30. Januar 1934 die Eigenstaatlichkeit der Länder beseitigt. Nach 1945 waren es zuerst die Länder, in denen sich wieder deutsche Staatsgewalt konstituierte. Abgesehen von Bayern und den Hansestädten wurden sowohl im Westen als auch in der sowjetischen Besatzungszone neue Länder gebildet, unter Einbeziehung auch der Gebiete des aufgelösten Staates Preußen. Nach der Gründung der DDR 1949 wurden 1952 deren fünf Länder wieder aufgelöst und in 14 Bezirke umgewandelt. Durch Verfassungsgesetz zur Bildung von Ländern in der Deutschen Demokratischen Republik vom 22. Juli 1990 (GVBl I 1, S. 955) erfolgte die Wiederherstellung der Länder in der DDR, die dann mit dem *Beitritt* der DDR zum Geltungsbereich des Grundgesetzes Länder der Bundesrepublik Deutschland wurden[1].

446 Mit der Festlegung auf die Bundesstaatlichkeit knüpft das Grundgesetz auch (nicht ausschließlich) an die Staatsform des Bundesstaats in ihrer historischen Prägung und damit an ein vorverfassungsrechtliches Gesamtbild der Bundesstaatlichkeit an. Wenn also das *BVerfG* in einzelnen Entscheidungen an *traditionelle* Elemente, wie die Selbstständigkeit, die Eigenstaatlichkeit der Länder[2] anknüpft, so liegt hierin ein Rückgriff auf einen Bundesstaatsbegriff, wie ihn das Grundgesetz vorgefunden und näher ausgestaltet hat.

2. Der Bundesstaatsbegriff des Grundgesetzes

447 Es gibt nicht „den" Bundesstaat oder „das" Bundesstaatsprinzip; es gibt nur den Bundesstaat in seiner konkreten Ausformung durch das Grundgesetz. Ähnlich wie das Demokratieprinzip wird auch das Bundesstaatsprinzip als das allgemeinere Prinzip im Grundgesetz durch verschiedene Teilelemente konkretisiert. Methodisch bedeutet dies: für die Beantwortung konkreter bundesstaatlicher Fragestellungen ist an eines dieser konkreteren Unterprinzipien anzuknüpfen.

---

1 Vgl *Kloepfer* I § 2 D.

2 BVerfGE 3, 58, 158; 4, 178, 189; 6, 309, 346; 11, 77, 88; 22, 267, 270; 36, 342, 360.

a) Staatlichkeit von Bund und Ländern

Art. 20 Abs. 1 GG enthält die **verfassungsgestaltende Grundentscheidung** für die Bundesrepublik als **Bundesstaat**. Dies bedeutet: Die Bundesrepublik als Gesamtstaat setzt sich zusammen aus einzelnen (aktuell 16) Gliedstaaten: den Ländern, diese bilden den Gesamtstaat, den Bund. Sowohl dem Bund als auch den Ländern kommt Staatsqualität zu, die Staatsgewalt ist zwischen ihnen aufgeteilt (Rn 7). Die Aufteilung wird im Grundgesetz vorgenommen, also in der Verfassung des Zentralstaates. Dieser hat die „Kompetenz-Kompetenz" (Rn 459), in den Schranken des Art. 79 Abs. 3 GG: Die Länder dürfen zB nicht von der Beteiligung an der Gesetzgebung ausgeschlossen werden. In diesem Rahmen üben die **Länder** eigene, nicht vom Bund abgeleitete, originäre Staatsgewalt aus. Sie verfügen auch über ein Staatsgebiet, auch von einem Staatsvolk mag gesprochen werden – ohne dass dies freilich rechtlich relevant wäre: nach Art. 33 Abs. 1 GG haben alle Deutschen in allen Ländern die gleichen staatsbürgerlichen Rechte und Pflichten. Wenn also von der **Staatsqualität** der Länder gesprochen wird, so handelt es sich nicht um die Staatlichkeit eines souveränen Staates: Umfang und Qualität der staatlichen Befugnisse der Länder sind im Grundgesetz, also der Verfassung des Zentralstaats geregelt, die Länder haben auch kein Recht zum Austritt aus der Bundesrepublik, während im Vertrag von Lissabon ein Recht der Mitgliedstaaten zum Austritt aus der EU ausdrücklich anerkannt wird, Art. 50 EUV. 448

Dass der Grundsatz der Staatlichkeit der Länder nicht nur von theoretischer Bedeutung ist, zeigt die Einführung einer Verschuldensgrenze für die Länder durch Art. 109 Abs. 3 GG im Zuge der sog. Föderalismusreform II. Die Haushaltsautonomie der Länder wird hierdurch beschränkt. Sieht man nun diese Haushaltsautonomie als Element ihrer „Eigenstaatlichkeit", so könnte dies die Garantie des Art. 79 Abs. 3 GG – Gliederung des Bundes in Länder – berühren (Rn 547) berühren[3]. Die Staatsqualität der Länder wird auch relevant im Fall einer durch völkerrechtlichen Vertrag des Bundes mit einem auswärtigen Staat vereinbarten **Gebietsabtretung** (zB Grenzkorrektur) wie im **Fall 44** (Rn 443). Str. ist hier, ob ein solcher Vertrag der Zustimmung des betroffenen Landes – in dessen Gebiet ja ebenfalls eingegriffen wird – bedarf[4]. Aus Art. 32 GG folgt ein solches Zustimmungserfordernis nicht. Der Staatsqualität der Länder aber würde es widersprechen, wenn von Seiten des Bundes ohne ihre Zustimmung über ihr Staatsgebiet – ein Essentiale ihrer Staatlichkeit – verfügt werden könnte. 449

b) Bundesstaatliche Kompetenzordnung – unitarischer Bundesstaat oder Wettbewerbsföderalismus?

Die Normen des Grundgesetzes, die die **Aufteilung der staatlichen Befugnisse** vornehmen, bilden die bundesstaatliche **Kompetenzordnung**. Die Organe des Gesamtstaats und der Gliedstaaten, Bundesorgane und Länderorgane, üben hierbei eine vom anderen unabhängige Staatsgewalt auf jedem Aufgabengebiet aus, das ihnen hiernach zugewiesen ist. Grundregel für die Kompetenzverteilung ist die des **Art. 30 GG**, in 450

3 Vern. *Ohler*, DVBl 2009, 1265 1273; *Lenz/Burgbacher*, NJW 2009, 2561, 2566; bej. *Fassbender*, NVwZ 2009, 737, 740.

4 Dagegen etwa *Streinz*, in: Sachs, Art. 32 Rn 46; dafür *Stern* I, § 7 IV 2a; *Jarass/Pieroth*, Art. 32 Rn 7; *Erbguth*, in: Sachs, Art. 30 Rn 5.

der die Staatsqualität der Länder als ein wesentliches Element des bundesstaatlichen Prinzips ihren positiven Ausdruck findet[5]. Danach ist die Ausübung staatlicher Befugnisse Sache der Länder, soweit sie nicht vom Grundgesetz ausdrücklich dem Bund zugewiesen werden. Art. 70 GG wiederholt und konkretisiert diesen Grundsatz für die Gesetzgebung, Art. 83 GG für die Verwaltung. Kompetenzzuweisungen an den Bund sind vor allem in Art. 71 ff GG für die Gesetzgebung, in Art. 84 ff GG für die Verwaltung und in Art. 95 GG für die Rechtsprechung sowie in den Art. 104a ff GG für den Bereich der Staatsfinanzen enthalten. Die Kompetenzzuweisungen sind **nicht deckungsgleich**: Wenn für eine bestimmte Materie die Gesetzgebung Sache des Bundes ist, kann die Ausführung der Gesetze gleichwohl bei den Ländern liegen. Dies ist sogar der Regelfall. In der Sache besteht ein faktisches Schwergewicht des Bundes bei der *Gesetzgebung*, während das Schwergewicht der Verwaltungstätigkeit bei den Ländern liegt (u. Rn 486 ff). Der Vorrang des Bundes bei der Herstellung einer einheitlichen Rechtsordnung kommt auch darin zum Ausdruck, dass, abgesehen von den neu eingeführten Fällen der Abweichungsgesetzgebung des Art. 72 Abs. 3 GG, nach Art. 31 GG Bundesrecht im Kollisionsfall entgegenstehendes Landesrecht *„bricht"* (Rn 191 f). Hinzu kommt die Befugnis des BVerfG, also eines Verfassungsorgans des Bundes, Landesrecht auf seine Vereinbarkeit mit Bundesrecht hin zu überprüfen.

451 Dass die Systematik der Kompetenzverteilung nach dem Grundgesetz (Rn 450) nichts über die tatsächliche Verteilung der Gewichte aussagt, zeigte sich bereits bei den Gesetzgebungskompetenzen. Der Schwerpunkt der Gesetzgebung liegt beim Bund. Da aber das Gesetz das zentrale Gestaltungselement des demokratischen Rechtsstaates des Grundgesetzes ist (Rn 134 ff), bedeutet dies notwendig eine Entwicklung hin zu einer **Unitarisierung** des Bundesstaates – mag diese auch teilweise durch Einflussmöglichkeiten der Länder auf anderer Ebene, etwa über den Bundesrat und die verschärfte Erforderlichkeitsklausel des Art. 72 Abs. 2 GG (Rn 181 f) ausgeglichen werden. Die Entwicklung zum unitarischen Bundesstaat schien lange Zeit unaufhaltsam – in jüngster Zeit besinnt man sich wiederum mehr auf den Gedanken des **föderalen Wettbewerbs**, was in den Urteilen des BVerfG zum Hochschulrecht[6] und zum Finanzausgleich (Rn 525 ff) zum Ausdruck kommt. Föderaler Wettbewerb ist auf bundesstaatliche Vielfalt ausgerichtet – andererseits fordert das Grundgesetz Gleichwertigkeit der Lebensverhältnisse, so in Art. 72 Abs. 2 GG. Dies muss kein Widerspruch sein. Gleichwertigkeit bedeutet nicht Gleichförmigkeit. Die entscheidende Frage ist, inwieweit zunächst darauf vertraut werden darf, dass die Gleichwertigkeit sich im Wettbewerb einpendelt. Ohnehin sind der bundesstaatlichen Vielfalt rechtliche Grenzen gesetzt. So geht vor allem von den Grundrechten des Grundgesetzes eine starke unitarisierende Wirkung aus. Denn sie binden die Staatsgewalt der Länder und durchdringen als objektive Wertentscheidungen des Grundgesetzes die gesamte Rechtsordnung[7]. Auch die Vorgaben des europäischen Rechts nehmen auf föderale Befindlichkeiten keine Rücksicht und wirken unitarisierend.

5 Vgl *Erbguth*, in: Sachs, Art. 30 Rn 2 ff.
6 BVerfGE 111, 226; 112, 226.
7 BVerfGE 7, 198, 208.

c) Verfassungsautonomie der Länder und Homogenitätsprinzip

Der Staatlichkeit der Länder entspricht ihre **Verfassungsautonomie**. Dies ist die originäre Befugnis des Trägers der Staatsgewalt in den Ländern – des Volkes –, sich eine Verfassung zu geben. Sie wird eingeschränkt durch das **Homogenitätsprinzip** des Art. 28 GG, wonach die verfassungsmäßige Ordnung in den Ländern – und damit auch die verfassungsgemäße Rechtsordnung – den verfassungsgestaltenden Grundentscheidungen des Grundgesetzes für die republikanische Staatsform, die Demokratie, dem sozialen Rechtsstaat entsprechen muss, Art. 28 Abs. 1 S. 1 GG. In den Ländern und Gemeinden müssen jeweils nach demokratischen Grundsätzen gewählte **Volksvertretungen** bestehen. Das Homogenitätsgebot verpflichtet die Länder auf bestimmte Grundsätze, hindert sie jedoch nicht daran, diese im Rahmen ihrer Verfassungsautonomie eigenständig auszugestalten, hierbei zB Volksentscheide vorzusehen[8]. 452

d) Bundesstaatlichkeit als unantastbares Verfassungsprinzip

Durch Art. 79 Abs. 3 GG wird der bundesstaatliche Aufbau der Bundesrepublik auch gegenüber verfassungsändernden Mehrheiten in seinen wesentlichen Grundzügen gewährleistet: Art. 79 Abs. 3 GG nimmt Bezug auf die *„Gliederung des Bundes in Länder“*, auf die *„Mitwirkung der Länder bei der Gesetzgebung“*, aber auch generell auf den in Art. 20 Abs. 1 GG genannten Grundsatz der Bundesstaatlichkeit. Die **Staatlichkeit** der Länder ist diesem Kernbereich zuzuordnen. Sie wird von der Unveränderlichkeitssperre des Art. 79 Abs. 3 GG – 1. Alternative – umfasst. Die Länder dürfen nicht zu bloßen Verwaltungseinheiten werden[9] – derzeit ist diese Gefahr freilich nicht sonderlich akut. Ihnen muss ein **Kern eigener Aufgaben** als „Hausgut“ unentziehbar verbleiben[10]. Auch im Zuge der europäischen Integration ist die Staatlichkeit der Länder zu wahren. Zur Frage, inwieweit die Mitwirkungsrechte des Bundesrats darunter fallen, s. Rn 679. 453

Mit dem Grundsatz der Staatlichkeit der Länder und ihrer Verfassungsautonomie wäre es auch unvereinbar, wenn die Termine der **Wahlen zu den Landtagen** durch Bundesgesetz – sei es auch durch verfassungsänderndes Gesetz – festgelegt würden **(Fall 45 Rn 444)**. Denn wenn die Länder Träger originärer, nicht vom Bund abgeleiteter staatlicher Gewalt sind, so obliegt es ihnen, deren Ausübung zu organisieren. Primärer Akt der Staatsorganisation sind Wahlen. Deren Organisation muss von den Ländern auf Grund ihrer originären Staatsgewalt autonom erfolgen, dies betrifft auch die Festlegung des Termins. Eine Regelung im Grundgesetz wäre unzulässig. Sie dürfte nicht erst an Art. 79 Abs. 3 GG scheitern, sondern von vornherein außerhalb der Zuständigkeit des Bundes liegen. 454

e) Vor- und Nachteile des bundesstaatlichen Prinzips

Die Bundesstaatlichkeit Deutschlands ist nicht nur Ausdruck historisch gewachsener Vielfalt. Ihre aktuelle Bedeutung liegt auch darin, dass sie als ein **komplementäres Element freiheitlich-demokratischer Ordnung** wirkt. Bundesstaatlichkeit lässt auf Länderebene Gegengewichte zur politischen Macht des Bundes entstehen, wirkt damit auch im Sinn rechtsstaatlicher Kontrolle 455

8 BVerfGE 60, 175, 208.
9 BVerfGE 34, 9, 19 f.
10 BVerfGE 34, 9, 19 f; 87, 181, 196.

staatlicher Gewalt, insbesondere durch die Aufteilung und wechselseitige Verschränkung von Gesetzgebungs- und Verwaltungszuständigkeiten. Insofern kann von *„vertikaler" Gewaltenteilung* gesprochen werden. Insoweit kann dem Bundesstaatsprinzip eine freiheitssichernde Funktion zugeschrieben werden. Andererseits sind auch Effizienzverluste zu konstatieren, wenn etwa die Handlungsbefugnisse des Bundesrats einseitig im Sinn einer Opposition zum Bund eingesetzt werden. Derartige Effizienzverluste nimmt das Grundgesetz mit seiner Entscheidung für eine föderale Ordnung grundsätzlich in Kauf, doch wird aktuell Reformbedarf konstatiert. Das Verhältnis von **Bundesstaatlichkeit und Demokratie** ist **ambivalent**. Einerseits ermöglicht die bundesstaatliche Gliederung weitergehende Möglichkeiten einer Teilhabe des Bürgers am Staat und stärkt auch die Chancen der Oppositionsparteien auf Bundesebene, wenn diese auf Landesebene an der politischen Gestaltung teilhaben[11]. Andererseits geht mit der aktuellen Ausgestaltung des bundesstaatlichen Prinzips eine deutliche Schwächung des Parlamentarismus einher. Der Bundesstaat des Grundgesetzes ist **exekutivlastig**. Die Länderparlamente haben mit der Verlagerung der Gesetzgebung auf den Bund an Gestaltungsmöglichkeiten verloren; verbleibende Gesetzgebungsbefugnisse der Länder sind häufig Gegenstand von **Staatsverträgen** der Länder, die von deren Regierungen vereinbart werden, der Bundesrat, der ja den Ländern die entscheidenden politischen Einflussmöglichkeiten im Bundesstaat verschafft, ist eine Vertretung der Regierungen der Länder und nur mittelbar demokratisch legitimiert.

3. Bundesstaatlichkeit und Europäische Union

456 Auch innerhalb der EU muss die Bundesrepublik Bundesstaat bleiben. Dies folgt schon aus Art. 79 Abs. 3 GG, der eine Integrationsschranke bildet[12]. Darüber hinaus soll aber die Europäische Union selbst föderativen Grundsätzen verpflichtet sein – hierauf hat die Bundesrepublik nach Art. 23 Abs. 1 Satz 1 GG hinzuwirken. Auch die Mitwirkung an einer Union, die sich föderativen Grundsätzen nicht mehr verpflichtet sieht, wäre von der Integrationsermächtigung des Art. 23 Abs. 1 GG nicht mehr getragen. Föderative Grundsätze in diesem Sinn bedeuten zB, dass die Mitgliedstaaten an der Willensbildung auf europäischer Ebene mitwirken, dass die Zuständigkeiten ähnlich wie nach Art. 30 GG verteilt sind und dass bei den Mitgliedstaaten substanzielle Zuständigkeiten verbleiben. Nach Art. 5 Abs. 1 S. 2 EUV soll die Union ihre Zuständigkeiten nach Maßgabe des Grundsatzes der **Subsidiarität** ausüben. Das Subsidiaritätsprinzip besagt, dass die größere – zentrale – Einheit nur dort tätig werden soll, wo die kleinere Einheit nicht leistungsfähig ist. Es kommt zB in der Erforderlichkeitsklausel des Art. 72 Abs. 2 GG oder auch in der Garantie der kommunalen Selbstverwaltung für Angelegenheiten der örtlichen Gemeinschaft in Art. 28 Abs. 2 GG zum Ausdruck, ist jedoch kein allgemeiner Grundsatz des geltenden Verfassungsrechts. Seine Wirksamkeit als Rechtsgrundsatz der Union wird skeptisch beurteilt[13]. Der EuGH hat jedoch noch in keinem Fall einen Rechtsakt der EU deshalb beanstandet. Tatsächlich erscheinen Politik und Strukturen der EU deutlich zentralistisch orientiert.

Lösung der Ausgangsfälle

457 **Fall 43: Bildungskompetenz**

Die Verfassungsänderung könnte dann unwirksam sein, wenn sie gegen die durch Art. 79 Abs. 3 GG gewährleistete bundesstaatliche Ordnung verstieße.

1. Danach darf die grundsätzliche Mitwirkung der Länder an der Gesetzgebung nicht ausgeschlossen werden. Sie ist über den Bundesrat gewährleistet (Rn 215, 679).

11 S. zu diesen Gesichtspunkten *Kloepfer* I § 9 Rn 52 ff.
12 Vgl *Streinz*, in: Sachs, Art. 23 Rn 32.
13 Vgl zum Subsidiaritätsprinzip in der EU *Albin*, NVwZ 2006, 629.

2. Die Grundgesetzänderung könnte jedoch gegen die Garantie der *„Gliederung des Bundes in Länder"* verstoßen.

a) Die Länder müssen in ihrer Staatsqualität erhalten bleiben; ihnen müssen daher nennenswerte staatliche Befugnisse verbleiben. *„Höchstpotenzierte Gebietskörperschaften"* genügen *nicht*[14].

b) Von substanziellen staatlichen Befugnissen kann nur gesprochen werden, wenn diese auch im Bereich der Gesetzgebung vorhanden sind.

aa) Es kommt also auf das Ausmaß der den Ländern noch verbleibenden *Kompetenzen* an[15].

bb) Tatsächlich haben die Länder nur noch in diesen Bereichen nennenswerte Gesetzgebungskompetenzen, die ihnen die Möglichkeit eigener Gestaltung eröffnen: im Recht der inneren Sicherheit (Polizeirecht) und vor allem im Bereich der Bildung.

cc) Wird ihnen Letzterer entzogen, so ist das erforderliche Mindestmaß an eigenen staatlichen Befugnissen in der Gesetzgebung nicht mehr gegeben.

3. Ergebnis: Die Grundgesetzänderung überschreitet die Grenzen des Art. 79 Abs. 3 GG und ist deshalb nichtig, *„verfassungswidriges Verfassungsrecht"*.

Fall 44: Gebietsabtretung 458

1. Zuständigkeit des Bundes: Art. 32 Abs. 1 GG – zur Pflege der „auswärtigen Beziehungen" zählt auch der Abschluss völkerrechtlicher Abkommen.

2. Da der Vertrag die besonderen Verhältnisse des Landes berührt, muss dieses „gehört" werden. Dies bedeutet jedoch nur: es muss Gelegenheit zur Äußerung erhalten.

3. Der Bund ist durch Art. 32 Abs. 2 GG nicht an die Stellungnahme des Landes gebunden (er muss dieses eben nur „hören"). Die Notwendigkeit einer Zustimmung des Landes könnte sich hier jedoch daraus ergeben, dass über sein Gebiet verfügt wird. Dies ist str, aber zu bejahen, s. Rn 467: aus dem Bundesstaatsprinzip des Grundgesetzes folgt die Staatsqualität der Länder; aus dieser wiederum ihre Gebietshoheit, so dass über ihr Staatsgebiet nicht gegen ihren Willen verfügt werden kann.

Fall 45: Wahltermin 459

1. Die Verfassungsänderung könnte bereits an mangelnder Zuständigkeit des Bundes(verfassungs-)gesetzgebers scheitern.

a) Grundsätzlich hat zwar im Bundesstaat der Verfassungsgeber auf Bundesebene die „Kompetenz-Kompetenz", dh er ist dafür zuständig, die nähere Zuständigkeitsverteilung im Bund-Länder-Verhältnis vorzunehmen.

b) Dies betrifft jedoch nur die staatlichen Befugnisse, die Bund oder Ländern zustehen können. Wahlen als Akt der Staatsorganisation sind aber auf Landesebene von vornherein einer Regelung durch den Bund entzogen. Zwar kann das Grundgesetz hierfür bestimmte Grundsätze aufstellen, wie in Art. 28 GG geschehen. Die Organisation der Wahlen selbst, und damit auch die Festlegung des Wahltermins, muss jedoch als Akt der Staatsorganisation durch das Land selbst erfolgen.

2. Auf jeden Fall aber wären die Grenzen des Art. 79 Abs. 3 GG überschritten. Die Organisationshoheit der Länder wäre in einem Kernbereich getroffen. Die Verfassungsänderung ist nichtig.

14 BVerfGE 34, 9, 19 f.
15 *Bryde*, in: v. Münch/Kunig III, Art. 79 Rn 31.

Schrifttum zu I.: *Stern* I, § 19 I, II; *Kloepfer* I, § 9; *Jestaedt*, Bundesstaat als Verfassungsprinzip, HStR II³, § 29.

II. Kooperativer Föderalismus und Bundestreue – die föderalen Rechtsbeziehungen

Bund und Länder unterliegen im Bundesstaatsverhältnis Bindungen in der Ausübung ihrer Kompetenzen. Sowohl der Bund als auch jedes Land sind im Bundesstaat des Grundgesetzes verpflichtet, so zu handeln, dass die Interessen aller Beteiligten möglichst gewahrt bleiben. Dieser ungeschriebene Verfassungsgrundsatz der gegenseitigen Rücksichtnahme wird mit dem Gebot der Bundestreue oder des bundesfreundlichen Verhaltens umschrieben. Es verdrängt die positiv niedergelegte Kompetenzordnung nicht, kann aber den Beteiligten bei der Wahrnehmung ihrer Kompetenzen im Einzelfall Schranken setzen. Schließlich können auch die Länder sich untereinander in der Wahrnehmung ihrer Kompetenzen koordinieren – man spricht insoweit von kooperativem Föderalismus.

→ **Leitentscheidungen:** BVerfGE 8, 104 (Volksbefragung); BVerfGE 12, 205 (1. Rundfunkurteil); BVerfGE 92, 203 (Fernsehrichtlinie).

460 **Fall 46: Hochschulen**

a) Studiengebühren: Nach dem Urteil des BVerfG vom 26.1.2005 haben sechs Bundesländer Studiengebühren eingeführt. In L ist das Studium weiterhin kostenfrei, in den angrenzenden Ländern A und B werden demgegenüber Studiengebühren von € 500 – € 750 pro Semester erhoben. Nachdem aus diesen Ländern immer mehr Studierende nach L wechseln, vertritt die Landesregierung von L die Auffassung, die Länder A und B müssten auf L Rücksicht nehmen und keine oder nur niedrige Studiengebühren erheben, um so den Druck von L zu nehmen. Demgegenüber meint die Landesregierung A, das Land L müsse dann ebenfalls Studienbeiträge erheben. **Rn 478** (prozessual Rn 831).

b) Hochschullehrerbesoldung: Das wirtschaftlich starke Land C wiederum hat nach der Föderalismusreform 2006 seine neu erlangte Zuständigkeit für die Besoldung seiner Beamten auch dazu genutzt, durch Verbesserungen bei der Besoldung der Professoren die Attraktivität seiner Hochschulen zu steigern. Das Land L, das von seiner Kompetenz durch eine deutliche Absenkung der Bezüge Gebrauch gemacht hat, moniert, dass es auf Grund seiner schlechten Wirtschaftslage hier nicht mithalten könne und deshalb seine Hochschulen nicht konkurrenzfähig seien. **Rn 478**

461 **Fall 47: Gastschüler**

Das Privatschulgesetz des Landes X, eines Stadtstaates, sieht Zuschüsse für Schulen in freier Trägerschaft vor, die anteilig pro Schüler gewährt werden, für Schüler aus anderen Bundesländern aber nur insoweit, als durch diese eine Erstattung erfolgt. Das angrenzende, ländlich strukturierte Land Y ist der Auffassung, seine Landeskinder sollten Schulen in Y besuchen und verweigert eine entsprechende Kostenerstattung. Demgemäß gewährt das Land X seinen Privatschulen keine Zuschüsse für deren zahlreiche Schüler aus Y. Dies hat zur Folge, dass für sie die Schulgelder in einer Höhe festgesetzt werden müssen, die nur für begüterte Eltern erschwinglich sind. Der im Land Y wohnhafte Professor P, der dem gemäß die Schulgelder für seine eine Privatschule in X besuchenden Kinder nicht mehr aufbringen kann, hält derartige Landeskinderklauseln für unzulässig. **Rn 479**

Fall 48: Deutschland-Fernsehen I 462

Im Jahr 1960 strebte die Bundesregierung unter Bundeskanzler Adenauer (CDU) ein zweites Fernsehprogramm auf Bundesebene an. Träger sollte eine „Deutschland-Fernsehen-GmbH" unter Beteiligung der Bundesrepublik (mehrheitlich) und der Länder sein. Die Bundesregierung verhandelte zunächst mit den CDU-regierten Ländern. Trotz Bedenken von deren Seite wurde am 23.7.1960 die GmbH gegründet. Gesellschafter waren die Bundesrepublik (mehrheitlich) und ein Bundesminister. In der Satzung der Gesellschaft wurde diese für den Beitritt der Länder offen gehalten; der Bundesminister sollte zunächst für sie treuhänderisch seinen Gesellschaftsanteil halten, übertrug diesen jedoch, als es nicht zum Beitritt kam, auf die Bundesrepublik, die damit Alleingesellschafter war. Die SPD-regierten Länder fühlen sich durch das Vorgehen des Bundes „überfahren"; die Bundesregierung habe sich nur mit den CDU-regierten Ländern abgestimmt, die übrigen Länder aber vor vollendete Tatsachen gestellt; sie habe auch im Übrigen die Länder einem faktischen Beitrittszwang ausgesetzt.
Rn 480 (prozessual Rn 827)

Fall 49: Eros-TV 463

Durch Staatsvertrag haben die Länder Grundsätze für die Verbreitung privater Fernsehprogramme über Kabel vereinbart. Ein Programm, das in *einem* Land nach dessen Rundfunkgesetzen zugelassen ist, darf in *allen* Ländern ohne weitere rechtliche Voraussetzungen verbreitet werden (Herkunftslandprinzip). Durch Landesgesetz haben alle Bundesländer den Staatsvertrag ratifiziert.

Der private Fernsehveranstalter „Eros TV" hat im Land X eine rundfunkrechtliche Zulassung erhalten. Die zuständige Behörde des Landes Y untersagt die Verbreitung in Y, da das Programm von Eros TV gegen rundfunkrechtliche Grundsätze verstoße; im anschließenden Rechtsstreit erklärt das Landesverfassungsgericht Y das Zustimmungsgesetz des Landes Y zum Rundfunkstaatsvertrag für nichtig.

Das Land X ist der Auffassung, das Land Y müsse sich an den Staatsvertrag halten; die E. des Landesverfassungsgerichts dürfte nicht dazu führen, dass das Land sich seinen staatsvertraglichen Bindungen entziehe. **Rn 481** (prozessual Rn 831)

Fall 50: Rundfunkbeitrag I 464

Nach langwierigen Verhandlungen haben sich die Ministerpräsidenten auf eine Reform der Finanzierung des öffentlich-rechtlichen Rundfunks geeinigt. Danach soll künftig für jede abgeschlossene Wohnung ein sog. Rundfunkbeitrag in Höhe von € 18,00 fällig werden, unabhängig davon, ob dort ein Radio- oder Fernsehgerät oder ein Internet-Anschluss vorhanden ist. Sie schließen einen Staatsvertrag entsprechenden Inhalts. Nachdem alle 16 Landtage durch Gesetz zugestimmt haben, tritt der Vertrag zum 1.1.2012 in Kraft. Edmund Einsiedel, der Hörfunk und Fernsehen ebenso wie Telemedien aus Überzeugung ablehnt – er gehört einer Glaubensgemeinschaft an, für die diese Medien eine Erfindung des Teufels sind – und seine Informationen aus der Presse bezieht, wehrt sich gegen seine Zahlungspflicht. Diese sei schon deshalb nicht verfassungskonform, weil sie auf undemokratische Weise zustande gekommen sei. Die Gebührenreform sei von den Ministerpräsidenten der Länder in einem undurchsichtigen Verfahren vereinbart worden, die Parlamente ohne jegliche Möglichkeit zur Einflussnahme auf den Inhalt des Vertrags gedrängt worden, ihm zuzustimmen. So sei in seinem Wohnsitzland die Mehrheitsfraktion der C-Partei nur durch die Drohung mit einem Bruch der bestehenden Koalition dazu gebracht worden, ihre Ablehnung zu überwinden. **Rn 482**

1. Unitarisierung durch Kooperation – insbesondere: Staatsverträge

465 Auch die Länder tragen ihrerseits im Bereich der ihnen verbleibenden Gesetzgebungskompetenzen zu einer Unitarisierung bei. Gemeinsame **Musterentwürfe** für Gesetze sind vor allem im Polizei- und Bauordnungsrecht anzutreffen; sie sind freilich unverbindlich und lassen Raum für landesspezifische Abweichungen. Anders ist dies bei **Staatsverträgen**, durch die sich die Länder auf eine einheitliche Gesetzgebung festlegen. So enthält zB der Rundfunkstaatsvertrag detaillierte Vorschriften über die Werbung im privaten Rundfunk und zur Konzentrationskontrolle. Der von den Ministerpräsidenten der Länder abgeschlossene Vertrag wird dann durch **Transformationsgesetze** der Landesparlamente in jedem Land als Landesgesetz verabschiedet. Erst wenn alle 16 Länder durch Gesetz zugestimmt haben, tritt der Vertrag in Kraft – entsprechend hoch ist dann der politische Druck auf die Landtage. Ihnen verbleibt hier nur die Entscheidung über Annahme oder Ablehnung des ausformulierten Vertrags. An unmittelbarer inhaltlicher Einflussnahme sind sie gehindert, sie können also nicht auf die Änderung einzelner Bestimmungen hinwirken. Dieser **Funktionsverlust der Länderparlamente** ist im Hinblick auf das Demokratiegebot nicht unproblematisch[16]. Andererseits wird dadurch vermieden, dass der Bund eine Materie an sich zieht, für die eine einheitliche Regelung unabweisbar ist. Auch das **bundesstaatliche Prinzip** des Art. 20 Abs. 1 GG wird durch die Praxis der Staatsverträge berührt. Die Garantie eines Kernbestandes eigener Aufgaben (Rn 453) der Länder richtet sich zwar in erster Linie gegen den Bund. Sie kann aber teilweise – soweit es um die eigenen Aufgaben der Länderparlamente geht – leerlaufen, wenn die Länder im Wege von Staatsverträgen selbst ihre Gestaltungsfreiheit einschränken[17].

466 Staatsverträge zwischen den Ländern sind daher grundsätzlich **zulässig**, soweit die Länder die Sachkompetenz für den Gegenstand des Vertrags haben, dürfen aber weder zu einer Aushöhlung der parlamentarischen Demokratie in den Ländern noch zu einem Eingriff in den Kernbestand eigener Aufgaben der Länder durch Selbstbindungen seitens der Regierungen führen. Man wird daher in jedem Fall hinreichende sachliche Gründe für vertragliche Festlegungen fordern müssen. Verstößt der Vertrag – genauer: das Zustimmungsgesetz zum Vertrag – gegen die Verfassung eines der beteiligten Bundesländer, so ist dessen Zustimmungsgesetz nichtig. Anders als beim völkerrechtlichen Vertrag besteht dann im Außenverhältnis zu den Vertragspartnern keine Bindung[18] (**Fall 49** Rn 463). Die Verfassungswidrigkeit des Zustimmungsgesetzes ist vor dem jeweiligen Landesverfassungsgericht geltend zu machen. Die Staatsverträge führen zu bundesweit einheitlichem Landesrecht. Dazu tragen auch staatsvertragliche Regelungen wie zB § 48 RfStV bei, die im Verwaltungsprozess eine Revision zum Bundesverwaltungsgericht vorsehen[19], während sonst Landesrecht nicht revisibel ist, über seine Auslegung von den Verwaltungsgerichten der Länder letztverbindlich entschieden wird.

16 Vgl auch *Stern* I, § 19 IV 3.
17 Offengelassen bei: BVerfGE 87, 181, 196.
18 BVerwGE 50, 137.
19 Vgl *Gundel*, NVwZ 2000, 408 f.

2. Bundestreue, bundesfreundliches Verhalten

a) Verfassungssystematischer Standort und grundsätzliche Bedeutung

Das Grundgesetz verteilt die staatlichen Kompetenzen zwischen Bund und Ländern **467** zur Wahrnehmung in eigener Verantwortung. Unterschiede in der Gesetzgebung und Verwaltungspraxis werden damit bewusst in Kauf genommen. Andererseits können die Beteiligten im Bundesstaatsverhältnis, also Bund und Länder, bei der Ausübung ihrer Kompetenzen Belange der jeweils anderen Beteiligten – aber auch der Bürger – berühren, wie die Problematik der Hochschulzugangsberechtigung beispielhaft belegt. Bund und Länder dürfen daher ihre Kompetenzen nicht ohne die gebotene und ihnen zumutbare Rücksicht auf das Gesamtinteresse des Bundesstaats und auf die Belange der Länder wahrnehmen[20]. Diese **Verpflichtung zu wechselseitiger Rücksichtnahme im Rahmen der bundesstaatlichen Ordnung des Grundgesetzes** ist Inhalt des Gebotes der „Bundestreue“ oder des „bundesfreundlichen Verhaltens“. Es gilt für die Länder untereinander und in ihrem Verhältnis zum Bund, aber auch umgekehrt im Verhältnis des Bundes zu den Ländern – insoweit kann auch von „länderfreundlichem“ Verhalten gesprochen werden – und wird als ungeschriebener Verfassungsgrundsatz unmittelbar aus dem Bundesstaatsprinzip abgeleitet.

Es handelt sich also um eine (ungeschriebene) *Generalklausel*, etwa vergleichbar (bei aller me- **468** thodischen Problematik derartiger Vergleiche zwischen unterschiedlichen Rechtsgebieten) dem Grundsatz von *„Treu und Glauben“* als einem allgemeinen Rechtsgrundsatz. Ähnlich wie dieser allgemeine Rechtsgrundsatz, erschließt sich das Gebot der Bundestreue in seiner konkreten Bedeutung aus bestimmten **Fallgruppen**, die sich insbesondere in der Rechtsprechung herausgebildet haben. Es ist in der Regel nicht unmittelbar und selbstständig zur Beantwortung verfassungsrechtlicher Fragestellungen heranzuziehen, sondern meist erst in Ergänzung und ggf in Korrektur der zunächst aus der positiven Ordnung des Grundgesetzes ermittelten Ergebnisse.

b) Insbesondere: Kompetenzschranken – Rücksichtnahme, keine Angleichung

In erster Linie wirkt das Gebot bundesfreundlichen Verhaltens als **Kompetenz-** **469** **schranke**, etwa bei der Wahrnehmung der Gesetzgebungskompetenzen (Rn 155 ff). Bund und Länder wie auch die Länder untereinander sind hierbei zu gegenseitiger Rücksichtnahme verpflichtet. So wurden zB **vor** Einfügung der konkurrierenden Zuständigkeit für die Beamtenbesoldung in Art. 74a ins Grundgesetz, die mit der Föderalismusreform wieder gestrichen wurde, Bund und Länder als verpflichtet gesehen, bei Besoldungsregelungen ein zu starkes Gefälle zu vermeiden, das andere Dienstherren in Zugzwang bringen konnte. Umgekehrt musste **nach** Einführung des Art. 74a der nunmehr zuständige Bund von seiner Besoldungskompetenz in einer Weise Gebrauch machen, die die Länder nicht hinderte, Reformen vorzunehmen. Jetzt liegt die alleinige Zuständigkeit wieder bei den Ländern. Inwieweit sie jetzt wiederum Beschränkungen nach dem Grundsatz der Bundestreue unterworfen werden – wie im **Fall 46b** (Rn 460) gefordert –, bleibt abzuwarten. Denn das BVerfG neigt in seiner neuesten Rechtsprechung dazu, die Befugnis der Länder zu partikular-differenzierter

20 BVerfGE 81, 310, 337 f; 92, 203, 230 ff.

Gesetzgebung zu betonen: wenn das Grundgesetz den Ländern die Zuständigkeit verleiht, sollen sie eben auch eigene Regelungen treffen können[21]. Eben dies war auch der Sinn der Föderalismus-Reform.

470 Die Länder sind daher nicht dazu verpflichtet, ihre Gesetze aneinander anzugleichen – der Sinn des bundesstaatlichen Prinzips ist es ja auch, den Ländern Zuständigkeiten und eigene Gestaltungsmöglichkeiten einzuräumen. Es bedeutet auch keinen Verstoß gegen den Gleichheitssatz des Art. 3 Abs. 1 GG, wenn die gleiche Sachfrage in verschiedenen Ländern unterschiedlich geregelt wird: der Gleichheitssatz bindet einen Kompetenzträger nur innerhalb seines Kompetenzbereichs. Bund und Länder sind jedoch gehalten, in gegenseitiger Rücksichtnahme bei der Kompetenzausübung **widersprüchliche** Regelungen zu Lasten des Bürgers zu vermeiden[22] (Rn 361). Unterschiedliche Regelungen aber nimmt das Grundgesetz in Kauf; dies darf nicht unter Berufung auf den Grundsatz der Bundestreue überspielt werden. Wenn also die Zuständigkeit für das Hochschulwesen bei den Ländern liegt, können sie das Hochschulrecht unterschiedlich ausgestalten. Dann erst, wenn die Freizügigkeit zwischen den Ländern durch die Landesgesetzgebung unmöglich gemacht wird, wenn zB Abschlüsse wechselseitig nicht anerkannt werden, und damit die Verwirklichung des Grundrechts auf freie Wahl der Ausbildungsstätte, Art. 12 Abs. 1 GG, länderübergreifend erschwert wird, könnte das Gebot bundesfreundlichen Verhaltens im Interesse der Bürger eingreifen[23]. Ein Grundrecht auf gebührenfreies Studium besteht jedoch nicht, so dass auch der Grundsatz der Bundestreue in seinen bürgerbezogenen Aspekten hier nicht zur Angleichung zwingt. Was aber die wechselseitigen Belange der Länder betrifft, so verweist das BVerfG auf die Möglichkeit, durch Zugangsbeschränkungen einen zu starken Zustrom aus anderen Ländern zu begrenzen[24].

471 **„Landeskinderklauseln"** – sei es in Form von Privilegien für eigene oder von Nachteilen für „fremde" Landesangehörige – begegnen allerdings Bedenken, wenn sie die Bürger an der Verwirklichung ihrer Rechte hindern; sie bedeuten auch eine Ungleichbehandlung durch das jeweilige Land. Im alleinigen Zuständigkeitsbereich der Länder kann jedoch die *„Mittelkonzentration auf die Belange der Bürger des eigenen Landes"*[25] einen hinreichenden sachlichen Grund für die Ungleichbehandlung darstellen und sie deshalb verfassungsrechtlich rechtfertigen. Deshalb durften Zuschüsse an Privatschulen für Schüler aus anderen Ländern ausgeschlossen werden. Andererseits sieht das OVG Hamburg die Länder bei der Festsetzung von Studiengebühren „nicht frei von gesamtstaatlichen Vorgaben"[26]. Höhere Studiengebühren für Studierende in anderen Bundesländern könnten sowohl gegen die Gewährleistung gleicher staatsbürgerlicher Rechte in Art. 33 Abs. 1 GG, als auch gegen den Grundsatz bundesfreundlichen Verhaltens verstoßen. Besondere Bedeutung erlangt das Gebot der Bundestreue als Kompetenzbindung auch im **Rundfunkwesen**; hier ist eine Kooperation der Län-

21 BVerfGE 112, 226, 246 ff.
22 BVerfGE 98, 106, 122, 129 f; BVerfGE 98, 265, 326.
23 Vgl zur NC-Problematik BVerfGE 33, 303, 352.
24 BVerfGE 112, 226, 246 ff.
25 BVerfGE 112, 74, 88.
26 OVG Hamburg, NVwZ 2006, 949, 950.

der erforderlich, da Veranstalter von bundesweiten Programmen sich nicht nach einem Bündel unterschiedlicher landesgesetzlicher Regelungen richten können[27]. Das Gebot der Bundestreue gilt gleichermaßen beim Gesetzesvollzug, auch wenn dieser eigene Angelegenheit der Länder (Rn 486) ist[28].

c) Insbesondere: Verfahrenspflichten

Darüber hinaus bestimmt der Grundsatz des bundesfreundlichen Verhaltens allgemein das **„Procedere"** im Verhältnis von Bund und Ländern[29], die Art und Weise ihres Vorgehens in Fragen von gesamtstaatlichem Interesse. Dies bedeutet, dass der Bund in Angelegenheiten, die auch die Länder betreffen, sich mit allen beteiligten Ländern abstimmen muss; das BVerfG spricht hier von einem „Anspruch auf gleiche Behandlung". Wenn allerdings der Bund sich erfolglos um eine Einigung mit allen Bundesländern bemüht hat, darf er die Einigung mit den ihm politisch „nahe stehenden" Ländern suchen. Von einem grundsätzlichen Anspruch der Länder auf **„föderative Gleichbehandlung"** gehen auch die Urteile des BVerfG zum Finanzausgleich aus; dazu s. Rn 525 ff. **472**

Im Bereich der **Auftragsverwaltung** verpflichtet Bundestreue den Bund, der hier ausnahmsweise zur Erteilung von Weisungen an die Länder befugt ist, diese vorher zu hören und die Verständigung mit ihnen zu suchen[30] (Rn 494). Aus dem Gebot der Bundestreue wurden auch **Auskunftsansprüche** eines Landes gegen ein angrenzendes Bundesland über Sicherheitsvorkehrungen bei einem Kernkraftwerk in Grenznähe abgeleitet – auch dies ist ein Aspekt von Verfahrenspflichten im Umgang miteinander[31]. **473**

d) Akzessorischer Charakter der Bundestreue – Anspruchsgrundlage?

Der Grundsatz der Bundestreue ist **akzessorischer** Natur: er kann nicht selbstständig Rechte und Pflichten begründen. **474**

Die Bundestreue lieferte daher keine Anspruchsgrundlage für die Länder, als diese sich wegen ihrer Steuerausfälle auf Grund der UMTS-Versteigerung beim Bund schadlos halten wollten – obschon das Verhalten des Bundes durchaus nicht „länderfreundlich" war: Einnahmen beim Bund von DM 100 Mrd. standen Steuerausfälle in Höhe von annähernd DM 40 Mrd. gegenüber, diese aber waren zur Hälfte von den Ländern zu tragen. Doch fielen diese Beträge mangels positiver Regelung nicht in die Masse des Finanzausgleichs; eine eigenständige Anspruchsgrundlage ergab sich aus dem Prinzip der Bundestreue nicht[32].

Auch dann, wenn der Bund im Außenverhältnis für die Verletzung von europäischem Recht in Anspruch genommen wurde, ist der Grundsatz der Bundestreue keine eigenständige Anspruchsgrundlage[33]. Nach Art. 104a Abs. 5 S. 1 GG haften jedoch Bund und Länder im Verhältnis zuein- **475**

27 Vgl BVerfGE 73, 118, 197.
28 BVerfGE 78, 1, 76 f.
29 Grundlegend BVerfGE 12, 205, 254 ff.
30 BVerfGE 81, 310, 337 f.
31 Vgl *Steinberg*, NJW 1987, 2345.
32 S. BVerfGE 105, 185, 193.
33 BVerfGE 109, 1, 9; *Dederer*, NVwZ 2001, 258.

ander für eine **ordnungsgemäße Verwaltung**[34]. Wenn zB im Rahmen der Auftragsverwaltung der Bund das Land zu einem rechtswidrigen Handeln anweist, und das Land deshalb gegenüber Dritten ersatzpflichtig wird, kann dies einen Regress des Landes begründen. Die Verfassungsnorm stellt jedenfalls für gravierende Verstöße eine unmittelbar anwendbare Anspruchsgrundlage dar. Das BVerfG bejaht dies generell für **gemeinschaftsrechtliche Anlastungen**, wenn zB wegen Verstößen gegen Subventionsbestimmungen durch die Länder die EG vom Bund Fördermittel zurückverlangt[35]. Hierfür ist nunmehr der durch die Föderalismusreform neu eingefügte Art. 104a Abs. 6 GG lex specialis. Bedeutsam wird die Haftungsregelung auch dann, wenn ein Land gegen Unionsrecht verstößt und gegen die Bundesrepublik, die nach außen für die Einhaltung unionsrechtlicher Bindungen verantwortlich ist, ein Vertragsverletzungsverfahren eingeleitet wird, ebenso bei Schadensersatzansprüchen wegen verspäteter Umsetzung von Richtlinien. Auch die innerstaatliche Lastenverteilung bei Sanktionen wegen Verstößen gegen den „Stabilitätspakt" ist nunmehr explizit in Art. 109 Abs. 5 GG geregelt[36].

476 **Zusammenfassend** bedeutet **Bundestreue** also die Verpflichtung zur **Zusammenarbeit, Abstimmung, Koordination**, gegenseitiger **Information und Rücksichtnahme**, die insbesondere bei Ausübung an sich gegebener **Kompetenzen** zu beachten ist, hier *im Einzelfall* als **Kompetenzschranke** wirken kann, generell das *„Procedere"* zwischen den Beteiligten bestimmt.

Methodisch bedeutet dies, dass zunächst die sich aus der positiven Kompetenzordnung ergebenden Befugnisse zu ermitteln sind, erst dann eine mögliche Modifikation dieses Ergebnisses als Ausnahme in Betracht kommt; im Übrigen ist stets vorrangig nach einer positiven Regelung des bundesstaatlichen Konflikts zu suchen (zB die Regelung des Finanzausgleichs in Art. 107 GG, der Amtshilfe in Art. 35 GG). Auf Grundrechte der betroffenen Bürger ist jedoch in besonderer Weise Rücksicht zu nehmen (Rn 470).

477 Vergleichbar dem Grundsatz der Bundestreue im Verhältnis von Bund und Ländern ist der Grundsatz der **Gemeinschaftstreue** im Verhältnis zwischen der EU und ihren Mitgliedstaaten, für den Art. 4 Abs. 3 EUV eine ausdrückliche Regelung enthält. So müssen zB die Mitgliedstaaten dafür sorgen, dass innerstaatliche Hindernisse für die Durchsetzung von Unionsrecht aus dem Wege geräumt werden.

Lösung der Ausgangsfälle

478 **Fall 46a: Studiengebühren**

1. Die Einführung der Studiengebühren erfolgte in Wahrnehmung der Gesetzgebungskompetenzen der Länder, Art. 70 GG. Damit besteht grundsätzlich keine Verpflichtung der Länder zu gleichlautenden Regelungen.

2. Eine dahingehende Verpflichtung könnte sich ausnahmsweise aus dem Grundsatz der Bundestreue ergeben.

a) Verpflichtung zur Rücksichtnahme auf die Belange des Landes L? Hieraus folgt jedoch keine Verpflichtung zu gleichlautenden Regelungen, da das Land L auch in anderer Weise auf die Nachfrage aus den Ländern A und B reagieren kann, zB durch abgestimmte Zugangsbeschränkungen.

34 S. dazu BVerfGE 116, 271.
35 BVerfGE 116, 271, dazu *Durner*, JA 2007, 555.
36 S. hierzu *Kemmler*, LKV 2006, 529.

b) Grundrechte der Studierwilligen könnten unterschiedlichen Landesregelungen entgegenstehen; Art. 12 GG gewährleistet jedoch keinen gebührenfreien Zugang zum Studium und ist erst dann berührt, wenn Studiengebühren prohibitiv wirken.

Fall 46b: Hochschullehrerbesoldung

1. Beamtenbesoldung in ausschließlicher Zuständigkeit der Länder: Kompetenz zu unterschiedlicher Regelung

2. Bundestreue als Kompetenzschranke?

a) Grundsätzliche Verpflichtung zur wechselseitigen Rücksichtnahme;

b) Keine Angleichungspflicht: föderaler Wettbewerb als maßgebliche Zielsetzung der Föderalismusreform bedeutet auch: Wettbewerb über unterschiedliche gesetzliche Rahmenbedingungen.

Fall 47: Gastschüler 479

1. Schulrecht ist nach Art. 70 GG Sache der Länder.

2. Aus dem Grundsatz der Bundestreue, der auch im Verhältnis der Länder untereinander gilt, könnte sich die Unzulässigkeit einer Diskriminierung der Schüler aus dem Nachbarland ergeben.

a) Aus Art. 7 Abs. 4 GG wird eine grundsätzliche staatliche Finanzgewährleistungspflicht für Ersatzschulen in freier Trägerschaft abgeleitet[37]. Hieraus folgen freilich keine unmittelbaren Ansprüche einzelner Schulträger; er hat nur einen Anspruch auf Gleichbehandlung.

b) Dieser könnte dadurch verletzt sein, dass Schulen, die auswärtige Schüler aufnehmen, insoweit keine staatliche Förderung erhalten.

c) Dies ist jedoch sachlich gerechtfertigt: das Schulwesen liegt in der alleinigen Zuständigkeit des Landes; dies rechtfertigt es, die Mittel für das Schulwesen primär auf die „Landeskinder" auszurichten. Die Erwägung, dass bei Unterrichtung an Privatschulen dem Land Aufwendungen für eigene Schulen erspart werden, nicht aber die Unterrichtung von Schülern aus anderen Bundesländern, bezeichnet das BVerfG als sachgerecht[38].

3. Ein Verfassungsverstoß ist daher zu verneinen[39].

Fall 48: Deutschland-Fernsehen I 480

1. Die fehlende Kompetenz des Bundes wurde bereits bejaht.

2. Verstoß gegen den Grundsatz bundesfreundlichen Verhaltens durch Vorgehen des Bundes bei Gründung der GmbH:

a) Grundsatz der Gleichbehandlung der Länder verletzt, da Abstimmung nur mit CDU-regierten Ländern gesucht.

b) Keine hinreichende Abstimmung, da trotz offener Fragen Gründung der Deutschland-Fernsehen-GmbH, dadurch faktischer Beitrittszwang.

3. Im Übrigen Verstoß gegen Art. 5 GG, auch hierdurch Recht der Länder verletzt, da Rundfunkordnung auch für Bund-Länder-Verhältnis von entscheidender Bedeutung.

---

37 BVerfGE 90, 107, 114 ff.
38 BVerfGE 112, 84, 74 f.
39 Anders bis zur 21. Auflage.

481 **Fall 49: Eros-TV**

Verpflichtung des Landes Y, das Programm von Eros TV zur Verbreitung zuzulassen?

1. Mögliche Grundlage: Staatsvertrag (Rn 465 f) – Verpflichtung zum Erlass und zur Anwendung entsprechender Gesetze in Erfüllung des Vertrags.

2. Land Y hat entsprechendes Gesetz erlassen, dieses ist jedoch nach der E. des Landesverfassungsgerichtes nichtig wegen Verstoßes gegen die Verf.

3. Folgerungen: Das Land ist *intern* verpflichtet, Gesetz nicht anzuwenden, damit grundsätzlich im Außenverhältnis zu den anderen Ländern nicht gebunden: staatsvertragliche Bindungen können nur im Einklang mit der Verfassung eingegangen werden; die Landesverfassung steht nicht zur Disposition der Vertragsparteien.

4. Aus der bundesstaatlichen Kompetenzordnung folgt also, dass das Land Y das Gesetz nicht anzuwenden braucht (und nach seiner Verfassung nicht anwenden *darf*).

5. Dem könnte jedoch der Grundsatz der Bundestreue entgegenstehen: die Aussetzung des Vertrags könnte das ausdifferenzierte bundesweite Verteilungssystem und damit die Interessen der anderen Länder erheblich beeinträchtigen. Hierauf Rücksicht zu nehmen, hat das BVerwG (E 50, 137) die Länder nach dem Grundsatz bundesfreundlichen Verhaltens verpflichtet: „Dieser Grundsatz verpflichtet jedes Land, bei der Inanspruchnahme seiner Rechte die gebotene Rücksicht auf die Interessen der anderen Länder und des Bundes zu nehmen und nicht auf Durchsetzung rechtlich eingeräumter Positionen zu dringen, die elementare Interessen eines anderen Landes schwerwiegend beeinträchtigen." – Dass es hier um „elementare" Interessen des Landes X gehe, dürfte allerdings kaum zu begründen sein.

482 **Fall 50: Rundfunkbeitrag I**

1. Gesetzliche Grundlage für Beitrag – erforderlich wegen Vorbehalt des Gesetzes –: Staatsvertrag bzw Zustimmungsgesetz des Landes zum Staatsvertrag.

2. Verfassungsmäßigkeit des Gesetzes?

a) Gesetzgebungszuständigkeit des Landes: Art. 70 GG; Kompetenz für Gebührenerhebung folgt der Sachkompetenz;

b) Gesetz verfassungsmäßig zustande gekommen – hier: Verstoß gegen Demokratiegebot?

Dafür könnte sprechen: kein inhaltlicher Einfluss des Landtags auf den Inhalt des Staatsvertrags; faktisch geminderte Entscheidungsfreiheit; für Verfassungsmäßigkeit könnte sprechen: mittelbare demokratische Legitimation auch der Landesregierung; dem Landtag verbleibt jedenfalls die rechtliche Möglichkeit der Ablehnung; im Ergebnis dürfte noch von Vereinbarkeit mit dem Demokratiegebot auszugehen sein;

c) Verstoß gegen das bundesstaatliche Prinzip? Staatsvertragliche Bindung schränkt die Gestaltungsfreiheit der Länder ein, deshalb sind Staatsverträge nicht unbegrenzt zulässig, hier aber aus Sachgründen gerechtfertigt;

d) Zu weiteren möglichen Verfassungsverstößen s. Rn 555, 562.

Schrifttum zu II.: *Stern* I, § 19 III 4; *Kloepfer* I, § 9 F IV; *Bauer*, Die Bundestreue, 1992; vgl auch *Palm*, JuS 2007, 751 zur Frage der Bundestreue bei der Abweichungsgesetzgebung.

III. Verwaltungskompetenzen

Für die bundesstaatliche Ordnung des Grundgesetzes ist kennzeichnend, dass die Verteilung der staatlichen Befugnisse für die vollziehende Gewalt nicht der Verteilung der Gesetzgebungskompetenzen folgt. Sie ist selbstständig vorzunehmen und in Art. 30, 83 ff GG näher geregelt. Dies ist Gegenstand des folgenden Abschnitts.

→ **Leitentscheidungen:** BVerfGE 12, 205 (1. Rundfunkurteil); BVerfGE 81, 310 (Kalkar II); BVerfGE 104, 249 (Biblis).

Fall 51: Deutschland-Fernsehen II *(nach BVerfGE 12, 205)* 483

Die Länder sahen im **Fall 48** eine unzulässige Ausdehnung der Verwaltungskompetenzen des Bundes. **Rn 499, 505** (prozessual Rn 827)

Fall 52: Bildungspakt 484

Aufgeschreckt durch die Ergebnisse eines internationalen Vergleichstests über den Leistungsstand der Schulen und die Benachteiligung von Kindern aus „bildungsfernen Schichten", beschließt die Bundesregierung im August 2011 einen „nationalen Bildungspakt". Durch Bundesgesetz soll eine „Bundesfamilienagentur" als Bundesoberbehörde errichtet werden, der die Koordinierung familienbezogener Leistungen, Vorsorge gegen Vernachlässigung, Hilfen für gefährdete Familien etc obliegen sollen. Eine „Bundesschulagentur" in Zusammenarbeit mit den Ländern soll Lehrpläne koordinieren, einheitliche Leistungsstandards und Kriterien für ein Zentralabitur festlegen, vergleichende Studien durchführen und die Schulträger beraten. Ferner soll das Projekt einer „integrativen Ganztagsschule" zunächst in einem flächendeckenden Feldversuch erprobt werden. Für den Fall einer Durchführung des Versuchs über einen Zeitraum von 5 Jahren durch die Bundesländer unter Aufsicht der Bundesregierung bietet diese den Ländern die Übernahme der Hälfte der anfallenden Kosten in Höhe von insgesamt 5 Mrd. € an.

Wäre ein derartiges Vorhaben zulässig? **Rn 497, 506** (prozessual Rn 828)

Fall 53: Energiewende III – Atomrechtliche Weisung 485

Nachdem sich die verheißene Energiewende verzögert und die Bundesregierung neben der Rettung der Banken, der Euro-Peripheriestaaten und auch des Euro selbst nun die Rettung des Weltklimas vorantreiben will, sollen nach einer erneuten Änderung des Atomgesetzes einige der vom Netz genommenen Kernkraftwerke wieder in Betrieb genommen werden. Für das Kernkraftwerk der Wattenknall AG im Land A soll daher eine befristete Betriebsgenehmigung erteilt werden. Die Landesregierung A will weitere Gutachten einholen, ehe sie eine Entscheidung trifft. Der Bundesumweltminister ist der Auffassung, dass die Angelegenheit entscheidungsreif sei und erteilt nach längeren Auseinandersetzungen mit dem Land eine *„bundesaufsichtliche Weisung"*, durch die die Landesregierung zur unverzüglichen Fortführung des Genehmigungsverfahrens aufgefordert wird. Diese weigert sich, da ihr mit der Weisung rechtswidriges, gegen grundrechtliche Schutzpflichten aus Art. 2 Abs. 2 GG verstoßendes Handeln abverlangt werde und auch iÜ die Voraussetzungen für eine Weisung nicht gegeben seien. Auch habe die Bundesregierung ihre Befugnisse überschritten, als sie sich unmittelbar an die Kraftwerksbetreiber gewendet habe, um Sachaufklärung zu betreiben. Das Land ruft im Wege eines Bund-Länder-Streits das BVerfG gegen die Weisung des Bundesumweltministers an. **Rn 507** (prozessual Rn 829)

1. Der Grundsatz: Regelzuständigkeit der Länder im Verwaltungsbereich

486 Die Verteilung der **Verwaltungszuständigkeiten** ist systematisch ähnlich geregelt wie die der Gesetzgebungszuständigkeit. Art. 83 GG konkretisiert die Grundsatznorm des Art. 30 GG (Rn 450) dahingehend, dass auch die *Ausführung der Bundesgesetze* grundsätzlich *Sache der Länder* ist. Art. 83 GG bezieht sich zunächst nur auf die gesetzausführende Verwaltung, während Art. 30 GG generell von der Ausübung staatlicher Befugnisse spricht. Hierunter fällt Verwaltungstätigkeit auch insoweit, als sie nicht in der Ausführung von Gesetzen besteht, also als nicht gesetzesakzessorische Verwaltung. Der Bund bedarf also auch insoweit einer ausdrücklichen Kompetenzzuweisung. Sie kann sich auch aus Bestimmungen des Grundgesetzes außerhalb der Art. 83 ff GG ergeben (Rn 491). Der Schwerpunkt der Verwaltungstätigkeit liegt jedoch bei den Ländern. Ihre Zuständigkeiten reichen hier weiter als im Bereich der Gesetzgebung. Hieraus hat das BVerfG im 1. Rundfunkurteil[40] die allgemeine Interpretationsregel abgeleitet, dass die Gesetzgebungszuständigkeiten des Bundes die äußerste Grenze seiner Verwaltungszuständigkeiten bezeichnen.

2. Der Normalfall: Landeseigener Vollzug von Bundesgesetzen

487 Für die **gesetzesakzessorische** Verwaltung – also für die Wahrnehmung jener Verwaltungsaufgaben, die durch Gesetz begründet sind – folgt die Zuständigkeitsverteilung nicht den Gesetzgebungskompetenzen. Vielmehr reichen die Zuständigkeiten der Länder weiter, wie bereits aus Art. 83 GG deutlich wird: Ausführung der Bundesgesetze durch die Länder als deren eigene Angelegenheit, vorbehaltlich abweichender Regelungen durch das Grundgesetz. Landeseigener Vollzug von Bundesgesetzen bedeutet, dass die Länder die Gesetze in eigener Verantwortung ausführen, hierbei keinen Weisungen des Bundes unterworfen sind. Der Bund übt – durch die Bundesregierung – lediglich beschränkte Rechtsaufsicht aus, die sich allein auf die Gesetzmäßigkeit des Verwaltungshandelns bezieht, keinesfalls aber auf Zweckmäßigkeit oder politische Opportunität. Er hat nur die beschränkten Eingriffsbefugnisse des Art. 84 Abs. 3 GG. Und nur ausnahmsweise kommen nach Art. 84 Abs. 5 GG Weisungen in Betracht. Sie dürfen grundsätzlich nur an die **obersten Landesbehörden** gerichtet sein. Die Verwaltung der Länder ist also nicht den Bundesorganen im Sinn eines hierarchischen Verwaltungsaufbaus nachgeordnet. Sie steht der des Bundes selbstständig gegenüber. Auch hierin zeigt sich, dass die Länder mit **eigener Staatlichkeit** ausgestattet sind[41].

488 Der **landeseigene Vollzug von Bundesgesetzen** ist der **Regelfall**. Art. 85 GG regelt den Vollzug durch die Länder in Bundesauftragsverwaltung. Art. 86 ff GG regeln den bundeseigenen Vollzug – der Vollzug von **Landesgesetzen** ist im Grundgesetz nicht geregelt; er obliegt den **Ländern**; dies folgt bereits aus Art. 30 GG. Jegliche Einflussnahme des Bundes auf die Landesverwaltung ist insoweit ausgeschlossen.

40 BVerfGE 12, 205.
41 Vgl näher *Lerche*, Maunz/Dürig, Art. 83 Rn 6.

Schlechthin unzulässig ist die Ausführung von Landesgesetzen durch Bundesbehörden[42]. So können zB Maßnahmen einer Bundesbehörde nie auf Polizeigesetze der Länder gestützt werden.

3. Regelzuständigkeit der Länder für nicht gesetzesakzessorische Verwaltung

Die Regelzuständigkeit der Länder betrifft auch die **nicht gesetzesakzessorische Verwaltung** (Rn 486). Dies steht im **Fall 51** der Inanspruchnahme einer Bundeskompetenz dann entgegen, wenn mit der „Deutschland-Fernsehen-GmbH“ Verwaltungstätigkeit ausgeübt wird. Das BVerfG bejaht dies im 1. Rundfunkurteil[43]: die Veranstaltung von Rundfunksendungen stelle eine „öffentliche Aufgabe“ dar. Wenn, wie im Ausgangsfall, der Staat die Durchführung einer öffentlichen Aufgabe übernehme, so nehme er staatliche Aufgaben iSv Art. 30 GG wahr. Dies gilt unabhängig von der Rechtsform: dass sich im Ausgangsfall die Bundesrepublik der privatrechtlichen Gestaltungsmöglichkeit der Gründung einer GmbH bediente, lässt also die kompetenzrechtliche Maßgeblichkeit der Art. 30, 83 ff GG unberührt. 489

Damit blieb es bei der Grundregel des Art. 30 GG. Eine Bundeszuständigkeit ergab sich auch nicht aus der seinerzeitigen Verwaltungszuständigkeit für die Bundespost (einschließlich Fernmeldewesen) nach Art. 87 Abs. 1 GG aF. Dies ergab sich schon daraus, dass auch die Gesetzgebungskompetenz des Bundes nicht so weit reichte (Rn 500). Die Gesetzgebungskompetenz des Bundes für das Post- und Fernmeldewesen nach Art. 73 Abs. 1 Nr 7 GG bezog und bezieht sich nur auf die rundfunktechnische Seite, nicht auf den Programmbereich (Rn 176). Damit bestand hierfür auch keine Verwaltungszuständigkeit. Ebenfalls ausgeschlossen wurde eine ungeschriebene Bundeskompetenz kraft Natur der Sache[44] – zum Begriff Rn 175, 498. Dass der Bund auch aus materiell-rechtlichen Gründen wegen der durch Art. 5 GG gebotenen Staatsfreiheit des Rundfunks selbst keinen Rundfunk betreiben darf, gilt auch für Rundfunk in privatrechtlichen Organisationsformen. 490

Gegenbeispiel: Wenn sich der Bund an einem privatwirtschaftlichen Unternehmen mit erwerbswirtschaftlicher Zielsetzung beteiligt, es also nicht um die Ausübung staatlicher Befugnisse geht, ist ein Kompetenztitel nach Art. 83 ff GG nicht erforderlich. (Eine andere Frage ist, ob eine solche Beteiligung an privaten Unternehmen unbegrenzt zulässig ist.)

Eine Verwaltungszuständigkeit des Bundes im Bereich schlicht-hoheitlichen Handelns außerhalb der Art. 83 ff GG wurde für die umstrittenen Fälle behördlicher Warnungen bejaht. Die Befugnis der **Bundesregierung**, derartige **Warnungen** auch ohne gesetzliche Grundlage auszusprechen (vor gefährlichen Produkten, vor Jugendsekten, Rn 302 f), wurde aus ihrer Befugnis zur Öffentlichkeitsarbeit abgeleitet. Dabei wurden auch die Gesetzgebungszuständigkeiten der Art. 70 ff GG herangezogen: soweit 491

42 BVerfGE 12, 205, 221; 21, 312, 325 ff; *Lerche*, Maunz/Dürig, Art. 83 Rn 25.
43 BVerfGE 12, 205, 243.
44 BVerfGE 12, 205, 250 ff.

der Bund für die Gesetzgebung zuständig sei, dürfe er auch im Vorfeld aufklärend tätig sein[45]. Im Bereich der gesetzesfreien Verwaltung ist schließlich verstärkt die Möglichkeit **ungeschriebener Bundeskompetenzen** (Rn 498 f) zu bedenken.

4. Abweichung vom Regelfall: Bundesauftragsverwaltung

492 Für bestimmte Sachbereiche sieht das Grundgesetz den Vollzug der Bundesgesetze durch die Länder im Auftrag des Bundes vor; dies sind die Fälle der **„Bundesauftragsverwaltung"**. Sie bedeutet vor allem **Weisungsgebundenheit** der Länder sowie Rechts- und Fachaufsicht durch den Bund, Art. 85 Abs. 3, 4 GG. Weisungen sind aber auch hier grundsätzlich an die obersten Landesbehörden zu richten, Art. 85 Abs. 3 GG. Auch insoweit ist also die Verwaltung der Länder nicht den Bundesbehörden hierarchisch nachgeordnet, bleibt die **Organisationshoheit** der Länder als Element ihrer Staatsqualität gewahrt. Bundesauftragsverwaltung bedeutet freilich nicht, dass die Landesbehörden vor jeder Maßnahme die Anweisung des Bundes einholen müssen. Vielmehr führen sie zunächst die Gesetze aus und treffen die erforderlichen Entscheidungen in der Sache. Der Bund kann jedoch jederzeit diese an sich ziehen, indem er nach Art. 85 Abs. 3 GG Weisungen erteilt: Inanspruchnahme der **Sachkompetenz**. Diese Weisungen können für den Einzelfall aber auch generell für die künftige Behandlung einer Angelegenheit ergehen. Nach außen handeln aber stets die Länder; sie erlassen also verbindliche Verwaltungsakte; ihnen sind diese Entscheidungen im Verhältnis zum Bürger zuzurechnen (weshalb für eine Klage des Bürgers das Land der richtige Beklagte ist). Man spricht insoweit von der sog. **Wahrnehmungskompetenz**, die bei den Ländern bleibt. Doch ist der Bund nicht von jedem Tätigwerden nach außen abgeschnitten. Soweit es zur Wahrnehmung seiner Sachkompetenz erforderlich ist, ist er befugt, etwa zur Vorbereitung einer Weisung, auch unmittelbar bei den Normadressaten (zB beim Betreiber des Kernkraftwerks) Erkundigungen einzuziehen, Verhandlungen zu führen ua[46].

493 *Wann* Bundesauftragsverwaltung stattfindet, muss im Grundgesetz ausdrücklich geregelt sein. Neben den Bundesfernstraßen (Art. 90 Abs. 2 GG) und dem Vollzug des Atomgesetzes (Art. 87c GG iVm § 24 Abs. 1 AtG) ist hier vor allem eine Bestimmung aus der Finanzverfassung (Rn 522 f) relevant: Art. 104a Abs. 3 S. 2 GG, wonach Leistungsgesetze dann im Auftrag des Bundes ausgeführt werden, wenn dieser mindestens die Hälfte der Kosten trägt. Ist ein Fall der Bundesauftragsverwaltung gegeben, so hat der **Bund** die vorstehend ausgeführten Rechte – insbesondere das praktisch relevante **Weisungsrecht**. Die Erteilung einer Weisung kann als rechtserhebliche Maßnahme des Bundes im Verhältnis zum Land Gegenstand eines Antrags des Landes zum BVerfG in einem *Bund-Länder-Streit* nach Art. 93 Abs. 1 Nr 3 GG sein (Rn 767 ff). Ebenso kann aber auch der Bund das BVerfG anrufen, wenn das Land sich weigert, der Weisung nachzukommen. In beiden Fällen ist dann zu prüfen, ob der Bund nach dem Grundgesetz die Weisung erteilen durfte. Dabei kann es aber immer

45 BVerwGE 82, 76; BVerwG NJW 1991, 1770.
46 BVerfGE 104, 249, 266 ff – KKW Biblis.

nur um die Voraussetzung nach Art. 85 GG gehen, dazu Rn 494, nicht aber darum, ob die Maßnahme, zu der das Land angewiesen ist, materiell rechtmäßig ist. Dies zu beurteilen und zu entscheiden, ist gerade Inhalt des Weisungsrechts.

Diese Prüfung folgt der vertrauten Methodik: Befugnis – formelle Verfassungsmäßigkeit – materielle Verfassungsmäßigkeit. **494**

Die *Befugnis* des Bundes, eine Weisung zu erteilen, folgt aus Art. 85 Abs. 3 S. 1 iVm Art. 85 Abs. 4 S. 1 GG.

In *formeller* Hinsicht muss zunächst das **zuständige** Organ gehandelt haben, also die „zuständige oberste Bundesbehörde", Art. 85 Abs. 3 S. 1 GG; die Weisung muss an den richtigen Weisungsadressaten gehen, Art. 85 Abs. 3 S. 2 GG; schließlich fordert das BVerfG, dass der Bund das Land nicht mit der Weisung „überfällt", sondern zunächst erklärt, er wolle nun die Sachkompetenz übernehmen und dem Land Gelegenheit zur **Stellungnahme** geben (dies ist nicht ausdrücklich im GG vorgesehen, wird jedoch aus allgemeinen Verfassungsgrundsätzen hergeleitet – die Beteiligten im Bundesstaat müssen bei der Wahrnehmung ihrer Kompetenzen wechselseitig aufeinander Rücksicht nehmen – „Bundestreue", Rn 467 ff).

In *materieller* Hinsicht ist das Weisungsrecht des Bundes umfassend; es reicht so weit wie sein Gesetzgebungsrecht für die fragliche Materie. Wird vom Land nun eingewandt, der **Inhalt der Weisung** sei rechtswidrig, weil etwa das auszuführende Gesetz verfassungswidrig sei oder weil die Maßnahme, zu der es angewiesen wird, aus anderen Gründen rechtswidrig sei, so führt dies in aller Regel jedoch nicht zur Verfassungswidrigkeit der Weisung. Denn das Recht, Weisungen zu erteilen, umfasst auch die Befugnis des Bundes, rechtliche Zweifelsfragen für das Land verbindlich zu entscheiden. – Wie stets, gilt freilich auch hier die Schranke des Rechtsmissbrauchs.

5. Bundeseigene Verwaltung

Für den Eigenvollzug von Bundesgesetzen durch den Bund ist wiederum eine besondere Kompetenzzuweisung erforderlich. Gleiches gilt für die nicht gesetzesakzessorische Verwaltung. Art. 87 GG benennt „Gegenstände bundeseigener Verwaltung". Weitere Kompetenzzuweisungen enthalten Art. 87b, d, 88, 89, 90 Abs. 3 GG sowie die Haushalts- und Finanzverfassung im X. Abschnitt (dazu nachstehend V.). Dabei ist die bundeseigene Verwaltung teilweise **fakultativ** vorgesehen, teilweise **obligatorisch**. Im Übrigen ist zu unterscheiden zwischen bundesunmittelbarer Verwaltung und mittelbarer Bundesverwaltung. **495**

Bundesunmittelbare Verwaltung bedeutet Verwaltung unmittelbar durch Behörden des Bundes. Die Bundesrepublik selbst wird also durch diese Behörde tätig. Sie wird dann auch Partei eines etwaigen Rechtsstreits. Bei **mittelbarer** Bundesverwaltung handelt die Bundesrepublik durch eine zwischengeschaltete, selbstständige juristische Person, eine Körperschaft oder Anstalt (auch Stiftung) des öffentlichen Rechts, die ihr zugeordnet ist. Trägergemeinwesen der juristischen Person ist also die Bundesrepublik. Deshalb spricht man hier von **„bundesunmittelbaren"** Körperschaften oder Anstalten, Art. 87 Abs. 2, 3 GG. Hieraus erklärt sich dann der Begriff der mittelbaren Bundesverwaltung durch bundesunmittelbare Körperschaften oder Anstalten. Denn um nur mittelbare Bundesverwaltung handelt es sich hier, weil die Bundesrepublik nicht selbst unmittelbar handelt, sondern eine rechtlich selbstständige juristische Person. Diese wird dann auch Partei eines etwaigen Rechtsstreits. Wann eine der genannten Formen bundeseigener Verwaltung zuläs- **496**

sig oder geboten ist, bestimmt sich nach Art. 87 GG. Die Einrichtung neuer Anstalten oder Körperschaften des öffentlichen Rechts bedarf dabei eines **gesetzlichen Organisationsakts**; hierbei sind auch Aufsichtsrechte des Bundes festzulegen.

497 Im Bereich der bundeseigenen – bundesunmittelbaren und bundesmittelbaren – Verwaltung ist weiterhin zu unterscheiden zwischen Verwaltung mit und ohne eigenen Verwaltungsunterbau. Bundeseigene Verwaltung **ohne eigenen Verwaltungsunterbau** bedeutet Verwaltung durch Zentralbehörden, also durch Bundesministerien oder sog. *„Bundesoberbehörden"*, die einem Bundesministerium unmittelbar nachgeordnet und für das gesamte Bundesgebiet zuständig sind (**Beispiel:** Bundeskartellamt). Diese Zentralbehörden nehmen regelmäßig nur Aufgaben auf überregionaler Ebene wahr, insbesondere der Planung, Koordination und Information gegenüber Landesbehörden, wie im **Fall 52 (Bildungspakt)**. Es kann sich bei der bundeseigenen Verwaltung ohne eigenen Verwaltungsunterbau aber auch um *aufgabendeckende Vollverwaltung* handeln (**Beispiel:** Bankenaufsicht durch Bundesamt für das Kreditwesen). Bundeseigene Verwaltung **mit eigenem Verwaltungsunterbau**, also mit Mittel- und Unterbehörde, ist **obligatorisch** in den Fällen des Art. 87 Abs. 1 S. 1 GG vorgesehen, ferner **fakultativ** in den Fällen des Art. 87 Abs. 3 S. 2 GG, hierbei unter erschwerten materiellen und formellen Voraussetzungen („neue Aufgaben, dringender Bedarf", Bundesgesetz mit qualifizierter Mehrheit und Zustimmung des Bundesrats). Im Fall des Art. 87 Abs. 2 GG – obligatorische mittelbare Bundesverwaltung – ist *einstufiger* **oder** *mehrstufiger* Ausbau zulässig (so auch im **Fall 52**). Für Sozialversicherungsträger mit Zuständigkeit für mehr als ein Land, aber nicht mehr als drei Länder, gilt eine Ausnahme vom Grundsatz der bundeseigenen Verwaltung, Art. 87 Abs. 2 S. 2 GG.

6. Ungeschriebene Bundeskompetenzen auch für die Verwaltung?

498 Mit der Annahme **ungeschriebener Verwaltungskompetenzen** des Bundes wird wiederum von der Grundregel der Art. 30, 83 GG abgewichen. Diese bedürfen also besonderer Rechtfertigung nach dem Grundgesetz. Dabei wird ähnlich wie für ungeschriebene Gesetzgebungskompetenzen, auf Sachzusammenhang, auf Annexkompetenzen, wie auch auf die *„Natur der Sache"* zurückgegriffen. Insbesondere bei Letzterer ist Zurückhaltung geboten, vor allem wenn hierbei der Gesichtspunkt der *„Überregionalität"* eingeführt wird: Folgerungen aus der **„Natur der Sache"** müssen **„begriffsnotwendig"** sein.

499 **Zum Fall 51: Deutschland-Fernsehen II**

Die physikalische Überregionalität der Rundfunkwellen, aber auch der Umstand, dass die Veranstaltung von Fernsehprogrammen die Finanzkraft eines einzelnen Bundeslandes übersteigen würde – „finanziell bedingte Überregionalität" – wurde zur Begründung einer ungeschriebenen Verwaltungskompetenz des Bundes geltend gemacht. Dabei mochte der finanzielle Aspekt die Aufgabenerfüllung durch den Bund als zweckmäßig erscheinen lassen; gleichwohl konnte dies keine Bundeskompetenz kraft Natur der Sache begründen, da auch andere Gestaltungsmöglichkeiten in Betracht kamen, etwa die Veranstaltung von Sendungen im Zusammenwirken mehrerer Länder. Gleiches gilt für die *„faktische Überregionalität"* von Rundfunksendungen. Auch nimmt die Entscheidung des Grundgesetzes für eine prinzipielle Verwaltungszuständigkeit der Länder derartige Überregionalität in Kauf[47].

47 Vgl *Lerche*, Maunz/Dürig, Art. 83, Rn 48.

Eine Verwaltungskompetenz des Bundes kraft Natur der Sache ist jedoch für die Veranstaltung von Rundfunkprogrammen für Deutsche im Ausland und zum Zweck der nationalen Repräsentation nach außen gegeben[48]; ebenso zB für zentrale Einrichtungen auf dem Gebiet von Wohlfahrts- und Jugendpflege mit Wirkungsbereich für das gesamte Bundesgebiet, gesamtdeutsche und internationale Aufgaben[49]. Auch für die förmliche (feststellende) Bekanntgabe der Verpackungsquoten für Mehrwegverpackungen als Voraussetzung für das Wirksamwerden des „Dosenpfandes" wurde die Verwaltungskompetenz des Bundes aus der Natur der Sache bejaht[50]. **500**

7. Unzulässige Mischverwaltung und zulässige Kooperation im Bundesstaat

501 Die Verteilung der Verwaltungszuständigkeiten durch Art. 83 ff GG steht nicht zur Disposition von Bund und Ländern[51]. Dies ist generell kennzeichnend für Kompetenznormen des öffentlichen Rechts: die **öffentlich-rechtliche Kompetenzordnung** ist **zwingend**. Die Zuweisung einer Kompetenz bedeutet die Verpflichtung, diese Kompetenz wahrzunehmen. Die differenzierte Regelung der Art. 83 ff GG darf nicht durch neue Verwaltungstypen und Kombinationsformen überspielt werden, insbesondere nicht durch unzulässige **Mischverwaltung**. Ebenso wenig darf der Bund, wenn er eine Materie allein den Ländern zuordnet, für einzelne Anwendungsfälle die Zuständigkeit einer Bundesbehörde vorsehen und so in Verwaltungsbereiche der Länder eindringen; die Zuständigkeitsabgrenzungen müssen in sich klar und widerspruchsfrei sein[52]. Das Gebot der Klarheit und Widerspruchsfreiheit des Rechts gilt auch im Verhältnis von Bund und Ländern; im Verhältnis zum Bürger ist Klarheit der Kompetenzordnung auch ein Gebot des Rechtsstaats.

502 Das BVerfG lässt es jedoch zu, dass ein bundesweiter Träger der Sozialversicherung iSv Art. 87 Abs. 2 GG eine Einrichtung der Landesverwaltung mit der Geschäftsführung „betraut": diese handelt insoweit als „Organ" der Bundesanstalt, untersteht nicht der Aufsicht des Landes, handelt nicht als dessen Organ[53]. Unzulässig jedoch sind Formen der Mischverwaltung, durch die grundgesetzlich übertragene, zwingende (vorstehend Rn 501) Kompetenzen weiterübertragen werden, zB ein Beschwerdeweg von Landes- zu Bundesbehörden, Weisungs- und Selbsteintrittsrechte Letzterer[54]. Mitplanungs-, Mitverwaltungs- und Mitentscheidungsbefugnisse des Bundes im Aufgabenbereich sind unzulässig. Sie widersprechen dem Gebot der Klarheit der Kompetenzzuordnung und auch der demokratischen Legitimation der handelnden Verwaltung. Deshalb durften durch Gesetz auch keine mit Verwaltungsbefugnissen ausgestatteten **Hartz-IV-Arbeitsgemeinschaften** von Bund und Gebietskörperschaften – Gemeinden und Landkreisen – gebildet werden[55]. Hier lag eine unzulässige Mischverwaltung von Bund und Ländern vor, da Gemeinden und Landkreise Teil der Landesverwaltung sind.

---

48 BVerfGE 12, 205, 241, 250.
49 BVerfGE 22, 180, 216 ff.
50 OVG Berlin DVBl 2002, 630.
51 Vgl BVerfGE 119, 331, 365.
52 Vgl BVerfGE 108, 169, 181 f.
53 Vgl BVerfGE 63, 1, 37 ff.
54 Vgl *Lerche*, Maunz/Dürig, Art. 83, Rn 86; *Achterberg*, Allgemeines Verwaltungsrecht, 2. Aufl., § 5, Rn 45 ff.
55 Vgl BVerfGE 119, 331, 367.

503 **Gemeinsame Ländereinrichtungen mit eigenen Verwaltungszuständigkeiten** (zB ZVS bzw Stiftung für Hochschulzulassung) auf der Grundlage eines Staatsvertrags sind zulässig, soweit der Zuständigkeitsbereich der Länder gewahrt bleibt[56]. Denn die Staatstätigkeit der Länder kann sich auf einer gemeinsamen Ebene abspielen, sofern die „Grundlagen der bundesstaatlichen Ordnung" nicht beeinträchtigt werden[57]. Gemeinsame Einrichtungen von **Bund und Ländern** werden, sofern es sich nicht um rein koordinative Gremien (Konferenz der Innen- oder Justizminister) handelt, idR gegen das Verbot der Mischverwaltung verstoßen. Für die in Art. 91a GG aufgeführten **Gemeinschaftsaufgaben** von Bund und Ländern[58] wird eine gemeinsame Aufgabenerfüllung von Bund und Ländern zugelassen; ebenso nach Art. 91b GG für Bildungsplanung und Forschungsförderung. Neu eingefügt wurde mit der Föderalismusreform II die Bestimmung des Art. 91c GG über ein Zusammenwirken von Bund und Ländern bei Einrichtung und Betrieb informationstechnischer Systeme. Abs. 2 sieht hier den Abschluss auch von Staatsverträgen zwischen Bund und Ländern vor; sie bedürfen der Zustimmung durch den Bundestag und die Parlamente der beteiligten Länder. Ganz im Geiste des „kompetitiven Föderalismus" gestattet Art. 91d GG Vergleichsstudien von Bund und Ländern über die Leistungsfähigkeit ihrer Verwaltungen, also ihre gemeinschaftliche Erstellung. Diese fällt also jedenfalls nach der Verfassungsänderung nicht unter das Verbot der Mischverwaltung (ob ohne diese, erscheint zweifelhaft).

8. Bundesaufsicht, Bundeszwang, Bundesintervention

504 Das Grundgesetz kennt keine allgemeine, sondern nur eine der Ausführung von Bundesgesetzen akzessorische Bundesaufsicht. Die in Art. 37 GG vorgesehene Möglichkeit des Bundeszwangs hat keine praktische Bedeutung erlangt, ebenso wenig die der Bundesintervention nach Art. 35, 91 GG. Von den Tatbeständen der Amtshilfe im Bund-Länder-Verhältnis, Art. 35 Abs. 2, 3 GG, Art. 91 Abs. 1 GG kann Art. 35 Abs. 2 S. 1 GG Bedeutung erlangen bei Großdemonstrationen. Die Länder können hier den Bundesgrenzschutz bzw die Bundespolizei zur Unterstützung der eigenen Polizeikräfte anfordern, der dem nachzukommen verpflichtet ist und dann den Weisungen der Landesbehörden untersteht. Unabhängig davon können die Länder sich gegenseitig durch Entsenden von Polizeikräften unterstützen.

Zusammenfassung zu den Ausgangsfällen

505 **Fall 51: Deutschland-Fernsehen II**

1. Grundsatznorm des Art. 30 GG

a) Verwaltungstätigkeit: Rundfunk wird hier als öffentliche Aufgabe durch den Staat wahrgenommen, damit handelt es sich um eine Verwaltungsaufgabe iSv Art. 30, 83 ff GG; die Rechtsform der GmbH ist unerheblich, Art. 30 GG also anwendbar;

b) dass es sich um nicht gesetzesakzessorische Verwaltung handelt, ist unerheblich, da Art. 30, 83 ff GG auch hierfür gelten (s. zB Art. 87 GG).

2. Zuständigkeit des Bundes nach Art. 83 ff GG?

a) Art. 87 Abs. 1 GG (aF – Bundespost) bezog sich wie die Gesetzgebungskompetenz für Post- und Fernmeldewesen (Art. 73 Nr 7 GG aF) nur auf die Rundfunktechnik, nicht auf die Programmgestaltung.

b) Ungeschriebene Bundeskompetenz aus der Natur der Sache?

56 *Lerche*, Maunz/Dürig, Art. 83 Rn 116 ff.

57 BVerwGE 50, 137.

58 Zu den Gemeinschaftsaufgaben nach der Föderalismusreform II s. *Seckelmann*, DÖV 2009, 747.

Die überregionale Verbreitung von Rundfunkwellen bedingt nicht begriffsnotwendig Veranstaltung durch den Bund.

3. Ergebnis: Art. 30 GG – Zuständigkeit der Länder[59].

Fall 52: Bildungspakt 506

I. Einrichtung der Agenturen:

1. Die Befugnis des Bundes zur Einrichtung der Agenturen könnte sich ergeben aus Art. 87 Abs. 1 oder Abs. 3 GG. Für Abs. 1 müsste es sich um einen Fall obligatorischer (S. 1) oder fakultativer (S. 2) bundeseigener Verwaltung handeln; keiner der dort genannten Fälle trifft jedoch zu.

2. Die Einrichtung einer neuen Bundesoberbehörde könnte hier jedoch nach Art. 87 Abs. 3 S. 1 GG in Betracht kommen.

a) Bundesfamilienagentur:

aa) Es handelt sich hier um eine Bundesoberbehörde, die in erster Linie koordinierende und informative Aufgaben wahrnimmt;

bb) Die Einrichtung muss durch Gesetz erfolgen – sog institutioneller Gesetzesvorbehalt – dies ist hier der Fall;

cc) Voraussetzung ist Gesetzgebungskompetenz des Bundes für die fragliche Materie; hier könnte in Betracht kommen: Art. 74 Abs. 1 Nr 7 GG – Fürsorge; Jugendschutz, Beratungsdienste, Familienfürsorge u.Ä. fallen unter Nr 7; der Bund hat hier jedoch das Recht der Gesetzgebung nur unter den Voraussetzungen des Art. 72 Abs. 2 GG; hier geht es um gleichmäßige Bildungschancen, damit ist das Kriterium der Gleichwertigkeit der Lebensverhältnisse zu bejahen;

b) Bundesschulagentur: Hier fehlt es an einer Gesetzgebungskompetenz des Bundes, daher keine Kompetenz zur Errichtung einer Bundesoberbehörde.

II. Förderprogramm:

1. Die Grundregel des Art. 30 GG gilt auch für nicht-gesetzesakzessorische Verwaltung, wie hier; der Bund möchte vom Grundsatz der landeseigenen Verwaltung abweichen, da er rechtliche und fachliche Koordination anstrebt. unter Koordination durch Bundesregierung – dies ist eine Form der Mischverwaltung.

2. Derartige Mischverwaltung ist jedoch im GG nicht vorgesehen, Art. 91a GG greift hier nicht ein; sie ist also *unzulässig*.

Fall 53: Energiewende III – Atomrechtliche Weisung 507

A. Zulässigkeit des Antrags

I. Es handelt sich um einen Antrag im Bund-Länder-Streit nach Art. 93 Abs. 1 Nr 3 GG (Rn 767 ff); für das Land ist der Antrag durch die Landesregierung zu stellen, er ist gegen die Bundesregierung zu richten, § 68 BVerfGG.

II. Gegenstand des Verfahrens sind: die unmittelbare Sachaufklärung bei den Betreibern und die Erteilung der Weisung.

59 Näher BVerfGE 12, 205, 243 f und Rn 489.

III. Das Land ist hierdurch möglicherweise in seinen Rechten aus Art. 85 GG verletzt, es ist also antragsbefugt (Rn 770).

IV. Es müssen gewisse Form- und Fristerfordernisse erfüllt sein, Rn 771 f

B. Begründetheit des Antrags

> ***Aufbauhinweis:***
>
> *wie stets dann, wenn nach der Rechtmäßigkeit bzw Verfassungsmäßigkeit einer Maßnahme gefragt wird, sind diese drei Punkte zu prüfen:*
>
> – *grundsätzliche Ermächtigung zum Erlass,*
> – *formelle Voraussetzungen (Verfahren),*
> – *materielle Voraussetzungen.*

I. Weisung der Bundesregierung

1. Weisungsbefugnis: Art. 85 Abs. 3 S. 1 iVm Art. 85 Abs. 4 S. 1 GG, wenn Fall der Bundesauftragsverwaltung; dies zu bejahen wegen Art. 87c GG iVm § 24 Abs. 1 AtG.

2. Formelle Voraussetzungen:

a) Zuständigkeit des Bundesministers für Reaktorsicherheit als der sachlich zuständigen obersten Bundesbehörde;

b) Sachlich zuständiger Landesminister als oberste Landesbehörde geeigneter Adressat der Weisung, Art. 85 Abs. 3 S. 2 GG.

c) Bundesfreundliches Verhalten: Verpflichtung des Bundes, dem Land Gelegenheit zur Stellungnahme zu geben, hier lt SV gewahrt – Einvernehmen muss nicht hergestellt werden: das Weisungsrecht soll ja die Sachkompetenz dem Bund übertragen.

d) Ankündigung der Weisung als Erklärung des Bundes, die Sachkompetenz an sich zu ziehen.

3. Materielle Verfassungsmäßigkeit:

a) Was Gegenstand einer Weisung sein kann, wird in Art. 85 Abs. 3 S. 1 GG nicht ausdrücklich festgelegt, doch fällt hierunter die gesamte Aufgabenwahrnehmung durch das Land, also auch die Erteilung einer Genehmigung oder die Gesetzesauslegung. Die Anordnung, das Genehmigungsverfahren zügig fortzuführen, war also zulässig.

b) Dass das ihm abverlangte Verhalten rechtswidrig sei, kann das Land nicht als Verletzung seiner Rechte geltend machen; es muss auch Weisungen ausführen, die es für rechtswidrig hält: Rechtsfragen zu entscheiden, fällt unter die Sachkompetenz.

c) Pflicht zu bundesfreundlichem Verhalten: der Bund darf sein Weisungsrecht nicht missbräuchlich ausüben. Hierfür bestehen hier keine Anhaltspunkte[60].

II. Sachaufklärung durch die Bundesregierung

Hierin könnte liegen: unzulässige Inanspruchnahme der Wahrnehmungskompetenz durch den Bund, dies ist jedoch nicht der Fall, soweit Sachaufklärung der Vorbereitung einer Weisung dient, wie hier: dann ist sie von der Sachkompetenz des Bundes gedeckt.

Ergebnis: Antrag unbegründet.

---

60 BVerfGE 81, 310, 334; s. auch BVerfGE 104, 249, 266 ff.

Schrifttum zu III.: *Oebbecke*, Verwaltungszuständigkeit, HStR IV³, § 131; *Hebeler*, Die Ausführung der Bundesgesetze, Jura 2002, 164; *Janz*, Inhalt, Grenzen und haftungsrechtliche Dimension des Weisungsrechts nach Art. 85 III GG, Jura 2004, 227; *Schnapp*, Mischverwaltung im Bundesstaat nach der Föderalismusreform, Jura 2008, 241. *Maurer*, Die Ausführung der Bundesgesetze durch die Länder, JuS 2010, 945; s. ferner den Übungsfall bei *Kahl/Brehme*, JuS 2005, 915.

9. Exkurs: Der verfassungsrechtliche Auftrag der Bundeswehr

Zur vollziehenden Gewalt im weiteren Sinn werden traditionell auch die Streitkräfte **508** gezählt, nach dem GG also die Bundeswehr. Verfassungsrechtliche Grundlage ihres Auftrags ist primär Art. 87a GG. Im Zeichen der Bedrohung durch den internationalen Terrorismus werden Zulässigkeit und Grenzen eines Bundeswehreinsatzes im Innern ebenso kontrovers erörtert, wie die Frage nach Zulässigkeit und Grenzen von Auslandseinsätzen der Bundeswehr. Für die verfassungsrechtliche Beurteilung eines Einsatzes der Bundeswehr ist zu unterscheiden nach dem Einsatzort – Inland oder Ausland – und nach dem Einsatzzweck. Unter „Einsatz" ist dabei nicht jede Verwendung der Bundeswehr zu verstehen, sondern nur die Verwendung unter Einsatz militärischer Mittel, also regelmäßig der bewaffnete Einsatz.

Geht es um den Einsatz der Bundeswehr zur **Verteidigung**, so ist Art. 87a Abs. 1 S. 1 **509** GG die grundlegende Norm: dort wird Verteidigung ausdrücklich als Staatsaufgabe genannt. Es ist ja gerade dies eine der klassischen Aufgaben des Staates, die historisch überhaupt erst zur Bildung von Staaten geführt haben und deren Existenz rechtfertigen: die Verteidigung des Staates gegen Angriffe von außen (sowie die Schaffung von Rechtsfrieden und Sicherheit im Innern). Der Begriff der Verteidigung ist nicht gleichbedeutend mit dem „Verteidigungsfall" nach Art. 115a Abs. 1 GG – diese später ins Grundgesetz eingefügte Vorschrift ist staatsorganisatorischer Natur und betrifft die innerstaatliche Zuständigkeitsverteilung[61]. Verteidigung bedeutet die Abwehr eines von **außerhalb** der Landesgrenzen kommenden, bewaffneten Angriffs; ob es sich dabei um einen Angriff durch einen Staat im Sinn des Völkerrechts handeln muss, oder aber eine terroristische Aktion nach dem Vorbild des 11. September ausreicht, wird unterschiedlich beurteilt[62]. Dann jedenfalls, wenn es sich um Terrororganisationen handelt, die militärisch operieren und über ein vergleichbares Aggressions- oder Zerstörungspotenzial verfügen, wenn also zur Abwehr polizeiliche Mittel nicht ausreichen, dürfte von einem bewaffneten Angriff auszugehen sein, so dass von Verteidigung gesprochen werden kann. Nicht allerdings ist dies der Fall, wenn die Aktion vom Inland ausgeht. Verteidigung iSv Art. 87a Abs. 1 S. 1 GG ist auch die sog. Bündnisverteidigung im Rahmen der NATO. Handelt die Bundeswehr im Rahmen ihres Verteidigungsauftrags, ist es unerheblich, ob der Einsatz im Innern oder im Ausland erfolgt. Nicht „zur Verteidigung" handelt die Bundeswehr allerdings dann, wenn sie sich an UNO-Einsätzen beteiligt, die nicht der individuellen und kollektiven Selbstver-

61 Vgl dazu und zum Folgenden näher *Wiefelspütz*, AöR 132 (2007), 44, 57 f.
62 Vgl dazu *Palm*, AöR 132 (2007), 95, 104 f.

teidigung dienen (friedensstiftende Aktionen, Blauhelm-Einsätze). Dass der Angriff von außen kommen muss, wird mitunter in Frage gestellt; daran ist jedoch festzuhalten, da andernfalls die Abgrenzung zum Streitkräfteeinsatz im Innern gegenstandslos würde[63]. Ob auch die **Personalverteidigung**, also der Schutz deutscher Staatsbürger im Ausland im Fall kriegerischer bzw bürgerkriegsartiger Auseinandersetzungen zum Verteidigungsauftrag der Bundeswehr gehört, ist wiederum str.

510 Handelt die Bundeswehr nicht „zur Verteidigung“, so gilt der Verfassungsvorbehalt des Art. 87a Abs. 2 GG. Dies bedeutet für Einsätze **im Innern**: Nur wenn und soweit dies im Grundgesetz ausdrücklich vorgesehen ist, darf die Bundeswehr zum Einsatz kommen, so nach Art. 87a Abs. 3 und 4 GG für den äußeren und den inneren Notstand sowie nach Art. 35 Abs. 2 und 3 GG im Fall des polizeilichen Notstands bzw des Katastrophennotstands. Die Streitkräfte können dann aber immer nur zur Unterstützung herangezogen werden. Sie dürfen, so das BVerfG im Urteil zum Luftsicherheitsgesetz vom 15.2.2006, nur „polizeitypische“ Waffen einsetzen, also als zusätzliche Polizeikräfte agieren[64]. Die Möglichkeiten zum Streitkräfteeinsatz im Innern sind also begrenzt. Die Aufklärungsflüge der Bundeswehr-Tornados über den Köpfen der Demonstranten anlässlich des G 8-Gipfels in Heiligendamm 2007 begegnen daher verfassungsrechtlichen Bedenken: hier handelte es sich schwerlich um einen polizeitypischen Einsatz. Anders als für Auslandseinsätze, besteht für die Verwendung im Inland kein wehrverfassungsrechtlicher Parlamentsvorbehalt, die Bestimmungen der Art. 35 Abs. 3 S. 2 GG und 115a Abs. 1 GG treffen ausreichende Vorsorge für die Einbeziehung des Bundestags[65].

511 Für den Einsatz der Streitkräfte im **Ausland** ist str, ob auch insoweit der Verfassungsvorbehalt des Art. 87a Abs. 2 GG gilt. Aus der Entstehungsgeschichte der Norm wird ganz überwiegend geschlossen, dass sich die Norm nur auf den Einsatz der Bundeswehr im Innern beziehen soll[66]. Mit dem Wortlaut der Norm ist dies allerdings nur schwer vereinbar. Der Auffassung, dass für Auslandseinsätze der Bundeswehr eine besondere verfassungsrechtliche Grundlage nicht erforderlich sei, ihre Zulässigkeit ohne Weiteres aus der staatlichen Souveränität der Bundesrepublik folge bzw von der auswärtigen Gewalt des Art. 32 Abs. 1 GG ohne Weiteres umfasst sei[67], dürfte nun die eindeutige Aussage des Bundesverfassungsgerichts im Urteil zum Lissabon-Vertrag entgegenstehen, wonach der Auslandseinsatz der Bundeswehr außer zur Verteidigung nur im Rahmen eines Systems kollektiver Sicherheit nach Art. 24 Abs. 2 GG erlaubt ist[68]. Art. 24 Abs. 2 GG ermächtigt die Bundesrepublik, sich einem System der kollektiven Sicherheit anzuschließen; damit ist sie auch befugt, zur Erfüllung ihrer Bündnisverpflichtungen Streitkräfte zur Verfügung zu stellen. Art. 87a GG, der nachträglich in das Grundgesetz eingefügt wurde, hat an dieser Rechtslage nichts

63 So zutr *Gramm*, DVBl 2009, 1476, 1479 mit Überblick über den Meinungsstand.
64 BVerfGE 115, 118, 147 f; kritisch *Gramm*, DVBl 2006, 653.
65 BVerfGE 126, 55, 70 f.
66 *Wiefelspütz*, AöR 132 (2007), 44, 48 ff.
67 So *Wiefelspütz* aaO; ähnlich *Depenheuer*, Maunz/Dürig, Art. 87a Rn 4 ff.
68 BVerfGE 123, 267, 360 ff; vgl *Gramm*, DVBl 2009, 476, 477 ff.

geändert[69]. Demgemäß war die Beteiligung der Bundeswehr am Türkeieinsatz der AWACS-Aufklärer, wie das BVerfG in seiner Entscheidung vom 7.5.2008 ausgeführt hat, von Art. 24 Abs. 2 GG gedeckt.

Für alle Bundeswehreinsätze gilt iÜ, dass die Grundsätze des Völkerrechts beachtet **512**
werden müssen[70]. Zur notwendigen Beteiligung des Parlaments bei Entscheidungen über Auslandseinsätze Rn 38 f; erwähnenswert in diesem Zusammenhang ist auch, dass das BVerfG im Urteil zum Lissabon-Vertrag den wehrverfassungsrechtlichen Parlamentsvorbehalt für integrationsfest erklärt[71]. Der Bundestag kann auf dieses Recht also nicht zugunsten der Union verzichten.

IV. Die Rechtsprechung in der bundesstaatlichen Ordnung

Auch für die Rechtsprechung gilt Art. 30 GG. Die **Einrichtung der Gerichte** gemäß **513**
Art. 92 GG (zur rechtsprechenden Gewalt in der Gewaltenteilung Rn 284 f, zu Gerichtsorganisation und gerichtlichen Verfahren Rn 418 ff), obliegt daher grundsätzlich den Ländern. Sie haben hierbei nach Maßgabe des Rechts der Gerichtsverfassung (GVG) und des gerichtlichen Verfahrens (also der Verfahrensordnungen – ZPO, StPO, VwGO, ArbGG, FGO, SGG) vorzugehen, für das der Bund nach Art. 74 Abs. 1 Nr 1 GG konkurrierend zuständig ist.

Bundeszuständigkeiten für die Einrichtung von Gerichten begründet Art. 95 GG. **514**
Für die dort genannten Zweige der Gerichtsbarkeit schreibt Art. 95 GG die Errichtung oberster Bundesgerichte vor. Als solche wurden errichtet: der Bundesgerichtshof für die „ordentliche Gerichtsbarkeit" (Zivil- und Strafgerichte), das Bundesverwaltungsgericht, der Bundesfinanzhof, das Bundessozialgericht und das Bundesarbeitsgericht. Es sind dies Rechtsmittelgerichte, der Bund stellt also für die in Art. 95 GG genannten Zweige der Gerichtsbarkeit nur die den Instanzenzug abschließenden Revisionsgerichte.

Eine Ausnahme bildet Art. 96 Abs. 1 GG für gewerblichen Rechtsschutz (Bundespatentgericht), die Wehrstrafgerichtsbarkeit im Verteidigungsfall (Art. 96 Abs. 2 GG) und die Disziplinargerichtsbarkeit über Bundesbeamte; in Ausnahmefällen werden auch die obersten Bundesgerichte als Tatsacheninstanzen tätig.

Die Rechtsprechungskompetenzen werden also im Verhältnis von Bund und Ländern **515**
nicht nach Sachgebieten verteilt, sondern nach Funktionen: die obersten Bundesgerichte sind (bis auf wenige Ausnahmen) Rechtsmittelgerichte. Sie sind auf die Anwendung von Bundesrecht beschränkt: **Landesrecht** ist **nicht revisibel** (Ausnahme: Rn 466). Mit der **Verfassungsgerichtsbarkeit** wird keine zusätzliche Instanz eingerichtet. Ihre Aufgabe ist die Wahrnehmung spezifischen Verfassungsrechts: auf Bun-

---

69 BVerfGE 90, 286, 356. – Zum Kosovo-Einsatz der Bundeswehr vgl *Fink*, JZ 1999, 1016; zu Auslandseinsätzen nach dem Kosovo-Krieg s. *Wild*, DÖV 2000, 622; zu Einsätzen zur Terrorismusbekämpfung s. *Krings/Burkiczak*, DÖV 2002, 501 ff; zur notwendigen *Zustimmung des Parlaments* s.o. Rn 42, Fall 2 b); zum Luftsicherheitsgesetz s. *Sittard/Ulbrich*, JuS 2005, 432.

70 BVerfGE 112, 1, 24; *Wiefelspütz*, AöR 132 (2007), 44, 92.

71 BVerfGE 123, 267, 360 ff.

desebene besteht hierfür das BVerfG, auf Landesebene bestehen die Landesverfassungsgerichte, deren Einrichtung im Rahmen der Verfassungsautonomie der Länder liegt (§ 12).

516 **Rechtsprechungsorgane der EU** sind zum einen der Europäische Gerichtshof (EuGH), zum anderen das Gericht (früher Gericht erster Instanz – EuG) und Fachgerichte. Das **Gericht** ist insbesondere für Klagen von Privaten gegen die Gemeinschaft zuständig. Der **EuGH** hat entsprechend Art. 19 EUV die einheitliche Auslegung und Anwendung des Unionsrechts zu sichern. Die Verfahrensarten sind im AEUV enumerativ geregelt. Aber auch die nationalen Gerichte sind mit Unionsrecht befasst; soweit dieses im Kollisionsfall Geltungsvorrang beansprucht, gilt dies auch für das Gericht. Bei Zweifeln über die Auslegung von Unionsrecht hat das innerstaatliche Gericht grundsätzlich eine Vorabentscheidung des EuGH gem. Art. 267 AEUV (Rn 432) einzuholen.

Schrifttum zu IV.: *Degenhart*, Gerichtsorganisation, in HStR V³, § 114.

V. Die bundesstaatliche Finanz- und Haushaltsverfassung

Der X. Abschnitt des Grundgesetzes enthält die bundesstaatliche Finanzverfassung. Gerade auf diesem Feld finden die entscheidenden Auseinandersetzungen um den Föderalismus statt. Es geht um die Fragen, wer – Bund oder Länder – die Kosten für die Erfüllung staatlicher Aufgaben trägt, wie vor allem das Aufkommen aus Steuern und Abgaben verteilt werden soll und wer die Gesetzgebungshoheit in diesem Bereich hat. Davon vor allem hängt es ab, welche Rolle Bund und Länder in der bundesstaatlichen Ordnung spielen, welches Gewicht ihnen zukommt, in welche Richtung die bundesstaatliche Entwicklung geht. Konflikte sind hier angelegt zwischen Bund und Ländern, aber auch zwischen den Ländern, zwischen „ärmeren" und „reicheren" Ländern. Für diese Konflikte Lösungen zu ermöglichen, ist Funktion der bundesstaatlichen Finanzverfassung, die aber auch sicherzustellen hat, dass die Lösung nicht allein zulasten des Bürgers gesucht wird. Darum geht es im folgenden Abschnitt.

→ **Leitentscheidungen:** BVerfGE 86, 148 (Finanzausgleich); BVerfGE 93, 319 (Wasserpfennig); BVerfGE 98, 106 (kommunale Verpackungssteuer); BVerfGE 101, 158 (Finanzausgleich); BVerfGE 122, 316 (Absatzfonds der Land- und Ernährungswirtschaft).

517 **Fall 54: FAG**

Ein Finanzausgleichsgesetz (FAG) des Bundes sieht entsprechend Art. 107 Abs. 2 GG und dem hierzu ergangenen Maßstäbegesetz Ausgleichsleistungen der überdurchschnittlich finanzkräftigen an die ärmeren Länder vor. Das Land B sieht sich benachteiligt. An sich würde es über die größte Finanzkraft – Steuereinnahmen im Verhältnis zur Einwohnerzahl – aller Bundesländer verfügen. Es wird jedoch in einem Maße mit Ausgleichsverpflichtungen belastet, dass es im Endergebnis nur noch an 8. Stelle steht. Umgekehrt gelangt das an sich an vorletzter Stelle stehende Land X auf Grund von Ausgleichsansprüchen und Ergänzungszuweisungen des Bundes im Ergebnis an die 4. Stelle. Dies bedeute eine Missachtung der langjährigen erfolgreichen Politik von B. Auch sei nicht einzusehen, dass zugunsten der Stadtstaaten eine „Einwohnerveredelung“ stattfinde. (Hiernach wird ein höherer Finanzbedarf pro Einwohner zugrundegelegt; dies wird gerechtfertigt aus deren Höherbelastung durch Vorhaltung öffentlicher Leistungen für das Umland.) **Rn 550** (prozessual Rn 828)

Fall 55: Rundfunkbeitrag II 518

Der Rundfunkbeitragstaatsvertrag – **Fall 50** (Rn 464) – sieht vor, dass jeder Wohnungsinhaber und jeder Betriebsinhaber beitragspflichtig ist, unabhängig davon, ob Rundfunkempfang stattfindet. Schlicht sieht darin eine verfassungswidrige Rundfunksteuer. **Rn 551**

Fall 56: Kulturförderabgabe 519

Die Stadt S im Bundesland A ist auf Grund riskanter Börsenspekulationen und cross-border-leasing-Verträge an den Rand der Zahlungsunfähigkeit gelangt und versucht neue Finanzquellen zu erschließen. Nachdem der Bund durch Änderung des Umsatzsteuergesetzes für Übernachtungen in Hotels die Umsatzsteuer von 19% auf 7% herabgesetzt hat, schlägt der Stadtkämmerer vor, die hierdurch frei werdende Steuerkraft für die Stadt nutzbar zu machen. Das Kommunalabgabengesetz des Landes A – KAG – ermächtigt die Gemeinden, im Wege der Satzung örtliche Verbrauchs- und Aufwandssteuern festzusetzen. Die Stadt erlässt daraufhin eine Satzung, wonach für Hotelübernachtungen in S ein nach Übernachtungspreis gestaffelter „Kulturförderungsbeitrag“ von 2,–, 3,– oder 5,– EURO zu entrichten ist. Der häufig in S übernachtende Handlungsreisende Merkur sieht hierin eine verfassungswidrige kommunale Steuer, die noch dazu der Entscheidung des Bundesgesetzgebers widerspreche, Hotelübernachtungen zu begünstigen.

Hinweis: § 7 Abs. 2 des einschlägigen Kommunalabgabengesetzes lautet: *„Die Gemeinden können örtliche Verbrauch- und Aufwandsteuern erheben, soweit sie nicht bundesgesetzlich geregelten Steuern gleichartig sind.“* **Rn 552**

Fall 57: Studienfonds 520

Das Studienbeitragsgesetz des Landes L (StudBG) sieht für ein Studium an den Hochschulen des Landes die Erhebung von „Studienbeiträgen“ in Höhe von 500 EURO im Semester vor. Sie werden unmittelbar von den Universitäten erhoben und fließen in deren Haushalt. Studierende haben unter bestimmten Voraussetzungen Anspruch auf Studiendarlehen durch die Landesbank L. Zur Absicherung dieser Darlehen richtet das Land einen Studienfonds ein. In diesen Fonds fließen 20% der gezahlten Studiengebühren. Stud.iur. Sartorius, der auf Grund seiner wirtschaftlichen Verhältnisse keinen Anspruch auf ein Darlehen hat, sieht nicht ein, dass er zur Absicherung der Darlehen beitragen soll. **Rn 553**

1. Überblick

Die Bestimmungen über die bundesstaatliche Finanzverfassung in Art. 104a-108 GG 521
sind *„einer der tragenden Eckpfeiler der bundesstaatlichen Ordnung des Grundgesetzes“* und sollen Bund und Länder in die Lage versetzen, ihre Aufgaben zu erfüllen[72] und ihnen hierbei Eigenverantwortlichkeit und Unabhängigkeit sichern. Die bundesstaatliche Finanzverfassung hat die Einnahmeseite und die Ausgabenseite im Blick.

72 BVerfGE 55, 274, 300.

Auf der **Ausgabenseite** beantwortet Art. 104a GG die entscheidende Frage, wer für die Erfüllung der staatlichen Aufgaben bezahlt: Bund oder Länder. Art. 105–107 GG betreffen die **Einnahmeseite**. Staatliche Einnahmen, dies sind in erster Linie die Steuern. Konsequent regelt daher Art. 105 GG die Gesetzgebungskompetenz für die Steuern. Diese liegt weitestgehend beim Bund. Art. 106–107 GG regeln im Einzelnen, wie das Steueraufkommen zwischen Bund und Ländern unter den Ländern verteilt wird – dass dies mitunter zu Verfassungskonflikten führen kann, liegt auf der Hand. Dabei geht es insbesondere auch um das bundesstaatlich sensible Thema des **Finanzausgleichs**, also des Ausgleichs unterschiedlicher Finanzkraft der Länder, um gleichwertige Lebensverhältnisse der Bürger zu ermöglichen. Mit der Haushaltswirtschaft von Bund und Ländern befassen sich die Art. 109–115 GG über die **bundesstaatliche Haushaltsverfassung** (Rn 546 ff).

2. Der Ausgangspunkt: Gesonderte Ausgabentragung (Konnexität), Art. 104a GG

522 Für die Erfüllung staatlicher Aufgaben gilt nach Art. 104a Abs. 1 GG der **Grundsatz der gesonderten Ausgabentragung:** Bund und Länder tragen die Kosten für die Erfüllung ihrer jeweiligen Aufgaben. Welches die **Aufgaben** von Bund und Ländern sind, dazu sagt die bundesstaatliche Finanzverfassung nichts; dies muss anderweitig dem Grundgesetz entnommen werden. Die Grundregel des Art. 30 GG lautet: die Wahrnehmung der staatlichen Aufgaben ist Sache der Länder, sofern das Grundgesetz nichts anderes besagt. Soweit es um die Ausführung von Gesetzen geht, gilt Art. 83 GG: die Gesetze des Bundes – die der Länder ohnehin – werden von den Ländern als eigene Angelegenheit ausgeführt. Dies bedeutet: die Ausführung ist Aufgabe der Länder. Sie tragen die Ausgabenlast (und sind aber auch nicht weisungsgebunden, Rn 487). Eine anderweitige Regelung trifft Art. 104a Abs. 2 GG: bei **Auftragsverwaltung** trägt die Kosten der Bund. Die Länder sind hier ohnehin weisungsgebunden.

523 Es liegt auf der Hand, dass die Länder davor geschützt sein müssen, dass ihnen von Seiten des Bundes ohne Weiteres ausgabenintensive Aufgaben überbürdet werden. Deshalb regelt Art. 104a GG in Abs. 3 für **Leistungsgesetze** die Kostentragung abweichend von Abs. 1. Dies sind Gesetze, die die Gewährung finanzieller Leistungen des Staates (Subventionen, Sozialleistungen, zB Wohngeld, Kindergeld) regeln. Auch deren Ausführung ist an sich Aufgabe der Länder (Rn 487 ff). Müssten diese nun nach Art. 104a Abs. 1 GG die Kosten tragen, so könnte der Bund auf ihre Kosten finanzielle Wohltaten verteilen. Nach Abs. 3 S. 1 kann das Bundesgesetz bestimmen, dass der Bund die Kosten ganz oder teilweise trägt. Trägt er die Kosten mindestens zur Hälfte, dann wird das Gesetz in **Bundesauftragsverwaltung** ausgeführt. Allerdings ist der Bund nicht verpflichtet, die Ausgaben zu übernehmen. Die Interessen der Länder werden jedoch dadurch gewahrt, dass immer dann, wenn Ausgaben bei den Ländern verbleiben, die Zustimmung des **Bundesrats** erforderlich ist, Art. 104a Abs. 4 GG. Dies gilt auch für Gesetze, die zur Gewährung von geldwerten Sach- oder Dienstleistungen verpflichten.

Finanzhilfen des Bundes an die Länder sind in Art. 104b GG geregelt[73]. Sie sind **nur** zu den dort genannten Zielsetzungen zulässig; das Vorliegen dieser materiellen Voraussetzungen ist verfassungsgerichtlich nachprüfbar. Sind Finanzhilfen nach Art. 104a GG nicht zulässig und liegt auch kein Fall der Gemeinschaftsaufgaben nach Art. 91a, b GG vor, so verbleibt es beim Grundsatz der **Konnexität**: die Länder tragen die Ausgaben für ihre Aufgaben, Finanzhilfen des Bundes sind unzulässig. Dies betrifft auch das Schulprogramm in **Fall 52**. Es liegt kein Fall der Auftragsverwaltung, kein Fall des Art. 104a Abs. 4 GG und auch kein Fall der Gemeinschaftsaufgaben nach Art. 91a, b GG vor. 524

3. Steuerertragshoheit und Finanzausgleich

Art. 106 und 107 GG regeln die **Verteilung des Steueraufkommens** zwischen Bund und Ländern und im Verhältnis der Länder untereinander. Im Urteil des BVerfG vom 11.11.1999[74] werden die einzelnen Stufen der Finanzverteilung in grundsätzlicher Weise dargelegt. 525

Auf einer **ersten Stufe** wird das Steueraufkommen „vertikal" **Bund und Ländern** zugeordnet. Während für bestimmte Steuern ein Trennsystem gilt, das Aufkommen also jeweils zur Gänze entweder dem Bund – Art. 106 Abs. 1 GG – oder den Ländern – Art. 106 Abs. 2 GG – zusteht, gilt für die wichtigsten Steuern das **Verbundsystem** des Art. 106 Abs. 3 GG. Das Aufkommen hieraus steht Bund und Ländern gemeinsam zu, das Aufkommen aus der Einkommen- und Körperschaftsteuer insbesondere jeweils zur Hälfte. Demgegenüber erfolgt die vertikale Verteilung des Umsatzsteueraufkommens durch Gesetz, das an die verfassungsrechtlich vorgegebenen Grundsätze nach Art. 106 Abs. 3 S. 4 GG gebunden ist. 526

Auf einer **zweiten Stufe** geht es dann nach Maßgabe des Art. 107 Abs. 1 GG um die **eigene Finanzausstattung** der **Länder**. Sie bedingt zunächst eine **horizontale Ertragsaufteilung**. Für die Einkommen- und Körperschaftsteuer gilt das Prinzip des örtlichen Aufkommens. Der Länderanteil steht dem Land zu, in dem die Steuern vereinnahmt werden; allerdings werden hier durch das in Art. 107 Abs. 1 S. 2 GG geforderte *„Zerlegungsgesetz"* Korrekturen vorgenommen. Das Umsatzsteueraufkommen wird nach dem Verhältnis der Einwohnerzahl verteilt, Art. 107 Abs. 1 S. 4, 1. HS GG, wobei jedoch ein Viertel des globalen Länderanteils vorab im Wege von Ergänzungsanteilen nach Art. 107 Abs. 1 S. 4, 2. HS GG den „ärmeren" Bundesländern, deren Steuereinnahmen unter dem Durchschnitt aller Länder liegen, zugewiesen werden kann. Nach Zuteilung dieser Ergänzungsanteile steht die eigene Finanzausstattung der Länder fest. 527

Diese eigene Finanzausstattung der Länder kann zu sehr unterschiedlicher Finanzkraft führen. Mit derartiger Ungleichheit findet sich das Grundgesetz jedoch nicht ab. Gemäß Art. 107 Abs. 2 S. 1 und 2 GG werden deshalb auf einer **dritten Stufe** die Ergebnisse der primären, auf der Grundlage der Art. 106, 107 Abs. 1 GG erfolgten Steuerzuteilung unter den Ländern korrigiert. Es ist dies der **sekundäre horizontale Finanzausgleich**. Länder mit geringer Finanzkraft erhalten Ausgleichsansprüche, Länder mit höherer Finanzkraft werden zum Ausgleich verpflichtet. 528

Hierbei kommt es entscheidend auf das grundsätzliche Verständnis vom Bundesstaat des Grundgesetzes an. Es geht um die **Grundsatzfrage**, ob die Zielsetzung möglichst 529

73 Dazu näher: *Meyer/Freese*, NVwZ 2009, 609.

74 BVerfGE 101, 158, 214 ff mit Anm. *Degenhart*, ZG 2000, 79; zu den Einzelheiten s. *Siekmann*, in: Sachs, Art. 107, Rn 6 ff.

gleichwertiger Lebensverhältnisse in den Ländern, die Vorstellung vom Bundesstaat als einer **Solidargemeinschaft** der Länder in den Vordergrund gerückt werden soll, oder aber der Gedanke des **Wettbewerbs** zwischen den Ländern (Rn 451), der in der Konsequenz zu einem stärkeren Gefälle zwischen den wirtschaftlich erfolgreicheren und den schwächeren Ländern führt. Zumindest eine generelle Nivellierung lehnt das BVerfG ab[75]. Die Länder sollen in ihrer Leistungsfähigkeit einander angenähert, aber doch nicht nivellierend gleichgestellt werden. Die Reihenfolge der Länder in ihrer Finanzkraft darf nicht umgekehrt werden. Es besteht ein **Nivellierungsverbot**.

530 Die Kriterien eines angemessenen Ausgleichs, für Ausgleichsansprüche der „ärmeren“ Länder und Ausgleichsverbindlichkeiten der „reicheren“ Länder und die Maßstäbe für deren Höhe sind in abstrakt-genereller Form zu entwickeln. Hierfür fordert Art. 107 Abs. 2 S. 2 GG ein **„Maßstäbegesetz“**. Dieses Gesetz ist auf langfristige Geltung anzulegen und auf seiner Grundlage sind dann für die konkreten Ausgleichszeiträume vom Gesetzgeber im jeweiligen Finanzausgleichsgesetz Ausgleichsansprüche und Ausgleichsverbindlichkeiten festzulegen. Auf dieses **Maßstäbegesetz** legt das BVerfG besonderen Wert; es handelt sich hierbei um eine Art von Grundsatzgesetz, das zwischen der Verfassung und dem die konkreten Ausgleichsleistungen festlegenden Finanzausgleichsgesetz steht und den Gesetzgeber des Letzteren normativ bindet. Insofern hat dieses Maßstäbegesetz[76], eben weil Art. 107 Abs. 2 S. 2 GG zur Bildung normativer Maßstäbe verpflichtet, höheren Rang als das den Finanzausgleich dann konkret vornehmende Gesetz[77].

531 Auf der **dritten Stufe** des sekundären Finanzausgleichs nach Art. 107 Abs. 2 S. 1 und 2 GG werden also die entscheidenden bundesstaatlichen Konflikte ausgetragen. Auf einer **vierten Stufe** kann dann der Bund mithilfe von **Ergänzungszuweisungen** nach Art. 107 Abs. 2 S. 3 GG die Finanzkraft besonders leistungsschwacher Länder nochmals anheben. Er darf dies nur in begrenztem Rahmen unter Wahrung der auf den vorgehenden Stufen ermittelten Maßstäbe des horizontalen Finanzausgleichs tun, unter Beachtung des auch dort geltenden **Nivellierungsverbotes**, der dort gefundenen Finanzstufung der Länder und der föderativen **Gleichbehandlung**. Ergänzungszuweisungen sind grundsätzlich nur zulässig, um Sonderlasten einzelner Länder auszugleichen. Sanierungshilfen im Fall einer Haushaltsnotlage sind an sich ein Fremdkörper im geltenden System des Finanzausgleichs, das auf der Eigenverantwortlichkeit der Beteiligten beruht. Sie können allenfalls bei extremer Haushaltsnotlage eines Landes in Betracht kommen und dann ausnahmsweise auch geboten sein. Einen dahingehenden Antrag des Landes Berlin hat das BVerfG abgelehnt – das Land hatte nicht dartun können, dass es in der Vergangenheit alle Möglichkeiten ausgeschöpft habe und seine Haushaltsnotlage auf Sonderlasten beruhte; auch für die Zukunft sah das BVerfG hinreichende Möglichkeiten des Landes, seine Haushaltsnotlage zu bewältigen. Art. 107 Abs. 2 S. 3 GG ist also restriktiv auszulegen. Leistungsansprüche, wie vom Land Berlin geltend gemacht, können nicht schon aus dem Bundesstaatsprinzip hergeleitet werden[78].

---

75 BVerfGE 101, 158, 222 f; vgl *Sieckmann*, in: Sachs, Art. 107, Rn 39.

76 Gesetz vom 9.9.2001 (BGBl I S. 2302).

77 Näher hierzu s. *Degenhart*, ZG 2000, 79 ff; *Bull/Mehde*, DÖV 2000, 305 ff; *Christmann*, DÖV 2000, 315 ff.

78 BVerfGE 116, 327, 387; vgl dazu *Selmer*, JuS 2007, 173.

4. Exkurs: Europäischer Finanzausgleich?

In der EU ist bisher ein Finanzausgleich zwischen „ärmeren“ und „reicheren“ Mitgliedstaaten nicht vorgesehen: die EU ist kein Bundesstaat mit gemeinsamer Haushaltspolitik. Demgemäß dürfen nach Art. 125 AEUV weder die Union noch die Mitgliedstaaten für Verbindlichkeiten eines anderen Mitgliedstaats eintreten oder für diese die Haftung übernehmen: Verbot des **„bail-out“**. Mit dem Rettungsschirm EFSF (Europäische Finanzstabilisierungsfazilität AG) haben die Mitgliedstaaten jedoch eben diese Haftung übernommen[79]. Der Versuch, dies aus Art. 122 Abs. 2 AEUV zu rechtfertigen, kann schwerlich überzeugen: finanzieller Beistand ist hiernach zulässig für den Fall von „Naturkatastrophen“ und von Schwierigkeiten aufgrund von „außergewöhnlichen Ereignissen“, die sich der Kontrolle des Mitgliedstaats entziehen. Die Schuldenkrise aber wurde von den Staaten selbst verursacht, ist also kein außergewöhnliches Ereignis in diesem Sinn. Um den dauerhaften Stabilisierungsmechanismus ESM zu ermöglichen – **Fall 1** (Rn 23, 29, 130) –, sollen durch einen neu einzufügenden Art. 136 Abs. 3 AEUV die Euro-Staaten ermächtigt werden, einen Stabilitätsmechanismus einzurichten, „um die Stabilität des Euro-Währungsgebiets insgesamt zu wahren“. Damit würde das „bündische Prinzip des Einstehens füreinander“, wie es das Bundesverfassungsgericht für die bundesstaatliche Ordnung des Grundgesetzes formuliert und das sich im bundesstaatlichen Finanzausgleich verwirklicht[80], auf die EU übertragen und diese sich in Richtung auf eine Transfer-Union und damit einen Bundesstaat entwickeln. 532

5. Verteilung der Steuergesetzgebung

a) Steuern und sonstige Abgaben: Begriffliche Voraussetzungen

Was **Steuern** iS der Kompetenznorm des Art. 105 GG sind, ist nicht positiv festgelegt, 533
doch besteht Übereinstimmung darüber, dass hierunter **Geldleistungen** verstanden werden, die einem öffentlich-rechtlichen und nach dem GG zur Steuererhebung berechtigten **Gemeinwesen** zur **Deckung seines Finanzbedarfs** zufließen[81]. § 3 Abs. 1 Hs 1 AO gilt als verfassungskonforme Definition. Neben dem Zweck der Einnahmeerzielung können Steuern aber auch Lenkungsfunktion haben[82]. So sollen „Öko-Steuern“ zum sparsamen Umgang mit Energie Anreiz geben.

Neben Steuern erheben Bund, Länder und Gemeinden sowie weitere öffentlich- 534
rechtliche Körperschaften weitere **nichtsteuerliche Abgaben**, vor allem Beiträge und Gebühren. Steuern gehen in den allgemeinen Staatshaushalt und sind nicht zweckgebunden (auch der „Solidarbeitrag“ fließt nicht zweckgebunden in die ostdeutschen Bundesländer). Mit Gebühren und Beiträgen werden demgegenüber besondere Leistungen des Staates an den Bürger und daraus entstehende Sondervor-

79 Gesetz zur Übernahme von Gewährleistungen im Rahmen eines Europäischen Stabilisierungsmechanismus (StabMechG) vom 22.5.2010 (BGBl I S. 627).
80 BVerfGE 72, 330, 387 und LS 2.
81 Vgl *Sieckmann*, in: Sachs, vor Art. 104a, Rn 74 ff.
82 S. dazu *Weber-Grellet*, NJW 2001, 3657.

teile abgegolten – man spricht daher auch von **„Vorzugslasten“**. Gebühren werden für eine konkrete Amtshandlung geschuldet, so zB die Erteilung einer Baugenehmigung oder die Ausstellung eines Ausweises, Beiträge demgegenüber für die Möglichkeit, bestimmte Leistungen in Anspruch zu nehmen, eine öffentliche Einrichtung zu nutzen, wie zB Beiträge der Straßenanlieger für den Anschluss an die öffentliche Kanalisation oder die Erschließung ihres Grundstücks. Auch Straßenbenutzungsgebühren für den Schwerverkehr fallen darunter[83]. Die Rundfunk„gebühr“ wird schon nach geltendem Recht für das Bereithalten eines Empfangsgeräts und damit für die bloße Möglichkeit geschuldet, das Programm zu empfangen[84]. Wenn mit dem Rundfunkbeitrag nach **Fall 50/55** nicht einmal mehr die durch das Empfangsgerät vermittelte Teilnahmemöglichkeit erforderlich sein soll, ist allerdings nicht mehr recht einsichtig, worin der besondere Vorteil liegen soll, der mit dem Beitrag abgegolten wird.

535 Von den Steuern zu unterscheiden sind auch **„Sonderabgaben“**. Davon spricht man, wenn einer Gruppe von Abgabepflichtigen wegen einer besonderen Nähe zu einer staatlichen Aufgabe eine spezielle Finanzierungsverantwortung zugewiesen wird. So hat zB der Bund einen Absatzfonds zur Förderung des Absatzes von Agrarerzeugnissen eingerichtet. Zu seiner Finanzierung wurden lebensmittelverarbeitende Betriebe (zB Eierverpackungsstellen, Geflügelschlachtereien) herangezogen. Ihnen wurde damit eine besondere Finanzierungslast auferlegt.

b) Zuständigkeiten

536 Während für Gebühren, Beiträge und sonstige nichtsteuerliche Abgaben die Gesetzgebungszuständigkeit nach den allgemeinen Bestimmungen der Art. 70 ff GG zu bestimmen ist, enthält Art. 105 GG die speziellere Norm für Steuern. Für die **Steuergesetzgebung** hat nach Art. 105 Abs. 2, 1. Variante GG der Bund die konkurrierende Zuständigkeit, wenn das Aufkommen aus der Steuer ihm ganz oder teilweise zusteht. Wann dies der Fall ist, ergibt sich aus Art. 106 GG (Rn 525). Dies betrifft die praktisch wichtigsten Steuern. Die Erforderlichkeit bundesgesetzlicher Regelung nach Art. 72 Abs. 2 GG ist hier also nicht gesondert zu prüfen. Steht das Steueraufkommen auch nicht teilweise dem Bund zu, kann dieser trotzdem tätig werden: dann, wenn die Voraussetzungen des Art. 72 Abs. 2 GG erfüllt sind (s. die Formulierung in Art. 105 Abs. 2 GG *„oder“*). Angesichts der Bedeutung des Steuerwesens für die Wahrung der **„Wirtschaftseinheit“** (Art. 72 Abs. 2, 2. Alternative GG) dürften diese Voraussetzungen in der Praxis durchweg darstellbar sein.

537 Bei konkurrierender Gesetzgebung können die Länder neben den bereits bundesrechtlich geregelten nicht ohne Weiteres neue Steuern einführen. Hat der Bund durch Regelung einer bestimmten Steuer von seiner konkurrierenden Gesetzgebungsbefugnis Gebrauch gemacht, so bedeutet dies eine **Kompetenzsperre** auch für **gleichartige** Steuern der Länder.

83 S. *Klinksi*, DVBl 2002, 221.
84 Vgl *Degenhart*, in: BonnK, Art. 5 Abs. 1 und 2, 2006, Rn 810b.

Praktisch verbleiben damit den Ländern im Anwendungsbereich des Art. 105 Abs. 2 GG kaum relevante Gesetzgebungsbefugnisse. Sie sind nach Abs. 2a S. 1 ausschließlich zuständig für die **örtlichen Verbrauch- und Aufwandsteuern**, deren Belastungswirkung örtlich begrenzt ist und zu keinem bundesstaatlich relevanten, die **Einheit der Wirtschaftsbedingungen** als zentrales Anliegen der bundesstaatlichen Finanzverfassung gefährdenden Steuergefälle führt (zB Hundesteuer, Getränkesteuer[85]). Auch die „Bettensteuer" in **Fall 56** kann allenfalls als eine derartige Aufwandssteuer gerechtfertigt werden, soweit sie nicht beruflich veranlasste Übernachtungen betrifft[86].

Nicht unumstritten war daher auch zeitweise die Zulässigkeit einer **Zweitwohnungsteuer** als Aufwandsteuer. Die Gleichartigkeit mit bundesrechtlich geregelten Steuern verneint das BVerfG; die Zweitwohnungsteuer betreffe die Einkommensverwendung, die Einkommensteuer die Einkommenserzielung[87]. Die Grundsteuer ziele demgegenüber auf die (potenzielle) Erwerbsfähigkeit des Grundeigentums, treffe nur den Eigentümer, die Zweitwohnungsteuer demgegenüber den Nutzungsberechtigten, auch Mieter. Auch der Kreis der Steuerschuldner sei unterschiedlich. Auch der örtlich begrenzte Wirkungskreis wurde bejaht auf Grund der ausschließlich auf örtliche Gegebenheiten abstellenden Steuererhebung. Verfassungswidrig ist die Zweitwohnungsteuer jedoch dann, wenn bei Verheirateten einer der Partner an einem anderen Ort als dem des ehelichen Wohnsitzes beschäftigt ist und dort eine Zweitwohnung nimmt, die Ehepartner den ehelichen Wohnsitz beibehalten wollen: dies verstößt gegen Art. 6 Abs. 1 GG[88]. Der Schutz von Ehe und Familie umfasst auch die Bestimmung des Familienwohnsitzes; Verheiratete würden hierdurch diskriminiert. 538

6. Nichtsteuerliche Abgaben

a) Nichtsteuerliche Abgaben und die Begrenzungs- und Schutzfunktion der Finanzverfassung

Für Abgaben, die keine Steuern sind, bleibt es für die Gesetzgebungskompetenz bei den Art. 70 ff. Die Gebührenkompetenz folgt der Sachkompetenz. Derartige Abgaben sind aber in der Sache nicht ohne Weiteres zulässig, da andernfalls die differenzierte Regelung der Art. 104a ff GG und die *„Begrenzungs- und Schutzfunktion der bundesstaatlichen Finanzverfassung"*[89] für den Bürger überspielt würde. Deshalb bedürfen nichtsteuerliche Abgaben einer besonderen, über die Einnahmeerzielung hinausgehenden **sachlichen Rechtfertigung**. Sie müssen sich von Steuern deutlich unterscheiden. Auch ist zu beachten, dass die staatlichen Einnahmen und Ausgaben im Grundsatz im **Haushaltsplan** enthalten sein müssen – nur so kann das Parlament seine Kontrollfunktionen erfüllen. Dabei will das BVerfG diese sachlichen Erfordernisse als **Kompetenzfrage** einordnen – es prüft sie unter dem Gesichtspunkt, ob der Gesetzgeber in zulässiger Weise von seiner Sachkompetenz aus Art. 70 ff GG Gebrauch gemacht hat[90]. 539

Bestimmte nichtsteuerliche Abgaben unterliegen nach diesen Überlegungen keinen prinzipiellen verfassungsrechtlichen Bedenken. Es sind dies die schon erwähnten her- 540

85 BVerfGE 40, 56, 63.
86 BVerwG, U. v. 11.7.2012 – 9 CN 1.11 und 2.11.
87 BVerfGE 65, 325, 352.
88 BVerfGE 114, 316, 333 ff.
89 BVerfGE 91, 186, 201.
90 Zu diesen Voraussetzungen s. näher BVerfGE 91, 186, 202; 92, 91, 113; 93, 319, 342.

kömmlichen **Gebühren und Beiträge** als Gegenleistung für die Inanspruchnahme von öffentlichen Leistungen. Unbedenklich im Hinblick auf die bundesstaatliche Finanzverfassung sind die **Sozialversicherungsbeiträge**; Art. 74 Abs. 1 Nr 12 GG ist auch auf die Finanzierung der Sozialversicherung bezogen und trägt die Abgabenkompetenz in sich[91]. Beiträge nach Nr 12 dürfen allerdings nicht zur Finanzierung allgemeiner Staatsaufgaben eingesetzt werden, auch nicht für versicherungsfremde Leistungen. Schließlich sind auch **„Abschöpfungsabgaben“**, durch die von der öffentlichen Hand zu Unrecht gewährte Subventionsvorteile rückgewährt werden sollen, so zB die Fehlbelegungsabgabe im sozialen Wohnungsbau[92] zulässig.

541 In seiner Entscheidung über den „Wasserpfennig“ – eine in einigen Bundesländern erhobene Abgabe für die Entnahme von Grundwasser – hat das BVerfG[93] schließlich auch sog. **Ressourcennutzungsgebühren** für natürliche Ressourcen, die Gut der Allgemeinheit sind, für zulässig erklärt. Ihre sachliche Rechtfertigung liegt in der Abschöpfung eines Sondervorteils, den der Abgabenschuldner aus der Nutzung eines Guts der Allgemeinheit erlangt. Man wird dies aber nur auf solche Nutzungen beziehen dürfen, die einer besonderen Erlaubnis bedürfen – die Abgrenzung zur Steuer wäre sonst nicht gewahrt[94].

542 Für die Höhe von Gebühren enthält das Grundgesetz keine unmittelbaren Vorgaben – sieht man vom Gleichheitssatz des Art. 3 Abs. 1 GG ab, der für die Bestimmung der Gebührenmaßstäbe zu beachten ist. Gebühren dürfen aber nicht in beliebiger Höhe erhoben werden: dem steht die vom BVerfG stets betonte „**Schutz- und Begrenzungsfunktion** der bundesstaatlichen Finanzverfassung“ entgegen. Insbesondere die finanzverfassungsrechtlichen Verteilungsregelungen dürfen nicht beliebig umgangen werden – mit dieser Aussage rückt der 2. Senat des BVerfG in seiner Entscheidung zu den Rückmeldegebühren[95] in der Tendenz von einer Entscheidung des 1. Senats ab[96], der sozial gestaffelte Gebühren für Kindergärten für verfassungskonform erachtet hatte. In der Tat scheint es im Hinblick auf die **Widerspruchsfreiheit der Rechtsordnung** problematisch, wenn kommunale Gebührensatzungen die Wirkungen der Steuergesetzgebung des Bundes konterkarieren (wenn sie zB eine Entlastung für Familien wieder einkassieren). Denn ein Bundesland darf durch den Erlass von Abgabenregelungen keine Lenkungswirkungen erzielen, die den vom Bund als dem zuständigen Sachgesetzgeber erlassenen Regelungen zuwiderlaufen. Darüber hinaus dürfen konzeptionelle Entscheidungen des zuständigen Bundesgesetzgebers auch durch auf Spezialzuständigkeiten gründende Einzelentscheidungen eines Landesgesetzgebers nicht verfälscht werden[97].

b) Sonderabgaben

543 Abgaben, die nicht nach diesen Kriterien sachlich besonders gerechtfertigt sind, sind als sog. Sonderabgaben nur ausnahmsweise zulässig. Es sind dies vor allem Abgaben, die zur Bewältigung einer **besonderen Finanzierungsaufgabe** von Abgabenschuldnern erhoben werden, denen eine Finanzierungsverantwortung zugewiesen wird, wie

91 BVerfGE 75, 108, 148.
92 BVerfGE 78, 249, 267 f.
93 BVerfGE 93, 319, 342.
94 *Raber*, NVwZ 1997, 219.
95 BVerfGE 108, 1, 16.
96 BVerfGE 97, 332, 346.
97 BVerfGE 98, 265, 301; OVG Koblenz NVwZ-RR 2011, 778.

zB die von Betrieben der Ernährungswirtschaft erhobenen Abgaben für einen besonderen Absatzfonds (Rn 534 f), oder der durch einen Zuschlag auf die Stromrechnung von allen Stromkunden erhobene „Kohlepfennig", der Belastungen der Elektrizitätswirtschaft für die Verstromung deutscher Steinkohle ausgleichen sollte. Folgende Voraussetzungen nennt das BVerfG für derartige Abgaben[98]:

(1) Der Gesetzgeber muss mit der Abgabe einen besonderen **Sachzweck** verfolgen, der über bloße Mittelbeschaffung hinausgeht.

(2) Der Gesetzgeber muss mit der Abgabe eine **Gruppe von Abgabepflichtigen** belegen, die

- in sich **homogen** ist und die
- in besonderer **Sachnähe** zu dieser Aufgabe stehen und denen deshalb eine besondere **Finanzierungsverantwortung** zugewiesen wird.

(3) Das Aufkommen aus der Abgabe muss **gruppennützig** verwendet werden.

Der **„Kohlepfennig"** erfüllte diese Anforderungen nicht. Es handelte sich um keine Steuer, da die Abgabe nicht zur Deckung des allgemeinen Finanzbedarfs bestimmt war. Eine Sachkompetenz bestand nach Art. 74 Abs. 1 Nr 11 GG. Die Stromverbraucher, die praktisch mit der Allgemeinheit identisch sind, bilden jedoch keine homogene Gruppe, die in besonderer Finanzierungsverantwortung steht[99]. Bei der Abgabe für den **Agrarmarktfonds** sah das BVerfG keine besondere Finanzierungsverantwortung der Unternehmen der deutschen Land- und Ernährungswirtschaft im Hinblick auf eine staatlich organisierte Absatzförderung und deshalb auch keine gruppennützige Verwendung. Keine Homogenität der Abgabenschuldner und keine besondere Sachnähe zum Feuerwehrwesen besteht für **Feuerwehrabgaben** nach Landesrecht. Deren Erhebung nur von männlichen Gemeindeangehörigen verstößt auch gegen Art. 3 Abs. 3 GG[100]. Und auch für eine Beteiligung der Eltern bzw volljährigen Schüler an den Kosten der Lehrmittel (Schulbücher) verneint das OVG Weimar besondere Sachnähe – es handele sich bei der Bereitstellung der Lehrmittel um eine staatliche Aufgabe[101]. 544

Aufbauhinweis: Für die verfassungsrechtliche Prüfung von Abgabengesetzen ist damit wie folgt vorzugehen: 545

1. Gesetzgebungskompetenz:

a) Qualifikation der Abgabe: Steuer oder nichtsteuerliche Abgabe?

b) wenn *Steuer:* Gesetzgebungskompetenz zu bestimmen aus Art. 105 GG; bei Landessteuern insbesondere Gleichartigkeitsverbot nach Art. 105 Abs. 2a GG zu beachten;

wenn *nichtsteuerliche Abgabe:*

(1) *Sachkompetenz* aus Art. 70 ff GG?

(2) Zulässige Wahrnehmung dieser Sachkompetenz oder Verstoß gegen die Schutzfunktion der bundesstaatlichen *Finanzverfassung*?

- wenn eine der vorstehend unter 5a) genannten Abgaben (Beitrag oder Gebühr, Sozialversicherungsbeitrag, Abschöpfungsabgabe) vorliegt: sachliche Rechtfertigung idR zu bejahen;

98 BVerfGE 122, 316, 334 ff.
99 BVerfGE 91, 186, 202 ff.
100 BVerfGE 92, 91, 113.
101 Vgl ThürOVG ThürVBl 2007, 108.

– wenn Sonderabgabe: besondere Rechtfertigung entspr. o. 6b) erforderlich (keine Steuerähnlichkeit, homogene Gruppe, Sachnähe, gruppennützige Verwendung).

2. *Gesetzgebungsverfahren:*

Hier sind bei Steuergesetzen typischerweise Zustimmungserfordernisse des Bundesrats zu beachten.

3. *Materielle Verfassungsmäßigkeit:*

Hier ist bei Abgaben insbesondere die Vereinbarkeit mit dem Gleichheitssatz des Art. 3 Abs. 1 GG relevant, ggf kann ein Verstoß gegen Art. 14 GG erwogen werden; iÜ sind die allgemeinen rechtsstaatlichen Erfordernisse wie Verhältnismäßigkeit zu beachten.

7. Exkurs: Die bundesstaatliche Haushaltsverfassung – Föderalismusreform II

546 Die zentrale Bestimmung des Art. 109 GG über die Haushaltsverfassung in Bund und Ländern hat im Zuge der Föderalismusreform II tiefgreifende Änderungen erfahren. Abs. 1 hält am Grundsatz der Haushaltsautonomie fest, wonach Bund und Länder in ihrer Haushaltswirtschaft selbstständig und voneinander unabhängig sind, sie stellen also in eigener Verantwortung ihren jeweiligen Haushalt auf. War dieser Grundsatz durch die Aufstellung gemeinsamer Haushaltsgrundsätze nach Abs. 3 aF wie auch durch die – freilich kaum justiziable – Verpflichtung auf das gesamtwirtschaftliche Gleichgewicht nach Abs. 2 aF (jetzt: Abs. 2, 2. Hs) schon bisher durchbrochen, so bedeutet die im Zuge der sog. Föderalismusreform II beschlossene **„Verschuldensgrenze“** für die Länder einen tiefgreifenden Einschnitt von neuer Qualität. Nach Abs. 3 nF dürfen hiernach Bund und Länder für den Ausgleich ihrer Haushalte grundsätzlich keine Einnahmen aus Krediten zulassen, dh sie dürfen sich nicht neu verschulden. Allerdings gilt dies nach der Übergangsbestimmung des Art. 143d GG erst ab 2016 (für den Bund) bzw 2020 (für die Länder). Auch sind Ausnahmen vorgesehen. Bund und Länder dürfen gewisse konjunkturelle Schwankungen ausgleichen. Auch darf nach der Neufassung des Art. 115 GG der Bund in weiteren Ausnahmefällen abweichen, dies nach Abs. 2 S. 6 *„im Falle von Naturkatastrophen oder außergewöhnlichen Notsituationen, die sich der Kontrolle des Staates entziehen und die staatliche Finanzlage erheblich beeinträchtigen.“* Welche Notsituationen gemeint sind, wird nicht recht klar; auch Entwicklungen wie die aktuelle Finanzkrise sollen darunter fallen. Sonderlich überzeugend ist dies nicht; die Krise mag aktuell nur schwer beherrschbar sein, sie ist aber durchaus von den Staaten verantwortet. Im Übrigen gilt für den Bund nach Art. 109 Abs. 3 S. 4, 115 Abs. 2 S. 2 GG, dass bei einer Kreditaufnahme, die 0,35 des Bruttoinlandsprodukts (BIP) nicht überschreitet, Art. 109 Abs. 3 S. 1 GG entsprochen ist: eine Kreditaufnahme bis zu dieser Höhe gilt nicht als Kreditaufnahme. Für die Länder gilt diese Erleichterung nach Art. 109 Abs. 3 S. 5 GG nicht.

547 Es handelt sich hierbei nicht um „verfassungswidriges Verfassungsrecht“, also um eine nach Art. 79 Abs. 3 GG unzulässige Grundgesetzänderung. Durch die „Schuldenbremse“ werden die Länder in ihrer Möglichkeit der Kreditaufnahme beschränkt, doch sind Ausnahmen nach Art. 109 Abs. 3 S. 2 GG vorgesehen. Art. 79 Abs. 3 GG wäre jedoch nur dann verletzt, wenn die Möglichkeit uneingeschränkter Kreditaufnahme zu dessen änderungsfesten Inhalten zählen würde. Dies ist wie folgt zu prüfen.

- Von den Inhalten des Art. 79 Abs. 3 GG kommt in Betracht: die Gliederung des Bundes in Länder bzw das bundesstaatliche Prinzip nach Art. 20 GG;
- diese Grundsätze könnten hier insofern berührt sein, als aus ihnen auch der Grundsatz der **Eigenstaatlichkeit** der Länder abgeleitet wird, also ihrer „Staatsqualität" (bei allen Vorbehalten);
- hieraus müsste dann wiederum der Grundsatz abzuleiten sein, dass auch die Budgethoheit bzw die **Haushaltsautonomie** der Länder Merkmal ihrer Staatsqualität ist. Sieht man diese als Element ihrer „Eigenstaatlichkeit", so könnte die „Schuldenbremse" Art. 79 Abs. 3 GG berühren. Diese ist angesichts der ohnehin engen Verflechtungen der Finanz- und Haushaltswirtschaft von Bund und Ländern jedoch nicht berührt. Mit der Eigenstaatlichkeit der Länder ist es dann so weit wieder nicht her: wesentliche Elemente der Staatlichkeit, wie zB die autonome Entscheidung über staatliche Aufgaben, sind im Bundesstaat des Grundgesetzes eben nicht gegeben. Die haushaltsmäßigen Gestaltungsmöglichkeiten für die Länder sind durch die Bestimmungen der Finanzverfassung über die Verteilung des Steueraufkommens und den bundesstaatlichen Finanzausgleich ohnehin vorgegeben. Deshalb verstößt die „Schuldenbremse" für die Länder auch nicht gegen Art. 79 Abs. 3 GG[102]. Bund und Länder sind zudem an die unionsrechtlich festgelegte Verpflichtung zur Einhaltung der Haushaltsdisziplin aus Art. 126 AEUV gebunden; etwaige Sanktionen aus Verstößen hiergegen werden nach Maßgabe von Art. 109 Abs. 5 GG auf Bund und Länder verteilt.

Die Grundgesetzänderung beleuchtet auch eine aktuelle Krisenerscheinung der parlamentarischen Demokratie: Nach Art. 109a GG wird ein „Stabilitätsrat" als gemeinsames Gremium von Bund und Ländern mit der fortlaufenden Überwachung der Haushaltswirtschaft von Bund und Ländern beauftragt – dies wäre an sich Aufgabe der Parlamente. Derartige Gremien, mögen sie noch so sachverständig sein, dürfen nicht an Stelle des demokratisch legitimierten Parlaments treten. Der Stabilitätsrat wurde durch das Gesetz zur Errichtung des Stabilitätsrates und zur Vermeidung von Haushaltsnotlagen (StabiRatG) vom 10.8.2009 (BGBl I S. 2702) errichtet. **548**

Die mit Gesetz zur Übernahme von Gewährleistungen im Rahmen eines Europäischen Stabilisierungsmechanismus (StabMechG) vom 22.5.2010 (BGBl I S. 627) dem Bundesminister der Finanzen erteilte Ermächtigung, bis zu einem Betrag von EUR 147 Milliarden für Verbindlichkeiten zu bürgen, die eine zu gründende europäische Zweckgesellschaft zur Finanzierung überschuldeter Euro-Staaten eingeht, berührt nicht unmittelbar die „Schuldenbremse" der Art. 109 Abs. 3, 115 Abs. 2 GG, da dort Bürgschaften und Gewährleistungen nicht genannt werden. Andererseits begründet das Gesetz die Wahrscheinlichkeit, dass ab 2016 Bürgschaften in einer Höhe fällig werden, die einer Einhaltung dieser Verfassungsnormen entgegenstehen. Dies könnte die Annahme nahelegen, dass bereits das StabMechG verfassungswidrig ist, abgesehen von den europarechtlichen Beschränkungen des Art. 125 AEUV[103]. **549**

102 Vgl *Lenz/Burgbacher*, NJW 2009, 2561, 2565; *Christ*, NVwZ 2009, 1333, 1338.
103 So *Kube/Reimer*, NJW 2010, 1911.

Lösung der Ausgangsfälle

550 **Fall 54: FAG**

Das Land B kann das Finanzausgleichsgesetz, das zu den fraglichen Ergebnissen führt, im Wege der abstrakten Normenkontrolle nach Art. 93 Abs. 1 Nr 2 GG vor dem BVerfG zur Überprüfung stellen (Rn 774 ff).

Begründetheit des Antrags

1. Zum Prüfungsmaßstab: Das Finanzausgleichsgesetz muss den Art. 106, 107 GG entsprechen. Das MaßStG ist an sich nur einfaches Gesetz, so dass es als selbstständiger Prüfungsmaßstab nicht herangezogen werden kann. Es hat gleichwohl insofern höheren Rang, als der Gesetzgeber des FAG über Art. 107 Abs. 2 GG an die Grundsätze des MaßStG gebunden ist (Rn 530). Daher ist bei der Auslegung der maßgeblichen Grundgesetzbestimmungen das MaßStG heranzuziehen.

2. Befugnis zum Erlass des Gesetzes

a) Verfassungsauftrag zum Ausgleich unterschiedlicher Finanzkraft der Länder: Art. 107 Abs. 2 GG: unterschiedliche Finanzkraft ist hier gegeben.

b) Inhalt des Verfassungsauftrags des Art. 107 Abs. 2 GG: Festsetzung von Ausgleichsverpflichtungen und Ausgleichsansprüchen.

3. Schranken

a) „Angemessenheit" des Ausgleichs, Art. 107 Abs. 2 GG: bundesstaatliche Solidarität einerseits, Eigenstaatlichkeit und Eigenverantwortung der Länder andererseits sind in Abwägung zu bringen; so auch § 9 MaßStG. Hier Verstoß gegen das Nivellierungsverbot, das Gebot der Wahrung der Finanzkraftreihenfolge und der Abstandswahrung, Art. 107 Abs. 2 GG iVm § 9 MaßStG. Das FAG ist daher insoweit verfassungswidrig.

b) „Einwohnerveredelung": grundsätzlich ist für einen Finanzkraftvergleich auf die Einwohnerzahl abzustellen[104]. Sonderlasten der Stadtstaaten sind jedoch nach § 8 Abs. 3 S. 1 MaßStG durch „Modifizierung der Einwohnerzahl" zu berücksichtigen; insoweit ist das FAG verfassungsmäßig.

551 **Fall 55: Rundfunkbeitrag II**

1. Gesetzgebungskompetenz

a) Qualifikation der Abgabe: Bezeichnung als solche ist nicht ausschlaggebend; der Rundfunk„beitrag" soll erhoben werden für die Möglichkeit der Inanspruchnahme der Programme des öffentlich-rechtlichen Rundfunks (*Kirchhof* spricht von der „Teilhabe an einer mediengestützten Informationskultur")[105]; damit wesentliche Kriterien des „Beitrags" zu bejahen:

b) Gesetzgebungskompetenz: Art. 70 ff GG; Rundfunk in ausschließlicher Zuständigkeit der Länder; Kompetenz für Abgaben entspricht der Sachkompetenz; Sperrwirkung der bundesstaatlichen Finanzverfassung bei Beiträgen nicht gegeben.

2. Gesetzgebungsverfahren: s. bei **Fall 50** (Rn 482).

3. Materielle Verfassungsmäßigkeit: Beitragserhebung müsste durch Sondervorteil gerechtfertigt sein; dies ist hier zweifelhaft.

---

104 Vgl BVerfGE 101, 158, 229 f.

105 *Kirchhof*, Gutachten über die Finanzierung des öffentlich-rechtlichen Rundfunks, April 2010, abrufbar zB unter www.ard.de, S. 61; zur Kritik *Degenhart*, ZUM 2011, 193 ff.

Fall 56: Kulturförderabgabe 552

1. Ermächtigungsgrundlage für die Abgabe: Gemeindliche Satzung iVm § 7 Abs. 2 KAG; die Abgabe bedarf – wie jede belastende Maßnahme – einer Ermächtigungsgrundlage in einem formellen Gesetz (vgl Rn 297);

2. Gesetzgebungskompetenz: der Landesgesetzgeber kann die Gemeinde jedoch nur im Rahmen seiner Zuständigkeit zur Erhebung von Steuern ermächtigen;

a) Qualifikation der Abgabe: Steuer oder nichtsteuerliche Abgabe? – Bezeichnung unschädlich; hier nicht zweckgebundene Abgabe, die in den Gemeindehaushalt fließen soll: Steuer;

b) Gesetzgebungskompetenz: Art. 105 Abs. 2a GG – örtliche Verbrauch- oder Aufwandsteuer?

aa) Aufwandssteuern erfassen die „wirtschaftliche Leistungsfähigkeit, die in der Einkommensverwendung für den persönlichen, über den Grundbedarf hinausgehenden Lebensbedarf zum Ausdruck kommt“[106];

hier ist zu unterscheiden: für Hotelübernachtungen aus privatem Anlass ist ein „besonderer Aufwand“ zu bejahen; anders für Hotelübernachtungen, die aus beruflichen Gründen notwendig sind – hier kann nicht von einem besonderen Aufwand gesprochen werden, den der Steuerpflichtige betreibt; vielmehr tätigt er notwendige Ausgaben, um überhaupt Einkommen zu erzielen. Die Hotelübernachtung ist also auch kein Ausdruck einer besonderen wirtschaftlichen Leistungsfähigkeit[107].

bb) „Örtliche“ Steuer: Anknüpfung an die Übernachtung im Ortsbereich;

cc) Gleichartigkeitsverbot: Gleichartigkeit mit bundesgesetzlicher Umsatzsteuer wird vom OVG Koblenz verneint, das im ersichtlichen Bemühen, die Abgabe zu „halten“, Unterscheidungsmerkmale ausmachen will, die etwa darin gesehen werden, dass die Steuer nicht proportional zum Umsatz erhoben wird.

3. Materielle Verfassungsmäßigkeit:

Die Abgabe könnte gegen das Verbot der Widerspruchsfreiheit der Rechtsordnung verstoßen (Rn 542); dagegen spricht, dass die Begünstigung der Unternehmen bei der Umsatzsteuer jedoch keine besonderen Lenkungszwecke verfolgt, also keine gegenläufigen Regelungskonzepte anzunehmen sind; dafür spricht, dass die gemeindliche Steuer hier eine gesetzliche Entscheidung des Bundes konterkariert[108].

Ergebnis: Die Steuer ist schon aus Kompetenzgründen verfassungswidrig, soweit sie beruflich veranlasste Übernachtungen erfasst. Im Übrigen kommt es darauf an, ob man hier einen relevanten Widerspruch zur bundesgesetzlichen Regelung bejahen will.

Fall 57: Studienfonds 553

Die Erhebung des Studienbeitrags zur Finanzierung des Studienfonds könnte eine unzulässige Sonderabgabe darstellen.

I. Gesetzgebungskompetenz

1. Qualifikation der Abgaben: nichtsteuerlich, da keine Deckung des allgemeinen Finanzbedarfs des Landes, keine Zuführung in den allgemeinen Haushalt, sondern Zweckbindung.

106 OVG Koblenz, U.v. 17.5.2011 – 6 C 11337/10, NVwZ-RR 2011, 778.
107 BVerwG, U.v. 11.7.2012 – 9 CN 1.11 und 2.11.
108 BayVGH, U.v. 22.3.2012 – 4 BV 11.1909.

2. Gesetzgebungskompetenz daher aus Art. 70 ff GG zu bestimmen; Kompetenz zur Einführung von Beiträgen folgt der Sachkompetenz.

- Grundsatz: Art. 70 GG;
- Bundeskompetenz: in Betracht kommt nur konkurrierende Kompetenz nach Art. 74 Abs. 1 Nr 33 GG; Gebühren sind jedoch keine Frage der Hochschulzulassung.

3. Ergebnis: Zuständigkeit des Landes.

II. Materielle Verfassungsmäßigkeit

1. Verstoß gegen die Grundsätze der bundesstaatlichen Finanzverfassung?

- grundsätzlich zulässige Vorzugslast: Beitrag für die Inanspruchnahme des Angebots der Hochschulen;
- soweit Finanzierung des Studienfonds: Sonderabgabe, da Abgabepflicht auch für diejenigen besteht, die nicht die Möglichkeit der Inanspruchnahme von Darlehen haben; Voraussetzungen hierfür fraglich: weder besondere Finanzierungsverantwortung derjenigen Studierenden, die keinen Darlehensanspruch haben, noch auch gruppennützige Verwendung.

2. Verstoß gegen Art. 12 Abs. 1 GG – freie Wahl der Ausbildungsstätte? Grundsätzlich kein Recht auf kostenfreie Ausbildung, Studiengebühren dürfen aber keine Zugangssperre bewirken – Sozialverträglichkeit hier noch gewahrt.

Schrifttum zu V.: *Bull*, Finanzausgleich im „Wettbewerbsstaat", DÖV 1999, 269; *Britz*, Verfassungsmäßigkeit des Wasserpfennigs, JuS 1997, 404; *Kämmerer*, Maßstäbe für den Bundesfinanzausgleich?, JuS 2003, 214; *Elsner/Kaltenborn*, Sonderabgaben im Steuerstaat, JA 2005, 823; *Schwarz/Reimer*, Schwerpunktbereich – Einführung in das Finanz- und Haushaltsverfassungsrecht (Art. 104a bis 115 GG), JuS 2007, 119 und 219 ff; *Tegebauer*, Zur Verfassungsmäßigkeit der Finanzierung von Studienfonds durch Sonderabgaben, DÖV 2007, 600.

VI. Auswärtige Beziehungen und völkerrechtliche Verträge, Art. 32, 59 GG

Auswärtige Beziehungen sind im Bundesstaat des Grundgesetzes im Prinzip Sache des Bundes. Dies gilt insbesondere für den Abschluss völkerrechtlicher Verträge. Wie Zuständigkeiten und Verfahren hierfür im Einzelnen geregelt sind und welche Rechte die Länder dabei haben, ist Gegenstand des folgenden Abschnitts.

→ **Leitentscheidungen:** BVerfGE 90, 286 (Adria-Einsatz der Bundeswehr).

554 **Fall 58: Kulturabkommen**

Die Bundesrepublik Deutschland schließt mit der Französischen Republik einen als „Kulturabkommen" bezeichneten Vertrag, in dem sich die Bundesrepublik insbesondere verpflichtet, Französisch als Unterrichtssprache in weiterführenden Schulen stärker zu berücksichtigen, sowie an deutschen Universitäten zusätzliche Lehrstühle für französische Sprache und Geschichte einzurichten.

Auf Grund dieses Vertrags ergeht ein Bundesgesetz, das die Länder zu entsprechenden Maßnahmen verpflichtet.

a) Durfte die Bundesrepublik den Vertrag abschließen?
b) Durfte der Bund das Gesetz erlassen?
c) Sind ggf die Länder verpflichtet, durch eigene Maßnahmen den Vertrag durchzuführen? **Rn 557, 561** (prozessual Rn 830)

Fall 59: Grenzabkommen **555**

Der Freistaat Sachsen will mit der Polnischen Republik durch völkerrechtlichen Vertrag die Grenzsicherheit verbessern und dem Treiben von Schleuserbanden ein Ende setzen. So soll vereinbart werden, dass die Polizeibehörden alle Informationen über entsprechende Aktivitäten austauschen. Diese Informationen sollen sowohl den Polizeidienststellen der Vertragspartner zur Gefahrenabwehr als auch den Strafverfolgungsbehörden zur Verfügung stehen. Die Staatsregierung möchte wissen, ob der Freistaat für den Abschluss dieses Vertrags zuständig ist und wer daran mitwirken muss. **Rn 562** (prozessual Rn 830)

1. Völkerrechtliche Verträge: Verbandskompetenz und Organkompetenz, Art. 32 und Art. 59 GG

Art. 32 GG befasst sich mit den Zuständigkeiten im Bereich der auswärtigen Beziehungen und bestimmt insoweit „etwas anderes" als Art. 30 GG. Die Pflege der **auswärtigen** Beziehungen ist Sache des **Bundes**, Art. 32 Abs. 1 GG. Dazu zählt auch der Abschluss völkerrechtlicher Verträge mit auswärtigen Staaten, aber auch mit sonstigen Völkerrechtssubjekten (Vereinte Nationen, NATO). Die Länder haben eine eingeschränkte Vertragsschlusskompetenz nach Abs. 3, soweit sie die Gesetzgebungskompetenz haben. Sie „können" dann Verträge schließen, jedoch nur mit Zustimmung der Bundesregierung. Dadurch wird auch sichergestellt, dass die Länder keine „Gegen-Außenpolitik" betreiben. Fraglich könnte sein, ob der Bund auch völkerrechtliche Verträge über Materien abschließen darf, für die innerstaatlich die Länder zuständig sind, zB Verträge über polizeiliche Aufgaben oder über kulturelle Angelegenheiten. Für eine uneingeschränkte Zuständigkeit des Bundes spricht zunächst der Wortlaut des Art. 32 Abs. 1 GG: hier ist ohne Einschränkung von „auswärtigen Angelegenheiten" die Rede. Dafür spricht auch die Systematik des Art. 32 GG: in Bereichen, für die sie zuständig sind, „können" die Länder nach Abs. 3 Verträge schließen – dies spricht dafür, dass den Ländern neben dem Bund nur eine zusätzliche, ergänzende Zuständigkeit eingeräumt werden soll. Auch Abs. 2, wonach der Bund die Länder „hören" muss, wenn deren besondere Verhältnisse betroffen sind, spricht für eine uneingeschränkte Vertragsschlusskompetenz. Auch die teleologische Auslegung kommt zum gleichen Ergebnis[109]: auswärtige Staaten sind darauf ausgerichtet, Vertragsverhandlungen in erster Linie mit dem Gesamtstaat zu führen, dies entspricht allgemeiner internationaler Übung und der Verfassungstradition. **556**

Art. 32 GG besagt, wann der Bund, wann die Länder zuständig sind. Dies ist eine Frage der **Verbandskompetenz** im Bundesstaat. Steht nun die Zuständigkeit des Bundes fest, dann stellt sich die Frage, wer nun für den Bund handeln soll, welches Ver- **557**

109 *Friehe*, JA 1983, 117, 121.

fassungsorgan. Dies ist die Frage der **Organkompetenz**. Sie ist für den Bund in Art. 59 GG geregelt (für die Länder regelt dies die jeweilige Landesverfassung).

Für den Bund gilt: Zum Vertragsschluss ist nach Art. 59 Abs. 1 GG grundsätzlich der Bundespräsident befugt (der allerdings nicht die Vertragsverhandlungen führt – dies ist Sache der Bundesregierung). Für bestimmte Verträge ist nach Abs. 2 die **Zustimmung des Bundesgesetzgebers** erforderlich: Verträge, die die politischen Beziehungen des Bundes regeln und Verträge, die sich auf Gegenstände der Bundesgesetzgebung beziehen. Derartige Verträge bedürfen nach Unterzeichnung zu ihrer Annahme eines entsprechenden Gesetzes; erst mit dem Austausch der Urkunden hierüber – der „Ratifikationsurkunden" – wird der Vertrag bindend. Ist ein Vertragsgesetz nicht erforderlich, so ist die Zustimmungserklärung des Bundespräsidenten – die Ratifikation – ausreichend, es sind dann ohne vorgehende Befassung des Bundestags mit dem Vertrag die Ratifikationsurkunden auszutauschen[110]. **„Politische"** Verträge in diesem Sinn sind Verträge, die von wesentlicher Bedeutung für die Bundesrepublik sind, ihre Stellung in der Staatengemeinschaft regeln (zB Bündnisverträge). Auf Gegenstände der **Bundesgesetzgebung** beziehen sich Verträge, wenn sie innerstaatlich nur durch Gesetz zur Geltung gebracht werden können – Verträge etwa, die Rechte und Pflichten der Bürger begründen sollen.

Im **Fall 58** ist fraglich, ob das Kulturabkommen eines derartigen Vertragsgesetzes bedarf oder ob es sich hier um ein Verwaltungsabkommen handelt. Zumindest im Hinblick auf einen Wesentlichkeitsvorbehalt im Schulwesen (Rn 312 ff, 318) dürfte aber die Notwendigkeit eines Gesetzes zu bejahen sein.

2. Vertragsschluss- und Transformationsgesetz – das „Lindauer Abkommen"

558 Im Fall des Art. 59 Abs. 2 GG wird der Vertrag mit dem Erlass des **Zustimmungsgesetzes** des Bundes wirksam. Die Zuständigkeit des Bundes für das Zustimmungsgesetz folgt aus Art. 59 Abs. 2 GG. Diese Zustimmungsgesetze enthalten lediglich die Aussage, dass dem Vertrag, der im Wortlaut beigefügt ist, zugestimmt wird; sie werden in Teil II des Bundesgesetzblattes veröffentlicht. Häufig bedürfen die Verträge dann, um auch innerstaatlich wirksam zu werden, der **Transformation** in innerstaatliches Recht durch Gesetz. Wenn zB in einem Vertrag gegenseitige Freizügigkeit vereinbart wird, so müssen hierfür die entsprechenden ausländerrechtlichen Bestimmungen geändert werden. Enthält der Vertrag Vereinbarungen über die gegenseitige Anerkennung von Hochschulzugangsberechtigungen, so müssen die Länder ihre Hochschulgesetze ggf ändern. Das Zustimmungsgesetz zum Vertrag, also das eigentliche Vertragsgesetz, enthält diese Änderungen ja noch nicht – es besagt lediglich, dass dem Vertrag zugestimmt wird. Dass dieses **Vertragsgesetz** vom Bund zu erlassen ist, folgt aus dem hierin eindeutigen Wortlaut des Art. 59 Abs. 2

110 Näher zum Verfahren *Geiger*, Grundgesetz und Völkerrecht, 4. Aufl. 2009, §§ 24 und 31; *Schweitzer*, Rn 102 ff.

GG: *„in der Form eines Bundesgesetzes“*. Die Zuständigkeit des Bundes, durch Gesetz gemäß Art. 59 Abs. 2 GG das Zustimmungsgesetz zum Vertrag zu erlassen, darf nicht mit der Zuständigkeit für den Erlass der erforderlichen Transformationsgesetze verwechselt werden. Letztere bestimmt sich nach den allgemeinen Zuständigkeitsregeln der Art. 70 GG. Es kann also dazu kommen, dass die Vertragsschlusskompetenz nach Art. 32 Abs. 1 GG und die Transformationskompetenz, also die Zuständigkeit für den Erlass der zur Durchführung des Vertrags erforderlichen Gesetze auseinanderfallen.

Wenn nun der Bund Verträge schließt, die nur durch Landesgesetz transformiert wer- 559
den können, weil sie Gegenstände einer ausschließlichen Landeskompetenz betreffen, ist fraglich, wer das Transformationsgesetz erlassen soll, also die **Transformationskompetenz** hat: Bund oder Land. Dass der Bund derartige Verträge schließen darf, ergab sich aus der Auslegung des Art. 32 Abs. 1 GG (Rn 556). Dies kann aber nicht bedeuten, dass der Bund nun uneingeschränkt auch für die Durchführung des Vertrags zuständig wäre, er die Transformationskompetenz hätte. Damit würde die differenzierte Kompetenzordnung der Art. 70 ff GG überspielt.

Dies bedeutet: Der Bund schließt den Vertrag. Dem Bund obliegt auch die Ratifika- 560
tion durch das Vertragsgesetz. Dieses Vertragsgesetz kann den Vertrag aber nicht in innerstaatliches Recht transformieren: der Bund hat keine Transformationskompetenz. Diese liegt bei den Ländern. Sie erlassen die Transformationsgesetze. Hierzu verpflichtet sind sie allerdings im Prinzip nicht: die Kompetenznormen der Art. 70 ff GG enthalten keine Gesetzgebungspflichten, und auch aus dem Gebot der Bundestreue kann keine positive Pflicht zum Erlass eines Gesetzes begründet werden. Um den praktischen Schwierigkeiten hieraus zu begegnen, haben Bund und Länder das sog. **„Lindauer Abkommen“** geschlossen und sich darauf verständigt, dass der Bund die **Abschlusskompetenz** auch für Gegenstände der ausschließlichen Landesgesetzgebung in Anspruch nimmt, also Verträge hierüber schließt. Er holt jedoch vorher das Einverständnis der Länder ein, die dann im Gegenzug die erforderlichen Transformationsgesetze erlassen. Wenn Bund und Länder sich vor Vertragsschluss geeinigt haben, wäre es in der Tat ein widersprüchliches Verhalten, wenn die Länder im Nachhinein den Erlass der erforderlichen Gesetze verweigern und den Bund in die Lage bringen würden, vertragsbrüchig zu werden. Dies würde dann gegen das Gebot der Bundestreue verstoßen[111], Rn 467 f.

Lösung der Ausgangsfälle

Fall 58: Kulturabkommen 561

a) Vertragsabschlusskompetenz des Bundes besteht trotz Gesetzgebungskompetenz der Länder.

b) Hieraus folgt aber keine Gesetzgebungskompetenz des Bundes zur Durchführung des Vertrags.

111 So *Stern* I, § 19 III 4; zu Einzelheiten *Friehe*, JA 1983, 117, 123 f; *Papier*, DÖV 2003, 265 ff.

c) Die Länder sind ihrerseits nicht verpflichtet, den Vertrag durch Gesetzgebung und Verwaltung zu erfüllen, insbesondere nicht aus dem Gebot der Bundestreue – es sei denn, Bund und Länder hätten sich vorher abgestimmt.

562 **Fall 59: Grenzabkommen**

1. Zuständigkeit des Landes?

a) Nach Art. 30 GG ist die Wahrnehmung staatlicher Befugnisse Sache der Länder, soweit das Grundgesetz keine andere Regelung trifft oder zulässt.

b) Hier kommt Art. 32 Abs. 1 GG in Betracht. Danach ist die Pflege der auswärtigen Beziehungen, also auch der Abschluss von Verträgen, Sache des Bundes.

c) Hier könnte jedoch die Gegenausnahme des Art. 32 Abs. 3 GG eingreifen. Dann müsste der Freistaat Sachsen die Gesetzgebungszuständigkeit für die im Vertrag geregelten Materien haben.

aa) Auch hier gilt die Grundregel des Art. 70 GG.

bb) Bundeszuständigkeit?

- Nicht einschlägig ist Art. 73 Abs. 1 Nr 1 GG für auswärtige Beziehungen; völkerrechtliche Verträge werden notwendig mit auswärtigen Staaten geschlossen. Würde es sich hierbei stets um „auswärtige Beziehungen" handeln, wäre die differenzierte Kompetenzzuweisung des Art. 32 GG sinnlos.
- Art. 73 Abs. 1 Nr 10 GG – internationale Verbrechensbekämpfung – bezieht sich auf die Verfolgung von Verbrechen; damit hat das Land keine Zuständigkeit für jene Vertragsinhalte, die sich auf die Verwendung der Informationen zum Zweck der Strafverfolgung beziehen.
- Insoweit greift auch Art. 74 Abs. 1 Nr 1 GG – gerichtliches Verfahren – ein, wenn die Informationen in Strafverfahren Verwendung finden sollen; für das Strafverfahren besteht eine abschließende Kodifikation in der StPO, so dass die Sperrwirkung des Art. 72 Abs. 1 GG (Rn 185 f) zu beachten ist.

cc) Das Land ist zuständig für die Teile des Vertrags, die den Informationsaustausch zu präventiven Zwecken betreffen. Aber auch hier muss der Bund zustimmen.

2. Die Zuständigkeit innerhalb des Landes bestimmt sich nach der Landesverfassung: Zuständig für den Vertragsschluss ist nach Art. 65 Abs. 1 SächsVerf der Ministerpräsident; dies ist vergleichbar in allen Landesverfassungen geregelt. Es könnte zudem nach Art. 65 Abs. 2 SächsVerf die Zustimmung des Landtags und der Landesregierung erforderlich sein, wenn es sich um einen Staatsvertrag handelt. Dies ist zu bejahen; insoweit gilt nichts anderes als für Art. 59 Abs. 2 GG.

Schrifttum zu VI.: *Friehe*, Kleines Problemkompendium zum Thema „Kulturabkommen des Bundes", JA 1983, 117; *Stumpf/Goos*, Übungsklausur – Öffentliches Recht: Terrorabwehr durch die NATO im Inland, JuS 2009, 40; *Geiger*, Grundgesetz und Völkerrecht, 4. Aufl. 2009, §§ 24 und 31; *Schweitzer*, § 4 VI.

§ 6 Staatsziele

Staatsziele sind offen gefasste Verfassungsnormen, die den Staat verpflichten, auf die Verwirklichung bestimmter Ziele hinzuwirken. Derartige Verpflichtungen stehen naturgemäß unter dem Vorbehalt des Möglichen; sie begründen auch in aller Regel keine unmittelbar gerichtlich geltend zu machenden Rechte. Sie verpflichten den Staat, so die Legaldefinition in Art. 13 SächsVerf, „nach seinen Kräften" diese Staatsziele anzustreben und sein Handeln danach auszurichten. Ihre normative Qualität bleibt damit deutlich hinter der der Verfassungsprinzipien der Rechtsstaatlichkeit, der Demokratie oder Bundesstaatlichkeit zurück. Eben deshalb ist gegenüber ausufernden Staatszielbestimmungen Zurückhaltung geboten. Die praktisch bedeutsamste Staatszielbestimmung des Grundgesetzes ist die der Sozialstaatlichkeit; Umweltschutz als Staatsziel wurde später eingefügt, zuletzt der Tierschutz. Die Landesverfassungen enthalten zT breit gefächerte Staatsziele.

I. Das soziale Staatsziel

Die Bundesrepublik Deutschland ist nach Art. 20 Abs. 1 GG ein demokratischer und sozialer Bundesstaat, nach Art. 28 Abs. 1 S. 1 GG ein sozialer Rechtsstaat. Hierin wird die verfassungskräftige Festlegung der Sozialstaatlichkeit gesehen. Es handelt sich hierbei um ein Staatsziel, gerichtet auf die Herstellung sozialer Gerechtigkeit und sozialer Sicherheit. Seine Verwirklichung ist in erster Linie – aber nicht nur – dem Gesetzgeber aufgetragen. Was dies für den Gesetzgeber bedeutet, wann darüber hinaus das Sozialstaatsprinzip unmittelbare rechtliche Verbindlichkeit erlangen kann, ist im Folgenden darzustellen.

➜ **Leitentscheidungen:** BVerfGE 33, 303 (Numerus clausus); BVerfGE 68, 193 (Gesetzliche Krankenversicherung); BVerfGE 115, 25 (Außenseitermethoden); BVerfGE 125, 175 (Hartz IV).

Fall 60: Sozialabbau? 563

Im Zuge eines „Sparpakets" werden folgende gesetzgeberische Maßnahmen erwogen:

- Einführung von drei unbezahlten Karenztagen bei der Lohnfortzahlung im Krankheitsfall;
- Streichung der Zumutbarkeitsklausel beim Arbeitslosengeld; dh der Anspruch auf Arbeitslosengeld entfällt, wenn dem Arbeitssuchenden eine beliebige Arbeit angeboten wird, ohne dass er sich auf deren Unzumutbarkeit berufen könnte;
- Ausschluss von Medikamenten von den Leistungen der gesetzlichen Krankenversicherungen unterhalb einer „Bagatellgrenze";
- genereller Ausschluss der Sozialhilfe/des Arbeitslosengelds für erwerbsfähige Personen.

Sind oder wären derartige Maßnahmen verfassungsrechtlich zulässig? **Rn 577**

Fall 61: Elterngeld 564

Besorgt über niedrige Geburtenzahlen, will die Bundesregierung durch finanzielle Anreize die Gebärfreudigkeit vor allem auch gut ausgebildeter Angehöriger der Mittelschicht fördern. Dazu soll ein Elterngeld als Einkommensersatzleistung beitragen. Während eines bestimmten

Zeitraums von bis zu 18 Monaten nach der Geburt soll ein sich am vorherigen Einkommen orientierender Betrag von monatlich bis zu € 2000 zur Auszahlung kommen, der Mindestbetrag soll € 300 betragen. Während die in der Modebranche vorher gut verdienende und auch sonst in komfortablen Verhältnissen lebende Belinda B. den Höchstbetrag ausbezahlt bekommt, muss sich die bisher nur in prekären Arbeitsverhältnissen, zuletzt in einem Call-Center beschäftigte und in bescheidenen Verhältnissen lebende Amanda A. mit dem Mindestbetrag zufriedengeben. Sie hält dies für gleichheits- und sozialstaatswidrig – zumal sich herausgestellt habe, dass der Geburtenrückgang nicht aufgehalten worden sei. **Rn 578**

1. Der soziale Rechtsstaat: Grundlagen

a) Zur Entwicklung des Sozialstaats im Grundgesetz

565 Die Bundesrepublik Deutschland ist nach Art. 20 Abs. 1 GG ein „sozialer Bundesstaat“, Art. 28 Abs. 1 S. 1 GG spricht vom „sozialen Rechtsstaat im Sinn des Grundgesetzes“, dem auch die Verfassungsordnung in den Ländern entsprechen muss. Auch hierin liegt eine grundsätzliche Aussage über die Gestaltung der staatlichen Ordnung: Aufgabe des Staates ist es auch, für **soziale Sicherheit** und **soziale Gerechtigkeit** zu sorgen und die unabdingbaren Voraussetzungen für ein menschenwürdiges Dasein des Einzelnen zu sichern[1]. Zu den Grundentscheidungen des Art. 20 Abs. 1 GG wird deshalb auch ein **Sozialstaatsprinzip**, das Gebot eines sozialen Rechtsstaats gezählt. Es handelt sich hier um eine Staatszielbestimmung: der Staat ist gehalten, im Rahmen der rechtsstaatlichen Ordnung soziale Sicherheit und Gerechtigkeit anzustreben. Der Begriff des *„sozialen“* Rechtsstaats wird auch in der Abgrenzung zum (nur) *„liberalen“* Rechtsstaat gesehen, dessen *alleiniges* Anliegen die Abgrenzung eines gesellschaftlichen Freiraums im Verhältnis zum Staat war, die Gewährleistung eines *status negativus* – Freiheit und Eigentum – und von *Rechtsgleichheit*. Tatsächliche Gleichheit und tatsächliche Voraussetzungen grundrechtlicher Freiheit blieben insoweit außer Betracht. Dem Staat sollte es gerade untersagt sein, mit diesem Ziel in den gesellschaftlichen Raum einzugreifen. Doch kann Freiheit substanzlos werden, wenn ihre tatsächliche Basis fehlt, etwa für den, der kein „Eigentum“ als Basis bürgerlicher Freiheit erwerben kann. Freiheit kann dann umschlagen, nicht nur in materielle Ungleichheit, sondern auch in Unfreiheit zulasten des Schwächeren. Mit dem Eintritt ins industrielle Zeitalter und dem damit verbundenen Wegfall tradierter sozialer Bindungen und Sicherungen, mit dem Aufkommen der „sozialen Frage“, wurde der Staat immer stärker gefordert. Gegenüber Verallgemeinerungen ist Zurückhaltung geboten: Der für soziale Fragen blinde „Nachtwächterstaat“ hat in dieser uneingeschränkten Form nie existiert. Soziale Fürsorge und die Bekämpfung sozialer Missstände als Aufgabe (auch) des Staates entsprach seit jeher kontinentaleuropäischem Staatsverständnis. Auch dies hat in die Sozialstaatsklausel des Grundgesetzes Eingang gefunden.

---

1 BVerfGE 125, 175 (LS 1 und 2) – ALG II/Hartz IV.

b) Wesentliche Inhalte: Soziale Sicherheit und soziale Gerechtigkeit

Sozialstaatlichkeit, **soziale Sicherheit** und **soziale Gerechtigkeit** sind Ziele staatlichen Handelns. Aus diesem Charakter als Staatszielbestimmung folgt bereits die Unmöglichkeit einer abschließenden Definition. Ist das Sozialstaatsprinzip als **Staatszielbestimmung** in die Zukunft offen, so kann es in seiner aktuellen Bedeutung nur aus seiner jeweiligen positiven Entfaltung, vor allem durch den Gesetzgeber[2], erfasst werden. Dabei ist zu unterscheiden: aus der jeweiligen sozialstaatlichen Gesetzgebung kann nicht in dem Sinn auf den Inhalt des Sozialstaatsprinzips selbst geschlossen werden, dass das einfache Recht unmittelbar mit der Verfassungsnorm gleichgesetzt würde. Allenfalls Grundprinzipien dürfen insoweit als verfassungsfest gelten, als ihr ersatzloser Wegfall unzulässig wäre. 566

Zu diesen wesentlichen Elementen der Sozialstaatlichkeit des Grundgesetzes zählt die Gewährleistung eines Grundstandards an sozialer Sicherheit. Darunter fällt die Absicherung gegen Risiken, die den Einzelnen überfordern – so zählt der Schutz bei Krankheit in der sozialstaatlichen Ordnung des Grundgesetzes zu den wesentlichen Aufgaben des Staates[3], ebenso die Absicherung bei Alter und Invalidität und bei Arbeitslosigkeit. Dazu zählt ganz allgemein die Gewährleistung einer menschenwürdigen Existenzgrundlage. Aus der Garantie der Menschenwürde im Zusammenwirken mit dem Sozialstaatsprinzip, Art. 1 Abs. 1 GG iVm Art. 20 Abs. 1 GG, folgt ein **Grundrecht auf Gewährleistung eines menschenwürdigen Existenzminimums**. Es umfasst nicht nur diejenigen materiellen Voraussetzungen, die für die physische Existenz, das Überleben erforderlich sind, sondern auch ein Mindestmaß an Teilhabe am gesellschaftlichen, kulturellen und politischen Leben[4]. Sozialstaatliche Leistungen sind jedoch nicht auf soziale Notlagen beschränkt, wie auch das BSG in der Frage des „Elterngelds" feststellt[5]. Ob es allerdings mit dem Sozialstaatsprinzip des Art. 20 Abs. 1 GG unter dem Gesichtspunkt der sozialen Gerechtigkeit vereinbar ist, dass an vor der Geburt – gut Verdienende höhere staatliche Leistungen ausgeschüttet werden als an Personen, die ein niedriges Einkommen hatten und vermutlich auch sonst über geringere Mittel verfügen, ist fraglich. Die Rechtsprechung rechtfertigt dies mit dem Anliegen der Steigerung der Geburtenrate, die dann auch maßgeblich zur Stabilisierung der sozialen Sicherungssysteme beitragen könne, auch wenn dadurch bestehende soziale Ungleichheiten verfestigt würden[6]. Letzteres kann aber nicht Sinn des Sozialstaats sein. 567

Dem Ziel **sozialer Gerechtigkeit** dienen Gesetze, die den Schutz des Schwächeren im Rechtsverkehr anstreben, etwa im Arbeitsrecht, im Mietrecht, im Recht des Verbraucherschutzes. *Stern* spricht hier bildhaft von „sozialstaatlicher Imprägnierung der Wirtschaft"[7]. Sozialstaatlich motiviert sind jene Normenbereiche, die unter dem 568

2 Vgl *Stern* I, § 21 II 3.
3 BVerfGE 115, 25, 43.
4 BVerfGE 125, 175, 222 ff.
5 BSG, U. v. 17.2.2011 – B 10 EG 21/09 R, juris Rn 44.
6 BSG aaO.
7 *Stern* I, § 21 II 3.

Schlagwort **„Umverteilung“** zusammengefasst werden. Zur faktischen Realisierung des Sozialstaats mögen schließlich Aktivitäten staatlicher *„Daseinsvorsorge“* gerechnet werden, also die Versorgung des Bürgers mit bestimmten, „daseinsnotwendigen“ Leistungen, die der Markt nicht bereitstellen kann. Unter der Einwirkung vornehmlich des Unionsrechts werden diese Bereiche – bisher Reservate vor allem der Kommunen – zusehends zurückgedrängt.

2. Zur positiven Bindungswirkung des Sozialstaatsprinzips

a) Sozialstaatsprinzip als Anspruchsgrundlage? Gesetzgebung und Verwaltung als Adressaten

569 Als „Staatszielbestimmung“ richtet sich das Sozialstaatsprinzip primär an den Gesetzgeber. Auch das Grundrecht auf Gewährleistung der Grundlagen für eine menschenwürdige Existenz aus Art. 1 Abs. 1 iVm Art. 20 Abs. 1 GG ist in seinem konkreten Inhalt vom Gesetzgeber festzulegen; der Gesetzgeber muss andererseits Leistungsansprüche für den hilfsbedürftigen Einzelnen vorsehen: *„Ein Hilfebedürftiger darf nicht auf freiwillige Leistungen des Staates oder Dritter verwiesen werden“*[8]. Die Höhe der Leistungen muss in einem nachvollziehbaren, rationalen Verfahren festgelegt werden, weshalb es das BVerfG beanstandet hat, dass die Leistungen für Kinder nach „Hartz IV“ ohne Berücksichtigung ihrer spezifischen Bedürfnisse im Wege eines pauschalen Abschlags auf den Regelsatz festgelegt wurden. Auch im Übrigen ist das Sozialstaatsprinzip als Staatszielbestimmung in erster Linie auf Entfaltung durch den Gesetzgeber angewiesen. Ihm obliegt es, in der gesetzlichen Sozialversicherung Risiken wie Krankheit oder Invalidität abzusichern, im Rahmen der Steuergesetzgebung einen gewissen sozialen Ausgleich herzustellen, den Schutz des Schwächeren im Wirtschaftsverkehr, im Rahmen des Arbeitsrechts oder Mietrechts zu gewährleisten uam.

570 **Unmittelbare Leistungsansprüche** des Bürgers gegen den Staat können aus dem Sozialstaatsprinzip in aller Regel nicht hergeleitet werden, bedürfen vielmehr gesetzlicher Regelung. Der Einzelne kann also in aller Regel nicht vor Gericht unmittelbar auf das Sozialstaatsprinzip als Anspruchsgrundlage gestützte Leistungen einklagen. Der hieraus – iVm Art. 1 Abs. 1 GG – folgende Anspruch auf das ein menschenwürdiges Dasein sichernde Existenzminimum ist gesetzlich zu regeln – bei Untätigkeit des Gesetzgebers würde dann ausnahmsweise das Sozialstaatsprinzip iVm Art. 1 Abs. 1 GG als Anspruchsgrundlage heranzuziehen sein[9]. IÜ liegt es im Ermessen des Gesetzgebers, wie er den Verfassungsauftrag zur Herstellung sozialer Gerechtigkeit, zur Hilfe für sozial Schwache erfüllen will[10]. Auch steht wie im gesamten Bereich der Sozialleistungen der Anspruch unter dem Vorbehalt der **vorrangigen Selbsthilfe**[11], den das BVerfG als wesentliches Element des Sozialstaatsprinzips kennzeichnet[12]. Der Ge-

8 BVerfGE 125, 175, 223.
9 BVerwGE 1, 159; 52, 346.
10 BVerfGE 40, 121, 133.
11 Vgl *Kloepfer* I, § 11 Rn 26.
12 BVerfGE 17, 38, 56.

setzgeber hat hier erheblichen Gestaltungsspielraum. Das BVerfG prüft nur, ob die vorgesehen Leistungen evident fehlerhaft bestimmt sind. Der einzelne Hilfsbedürftige hat also in der Regel keinen unmittelbaren Leistungsanspruch, sondern einen **Anspruch auf Gewährung eines gesetzlichen Anspruchs.**

Eine Bezugnahme auf das Sozialstaatsprinzip zur Begründung von Leistungsansprüchen findet sich in der *Numerus-clausus*-Entscheidung des BVerfG aus dem Jahr 1973[13]. Aus dem Gleichheitssatz des Art. 3 Abs. 1 GG iVm Art. 12 Abs. 1 GG und dem Sozialstaatsprinzip könnten sich Ansprüche auf Zugang zu staatlichen Ausbildungseinrichtungen ergeben. Andererseits aber kann für eine etwaige Verpflichtung des Staates zur Bereitstellung von Ausbildungskapazitäten keine absolute Priorität angenommen werden, dem stehen anderweitige, gleichermaßen sozialstaatlich gebotene Aufgaben entgegen[14]. Das Sozialstaatsprinzip wirkt hier also, in Verbindung mit Grundrechten, anspruchsbegründend, gleichzeitig aber anspruchsbegrenzend. **571**

Ansprüche auf Tätigwerden des Gesetzgebers über die Gewährleistung des Existenzminimums hinaus dürften nicht in Betracht kommen, da das Sozialstaatsprinzip in seiner Entwicklungsoffenheit zu unbestimmt ist, um hier konkrete Handlungspflichten dem Einzelnen gegenüber zu begründen. Bestehen gesetzliche Regelungen, so kann allerdings die Sozialstaatsklausel des Grundgesetzes **mittelbar** bei der **Auslegung** dieser Gesetze anspruchsbegründend herangezogen werden. Dies betraf zB die Auslegung der Bestimmungen über die Leistungspflichten der gesetzlichen Krankenversicherung (GKV) bei bestimmten nicht der „Schulmedizin" entsprechenden und nicht allgemein anerkannten Behandlungsmethoden. Wenn der Einzelne einerseits der Pflichtmitgliedschaft in der GKV unterliegt und der Staat hierdurch seine Grundaufgabe der Sicherung im Krankheitsfall nachkommt, darf ihm dann, wenn er lebensbedrohend erkrankt ist und allgemein anerkannte Behandlungsmethoden nicht zur Verfügung stehen, der Zugang zu anderen Behandlungsmethoden, die eine nicht ganz fernliegende Chance der Heilung oder Linderung versprechen, nicht versagt werden[15].

b) Sozialstaatsprinzip als Bestandsgarantie?

Das Sozialstaatsprinzip ist als Staatszielbestimmung in besonderer Weise auf Entfaltung durch den Gesetzgeber angelegt. Seine aktuelle Gestalt ergibt sich erst aus dem einfachen Recht und hier aus jenen Normkomplexen, die der sozialen Sicherung und dem sozialen Ausgleich dienen. Dies darf jedoch nicht dazu führen, den Verfassungsgrundsatz mit seiner einfachgesetzlichen Ausgestaltung gleichzusetzen. Wenn es also zB in erster Linie die Einrichtung der gesetzlichen Sozialversicherung ist, durch die das sozialstaatliche Ziel der sozialen Sicherung verwirklicht wird, bedeutet dies nicht, dass die Prinzipien des einfachen Rechts mit dem Inhalt der Verfassungsnorm gleichgesetzt werden dürfen. Dies würde zu einer „Erstarrung" führen, die der „Dynamik" des Sozialstaatsgebots, seiner notwendigen und auch verfassungsrechtlich geforderten **Entwicklungsoffenheit** zuwiderläuft. So sind etwa weite Regelungsbereiche auf die Wahrung „sozialer Besitzstände", soziales Arbeitsrecht, soziales Mietrecht vor allem auf die Erhaltung bestehender Arbeits- bzw Mietverhältnisse ausgerichtet. Wahrung sozialer Besitzstände und Chancengleichheit als an sich gleichermaßen sozialstaatliches Postulat geraten hier in Kollision. Wenn also das Kündigungsschutzrecht **572**

13 BVerfGE 33, 303; vgl *Kloepfer* I, § 11 Rn 89.
14 BVerfGE 33, 303, 331.
15 BVerfGE 115, 25, 48 ff.

und das soziale Mietrecht dem sozialstaatlichen Ziel sozialer Gerechtigkeit dienten, bedeutet dies nicht, dass der Gesetzgeber hier nicht ändernd eingreifen dürfte.

573 Nur in einem Kernbereich sozialer Sicherung kann das Sozialstaatsprinzip als unmittelbare Schranke gegen gesetzgeberische Eingriffe wirken und nur für diesen Kernbereich ist die bestehende **sozialstaatliche Gesetzgebung** jedenfalls insoweit in ihrem Bestand gewährleistet, als ihre ersatzlose Rücknahme unzulässig wäre. Dies betrifft neben der Garantie des für eine menschenwürdige Existenz notwendigen Mindeststandards die zentralen Bereiche sozialer Sicherung in der Sozialversicherung. Ob damit die Prinzipien des geltenden Sozialversicherungsrechts – wie zB Solidarausgleich und beitragsproportionale Rente – gewährleistet werden, ist offen, dürfte aber zu verneinen sein. Das tradierte System kann schwerlich als auf Dauer festgeschrieben gelten, zumal, wenn Grenzen der Finanzierbarkeit erreicht werden.

574 Das Sozialstaatsprinzip wirkt daher auch nicht als Bestandsgarantie für einzelne, individuelle Leistungsansprüche. Für diese ist vielmehr zurückzugreifen auf die **Eigentumsgarantie** des Art. 14 GG, soweit es sich um Leistungsansprüche handelt, die durch eigene Leistung „erdient" wurden, also etwa die durch eigene Beitragsleistung erworbenen Ansprüche und Anwartschaften aus der gesetzlichen Rentenversicherung[16]. Auch das Rechtsstaatsprinzip als Gebot der Rechtssicherheit kann ergänzend herangezogen werden. Das Sozialstaatsprinzip wirkt hier ambivalent: Einerseits kann es die Schutzwürdigkeit individueller Rechtspositionen verstärken, andererseits kann gerade die sozialstaatlich gebotene Funktionsfähigkeit etwa der Rentenversicherung die Verkürzung individueller Rechtspositionen rechtfertigen.

c) Sozialstaatsprinzip als Eingriffslegitimation

575 Dies führt zu einem weiteren Aspekt des Sozialstaatsprinzips. Der Gesetzgeber kann zur Verwirklichung sozialpolitischer Ziele in bestehende Rechte eingreifen. Dies muss dann durch öffentliche Interessen gerechtfertigt sein, sie sind gegen Belange Betroffener abzuwägen. Dass diese öffentlichen Interessen der Verwirklichung der Sozialstaatlichkeit dienen, verstärkt dann ihr Gewicht in der Abwägung. Allerdings: „sozial" sollte nicht als undifferenzierte Billigkeitsformel eingesetzt werden. *Methodisch* bedeutet dies, dass nicht undifferenziert auf das Sozialstaatsgebot zurückzugreifen ist, sondern auf dessen näher aufzugliedernde Inhalte, wie etwa die Gewährleistung sozialer Mindeststandards, die Begrenzung wirtschaftlicher Machtstellungen, die Absicherung sozialer Risiken (Rn 569 ff).

Beispiele: Betriebliche Mitbestimmung greift in Grundrechte der Unternehmenseigentümer ein, wird hierin legitimiert durch das sozialstaatliche Anliegen, wirtschaftliche Macht zu begrenzen[17]. Die Zwangsmitgliedschaft in berufsständischen Versorgungseinrichtungen, in der Sozialversicherung oder in der gesetzlichen Krankenversicherung wirkt als Eingriff in die allgemeine Handlungsfreiheit des Art. 2 Abs. 1 GG[18]. Das sozialstaatliche Anliegen der sozialen Sicherung

---

16 Dazu s. etwa BVerfGE 69, 272; *Degenhart*, BayVBl 1984, 65 ff, 103 ff.

17 Dazu s. das „Mitbestimmungs-Urteil", BVerfGE 50, 290.

18 BVerfGE 115, 25, 42.

kann dies rechtfertigen. Es wird nur dann hinreichend gewährleistet, wenn der in Betracht kommende Personenkreis umfassend einbezogen wird. Für die Staffelung von Abgaben nach Einkommen kann das Sozialstaatsprinzip einen sachlichen Differenzierungsgrund iSv Art. 3 Abs. 1 GG liefern[19].

3. Zum Verhältnis von Rechtsstaat und Sozialstaat

Nicht zu vertiefen ist hier die Frage, inwieweit Rechtsstaat und Sozialstaat in einem grundsätzlichen Verhältnis der Gegensätzlichkeit zueinander stehen[20]. Sieht man den Rechtsstaat *materiell-freiheitlich* determiniert, so kommt im Verhältnis Rechtsstaat – Sozialstaat das schwerlich aufhebbare Spannungsverhältnis von *Freiheit* und *Gleichheit* zum Ausdruck, besteht ein *prinzipielles* Spannungsverhältnis von Rechtsstaat und Sozialstaat. Grenzen des Sozialstaats liegen jedenfalls im Prinzip der selbstverantworteten, rechtsstaatlichen Freiheit[21]. **576**

Beispielhaft deutlich wurde die Spannungslage zwischen Rechtsstaatlichkeit und Sozialstaat etwa in der Problematik der **Volkszählung** und allgemein der Datenerhebung: Der Staat als *Sozialstaat*, der umfassend für den Bürger plant, umfassende Daseinsvorsorge betreibt, leitet eben hieraus den Anspruch auf umfassende Information über den Bürger ab; Aufgabe des Rechtsstaats aber ist es, den Freiheitsraum des Bürgers auch gegen den leistenden, planenden, daseinsvorsorgenden Staat zu sichern[22].

Lösung Fall 60: Sozialabbau? **577**

a) Karenztage: Hier könnte das Sozialstaatsprinzip unter dem Aspekt einer sozialen Absicherung im Krankheitsfall entgegenstehen. Sie ist jedoch nur in ihrem Kernbereich garantiert, der durch eine begrenzte Anzahl von Karenztagen noch nicht berührt wird.

b) Zumutbarkeitsklausel beim Arbeitslosengeld: Absicherung gegen Arbeitslosigkeit ist sozialstaatlich im Grundsatz geboten. Sie wird jedoch nicht ersatzlos gestrichen. Andererseits zählt Erhaltung des sozialen Status des Arbeitnehmers zu den Grundprinzipien des Systems der sozialen Sicherung. Die Regelung ist daher nur dann gerechtfertigt, wenn sie unabdingbar ist, um die Funktionsfähigkeit der Arbeitslosenversicherung zu wahren; Ansprüche aus Arbeitslosenversicherung sind jedoch Eigentum iSv Art. 14 Abs. 1 GG, da sie durch Beiträge „erdient" wurden. Dies stünde der Regelung wohl entgegen.

c) Ausschluss von Medikamenten von Leistungen der GKV: Auch die Absicherung gegen Krankheitskosten zählt zum Kernbestand sozialer Sicherung iS des Sozialstaatsprinzips, doch erfolgt hier nur eine Modifikation von Leistungen, die sozialstaatlich gerechtfertigt ist im Interesse der Funktionsfähigkeit des Systems insgesamt.

d) Zum Kernbestand der Sozialstaatlichkeit zählt auch die Hilfe in existenzieller Notlage durch Sozialhilfe oder vergleichbare Leistungen der Grundsicherung wie ALG II (Hartz IV).

aa) Den Hilfesuchenden auf den Einsatz seiner Arbeitskraft zu verweisen, ist zulässig, ja sogar geboten: Vorrang der Selbsthilfe.

---

19 BVerfGE 97, 332, 347.
20 *Forsthoff*, VVDStRL 12 (1954), 8 ff.
21 *Hesse*, Rn 215.
22 Vgl BVerfGE 65, 1.

bb) Ein genereller Ausschluss ganzer Personengruppen ohne Möglichkeit der Einzelfallprüfung wäre jedoch unzulässig, da dann das verfassungsrechtlich geforderte Existenzminimum jedenfalls für den nicht mehr gesichert wäre, der zwar arbeiten kann und auch will, aber keine Arbeit findet.

578 **Lösung Fall 61: Elterngeld**

Verstoß gegen den Gleichheitssatz?

1. Ungleichbehandlung von A und B müsste sachlich gerechtfertigt sein; hier durch familienpolitische Ziele des Gesetzgebers, durch die Ausgestaltung des Elterngelds als Einkommensersatzleistung anstelle der bisherigen bedürftigkeitsabhängigen Förderung.

2. Diese Erwägung müsste ihrerseits im Einklang mit der Verfassung stehen; die Ausgestaltung der Familienförderung könnte jedoch gegen das Sozialstaatsprinzip verstoßen.

a) Höhere Förderung nicht bedürftiger Personen steht im Widerspruch zum Anliegen sozialer Gerechtigkeit: Festschreibung und Verfestigung bestehender Ungleichheit.

b) Andererseits durfte der Gesetzgeber durch finanzielle Anreize eine Stabilisierung der sozialen Systeme unter demographischen Gesichtspunkten anstreben, solange diese nicht offensichtlich ungeeignet waren.

c) Entscheidend ist letztlich die weite Gestaltungsfreiheit bei sozialen Leistungen, damit dürfte die Ungleichbehandlung noch gerechtfertigt werden, so die Rechtsprechung[23].

Schrifttum zu I.: *Zacher*, Das soziale Staatsziel, in: HStR II³, § 28; *Stern* I, § 21; *Degenhart*, Rechtsstaat – Sozialstaat, Festschrift Scupin, 1983, S. 537; *Ladeur*, Risiko Sozialstaat, Der Staat (2007), 61 ff.

II. Staatsziel Umweltschutz

Art. 20a GG, 1994 in das Grundgesetz eingefügt, normiert den Umweltschutz als Staatsziel. Welchen juristisch fassbaren Gehalt die Bestimmung hat und wie sie sich konkret auswirken kann, ist im Folgenden darzustellen.

→ **Leitentscheidung:** BVerfGE 128, 1 (Gentechnik).

579 **Fall 62: Energiewende IV**

§ 13 BNatSchG stellt folgenden „allgemeinen Grundsatz" iSv Art. 72 Abs. 3 S. 1 Nr 2 GG auf:

„Erhebliche Beeinträchtigungen von Natur und Landschaft sind vom Verursacher vorrangig zu vermeiden. Nicht vermeidbare erhebliche Beeinträchtigungen sind durch Ausgleichs- oder Ersatzmaßnahmen oder, soweit dies nicht möglich ist, durch einen Ersatz in Geld zu kompensieren."

Um die im Zuge der angestrebten „Energiewende" erforderlichen Vorhaben zu erleichtern, soll folgender § 13a eingefügt werden: *„Anlagen zur Gewinnung, zum Transport und zur Speicherung regenerativer Energien gelten nicht als Beeinträchtigung iSv § 13."* Kritiker sehen dies als unvereinbar mit Art. 20a GG an. **Rn 583, 586**

23 BSG, U. v. 17.2.2011 – B 10 EG 21/09, juris Rn 44 f.

Fall 63: Plastiken und Windrad 580

Der Bildhauer Arno B bewohnt ein in freier Natur gelegenes umgebautes Bauernhaus in dominierender Hanglage und beabsichtigt, dort zwei 6 und 7 m hohe Monumentalplastiken („Olympischer Jüngling" und „Große Badende") aufzustellen. Hierfür benötigt er eine Baugenehmigung. Nach der einschlägigen Vorschrift des § 35 Abs. 2 BauGB ist diese zu versagen, wenn entgegenstehende öffentliche Belange berührt werden. Als solchen öffentlichen Belang nennt Abs. 3 ua die Verunstaltung des Landschaftsbilds. Aus diesem Grund lehnt die Behörde seinen Antrag ab. B beruft sich auf die Freiheit der Kunst (Art. 5 Abs. 3 GG), die Behörde auf das „Staatsziel Umweltschutz" (Art. 20a GG). – Nach *BVerwG NJW 1995, 2648*.

Abwandlung: B, der sein ökologisches Gewissen entdeckt hat, möchte zur Energiegewinnung einen 60 m hohen Windrotor aufstellen. Auch diesen hält die Behörde für verunstaltend. **Rn 582, 587**

1. Inhalt und Bedeutung der Verfassungsnorm

Art. 20a GG, mit ÄndG vom 27.10.1994 in das GG eingefügt und 2002 um den Tierschutz erweitert, normiert, wie mittlerweile auch alle Landesverfassungen, den Umweltschutz als **Staatsziel**. Ein Staatsziel ist weniger als ein Grundrecht, es gewährt dem Einzelnen grundsätzlich keine klagbaren Rechte. Es ist jedoch mehr als eine bloße Programmnorm, denn es verpflichtet den Staat **objektiv**, auf seine Verwirklichung hinzuwirken. Die Verpflichtung richtet sich, wie auch das Sozialstaatsprinzip, in erster Linie an die Gesetzgebung, an die Verwaltung jedenfalls dort, wo sie im Rahmen der Gesetze – etwa bei planerischen Abwägungsentscheidungen – eigene Handlungsspielräume hat; auch insoweit bestehen Parallelen zum sozialstaatlichen Staatsziel. 581

Gegenstand der Staatszielbestimmung ist der Schutz der **natürlichen Lebensgrundlagen**. Dies sind die natürlichen – also nicht, wie soziale oder ökonomische Grundlagen, von Menschen erst geschaffenen – Grundlagen des menschlichen, aber auch allen anderen Lebens. Schutzziel ist auch die Erhaltung der biologischen Vielfalt und die Sicherung eines artgerechten Lebens bedrohter Tier- und Pflanzenarten[24]. Dem dient der Schutz der Umweltmedien Luft, Wasser und Boden, der Pflanzen- und Tierwelt, der klimatischen Bedingungen, aber auch der Unversehrtheit einer **Landschaft**[25] als Erholungsraum für den Menschen. Deshalb durfte im **Fall 63** die Behörde davon ausgehen, dass hier die natürlichen Lebensgrundlagen betroffen waren. Landschaft ist dabei auch die vom Menschen geprägte Kulturlandschaft, Umwelt stets auch die vom Menschen gestaltete Umwelt. Mit dem Gebot, diese Lebensgrundlagen auch für **künftige Generationen** zu erhalten, übernimmt das Grundgesetz ausdrücklich auch eine Verpflichtung für die Nachwelt – dies ist neu. Unklar ist allerdings, wie und vor allem von wem diese Verpflichtung eingefordert werden soll[26]. 582

24 BVerfGE 128, 1, 37 f.
25 BVerwG NJW 1995, 2648.
26 Vgl hierzu *Kloepfer* I, § 12 Rn 71.

583 **Schutz** bedeutet dabei zunächst – wie in der Rechtsordnung auch sonst – das Unterlassen schädigender Eingriffe, die Abwehr aktueller Gefahren und die Vorsorge gegenüber künftigen Risiken[27]. Dieses Schutzgebot richtet sich unmittelbar an den **Staat** und verpflichtet ihn, selbst entsprechende Eingriffe und Gefährdungen zu unterlassen, verpflichtet ihn aber auch dazu, Vorsorge gegenüber entsprechenden Gefährdungen durch **Dritte** zu treffen. Das Vorsorgeprinzip ist Bestandteil des Schutzgebots. Aber auch die Schonung und der sparsame Umgang mit natürlichen Ressourcen sind vom Schutzgebot umfasst. Das Schutzgebot bedeutet nicht, dass jeglicher Eingriff in die natürlichen Lebensgrundlagen verhindert werden müsste und kann dies nicht bedeuten, denn jegliche menschliche Aktivität wirkt sich potenziell auf die Umwelt aus. Doch sind Eingriffe in die natürlichen Lebensgrundlagen weitestmöglich auszugleichen; auch das **Kompensationsprinzip**[28], das sich zB in der naturschutzrechtlichen Eingriffsregelung verwirklicht, zählt zu den wesentlichen Inhalten des Art. 20a GG. Insoweit kann aus Art. 20a GG ein zumindest relatives Verschlechterungsverbot abgeleitet werden; der Gesetzgeber darf die Umweltsituation nicht insgesamt verschlechtern. Die Zulassung von Anlagen zur Gewinnung und Beförderung regenerativer Energien wie zB Solarkraftwerke, Windräder und Hochspannungsleitungen kann jedenfalls der Unversehrtheit der Landschaft abträglich sein; damit ist im **Fall 62** der Schutz der natürlichen Lebensgrundlagen berührt.

2. Bindungswirkungen

a) Gesetzgeber

584 Art. 20a GG richtet sich primär an den Gesetzgeber. Ähnlich, wie beim Sozialstaatsprinzip, dürfen aber auch bei Art. 20a GG einfache Gesetze, die das Staatsziel verwirklichen sollen, wie zB die Normen der Naturschutzgesetze, nicht mit der Verfassungsnorm gleichgesetzt werden. Bestimmte Grundprinzipien des einfachen Rechts wie zB das naturschutzrechtliche **Kompensationsprinzip** oder auch das **Verursacherprinzip** bestimmen jedoch auch den Inhalt der Verfassungsnorm. Hier ist auch zu berücksichtigen, dass der verfassungsändernde Gesetzgeber bei Einfügung des Art. 20a GG in das Grundgesetz im Jahr 1994 bereits ein ausdifferenziertes System des Umweltschutzes im Rahmen der Umweltgesetzgebung seit Beginn der 70er Jahre[29] vorgefunden hat. Die genannten Prinzipien sind daher auch zur Auslegung der Verfassungsnorm heranzuziehen. Dies bedeutet andererseits, dass im Wege der Gesetzgebung derartige tragende Prinzipien des Umweltschutzes jedenfalls nicht ersatzlos aufgehoben und hierdurch eine relevante Absenkung des Schutzniveaus herbeigeführt werden darf. Dies ist relevant im **Fall 62**, wenn für die dort genannten Vorhaben der Grundsatz, dass Eingriffe nach Möglichkeit zu vermeiden, der Verursacher sie aber jedenfalls auszugleichen hat, außer Kraft gesetzt wird.

---

27 Vgl *Murswiek*, in: Sachs, Art. 20a Rn 33 ff.
28 Vgl *Voßkuhle*, Das Kompensationsprinzip, 1999, S. 389 ff.
29 *Schulze-Fielitz*, in: Dreier, GG II, 2. Aufl. 2006, Art. 20a Rn 69.

Andererseits steht das Staatsziel Umweltschutz nicht isoliert in der Verfassung, ist mit anderweitigen Verfassungsgütern in Ausgleich zu bringen, mit Freiheitsrechten wirtschaftlicher Entfaltung ebenso wie mit dem sozialstaatlichen Auftrag zur Sicherung von Arbeitsplätzen. Art. 20a GG kann also auch **nicht die generelle Unzulässigkeit umweltbelastender Vorhaben** bedeuten, wohl aber eine Verpflichtung, Umweltauswirkungen verhältnismäßig – in **Abwägung** mit konkurrierenden Belangen – zu begrenzen. Ein Gesetz ist daher nicht schon deshalb verfassungswidrig, weil es Eingriffe in den Naturhaushalt zulässt. Erforderlich ist jedoch eine sachgerechte Abwägung. Hierfür unterstreicht Art. 20a GG das Gewicht des Umweltschutzes. Hierin vor allem liegt sein **aktueller rechtlicher Gehalt**. Nachteilige Umweltauswirkungen sind nach Möglichkeit zu vermeiden, andernfalls bedürfen sie besonderer Rechtfertigung, Umgekehrt kann das Staatsziel Umweltschutz, ähnlich wie das Sozialstaatsprinzip, Grundrechtseingriffe im Rahmen der gesetzlichen Voraussetzungen **legitimieren**, zB Eigentumsbindungen. In der Frage, wie der Gesetzgeber seinen Schutzauftrag erfüllt, hat er im Übrigen – wie auch sonst bei Staatszielen – **Gestaltungsfreiheit**.

b) Exekutive

Dies gilt aber nur, wie Art. 20a GG klarstellt, **innerhalb** der verfassungsmäßigen Ord- **585**
nung, nicht gegen sie. Daher ist im Verhältnis zur **Exekutive** das ökologische Staatsziel auch keine selbstständige Eingriffsgrundlage, ersetzt nicht die für jeden Eingriffsakt erforderliche gesetzliche Grundlage.

Fallbeispiel: Eine gemeindliche Satzung sieht die Verpflichtung zur Mülltrennung vor und gestattet es den Bediensteten der Gemeinde, Privatgrundstücke, Garagen, Innenhöfe etc zu betreten und dort den Abfall zu kontrollieren. Damit werden diese zu Eingriffen in das Grundrecht des Art. 13 Abs. 1 GG ermächtigt. Da dessen Voraussetzungen nicht gegeben sind (keine *gesetzliche* Ermächtigung, keine dringende Gefahr iSv Art. 13 Abs. 7 GG), ist die Satzung nichtig. Sie kann nicht unmittelbar auf Art. 20a GG gestützt werden, der ja gerade keine selbstständige Eingriffsgrundlage bietet[30]; s. auch **Fall 29**, Rn 281, 314. Eben deshalb hat das Bundesverwaltungsgericht die Befugnis einer Gemeinde verneint, aus Gründen des Umweltschutzes und gestützt auf Art. 20a GG in einer Satzung den Anschluss an die gemeindliche Fernwärmeversorgung und die Stilllegung privater Heizungen in Wohnhäusern anzuordnen. Ein derartiger **„Anschluss- und Benutzungszwang"** bedeutet einen Eingriff in die Rechte der Pflichtigen (Art. 14 Abs. 1 GG, allgemeine Handlungsfreiheit des Art. 2 Abs. 1 GG) und setzt deshalb eine gesetzliche Grundlage voraus. Daran fehlte es (die Satzung ist kein Gesetz). Art. 20a GG bietet diese Grundlage nicht – Umweltschutz muss im Rahmen der Gesetze verwirklicht werden[31].

Soweit die Exekutive ihrerseits Ermessensspielräume hat, zB im Rahmen planerischer Gestaltungsfreiheit, hat sie das Staatsziel Umweltschutz einzubeziehen. Dieses bezeichnet dann relevante **öffentliche Belange**. Insbesondere auch als **Auslegungsmaßstab** kann Art. 20a GG Bedeutung erlangen, so vor allem dann, wenn Gesetze auf öffentliche Interessen, öffentliche Belange uÄ abstellen[32].

30 S. BayVGH BayVBl 1998, 470.

31 BVerwG DVBl 2006, 779; s. aber auch BVerwGE 125, 68: der parlamentarische *Gesetzgeber* kann eine entsprechende Anordnung vorsehen.

32 *Uhle*, UPR 1996, 55, 56 zu BVerwG NJW 1995, 2648; *Westphal*, JuS 2000, 339, 342.

586 **Lösung Fall 62: Energiewende IV**

Vereinbarkeit der Änderung des BNatSchG mit Art. 20a GG?

1. Fiktion des § 13a BNatSchG („gelten nicht als Beeinträchtigung") bedeutet Einschränkung der Eingriffsregelung des § 13;

2. § 13 BNatSchG als Norm des einfachen Rechts ist durch Gesetz abänderbar; Schranke hierfür ist das Schutzgebot des Art. 20a GG;

a) Schutzgebot des Art. 20a GG ist tangiert bei genereller Absenkung des Schutzniveaus für Natur und Landschaft;

b) Aufhebung der Eingriffsregelung des § 13 BNatSchG als eines wesentlichen Grundsatzes des Naturschutzes bedeutet relevante Absenkung des Schutzniveaus, wenn, wie hier, kein Ausgleich geschaffen wird;

c) Energiepolitische Zielsetzung als Rechtfertigung? Hier zu verneinen, da einseitige Beeinträchtigung des Landschaftsschutzes.

587 **Lösung Fall 63: Plastiken und Windrad**

Die Behörde hat hier zu prüfen, ob öffentliche Belange dem Vorhaben des B entgegenstehen – der Schutz der Landschaft vor Verunstaltung fällt nach § 35 Abs. 3 BauGB hierunter. Andererseits hat sie dem Grundrecht des B aus Art. 5 Abs. 3 GG Rechnung zu tragen. Hier erlangt der Umstand Bedeutung, dass die dem Vorhaben entgegenstehenden Schutzbelange durch Art. 20a GG mit Verfassungsrang ausgestattet sind. Sie können es daher rechtfertigen, die durch Art. 5 Abs. 3 GG ihrerseits mit Verfassungsrang ausgestatteten Belange des B als nachrangig zurückzustellen – so auch das BVerwG im Ausgangsfall.

In der **Abwandlung** handelt es sich um ein Vorhaben, das nach § 35 Abs. 1 Nr 5 BauGB privilegiert ist (also nach der grundsätzlichen Wertung des Gesetzgebers genehmigt werden soll). Aber auch hier kann die Genehmigung durch entgegenstehende öffentliche Belange ausgeschlossen sein. Hier kollidieren nun Schutzgüter, die gleichermaßen unter Art 20a GG fallen: zum einen die Nutzung sog. „regenerativer Energien", zum anderen wiederum der Schutz des Landschaftsbildes vor Verunstaltung. Diese Schutzbelange wird man hier in Abwägung zu bringen haben.

Schrifttum zu II.: *Murswiek*, Staatsziel Umweltschutz (Art. 20a GG), NVwZ 1996, 222; *Schink*, Umweltschutz als Staatsziel, DÖV 1997, 221; *Uhle*, Das Staatsziel „Umweltschutz" und das Bundesverwaltungsgericht, UPR 1996, 55; *Westphal*, Art. 20a GG – Staatsziel „Umweltschutz", JuS 2000, 339.

III. Staatsziel Tierschutz

→ **Leitentscheidung:** BVerfGE 127, 293 (Legehennenhaltung II).

588 Art. 20a GG verpflichtet seit seiner Erweiterung durch das 50. Gesetz zur Änderung des Grundgesetzes vom 26.7.2002 (BGBl I S. 2862) den Staat zum Schutz der Tiere. Ähnlich wie beim Umweltschutz handelt es sich um einen an den Gesetzgeber gerichteten **Schutzauftrag** und kommt den normsetzenden Organen, die dem Staatsziel Tierschutz mit geeigneten Vorschriften Rechnung zu tragen haben, weiter **Gestal-**

tungsspielraum zu[33]. Dabei kann der Tierschutz insbesondere in Abwägungsentscheidungen eine Rolle spielen und auch Eingriffe in Grundrechte rechtfertigen, zB in die Freiheit der Wissenschaft im Zusammenhang mit Tierversuchen, aber auch in das Grundrecht der Berufsfreiheit, Art. 12 GG, in Fragen der landwirtschaftlichen Produktion und Tierhaltung. Wiederum vergleichbar zum Umweltschutz, ist es auch beim Tierschutz dessen einfachgesetzliche Ausgestaltung im TierSchG[34], die für die Auslegung der Verfassungsnorm heranzuziehen ist, auch wenn einfachgesetzliche und verfassungsrechtliche Regelung nicht gleichgesetzt werden dürfen. So hat das BVerfG der verfahrensrechtlichen Bestimmung des § 16b TierSchG, wonach eine Tierschutzkommission einzuberufen ist, die vor dem Erlass von Verordnungen über die Tierhaltung nach § 2a TierSchG anzuhören ist, so erhebliche Bedeutung für die Verwirklichung des verfassungsrechtlichen Schutzauftrags beigemessen, dass es in unterlassener oder fehlerhafter Anhörung gleichzeitig einen Verstoß gegen Art. 20a GG sieht[35]. Der Gesetzgeber, so das BVerfG, muss sich hinreichend Gewissheit von den Erfordernissen des Tierschutzes verschaffen, auch durch geeignete Verfahrensnormen. Auch hierin besteht Gestaltungsfreiheit. Hat aber der Gesetzgeber sich für ein bestimmtes Verfahren wie hier die Anhörung einer Tierschutzkommission entschieden, so bedeutet die Verletzung dieser Verfahrensnorm auch einen Verstoß gegen die Verfassungsnorm. Dies war der Fall bei einer Verordnung zur Tierhaltung, insbesondere von Legehennen (gallus gallus). Hier hatte die Bundesregierung die Verordnung zunächst ohne die Bestimmungen über die Legehennen dem Bundesrat zugeleitet, dessen Zustimmung nach Art. 80 Abs. 2 GG erforderlich war. Der Bundesrat beschloss, nur mit der Maßgabe zuzustimmen, dass die bereits bestehenden Bestimmungen über die Haltung von Legehennen im Interesse der Legebetriebe entschärft würden. Die Bundesregierung beschloss ihrerseits, dem Verlangen des Bundesrats nachzukommen. Erst danach wurde die Tierschutzkommission angehört. Damit, so das BVerfG, war das Verfahren fehlerhaft, da die Ergebnisoffenheit der Beratung nicht mehr gegeben war. Hierin lag ein Verstoß auch gegen die Verfassungsnorm des Art. 20a GG.

Mit der Aufnahme eines Staatsziels **„Tierschutz“** in Art. 20a GG ist die Streitfrage geklärt, ob der Tierschutz **Verfassungsrang** hat. Sie wird relevant, wenn aus Gründen des Tierschutzes Grundrechte eingeschränkt werden sollen, insbesondere die Wissenschaftsfreiheit, neuerdings auch die Glaubensfreiheit des Art. 4 Abs. 1 und 2 GG beim Verbot des **Schächtens**[36]. Um diese oder die Wissenschaftsfreiheit einzuschränken, sind Rechtsgüter mit Verfassungsrang erforderlich, da die Grundrechte aus Art. 4 und aus Art. 5 Abs. 3 GG nur sog. verfassungsimmanenten Schranken unterliegen[37]. Nunmehr ist klargestellt, dass zB Tierversuche beschränkt werden können, dies freilich in sorgfältiger Abwägung mit Art. 5 Abs. 3 GG. Bei Art. 12 GG genügen demgegenüber „vernünftige Erwägungen des Gemeinwohls“, wozu Tierschutz sicher zu zählen ist. Aber auch hier verstärkt der Verfassungsrang des Tierschutzes das rechtliche Gewicht derartiger Gründe. **588a**

33 BVerfG NVwZ 2011, 289, 292.
34 Tierschutzgesetz idF der Bekanntmachung vom 18.5.2006, BGBl I S. 2205.
35 BVerfGE 127, 293, 321 f.
36 Das „Schächt“-Urteil des BVerfG, BVerfGE 104, 337 erging vor Einfügung des Art. 20a GG, vgl dazu *Kluge*, NVwZ 2006, 650; zur rechtlichen Bedeutung des Tierschutzes s. BVerfG NVwZ 2007, 808, 810; BVerfG NVwZ 2011, 289 sowie BVerwGE 129, 183.
37 *Pieroth/Schlink* Rn 681.

Deshalb ist auch bei jenen Vorschriften des TierSchG, die eine Ausnahme vom Verbot des betäubungslosen Schlachtens (Schächten) aus religiösen Gründen vorsehen, das verfassungsrechtliche Gewicht des Staatszieles Tierschutz zu berücksichtigen, ohne dass ihm jedoch genereller Vorrang zukäme: auch hier ist der Ausgleich mit den Grundrechten aus Art. 12 Abs. 1 GG bzw Art. 4 Abs. 1 GG[38] in praktischer Konkordanz vorzunehmen[39]. Die wesentlichen Entscheidungen müsste wohl auch hier der Gesetzgeber treffen. Belange des Tierschutzes können im Rahmen des Jagdrechts Eigentumsbeschränkungen als legitime Gemeinwohlgründe rechtfertigen[40].

Schrifttum zu III.: *Caspar/Geissen*, Das neue Staatsziel „Tierschutz" in Art. 20a GG, NVwZ 2002, 913; *Obergfell*, Ethischer Tierschutz mit Verfassungsrang, NJW 2002, 2296; *Kluge*, Das Schächten als Testfall des Staatszieles Tierschutz, NVwZ 2006, 650; *Dietz*, Das Schächten im Spannungsfeld zwischen Religionsfreiheit und Tierschutz, DÖV 2007, 489.

IV. Die Staatszielbestimmungen der Landesverfassungen

589 Die älteren, **vorgrundgesetzlichen** Landesverfassungen entfalten zT eine detaillierte sozialstaatliche Programmatik, so zB die BayVerf in ihrem 3. und 4. Hauptteil über „Das Gemeinschaftsleben" und „Wirtschaft und Arbeit". Teilweise stehen die einschlägigen Bestimmungen von vornherein im Widerspruch zum GG; iÜ betreffen sie weitestgehend Bereiche, in denen das Land im Wege der Gesetzgebung nicht tätig werden kann. Breitgefächerte Staatszielbestimmungen sind in den Verfassungen der neuen Bundesländer enthalten; so wird das Sozialstaatsgebot näher bestimmt, wenn zB nach Art. 7 Abs. 1 SächsVerf das Land ein Recht auf Wohnraum, Arbeit oder angemessenen Lebensunterhalt anerkennt, nach Art. 9 Abs. 1 SächsVerf das Recht „eines jeden Kindes auf gesunde … Entwicklung". Eingehend widmen sich die neuen Landesverfassungen dem kulturellen Sektor, der umfangreiche Förderung erfahren soll, und vor allem dem **Umweltschutz**.

Die **rechtliche Bedeutung** der Staatszielbestimmungen der Landesverfassungen ist an sich in gleicher Weise wie für die des Grundgesetzes zu bestimmen, kann allerdings von vornherein nur dort zum Tragen kommen, wo die Länder zuständig sind. Wo es aber darum geht, in der Anwendung von Gesetzen bestimmte öffentliche Belange zu verwirklichen, kann der Umstand, dass diese als Staatsziele der Landesverfassung Gewicht haben, in der Abwägung eine Rolle spielen. Beispiel: Das Denkmalschutzgesetz eines Landes beschränkt Befugnisse des Eigentümers; diese Inhalts- und Schrankenbestimmung nach Art. 14 Abs. 1 S. 2 GG muss gegenüber dem Eigentumsgrundrecht gerechtfertigt sein. Hier kann in der Abwägung zwischen dem Eigentumsgrundrecht und dem öffentlichen Interesse an Denkmalschutz auch berücksichtigt werden, dass die Landesverfassung ausdrücklich zum Erhalt der Kulturdenkmäler verpflichtet. Insgesamt aber ist die rechtliche Bedeutung der Staatsziele in den Landesverfassungen nicht allzu hoch zu veranschlagen.

590 Je mehr Staatsziele in einer Verfassung enthalten sind, desto eher können **Zielkonflikte** auftreten, zB zwischen Umweltschutz, der durch gesetzliche Erleichterungen für Investitionen beeinträchtigt wird, und einem „Recht auf Arbeit" als Staatsziel, das eben diese Investitionen fordert, oder diesem letztgenannten Staatsziel und dem des gesamtwirtschaftlichen Gleichgewichts, das auch eine arbeitsmarktpolitisch motivierte Kreditaufnahme begrenzt. In derartigen Konflikten kann keines der unterschiedlichen Staatsziele generellen Vorrang beanspruchen; der Konflikt ist vom Ge-

38 BVerfGE 104, 337, 346.
39 Dazu näher *Dietz*, Natur und Recht 2004, 359.
40 BVerfG NVwZ 2007, 808, 810.

setzgeber zu lösen. Staatsziele bleiben in ihrer verfassungsrechtlichen Wirkung also begrenzt und sollten deshalb in einer Verfassung, die wie das Grundgesetz auf normative Geltung und nicht auf unverbindliche Programmatik angelegt ist, die Ausnahme darstellen. Die Verfassungen der neuen Bundesländer – deren Staatszielbestimmungen verfassungspolitische Kompromissformeln sind, erste Entwürfe hatten sehr viel weitergehende soziale Grundrechte vorgesehen – wecken teilweise Erwartungen, die die Länder schon aus Kompetenzgründen nicht erfüllen können[41].

41 Zu den Staatszielen der neuen Landesverfassungen vgl zB: *Dietlein*, NWVBl 1993, 401 ff; *Degenhart*, in: Degenhart/Meissner, Handbuch der Sächsischen Verfassung, 1997, § 6.

Zweiter Teil

Staatsorgane

Zusammenfassender **Ausgangsfall** zum zweiten Teil

591 **Fall 64: Bundestagsauflösung**

Im Mai 200X erlitt die im Bund in einer Koalition mit der B-Partei regierende A-Partei im bevölkerungsstärksten Bundesland L, wo sie seit 40 Jahren die Regierung gestellt hatte, bei Landtagswahlen eine deutliche Niederlage.

Der amtierende Bundeskanzler sah in baldigen Neuwahlen zum Bundestag den einzig möglichen Ausweg. Er könne sich für sein politisches Programm nicht mehr rückhaltlos auf seine Partei verlassen; deshalb wolle er die Vertrauensfrage stellen. Den Abgeordneten der Regierungskoalition wurde von der Parteispitze „empfohlen", sich bei der anstehenden Vertrauensfrage der Stimme zu enthalten.

Nachdem der Bundestag mit der Mehrheit der Koalition von 6 Mandaten am 30.6.200X noch eine Reihe von Gesetzen beschlossen hatte, stellte der Bundeskanzler in der Sitzung des Bundestags vom 1.7.200X die Vertrauensfrage. Er erklärte, er könne sich der parlamentarischen Unterstützung durch die Abgeordneten der Koalition nicht sicher sein. Das Volk wünsche Neuwahlen. Er wolle den Weg dazu frei machen und so in der aktuell kritischen Situation den Auftrag des Wählers für sein Regierungsprogramm erhalten. In der Abstimmung über die Vertrauensfrage enthielt sich etwa die Hälfte der Abgeordneten der A-Partei und der B-Partei der Stimme, die übrigen Abgeordneten dieser Fraktionen sprachen dem Kanzler ihr Vertrauen aus, die Abgeordneten der Opposition verweigerten es erwartungsgemäß. Da ihm nur 150 von über 600 Abgeordneten das Vertrauen ausgesprochen hatten, schlug der Bundeskanzler dem Bundespräsidenten unverzüglich die Auflösung des Bundestags vor.

Der Bundespräsident ordnete am 20.7.200X die Auflösung des Bundestags und Neuwahlen an. Er verweist auf die plausible Einschätzung der politischen Lage durch den Bundeskanzler; dabei sei auch zu berücksichtigen, dass alle Parteien und die Mehrheit der Bürgerinnen und Bürger im Lande Neuwahlen wünschten und die Lage sehr ernst sei.

Gegen seine Anordnung wenden sich einen Tag später 4 Abgeordnete des Bundestags. Sie beantragen die Feststellung, dass die Anordnungen des Bundespräsidenten, den Bundestag aufzulösen und Neuwahlen anzuordnen, gegen Art. 68 Abs. 1 S. 1 GG verstießen und ihren durch Art. 38 Abs. 1 GG garantierten Status als Abgeordnete des Bundestags unmittelbar gefährdeten oder verletzten.

Die Entscheidung des BVerfG ist gutachtlich vorzubereiten. **Rn 745**

Zusatzfrage: Die nicht im Bundestag vertretene, erst kürzlich gegründete „Partei für Arbeit, Familie und Vaterland" fühlt sich durch den vorgezogenen Wahltermin überrumpelt. Es fehle ihr an Zeit für die Vorbereitung des Wahlkampfs, der kurzfristig angesetzte Wahltermin lasse ihr keine Zeit, um sich beim Wähler hinreichend bekannt zu machen. Sie sei deshalb in ihrem Recht auf Chancengleichheit verletzt.

§ 7 Der Bundestag

→ **Leitentscheidungen:** BVerfGE 67, 100 (Flick-Untersuchungsausschuss); BVerfGE 70, 324 (Nachrichtendienste); BVerfGE 77, 1 (Untersuchungsausschuss Neue Heimat); BVerfG U. v. 19.6.2012 – BvE 4/11 – (unzureichende Information des Bundestags über Euro-Plus-Paket und ESM); BVerfGE 102, 224 (Funktionszulagen); BVerfGE 104, 310 (Immunität); BVerfGE 105, 197 (Minderheit im Ausschuss); BVerfGE 110, 199 (Aktenvorlage); BVerfGE 112, 118 (Besetzung des Vermittlungsausschusses); BVerfGE 114, 121 (Vertrauensfrage); BVerfGE 118, 277 (Offenlegungspflichten); BVerfGE 124, 78 (BND-Ausschuss), BVerfGE 124, 161 (Fragerechte).

Fall 65a: Flick-Ausschuss 592

Der Nimm-KG, einem bedeutenden bundesdeutschen Unternehmen, wurde 2005 eine Steuerermäßigung in dreistelliger Millionenhöhe auf Grund einer Ermessensvorschrift gewährt. Die Entscheidung hierüber wurde vom zuständigen Bundesminister der Finanzen getroffen. Im folgenden Jahr wurde bekannt, dass von 1996 bis 2000 erhebliche finanzielle Zuwendungen von der Nimm-KG an die A-Partei (der der Bundesfinanzminister angehörte) geflossen waren. Gerüchte über einen möglichen Zusammenhang mit der Steuerermäßigung verdichteten sich. Daraufhin konstituierte sich 2007 auf Antrag der oppositionellen X-Fraktion ein parlamentarischer Untersuchungsausschuss mit der Aufgabe, etwaige Zusammenhänge zu untersuchen. Der Ausschuss forderte von der Bundesregierung Herausgabe der den Vorgang betreffenden Steuerakten; diese weigerte sich unter Berufung auf das Steuergeheimnis.

Die der X-Fraktion angehörigen Mitglieder des Untersuchungsausschusses rufen das BVerfG an. Unter Berufung auf den Kontrollauftrag des Bundestages stellen sie den Antrag, das BVerfG möge die Verpflichtung der Bundesregierung zur Herausgabe aller Akten aussprechen, da diese zur Aufklärung der Vorgänge unverzichtbar seien. Die X-Faktion stellt ein Drittel der Mitglieder des Ausschusses. **Rn 650** (prozessual Rn 820)

Fall 65b: Untersuchungsausschuss und Private 593

Der in hohem Maße von staatlichen Subventionen und Steuervergünstigungen profitierende, bundesweit tätige Windparkbetreiber „Luft AG" soll in erheblichem Umfang gegen Bundesrecht, insbesondere die sich aus der Subventionierung ergebenden Bindungen, verstoßen haben. Ein Untersuchungsausschuss des Bundestags soll dies klären; er soll weiterhin klären, ob ihr Vorstand in unzulässiger Weise auf Bundesregierung und Mitglieder des Bundestags Einfluss genommen hat.

Zu diesem Zweck beschloss der Untersuchungsausschuss, Beweis zu erheben durch Beiziehung aller Geschäftsberichte sowie der Protokolle der Sitzungen des Aufsichtsrats der „Luft AG"; als diese die Herausgabe verweigerte, ordnete der Ermittlungsrichter beim BGH die Beschlagnahme nach § 29 Abs. 3 S. 1 PUAG an. Auf der Grundlage dieser Unterlagen beendete der Untersuchungsausschuss seine Arbeit und nahm die Informationen hieraus in seinen Untersuchungsbericht auf.

Die „Luft AG" möchte die Befugnis des Untersuchungsausschusses zu diesem Vorgehen verfassungsgerichtlich klären. **Rn 650a**

Fall 66: Schmuddelkinder 594

Bei den Bundestagswahlen im Jahr 200X erzielte die allgemein als antidemokratisch und rechtsradikal eingestufte FNA **(Fall 5 Rn 45)** 6% der Zweitstimmen und zog demgemäß in Fraktionsstärke in den Bundestag ein. Auch erzielte sie bei den Landtagswahlen im Land L. im gleichen Jahr 8% der Zweitstimmen.

a) In Anbetracht der ausgeprägt europafeindlichen Haltung der FNA beschließt der Bundestag eine Änderung des Ausführungsgesetzes zu Art. 23 III GG, wonach in Vertragsangelegenheiten nicht mehr der Ausschuss für Angelegenheiten der EU zuständig sein soll, sondern ein besonderes Gremium von Bundestagsabgeordneten. Die Mitglieder dieses Gremiums, die dem Ausschuss für Angelegenheiten der EU angehören müssen, werden vom Bundestag gewählt. Der Bundestag bestimmt die Zahl der Mitglieder; gewählt ist, wer die Stimmen der Mehrheit der Mitglieder des Bundestags auf sich vereint. Bei der Wahl der Mitglieder des Gremiums erhielt die von der Fraktion der FNA vorgeschlagene, dem Ausschuss für EU-Angelegenheiten angehörende MdB Sigmunde S. nicht die erforderliche Stimmenzahl. S. und FNA-Fraktion sehen sich in ihren verfassungsmäßigen Rechten verletzt und klagen vor dem BVerfG. Mit Aussicht auf Erfolg? **Rn 602, 619, 651**

b) Angesichts einer im Landtag von L. anstehenden Entscheidung über eine milliardenschwere Bürgschaft für die Landesbank von L., für die die Zustimmung des Landtags erforderlich ist, sucht der Ministerpräsident den Konsens mit den im Landtag vertretenen Parteien und empfängt die Fraktionsvorsitzenden zu „Kamingesprächen". Die FNA-Fraktion wird nicht informiert und nicht eingeladen. Sie sieht sich hierdurch in ihren verfassungsmäßigen Rechten verletzt. **Rn 651**

595 **Fall 67: Verzichtsrevers**

Vor der Bundestagswahl haben alle Kandidaten der X- Partei dieser gegenüber Erklärungen folgenden Inhalts abgegeben: „Für den Fall, dass ich als Bundestagsabgeordneter während der nächsten Legislaturperiode aus der Fraktion der X-Partei ausscheiden sollte, erkläre ich schon jetzt den Verzicht auf mein Mandat und verpflichte ich mich gegenüber der Partei, die von ihr aufgebrachten Mittel für meinen Wahlkampf in Höhe von € 20 000,– zurückzuzahlen."

Im Verlauf der Legislaturperiode stellte der der X-Partei angehörende Abgeordnete Alois Hinterbänkler fest, dass er den von der Fraktionsspitze vertretenen Kurs immer weniger mit seinem Gewissen vereinbaren konnte. Er trat daraufhin aus der X-Partei aus und schloss sich einer anderen im Bundestag vertretenen Partei an. Seitens der X-Partei ist man der Auffassung, Hinterbänkler sei nicht mehr Mitglied des Bundestags oder doch verpflichtet, sein Mandat niederzulegen. Außerdem verlangt man Rückzahlung der € 20 000,– an Wahlkampfkosten.

Frage (1):

a) Ist H noch Mitglied des Bundestags?
b) Muss er ggf sein Mandat niederlegen?

Frage (2): Ist H zur Zahlung verpflichtet?

Frage (3): Wäre eine Änderung des Bundeswahlgesetzes in der Weise zulässig, dass in diesem Fall der Abgeordnete sein Mandat verliert? **Rn 614, 615, 652** (prozessual Rn 821)

596 **Fall 68: Kiffersumpf**

Im Verlauf einer Bundestagsdebatte, in der über die Notwendigkeit eines einheitlichen Versammlungsrechts und hierbei insbesondere wirksamer Handhaben gegen neonazistische Kundgebungen debattiert wurde, äußerte sich die der Fraktion der Freien Nationalen Alternative (FNA) angehörende Abgeordnete Sigmunde S. eingehend zur Gefährdung der Versammlungsfreiheit durch „Autonome, Alternative und Chaoten" und führte weiterhin aus, „die gewaltbereiten Extremisten kommen zumeist aus dem linkskriminellen Kiffersumpf und sind in aller Regel renitente Denkgegner und dauerpubertierende Antifaschisten" und fuhr, als sie von der die Sitzung leitenden Vizepräsidentin des Bundestags zur Mäßigung aufgefordert wurde, fort: „Wenn solches Gesindel seine geistig-seelischen Mängel durch Gewalt …“, worauf sie die Vizepräsidentin unterbrach und ihr einen Ordnungsruf erteilte. Hierdurch sieht sich die S. in ihren Rechten verletzt. (Fall nach *SächsVerfGH, U. v. 3.12.2010, NVwZ-RR 2011, 129* – die hier wörtlich wiedergegebenen Äußerungen sind so im Sächsischen Landtag gefallen). **Rn 617, 653**

I. Rechtsstellung und grundsätzliche Bedeutung des Bundestags – Verfassungskonflikte

Der Bundestag ist als Volksvertretung alleiniges unmittelbar demokratisch legitimiertes Verfassungsorgan. Welche Anforderungen sich aus dem Demokratieprinzip des Grundgesetzes für die Wahl des Bundestags ergeben und welche Rolle die politischen Parteien dabei spielen, wurde im Zusammenhang des Demokratieprinzips in § 2 behandelt. Im Folgenden ist zunächst ein Überblick über die Stellung des Bundestags im Verfassungsgefüge und hieraus resultierende Verfassungskonflikte zu geben, im Verhältnis zu anderen Verfassungsorganen wie auch im Binnenbereich des Parlaments. Die damit zusammenhängenden Fragen spielen auch auf Landesebene eine Rolle.

In der parlamentarischen Demokratie des Grundgesetzes ist der Bundestag alleiniges **597** unmittelbar demokratisch legitimiertes Verfassungsorgan und primäres Forum politischer Willensbildung. Hieraus resultieren die bereits beschriebenen **Hauptfunktionen** (Rn 33 ff) des Bundestags, wie insbesondere die **Gesetzgebungsfunktion**, zu der auch das **Budgetrecht** zu zählen ist, seine **Kontrollfunktionen** gegenüber der Exekutive, insbesondere zur Regierung, seine **Kreationsfunktion** für weitere Verfassungsorgane und schließlich **„Repräsentationsfunktion“** und Öffentlichkeitsfunktion; damit wird die Stellung des Bundestags als eigentliche Volksvertretung und als primäres Forum politischer Auseinandersetzung gekennzeichnet. Dabei machen die im Grundgesetz *ausdrücklich* normierten Befugnisse und Kompetenzen nur einen Teil seiner Gesamtaufgabe aus; dies gilt besonders für seinen *„bestimmenden Anteil an der Gestaltung der inneren und äußeren Politik, den das Grundgesetz nicht durch erschöpfende Kompetenzzuweisungen regelt, sondern den es in erster Linie dem Zusammenspiel der politischen Kräfte, vor allem dem von Parlament und Regierung überlässt“*[1].

Sowohl die Beziehungen des Bundestags zu anderen Verfassungsorganen als auch die **598** Rechtsverhältnisse seiner Untergliederungen wie der Fraktionen und Ausschüsse und seiner einzelnen Mitglieder sind Gegenstand des Verfassungsrechts – und damit auch Gegenstand möglicher **Verfassungskonflikte**. Sie entstehen im Außenverhältnis zu anderen Verfassungsorganen dann, wenn diese in die Kompetenzen des Bundestags eingreifen oder dessen Befugnisse nicht anerkennen. Als besonders konfliktträchtig erwiesen sich hier die Befugnisse der vom Bundestag einzusetzenden Untersuchungsausschüsse, etwa deren Recht, von der Bundesregierung die Vorlage von Beweisen zu

1 *Hesse*, Rn 572, 588.

verlangen, oder auch Fragerechte und Informationsansprüche des Bundestags und seiner Abgeordneten gegenüber der Regierung. Ob die Bundesregierung wichtige Entscheidungen am Bundestag vorbei treffen darf, hat erst jüngst das BVerfG anlässlich der AWACS-Aufklärungsflüge beschäftigt. Verfassungskonflikte im Innenverhältnis des Bundestags betreffen häufig die Stellung der Fraktionen wie auch des einzelnen Abgeordneten und ihre gleichberechtigte Teilhabe am parlamentarischen Geschehen, so etwa das Recht der Fraktionen des Deutschen Bundestags, in dessen Ausschüssen und Gremien vertreten zu sein, wie in jüngerer Zeit beim Streit um die Besetzung der Bundestagsbank im Vermittlungsausschuss[2]. Es geht um Inhalt und Grenzen des freien Mandats, wie zuletzt etwa beim Streit um die Offenlegung der Einkünfte aus Tätigkeiten neben dem Mandat[3], aber auch aus Anlass von Ordnungsmaßnahmen wie im **Fall 68**. Für die maßgeblichen verfassungsrechtlichen Fragestellungen finden sich häufig keine oder nur sehr allgemein gehaltene Regelungen im Grundgesetz. So wird etwa die Rechtsstellung der Fraktionen im Grundgesetz nicht geregelt, ebenso wenig werden Informationsansprüche gegen die Regierung normiert, die Rechte des Untersuchungsausschusses in Art. 44 GG nur angedeutet. Verfassungskonflikte müssen dann unter Rückgriff auf allgemeinere Grundsätze gelöst werden. Die Befugnisse der Beteiligten müssen in der Weise bestimmt werden, dass sie ihre Funktionen in bestmöglicher Weise wahrnehmen können. **Fragerechte** der Abgeordneten und entsprechende Informationspflichten der Bundesregierung sind abzuleiten aus „den Aufgaben, die einem Parlament im demokratischen Staat zukommen“[4], vgl Rn 618. Ebenso wenig ist das „Befassungsrecht“ des Bundestags ausdrücklich im Grundgesetz festgehalten, also sein Recht, nach seinem Ermessen die Gegenstände einer parlamentarischen Debatte zu bestimmen[5].

II. Bildung des Bundestags, Zusammensetzung und Verfahren

Die Folgerungen, die sich aus dem Demokratieprinzip des Grundgesetzes für die Wahlen zum Bundestag ergeben, wurden unter § 2 IV dargestellt. Gegenstand der folgenden Erörterungen sind – neben der Frage einer vorzeitigen Auflösung des Bundestags – Einzelheiten des parlamentarischen Verfahrens, vor allem aber die Rechtsstellung der Fraktionen und Ausschüsse im parlamentarischen Prozess.

599 Der Bundestag geht hervor aus *„allgemeinen, unmittelbaren, freien, gleichen und geheimen Wahlen“*; dazu s.o. § 2 IV. Wie viele Parlamentarier ihm angehören sollen, ist im Grundgesetz nicht festgelegt, sondern im BWahlG festgelegt. Hiernach besteht der Bundestag aus 598 Abgeordneten, § 1 BWahlG, zu denen noch die sich nach § 6 Abs. 5 bestimmenden Überhangmandate (Rn 93 ff) hinzukommen. Wenn von der Mehrheit der Abgeordneten die Rede ist, so bestimmt sich diese gemäß Art. 121 GG nach der gesetzlichen Mitgliederzahl. Sie ist auch maßgeblich, wenn für einen Antrag

2 BVerfGE 112, 118.
3 Vgl BVerfGE 118, 277.
4 So BayVerfGH NVwZ 2002, 715, 716 für die entsprechende Rechtslage nach der Bayerischen Verfassung.
5 Dazu s. BbgVerfG NVwZ-RR 2003, 798 = NJ 2003, 642 zur Rechtslage in Brandenburg.

oder sonst für die Wahrnehmung parlamentarischer Rechte es auf einen bestimmten Teil der Abgeordneten ankommt[6]. Es liegt auf der Hand, dass angesichts dieser Zahl organisatorische Untergliederungen erforderlich sind, auf die sich die Aufgaben verteilen, die die Beschlussfassung für das Plenum vorbereiten, wie dies in erster Linie Aufgabe der Ausschüsse ist. Die Abgeordneten des Bundestags sind – von seltenen Ausnahmen abgesehen – Mitglieder politischer Parteien und schließen sich als solche zu Fraktionen zusammen. In ihnen spiegelt sich also die Zusammensetzung des Bundestags nach Parteien; sie wirken entscheidend an der Willensbildung im Parlament mit. Das parlamentarische Verfahren bedarf schließlich bestimmter Regeln, nach denen der Prozess der Willensbildung und Entscheidungsfindung abläuft, die auch die Minderheiten schützen. Das Grundgesetz selbst legt hier nur wenige Regeln fest: iW ist dies Aufgabe der Geschäftsordnung.

1. Verfahrensgrundsätze und Geschäftsordnung

Im **Grundgesetz** selbst ist der Grundsatz der **Öffentlichkeit** festgelegt: Der Bundestag verhandelt gemäß Art. 42 Abs. 1 GG öffentlich. Für den Ausschluss der Öffentlichkeit ist eine Zwei-Drittel-Mehrheit erforderlich. Art. 42 Abs. 2 GG enthält für Beschlüsse des Bundestags das **Mehrheitsprinzip**. Regelfall ist hiernach die **einfache Mehrheit** der **Abstimmenden**. In bestimmten Fällen sind jedoch **qualifizierte Mehrheiten** vorgeschrieben: **600**

– **Mitgliedermehrheit:** für einen Beschluss muss die Mehrheit der gesetzlichen Mitgliederzahl des Bundestags stimmen, Art. 121 GG[7]. Letztere ergibt sich aus dem BWahlG, unter Einbeziehung der Überhangmandate. Es ist dies die absolute Mehrheit oder „Kanzlermehrheit“; sie ist erforderlich für die Wahl des Bundeskanzlers, Art. 63 Abs. 2, 3 GG, für das konstruktive Misstrauensvotum, Art. 67 Abs. 1 GG und im Fall der Vertrauensfrage, Art. 68 Abs. 1 S. 1 GG. Im Gesetzgebungsverfahren ist sie erforderlich, um den Einspruch des *Bundesrats* gegen ein vom Bundestag beschlossenes Gesetz zurückzuweisen, Art. 77 Abs. 4 S. 1 GG.

– **Qualifizierte Abstimmungsmehrheit:** für einen Beschluss ist eine qualifizierte Mehrheit der abgegebenen Stimmen erforderlich, so zB im Fall des Art. 42 Abs. 1 S. 2 GG für den Ausschluss der Öffentlichkeit oder nach Art. 80a Abs. 1 S. 2 GG für die Feststellung des Spannungsfalls.

– **Qualifizierte Mitgliedermehrheit:** Für einen Beschluss ist eine qualifizierte Mehrheit der gesetzlichen Mitgliederzahl erforderlich, zB von zwei Dritteln für eine Verfassungsänderung, Art. 79 Abs. 2 GG – bei einer gesetzlichen Mitgliederzahl von 598 wären dies 399 Stimmen.

– Die **doppelt qualifizierte Abstimmungsmehrheit** iFd Art. 77 Abs. 4 S. 2 GG bedeutet: wenn der Bundesrat mit 2/3-Mehrheit Einspruch gegen Gesetz erhoben hat, muss die Zurückweisung des Einspruchs mit einer 2/3-Mehrheit der *abgegebenen*

6 Zur Bedeutung der gesetzlichen Mitgliederzahl s. *Pestalozza*, LKV 2008, 49 ff.
7 Zur Bedeutung dieser Vorschrift s. *Pestalozza*, LKV 2008, 49 ff.

Stimmen erfolgen; diese zwei Drittel der abgegebenen Stimmen müssen mindestens die Mehrheit der gesetzlichen Mitgliederzahl ausmachen. Beträgt die gesetzliche Mitgliederzahl also zB 603 und nehmen an der Abstimmung über die Zurückweisung des Einspruchs 450 Abgeordnete teil, und stimmen hiervon 300 dafür, den Einspruch zurückzuweisen, so ist der Einspruch damit nicht wirksam zurückgewiesen: 300 sind zwar zwei Drittel von 450 (also qualifizierte Abstimmendenmehrheit), nicht aber die Mehrheit der gesetzlichen Mitgliederzahl, für die 302 Stimmen erforderlich wären (also keine Mitgliedermehrheit).

601 Besondere Mehrheiten können ferner vorgesehen werden für die Wahrnehmung der Mitwirkungsrechte des Bundestags (und des Bundesrats) in Angelegenheiten der **Europäischen Union**, wie sie nach dem Vertrag von Lissabon vorgesehen sind (zum „Integrationsverantwortungsgesetz" s. Rn 127). Nach Art. 23 Abs. 1a S. 3 GG können durch Bundesgesetz „Ausnahmen von Artikel 42 Abs. 2 S. 1" zugelassen, dh durch ein einfaches Gesetz können abweichend von der Bestimmung des Grundgesetzes qualifizierte Mehrheiten vorgeschrieben werden; das Grundgesetz erlaubt hier also eine Verfassungsdurchbrechung durch Gesetz.

602 Der Bundestag gibt sich gemäß Art. 40 Abs. 1 S. 2 GG eine **Geschäftsordnung**, die Geschäftsordnung des Deutschen Bundestags – GeschOBT –. Sie regelt die interne Organisation des Bundestags und die Einzelheiten des parlamentarischen Verfahrens. Ihre Rechtsnatur ist nicht explizit geregelt, sie wird überwiegend als **autonome Satzung** qualifiziert[8] und steht damit im Rang unterhalb des Grundgesetzes und des formellen Bundesrechts. Man spricht deshalb auch von der **Geschäftsordnungsautonomie** des Bundestages. Sie ist nicht unbeschränkt. Der Bundestag muss hierbei die Gleichberechtigung der Abgeordneten gemäß Art. 38 Abs. 1 S. 2 GG beachten, die ebenso wie die der Fraktionen Merkmal der parlamentarischen Demokratie ist. Deshalb dürfen einzelne Abgeordnete oder auch Gruppen von Abgeordneten, insbesondere Fraktionen, nicht im Wege der Geschäftsordnung von parlamentarischen Entscheidungsprozessen ausgeschlossen werden und ist allen Fraktionen ein gleichmäßiges Beteiligungsrecht an Ausschüssen und Unterausschüssen des BT einzuräumen, vgl §§ 12, 54, 55 Abs. 3 GeschOBT. Die Geschäftsordnung dient damit maßgeblich auch dem Schutz der Minderheit im Parlament. In dem **Fall 66** zugrundeliegenden, durch das BVerfG entschiedenen Fall hatte im HaushaltsG 1984 der Gesetzgeber die in der GeschOBT enthaltenen Regelungen über die Beteiligung der Fraktionen für das parlamentarische Kontrollgremium außer Kraft gesetzt. Zwar durfte im Wege des Gesetzes im Einzelfall von den Bestimmungen der GeschOBT abgewichen werden, doch nur unter Wahrung der verfassungsmäßigen Rechte der Minderheit. Ihre Beteiligungsrechte durften daher nicht ersatzlos aufgehoben werden. Dass die GeschOBT insoweit verfassungsrechtlich relevante Verfahrensrechte festlegt, belegt nicht zuletzt die Formulierung des Art. 93 Abs. 1 Nr 1 GG.

602a Die Geschäftsordnungen von Bundestag – dort §§ 36 ff – und Landtagen sehen auch Ordnungsmaßnahmen wie im **Fall 68** vor. Darunter fallen Ordnungsrufe, der Entzug

8 *Stern* II, § 26 III 6 c.

des Wortes, aber auch der Ausschluss von einer oder sogar mehreren Sitzungen des Parlaments. Es handelt sich um rechtlich relevante Maßnahmen, gegen die der Abgeordnete im Organstreitverfahren Rechtsschutz begehren kann. Der Wortentzug greift intensiv in das Rederecht des Abgeordneten ein, der Ausschluss von einer Sitzung in sein Anwesenheitsrecht. Aber auch schon in der Missbilligung durch einen Ordnungsruf liegt ein Eingriff in die parlamentarischen Rechte des Abgeordneten. Ordnungsmaßnahmen, für die Bundestags- bzw Landtagspräsident oder deren Stellvertreter zuständig sind, sollen die geordnete Wahrnehmung der parlamentarischen Funktionen, aber auch das Ansehen des Parlaments wahren. Sie sind in Abwägung mit dem Rederecht des Abgeordneten zu treffen[9].

Die Bildung der **Ausschüsse** wird geregelt in §§ 54 ff GeschOBT. Ihre Funktion liegt zum einen 603
in der Entlastung des Plenums, insbesondere im Rahmen der Gesetzgebungsarbeit, da gerade hier die entscheidende Vorarbeit in den einzelnen, mit fachkundigen Abgeordneten besetzten Ausschüssen geleistet wird. Gleichermaßen gilt dies für die Wahrnehmung von Kontrollaufgaben gegenüber der Regierung. Die einzelnen Fachausschüsse (Ausschuss für Inneres, Rechtsausschuss ua) sind meist nur in der GeschOBT geregelt. Obligatorisch im GG benannt sind die Ausschüsse für Auswärtiges und Verteidigung (Art. 45a Abs. 1, 2 GG), wobei insbesondere Letzterem besondere Kontrollaufgaben übertragen sind. Mit besonderen Zustimmungsrechten ausgestattet ist der Haushaltsausschuss (§ 96 GeschOBT). Bedeutsam für die Ausübung der parlamentarischen Kontrollrechte sind insbesondere die *Untersuchungsausschüsse* nach Art. 44 GG; zu Aufgaben und Befugnissen s. nachstehend III. – Zur Besetzung des Vermittlungsausschusses näher Rn 216.

Für die **Zusammensetzung** der Ausschüsse gilt der Grundsatz der **Spiegelbildlichkeit** (zum Ver- 604
mittlungsausschuss Rn 216): sie müssen das Stärkeverhältnis der Fraktionen widerspiegeln. Hierzu steht im Widerspruch, dass im Bayerischen Landtag, für den die gleichen verfassungsrechtlichen Grundsätze gelten, alle Ausschüsse mit 16, 20 oder 22 Mitgliedern zur Hälfte mit Abgeordneten einer Partei besetzt sind, die im Plenum über 49% der Sitze verfügt. Dies bewirkt eine erhebliche qualitative Veränderung ihrer Wirkungsmöglichkeiten in den Landtagsausschüssen, die ihr auf Grund ihrer Stärke nicht zukommt. Der Bayerische Verfassungsgerichtshof hat hierin gleichwohl keinen Verstoß gegen die Rechte der anderen Fraktionen oder gegen das Demokratieprinzip gesehen[10]. Der Beschluss des Landtags, mit dem die Ausschüsse entsprechend zugeschnitten worden waren, wird im Rahmen der Parlamentsautonomie gesehen; der Verstoß gegen den Grundsatz der Spiegelbildlichkeit wird mit diffusen Hinweisen auf die „Verfassungswirklichkeit" gerechtfertigt: es seien auch die konkreten Mehrheitsverhältnisse im Landtag zu berücksichtigen, wo die Mehrheitspartei auf einen Koalitionspartner angewiesen sei. Warum deshalb die überproportionale Berücksichtigung in den Ausschüssen weniger ins Gewicht fallen soll, bleibt das Geheimnis des Verfassungsgerichtshofs (der generell eine „staatsnähere" Linie fährt als die Verfassungsgerichte anderer Länder – seine Mitglieder werden mit einfacher Mehrheit vom Landtag gewählt).

2. Ende der Wahlperiode und Neuwahlen

Das „Amt" des Bundestags, also seine Wahlperiode beginnt mit seinem ersten Zusam- 605
mentritt. Die Wahlperiode endet mit dem Zusammentritt des neugewählten Bundestags, Art. 39 Abs. 1 S. 2 GG. Der reguläre Zeitpunkt für Neuwahlen bestimmt sich nach Art. 39 Abs. 1 S. 3, 4 GG. Der Bundestag kann nicht von sich aus seine Wahlpe-

9 S. zu Ordnungsmaßnahmen BVerfGE 10, 4, 12 ff; 80, 188, 220; SächsVerfGH, U.v. 3.12.2010 – Vf. 17-I-10.
10 BayVerfGH NVwZ-RR 2010, 209.

riode verkürzen (verlängern kann er sie ohnehin nicht, Rn 72, 100): er hat **kein Selbstauflösungsrecht**. Die Gemeinsame Verfassungskommission hatte 1993 darüber beraten, jedoch von einer Empfehlung abgesehen. Auch anlässlich der Bundestagsauflösung 2005 wurde über ein Selbstauflösungsrecht diskutiert.

606 Gleichwohl kann es unter bestimmten Voraussetzungen zu vorzeitigen Neuwahlen kommen (mit der Folge, dass mit Zusammentritt des neugewählten Bundestags die Wahlperiode des bisherigen Bundestags endet).

– Wenn sich nach einer Bundestagswahl keine absolute Mehrheit für die **Wahl eines Bundeskanzlers** findet und eine Minderheitsregierung entstehen würde, kann der *Bundespräsident* nach Art. 63 Abs. 4 S. 3 GG nach seinem *Ermessen* entweder den mit nur relativer Mehrheit gewählten Bundeskanzler ernennen, oder aber den Bundestag *auflösen*, dann müssen Neuwahlen stattfinden, Art. 39 Abs. 1 S. 4 GG. Die gleiche Situation kann sich ergeben, wenn der Bundeskanzler zurücktritt oder sein Amt auf andere Weise endet. Auch dann muss ja ein neuer Bundeskanzler gewählt werden. Wird er nicht mit der Mehrheit der Mitglieder des Bundestags gewählt, hat der Bundespräsident wiederum die Entscheidung nach Art. 63 Abs. 4 S. 3 GG zu treffen.

– Vorzeitige Neuwahlen sind ferner möglich nach Art. 68 Abs. 1 GG, also im Fall der gescheiterten **Vertrauensfrage**. Wenn der Antrag des Bundeskanzlers, ihm das Vertrauen auszusprechen, nicht die Mehrheit der Mitglieder des Bundestags (Rn 600) findet, *kann* (Ermessen!) der Bundespräsident auf Vorschlag des Bundeskanzlers den Bundestag auflösen. Auf diese Weise kann der Bundestag doch vorzeitige Neuwahlen herbeiführen: der Bundeskanzler stellt die Vertrauensfrage; die Abgeordneten seiner Partei enthalten sich der Stimme, sein Antrag, ihm das Vertrauen auszusprechen, findet damit nicht die Mehrheit der Mitglieder des Bundestags. Dann kann er dem Bundespräsidenten die Auflösung des Bundestags vorschlagen. Dieser Weg wurde gewählt, um nach dem Regierungswechsel durch konstruktives Misstrauensvotum im Herbst 1982 vorzeitige Neuwahlen im März 1983 zu ermöglichen[11]. 2005 beschritt der damalige Bundeskanzler Schröder erneut diesen Weg, nachdem die – aus Sicht der damaligen Regierungskoalition – verlorenen Landtagswahlen im größten Bundesland Nordrhein-Westfalen zu einer Verschiebung der Mehrheitsverhältnisse im Bundesrat geführt hatten. Das BVerfG spricht hier von einer „auflösungsgerichteten Vertrauensfrage", die dann gerechtfertigt sein soll, wenn sie der „Wiederherstellung einer ausreichend parlamentarisch verankerten Bundesregierung dient"[12]. Da das Gericht den politischen Organen einen weiten Einschätzungsspielraum zugesteht, ist die Gefahr nicht von der Hand zu weisen, dass das Instrument der Vertrauensfrage dazu dienen könnte, nach politischem Ermessen vorzeitige Neuwahlen herbeizuführen. Der Bundestag hätte dann faktisch ein Recht zur **Selbstauflösung**, das ihm das Grundgesetz vorenthalten hat[13].

Schrifttum zu II.: *Hahn*, Zur verfassungssystematischen Konsistenz eines Selbstauflösungsrechts des Bundestags, DVBl 2008, 151.

11 Dazu BVerfGE 62, 1; vgl zur „unechten Vertrauensfrage" *Schenke*, BonnK, Art. 68 Rn 68 ff.
12 Vgl hierzu und zum Folgenden BVerfGE 114, 125, 149 ff, 155 ff.
13 Vgl zB *Pestalozza*, NJW 2005, 2817, 2820; *Buettner/Jäger*, DÖV 2006, 408.

III. Abgeordneter und Fraktion

Die Stellung des einzelnen Bundestagsabgeordneten im parlamentarischen Prozess ist in einem verfassungsrechtlichen Spannungsverhältnis zu sehen: Einerseits ist er Vertreter des ganzen Volkes und nur seinem Gewissen unterworfen – damit wird der Grundsatz des freien Mandats bezeichnet. Andererseits ist er in aller Regel auch Vertreter einer Partei und auch als solcher gewählt worden, gehört dann einer Fraktion im Bundestag an. Konflikte, die sich hieraus ergeben, können nur in begrenztem Maße verrechtlicht werden. Es sind zunächst politische Konflikte. In welchem Maße hieraus Verfassungskonflikte entstehen können und wie sie zu behandeln sind, ist im Folgenden aufzuzeigen.

1. Der Abgeordnete

a) Überblick: Rechte des Abgeordneten

Nicht nur der Bundestag als Ganzes ist Träger verfassungsmäßiger Rechte, sondern auch der einzelne Abgeordnete. Sie folgen vor allem aus dem Grundsatz des **freien Mandats** in Art. 38 Abs. 1 S. 2 GG[14]. Verfassungsrechtlich geschützt sind der Bestand des Mandats und dessen Ausübung. Um den **Bestand des Mandats** geht es, wenn der Abgeordnete veranlasst werden soll, sein Mandat niederzulegen, wie im **Fall 67**, oder bei einer vorzeitigen Auflösung des Bundestags durch den Bundespräsidenten. Um die **Ausübung des Mandats** geht es bei der gleichberechtigten Teilhabe des Abgeordneten an der Arbeit des Parlaments, seinem Recht auf Informationen, auf Zugehörigkeit zu einer Fraktion oder einem Ausschuss, seinem Rederecht. Einzelne Statusrechte des Abgeordneten werden durch Art. 46 ff GG geregelt, so die traditionellen Abgeordnetenrechte der Indemnität und Immunität in Art. 46 GG, das Zeugnisverweigerungsrecht des Abgeordneten in Art. 47 sowie der Anspruch auf Abgeordnetenentschädigung und ein allgemeines Behinderungsverbot in Art. 48 GG. 607

b) Das freie Mandat: Freiheit in der Ausübung, Repräsentation und Pflichtenstellung des Abgeordneten

Zentrale Aussage über die Rechtsstellung des Abgeordneten ist die des **Art. 38 Abs. 1 S. 2 GG**. Hiernach sind die Abgeordneten Vertreter des ganzen Volkes. Dies bedeutet: jeder einzelne Abgeordnete vertritt das ganze Volk und nicht etwa nur seinen Wahlkreis. Schon daraus folgt: die Abgeordneten sind gleichberechtigt, sie haben Anspruch auf gleichberechtigte Teilhabe an den Funktionen des Parlaments. Als **Vertreter des ganzen Volkes**, die an Aufträge und Weisungen nicht gebunden sind, üben die Abgeordneten ihr Mandat in Unabhängigkeit aus; auch dies folgt aus Art. 38 Abs. 1 S. 2 GG. Dies begründet einen besonderen Status des Abgeordneten, aber auch seine **Verpflichtung**: er hat seine Unabhängigkeit zu bewahren, und er hat sein Mandat auch tatsächlich aktiv wahrzunehmen: nur dann vertritt er tatsächlich das Volk nach 608

14 Vgl BVerfGE 118, 277, 324; zu dieser Entscheidung s. *Möllers*, Jura 2008, 937.

den Grundsätzen des freien Mandats in der repräsentativen Demokratie. Art. 38 Abs. 1 S. 2 GG ist somit auch wesentliches Element des Demokratieprinzips des Grundgesetzes. Insofern hat das freie Mandat Teil an den unveränderlichen Grundsätzen des Art. 79 Abs. 3, 20 Abs. 1 GG. **Freies Mandat** als Freiheit des Abgeordneten bedeutet also *„nicht eine Freiheit von Pflichten, sondern lediglich die Freiheit in der inhaltlichen Wahrnehmung dieser Pflichten“*[15].

609 Dies bringt die sog. **Mittelpunktregelung** in § 44a Abs. 1 AbgG in verfassungskonformer Weise zum Ausdruck. Sie besagt nichts anderes, als was schon verfassungsrechtlich aus Art. 38 Abs. 1 S. 2 GG und dem repräsentativen Prinzip des Grundgesetzes folgt: die Wahrnehmung des Mandats als Vertreter des Volkes hat im Mittelpunkt der Tätigkeit des Abgeordneten zu stehen. Sonstige berufliche Tätigkeiten sind nicht ausgeschlossen, dürfen jedoch die Unabhängigkeit des Abgeordneten und seine Fähigkeit zu aktiver Mandatswahrnehmung nicht beeinträchtigen und das Mandat nicht aus dem Mittelpunkt seiner Tätigkeit verdrängen. Art. 38 Abs. 1 S. 2 GG meint auch die Unabhängigkeit von Interessengruppen[16]. Sie soll auch durch die Abgeordnetenentschädigung (die *„Diäten“)* nach Art. 48 Abs. 3 S. 1 GG gesichert werden. Auch hier gilt: die Abgeordneten sind in Statusfragen gleich zu behandeln, „damit keine Abhängigkeiten oder Hierarchien über das für die Arbeitsfähigkeit des Parlaments unabdingbare Maß hinaus entstehen“[17]. Deshalb sind besondere parlamentarische Funktionsstellen (wie zB stellvertretende Fraktionsvorsitzende) und damit verbundene Funktionszulagen nur sehr eingeschränkt zulässig.

Der Aspekt der Unabhängigkeit wird in der Entscheidung des BVerfG vom 4. Juli 2007 beispielhaft belegt: der Antragsteller wandte sich als Abgeordneter gegen die **Mittelpunktregelung** und hieran anknüpfende Offenlegungspflichten. Er war Partner in einer Anwaltssozietät, die ihrerseits mit dem Börsengang eines staatlichen Unternehmens beauftragt war. Er räumte ein, dass seine Sozietät das Mandat auch (aber nicht in erster Linie) auf Grund seiner politischen Kontakte erhalten hatte, er aber auch von vornherein erklärt hätte, sich an der Gesetzgebung zu dem fraglichen Thema nicht zu beteiligen. Dies bedeutet andererseits: er konnte insoweit sein Mandat nicht aktiv wahrnehmen.

610 Die Repräsentationspflichten des Abgeordneten können rechtlich nicht erzwungen werden. Der Gesetzgeber durfte jedoch eine Verpflichtung zur **Offenlegung** von **Tätigkeiten neben dem Mandat** und hieraus erzielter **Einkünfte** festlegen.

Sie wird in den **Verhaltensregeln**, die sich der Bundestag nach § 44b AbgG gibt, näher ausgeführt. Nach § 44b AbgG müssen die Verhaltensregeln Bestimmungen enthalten über die Fälle einer Pflicht zur Anzeige von Tätigkeiten vor bzw neben dem Mandat und der Art und Höhe der Einkünfte neben dem Mandat oberhalb einer Mindestgrenze. Anzuzeigen sind nach § 1 der Verhaltensregeln, einer Anlage zur GeschOBT, zB die Fortsetzung einer Berufstätigkeit sowie Berater- oder Gutachtertätigkeiten und Beteiligungen an Gesellschaften sowie die Höhe der hieraus erzielten Einkünfte, wenn sie eine Bagatellgrenze (€ 10 000 p.a.) übersteigen. Die Angaben werden veröffentlicht, was die Einkünfte betrifft, in pauschalierter Form nach Einkommensstufen. Bei Verstößen kann der Bundestagspräsident ein Ordnungsgeld bis zur Hälfte der jährlichen Abgeord-

15 BVerfGE 118, 277, 326.
16 BVerfGE 118, 277, 330.
17 S. dazu und zum Folgenden BVerfGE 102, 224, 241; *Winkler*, JA 2001, 288; *Röper*, DÖV 2002, 655.

netenentschädigung festsetzen. In der verfassungsrechtlichen Bewertung dieser Offenlegungspflichten waren sich die Mitglieder des 2. Senats des BVerfG in ihrem Urteil vom 4. Juli 2007 uneins. Es handelte sich um eine 4 : 4-Entscheidung, bei Stimmengleichheit kann kein Verfassungsverstoß festgestellt werden. Dissens bestand bereits in der Frage der Prüfungsmaßstäbe. Die die Entscheidung tragenden Richter – also diejenigen Mitglieder des Senats, die die Verfassungsmäßigkeit der Regelung bejahten – sehen in der Mittelpunktregelung des § 44a Abs. 1 AbgG sowie in den Transparenz- und Offenlegungspflichten in materieller Hinsicht eine Frage allein des Art. 38 Abs. 1 S. 2 GG.

Wird der Abgeordnete verpflichtet, seine beruflichen Tätigkeiten neben dem Mandat **611** und seine Einkünfte hieraus offenzulegen, so kann dies auch unter grundrechtlichen Gesichtspunkten relevant werden: es geht um die Berufsfreiheit des Abgeordneten (Art. 12 Abs. 1 GG) und um sein Recht auf informationelle Selbstbestimmung (Art. 2 Abs. 1 iVm Art. 1 Abs. 1 GG). Verfassungsrechtlicher Maßstab für die Bestimmungen des AbgG ist zwar Art. 38 Abs. 1 S. 2 GG. Dabei sind aber auch Auswirkungen auf die private Rechtssphäre des Abgeordneten im Wege der Abwägung zu berücksichtigen[18].

Die Regelungen der §§ 44a und b AbgG sind also aus diesen Gründen verfassungskonform: **612**

- Der Gesetzgeber darf nach Art. 38 Abs. 3 GG die Rechtsstellung des Abgeordneten näher ausgestalten;
- mit der Aussage, dass die Wahrnehmung des Mandats im Mittelpunkt der Tätigkeit des Abgeordneten zu stehen hat, wird näher beschrieben, was verfassungsrechtlich ohnehin gilt: der Freiheit des Mandats entspricht die Pflicht zu dessen aktiver Wahrnehmung;
- mit den Offenlegungspflichten in den Verhaltensregelungen wird Transparenz hergestellt; dies ist verfassungsrechtlich geboten, da die parlamentarische Demokratie die Öffentlichkeit politischer Herrschaft erfordert. Sie beruht auf dem Vertrauen des Wählers, das bedingt Transparenz.
- Die Interessen des Abgeordneten als Privatperson sind im Rahmen des Art. 38 Abs. 1 S. 2 GG zu berücksichtigen; wenn allerdings nicht die private Lebensführung des Abgeordneten betroffen ist, sondern seine nach außen gerichtete berufliche Tätigkeit, muss das öffentliche Interesse an der Offenlegung möglicher Abhängigkeiten grundsätzlich Vorrang haben.
- Die Nichterfüllung der Offenlegungspflichten durfte der Gesetzgeber nach § 44a Abs. 4 AbgG sanktionieren.

c) Freies Mandat und Parteizugehörigkeit des Abgeordneten

Der einzelne Abgeordnete ist in aller Regel auch Mitglied und Repräsentant einer politischen Partei und wird als solcher in den Bundestag gewählt – im Fall der Wahl über die Landesliste sogar in allererster Linie wegen seiner Parteizugehörigkeit. Es liegt auf der Hand, dass auch dies Abhängigkeiten begründet. Die „politische Einbindung des Abgeordneten in Partei und Fraktion" ist jedoch verfassungsrechtlich gewollt. Sie **613**

18 BVerfGE 118, 277, 354.

ist die Konsequenz aus der Rolle der politischen Parteien im Prozess der politischen Willensbildung, die durch Art. 21 GG ausdrücklich anerkannt wird (§ 2 III). Es besteht daher ein **Spannungsverhältnis** zwischen dem freien Mandat des **Art. 38 Abs. 1 S. 2 GG** einerseits und dem Grundsatz der parteienstaatlichen Demokratie, **Art. 21 GG** andererseits. Eben dieses Spannungsverhältnis ist im Grundgesetz angelegt. Der Abgeordnete ist zwar einerseits in seine Partei eingebunden und von ihr auch abhängig; er ist aber auch angewiesen auf „abgestimmte Unterstützung", wenn er aktiv gestalten will[19]. Dies ist die Aufgabe vor allem der Fraktionen. Zwischen Fraktion und Abgeordnetem besteht damit ein Verhältnis wechselseitiger Abhängigkeit: Letzterer ist auf die Fraktion angewiesen, um politisch wirken zu können, diese aber möchte sich des Abstimmungsverhaltens des Abgeordneten vergewissern. Ein gewisser Fraktionszwang ist also hinzunehmen – das BVerfG drückt sich vornehmer aus und spricht von einer gewissen „Bindekraft der Fraktion im Verhältnis zum Abgeordneten".

614 Die Partei ist also berechtigt, über die Fraktion auf die Ausübung des Mandats durch den Abgeordneten einzuwirken. Dies entspricht ihrem verfassungsrechtlichen Auftrag. Im Konfliktfall muss freilich die Gewissensentscheidung des Abgeordneten Vorrang haben. Die Grenzen zwischen zulässiger, der parteienstaatlichen Demokratie gemäßer **Fraktionsdisziplin** und unzulässigem Druck auf die durch Art. 38 Abs. 1 S. 2 GG geschützte Gewissensentscheidung sind nur bedingt justiziabel. Politisches Wirken ist keine Sache perfekter (verfassungsrechtlicher) Kautelen. Auch der Abgeordnete, der sich weder innerhalb seiner Fraktion durchzusetzen vermag noch bereit ist, die Konsequenzen daraus zu ziehen, entspricht nicht dem vom Grundgesetz vorausgesetzten Typ des Abgeordneten.

615 Wenn der Bereich der politischen Auseinandersetzung verlassen und rein wirtschaftlicher Druck auf die Abgeordneten ausgeübt wird, ist die Grenze erreicht. Deshalb sind zB Verpflichtungserklärungen wie im **Fall 67** unzulässig. In der Art und Weise der innerparteilichen Disziplinierung liegt hier der ausschlaggebende Gesichtspunkt, nicht allein in der Tatsache, dass der Abgeordnete gezwungen wird, von einer eigenen Entscheidung abzusehen: dies kann die Folge auch durchaus zulässiger Druckmittel – etwa Verlust des „sicheren" Listenplatzes, ggf auch Parteiausschluss – sein. Wenn im Übrigen das BVerfG von einer „Bindekraft der Fraktion im Verhältnis zum Abgeordneten" spricht, so ist damit stets nur eine politische Bindung gemeint.

Deshalb können auch Parteitagsbeschlüsse uÄ, durch die Abgeordnete zum **Mandatsverzicht** aufgefordert werden, nicht rechtlich binden. Fraglich ist, wie der Verzicht zu behandeln ist, wenn der Abgeordnete sich gleichwohl der Partei beugt. Hier sind jedenfalls die Grenzen der Justiziabilität erreicht. Erklärt der Abgeordnete den Verzicht auf sein Mandat durch Erklärung gegenüber dem Präsidenten des Bundestags, §§ 46, 47 BWG, so bestünde allenfalls die Möglichkeit, die *Verzichtserklärung* auf Grund des Parteitagsbeschlusses als *unwirksam* zu behandeln, die *Bestätigung* der Verzichtserklärung nach § 47 Abs. 1 Nr 4 iVm § 46 Abs. 1 Nr 4 BWG *zu verweigern.* Hiergegen käme ein Antrag des Abgeordneten auf Entscheidung durch den Bundestag nach § 47 Abs. 3 S. 3 BWG in Betracht. Dergestalt könnte dann letztlich die Angelegenheit zu verfassungs-

19 BVerfGE 118, 277, 328 f.

gerichtlicher Klärung gebracht werden. Ob aber die Wirksamkeit der Verzichtserklärung von den Beweggründen abhängig gemacht werden kann, ist zweifelhaft: Entscheidungen über die Zusammensetzung eines Verfassungsorgans sind aus Gründen der Rechtssicherheit in hohem Grade formalisiert. Ihre Wirksamkeit von schwer nachweisbaren Beweggründen der Organwalter abhängig zu machen, dürfte hiermit kaum vereinbar sein[20].

d) Parlamentarische Beteiligungsrechte des Abgeordneten: Freies Mandat und parlamentarisches Verfahren

Der Abgeordnete nimmt sein Mandat in erster Linie dadurch wahr, dass er an den Be- 616
ratungen des Bundestags und seiner Ausschüsse teilnimmt und sich an der parlamentarischen Debatte und an den Abstimmungen beteiligt. Das Anwesenheitsrecht des Abgeordneten, sein Rederecht, sein Initiativrecht und sein Stimmrecht zählen damit zu den wichtigsten Statusrechten des Abgeordneten. Das **Stimmrecht** bedeutet das Recht, an den Abstimmungen im Bundestag teilzunehmen und frei abzustimmen. Die Modalitäten der Stimmabgabe werden durch die Geschäftsordnung näher geregelt. Dabei wird der Abgeordnete allein durch Geschäftsordnungsverstöße noch nicht in seinen verfassungsmäßigen Rechten verletzt, sondern erst bei Auswirkungen auf das Abstimmungsergebnis[21]. **Initiativrecht** ist das Recht, Vorlagen, insbesondere Gesetzesvorlagen einzubringen, die vom Bundestag zu behandeln sind. Dieses Recht kann im Interesse der Arbeitsfähigkeit des Parlaments nur gemeinsam mit weiteren Abgeordneten ausgeübt werden, § 76 GeschOBT. Das **Rederecht**, also das Recht des Abgeordneten, vor dem versammelten Parlament in einer Debatte Stellung zu nehmen, sei es zu Gesetzentwürfen, zur Arbeit der Regierung, zu anderen Redebeiträgen oder zum sonstigen politischen Geschehen, ist durch den Grundsatz des freien Mandats aus Art. 38 Abs. 1 S. 2 GG verfassungsrechtlich begründet[22] und geschützt, nicht durch die Meinungsfreiheit des Art. 5 Abs. 1 S. 1 GG. Denn der Abgeordnete spricht im Bundestag als Mitglied eine Verfassungsorgans, nicht als privater Grundrechtsträger.

Die Ausübung des Rederechts wird im Interesse der Arbeitsfähigkeit des Parlaments 617
und der Redefreiheit aller anderen Abgeordneten durch § 35 GeschOBT hinsichtlich der **Redezeit** begrenzt. Überschreitet ein Abgeordneter seine Redezeit, so soll ihm nach § 35 III GeschOBT der Präsident im Rahmen der sog. Disziplinargewalt[23] (Rn 602a) nach einmaliger Mahnung das Wort entziehen können. Ordnungsmaßnahmen können zB wegen der Ausdrucksweise („Dreckschleuder“[24]) oder wegen des Inhalts einer Äußerung erfolgen, etwa dann, wenn eine Äußerung den Tatbestand der Volksverhetzung (§ 130 StGB) berührt[25], aber auch schon dann, wenn das Ansehen des Parlaments gefährdet wird. Sie haben jedoch den Grundsatz der freien Rede des Abgeordneten ebenso zu beachten, wie den der Offenheit der parlamentarischen Auseinandersetzung. Deshalb kann regelmäßig nur die Form und nur ausnahmsweise der Inhalt einer Äuße-

20 Wie hier in der Tendenz: StGH Niedersachsen EuGRZ 1985, 428 (zum seinerzeitigen „Rotationsprinzip“ der „Grünen“).
21 Vgl SächsVerfGH LKV 2008, 221 zu Geschäftsordnungsverstößen im sog. Hammelsprung-Verfahren.
22 SächsVerfGH NVwZ-RR 2011, 129, 130 Rn 34, 40.
23 SächsVerfGH NVwZ-RR 2011, 129, 130 Rn 46 f.
24 Vgl BVerfGE 60, 374, 380 f.
25 Vgl MVVerfG NVwZ 2010, 958, 960.

rung Ordnungsmaßnahmen – wie im **Fall 68** – rechtfertigen; eine Grenze ist regelmäßig erreicht, wo es um bloße Provokation oder die schiere Herabwürdigung Anderer oder die Verletzung von Rechtsgütern Dritter geht[26]. Der Bundestags- bzw Landtagspräsident hat hierbei jedoch einen Einschätzungsspielraum in der Frage, ob die parlamentarische Ordnung gestört ist; die Verfassungsgerichte haben dies zu beachten.

618 Anders als in einzelnen vor allem neueren Landesverfassungen sind diese und weitere parlamentarische Beteiligungsrechte des einzelnen Abgeordneten im Grundgesetz nicht ausdrücklich normiert. Dies gilt auch für **Frage- und Informationsrechte** des Abgeordneten[27]. Hierfür muss auf die Grundnorm des Art. 38 Abs. 1 S. 2 GG und allgemeine Grundsätze, wie das Demokratieprinzip und das Prinzip der parlamentarischen Verantwortlichkeit der Regierung zurückgegriffen werden. Eine analoge Anwendung der landesverfassungsrechtlichen Bestimmungen ist unzulässig – zulässig ist es jedoch, vergleichend auf sie zu verweisen. Die Regierung hat Anfragen vollständig und nach bestem Wissen zu beantworten. Denn das Fragerecht auch des einzelnen Abgeordneten beruht auf dem Demokratieprinzip: es ist notwendige Voraussetzung für die Kontrollfunktion des Parlaments, als einem tragenden Prinzip der parlamentarischen und gewaltenteilenden Demokratie. Seine Bedeutung liegt auch darin, dass es ein Recht der Minderheit ist, die der Regierung und der Regierungsmehrheit im Parlament gegenübersteht. Unvollständige Antworten bedürfen einer besonderen Rechtfertigung; ähnlich wie im Recht der Untersuchungsausschüsse, wo es ja ebenfalls um die parlamentarische Verantwortlichkeit der Regierung geht, kann diese sich ggf auf den Schutz eines „Kernbereichs exekutivischer Eigenverantwortung" berufen[28]. Ob die Regierung ihrer Auskunftspflicht nachgekommen ist, kann vom **Verfassungsgericht** im Organstreitverfahren überprüft werden[29] – vom BVerfG im Verhältnis Bundestag und Bundesregierung, von den Landesverfassungsgerichten bei Verfassungsstreitigkeiten auf Landesebene. Hierzu ist vor allem die umfangreiche Rechtsprechung zum Landesverfassungsrecht einschlägig; auch das BVerfG hat sich hierzu in seiner damaligen Eigenschaft als seinerzeitiges Landesverfassungsgericht für Schleswig-Holstein geäußert[30]. Unzulässig sind wegen des Gewaltenteilungsprinzips Eingriffe in laufende Entscheidungsprozesse sowie die Ausforschung der regierungsinternen Willensbildung, während andererseits das Kontrollinteresse des Parlaments umso gewichtiger ist, als es um die Aufklärung rechtswidriger Vorgänge oder sonstige Missstände im regierungsinternen Bereich geht. Ähnlich dürfte ein Recht auf **Akteneinsicht** zu behandeln sein, wie es zB positiv in Art. 56 Abs. 3, 4 BbgVerf[31] sowie in Art. 23 SHVerf[32] enthalten ist.

619 Der gezielte **Ausschluss einzelner Abgeordneter** von der Beratung kann sich „als Missbrauch des Mehrheitsrechts und damit als Verletzung der verfassungsrechtlich

26 SächsVerfGH NVwZ-RR 2011, 129, 130 Abs. Nr 53.
27 Vgl BVerfGE 70, 324, 355; 124, 161, 181 f.
28 Zu diesem „Kernbereich" s. BVerfG, U. v. 19.6.2012 – 2 BvE 4/11 – Abs. Nr 113 f.
29 VerfGH MV NJW 2003, 815; ebenso BbgVerfG DÖV 2001, 164 für Art. 56 Abs. 2 BbgVerf; s. auch ThürVerfGH LKV 2003, 422; BayVerfGH NVwZ 2002, 715.
30 BVerfGE 110, 199; vgl hierzu *Kotzur*, Jura 2007, 52.
31 Dazu BbgVerfG DÖV 2005, 473.
32 Dazu BVerfGE 110, 199 als Landesverfassungsgericht für Schleswig-Holstein.

verbürgten Abgeordnetenrechte" darstellen, s. dazu iE die **Lösung zu Fall 66**, Rn 651. Dies galt für die Vorgehensweise der Mehrheit des Bundestags, durch eine gesetzlich ad hoc festgelegte Abweichung von der Geschäftsordnung Abgeordnete einer bestimmten Fraktion von der Behandlung sensibler Angelegenheiten auszuschließen, indem diese auf ein besonderes Gremium übertragen wurde. Dieses wurde abweichend vom Verfahren bei Ausschüssen nicht nach dem Verhältnis der Fraktionen besetzt. Das BVerfG rechtfertigte dies jedoch in einem Fall, in dem es um geheimhaltungsbedürftige Angelegenheiten der Geheimdienste ging und befürchtet wurde, die Abgeordneten einer bestimmten Fraktion würden die notwendige Geheimhaltung nicht wahren. Der Ausschluss einzelner Abgeordneter könne im Einzelfall „um der zu verhandelnden Sache willen" zulässig sein[33].

Präziser entschied der *Sächsische Verfassungsgerichtshof*: Die Bestimmung der Mitglieder eines parlamentarischen Kontrollgremiums (Stasi-Verstrickung) durch Mehrheitsbeschluss könne ausnahmsweise zulässig sein, da diese das Vertrauen der Abgeordnetenmehrheit besitzen müssen. Doch dürfe die Stimmabgabe der Abgeordneten nicht missbräuchlich sein; dies ist jedoch verfassungsgerichtlich nur begrenzt überprüfbar. Deshalb sei ein formelles oder informelles Verständigungsverfahren erforderlich, das die Rechte von Minderheiten sichert[34]. Im **Fall 66b** verneinte demgegenüber der SächsVerfGH einen Verfassungsverstoß zu Lasten der NPD: er sah in den informellen Sondierungsgesprächen des Ministerpräsidenten keine rechtserheblichen Maßnahmen auf der parlamentarischen Ebene.

e) Weitere Statusrechte des Abgeordneten

Art. 46 Abs. 1 GG enthält den Grundsatz der **Indemnität**. Er schützt den Abgeordneten in der Wahrnehmung seines Mandats: er darf wegen seiner parlamentarischen Äußerungen nicht gerichtlich belangt werden. Dies gilt für alle Äußerungen im Bundestag (Plenum und Ausschüsse) – mit Ausnahme verleumderischer Beleidigungen, §§ 103, 187 StGB, nicht aber für Äußerungen außerhalb, zB im Wahlkampf. Indemnitätsschutz besteht für alle gerichtlichen Verfahren, Strafverfahren, Zivilklagen, aber auch sonstige staatliche Maßnahmen wie Disziplinarverfahren. Er gilt auch nach Beendigung der Mitgliedschaft im Bundestag. **620**

Beispiel: Der Abgeordnete A weist während einer Bundestagsdebatte darauf hin, dass der Arzneimittelhersteller X wiederholt nicht hinreichend geprüfte Arzneimittel mit schädlichen Nebenwirkungen in Verkehr gebracht habe; daraufhin geht der Absatz dieser Firma zurück. X verklagt den A auf Widerruf und Schadensersatz: Die Klage ist unzulässig wegen Art. 46 Abs. 1 GG. Im Landesverfassungsrecht kann dies i.E. unterschiedlich geregelt sein – so gilt zB nach Art. 55 Abs. 1 S. 1 SächsVerf Indemnität für alle Äußerungen, die der Abgeordnete im Landtag *oder sonst in Ausübung seines Mandats* getätigt hat.

Immunität bedeutet, dass eine Strafverfolgung des Abgeordneten aus jeglichem Grund, also auch wegen seines Verhaltens außerhalb des Parlaments, nur mit Genehmigung des Bundestags zulässig ist. Die Immunität ist Verfahrenshindernis nur für die Dauer des Mandats. Es bezieht sich auf alle Maßnahmen der Strafverfolgung, also be- **621**

33 BVerfGE 70, 324, 353; zu einem vergleichbaren Fall BayVerfGH DÖV 1989, 308 sowie – gleichermaßen „mehrheitsfreundlich" – BayVerfGH DÖV 2002, 615.
34 SächsVerfGH SächsVBl 1996, 90.

reits die Einleitung eines Ermittlungsverfahrens und die Durchführung strafprozessualer Zwangsmaßnahmen wie zB die Durchsuchung seiner Räume. Es schützt den Abgeordneten in der Ausübung seines Mandats vor willkürlicher oder ungerechtfertigter Verfolgung und dient damit auch dem Schutz des Parlaments. Es handelt sich auch, wie das BVerfG in seinem *Pofalla-Urteil*[35] betont, um kein überholtes Relikt aus der Zeit des Kampfes gegen den Absolutismus – auch im Rechtsstaat des Grundgesetzes sind ungerechtfertigte Verfolgungsmaßnahmen nicht auszuschließen. Deshalb hat der einzelne Abgeordnete auch ein Recht darauf, dass der Bundestag nach sachgerechten Kriterien über die Aufhebung der Immunität entscheidet. Dieses Recht kann er im Wege des Organstreitverfahrens nach Art. 93 Abs. 1 Nr 1 GG geltend machen; der Bundestag hat jedoch einen weiten Entscheidungsspielraum. Erst bei eindeutig sachfremden Erwägungen ist seine Entscheidung fehlerhaft.

622 Der Bundestag hat im Rahmen seiner Geschäftsordnungsautonomie die in den Anlagen zur GeschOBT wiedergegebenen Grundsätze in Immunitätsangelegenheiten beschlossen. Sie wurden relevant im Fall *Pofalla*, der das BVerfG wiederholt, auch in einer ungewöhnlichen prozessualen Konstellation beschäftigte. Der Bundestag hatte nach Art. 46 Abs. 2 GG auf Antrag der Staatsanwaltschaft in NRW die Genehmigung zur Durchsuchung bei dem Abgeordneten erteilt. Diese erwies sich später als rechtswidrig. Die CDU/CSU-Fraktion des Bundestags sah im Verhalten des Landes NRW (die Durchsuchung hatte „zufällig" drei Tage vor der Landtagswahl in NRW stattgefunden) eine Verletzung der Bundestreue und wollte in einem Organstreitverfahren nach Art. 93 Abs. 1 Nr 1 GG die Bundesregierung dazu zwingen, einen Bund-Länder-Streit gegen NRW nach Art. 93 Abs. 1 Nr 3 GG einzuleiten, um eben dies festzustellen – also eine Klage auf Erhebung einer Klage. Dazu sah das BVerfG[36] jedoch keinen Anlass: mit seinem Antrag auf Genehmigung nach Art. 46 Abs. 2 GG hatte das Land sich zwar rechtswidrig verhalten, der Rechtsverstoß lag jedoch auf einfachgesetzlicher Ebene. Daher kam ein Verstoß gegen das Verfassungsgebot der Bundestreue nicht in Betracht, mithin auch kein Bund-Länder-Streit, somit auch keine Verpflichtung der Bundesregierung, einen entsprechenden Antrag zu stellen. In einem weiteren Verfahren entschied das BVerfG[37] dann auf Antrag des Abgeordneten im Organstreitverfahren nach Art. 93 Abs. 1 Nr 1 GG[38].

623 Zu den Statusrechten des Abgeordneten zählen auch sein **Zeugnisverweigerungsrecht** und das **Beschlagnahmeverbot** – das einen Schutz gegen Durchsuchungen einschließt – nach Art. 47 GG[39]. Diese Rechte dürfen nicht verwechselt werden mit der Immunität nach Art. 46 GG: Letztere schützt den Abgeordneten vor eigener Strafverfolgung, während Art. 47 GG eingreift, wenn der Abgeordnete im Rahmen eines Verfahrens gegen Dritte aussagen oder Unterlagen herausgeben soll. Vergleichbare Zeugnisverweigerungsrechte haben nach der StPO zB Journalisten, Anwälte, Ärzte, Geistliche. Für Durchsuchungen und Beschlagnahmen in den Räumen des Bundestags – das sind auch die Büros der Abgeordneten und die Räume der Fraktionen – ist die vorherige Zustimmung des Bundestagspräsidenten erforderlich. Im Rahmen des Art. 47 Satz 2 GG gilt jedoch ein generelles Durchsuchungs- und Beschlagnahmever-

---

35 BVerfGE 104, 310, 322; s. auch für die Rechtslage in NRW VerfGHNW DÖV 2006, 71: weiter Ermessensspielraum des Landtags.

36 BVerfGE 103, 81, 86 f.

37 BVerfGE 104, 310, 322.

38 Zu Einzelheiten s. *Walter*, Jura 2000, 494 sowie den Klausurfall bei *Sachs*, NWVBl 2004, 79; zur Immunität des Abgeordneten: *Wiefelspütz*, DVBl 2002, 1229.

39 Dazu *Ohler*, NVwZ 2004, 696.

bot für Schriftstücke (darunter fallen auch Datenträger), die dem Abgeordneten in dieser Eigenschaft anvertraut wurden. Wird dieses Verbot missachtet, so wird der Abgeordnete in seinen grundgesetzlichen Rechten verletzt; Art. 47 GG schützt das Vertrauensverhältnis, das im Einzelfall zwischen dem Abgeordneten und einem Dritten in Rücksicht auf die Mandatsausübung zustande gekommen ist. Im Verstoß gegen Art. 47 GG liegt zugleich ein Verstoß gegen Art. 38 Abs. 1 Satz 2 GG. Denn Zeugnisverweigerungsrecht und Beschlagnahmeprivileg stärken das freie Mandat und schützen zugleich die ungestörte parlamentarische Arbeit. Art. 47 GG verstärkt also das freie Mandat des Abgeordneten aus Art. 38 Abs. 1 S. 2 GG[40].

Hieraus ergeben sich Konsequenzen für den **Rechtsschutz**. Gegen die Durchsu- **624**
chungsanordnung eines Gerichts kommt nicht das Organstreitverfahren, sondern nur die Verfassungsbeschwerde in Betracht, Rn 766[41]: das Gericht ist kein Verfassungsorgan. Allein auf Art. 47 GG kann die Verfassungsbeschwerde nicht gestützt werden: die Bestimmung wird in Art. 93 Abs. 1 Nr 4a GG nicht aufgeführt, wohl aber Art. 38 GG. Die Verfassungsbeschwerde kann dann auf Art. 38 Abs. 1 S. 2 iVm Art. 47 GG gestützt werden[42].

2. Fraktionen

Zu den parlamentarischen Beteiligungsrechten des Abgeordneten zählt auch das **625**
Recht, sich mit anderen Abgeordneten zu Fraktionen zusammenzuschließen[43] (Rn 99). **Fraktionen** sind Zusammenschlüsse von Abgeordneten des Bundestags, die grundsätzlich der gleichen Partei oder jedenfalls gleichgerichteten Parteien (CDU/CSU) angehören müssen, wobei § 10 GeschOBT eine Mindeststärke von 5 v.H. der Mitgliederzahl des Bundestags verlangt. Im Grundgesetz sind die Fraktionen mehr beiläufig in Art. 53a Abs. 1 S. 2 GG erwähnt, wonach der dort vorgesehene Gemeinsame Ausschuss, der im Verteidigungsfall an Stelle von Bundestag und Bundesrat tätig werden kann, nach dem Stärkeverhältnis der Fraktionen zu besetzen ist. Nach § 47 Abs. 1 AbgG wirken sie *„an der Erfüllung der Aufgaben des Deutschen Bundestages mit“*. Ihre tatsächliche verfassungsrechtliche Bedeutung kommt hierin nicht hinreichend zum Ausdruck; tatsächlich vollzieht sich die Willensbildung des Bundestags ganz maßgeblich über die Fraktionen. Sie werden deshalb vom BVerfG als *„notwendige Einrichtungen des Verfassungslebens“* angesehen[44]. Dies ist auch eine Konsequenz aus der verfassungsrechtlich anerkannten Rolle der Parteien nach Art. 21 GG – ohne dass die Fraktionen deshalb als „verlängerter Arm“ der Parteien geltend dürften. Sie sind Bestandteil der organisierten Staatlichkeit, sie sollen die parlamentarische Arbeit koordinieren, indem sie die unterschiedlichen politischen Richtungen im Parlament gleichsam bündeln und sind wesentliche Voraussetzung für dessen Arbeitsfähigkeit.

---

40 BVerfGE 108, 251, 269.
41 BVerfGE 108, 251, 266.
42 S. auch den Klausurfall „Durchsuchung im Landtag“ von *Sachs/Schroeder*, NWVBl 2006, 389.
43 Vgl zusammenfassend BVerfGE 80, 188, 217 ff.
44 Vgl BVerfGE 70, 324, 350; 80, 188, 219; VerfGHNW NVwZ-RR 2000, 265.

626 Ebenso, wie der einzelne Abgeordnete ein verfassungsmäßiges Recht auf gleichberechtigte Teilhabe am parlamentarischen Verfahren hat, gilt dies auch für die Fraktion. Ihr **verfassungsrechtlicher Status** leitet sich daher auch aus dem der **Abgeordneten** – Art. 38 Abs. 1 S. 2 GG – ab[45]. Es gilt der Grundsatz strikter, „formaler" Gleichheit; ebenso wenig, wie eine nicht verbotene politische Partei, darf auch eine Fraktion nicht als verfassungswidrig behandelt werden. Deshalb müssen parlamentarische Gremien wie Ausschüsse nach dem Stärkeverhältnis der Fraktionen besetzt werden[46]. Soweit die Einzelheiten in der GeschOBT festgelegt sind, so in § 12 GeschOBT das Recht auf Vertretung in den Ausschüssen, handelt es sich doch um verfassungsrechtlich abgeleitete Rechte, die demgemäß auch im Wege des Organstreitverfahrens durchgesetzt werden können (Rn 633). Durch das Gebot formaler Gleichheit sollen insbesondere die Rechte der **Minderheit** geschützt werden. Würde man die Ausschüsse schlicht durch Wahl nach dem Mehrheitsprinzip besetzen, könnten die kleineren Fraktionen an der Mitwirkung gehindert werden. Dies ist auch dann der Fall, wenn anderweitig parlamentarische Gremien oder Kommissionen gebildet werden. In besonderen Fällen soll es zulässig sein, Gremien mit nur wenigen Mitgliedern zu bilden, für die dann kleinere Fraktionen keinen Anspruch auf Beteiligung haben sollen[47]. Auch dann dürfen einzelne Fraktionen nicht sachwidrig benachteiligt werden; dies ist zB durch ein geeignetes Wahlverfahren sicherzustellen[48]. Der verfassungsrechtliche Status der Fraktionen dient damit insbesondere auch den Rechten der **Opposition**. Sie wird, anders als in neueren Landesverfassungen (vgl zB Art. 38 Abs. 3, 49 Abs. 4 BerlVerf, Art. 48 SAHVerf, neuerdings auch in Art. 16a BayVerf) im Grundgesetz nicht ausdrücklich erwähnt. Das Recht auf Opposition ist jedoch notwendiges Element der parlamentarischen Demokratie[49]. Wenn der SächsVerfGH[50] die Absetzung der von einer Minderheitenfraktion verlangten Aktuellen Debatte als Verletzung ihres Rechts auf Chancengleichheit (aus Art. 39 Abs. 3 SächsVerf – entspricht Art. 38 Abs. 1 S. 2 GG) wertet, so liegt auch hierin eine Stärkung der Oppositionsrechte. Aus ihrer verfassungsrechtlichen Stellung folgt auch die Befugnis der Fraktionen zur Öffentlichkeitsarbeit[51].

627 Eine **Mindeststärke** für Fraktionen (Rn 625) festzusetzen, dazu ist der Bundestag auf Grund seiner Geschäftsordnungautonomie befugt[52]. Soweit sich Abgeordnete zusammenschließen wollen, ohne die Fraktionsstärke zu erreichen, können sie nach § 10 Abs. 4 GeschOBT als **Gruppen** anerkannt werden. Da es hierbei um die Mitwirkungsrechte des *Abgeordneten* aus Art. 38 Abs. 1 S. 2 GG geht, sind auch den Gruppen vergleichbare Mitwirkungsrechte einzuräumen[53].

45 Vgl VerfGHNW NVwZ-RR 2000, 265, 266.
46 Vgl SächsVerfGH LKV 2007, 171: dies gilt auch, wenn sich die Zusammensetzung des Landtags ändert.
47 BayVerfGH DÖV 2002, 615.
48 SächsVerfGH SächsVBl 1996, 90.
49 Ausführlich zum Begriff der Opposition und ihrer Bedeutung im parlamentarischen System s. SachsAnhVerfG LKV 1998, 101.
50 SächsVerfGH LKV 1996, 21.
51 VerfGHRhPf NVwZ 2003, 75.
52 BVerfGE 96, 264, 278; *Kloepfer* I, § 15 Rn 196.
53 *Kloepfer* I, § 15 Rn 209 ff.

Von den Rechten der Fraktion zu unterscheiden sind Rechte, die einer Gruppe von Bundestagsabgeordneten *in Fraktionsstärke* zustehen können; zB das *Zitierrecht* des Art. 43 Abs. 1 GG, vgl § 42 GeschOBT, das Frage- oder *Interpellationsrecht*, §§ 100 ff GeschOBT, das Initiativrecht im *Gesetzgebungsverfahren*, Art. 76 Abs. 1 GG, § 76 GeschOBT (doch kann auch eine Fraktion als solche eine Gesetzesinitiative einbringen, § 76 GeschOBT). Träger derartiger Rechte sind die einzelnen Abgeordneten. **628**

Die verfassungsrechtliche Stellung der Fraktion kommt auch in Verfahren vor dem BVerfG zur Geltung. Sie kann *Partei im Organstreitverfahren* sein. Sie ist ein durch die Geschäftsordnung des Bundestags mit eigenen Rechten ausgestattetes Teil dieses Verfassungsorgans, vgl § 63 BVerfGG – näher Rn 760. Fraktionen des Bundestags sind jedoch auch berechtigt, Rechte, die dem Bundestag in seiner Gesamtheit zustehen, im Organstreitverfahren geltend zu machen[54]. Man spricht hier von **Prozessstandschaft**. Auch dadurch wird Chancengleichheit der Minderheitsfraktion gewährleistet. Dies ist bedeutsam für den Fall, dass die Mehrheit im Bundestag sich nicht zu einem Vorgehen gegen die von ihr getragene Regierung entschließen will. **629**

3. Der fraktionslose Abgeordnete

Die Abgeordneten sind in Statusfragen gleich zu behandeln. Sie haben das Recht auf gleichberechtigte Teilhabe am parlamentarischen Verfahren. Dies gilt auch für den fraktionslosen Abgeordneten, der entweder als parteiloser Direktkandidat in den Bundestag gewählt wurde (was praktisch nicht vorkommt) oder Partei und Fraktion verlassen hat oder aber von ihnen ausgeschlossen wurde. Auch der fraktionslose Abgeordnete ist Vertreter des ganzen Volkes. Er muss daher auch die Möglichkeit haben, wie jeder andere Abgeordnete sich an der Arbeit des Bundestags zu beteiligen, auch in den Ausschüssen. Hierfür haben jedoch die Fraktionen das **Benennungsrecht**, § 57 Abs. 2 GeschOBT. Dies entspricht auch ihrer verfassungsrechtlichen Stellung[55] (Rn 625). Dies darf jedoch nicht dazu führen, dass **fraktionslose Abgeordnete** generell von der Mitwirkung in den Ausschüssen ausgeschlossen bleiben. Dies bedeutet dann, wenn die Zahl der zu vergebenden Ausschusssitze insgesamt der der Mitglieder des Bundestags entspricht, das Recht auf einen Ausschusssitz. **630**

Das BVerfG erkennt dieses Recht des Abgeordneten an, nicht ohne es gleichzeitig aber erheblich einzuschränken: zwar müsse er in einen Ausschuss berufen werden und dort das Recht haben, zu reden und Anträge zu stellen. Ein **Stimmrecht im Ausschuss** komme ihm jedoch nicht zu. Denn der fraktionslose Abgeordnete würde im Ausschuss nur für sich sprechen, nicht aber für eine Fraktion, wie der von einer Fraktion entsandte Abgeordnete. Würde man ihm das Stimmrecht zuerkennen, so würde seine Stimme überproportionales Gewicht erlangen; dies sei mit den repräsentativen Funktionen des Parlaments unvereinbar[56]. Das BVerfG löst damit das Spannungsverhältnis zwischen dieser Repräsentativfunktion und der Fraktionszugehörigkeit und damit auch der Parteienstaatlichkeit einseitig zulasten der ersteren. **631**

---

54 S. dazu BVerfGE 67, 100, 125; BVerfGE 121, 135, 151.
55 BVerfGE 77, 1, 39 ff.
56 Hierzu und zum Folgenden s. BVerfGE 80, 188, 218 ff.

632 **Kritik**: Auch wenn der Abgeordnete als Mitglied seiner Fraktion am parlamentarischen Betrieb teilnimmt, verfassungsrechtlich ist er doch Repräsentant des ganzen Volkes. Dies gilt auch für den fraktionslosen Abgeordneten. Die Wahrnehmung parlamentarischer Rechte ist nicht abhängig von der Zugehörigkeit zu einer Fraktion. Hier erscheint die Argumentation des BVerfG, bereits das Rederecht eröffne hinreichende Wirkungsmöglichkeiten, problematisch: gerade der fraktionslose Abgeordnete ist auf ein Stimmrecht angewiesen, will er sich wirksam an der parlamentarischen Willensbildung beteiligen.

633 Die Wirkungsmöglichkeiten des fraktionslosen Abgeordneten, der auch keiner Gruppe iSv § 10 Abs. 4 GeschOBT angehört – dann gelten die genannten Einschränkungen nicht – sind also deutlich reduziert. Deshalb bedeutet der Ausschluss aus einer Fraktion eine erhebliche Beeinträchtigung seiner Mandatsausübung, auch auf Grund seiner diskriminierenden Wirkung. Anders als der Parteiausschluss ist jedoch der **Fraktionsausschluss** nirgends geregelt. Andererseits ist auch die Fraktion in ihrem parlamentarischen Wirken auf eine gewisse Übereinstimmung ihrer Mitglieder angewiesen. Wenn die Bildung von Fraktionen frei ist, müssen diese auch die prinzipielle Möglichkeit haben, Mitglieder auszuschließen. Hierfür müssen jedoch rechtfertigende Gründe gegeben sein. Wenn der einzelne Abgeordnete die Möglichkeit haben muss, in einer Fraktion mitzuarbeiten, muss er grundsätzlich auch ein Recht darauf haben, in seiner Fraktion zu verbleiben, zumal die Drohung des Fraktionsausschlusses erhebliche Rückwirkungen auf seine Freiheit der Mandatswahrnehmung haben kann[57]. Diese gegenläufigen Interessen sind auch hier nach dem Grundsatz praktischer Konkordanz in Ausgleich zu bringen. Zu fordern ist daher auf jeden Fall ein **Verfahren**, in dem der Abgeordnete seine Rechte wahrnehmen kann. In **materieller** Hinsicht sind hinreichend **gewichtige Gründe** für einen Ausschluss zu fordern. Gründe, die einen Parteiausschluss rechtfertigen, dürften in aller Regel auch einen Fraktionsausschluss rechtfertigen, jedenfalls dann, wenn sie die Annahme einer künftigen erheblichen Belastung der Fraktionsarbeit rechtfertigen. Ein Automatismus darf jedoch nicht hergestellt werden[58]. Rechtsschutz ist über das Organstreitverfahren nach Art. 93 Abs. 1 Nr 1 GG eröffnet[59].

Schrifttum zu III.: *Stern* I, § 23; II, § 26 III, IV; *Kloepfer* I, § 15 E III; *Achterberg*, Die Fraktion, JA 1984, 9; *Schmidt-Jortzig/Hansen*, Neue Rechtsgrundlage für die Bundestagsfraktionen, NVwZ 1994, 1145; *Caliskan*, Neues vom Abgeordneten, Jura 2009, 900; *Frenz*, Abgeordnetenrecht, JA 2010, 126; *Glauben*, Immunität der Parlamentarier – Relikt aus vordemokratischer Zeit?, DÖV 2012, 378 ff.

57 Dies wird bei *Ipsen*, NVwZ 2005, 361 nicht hinreichend berücksichtigt; richtig: *Binder/Hofmann*, Jura 2006, 387; *Caliskan*, Jura 2009, 900, 902.

58 Zu den Voraussetzungen s. BbgVerfG NVwZ-RR 2004, 161; LVerfGMV DÖV 2003, 765; zum vorläufigen Rechtsschutz s. BerlVerfGH NVwZ-RR 2005, 753; s. auch *Schmidt*, DÖV 2003, 846 sowie *Lenz*, NVwZ 2005, 364.

59 AA *Ipsen*, NVwZ 2005, 361.

IV. Organspezifische Rechte des Bundestags, insbesondere: Untersuchungsausschüsse

Zu den zentralen Kontrollbefugnissen des Parlaments zählt sein Enquêterecht, also sein Recht, Untersuchungsausschüsse einzusetzen. Es handelt sich hier in besonderer Weise um ein Recht der Minderheit. Was ein Untersuchungsausschuss untersuchen darf und welche Rechte ihm hierzu gegenüber anderen Staatsorganen, aber auch gegenüber Privaten zustehen, ist Gegenstand des folgenden Abschnitts.

Organspezifische Rechte des Bundestags sind rechtliche Befugnisse, die diesem *als Verfassungsorgan* durch das Grundgesetz eingeräumt worden sind, wie zB Interpellations-, Zitier- und Initiativrecht und Kontrollrechte auf dem Gebiet der militärischen Verteidigung (Art. 45a, 45b, 87a Abs. 1 GG). Auch das Fragerecht des Abgeordneten zählt hierzu (Rn 618). Der Wahrnehmung der Kontrollaufgabe des Bundestags dient insbesondere dessen **Enquêterecht**, das den Untersuchungsausschüssen nach Art. 44 GG übertragen ist. Ihre Befugnisse sind häufig Gegenstand von Verfassungskonflikten[60]. 634

Das **Untersuchungsausschussgesetz** – Gesetz zur Regelung des Rechts der Untersuchungsausschüsse des Deutschen Bundestages (PUAG) vom 19. Juni 2001 (BGBl. I S. 1142) – regelt nunmehr Einsetzung und Verfahren des Ausschusses. Das Gesetz rezipiert Ergebnisse der Verfassungsrechtsprechung und klärt noch offene Fragen. Es konkretisiert damit den verfassungsrechtlichen Auftrag des Art. 44 GG. Wenn in verfassungsgerichtlichen Verfahren Rechte des Untersuchungsausschusses in Frage stehen, kommt es dann darauf an, ob in Anwendung des Gesetzes gegen verfassungsmäßige Rechte verstoßen wurde (Rn 637, 645). Für Untersuchungsausschüsse der **Landtage** ist, soweit nicht vergleichbare Landesgesetze existieren, auf die Landesverfassungen zurückzugreifen. Dabei können die zu Art. 44 GG entwickelten Grundsätze herangezogen werden: das Recht der Untersuchungsausschüsse ist unmittelbar aus dem Prinzip der parlamentarischen Demokratie abgeleitet. 635

1. Die Einsetzung des Untersuchungsausschusses

Ein **Untersuchungsausschuss** kann durch Mehrheitsbeschluss – sog. **Mehrheitsenquête** – oder auf Verlangen einer qualifizierten Minderheit – sog. **Minderheitsenquête** – durch Beschluss des Bundestags, § 1 Abs. 2 PUAG, eingesetzt werden. In letzterem Fall ist eine qualifizierte Minderheit von einem Viertel der Mitglieder, Art. 44 Abs. 1 S. 1 GG, § 1 Abs. 1 PUAG, erforderlich. Auf deren Antrag ist der Bundestag verpflichtet, den Untersuchungsausschuss einzusetzen, dessen **Verfassungsmäßigkeit** vorausgesetzt. Der **Untersuchungsgegenstand** muss zutreffend bezeichnet sein und es muss sich um einen zulässigen Untersuchungsgegenstand handeln. Stehen Rechte eines Untersuchungsausschusses in Frage, so bedarf es zunächst der Klärung, ob dessen Einsetzung verfassungsmäßig war, ob er sich insbesondere auf einen zulässigen Untersuchungsgegenstand richtet. Die Einsetzung erfolgt durch Beschluss des Bundestags, § 1 Abs. 2 PUAG, der auch die Verfassungsmäßigkeit des 636

60 **Klausurenband I Fall 7**; **Klausurenband II Fall 7**.

Antrags prüfen kann[61]. Lehnt er hiernach die Einsetzung zu Unrecht – ganz oder teilweise, § 2 Abs. 3 PUAG – ab, so wird hierdurch die antragstellende Minderheit in ihren Rechten verletzt.

2. Verfassungsmäßige Bestimmung des Untersuchungsgegenstands

a) Bezeichnung des Untersuchungsgegenstands und Festlegung

637 Der Untersuchungsgegenstand muss hinreichend **bestimmt** bezeichnet sein. Denn mit dem Einsetzungsbeschluss wird der Untersuchungsauftrag bestimmt – er darf, da es sich beim Untersuchungsrecht um ein Minderheitsrecht handelt, von der Mehrheit im Ausschuss grundsätzlich nicht verändert werden. Dies ist in § 2 Abs. 2 PUAG[62] ausdrücklich festgelegt, ergibt sich aber auch aus der verfassungsrechtlichen Bedeutung insbesondere der Minderheitsenquête. Deren Untersuchungsverlangen soll nicht verfälscht werden[63]. Die Mehrheit des Bundestags durfte also im **Fall 65a** nicht etwa einen Untersuchungsausschuss einsetzen, der auch Spenden an die X-Partei untersuchen sollte. Das Bestimmtheitsgebot dient auch dem Schutz derjenigen, die von der Untersuchung betroffen sind[64]. Sind die im Einsetzungsantrag enthaltenen Fragen nur **teilweise** zulässig, ist dem Antrag, wenn die Fragen abgrenzbar sind, teilweise stattzugeben. Ist der Untersuchungsausschuss einmal eingesetzt, wird man im Fall der Minderheitsenquête ein Recht der Minderheit auf nachträgliche **Erweiterung** des Untersuchungsgegenstands grundsätzlich bejahen dürfen, wenn dies für die Effektivität der parlamentarischen Kontrolle erforderlich ist. Wenn der Untersuchungsausschuss als Kurzbezeichnung den **Namen** eines Dritten, etwa auch eines Politikers, erhält, gegen den sich die Untersuchung richtet, kann dessen **Persönlichkeitsrechtsrecht** beeinträchtigt sein[65]. Sein Rechtsschutz richtet sich bei Untersuchungsausschüssen des Bundes nach §§ 17, 36 PUAG; auf Landesebene wäre ggf Unterlassungsklage vor dem Verwaltungsgericht zu erheben[66].

b) Materielle Schranken des Untersuchungsrechts

638 Art. 44 GG trifft keine Aussage zum Gegenstand des Untersuchungsrechts, also zu der Frage, was der Untersuchungsausschuss in zulässiger Weise untersuchen darf. Jedenfalls muss es um die Feststellung von **Tatsachen** gehen, für die dann die notwendigen Beweise zu erheben sind. Vor allem aber ist der Untersuchungsausschuss eine Untergliederung des Parlaments – er kann also nicht mehr an Rechten haben als der Bundestag selbst. Mitunter wird hierbei unterschieden zwischen der Kontrollenquête und der sog. **Gesetzgebungsenquête**[67] – Letztere soll der Sachaufklärung für kom-

61 Vgl *Geis*, HStR III³, § 55 Rn 22; *Hebeler/Schulz*, JuS 2010, 969, 970.
62 Dazu *Wiefelspütz*, DÖV 2002, 803.
63 Vgl BVerfGE 49, 70; 124, 78, 118 f; BayVerfGH BayVBl 1977, 599.
64 BVerfGE 124, 78, 118 f.
65 Vgl SaarlVerfGH NVwZ-RR 2003, 393; dazu *Caspar*, DVBl 2004, 845, 848 und *Glauben*, DVBl 2006, 1263, 1264.
66 Vgl *Glauben*, DVBl 2006, 1263, 1264.
67 Vgl *Maurer* 13/136; *Magiera*, in: Sachs Art. 44 Rn 4.

plexe Gesetzgebungsvorhaben dienen, hat aber in der Praxis keine Bedeutung erlangt. Bei der Kontrollenquête wird auch mitunter von der Missbrauchsenquête oder Skandalenquête gesprochen.

Dass ein Untersuchungsausschuss nur im Rahmen der verfassungsmäßigen **Zuständigkeit des Bundestags** agieren kann, hält § 1 Abs. 3 PUAG ausdrücklich fest, ohne aber diese Schranken näher zu definieren. Sie ergeben sich aber jedenfalls aus der Kompetenzordnung im Bundesstaat: Vorgänge im Zuständigkeitsbereich eines Landes können nicht Gegenstand einer Enquête des Bundestags sein; der Bundestag kann allerdings untersuchen, wie in einem Fall der Bundesauftragsverwaltung die Bundesregierung ihr Aufsichtsrecht ausgeübt hat[68] (s. dazu **Fall 7** „Untersuchungsausschuss" im **Klausurenband II**). Er muss insoweit aber auch befugt sein, Landesbeamte als Zeugen vorzuladen[69]. Ebenso ist das Untersuchungsrecht der **Landesparlamente** auf Vorgänge im und mit Bezug zum Land beschränkt; darunter fallen auch Vorgänge in den Gemeinden, die ja Teil der Verwaltung des Landes sind und der Kommunalaufsicht der Länder unterstehen. Auch der Untersuchungsausschuss eines *Landtags* muss grundsätzlich befugt sein, Bedienstete des *Bundes* als Zeugen vorzuladen[70] – s. auch **Klausurenband I Fall 7 und II Fall 7**. **639**

Kernbereich des parlamentarischen Untersuchungsrechts ist die Kontrolle der Exekutive und insbesondere des Regierungshandelns[71]. Der Grundsatz der **Gewaltenteilung** setzt hier jedoch Schranken: Der Untersuchungsausschuss hat einen **Kernbereich exekutiver Eigenverantwortung**, einen grundsätzlich nicht ausforschbaren „Initiativ-, Beratungs- und Handlungsbereich" der Regierung zu wahren[72]. Dazu zählt insbesondere die regierungsinterne Willensbildung – würde diese i.E. ausgeforscht, so könnte dies die Arbeitsfähigkeit der Regierung nachhaltig beeinträchtigen[73]. Wo also der ausforschende parlamentarische Zugriff auf Vorgänge im Binnenbereich der vollziehenden Gewalt diese an der Wahrnehmung ihrer Aufgaben unzumutbar behindert, werden parlamentarische Kontrollrechte beschränkt. Aus dem Untersuchungsauftrag darf kein Mitregieren werden. Deshalb dürfen auch nicht abgeschlossene Vorgänge grundsätzlich nicht untersucht werden. Der Untersuchungsausschuss darf aus Gründen der **Gewaltenteilung** nicht in **laufende Verwaltungsverfahren** und erst recht nicht in schwebende **Gerichtsverfahren** eingreifen[74]. **640**

Dies besagt jedoch im **Fall 65a – Flick-Ausschuss –** nicht, dass der Bundestag die fraglichen Vorgänge nicht auch dann untersuchen darf, wenn gleichzeitig gegen den Minister ein Gerichtsverfahren anhängig ist: Gegenstand der Enquête ist nicht die strafrechtliche Beurteilung seines Verhaltens, sondern die politische Bewertung seiner Entscheidung, die Klärung der Hintergründe.

68 Vgl *Hebeler/Schulz*, JuS 2010, 969, 970,
69 Vgl *Geis*, HStR III³, § 55 Rn 37 f, der hier einen Sonderfall der Amtshilfe annimmt.
70 S. BVerwGE 109, 258.
71 BVerfGE 77, 1, 43; 105, 197, 225.
72 BVerfGE 67, 100, 139; 110, 199, 214.
73 *Hebeler/Schulz*, JuS 2010, 969, 972.
74 BVerfGE 110, 199, 214; BayVerfGH DVBl 1986, 233.

641 Auch die Untersuchung parlamentsinterner Vorgänge ist nicht von vornherein ausgeschlossen; die sog. **„Kollegialenquête“** kann das Verhalten einzelner Abgeordneter zum Gegenstand haben – sie ist jedoch die Ausnahme. Die beiden Fälle, in denen das Bundesverfassungsgericht von einer derartigen „Kollegialenquête“ spricht[75], betrafen keinen Untersuchungsausschuss nach Art. 44 GG, sondern die Überprüfung von Abgeordneten nach § 44c AbgG auf eine frühere Tätigkeit für den Staatssicherheitsdienst der DDR. Als grundsätzlich zulässig wertete der Verfassungsgerichtshof Rheinland-Pfalz die **„Fraktionsenquête“**, also einen Untersuchungsausschuss, der Vorgänge bei einer Parlamentsfraktion – konkret das Finanzgebaren der CDU-Fraktion in der vorgehenden Legislaturperiode auf Antrag der SPD-Fraktion – zum Gegenstand hatte[76]. Der Innenbereich der Fraktion ist hier in ähnlicher Weise schutzwürdig wie der nicht ausforschbare Kernbereich exekutiver Eigenverantwortung. Der Verfassungsgerichtshof fordert daher ein qualifiziertes öffentliches Interesse an der Durchführung der Untersuchung angesichts des damit einhergehenden intensiven Eingriffs in die verfassungsrechtlichen Rechte der betroffenen Fraktion. Doch bereits die Einsetzung eines derartigen, gegen eine Fraktion gerichteten Ausschusses begegnet verfassungsrechtlichen Bedenken, da hier von diesem parlamentarischen Kontrollrecht evident zweckwidrig Gebrauch gemacht wird[77].

642 Vorgänge im privaten Bereich können dann Gegenstand eines Untersuchungsausschusses sein, wenn an ihrer Untersuchung ein besonderes **öffentliches Interesse** besteht[78]. Dies kann sich daraus ergeben, dass private Unternehmen besondere Vergünstigungen genießen, besonderen gesetzlichen Pflichten unterliegen oder auch in erheblichem Umfang an den Staat liefern (zB die Rüstungsindustrie). Auch insoweit ergeben sich die Rechte des Ausschusses aus dem PUAG. Das BVerfG hatte noch mangels gesetzlicher Regelung unmittelbar auf die demokratische Legitimation des Bundestags zurückgreifen müssen. Öffentliches Interesse kann auch an Vorgängen im Bereich politischer Parteien bestehen[79]. In jedem Fall aber sind bei der Untersuchung von Vorgängen bei Privaten deren Grundrechte zu beachten.

643 Dem Untersuchungsauftrag des Ausschusses können also entgegengehalten werden:

- Fehlende Kompetenz im Bundesstaat, des Bundestags im Verhältnis zu einem Land, einem Landtag im Verhältnis zum Bund;
- der Schutz eines Kernbereichs exekutiver Eigenverantwortung;
- der Einwand des laufenden Verfahrens;
- im Fall der „Kollegialenquête“: das Mandat des Abgeordneten;
- Grundrechte Privater.

Diese Gesichtspunkte sind in Abwägung zu bringen mit dem Auftrag des Untersuchungsausschusses, der wegen Art. 44 GG ebenfalls Verfassungsrang hat. Dies kann im Ergebnis dazu führen, dass einzelne Maßnahmen des Ausschusses unzulässig sind,

75 BVerfGE 94, 351, 366; 99, 19, 33.
76 RhPfVerfGH DVBl 2010, 1504.
77 S. dazu näher *Degenhart*, in: Festschrift Schenke, 2011, S. 81 ff.
78 Vgl BVerfGE 67, 100, 143; 77, 1, 44.
79 Vgl *Schröder*, NJW 2000, 1455; diff. *Geis*, HStR III³, § 55 Rn 42.

er bestimmte Fragen nicht stellen darf. Dies kann aber auch dazu führen, dass bereits die Einsetzung des Ausschusses unzulässig ist.

Hält der Bundestag den Antrag für unzulässig, so hat er den Einsetzungsbeschluss abzulehnen, bei teilweiser Unzulässigkeit nach § 2 Abs. 3 PUAG vorzugehen. Die Antragsteller können dagegen das BVerfG anrufen (§ 2 Abs. 3 S. 2 PUAG). Es handelt sich hierbei um einen Fall des Organstreitverfahrens iSv Art. 93 Abs. 1 Nr 1 GG, für den Beteiligtenfähigkeit und Verfahrensgegenstand besonders geregelt sind.

3. Zum Verfahren im Untersuchungsausschuss – Beweiserhebungsrechte

Art. 44 Abs. 1 S. 1 GG sieht Öffentlichkeit des Verfahrens vor dem Untersuchungs- **644** ausschuss vor; der nach S. 2 mögliche Ausschluss der Öffentlichkeit wird in § 14 PUAG näher geregelt. § 14 Abs. 1 PUAG sieht dies insbesondere vor, wenn zB überwiegende schutzwürdige Interessen aus der Privatsphäre – Nr 1 – oder aus dem geschäftlichen Bereich – Nr 3 – verletzt würden. Es hat also eine Abwägung stattzufinden zwischen dem verfassungskräftigen Grundsatz der Öffentlichkeit einerseits, den schutzwürdigen Belangen nach § 14 Abs. 1 PUAG andererseits. Über die Beweiserhebung wird nach § 17 PUAG entschieden; bereits ein Viertel der Mitglieder des Ausschusses hat das Recht, die Erhebung von Beweisen zu beantragen. Der Ausschuss muss dem Antrag entsprechen, sofern nicht die Beweiserhebung unzulässig ist; im Streitfall entscheidet nach § 17 Abs. 4 PUAG der Ermittlungsrichter beim BGH. Für die frühere Rechtslage bejahte das BVerfG[80] ein Recht der qualifizierten Minderheit auf „angemessene Berücksichtigung“ ihrer Beweisanträge, denen grundsätzlich Folge zu leisten war. Diese Aussage bleibt insofern bedeutsam, als aus ihr der Verfassungsrang dieses Minderheitenrechts hervorgeht. Auch wenn also die Beweiserhebungsrechte der Minderheit im Ausschuss durch das PUAG als einfaches Gesetz positiv geregelt sind, folgen sie doch aus dem Grundgesetz selbst[81] und können deshalb auch im Organstreitverfahren geltend gemacht werden.

Fraglich könnte jedoch sein, ob die Ausschussminderheit ihr Begehren weiterhin vor dem BVerfG geltend machen kann oder ob dies durch die Zuständigkeit des BGH nach § 17 Abs. 4 PUAG ausgeschlossen ist; auch könnte die Mehrheit, wenn gegen ihren Willen Beweise erhoben werden sollen, ein Interesse an verfassungsgerichtlicher Klärung haben.

Der Untersuchungsausschuss hat das Recht, von der Bundesregierung und allen ande- **645** ren Bundesbehörden die **Vorlage von Beweismitteln** – insbesondere auch von Akten – zu verlangen. § 18 PUAG sieht einen derartigen Anspruch ausdrücklich vor. Er war durch BVerfGE 67, 100 bereits unmittelbar aus dem Grundgesetz abgeleitet worden. Da Art. 44 Abs. 1 GG dem Untersuchungsausschuss bestimmte verfassungsrechtliche Aufgaben überträgt, muss er auch gegenüber Regierung und Behörden in der Lage sein, seinen Auftrag zu erfüllen. Es handelt sich also beim Recht des Untersuchungsausschusses aus § 18 PUAG um ein unmittelbar verfassungsrechtlich abgeleitetes Recht. Es besteht nach § 18 Abs. 1 „*vorbehaltlich verfassungsrechtlicher Grenzen*“.

---

80 BVerfGE 105, 197.
81 Vgl *Geis*, HStR III³, § 55 Rn 25 f.

Derartige Grenzen können sich, wie auch für die Bestimmung des Untersuchungsauftrags (Rn 640), aus der verfassungsrechtlichen Stellung der Regierung ergeben: der „Kernbereich" regierungsinterner Willensbildung darf nicht ausgeforscht werden. Derartige Grenzen des Enquêterechts des Parlaments sind nach dem Prinzip der *„praktischen Konkordanz"* zu bestimmen[82]. Leitlinie ist hier die Verpflichtung der Verfassungsorgane zu wechselseitiger Rücksichtnahme (**„Organtreue"**) – unter Wahrung aber stets des grundsätzlichen Vorrangs des Parlaments: die Regierung ist dem Parlament verantwortlich, nicht umgekehrt. Dessen Aufklärungsinteresse hat dann besonderes Gewicht, wenn es um Missstände innerhalb der Regierung selbst geht[83].

646 Aus **schutzwürdigen Rechten Dritter** – die ihre privaten oder geschäftlichen Angelegenheiten nicht im Ausschuss erörtert sehen wollen – können sich Schranken ergeben (Rn 642). Rechte Dritter, vor allem Persönlichkeitsrechte, sind hiernach mit dem Untersuchungsauftrag in Ausgleich zu bringen, berechtigen aber idR nicht zur Verweigerung der Aktenvorlage, auch nicht bei Personalakten[84]. Die erforderliche Abwägungsentscheidung zu treffen, ist zunächst die Sache des Ausschusses selbst, der auch die erforderliche Geheimhaltung zu gewährleisten hat. Das PUAG sieht in § 14 Abs. 1 bei überwiegenden schutzwürdigen Interessen Dritter den Ausschluss der Öffentlichkeit vor. Damit dürfte grundsätzlich Schutzinteressen Dritter genügt sein. Im Einzelfall kann jedoch der Untersuchungsausschuss auch gehindert sein, Unterlagen beizuziehen, wenn hiermit ein unverhältnismäßiger Eingriff in die Privatsphäre Dritter verbunden ist. Wer allerdings selbst dazu Anlass gegeben hat, dass sich der Untersuchungsausschuss mit ihm beschäftigt (zB im Parteispendenfall), muss weitergehende Einschränkungen hinnehmen.

647 Der Untersuchungsausschuss kann sein **Beweiserhebungsrecht** auch gegenüber **Privaten** durchsetzen. Er übt dann **hoheitliche Gewalt** aus. Hierbei ist er dann, wie jegliche hoheitliche Gewalt des Staates, an die Grundrechte gebunden[85] und hat zB keine Möglichkeit, das Abhören von Telefonaten gemäß §§ 100a ff StPO anzuordnen; dies folgt bereits aus Art. 44 Abs. 2 S. 2 GG, wonach das Post- und Fernmeldegeheimnis unberührt bleiben[86]. Hierin findet insbesondere seine Beweiserhebung Grenzen. Wenn schutzwürdige Geheimhaltungsinteressen betroffen sind, so müssen diese im Rahmen des § 30 PUAG in verhältnismäßigen Ausgleich mit dem Prinzip der parlamentarischen Öffentlichkeit in seiner Bedeutung für die parlamentarische Demokratie gebracht werden[87]. Grundsätzlich aber kann er Zeugen laden, §§ 20 ff PUAG, und die Herausgabe von Beweismitteln verlangen, § 29 PUAG. Er ist jedoch kein Gericht. Deshalb muss er, soweit für Zwangsmaßnahmen ein **Richtervorbehalt** besteht, diesen beachten und die entsprechende Maßnahme beim Ermittlungsrichter beim BGH beantragen, §§ 27 Abs. 2, 29 Abs. 3 PUAG. Soweit Beweismittel allerdings illegal – insbesondere unter Verstoß gegen das Brief- und Fernmeldegeheimnis des Art. 10 GG

82 Instruktiv: BremStGH NVwZ-RR 1999, 483.
83 BVerfGE 110, 199.
84 Vgl BbgVerfG LKV 2007, 553.
85 BVerfGE 76, 363, 391 ff.
86 S. dazu BVerfGE 124, 78, 126.
87 BVerfGE 77, 1, 46 ff.

– erlangt wurden, ist dem Untersuchungsausschuss die Einsichtnahme auf Grund entgegenstehender Persönlichkeitsrechte des Betroffenen grundsätzlich, wenn auch nicht ausnahmslos, verwehrt[88]. Für Zeugnisverweigerungsrechte verweist § 22 Abs. 1 PUAG auf §§ 53, 53a StPO, Abs. 2 gibt dem Zeugen ein Auskunftsverweigerungsrecht, der sich oder Angehörige einer Strafverfolgung oder einem sonstigen Verfahren aussetzen würde.

4. Exkurs: Landesverfassungsrecht

Für die Landesverfassungen ist zu beachten, dass insbesondere in neueren Kodifikationen die Rechte des Untersuchungsausschusses verstärkt als **Minderheitenrechte** ausgestaltet sind. So kann zB nach Art. 54 Abs. 3, 4 SächsVerf oder nach Art. 48 Abs. 2 S. 2 BerlVerf bereits ein Fünftel der Ausschussmitglieder die Erhebung von Beweisen bzw die Vorlage von Akten verlangen, ähnliche Regelungen sind überwiegend in den neuen Landesverfassungen enthalten. Der Untersuchungsausschuss eines Landtags ist auf Untersuchungsgegenstände im **Kompetenzbereich des Landes** beschränkt; er ist auf die Kontrolle der Landesverwaltung beschränkt und darf seine Tätigkeit nicht auf Bundesthemen erstrecken. Seine Beweiserhebungsrechte beschränken sich jedoch nicht auf das jeweilige Land. Wenn es um Landesthemen geht, darf zB auch ein Zeuge aus der Bundesverwaltung vorgeladen werden[89]. Eine prozessuale Besonderheit enthält Art. 53 Nr 4 MVVerf, wonach auf Antrag eines Gerichts die Verfassungsmäßigkeit des Auftrags eines Untersuchungsausschusses durch den VerfGH zu überprüfen ist, wenn es für die Entscheidung des vorlegenden Gerichts (zB über eine Beschlagnahmeanordnung) darauf ankommt[90]. Nach Art. 25 Abs. 4 BayVerf kann die Minderheit im Ausschuss beantragen, bestimmte Beweismittel heranzuziehen und kann diesbezüglich ein Organstreitverfahren vor dem Landesverfassungsgericht einleiten[91]. **648**

5. Weitere Informationspflichten der Exekutive – Informationsansprüche des Parlaments

Das Recht des Parlaments, Untersuchungsausschüsse zu bilden, ist wesentliches Element seiner Kontrollfunktionen im Verhältnis zur Exekutive. Dazu zählen auch weitere Informationsrechte des Parlaments und der einzelnen Abgeordneten. Das Parlament als Ganzes, aber auch einzelne Fraktionen und Abgeordnete haben das Recht, Fragen an die Exekutive, insbesondere die Regierung zu stellen. Diese ist verpflichtet, Anfragen vollständig und nach bestem Wissen zu beantworten. In einzelnen Landesverfassungen, so zB in Art. 50 SächsVerf ist dieses Recht ausdrücklich normiert[92]. Es **649**

88 Vgl LG Kiel JZ 1996, 155; BVerfGE 124, 78, 127 f.
89 S. den Klausurfall bei *Dalibor*, Jura 2008, 36.
90 Zu den Rechten der qualifizierten Minderheit nach Art. 41 Abs. 1 S. 1 NWVerf s. VerfGHNW DÖV 1995, 728; zu Art. 92 Abs. 1 S. 2 HessVerf s. HessStGH NVwZ-RR 1999, 483.
91 BayVerfGH DÖV 2007, 338.
92 S. hierzu SächsVerfGH NVwZ-RR 2008, 585; s. auch BVerfGE 110, 199 als Landesverfassungsgericht für Schleswig-Holstein; vgl hierzu *Kotzur*, Jura 2007, 52.

folgt jedoch bereits aus dem Demokratieprinzip, gilt also auch im Verhältnis des Bundestags zur Bundesregierung, auch wenn es im Grundgesetz nicht ausdrücklich geregelt ist. In der parlamentarischen Demokratie ist das Parlament – Bundestag oder Landtag – das maßgebliche Forum der politischen Willensbildung. Hierfür und zur Wahrnehmung seiner Gesetzgebungs- und Kontrollfunktionen ist es auf Information durch die Regierung angewiesen. Dies gilt nicht nur für das Parlament als Ganzes, sondern auch für einzelne Fraktionen oder Abgeordnete. Die besondere Bedeutung des Fragerechts liegt auch darin, dass es ein Recht der Minderheit ist, die der Regierung und der Regierungsmehrheit im Parlament gegenübersteht. Ob die Regierung ihrer Auskunftspflicht nachgekommen ist, kann vom **Verfassungsgericht** im Organstreitverfahren überprüft werden[93]. Unvollständige Antworten bedürfen einer besonderen Rechtfertigung und sind zu begründen. Schranken des Fragerechts sind nach den Grundsätzen zu bestimmen, die auch für das Recht der Untersuchungsausschüsse gelten (s. Rn 638 ff)[94]. Unzulässig sind wegen des Gewaltenteilungsprinzips Eingriffe in laufende Entscheidungsprozesse sowie die Ausforschung der regierungsinternen Willensbildung, während andererseits das Kontrollinteresse des Parlaments umso gewichtiger ist, als es um die Aufklärung rechtswidriger Vorgänge oder sonstiger Missstände im regierungsinternen Bereich geht. Der interne Willensbildungsprozess der Regierung ist jedenfalls dann verlassen, wenn sie ein Vorhaben bereits gebilligt und öffentlich bekannt gemacht hat[95].

Schrifttum zu IV.: *Pabel*, Verhängung von Beugehaft durch einen Untersuchungsausschuss, NJW 2000, 788; *Wiefelspütz*, Untersuchungsausschuss und öffentliches Interesse, NVwZ 2002, 10; *Geis*, Untersuchungsausschuss, HStR III³, § 55; *Glauben*, Rechtsschutz Privater im parlamentarischen Untersuchungsverfahren, DVBl 2006, 1263; *Hebeler/Schulz*, Prüfungswissen zum Untersuchungsausschussrecht, JuS 2010, 969; *Kotzur*, Informationsansprüche des Parlaments im demokratischen Verfassungsstaat, Jura 2007, 52; s. auch die Übungsfälle bei *Nettesheim/Vetter*, JuS 2004, 219 und bei *Dalibor*, Jura 2008, 86 sowie **Klausurenband I Fall 7 und II Fall 7**.

650 **Lösung Fall 65a: Flick-Ausschuss**

A. Zur Zulässigkeit Rn 820; in Betracht kommt hier ein Organstreitverfahren nach Art. 93 I Nr 1 GG, § 18 III PUAG; die „Fraktion im Ausschuss" ist hier als qualifizierte Minderheit nach § 18 III PUAG antragsberechtigt; Antragsgegner ist die Bundesregierung; die Antragsbefugnis ergibt sich aus § 17 II PUAG.

B. Begründetheit des Antrags

I. Der Untersuchungsausschuss muss *in zulässiger Weise eingesetzt* worden sein.

1. Die verfahrensmäßigen Voraussetzungen (Rn 636) können mangels entgegenstehender Anhaltspunkte vorausgesetzt werden. Der Untersuchungsgegenstand müsste hinreichend bestimmt bezeichnet sein, etwa „Mögliche Zusammenhänge zwischen der Entscheidung des Bundesministers der Finanzen und Zuwendungen an die A-Partei".

93 BVerfGE 124, 161, 183 f, 187; VerfGHMV NJW 2003, 815; ebenso BbgVerfG DÖV 2001, 164 für Art. 56 Abs. 2 BbgVerf; s. auch ThürVerfGH LKV 2003, 422; BayVerfGH NVwZ 2002, 715.

94 BVerfGE 124, 161, 188 f.

95 Vgl ThürVerfGH ThürVBl 2009, 83.

2. Die Untersuchung bezieht sich auf einen zulässigen Gegenstand:

a) Sie ist gerichtet auf die Aufklärung von *Tatsachen*.

b) Sie bezieht sich auf eine Entscheidung der Bundesregierung, die der Kontrolle des Bundestags unterliegt, bewegt sich innerhalb der Aufgaben des Bundestags.

c) Sie liegt angesichts der politischen Bedeutung der Sache im *öffentlichen Interesse*.

II. Recht auf Aktenvorlage: § 18 I PUAG.

III. Verfassungsrechtliche Grenzen, § 18 I PUAG?

1. Ein Kernbereich exekutiver Eigenverantwortung ist hier nicht betroffen, da nicht die regierungsinterne Willensbildung, sondern das Verhalten nach außen Gegenstand der Enquête ist.

2. Steuergeheimnis?

Der Schutz folgt aus Art. 2 Abs. 1 und Art. 14 Abs. 1 GG; die Offenlegung bedeutet einen faktischen Eingriff, der aber möglicherweise gerechtfertigt ist durch den Untersuchungsauftrag des Parlaments: Erforderlichkeit ist zu bejahen, Geheimnisschutz ist gem. § 15 PUAG im Verfahren des Ausschusses zu gewährleisten; dann aber überwiegt das öffentliche Interesse an der Aufklärung; wer unter Berufung auf öffentliche Interessen eine Subventionierung beantragt, muss sich auch gefallen lassen, dass der Vorgang öffentlich erörtert wird. Die Bundesregierung verstößt mit ihrer Weigerung gegen § 18 PUAG und damit auch Art. 44 GG.

Der Antrag ist *begründet*.

Hinweis zur Zulässigkeit:

Die Verfahrenskonstellation beim „Flick-Ausschuss" war eine andere: hier klagte nicht die „Fraktion im Ausschuss", sondern eine **Fraktion im Bundestag** als ein durch die GeschOBT mit eigenen Rechten ausgestatteter Teil des Verfassungsorgans Bundestag. Sie machte auch hier Rechte *des Bundestags* geltend[96]: das Enquêterecht des Art. 44 GG als ein Kontrollrecht des Parlaments; wird die Tätigkeit des Untersuchungsausschusses behindert, so ist hierdurch dieses Kontrollrecht des Parlaments betroffen. Fraktionen sind befugt, im Organstreit Rechte des gesamten Parlaments geltend zu machen, s.o. Rn 629. Durch das PUAG ist jetzt geklärt, dass auch die **Fraktion im Ausschuss** sich unmittelbar an das BVerfG wenden kann, so dass der Umweg über die Fraktion im Plenum nicht mehr erforderlich ist. Er dürfte daneben aber noch statthaft sein.

Lösung Fall 65b: Untersuchungsausschuss und Private 650a

Rechtmäßigkeit der Maßnahme:

1. Einsetzung des Untersuchungsausschusses

a) Wahrung der formellen Voraussetzungen kann unterstellt werden.

b) Ein geeigneter Untersuchungsgegenstand ist zu bejahen, da wegen der Subventionierung ein besonderes öffentliches Untersuchungsinteresse besteht.

2. Rechtmäßigkeit der Beschlagnahme

a) Rechtsgrundlage: Der Ausschuss übt hoheitliche Gewalt aus und ist hierzu im Verhältnis zu Privaten legitimiert;

96 BVerfGE 67, 100, 124.

b) Beweiserhebungsrecht aus Art. 44 Abs. 1 S. 1, Abs. 2 S. 1 GG, § 29 PUAG: Der Ausschuss muss die Möglichkeit haben, erforderliche Beweise auch gegen den Willen der Betroffenen zu erheben.

c) Insbesondere: Beschlagnahme

aa) Grundlage: § 29 Abs. 3 PUAG.

bb) Zuständigkeit: § 29 Abs. 3 PUAG, Ermittlungsrichter beim BGH.

cc) Materielle Rechtmäßigkeit: Die Voraussetzungen für die Beschlagnahme nach § 29 Abs. 3 S. 1 PUAG – Bedeutsamkeit für Beweiserhebung – sind lt SV zu bejahen; Zeugnisverweigerungsrechte, die nach § 29 Abs. 3 S. 1 2. HS PUAG iVm § 97 StPO der Beschlagnahme entgegenstünden, sind nicht gegeben; die Beschlagnahme könnte jedoch nach § 30 Abs. 1 PUAG unzumutbar sein: Die Luft AG beruft sich auf Geheimnisschutz nach § 14 Abs. 1 Nr 3 PUAG; hier ist nunmehr der verfassungsrechtliche Untersuchungsauftrag des Ausschusses in Ausgleich zu bringen mit den im Rahmen des § 14 Abs. 1 Nr 3 PUAG geschützten Grundrechten: Art. 2 Abs. 1 GG (Persönlichkeitsrechte, Datenschutz) und Art. 14 Abs. 1 GG (Geschäftsgeheimnisse)[97]. Da es hier nicht um den Schutz der engeren Persönlichkeitssphäre der Betroffenen ging und die Gesellschaft ihrerseits in besonderem Maße öffentliches Interesse an ihrem Verhalten begründet hat, ist vom Vorrang des Untersuchungsauftrags auszugehen.

In **prozessualer Hinsicht** ist anzumerken, dass hier gegen die Beschlagnahmeanordnung des BGH vorzugehen ist, und zwar im Wege der **Verfassungsbeschwerde**: hier sind Private in ihren Rechten unmittelbar durch eine Maßnahme der öffentlichen Gewalt – des Gerichts – betroffen[98].

651 **Lösung Fall 66: Schmuddelkinder**

a) Ausschuss

Antrag der Abgeordneten T

Hinweis zur Lösung: *wegen des Sachzusammenhangs wird zu den Fällen 66 und 68 die Zulässigkeit im Vorgriff auf die Darstellung der verfassungsgerichtlichen Verfahren geprüft; s. hierzu Rn 760 ff zu den einzelnen Zulässigkeitsvoraussetzungen.*

I. Zulässigkeit des Antrags im Organstreitverfahren, Art. 93 Abs. 1 Nr 1 GG, §§ 13 Nr 5, 63 ff BVerfGG.

1. Beteiligtenfähigkeit Antragsteller und Antragsgegner: Der einzelne MdB ist nach Art. 93 Abs. 1 Nr 1 GG, § 63 BVerfGG als mit eigenen Rechten ausgestatteter Teil des Verfassungsorgans Bundestag beteiligtenfähig: er ist nach Art. 38 Abs. 1 S. 2 GG Träger eigener Rechte; der Bundestag als *Antragsgegner* ist ohne Weiteres beteiligtenfähig gem. Art. 93 Abs. 1 Nr 1 GG, § 63 BVerfGG.

2. Verfahrensgegenstand: *Streit* über verfassungsmäßige Mitwirkungs- und Beteiligungsrechte eines Mitglieds des Bundestags, vgl BVerfGE 70, 324, 349 ff; sowohl die Änderung des Gesetzes als auch die Wahl des Gremiums sind rechtserhebliche Maßnahmen.

3. Antragsbefugnis: Der Antragsteller muss plausibel geltend machen, in eigenen Rechten verletzt zu sein. BVerfGE 70, 324 bejaht Antragsbefugnis des einzelnen MdB, soweit dieser geltend macht, durch Gesetz zu Unrecht von der parlamentarischen Behandlung der fraglichen Angelegenheit ausgeschlossen zu sein. Hinsichtlich der Wahl in das Gremium wird Antragsbefugnis verneint: kein Recht des einzelnen MdB auf Wahl in ein Gremium des BT.

97 Vgl BVerfGE 67, 100, 143; BVerfGE 77, 1, 60.
98 S. näher BVerfGE 77, 1, 60 ff – dort auch zur prozessualen Seite des Falls.

4. Die Schriftform des § 23 BVerfGG; die Antragsfrist beträgt nach § 64 Abs. 3 BVerfGG sechs Monate ab Bekanntwerden der Maßnahme.

II. Begründetheit des Antrags

1. Parlamentarische Rechte der Abgeordneten T aus Art. 38 Abs. 1 S. 2 GG sind berührt: das Recht auf Beteiligung am parlamentarischen Prozess, für T als Mitglied des Europaausschusses ihr Recht auf Teilnahme und auf Information. Durch die Verlagerung auf das Gremium wird T hiervon ausgeschlossen.

2. Dies müsste durch überwiegende Interessen gerechtfertigt sein[99]. Bloße europakritische Haltung reicht hierfür nicht aus; Verfassungsfeindlichkeit der Partei darf wegen Art. 21 Abs. 2 S. 2 GG nicht geltend gemacht werden. T gezielt auf Grund seiner Fraktions- und Parteizugehörigkeit auszuschließen, wäre wegen der parlamentarischen Gleichheit *aller* Abgeordneten (und auch Art. 21 GG) unzulässig.

Antrag der Fraktion

I. Zulässigkeit des Antrags im Organstreitverfahren: Die Fraktion ist antragsberechtigt als Teil des Verfassungsorgans Bundestag, der mit eigenen Rechten ausgestattet ist: sie folgen aus ihrer Stellung als Einrichtung des Verfassungslebens, Rn 629. Sie kann zur Antragsbefugnis plausibel geltend machen, in ihrem verfassungsmäßigen Recht auf gleichberechtigte Teilhabe im parlamentarischen Gremium verletzt zu sein.

II. Begründetheit des Antrags

1. Hier könnte der Anspruch der Fraktion auf Gleichbehandlung im parlamentarischen Entscheidungsprozess verletzt sein; er folgt aus der gleichberechtigten Stellung aller Abgeordneten als Vertreter des ganzen Volkes, Art. 38 Abs. 1 S. 2 GG, und aus der Stellung der Fraktion als notwendiger Einrichtung des Verfassungslebens in der parteienstaatlichen Demokratie.

2. Rechtfertigung der Ungleichbehandlung?

Es gilt der Grundsatz formaler Gleichheit der Fraktionen; Ausnahmen hiervon sind um der Handlungsfähigkeit des Parlaments und „um der zu verhandelnden Sache willen" zulässig[100]; die hier vorgebrachten Gründe können jedoch keine Ungleichbehandlung rechtfertigen (s.o. zum Antrag der T)[101]; der Antrag ist also begründet.

b) Kamingespräch

Auch hier könnte die Fraktion in ihrem Recht auf Gleichbehandlung verletzt sein. Dies bezieht sich jedoch auf den parlamentarischen Prozess. Hier handelt es sich demgegenüber um politische Willensbildung im Vorfeld des parlamentarischen Prozesses. In diesem Stadium bestehen noch keine verfassungsrechtlichen Bindungen.

Lösung Fall 67: Verzichtsrevers 652

Frage (1) – zur Verzichtserklärung:

1. Fraglich könnte sein, ob H noch Mitglied des Bundestags ist oder seine Erklärung automatisch zum Verlust der Mitgliedschaft geführt hat. Dann müsste sie als aufschiebend bedingte Verzichtserklärung aufgefasst werden.

a) Eine Verzichtserklärung kann jedoch nur bedingungsfrei und ohne Zeitbestimmung abgegeben werden. Denn über den Mitgliederbestand des BT muss jederzeit Klarheit herrschen.

99 BVerfGE 70, 324, 358 ff.
100 BVerfGE 70, 324, 366.
101 Vgl auch SächsVerfGH SächsVBl 1996, 90.

b) Die Verzichtserklärung ist auch aus formellen Gründen unwirksam: sie muss gegenüber dem Bundestagspräsidenten abgegeben werden und bedarf einer bestimmten Form, § 46 Abs. 3 BWG.

c) Materiell-verfassungsrechtlich ist die Erklärung unvereinbar mit dem freien Mandat, Art. 38 Abs. 1 S. 2 GG: auch in der parteienstaatlichen Demokratie muss die freie Entscheidung des Abgeordneten in Konfliktfällen gewahrt sein[102]; der Bestand des Mandats ist von der Parteizugehörigkeit unabhängig.

2. Deshalb muss auch einer gegenüber der Partei abgegebenen Verpflichtungserklärung, das Mandat niederzulegen, eine rechtlich bindende Wirkung versagt werden.

Frage (2) – Zahlungsverpflichtung:

Die Zahlungsverpflichtung ist unwirksam, wenn sie gegen ein gesetzliches Verbot verstößt.

1. Der Grundsatz des freien Mandats, Art. 38 Abs. 1 S. 2 GG, könnte hier verletzt sein. Er wirkt auch im Verhältnis zwischen Abgeordnetem und Partei.

2. Andererseits könnte ein berechtigtes Interesse der Partei bestehen, Mittel, die sie für die Wahl des Abgeordneten aufgebracht hat, zurückzuerhalten, wenn dieser nicht mehr in ihrem Sinn an der politischen Willensbildung mitwirkt.

3. Dies darf jedoch nicht dazu führen, dass der Abgeordnete in der Mandatswahrnehmung wirtschaftlichem Druck ausgesetzt wird; daher ist hier auch die Zahlungsverpflichtung unwirksam.

Frage (3) – Gesetzesänderung:

1. Ein Mandatsverlust bei Wegfall der Parteizugehörigkeit könnte gegen den Grundsatz des freien Mandats verstoßen, wenn dies nicht gegenüber Art. 38 Abs. 1 S. 2 GG gerechtfertigt werden kann.

a) Nach Art. 38 Abs. 3 GG darf der Gesetzgeber „das Nähere" regeln.

b) Eine Rechtfertigung könnte sich hier aus der Erwägung ergeben, dass der Abgeordnete in seiner politischen Tätigkeit eben auch Repräsentant der Partei ist, der er angehört.

c) Der Abgeordnete ist jedoch Vertreter des ganzen Volkes; diese Legitimation entfällt nicht mit der Parteizugehörigkeit; Art. 38 Abs. 1 S. 2 GG geht hier Art. 21 GG vor.

2. Dies könnte beim „Listenmandat" anders zu beurteilen sein.

a) Dafür spricht, dass über die Liste die Partei gewählt wird.

b) Dagegen spricht, dass das Grundgesetz weder in Art. 38 Abs. 1 S. 2 GG noch anderweitig zwischen Abgeordneten mit Direktmandat und mit Listenmandat unterscheidet. Für beide Gruppen von Abgeordneten gilt das freie Mandat; beide gelten als Vertreter des ganzen Volkes.

c) Auch für diesen Fall wäre eine entsprechende Gesetzesänderung also verfassungswidrig (näher **Klausurenband II Fall 6**).

653 **Lösung Fall 68: Kiffersumpf**

Verletzung der Abgeordneten S in ihren Rechten durch Ordnungsruf? Hier Art. 38 I 2 GG – auf die Meinungsfreiheit des Art. 5 Abs. 1 S. 1 GG ist hier nicht abzustellen, da die S nicht als Privatperson, sondern in ihrer Eigenschaft als Abgeordnete betroffen ist.

102 *Badura*, BonnK, Art. 38, Rn 72.

1. Rederecht als verfassungsmäßiges Abgeordnetenrecht: freies Mandat, Art. 38 Abs. 1 S. 2 GG; Ordnungsruf als Einschränkung des Rederechts.

2. Schranken des Rederechts: Arbeitsfähigkeit des Parlaments und Geschäftsordnung

a) Beschränkbarkeit des Rederechts: Disziplinargewalt des Parlamentspräsidenten als verfassungskonforme Ausgestaltung der parlamentarischen Rechte und des Verfahrens:

b) Ermächtigung des Bundestagspräsidenten (oder seines Stellvertreters, § 7 Abs. 6 GeschOBT) zum Ordnungsruf: § 36 GeschOBT.

3. Rechtsverletzung durch Ordnungsruf?

a) Grundsätzliche Freiheit der Rede, Anliegen der Abgeordneten S hier in Ausgleich zu bringen mit entgegenstehenden Belangen, wie Wahrung des Ansehens des Parlaments, Rechtsgüter Dritter; Wortwahl der S – „linkskrimineller Kiffersumpf", „renitente Denkgegner, dauerpubertierende Antifaschisten, Gesindel mit geistig-seelischen Mängeln" deutet darauf hin, dass S politische Gegner in aggressiver Weise herabwürdigen und sie als unterwertige Wesen qualifizieren wollte; wenn die Bundestagspräsidentin damit die Grenze zur Schmähung überschritten sah, durfte sie unter Berücksichtigung ihres Einschätzungsspielraums eine Ordnungsmaßnahme für erforderlich halten.

b) Der Ordnungsruf ist gegenüber dem Entzug des Worts und dem Saalverweis die mildere Maßnahme und steht hier nicht außer Verhältnis zum Verhalten der S.

Ergebnis: Die S ist nicht in ihren Rechten verletzt. – s. auch **Klausurenband I Fall 6.**

§ 8 Der Bundesrat

→ **Leitentscheidungen:** BVerfGE 37, 363 (Zustimmungsbedürftigkeit); BVerfGE 106, 310 (Zuwanderungsgesetz); BVerfGE 126, 77 (Art. 87d GG).

Fall 69: Gentechnik 654

Ein Bundesgesetz über den Anbau gentechnisch veränderter Futtermittel (GenFuttG) enthält in seinen ersten vier Abschnitten materielle Anforderungen an die Sicherheit, Kennzeichnungspflichten u.ä. und regelt im 5. Abschnitt in §§ 36–40 GenFuttG das Zulassungsverfahren. § 40 GenFuttG bestimmt: „Von den Bestimmungen der §§ 36–39 dieses Gesetzes können die Länder nicht abweichen." Der Bundesrat stimmt dem Gesetz nicht zu. Die Bundesregierung ist der Auffassung, das Gesetz sei jedenfalls in seinen ersten vier Abschnitten in Kraft getreten und will die Bestimmungen des 5. Abschnitts in geänderter Form erneut zum Gegenstand einer Gesetzesinitiative machen. **Rn 667, 680** (prozessual Rn 822).

Fall 70: Laufzeitverlängerung 655

Das Atomgesetz (Sart. Nr 835) hatte seit seiner Änderung durch das Gesetz zum „Atomausstieg" vom 22.4.2002 eine Begrenzung der Laufzeiten der Kernkraftwerke vorgesehen. In einer Anlage zum Gesetz ist für jede einzelne Anlage eine bestimmte „Reststrommenge" festgelegt. Hat die Anlage die entsprechende Menge an Elektrizität erzeugt, so soll die Betriebsgenehmigung nach § 7 AtG automatisch erlöschen. Die Mengen sind so berechnet, dass für jedes Kernkraftwerk eine Laufzeit von etwa 30 Jahren erreicht wird. Im Sommer erwägt die Bundesregierung, die Laufzeiten zu verlängern und deshalb die Reststrommengen so zu erhöhen, dass eine Laufzeit von jeweils 50 Jahren erreicht wird. Der Bundesrat ist der Auffassung, er müsste dem Gesetz zustimmen. Darüber besteht Streit. § 24 AtG bestimmt, dass der Vollzug des Gesetzes in dem dort näher umgrenzten Ausmaß durch die Länder im Auftrag des Bundes erfolgen soll. Das ursprüngliche Gesetz aus dem Jahr 1959 war mit Zustimmung des Bundesrats ergangen, das „Ausstiegsgesetz" 2002 jedoch nicht. **Rn 668, 670, 681**

656 **Fall 71: Richtlinienfall**

Der Ministerrat der EG will eine Richtlinie zum Nichtraucherschutz verabschieden. Vorgesehen sind weitreichende Beschränkungen und Verbote für Gaststätten, für Verkehrseinrichtungen und für Schulen und Hochschulen. Im Bundesrat vertritt der Vertreter des Landes X die Auffassung, die Bundesregierung dürfe am Erlass dieser Richtlinie nicht mitwirken, da es hier um Angelegenheiten der Bundesländer gehe. Jedenfalls dürfe sie der Richtlinie aber nicht zustimmen. Durch einstimmigen Beschluss stimmen die Mitglieder des Bundesrats seinem Antrag zu. Die Bundesregierung möchte demgegenüber der Richtlinie zustimmen; nur auf diese Weise könnten die Belange der Bundesrepublik noch Berücksichtigung finden. Gleichwohl beharrt der Bundesrat durch einstimmigen Beschluss auf seiner ablehnenden Haltung. **Rn 682** (prozessual Rn 823)

657 **Fall 72: Ländermehr**

Das Gesetz zur Änderung des Grundgesetzes in **Fall 10** (Rn 116) enthält folgenden Art. 79b: Bedarf das Gesetz der Zustimmung des Bundesrates, so tritt an die Stelle der Stimmabgabe durch die Vertreter des Landes im Bundesrat das Abstimmungsergebnis in diesem Land. Dies bedeutet praktisch: das Abstimmungsergebnis in denjenigen Ländern, die für das Gesetz gestimmt haben, wird der Stimmabgabe im Bundesrat gleichgesetzt; wenn also zB in Bayern dem Gesetz zugestimmt wird, zählt dies für 6 Stimmen, während die Zustimmung im Saarland nur 3 Stimmen wiegt. Kritiker des Gesetzes sehen hierin eine unzulässige Aushöhlung der Rechte des Bundesrats. **Rn 679, 683**

I. Rechtsstellung, Bedeutung und Zusammensetzung des Bundesrats

1. Zur Funktion des Bundesrats in der bundesstaatlichen Ordnung des Grundgesetzes: Teilhabe der Länder an der Staatsgewalt im Bund

658 Der **Bundesrat** ist die Vertretung der Länder beim Bund. Durch ihn haben die Länder Anteil an der **Gesetzgebung** des Bundes, an der Verwaltung und in Angelegenheiten der **Europäischen Union**, so die Umschreibung seiner Stellung und seiner Aufgaben in Art. 50 GG. Der Bundesrat ist gleichwohl ein Verfassungsorgan des Bundes. Er ist keine echte „zweite Kammer", wie andere Bundesstaaten sie kennen. Seine Mitglieder sind nicht vom Volk gewählt, vielmehr besteht er „aus Mitgliedern der Regierungen der Länder", die von der jeweiligen Landesregierung bestellt und abberufen werden. Deshalb kann ein Regierungswechsel nach Neuwahlen in einem Land die Mehrheitsverhältnisse im Bundesrat verändern, mit der Folge, dass Regierungsvorhaben erschwert im Bundesrat durchsetzbar sind. Der Bundesrat spiegelt damit auch die traditionelle Exekutivlastigkeit des deutschen Föderalismus wider: es sind die Regierungen

und eben nicht die Parlamente der Länder, durch die die Länder ihren politischen Einfluss auf Bundesebene geltend machen können. Wenn also zum Ausgleich dafür, dass auch die Länder Kompetenzen an die EU verlieren, der Bundesrat in europäischen Angelegenheiten erweiterte Mitspracherechte hat, so bedeutet dies zwar eine Stärkung der Landesregierungen. Die Länderparlamente, deren Gesetzgebungsrechte ja zur EU abwandern, verlieren an Befugnissen. So ist das Verhältnis der Institution des Bundesrates zum **Demokratieprinzip** durchaus komplex – was nicht zuletzt historisch bedingt erscheint, denkt man an das Vorbild des Bundesrats im Bismarck-Reich 1871.

Praktisch und politisch am bedeutsamsten ist von den **Aufgaben** des Bundesrats zweifellos die Mitwirkung an der Gesetzgebung des Bundes – besonders, wenn es sich um Zustimmungsgesetze (Rn 215, 222 f) handelt. Die Mitwirkungsrechte im Gesetzgebungsverfahren sind in Art. 76, 77 GG geregelt, die Mitwirkungsrechte in Angelegenheiten der EU in Art. 23 GG, in Verwaltungsangelegenheiten in Art. 83 ff GG. Art. 50 GG selbst enthält noch keine konkreten Befugnisse, sondern beschreibt allgemein Aufgaben und Stellung des Bundesrats.

2. Zusammensetzung und Verfahren des Bundesrats

Mitglieder des Bundesrats sind nach der Formulierung des Art. 51 Abs. 1 S. 1 GG 659 *Mitglieder der Landesregierungen*, die von diesen entsandt werden[1], wobei jedes Land so viele Mitglieder entsenden kann, wie es Stimmen hat. Dies besagt Art. 51 Abs. 3 S. 1 GG. Diese Formulierung und auch die Bestimmung des Abs. 2 über die Anzahl der Stimmen, die jedes Land hat, könnten allerdings auch so verstanden werden, dass es eigentlich die Länder sind, die die Mitglieder des Bundesrats bilden und dabei unterschiedlich viele Stimmen haben[2]. Die Zahl der **Stimmen** bzw Mitglieder eines jeden Landes richtet sich nach seiner Einwohnerzahl; allerdings sind dabei die kleineren Länder im Verhältnis überproportional vertreten: Länder ab 7 Mio Einwohnern haben 6, Länder mit mehr als 6 Mio Einwohnern 5, Länder mit mehr als 2 Mio Einwohnern 4, die kleineren Länder 3 Stimmen, so dass das kleinste Land immer noch halb so viel Stimmen wie das größte Land hat, auch wenn dieses die 20- oder 30-fache Einwohnerzahl aufweist (Nordrhein-Westfalen und Bayern gegenüber Bremen und dem Saarland). Damit sind auch die Bewohner der großen Länder im Bundesrat unterrepräsentiert. Föderale Gleichheit – also der Grundsatz, dass im Bundesstaat alle Länder gleichberechtigt sind – gerät hier in einen gewissen Widerspruch zur demokratischen Gleichheit der Bürger.

Die **Mitgliedschaft** im Bundesrat wird begründet durch Bestellungsakt der einzelnen Landesregierungen. Stets Mitglied sind in der Praxis die Ministerpräsidenten der Länder. Die Stellvertretung – wiederum nur durch Regierungsmitglieder – wird durch Art. 51 Abs. 1 S. 2 GG ausdrücklich für zulässig erklärt. Auch hierin wird deutlich, dass die Mitglieder des Bundesrats als Vertreter ihrer Landesregierungen agieren und nicht als Mandatsträger. In der Praxis benennen die Länder stets eine größere Anzahl

1 Vgl grundlegend BVerfGE 106, 310, 330 ff.
2 Dafür spricht sich *Maurer*, Staatsrecht I § 16 Rn 10 aus.

von ordentlichen und stellvertretenden Mitgliedern, die sich wechselseitig vertreten können – an der jeweiligen Bundesratssitzung nimmt dann häufig nur ein Mitglied teil und gibt eine entsprechende Anzahl von Stimmen ab.

660 Die von den Landesregierungen nach Art. 51 Abs. 1 S. 1 und Abs. 3 S. 1 GG entsandten Mitglieder des Bundesrats sind ihnen gegenüber **weisungsgebunden**. Es gibt also im Bundesrat kein „freies Mandat". Keine Weisungsgebundenheit besteht demgegenüber im Verhältnis zu den Landtagen[3]. Die Stimmabgabe muss **einheitlich** erfolgen, Art. 51 Abs. 3 S. 2 GG. Denn es werden die Stimmrechte der Länder wahrgenommen. Werden die Stimmen eines Landes **uneinheitlich** abgegeben, so sind sie ungültig[4]. Denn wenn die Stimmen nur einheitlich abgegeben werden können, so bedeutet dies eben, dass eine uneinheitliche Stimmabgabe unwirksam ist. In der Praxis erfolgt bei Anwesenheit mehrerer Mitglieder aus einem Land die Stimmabgabe regelmäßig durch nur ein Mitglied einer Landesregierung. Dieser Vertreter des Landes ist dann „Stimmführer" für das Land – jedoch nur, solange ihm kein anderer anwesender Vertreter des Landes widerspricht. Ein solches Recht besteht. Wollte man die Länder als die „Mitglieder" des Bundesrats ansehen, so könnte man die Maßgeblichkeit der Stimmabgabe durch den Ministerpräsidenten in Erwägung ziehen.

661 Der Konflikt um das Zuwanderungsgesetz spielte sich folgendermaßen ab: Der Innenminister von Brandenburg hatte in seiner Rede erklärt, mit „nein" stimmen zu wollen. Dann wurden die Länder zur Abstimmung aufgerufen. Für Brandenburg antwortete zunächst ein Vertreter mit „ja", dann der Innenminister mit „nein". Daraufhin stellte der Bundesratspräsident – der Regierende Bürgermeister von Berlin – fest, das Land habe uneinheitlich abgestimmt und fragte beim ebenfalls anwesenden Ministerpräsidenten von Brandenburg nach. Dieser antwortete mit „ja". Der Innenminister erklärte: „Sie kennen meine Auffassung". Daraufhin stellte der Bundesratspräsident fest, das Land Brandenburg habe mit „ja" gestimmt. Hierin lag der Verfassungsverstoß: der Bundesratspräsident durfte nach dem eindeutigen Ergebnis der ersten Abstimmung nicht erneut nachfragen und er durfte sich auch nicht nur an den Ministerpräsidenten wenden[5]. Dass dieser nach der Landesverfassung das Land nach außen vertritt, ist bundesverfassungsrechtlich für das Verfahren im Bundesrat unerheblich. Demgegenüber geht das Minderheitsvotum zum Urteil des BVerfG davon aus, das Land Brandenburg habe durch den Ministerpräsidenten seine Stimmabgabe noch wirksam korrigiert und gelangt dadurch zur Annahme einer einheitlichen Stimmabgabe. – Zum Verhalten des Bundespräsidenten Rn 730 ff.

II. Aufgaben und Befugnisse

1. Mitwirkung an der Gesetzgebung des Bundes

a) Einspruchs- und Zustimmungsgesetze

662 Die wichtigsten Kompetenzen des Bundesrats sind seine Mitwirkungsrechte bei der Gesetzgebung des Bundes. Er hat das Initiativrecht nach Art. 76 Abs. 1 GG. Über den Bundesrat können also die Länder Anstöße zur Gesetzgebung des Bundes geben. Die

3 Zu entsprechenden Überlegungen s. *Grimm/Hummrich*, DÖV 2005, 280.
4 BVerfGE 106, 310, 330.
5 BVerfGE 106, 310, 332.

Mitwirkung des Bundesrats ist auch erforderlich für das Zustandekommen von Gesetzen (Rn 215 ff). Hier wird zwischen **Einspruchs- und Zustimmungsgesetzen** unterschieden: bei Ersteren kann ein Einspruch des Bundesrats durch den Bundestag mit qualifizierter Mehrheit zurückgewiesen werden (Rn 219 ff), während Letztere ohne positive Zustimmung des Bundesrats nicht zustande kommen (Rn 221 f). **Zustimmungsgesetze** sind nur die im Grundgesetz ausdrücklich so bezeichneten Gesetze („Bundesgesetz mit Zustimmung des Bundesrats"). Ist nach dem Grundgesetz die Zustimmung des Bundesrats nicht erforderlich, handelt es sich um ein Einspruchsgesetz. Nach der Konzeption des Grundgesetzes sollen die Zustimmungsgesetze an sich die Ausnahme sein[6].

Der Bundesrat soll die **Belange der Länder** im Gesetzgebungsverfahren wahren. **663** Deshalb fordert das Grundgesetz seine Zustimmung zu einem Gesetz vor allem dann, wenn Länderinteressen in besonderer Weise berührt sind. Dies ist zum einen dann der Fall, wenn zu Lasten der Länder von der Zuständigkeitsverteilung des Art. 83 GG abgewichen wird[7]. So bestimmt zB das Atomgesetz in § 24, dass es im Auftrag des Bundes von den Ländern ausgeführt wird. Es unterwirft damit die Länder den weitreichenden Aufsichtsrechten des Bundes im Rahmen der Auftragsverwaltung. Dass das Atomgesetz die Auftragsverwaltung bestimmen konnte, dies besagt Art. 87c GG, fordert für diesen Fall aber gleichzeitig die Zustimmung des Bundesrats. Damit soll die Systemabweichung ausgeglichen werden, die in der Anordnung der Bundesauftragsverwaltung liegt. Diese ratio der Zustimmungspflicht ist gleichzeitig der Schlüssel für die Frage, ob ein Gesetz über den Ausstieg aus der Atomenergie oder den „Ausstieg aus dem Ausstieg" zustimmungspflichtig ist: es kommt darauf an, ob erneut eine Systemverschiebung stattfindet. Auch die weiteren Zustimmungserfordernisse nach Art. 84 ff GG betreffen Abweichungen vom Grundsatz des Art. 83 GG.

Die praktisch relevanteste Regelung ist mit der Föderalismusreform 2006 entfallen. Bis dahin wa- **664** ren alle Gesetze, die Bestimmungen über das Verwaltungsverfahren oder die Einrichtung von Behörden enthielten, als Ganzes zustimmungspflichtig, Art. 84 Abs. 1 2. HS GG aF.

Nach Art. 84 Abs. 1 GG neuer Fassung gilt[8]:

- Die Länder regeln die Einrichtung der Behörden und das Verwaltungsverfahren, Art. 84 Abs. 1 S. 1 GG.
- Der Bund kann jedoch seinerseits entsprechende Bestimmungen in das Gesetz aufnehmen und braucht hierzu auch nicht die Zustimmung des Bundesrats.
- Die Länder dürfen dann wiederum von diesen Bestimmungen abweichende Regelungen treffen, sie haben insoweit das Recht zur Abweichungsgesetzgebung, Art. 84 Abs. 1 S. 2 GG.
- Für das Verwaltungsverfahren kann der Bund dieses Abweichungsrecht ausschließen, Art. 84 Abs. 1 S. 5 und 6 GG. Voraussetzung ist ein besonderes Bedürfnis nach einer bundeseinheitlichen Regelung. Der Bundesrat muss dann zustimmen.

Um die Belange der Länder geht es auch bei der **Finanzverfassung**, Art. 104a ff GG. **665** Deshalb bedürfen Leistungsgesetze – also Gesetze, die Dritten einen Anspruch auf Leistungen des Staates geben – nach Art. 104a Abs. 4 GG der Zustimmung des Bun-

6 BVerfGE 126, 77, 100.
7 BVerfGE 37, 363, 384 f; 75, 108, 150.
8 S. hierzu *Kahl*, NVwZ 2008, 710, 711 f.

desrats, wenn daraus entstehende Ausgaben von den Ländern zu tragen sind. Gleiches gilt nach Art. 105 Abs. 3 GG für Steuergesetze, deren Aufkommen aus der Steuer ganz oder teilweise den Ländern zusteht – dies betrifft ua die Umsatzsteuer und die Einkommen- und Körperschaftssteuer. Zustimmungspflichtig sind auch die Gesetze über den Finanzausgleich nach Art. 106, 107 GG sowie nach Art. 109 und Art. 109a GG Gesetze, die die Haushaltshoheit der Länder tangieren.

Stets zustimmungspflichtig sind **Verfassungsänderungen** – hier verlangt Art. 79 Abs. 2 GG eine qualifizierte Mehrheit von zwei Dritteln der Stimmen.

666 Für die Fallbearbeitung ist zu beachten:

Die Fälle, in denen **Zustimmungspflicht** besteht, sind im Grundgesetz ausdrücklich und abschließend geregelt. Zustimmungspflicht muss also stets aus einer konkreten Verfassungsnorm begründet werden, allgemeine bundesstaatliche Rechtsgrundsätze reichen hierfür nicht aus.

b) Reichweite der Zustimmungspflicht – Änderung des Zustimmungsgesetzes

667 Die Zustimmungspflicht gilt für das Gesetz als **„gesetzgebungstechnische Einheit"**: ein Gesetz ist insgesamt zustimmungspflichtig, wenn es auch nur eine einzige zustimmungspflichtige Vorschrift enthält: sog. Einheitsthese[9]. Es ist also auf die jeweils in das Gesetzgebungsverfahren eingebrachte Gesetzesvorlage abzustellen. Wenn also im Fall des Art. 84 Abs. 1 S. 5 GG der Bund das Abweichungsrecht der Länder ausschließen will, besteht die Zustimmungspflicht für das Gesetz als Ganzes. Dies ergibt sich aus dem Wortlaut der Norm: *„Diese Gesetze bedürfen der Zustimmung des Bundesrates.*" Auch das Atomgesetz bedurfte bei seinem Erlass insgesamt der Zustimmung des Bundesrats. Für die Einheitsthese sprechen Gesichtspunkte der Praktikabilität und der Rechtssicherheit: Gegenstand des Gesetzgebungsverfahrens ist die Gesetzesvorlage, so wie sie eingebracht wurde. Der Bundesrat kann nur zustimmen oder die Zustimmung verweigern, das Gesetz kommt nach Art. 78 GG entweder zustande oder nicht; der Bundespräsident kann nach Art. 82 GG nur dieses Gesetz, so wie es beschlossen wurde, ausfertigen, er kann aber nicht die zustimmungspflichtigen Teile von der Ausfertigung ausschließen. Das Verfahren der Gesetzgebung ist auf Rechtssicherheit angewiesen; deshalb ist das Gesetz als gesetzgebungstechnische Einheit zu behandeln, deshalb darf ein Gesetz aber auch im Initiativstadium in einen zustimmungspflichtigen und einen nicht zustimmungspflichtigen Teil aufgespalten werden (Rn 230)[10].

668 Bei der **Änderung** eines Gesetzes kommt es ebenfalls auf diese Gesetzesvorlage, also das Änderungsgesetz an, nicht aber auf den Inhalt des Gesetzes, das geändert werden soll. Dies gilt auch dann, wenn ein Gesetz geändert werden soll, das bei seinem Erlass zustimmungspflichtig war. Enthält also das Änderungsgesetz Vorschriften, die selbst zustimmungspflichtig sind, so bedarf es insgesamt der Zustimmung

9 Vgl *Dittmann*, in: Sachs, Art. 84 Rn 15; a.M. *Trute*, in: vMKS III, Art. 84 Rn 23 ff.
10 BVerfGE 105, 313 (338 ff).

des Bundesrats. Das Gleiche gilt, wenn eben die Vorschriften geändert werden, die die Zustimmungspflicht auslösten. Bei der 2010 beschlossenen Verlängerung der Laufzeiten der Kernkraftwerke war beides nicht der Fall. Das Atomgesetz war nach Art. 87c GG bei seinem erstmaligen Erlass zustimmungspflichtig, weil es in § 24 Auftragsverwaltung anordnete. Die Erhöhung der Strommengen der Kraftwerke betraf aber nur die materiellen Inhalte des Gesetzes – weder wurde § 24 AtG geändert noch wurden neue Fälle der Auftragsverwaltung eingeführt. Die Änderungen betrafen nur jene Teile, die – für sich gesehen – keine Zustimmungspflicht ausgelöst hatten.

Für die Zustimmungsbedürftigkeit wird in derartigen Fällen ins Feld geführt, dass der **669** Bundesrat mit seiner Zustimmung die Verantwortung für das Gesetz *als Ganzes* übernommen habe und er deshalb auch an Änderungen beteiligt werden müsse. Diese These hat das Bundesverfassungsgericht ausdrücklich zurückgewiesen: der Bundesrat sei keine „zweite Kammer" und habe nicht gleichberechtigt mit dem Bundestag Anteil an der Gesetzgebung. Seine Mitwirkung erschöpft sich im Fall der Auftragsverwaltung darin, dass er mit seiner Zustimmung die Abweichung vom Grundsatz des Art. 83 GG „genehmigt"[11]. Änderungen des Gesetzes in den Teilen, die die Zustimmungspflicht nicht ausgelöst haben, sind daher grundsätzlich nicht zustimmungspflichtig – dies entspricht auch dem Gesichtspunkt der **gesetzgebungstechnischen Einheit**[12]: Für jedes Gesetz sind hiernach die verfahrensmäßigen Voraussetzungen gesondert zu prüfen; es kommt dann nur darauf an, ob das jeweils in Frage stehende Gesetz *seinem Inhalt nach* die Zustimmungsbedürftigkeit auslöst.

Etwas anderes kann ausnahmsweise dann gelten, wenn durch die Gesetzesänderung **670** auch die nicht ausdrücklich geänderten, zustimmungsbedürftigen verfahrensrechtlichen Bestimmungen *in ihrer Bedeutung und Tragweite so wesentlich verändert* werden, dass sie den nicht geänderten Vorschriften eine so wesentlich neue Bedeutung und Tragweite verleihen, dass sie von der ursprünglichen „Genehmigung" durch den Bundesrat nicht mehr gedeckt sind[13]. Im Fall der Laufzeitverlängerung für Kernkraftwerke könnte etwa darauf verwiesen werden, dass die Länder dann wesentlich länger mit der Aufsicht über Kernkraftwerke belastet wären. Andererseits hat der Bundesrat ursprünglich bereits einem unbefristeten Gesetz zugestimmt und ändern sich die Verwaltungsaufgaben der Länder in der Sache nicht. Eine nur quantitative Mehrbelastung soll in aller Regel nicht ausreichen[14].

Generell betont das Bundesverfassungsgericht, dass die **Zustimmungsbedürftigkeit** eines Gesetzes nach der Intention des Grundgesetzes der **Ausnahmefall** ist[15].

11 BVerfGE 48, 127, 180 ff, 184; BVerfGE 126, 77, 100 unter ausdrücklicher Bezugnahme auf BVerfGE 48, 127, 180 ff, 184.
12 BVerfGE 37, 363, 382.
13 So BVerfGE 37, 363, 382; 48, 127, 180 ff; 126, 77, 100.
14 BVerfGE 126, 77, 105.
15 BVerfGE 48, 127, 179.

2. Mitwirkung bei der Verwaltung des Bundes

671 An der Ausübung von Verwaltungsbefugnissen durch den Bund ist der Bundesrat wiederum vor allem dort zu beteiligen, wo Eingriffe in die **Verwaltungs- und Organisationshoheit** der Länder vorgenommen werden. Dies ist der Fall beim Erlass allgemeiner Verwaltungsvorschriften durch den Bund, Art. 84 Abs. 2 GG, Art. 85 Abs. 2 GG, Art. 108 Abs. 7 GG, und bei Anordnungen der Bundesregierung gegenüber den Bundesländern im Rahmen der Bundesaufsicht, Art. 84 Abs. 3, 4 GG, des Bundeszwangs, Art. 37 Abs. 1 GG sowie im Fall des inneren Notstands, Art. 91 Abs. 2 GG. Rechtsverordnungen der Bundesregierung bedürfen der Zustimmung des Bundesrats iFd Art. 80 Abs. 2 GG und des Art. 109 Abs. 4 GG. Besondere Befugnisse sind dem Bundesrat schließlich für den Fall des Notstands verliehen, vgl Art. 115a ff GG.

3. Bundesrat und Europa – Art. 23 GG

a) EU und innerstaatliche Kompetenzverteilung

672 Wenn Hoheitsbefugnisse der Mitgliedstaaten nach Art. 23 GG auf die EU übergehen, so können dies im Fall der Bundesrepublik sowohl Befugnisse des **Bundes** als auch der **Länder** sein. Für die EU ist die bundesstaatliche Verfassung der Bundesrepublik unerheblich. An der Ausübung der Gemeinschaftsbefugnisse wirken die Mitgliedstaaten insbesondere über den Rat mit, also über ihre Regierung. Für die Bundesrepublik ist dies stets die Bundesregierung. Ob es sich bei den Gemeinschaftsbefugnissen ursprünglich um Befugnisse der Länder oder des Bundes gehandelt hatte, ist hierfür wiederum unerheblich.

Der 1992 neugefasste und 2006 geänderte Art. 23 GG (Rn 29, 118 ff) will dies dadurch kompensieren, dass in Angelegenheiten der EU auch die Länder durch den Bundesrat mitwirken, Art. 23 Abs. 2 GG, und der Bundesrat *„an der Willensbildung des Bundes zu beteiligen"* ist, Art. 23 Abs. 4 GG. Der Bund muss dann, wenn Interessen oder Kompetenzen der Länder berührt sind, die Stellungnahme des Bundesrats berücksichtigen. Art. 23 Abs. 5 und 6 GG enthalten eine abgestufte Skala von Mitwirkungsrechten. Nach Abs. 7 regelt der Bund durch Gesetz „das Nähere". Es handelt sich um das Gesetz über die Zusammenarbeit von Bund und Ländern in Angelegenheiten der Europäischen Union (EuZBLG) vom 12.3.1993, BGBl I S. 313. Weitere Mitwirkungsrechte enthält das durch das Urteil des BVerfG zum Vertrag von Lissabon veranlasste IntVG (Rn 127).

b) Mitwirkung des Bundesrats in EU-Angelegenheiten: Art. 23 Abs. 4 und 5 GG

673 Die Mitwirkung der Bundesländer an EU-Angelegenheiten über den Bundesrat nach Art. 23 Abs. 4 und 5 GG gestaltet sich wie folgt:

- **Unterrichtungspflicht**: Zunächst hat die Bundesregierung nach Art. 23 Abs. 2 S. 2 GG in EU-Angelegenheiten den Bundesrat (wie auch den Bundestag) umfassend und frühestmöglich zu unterrichten. Die weiteren Rechte des Bundesrats hängen dann davon ab, ob für die in Frage stehenden Angelegenheiten der EU innerstaatlich Bund oder Länder zuständig wären.

- **Beteiligung des Bundesrats**, Art. 23 Abs. 4 GG: Der Bundesrat ist nach Art. 23 Abs. 4 GG an der Willensbildung des Bundes zu beteiligen, ihm ist also Gelegenheit zur Stellungnahme zu geben, wenn er an einem entsprechenden innerstaatlichen Akt mitwirken müsste. Bei Rechtsetzungsakten (also zB Richtlinien) ist dies immer der Fall, weil der Bundesrat stets an der Gesetzgebung zu beteiligen ist. Der Bundesrat ist auch stets dann zu beteiligen, wenn die Angelegenheit innerstaatlich in den Zuständigkeitsbereich der Länder fällt.
- **Berücksichtigung** der Stellungnahme des Bundesrats, Abs. 5 Satz 1: Die Stellungnahme des Bundesrats ist in den Fällen des Art. 23 Abs. 5 S. 1 GG zu „berücksichtigen", also dann, wenn bei ausschließlicher Gesetzgebung des Bundes Interessen der Länder berührt sind, oder aber dann, wenn der Bund nur konkurrierend zuständig ist („im Übrigen"). Berücksichtigung bedeutet: Kenntnisnahme und sachliche Auseinandersetzung, nicht jedoch Bindung.
- **Maßgebliche Berücksichtigung**, Abs. 5 Satz 2: In den Fällen des Art. 23 Abs. 5 S. 2 GG ist die Stellungnahme des Bundesrats „maßgeblich" zu berücksichtigen.

Voraussetzung hierfür ist, dass **(1)** Gesetzgebungsbefugnisse der Länder, das Verwaltungsverfahren oder die Einrichtung der Behörden betroffen sind und dass **(2)** diese Materien auch im Schwerpunkt betroffen sind.

Zu (1): **Gesetzgebungsbefugnisse der Länder** sind betroffen, wenn diese für eine Materie entweder ausschließlich zuständig sind oder bei konkurrierender Gesetzgebung die Sperrwirkung des Art. 72 Abs. 1 GG nicht eingetreten ist; dass der Bund noch nicht tätig geworden ist, aber nach Art. 72 Abs. 2 GG tätig werden könnte, schließt die Anwendung des Art. 23 Abs. 5 S. 2 wohl ebenfalls aus. Wenn also entweder nach Art. 72 Abs. 2 GG die Erforderlichkeit einer bundesgesetzlichen Regelung nicht gesondert geprüft werden muss („Vorranggesetzgebung" des Bundes, Rn 181), oder aber die Erforderlichkeit nach den Zielvorgaben des Art. 72 Abs. 2 GG bejaht werden kann (Rn 183), bleibt es bei der einfachen Berücksichtigung nach Art. 23 Abs. 5 S. 1 GG[16]. **674**

Zu (2): Die Befugnisse der Länder müssen **„im Schwerpunkt"** betroffen sein – diejenigen Inhalte, die die Befugnisse der Länder berühren, müssen im Mittelpunkt des europäischen Rechtsetzungsaktes stehen.

Was „**maßgebliche** Berücksichtigung" bedeutet, dazu äußert sich die Verfassungsnorm nicht. Der Begriff „maßgeblich" spricht für Bindung, „Berücksichtigung" eher dagegen. § 5 Abs. 2 EuZBLG sieht eine gestufte, verfahrensmäßige Lösung vor: **675**

(1) Zunächst hat der Bundesrat seine **Stellungnahme** abzugeben. Stimmt diese nicht mit der Auffassung der Bundesregierung überein, so ist ein **Einvernehmen** anzustreben, § 5 Abs. 2 S. 3 EuZBLG.

(2) Kommt das Einvernehmen nicht zustande, so kann der Bundesrat erneut eine Stellungnahme abgeben. Wenn er nun in einem **„Beharrungsbeschluss"** seine Auffassung mit einer Mehrheit von zwei Dritteln seiner Stimmen bestätigt, so ist dieser für

16 Vgl *Würtenberger/Kunz*, JA 2010, 406, 410.

die Bundesregierung verbindlich, § 5 Abs. 2 S. 5 EuZBLG. Aus dem Wortlaut des Art. 23 Abs. 5 GG geht dies nicht unmittelbar hervor. Art. 23 Abs. 7 GG dürfte aber insoweit als eine Ermächtigung an den Bundesgesetzgeber aufgefasst werden, den Begriff der maßgeblichen Berücksichtigung in Abs. 5 näher zu konkretisieren.

(3) Allerdings ist nach Abs. 5 S. 2, 2. HS die **gesamtstaatliche Verantwortung** des Bundes zu wahren; wie in § 5 Abs. 2 S. 2 EuZBLG zum Ausdruck kommt, geht es hierbei vor allem um außen-, verteidigungs- und grundsätzliche integrationspolitische Fragen. Auch dann dürfte jedoch der Beharrungsbeschluss nach § 5 Abs. 2 S. 5 EuZBLG für die Bundesregierung verbindlich sein. Dafür spricht die systematische Stellung von S. 2.

c) Verhandlungsführer der Länder, Art. 23 Abs. 6 GG

676 Eine noch weitergehende Form der Beteiligung der Länder regelt Art. 23 Abs. 6 GG. Auf den dort genannten Gebieten der Bildung, der Kultur und des Rundfunks – man spricht hier mitunter vom kompetenziellen „Hausgut" der Länder – ist die Wahrnehmung der Rechte der Bundesrepublik in der EU auf einen Ländervertreter zu übertragen. Dieser wird vom Bundesrat benannt. Bis zur Föderalismusreform 2006 hatte es sich um eine Soll-Vorschrift gehandelt. Demgegenüber bedeutet die Formulierung „wird übertragen" eine uneingeschränkte Verpflichtung.

d) Prozessuale Konsequenzen

677 Es handelt sich bei den Rechten nach Art. 23 Abs. 5 und 6 GG um Rechte des Bundesrats, die dieser im Organstreitverfahren nach Art. 93 Abs. 1 Nr 1 GG geltend machen kann, nicht um unmittelbare Rechte der Länder[17]; die Gegenstand eines Bund-Länder-Streits nach Art. 93 Abs. 1 Nr 3 GG sein könnten. Denn die Mitwirkung der Länder in Angelegenheiten der EU erfolgt über den Bundesrat.

678 **Weitere Mitwirkungsrechte** in Angelegenheiten der Europäischen Union sieht die Begleitgesetzgebung zum Vertrag von Lissabon im sog. IntVG (Rn 127) vor. Der Bundesrat wird hier als Kammer eines nationalen Parlaments behandelt. Die Beteiligungsrechte sind wiederum akzessorisch zu den Gesetzgebungskompetenzen geregelt (zu den Einzelheiten s. Rn 155 ff). Auch insoweit können abweichend von Art. 52 Abs. 3 S. 1 GG dann durch Gesetz qualifizierte Mehrheiten vorgesehen werden, Art. 23 Abs. 1a S. 3 GG.

III. Garantie der Mitwirkungsrechte – Bundesrat und „Ewigkeitsgarantie"

679 Nach Art. 79 Abs. 3 GG sind Verfassungsänderungen unzulässig, die die grundsätzliche **Mitwirkung der Länder an der Gesetzgebung** des Bundes berühren. Diese Mitwirkung erfolgt nach der gegenwärtigen Verfassungslage über den Bundesrat. Dies

17 So aber *Sauer*, NVwZ 2008, 52.

wird zT als Hindernis für Volksabstimmungen auf Bundesebene gesehen: das Verfahren der Beteiligung des Bundesrates ist hierauf nur schwer übertragbar. Doch bedeutet Mitwirkung der Länder an der Gesetzgebung nicht, dass sie auch zwingend über den Bundesrat erfolgt[18], und auch nicht, dass sie ausnahmslos gewährleistet sein muss: Art. 79 Abs. 3 GG spricht von der „grundsätzlichen“ Mitwirkung. Es erscheint durchaus vertretbar, Fälle der Gesetzgebung durch Volksbegehren und Volksentscheid als Ausnahmefälle zu bewerten. Jedenfalls bedeutet eine Teilhabe der Länder in einem Verfahren der gewichteten Ländermehrheit im Volksentscheid eine gleichwertige Alternative zum Verfahren im Bundesrat. Dass es gerade die Landesregierungen sein müssen, durch die die Länder an der Gesetzgebung des Bundes Anteil haben, dies fällt nicht unter die Unabänderlichkeitssperre des Art. 79 Abs. 3 GG. Daher wäre der verfassungsändernde Gesetzgeber auch nicht gehindert, den Bundesrat in seiner derzeitigen Form durch eine Art zweite Kammer (Senat) zu ersetzen.

Lösung der Ausgangsfälle

Fall 69: Gentechnik 680

1. Zustimmungspflichtigkeit könnte sich hier ergeben aus Art. 84 Abs. 1 S. 6 GG.

a) Das Gesetz enthält Bestimmungen über das Verwaltungsverfahren; dies ist, wie sich aus Art. 84 Abs. 1 S. 2 GG ergibt, an sich möglich, doch besteht dann ein Abweichungsrecht der Länder. Das Gesetz sieht jedoch in § 40 vor, dass die Länder von den Bestimmungen über das Verwaltungsverfahren nicht abweichen können; dies kann der Bund nach S. 5 in Ausnahmefällen bestimmen.

b) Ob ein solcher Ausnahmefall vorliegt, kann hier nicht abschließend beurteilt werden. Darauf kommt es jedoch nicht an: der Bund hat eine Regelung nach S. 5 getroffen. Dann muss sich hieraus die Rechtsfolge des S. 6 ergeben, also die Zustimmungspflicht – erst recht dann, wenn der Bund die Abweichungsmöglichkeit nicht ausschließen durfte.

2. Rechtsfolge: Zustimmungspflichtigkeit des Gesetzes in seinem gesamten Inhalt, Art. 84 Abs. 1 S. 6 GG und damit bei fehlender Zustimmung Nichtigkeit des Gesetzes als Ganzes.

Fall 70: Laufzeitverlängerung 681

1. Das AtG war zustimmungspflichtig gemäß Art. 87c GG, da es in § 24 bestimmt, dass es in Bundesauftragsverwaltung ausgeführt wird. Ein Gesetz zur Laufzeitverlängerung würde hieran nichts ändern, wäre also nicht schon wegen seines Inhalts zustimmungspflichtig.

2. Das Gesetz könnte deshalb zustimmungspflichtig sein, weil das geänderte Gesetz selbst zustimmungspflichtig war.

a) Für die Zustimmungsbedürftigkeit könnte in diesem Fall sprechen, dass der Bundesrat mit seiner Zustimmung die Verantwortung für das Gesetz *als Ganzes* übernommen hat.

b) Dem ist jedoch zu entgegnen, dass der Bundesrat nicht gleichberechtigte „zweite Kammer“ eines Gesetzgebungsorgans ist, sondern nur an der Gesetzgebung des Bundes *mitwirkt*. Seine Mitwirkung erschöpft sich darin, dass der mit der Auftragsverwaltung verbundene Eingriff in die verwaltungsmäßigen Befugnisse der Länder durch seine Zustimmung „genehmigt“ wird. Auch beim Änderungsgesetz ist auf das jeweilige Gesetz als gesetzgebungstechnische Einheit abzustellen.

18 *Bryde*, in: v. Münch/Kunig II, Art. 79 Rn 32; *Hain*, in: vMKS II, Art. 79 Rn 133 f.

c) Etwas anderes könnte gelten, wenn mit der Laufzeitverlängerung die Bestimmungen über die Auftragsverwaltung inhaltlich eine wesentlich andere Bedeutung und Tragweite erhalten, die von der früher erteilten Zustimmung des Bundesrats ersichtlich nicht mehr getragen ist[19]. Einerseits bleiben die Länder länger zur Ausführung des AtG in Bundesauftragsverwaltung verpflichtet. Andererseits ändern sich die Verwaltungsaufgaben ihrer Art nach nicht. Dies spricht ebenso gegen Zustimmungspflicht, wie der Umstand, dass das Gesetz von Anfang an unbefristet gegolten hat.

682 **Fall 71: Richtlinienfall**

1. Dass der Bund an Rechtsetzungsakten auch dann mitwirken darf (und muss), wenn innerstaatlich die Länder zuständig wären, ergibt sich für das Grundgesetz nunmehr ausdrücklich aus Art. 23 Abs. 4 GG.

2. Die Wahrnehmung der Rechte des Bundes – also auch die Beteiligung an den Verhandlungen und an der Beschlussfassung des Ministerrats – ist nach der Neufassung des Art. 23 Abs. 6 GG im Zuge der Föderalismusreform zwingend einem Ländervertreter zu übertragen, wenn „im Schwerpunkt" ausschließliche Gesetzgebungsbefugnisse der Länder auf den dort genannten Gebieten betroffen sind. Bei der Richtlinie geht es aber, auch soweit sie sich auf Schulen bezieht, nicht um schulische Bildung. Abs. 6 kommt also nicht zur Anwendung.

3. Die Bundesregierung könnte jedoch im Ministerrat an die Stellungnahme des Bundesrats gebunden sein. Als verfassungsrechtliche Grundlage für eine derartige Bindung kommt Art. 23 Abs. 5 S. 2 GG in Betracht. Voraussetzung ist dann, dass

(1) *Gesetzgebungsbefugnisse der Länder betroffen* sind: Ob dies der Fall ist, ergibt sich aus Art. 70 ff GG. Das Gaststättenrecht ist nach Art. 70, 74 Abs. 1 Nr 11 GG ausschließliche Zuständigkeit der Länder. Soweit es um Rauchverbote in Schulen und Hochschulen geht, sind ebenfalls die Länder zuständig; lediglich bei Verkehrsmitteln besteht eine ausschließliche Zuständigkeit des Bundes nach Art. 73 Abs. 1 Nr 6a GG für die Eisenbahnen des Bundes. Allerdings könnte eine konkurrierende Zuständigkeit des Bundes nach Art. 74 Abs. 1 Nr 19 (Maßnahmen gegen gemeingefährliche Krankheiten) oder Nr 20 (Recht der Genussmittel) bestehen. Da hier aber kein genereller Nichtraucherschutz angestrebt wird, die Richtlinie vielmehr bereichsspezifische Regelungen für Gaststätten, Bildungs- und Verkehrseinrichtungen vorsieht, sind die hierfür geltenden, spezielleren Regelungen einschlägig.

(2) Gesetzgebungsbefugnisse der Länder müssen auch *im Schwerpunkt betroffen* sein. Wenn, wie hier, die Richtlinie sich gleichermaßen auf Materien in der Zuständigkeit des Bundes wie in der Zuständigkeit der Länder bezieht, wird man auf den überwiegenden Inhalt abzustellen haben. Die tatbestandlichen Voraussetzungen des Art. 23 Abs. 5 S. 2 GG sind also gegeben; die Bundesregierung ist dann an die Stellungnahme des Bundesrats gebunden, wenn

(3) *„maßgebliche Berücksichtigung"* als rechtliche Bindung aufzufassen ist, der Bundesrat also das Letztentscheidungsrecht hat. § 5 Abs. 2 S. 5 EuZBLG geht davon aus. Zwingend ist dies nach dem Wortlaut des Art. 23 Abs. 5 GG jedoch nicht; maßgebliche Berücksichtigung ist weniger als Bindung. Einer Verpflichtung der Bundesregierung, die Entscheidung des Bundesrats zu übernehmen, könnte allerdings entgegenstehen, dass

(4) die *gesamtstaatliche Verantwortung* die Zustimmung zur Richtlinie erfordert, vgl Art. 23 Abs. 6 S. 2, 2. HS GG. Das AusführungsG zu Art. 23 GG geht jedoch davon aus, dass der Bund auch unter Berufung auf seine gesamtstaatliche Verantwortung die Entscheidung des Bundesrats nicht übergehen darf, wenn diese mit qualifizierter Mehrheit getroffen wurde, vgl § 5 Abs. 2 S. 5 EuZBLG.

Ergebnis: Die Bundesregierung ist an die Stellungnahme des Bundesrats gebunden.

19 So BVerfGE 48, 127, 180 für einen Fall einer dergestalt wesentlichen Änderung.

Fall 72: Ländermehr 683

Der erwähnte Gesetzentwurf zur Einführung von Volksbegehren und Volksentscheid auf Bundesebene enthielt die hier genannte Klausel. Vorbild war das schweizerische „Ständemehr", wonach für erfolgreiche Volksabstimmungen in bestimmten Fällen sowohl die Mehrheit der Stimmbürger als auch eine Zustimmung in der Mehrheit der Kantone erforderlich ist. Damit sollten Einwände aus Art. 79 Abs. 3 GG aufgefangen werden.

Sieht man über Art. 79 Abs. 3 GG die Mitwirkung der Länder an der Gesetzgebung des Bundes nicht notwendig über den Bundesrat garantiert, so bewegt sich die Grundgesetzänderung im Rahmen des Art. 79 Abs. 3 GG. Dieses Ergebnis ist mE zwingend, da die „Ewigkeitsgarantie" nicht zur Versteinerung der Verfassung führen darf und „Abstimmungen" des Bundesvolkes hieraus nicht verhindert werden dürfen.

Schrifttum zu § 8: *Stern II*, § 27; *H.H. Klein*, Der Bundesrat der Bundesrepublik Deutschland als „Zweite Kammer", AöR 108 (1983), 329; *Breuer*, Die Sackgasse des neuen Europaartikels, NVwZ 1994, 417; *Heimlich*, Die Ländermitwirkung bei EG-Entscheidungen, BayVBl 2000, 321; *Maurer*, Mitgliedschaft und Stimmrecht im Bundesrat, in: Festschrift für Schmitt Glaeser, 2003, S. 157; *Küpper*, Die Mitgliedschaft im Bundesrat – Schwachstellen eines widersprüchlichen Konzepts, Der Staat 42 (2003), 387; *Schmidt*, Strukturelle Alternativen bei der Ausgestaltung des Bundesrats, DÖV 2005, 379; *Würtenberger/Kunz*, Die Mitwirkung der Bundesländer in Angelegenheiten der EU, JA 2010, 406.

§ 9 Die Bundesregierung

→ **Leitentscheidungen:** BVerfGE 62, 1 (Bundestagsauflösung); BVerfGE 91, 148 (Umlaufverfahren); BVerfGE 105, 252 (Marktbezogene Informationstätigkeit – Glykol); BVerfGE 114, 121 (Bundestagsauflösung 2005).

Fall 73: Flick II 684

Nach Herausgabe der Steuerakten in **Fall 65a** (Rn 592) führt der Untersuchungsausschuss des Bundestags seine Untersuchungen durch und kommt in seinem Abschlussbericht zu dem Ergebnis, dass eine sachwidrige Beeinflussung der Ermessensentscheidung des Bundesministers M zwar nicht nachweisbar sei, aber auch nicht ausgeschlossen werden könne.

Nach einer erregten Bundestagsdebatte über das Verhalten des M beschließt der Bundestag mehrheitlich mit den Stimmen der oppositionellen X- und der oppositionellen Y-Partei, einiger Abgeordneter der A-Partei sowie der Abgeordneten ihres Koalitionspartners, der B-Partei, dem Minister das Misstrauen auszusprechen sowie Bundeskanzler und Bundespräsidenten aufzufordern, ihn nicht mehr im Amt zu belassen.

Bundeskanzler K, selbst der A-Partei zugehörig, überlegt, ob er auf Grund des Ersuchens des Bundestags berechtigt oder sogar verpflichtet ist, den M zu entlassen; er bezieht dabei auch einen Passus der Koalitionsvereinbarungen mit der B-Partei in seine Überlegungen mit ein, wonach die Mitglieder des Bundeskabinetts jederzeit das Vertrauen beider Koalitionspartner besitzen müssen. **Rn 718** (prozessual Rn 824).

685 **Fall 74: Minister Ratlos**

Die zuständige Behörde des Landes A hat über die Genehmigung der Inbetriebnahme eines Großkraftwerks zu entscheiden. Es sei unterstellt, dass das hierfür einschlägige Gesetz in der Bundesauftragsverwaltung ausgeführt wird, dh, der Erteilung der Genehmigung muss die Bundesregierung zustimmen. Die Zustimmung fällt nach der internen Geschäftsverteilung in das Ressort des Bundesinnenministers.

Nach den maßgeblichen gesetzlichen Bestimmungen „kann" die Genehmigung erteilt werden (Ermessen). Nach bisheriger, vom Kabinett gebilligter Praxis, hat der Bundesinnenminister die Zustimmung stets dann verweigert, wenn die Entsorgung der beim Betrieb anfallenden Schadstoffe nicht gewährleistet war. Er möchte jedoch im anstehenden Fall der Genehmigung durch das Land A zustimmen, um Arbeitsplätze zu erhalten. Das Bundeskabinett beschließt jedoch mehrheitlich, die Zustimmung solle nicht erteilt werden. Der Bundeskanzler möchte sich nicht dem Vorwurf ausgesetzt sehen, zur Vernichtung von Arbeitsplätzen beizutragen; er gibt „aus grundsätzlichen arbeitsmarktpolitischen Erwägungen" dem Bundesinnenminister den Auftrag, die Zustimmung zur Genehmigung auszusprechen. Noch ehe dieser jedoch die Zustimmung ausgesprochen hat, verabschiedet der Bundestag mit großer Mehrheit eine Entschließung, in der die Inbetriebnahme des Kraftwerks abgelehnt wird. Der Bundeskanzler weist jedoch den Bundesinnenminister an, gleichwohl der Genehmigung zuzustimmen.

Der Bundesinnenminister fragt an, wie er sich nun verhalten solle. **Rn 712** (prozessual Rn 825)

686 **Fall 75: Umlaufverfahren**

Durch Bundesgesetz wird die Bundesregierung zum Erlass von Rechtsverordnungen zur Durchführung des Gesetzes ermächtigt. Eine 1. DurchführungsVO wurde vom Bundeskabinett in einer Sitzung beschlossen, an der lediglich 6 von 14 Bundesministern sowie der Bundeskanzler teilgenommen haben; die Abstimmung im Kabinett erfolgte einstimmig. Eine 2. DurchführungsVO wurde im Umlaufverfahren nach § 20 Abs. 2 GeschOBReg beschlossen. Dabei haben innerhalb der gesetzten Frist zwei der Bundesminister widersprochen, drei ausdrücklich ihre Zustimmung erklärt, während die übrigen Bundesminister sich nicht geäußert haben; dies wird entsprechend ständig geübter Praxis als Zustimmung gewertet. Demgemäß geht die Bundesregierung vom Zustandekommen eines Beschlusses aus; die Verordnung wird ausgefertigt und verkündet.

Sind die Verordnungen wirksam zustande gekommen? (Der Fall beruht auf *BVerfGE 91, 148*) **Rn 714**

687 **Fall 76: Klimaschutz in Zeiten des Wahlkampfs**

Für die zu Ende gehende Wahlperiode des Deutschen Bundestags hat der Bundespräsident mit Verfügung vom 3.1.201X den Wahltag gemäß § 16 BWG auf den 3. September 201X festgesetzt. Nachdem der Bundestag im April 201X ein Gesetzespaket zur energetischen Gebäudesanierung verabschiedet hat, erscheint in den beiden letzten Maiwochen und im April in den großen Tageszeitungen eine Serie von großformatigen Anzeigen unter der Überschrift „Die Bundesregierung informiert". In den einzelnen Anzeigen wird auf die Notwendigkeit entsprechender Maßnahmen aus Gründen des Klimaschutzes hingewiesen; es werden die vorgesehenen steuerlichen Erleichterungen und Subventionen beschrieben und Berechnungsbeispiele gegeben. Die Anzeigen sind mit den Nationalfarben umrandet und illustriert mit Aufnahmen, die die bekannteren Mitglieder der Bundesregierung mit sorgenvollem Blick vor abschmelzenden Gletschern, mit liebevollem Blick beim Betrachten des Eisbärengeheges im Berliner Zoo, im lebhaften Gespräch mit optimistisch gestimmten Jugendlichen, teils mit Migrationshintergrund, mit sachverständig-dynamischem Blick auf Baustellen und in ähnlichen Situationen zeigen. Die oppositionelle L-Partei sieht hierin unzulässige Wahlkampfbeeinflussung, die Bundesregierung verweist auf ihre Informationsaufgaben, in deren Wahrnehmung sie in Zeiten gemeinsamer Anstrengung der Bevölkerung Rat und Orientierung gebe. **Rn 717, 719**

I. Die Bundesregierung als Verfassungsorgan: Rechtsstellung und grundsätzliche Bedeutung

Die Bundesregierung ist Organ der politischen Staatsleitung. Ihre Kompetenzen sind vor allem auch politischer Natur, ihre Stellung in der Verfassungsordnung kommt in den ihr positiv nach dem Grundgesetz zugewiesenen Befugnissen nur bedingt zum Ausdruck.

Für die Bundesregierung als Verfassungsorgan gilt in besonderer Weise, was grundsätzlich für den Bereich der Staatsorganisation angemerkt wurde: Ihre verfassungsrechtlich festgelegten Befugnisse und Kompetenzen können nur bedingt ihre tatsächliche Stellung im Verfassungsleben beschreiben. Sie ist eine Frage des politischen Wirkens, des politischen Zusammenwirkens der Verfassungsorgane, das nicht umfassend in verfassungsrechtliche Kautelen eingebunden werden kann (s. für den Bundestag Rn 598). So kommt insbesondere in den der Bundesregierung im Grundgesetz zugewiesenen Kompetenzen ihre entscheidende politische Funktion nicht zum Ausdruck: die Teilhabe an der **politischen Staatsleitung**, wie sie von Parlament und Regierung gemeinsam „zur gesamten Hand" ausgeübt wird. Wie das Parlament, ist auch die Regierung dem Gemeinwohl verpflichtet, während ihre Mitglieder gleichzeitig ihren jeweiligen Parteien verbunden sind. Auch insoweit besteht ein Spannungsverhältnis zwischen parteienstaatlicher Demokratie iSd Art. 21 Abs. 1 GG und Gemeinwohlbindung. Dies wird deutlich in der Öffentlichkeitsarbeit der Regierung – **Fall 76** –, die notwendig auch Öffentlichkeitsarbeit der Regierungsparteien ist. **688**

Wenn hier im Folgenden Organisation und Befugnisse der Bundesregierung dargestellt werden, so ist damit zunächst die *Regierung im organisatorisch-institutionellen* Sinn gemeint, als das im VI. Abschnitt des Grundgesetzes konstituierte Verfassungsorgan; *Regierung im formellen Sinn* bezeichnet die Gesamtheit der dem Verfassungsorgan Bundesregierung übertragenen Aufgaben und Befugnisse; mit dem Begriff der *Regierung im materiellen Sinn* schließlich wird der Bereich der politischen Staatsleitung bezeichnet, wie er im parlamentarischen System des Grundgesetzes Parlament und Regierung in ihrem Zusammenwirken zugeordnet ist. **689**

Die Bundesregierung als Verfassungsorgan setzt sich zusammen aus dem **Bundeskanzler** und den **Bundesministern**. Für die Aufgaben und Befugnisse der Bundesregierung bedarf es jeweils der Feststellung, ob diese der Bundesregierung als *Kollegialorgan* (Bundeskanzler und Bundesminister), einem *einzelnen Bundesminister* oder dem *Bundeskanzler* zugeordnet sind. Spricht das Grundgesetz von „der Bundesregierung", so ist regelmäßig die Bundesregierung als Kollegialorgan gemeint. **690**

Demgemäß hat das BVerfG eine Bestimmung im Atomgesetz (§ 7 Abs. 2a S. 1, 2. HS), die das für kerntechnische Sicherheit und Strahlenschutz zuständige Bundesministerium ermächtigte, in Form sog. „Leitlinien" allgemeine Verwaltungsvorschriften für den Vollzug des Atomgesetzes zu erlassen, für verfassungswidrig erklärt. Es handelt sich beim Atomgesetz um einen Fall der Auftragsverwaltung, Art. 87c GG. Hierfür kann die Bundesregierung mit Zustimmung des Bundesrats allgemeine Verwaltungsvorschriften erlassen. Um solche handelte es sich bei den Richtlinien. Dann aber durfte der Gesetzgeber im Atomgesetz nicht einen einzelnen Fachminister ermächtigen, sondern nur die Bundesregierung als Kollegialorgan. Deshalb war die Ermächtigung verfassungswidrig und nichtig[1]; es fehlte zudem an der vorgesehenen Zustimmung des Bundesrats.

691 Die Bestimmung der Geschäftsbereiche der einzelnen Ministerien und auch die Festlegung ihrer Anzahl obliegt dem Bundeskanzler im Rahmen seiner **Organisationsgewalt**[2], die auch ein **materielles Kabinettsbildungsrecht** umfasst und in die der Gesetzgeber grundsätzlich nicht eingreifen darf. Der Verfassungsgerichtshof für das Land Nordrhein-Westfalen hat allerdings im Fall der Zusammenlegung von Justiz- und Innenministerium durch den Ministerpräsidenten diese Organisationshoheit für nordrhein-westfälisches Landesverfassungsrecht in Anwendung des Wesentlichkeitsvorbehalts eingeschränkt (s. Rn 314) und auch Zweifel an der materiellen Verfassungskonformität der Organisationsentscheidung geäußert. Letzteres vor allem im Hinblick auf die Wahrung der Unabhängigkeit der Justiz und die Gewaltentrennung: so sei es zweifelhaft, ob der für die Polizei zuständige Minister gleichzeitig weisungsberechtigter Dienstvorgesetzter der Staatsanwaltschaften sein könne[3]. Für den Bund ist allerdings die Existenz des Justizministeriums durch Art. 96 GG gewährleistet, ebenso etwa die des Finanzministeriums in Art. 108, 112, 114 GG. IÜ liegt die Organisationsgewalt beim Bundeskanzler, dh dieser entscheidet durch Organisationserlass über Aufgabenbereich und Zuständigkeit der Ministerien. Er kann hierbei auch neue Ministerien bilden und bestehende zusammenlegen oder auflösen. Er benötigt hierfür kein Gesetz.

II. Bildung und Amtsdauer der Bundesregierung

Nach Zusammentritt eines neugewählten Bundestags erfolgt die Regierungsbildung durch Wahl des Bundeskanzlers und Ernennung der Bundesminister. Mit dem Zusammentritt des nächsten neugewählten Bundestags endet das Amt der Bundesregierung. Dies ist der Normalfall. Verfassungskonflikte können vor allem aus den Abweichungen vom Normalfall entstehen: dem konstruktiven Misstrauensvotum und der Vertrauensfrage. Sie sind im Schwerpunkt Gegenstand des nachstehenden Abschnitts.

692 Kennzeichnend für das Regierungssystem des Grundgesetzes ist die rechtlich stark ausgeprägte Stellung des **Bundeskanzlers** innerhalb der Bundesregierung. Er allein wird unmittelbar vom Bundestag gewählt, auf seinen Vorschlag hin werden die Bun-

1 BVerfGE 100, 249, 261.
2 S. hierzu *Busse*, DÖV 1999, 313 sowie *ders.*, Der Staat (2006), 245, 248 f.
3 VerfGHNW NJW 1999, 1243 = DÖV 1999, 427.

desminister vom Bundespräsidenten ernannt – der Bundeskanzler bildet also die Bundesregierung, entscheidet über deren Zusammensetzung – und Entlassung. Die Bundesminister sind damit in ihrem Amt unmittelbar nur vom Vertrauen des Bundeskanzlers abhängig. Mit dem Amt des Bundeskanzlers endet zwingend auch das der Bundesminister, Art. 69 Abs. 2 GG, der „Sturz" eines Bundeskanzlers durch das Parlament – der nur im Wege des „konstruktiven Misstrauensvotums" (Rn 696) möglich ist – hat also stets den Sturz der gesamten Bundesregierung zur Folge.

1. Bildung der Bundesregierung

Die Wahl des Bundeskanzlers vollzieht sich nach den Verfahrensregeln des Art. 63 **693**
GG. Sie gelten, wenn ein neuer Bundestag zusammentritt, aber auch dann, wenn zB nach einem Rücktritt ein neuer Bundeskanzler zu wählen ist (Rn 606). Erforderlich ist grundsätzlich die Mehrheit der Mitglieder des Bundestags (Mehrheit der gesetzlichen Mitglieder – „Kanzlermehrheit", Rn 600). Hierdurch soll die Entstehung von Minderheitsregierungen verhindert werden. In einem ersten Wahlgang hat hierbei der Bundespräsident das Vorschlagsrecht, Art. 63 Abs. 1 GG; sein **Vorschlag** richtet sich dabei in der Praxis nach dem Ergebnis der vorgehenden Bundestagswahlen. Unmittelbare rechtliche Vorgaben für die Ausübung des Vorschlagsrechts des Bundespräsidenten[4] enthält das Grundgesetz jedoch nicht. Dies spricht dafür, den Vorschlag eines bestimmten Kandidaten für die Wahl zum Bundeskanzler dem politischen Ermessen des Bundespräsidenten zu überantworten. Das politische Kräftespiel, wie es sich bei der Wahl des Bundeskanzlers vollzieht, muss nicht notwendig umfassend rechtlich gebunden sein. Er hat sich hierbei an der Zielsetzung stabiler Mehrheitsverhältnisse als maßgebliche Leitlinie für sein Ermessen zu orientieren, wobei ihm in der Einschätzung der Kräfteverhältnisse ein weitgehender Beurteilungs- oder Einschätzungsspielraum zuzugestehen ist[5]. In der Praxis richtet sich der Bundespräsident ggf nach den vor der Regierungsbildung getroffenen Koalitionsvereinbarungen.

Bei den **Koalitionsvereinbarungen** dürfte es sich nicht um verfassungsrechtliche Verträge[6] handeln, sondern um rechtlich nicht bindende politische Absprachen[7]; der typische Inhalt derartiger Absprachen – Verwirklichung von Gesetzgebungsvorhaben, Wahl eines bestimmten Bundeskanzlers, Bestimmung der Kabinettsmitglieder – entzieht sich der rechtlichen Verfügungsbefugnis der Parteien. Zur Frage einer rechtlichen Bindung des Bundespräsidenten in seinem Vorschlagsrecht s. **Klausurenband I Fall 8**.

Kommt in einem ersten Wahlgang die erforderliche Mehrheit nicht zustande, so geht **694**
in einem zweiten Wahlgang das Initiativrecht auf den Bundestag über. Auch dann ist Mitgliedermehrheit erforderlich, erst in einem *dritten Wahlgang* genügt die *einfache Mehrheit*. Tritt hiernach der Fall einer Kanzlerwahl mit nur einfacher Mehrheit ein, was die Bildung einer Minderheitsregierung zur Folge hätte, so eröffnet Art. 63 Abs. 4 S. 3 GG *fakultativ* die Möglichkeit von **Neuwahlen**: Der **Bundespräsident**

4 S. dazu *Ipsen*, JZ 2006, 217.
5 So auch *Achterberg/Schulte*, in: vMKS II, Art. 63 Rn 27.
6 So noch *Maunz*, in: Maunz/Dürig, Art. 65 (1964) Rn 18.
7 *Schenke*, BonnK, Art. 65 Rn 25 ff.

kann nach seinem **Ermessen** den mit einfacher Mehrheit gewählten Bundeskanzler ernennen oder aber den Bundestag auflösen.

Die einzelnen Bundesminister werden vom Bundeskanzler dem Bundespräsidenten zur Ernennung vorgeschlagen, dieser hat die *rechtlichen Voraussetzungen* für die Ernennung zu prüfen – sie sind im G. über die Rechtsverhältnisse der Mitglieder der Bundesregierung (BMinG – Sartorius Nr 45) enthalten –, im Übrigen jedoch dem Vorschlag des Bundeskanzlers zu entsprechen.

695 Mehr theoretischer Natur ist die Streitfrage, ob der Bundespräsident eine Ernennung aus Gründen des „Staatswohls" ablehnen kann, etwa bei schwerwiegenden Zweifeln an der Verfassungstreue des Vorgeschlagenen, mögen diese auch aus einem früheren politischen Leben herrühren[8]. Grundsätzlich wird man aus der Stellung des Bundespräsidenten im Verfassungsgefüge eine Beschränkung seines Prüfungsrechts auf die rechtlichen Voraussetzungen seines Handelns ableiten müssen. Andererseits erscheint es mit seiner Verpflichtung auf das Staatswohl schwer vereinbar, ihn als zur Ernennung eines „für Wohl und Ansehen des Staates schlechterdings untragbaren" Ministers[9] verpflichtet zu sehen. Dies dürfte sich auch aus seinem Amtseid ergeben (Rn 732). Für den genannten Beispielsfall der schwerwiegenden Zweifel an der Verfassungstreue wäre es mE vertretbar, hierin eine ungeschriebene *rechtliche* Voraussetzung für die Ernennung zu sehen. Es handelt sich hier jedoch um Grenzfragen des Verfassungsrechts.

2. Amtsdauer der Bundesregierung, Misstrauensvotum

696 Die **Entlassung** eines Bundesministers erfolgt wiederum auf Vorschlag des Bundeskanzlers durch den Bundespräsidenten, der hieran gebunden ist. Die Bundesminister sind also rechtlich nur vom Vertrauen des Bundeskanzlers abhängig. Der Bundestag hat keine rechtliche Handhabe, die Entlassung eines Ministers zu erzwingen. Er kann allein dann, wenn die Bundesregierung sein Vertrauen nicht mehr besitzt, diese über das in Art. 67 GG geregelte **konstruktive Misstrauensvotum** gegen den *Bundeskanzler* zu Fall bringen.

Das konstruktive Misstrauensvotum kennzeichnet das parlamentarische Regierungssystem des Grundgesetzes in seinem betonten Anliegen, Regierungsstabilität durch verfassungsrechtliche Sicherungen zu gewährleisten, der Bildung von Minderheitsregierungen entgegenzuwirken: nur dann, wenn sich gleichzeitig eine hinreichende Mehrheit für die Bildung einer neuen Regierung ergibt, soll der Sturz der bestehenden Regierung möglich sein. Aus diesem Grund lässt Art. 67 GG das Misstrauensvotum gegen den Bundeskanzler nur in Form des „konstruktiven Misstrauensvotums" zu, also durch Wahl eines neuen Bundeskanzlers mit der *Mehrheit der Mitglieder* des Bundestags.

697 Aus diesem Grund – Wahrung der Regierungsstabilität – kennt das Grundgesetz auch kein Misstrauensvotum gegen einzelne Bundesminister (anders noch Art. 54 WRV). Das Schweigen des Grundgesetzes in dieser Frage kann nicht etwa als Indiz für die Zulässigkeit eines derartigen Misstrauensvotums (es geht hier wohlgemerkt nur um das *„echte"* Misstrauensvotum mit Abgangspflicht des Ministers) gewertet werden, auch wenn es sich hierbei um eine traditionelle parlamentarische Institution handeln sollte (eine Erwägung, die ohnehin unzulässig ist, da stets nur

8 Vgl dazu *Hermes*, in: Dreier II, Art. 64 Rn 27; *Stern* II, § 30 IV 4.
9 *Stern* aaO; aM *Oldiges*, in: Sachs, Art. 64 Rn 15.

aus dem parlamentarischen System *des Grundgesetzes* argumentiert werden darf, *nicht* aus „dem" parlamentarischen System schlechthin). Wenn ein Kanzler nur durch eine sich auf einen neuen Regierungschef einigende Mehrheit gestürzt werden kann, so wäre es unzulässig, dieses Prinzip dadurch zu umgehen, dass der Bundestag gegen den Willen des Kanzlers einzelne Minister zum Abgang zwingen und damit letztlich die Regierung zu Fall bringen könnte. Ein Misstrauensvotum gegen einen einzelnen Minister widerspräche also dem Regierungssystem des Grundgesetzes.

Zulässig ist jedoch ein „schlichtes" Misstrauensvotum gegen einen einzelnen Bundesminister, also ein Beschluss des Bundestags, durch den dieser einem Minister sein Misstrauen ausspricht, ohne dass dies die Rechtspflicht zum Rücktritt bzw zur Entlassung nach sich zieht. Da die Regierung der parlamentarischen Kontrolle unterliegt, muss das Parlament die Möglichkeit haben, seine Kritik an der Amtsführung der Regierung bzw eines ihrer Mitglieder hinreichend klar zum Ausdruck zu bringen, insbesondere auch in der klarsten Ausdrucksform des parlamentarischen Willens, im Parlamentsbeschluss, der als Tadelsantrag, Missbilligungsvotum oder auch Misstrauensvotum gefasst sein kann.

3. Die Vertrauensfrage

Die Regelung des Art. 67 GG hat zur Folge, dass eine Bundesregierung im Amt bleibt, auch wenn sie nicht mehr das Vertrauen des Parlaments besitzt, solange dieses sich nicht mehrheitlich auf eine neue Bundesregierung einigt. Für diesen Fall öffnet Art. 68 GG den Weg zu vorzeitigen Neuwahlen über die **Vertrauensfrage** des Bundeskanzlers. Findet der Kanzler auf seinen Antrag an das Parlament, ihm das Vertrauen auszusprechen, nicht die erforderliche Mehrheit – wiederum die Mehrheit der Mitglieder des Bundestags, „Kanzlermehrheit" –, so **kann** der Bundespräsident auf Vorschlag des Bundeskanzlers den Bundestag auflösen. Der Bundespräsident hat also hier, wie im Fall des Art. 63 Abs. 4 GG, zu entscheiden zwischen der Möglichkeit einer Minderheitsregierung und Neuwahlen. Ihm ist damit für den Fall *instabiler Mehrheitsverhältnisse* vorrangig die Wahrung der politischen Stabilität aufgetragen. Er ist demgemäß auch zu einer *politischen Ermessensentscheidung*[10], ausgerichtet am vorrangigen Ziel der Regierungsstabilität, befugt, sofern die *rechtlichen Voraussetzungen* des Art. 68 GG vorliegen. Die Vertrauensfrage mit einer Sachentscheidung zu verbinden – wenn also der Bundeskanzler, wie am 16.11.2001 geschehen, den Antrag auf Zustimmung zu einer Entscheidung der Regierung mit dem Antrag, dem Bundeskanzler das Vertrauen auszusprechen, verknüpft –, wird als zulässig erachtet. Art. 81 Abs. 1 S. 2 GG setzt diese Vorgehensweise offensichtlich voraus[11]. 698

Die verfahrensmäßigen Voraussetzungen für die Entscheidung des Bundespräsidenten nach Art. 68 GG sind nach dieser Bestimmung: 699

- die *Vertrauensfrage* des Bundeskanzlers an den Bundestag;
- der *Beschluss des Bundestags*, durch den dem Bundeskanzler das Vertrauen verweigert wird;
- der *Antrag des Bundeskanzlers* an den Bundespräsidenten, den Bundestag aufzulösen (der Bundeskanzler braucht diesen Antrag nicht zu stellen; er kann zurücktreten oder aber weiterregieren).

10 BVerfGE 62, 1.

11 *Haass*, BayVBl 2004, 204 ff; aM: *Schönberger*, JZ 2002, 211 ff.

700 Dass diese formellen Voraussetzungen erfüllt sind, genügt jedoch noch nicht. Das Grundgesetz will die Bildung einer handlungsfähigen Regierung sichern. Diesem Ziel der Regierungsstabilität dient auch das Instrument der Vertrauensfrage. Von ihr darf deshalb nicht beliebig Gebrauch gemacht werden, um Neuwahlen zu ermöglichen. Sie muss vielmehr in Einklang mit dem Zweck des Art. 68 GG gestellt werden. In seiner Entscheidung aus dem Jahr 1983 hat das BVerfG dies in der Weise formuliert, dass eine *materielle Auflösungslage* gegeben, dass also auf Grund der Mehrheitsverhältnisse im Bundestag klar sein muss, dass die Regierung nicht mehr vom Vertrauen der Parlamentsmehrheit getragen ist[12]. Art. 68 GG setzt hiernach eine Lage *„politischer Instabilität"* voraus. In seiner Entscheidung vom 25.8.2005 zur Vertrauensfrage des Kanzlers Schröder (Rn 606) spricht es vom zweckgemäßen Gebrauch des Art. 68 GG[13]. Die Vertrauensfrage muss also mit dem Ziel gestellt werden, die Regierungsstabilität zu sichern. Mit dieser Zielsetzung ist die „echte Vertrauensfrage" zulässig, bei der es darum geht, Zweifel hinsichtlich der Handlungsfähigkeit der Regierung zu klären. Diese „echte" Vertrauensfrage ist nicht auf Auflösung gerichtet, der Kanzler will sich vielmehr einer tragfähigen Mehrheit vergewissern. Aber auch die **„unechte"** oder **auflösungsgerichtete Vertrauensfrage** kann zulässig sein. Sie ist dann zulässig, wenn der Bundeskanzler sich einer stabilen Mehrheit im Bundestag nicht mehr sicher sein kann. Dafür ist es nicht erforderlich, dass der Kanzler bereits Abstimmungsniederlagen erlitten hat, es reicht aus, dass ihm künftige Abstimmungsniederlagen drohen – auch dann gehe die Handlungsfähigkeit der Regierung verloren[14].

701 Damit kann also dieses ungeschriebene Tatbestandsmerkmal in Art. 68 GG eingefügt werden:

– Zweckgemäßer Gebrauch der Vertrauensfrage zur Behebung einer Lage politischer Instabilität

Dies festzustellen, ist im Organstreitverfahren an sich Sache des BVerfG. Andererseits ist die Beurteilung der politischen Lage, erst Recht dann, wenn es um künftig drohende Niederlagen geht, zunächst Sache der politisch handelnden Organe. Das BVerfG überprüft deren Beurteilung nur eingeschränkt:

„Ob eine Regierung politisch noch handlungsfähig ist, hängt maßgeblich davon ab, welche Ziele sie verfolgt und mit welchen Widerständen sie aus dem parlamentarischen Raum zu rechnen hat. Derartige Einschätzungen haben Prognosecharakter und sind an höchstpersönliche Wahrnehmungen und abwägende Lagebeurteilungen gebunden. ... Die Einschätzung des Bundeskanzlers, er sei für seine künftige Politik nicht mehr ausreichend handlungsfähig, ist eine Wertung, die durch das BVerfG schon praktisch nicht eindeutig und nicht vollständig überprüft werden kann ..."

12 BVerfGE 62, 1, 42 f.
13 BVerfGE 114, 121, 149.
14 BVerfGE 114, 121, 154.

Gefordert wird jedoch[15], dass die Entscheidung des Bundeskanzlers auf Tatsachen gestützt ist; die hieraus vom Kanzler gezogenen Folgerungen müssen lediglich plausibel sein. Das Gericht kann die Einschätzung des Kanzlers nur dann beanstanden, wenn eine andere Einschätzung der politischen Lage auf Grund von Tatsachen eindeutig vorzuziehen ist[16]. Kommt es schließlich zur Bundestagsauflösung, so ist, so das BVerfG, zudem zu berücksichtigen, dass drei Verfassungsorgane – Bundeskanzler, Bundestag und Bundespräsident – von einer Auflösungslage ausgegangen sind. In diese Entscheidung will das BVerfG nur bei offensichtlicher Fehlsamkeit eingreifen, um dieses ausdifferenzierte System der politischen Gewaltenteilung nicht zu stören[17]. Für die Anordnung des Bundespräsidenten prüft das BVerfG nur etwaige Ermessensfehler, die es in der Entscheidung vom 25.8.2005 lapidar verneint:

„Der Bundespräsident hat den ihm vom Bundeskanzler unterbreiteten Vorschlag … überprüft … die ihm eröffnete politische Entscheidungsfreiheit gesehen und genutzt. Er hat Ermessenserwägungen angestellt und ist in seiner Gesamtabwägung zu dem verfassungsrechtlich unbedenklichen Ergebnis gekommen, dass dem Wohl des Volkes mit einer Neuwahl am besten gedient sei."[18]

Die Entscheidung kann nicht durchweg überzeugen[19]. Den politischen Organen einen **702**
Einschätzungsspielraum zuzubilligen, ist grundsätzlich berechtigt, denn Regierungsstabilität kann nicht in erster Linie durch verfassungsrechtliche Sicherungen – und erst recht nicht durch die Verfassungsgerichtsbarkeit – gewährleistet werden. Andererseits darf dies nicht dazu führen, dass das Instrument der Vertrauensfrage mit dem Ziel eingesetzt wird, lediglich eine vorzeitige Selbstauflösung des Bundestags herbeizuführen. Denn der Bundestag hat kein **Selbstauflösungsrecht**. Dies ist auch ernst zu nehmen – bei den Beratungen der Gemeinsamen Verfassungskommission im Vorfeld der beitrittsbedingten Grundgesetzänderungen 1994 war ein Selbstauflösungsrecht ausdrücklich behandelt, aber im Ergebnis abgelehnt worden (Rn 605)[20]. Eine solche Umgehung des Verbots der Selbstauflösung legt die Vorgehensweise bei der Vertrauensfrage des Kanzlers Schröder am 1.7.2005 nahe. Er verfügte nach wie vor über eine parlamentarische Mehrheit[21]. Auch die Begründung, die Regierung strebe ein neues Mandat des Wählers an, ist nicht tragfähig: die parlamentarische Demokratie des Grundgesetzes ist keine **Referendumsdemokratie**.

Die Problematik wird fallmäßig behandelt in Rn 745; zur Vertrauensfrage s. **Klausurenband I Fall 8**.

---

15 BVerfGE 114, 121, 160.
16 BVerfGE 114, 121, 155 f; unter Bezugnahme auf BVerfGE 62, 1, 52.
17 BVerfGE 114, 121, 159.
18 BVerfGE 114, 121, 169 f.
19 Vgl die kritischen Reaktionen im Schrifttum ua von *Pestalozza*, NJW 2005, 2817; *Starck*, JZ 2005, 1053; *Buettner/Jäger*, DÖV 2006, 408; sowie das überzeugende Sondervotum des Richters *Jentsch*, BVerfGE 114, 121, 170 ff; für Verfassungswidrigkeit des Vorgehens des Bundeskanzlers auch *Löwer*, DVBl 2005, 1102; *Schenke/Baumeister*, NJW 2005, 1844.
20 Vgl *Epping*, in: vMKS II, Art. 68 Rn 15.
21 *Starck*, JZ 2005, 1053.

703 **Zusammenfassend** ergeben sich also folgende Möglichkeiten der Beendigung der *Amtsdauer der Bundesregierung:*

1) Das Amt der *Bundesregierung* endet stets mit dem Zusammentritt des neugewählten Bundestags, Art. 69 Abs. 2 GG; – nach Neuwahl wegen Ablauf der Legislaturperiode bzw iFd Art. 68 GG.

2) Das Amt des Bundeskanzlers endet iFd Art. 67 GG bei einem *konstruktiven Misstrauensvotum* mit der Wahl eines neuen Bundeskanzlers durch den Bundestag; damit endet gemäß Art. 69 Abs. 2 GG auch das Amt der Bundesminister.

3) *Rücktritt:* Im GG nicht ausdrücklich geregelt (aber etwa in Art. 69 Abs. 3 GG vorausgesetzt);

- des einzelnen Bundesministers: Dieser kann jederzeit seine Entlassung verlangen, s. § 9 Abs. 2 S. 2 BMinG; der Bundeskanzler hat dann nach Art. 64 Abs. 1 GG dem Bundespräsidenten die Entlassung vorzuschlagen;
- des Bundeskanzlers; damit endet nach Art. 69 Abs. 2 GG das Amt der Bundesminister;
- des gesamten Kabinetts.

4) *Entlassung* von *Bundesministern*, Art. 64 Abs. 1 GG, jederzeit auf Vorschlag des Bundeskanzlers durch Bundespräsidenten (zwingend).

Schrifttum zu II.: *Schröder*, Bildung, Bestand und parlamentarische Verantwortung der Bundesregierung, HStR II³, § 65; *Haass*, Vertrauensnotstand – konkretisierende Vertrauensfrage und politische Instabilität, BayVBl 2004, 204; *Terhechte*, Die vorzeitige Bundestagsauflösung als verfassungsrechtliches Problem, Jura 2005, 512; *Mager*, Die Vertrauensfrage – Zur Auslegung und Justitiabilität von Art. 68 GG, Jura 2006, 290; *Löwer*, Inszeniertes Misstrauen, DVBl 2005, 1102; *Buettner/Jäger*, Bundestagsauflösung und Vertrauensfrage, DÖV 2006, 408; *Ipsen*, Regierungsbildung im Mehrparteiensystem, JZ 2006, 217.

III. Interne Organisation und Aufgabenverteilung

Wenn im Folgenden die verfassungsrechtliche Kompetenzverteilung zwischen Bundeskanzler und Bundesministern erörtert wird, ist stets zu vergegenwärtigen: es geht hierbei um Fragen des politischen Zusammenwirkens der Verfassungsorgane, die nicht abschließend in verfassungsrechtliche Kautelen eingebunden werden können.

1. Kanzlerprinzip, Ressortprinzip, Kollegialprinzip – zur Aufgabenverteilung innerhalb der Bundesregierung

a) Systematik des Art. 65 GG

704 Bestimmend für die interne Organisation und Aufgabenverteilung sind **Kanzlerprinzip**, **Ressortprinzip** und **Kollegialprinzip**. Unter *Kanzlerprinzip* ist die in Art. 65 S. 1 GG ausgesprochene Befugnis des Bundeskanzlers zur Bestimmung der *Richtlinien der Politik* zu verstehen, unter *Ressortprinzip* die selbstständige politische Leitung und Verwaltung der einzelnen Geschäftsbereiche der Bundesregierung durch die einzelnen Bundesminister, das *Kollegialprinzip* greift ein, soweit über bestimmte Angelegenheiten die Bundesregierung als Kollegium zu entscheiden hat, so iFd Art. 65 S. 3, 4 GG

und in weiteren, an anderer Stelle des Grundgesetzes genannten Fällen. Wird als Träger einer Aufgabe oder Befugnis „die Bundesregierung" genannt, so ist damit typischerweise die Bundesregierung als Kollegialorgan gemeint. Dies ist zB dann der Fall, wenn die Bundesregierung ermächtigt wird, eine Rechtsverordnung zu erlassen[22].

b) Richtlinienkompetenz des Bundeskanzlers

Was **„Richtlinien der Politik"** sind, geht nicht eindeutig aus der Verfassungsnorm 705
hervor. Der Begriff der „abstrakt-generellen politischen Regelungen" erscheint als Kategorie der Rechtsnormenlehre für das Verständnis der Richtlinienkompetenz nicht sachgerecht[23]. Vielmehr geht es bei der Bestimmung der Richtlinien der Politik um die *grundlegenden politischen Leitentscheidungen*, die typischerweise als *Rahmenentscheidungen*[24] auf Ausfüllung innerhalb der Ressortverantwortung der Bundesminister angelegt sind, sich aber auch als konkrete politische Einzelentscheidungen darstellen können.

Beispiele[25]**:** Entscheidung über die Aufnahme diplomatischer Beziehungen mit Israel im Jahr 1965, Entscheidung über Nichtabwertung der D-Mark im Jahr 1969.

Ob der Bundeskanzler mit einer politischen Entscheidung in unzulässiger Weise in die Ressortverantwortung eines Bundesministers eingreift, ob andererseits ein Bundesminister in unzulässiger Weise über ressortbezogene Maßnahmen politische Leitentscheidungen trifft, dies könnte als Frage der Befugnisse von Verfassungsorganen an sich in einem Organstreitverfahren nach Art. 93 Abs. 1 Nr 1 GG geprüft werden. Praktisch wurde dies nicht relevant: entscheidend ist hier die Verteilung der politischen Gewichte in der Regierung.

Die vom Bundeskanzler – formlos – festgelegten Richtlinien der Politik binden den 706
einzelnen Bundesminister in der Führung seines Ressorts, nicht aber *unmittelbar* die Ressortbeamten, die, entsprechend der generellen innerbehördlichen Weisungshierarchie, an die Weisungen des jeweiligen Fachministers gebunden sind. Auch gewährt seine Richtlinienkompetenz dem Bundeskanzler keine Befugnis zum unmittelbaren Eingriff in diese Weisungshierarchie. Er kann also nicht im Wege des Durchgriffs dem einzelnen Ressortbeamten verbindliche Weisungen erteilen. Ebenso wie der einzelne Ressortminister ist auch das Bundeskabinett als Kollegialorgan an die Richtlinien der Politik, wie sie der Bundeskanzler bestimmt, gebunden. Nur diese Auffassung[26] entspricht der hervorgehobenen Position des Bundeskanzlers bei politischen Leitentscheidungen. Sie würde entwertet, würde man dem Bundeskabinett in Fragen grundsätzlicher politischer Natur die Befugnis zu richtlinienunabhängigen Kollegialentscheidungen zugestehen. So ist der Bundesregierung als Kollegialorgan das Gesetzesinitiativrecht zugewiesen. Da sich aber politische Staatsleitung entscheidend im Wege der Gesetzgebung vollzieht, würde ein richtlinienunabhängiges Gesetzesinitiativrecht der Bundesregierung die Richtlinienkompetenz des Bundeskanzlers in diesem wichtigsten Bereich der politischen Staatsleitung entwerten. Dies bedeutet

22 BVerfGE 91, 148, 165 ff.
23 Vgl *Schenke*, Jura 1982, 337, 339.
24 *Schenke*, Jura 1982, 337, 340; *Stern* II, § 31 IV 2a.
25 Vgl *Stern* aaO.
26 *Schenke*, Jura 1982, 337, 342 ff mwN.

praktisch, dass eine vom Bundeskabinett beschlossene Gesetzesvorlage nicht gegen den Willen des Bundeskanzlers in das Gesetzgebungsverfahren eingebracht werden darf. Dies ist jedoch str. Daraus, dass die Bundesregierung das Recht zur Gesetzesinitiative hat, wird zT geschlossen, dass dann der Bundeskanzler kein Vetorecht haben dürfe[27].

707 Der *Bundestag* ist an die vom Bundeskanzler gewiesenen Richtlinien der Politik **nicht** gebunden. Denn die Richtlinienkompetenz des Bundeskanzlers verleiht diesem Befugnisse *innerhalb* der Regierung. Er kann hierdurch nicht über Kompetenzen eines anderen Verfassungsorgans verfügen. Das *Parlament* aber hat gegenüber der Exekutive – also auch der Bundesregierung – ein Zugriffsrecht in politischen Fragen. Der Bundesregierung (und damit auch dem die Richtlinien setzenden Bundeskanzler) muss hierbei ein **Kernbereich exekutiver Eigenverantwortung** verbleiben (Rn 280, 640). Doch kann der Bundestag den vom Bundeskanzler getroffenen politischen Leitentscheidungen entgegentreten. Er kann seine fehlende Zustimmung im Wege *„schlichter Parlamentsbeschlüsse"* kundgeben – an die die Bundesregierung rechtlich *nicht* gebunden ist[28], er kann aber auch im Wege der Gesetzgebung seinerseits verbindliche politische Leitentscheidungen entgegensetzen.

c) Ressortkompetenzen, Kollegialprinzip

708 Der Umfang der **Ressortkompetenz** des einzelnen Bundesministers ergibt sich aus dem Vorgehenden: Sie wird begrenzt durch die Richtlinienkompetenz des Bundeskanzlers, der zudem die Organisationsgewalt (Rn 691) innehat. Einzelnen Bundesministern werden im Grundgesetz und auch durch die Geschäftsordnung der Bundesregierung **Sonderrechte** zugewiesen, so dem Bundesfinanzminister durch Art. 112 GG (auch durch § 28 Abs. 2 S. 2 BHO – Bundeshaushaltsordnung – und durch § 26 Abs. 1 der GeschOBReg), dem Verteidigungsminister durch Art. 65a GG, dem Innen- und dem Justizminister durch § 26 Abs. 2 GeschOBReg. Auch die Ausübung dieser Befugnisse kann nur im Rahmen der Richtlinienkompetenz des Bundeskanzlers erfolgen, die sich hier auch in konkret-maßnahmebezogenen Entscheidungen verwirklichen kann. Aus der Ressortkompetenz eines Bundesministers wird auch dessen Organkompetenz für **Warnungen** uÄ im Rahmen staatlicher **Öffentlichkeitsarbeit** abgeleitet (Rn 302 f). Denn die Regierung ist grundsätzlich befugt zur Öffentlichkeitsarbeit; sie kann auf diesem Wege ihre Politik und die von ihr zu lösenden Probleme erläutern. Dies hat seine Grundlage letztlich im Demokratieprinzip, denn die demokratische Teilhabe des Bürgers setzt Informiertheit voraus[29]. Anzeigenkampagnen und Informationsbroschüren können hierfür ebenso eingesetzt werden, wie Internet-Angebote und andere Formen elektronischer Kommunikation. Dabei besteht jedoch eine Verpflichtung zu parteipolitischer Neutralität – da aber die Grenzen zwischen Information über Regierungsaktivitäten, Werbung für die Regierung und

27 Vgl *Beaucamp*, JA 2001, 478, 481.
28 *Stern* II, § 26 II 2c; vgl zur fehlenden Verbindlichkeit schlichter Parlamentsbeschlüsse ThürVerfGH DVBl 2011, 352.
29 Näher: BVerfGE 44, 125, 147; *Degenhart*, AfP 2010, 324, 327 f.

Werbung für deren parteipolitische Ausrichtung in der Praxis nicht eindeutig zu bestimmen sind, ist in der „Vorwahlzeit" strikte Zurückhaltung geboten.

Für das **Kollegialprinzip** wurde bereits auf dessen Nachrangigkeit im Verhältnis zur *Richtlinienkompetenz* des Bundeskanzlers verwiesen, unter Bezugnahme insbesondere auf das Gesetzesinitiativrecht der Bundesregierung. Gerade für diesen Fall wird auch die Ressortverantwortlichkeit der Fachminister durch das Kollegialprinzip maßgeblich beschränkt: für die ihnen obliegende Ausarbeitung der Gesetzesentwürfe ist das Bundeskabinett – das die Entwürfe dann ja zu beschließen hat – weisungsbefugt. Eine entscheidende Erweiterung des Kollegialprinzips nimmt § 15 GeschOBReg für alle Angelegenheiten von allgemeiner innen- oder außenpolitischer, wirtschaftlicher, finanzieller, sozialer und kultureller Bedeutung vor, zulasten der Ressortverantwortlichkeit der Minister (nicht zulasten der gegenüber Kollegialentscheidungen stets durchgreifenden Richtlinienkompetenz des Bundeskanzlers). Verfassungsrechtlichen Bedenken im Hinblick auf Art. 65 S. 2 GG tritt *Schenke* jedoch zu Recht unter Hinweis auf die typischerweise ressortübergreifende Bedeutung der in Frage stehenden Entscheidungen entgegen[30]. 709

Ergänzend und klarstellend ist auch hier zu betonen, dass es bei der Zuständigkeitsverteilung innerhalb der Bundesregierung primär um Fragen politischer Leitung und politischer Verantwortung geht, die nur bedingt justiziabel und im Konfliktfall wirksam nur politisch lösbar sind, ungeachtet der verfassungsrechtlich vorgegebenen Rangordnung der in Art. 65 GG genannten Kompetenzen. 710

Diese Rangordnung stellt sich nach dem Vorgehenden wie folgt dar: Genereller Vorrang der Richtlinien der Politik (Bundeskanzler); Vorrang der Sonderrechte einzelner Bundesminister vor Kollegialentscheidungen und Entscheidungen der Fachminister; Vorrang von Kollegialentscheidungen – in dem durch das Kollegialprinzip abgegrenzten Rahmen – vor den Entscheidungen der Fachminister.

Die Frage nach der **Rechtsnatur** der auf Grund dieser Kompetenzen getroffenen Entscheidungen ist bereits im Ansatz unrichtig gestellt: Es geht hier um die politische Koordination innerhalb der Bundesregierung, nicht um den Erlass verbindlicher Rechtsakte. Verfehlt wäre deshalb auch die Frage nach der Rechtsnormqualität der Richtlinien der Politik.

Soweit allerdings der Bundesregierung die Befugnis zum Erlass verbindlicher Rechtsakte zugewiesen ist, kommt es für deren Wirksamkeit auch darauf an, ob hierfür die Bundesregierung als Kollegialorgan zuständig ist, oder aber ein einzelner Bundesminister. **Verwaltungsvorschriften** nach Art. 84 Abs. 2 und Art. 85 Abs. 2 GG, also Verwaltungsvorschriften, die die Ausführung der Bundesgesetze durch die Länder betreffen, können, so das BVerfG, auf Grund ihrer intensiven Einwirkung auf die Länderzuständigkeiten im Bereich der Verwaltung ausschließlich durch die **Bundesregierung** als Kollegialorgan erlassen werden[31]. 711

30 Vgl *Schenke*, Jura 1982, 337, 348; andererseits *Oldiges*, in: Sachs, Art. 65 Rn 30.
31 BVerfGE 100, 249, 261 f; ferner *Koch*, Jura 2000, 179.

712 **Lösung Fall 74: Minister Ratlos**

1. Zunächst handelt es sich bei der Zustimmung zur Inbetriebnahme des Kraftwerks um eine vom zuständigen Fachminister im Rahmen seiner Ressortverantwortung selbstständig zu entscheidende Frage. Doch könnte nach § 15 GeschOBReg die Zuständigkeit der Bundesregierung als Kollegialorgan gegeben sein. Dies wird im vorliegenden Fall zu bejahen sein, da hier eine Grundsatzentscheidung der Energiepolitik zu treffen ist, die Fragen allgemeiner wirtschaftlicher Bedeutung aufwirft. Wenn also die Bundesregierung gegen die Erteilung der Zustimmung durch den Bundesminister stimmt, ist dieser an diese Entscheidung gebunden.

2. Der Bundeskanzler könnte jedoch in zulässiger Weise von seiner Richtlinienkompetenz Gebrauch gemacht haben, als er den Bundesinnenminister anwies, entgegen der Entscheidung des Bundeskabinetts der Genehmigung zuzustimmen.

Fraglich erscheint, ob sich seine *Richtlinienkompetenz* auf eine solche konkrete Einzelmaßnahme erstrecken kann. Doch ist der Begriff der Richtlinien der Politik iSv Art. 65 S. 1 GG nicht im Sinn „abstrakt-genereller Anordnungen" zu verstehen; die Entscheidungen des Bundeskanzlers im Rahmen seiner Richtlinienkompetenz können auch als Einzelfallentscheidungen ergehen, wenn mit der konkreten Sachfrage gleichzeitig über prinzipielle politische Fragen zu entscheiden ist. Dies dürfte hier zutreffen: es geht um die prinzipielle Frage, ob, entgegen der bisherigen Haltung der Bundesregierung, das Kraftwerk trotz fehlender Entsorgung in Betrieb gehen soll.

Der Bundeskanzler hat also zu Recht von seiner Richtlinienkompetenz Gebrauch gemacht; diese Entscheidung ist für den Bundesinnenminister verbindlich.

3. Der Bundestag konnte jedoch bei seiner Debatte über diese Frage selbstverständlich eine entgegenstehende Position einnehmen und sich gegen die Erteilung der Genehmigung aussprechen; hierbei bestand keine Bindung an die vom Bundeskanzler vorgegebenen Richtlinien. Es handelte sich bei der Resolution des Bundestags um einen schlichten Parlamentsbeschluss. Dieser ist wiederum für die Bundesregierung rechtlich nicht verbindlich. Bleibt also der Bundeskanzler bei seiner Position, so ist diese für den Bundesinnenminister maßgeblich, nicht aber der entgegenstehende Parlamentsbeschluss.

4. Dem Bundestag bliebe es dann unbenommen, durch Verabschiedung eines entsprechenden Gesetzes seine Position verbindlich festzuschreiben. Zunächst aber hat der Bundesinnenminister der Genehmigung zuzustimmen.

2. Das Beschlussverfahren der Bundesregierung

713 Wie Beschlüsse der Bundesregierung verfahrensmäßig zustande kommen, ist im GG nicht ausdrücklich geregelt; hierfür ist dann auf die Geschäftsordnung (GeschOBReg) zurückzugreifen. Doch muss das Verfahren so ausgestaltet sein, dass es möglich ist, Beschlüsse der Bundesregierung als Kollegialorgan dieser tatsächlich zuzurechnen. Wo insbesondere durch Gesetz der Bundesregierung die Zuständigkeit zum Erlass von Rechtsverordnungen übertragen wird, muss das Beschlussverfahren so ausgestaltet sein, dass tatsächlich von einem **Beschluss des Kollegiums** ausgegangen werden kann. Dies erfordert materielle Zurechenbarkeit, iE:

- hinreichende **Information** der Regierungsmitglieder,
- Mitwirkung einer hinreichend großen Anzahl von Regierungsmitgliedern an der Entscheidung **(Quorum)**, sowie
- eine **Mehrheit** von Stimmen für die Beschlussfassung.

Das Anwesenheitsquorum des § 24 GeschOBReg trägt diesen Erfordernissen Rechnung, wie auch die Unterrichtung der Regierungsmitglieder nach § 15 Abs. 1 lit. b GeschOBReg; ein **Umlaufverfahren** kann die Anwesenheit der Regierungsmitglieder iSv § 24 Abs. 1 GeschOBReg ersetzen, doch muss dann hinreichende Beteiligung der Regierungsmitglieder am Umlaufverfahren gewährleistet sein. Dies bedeutet tatsächliche Stimmabgabe: *qui tacet consentire videtur* – dieser Satz gilt hier also nicht[32].

Lösung Fall 75: Umlaufverfahren 714

Beide Durchführungsverordnungen sind verfahrensfehlerhaft zustande gekommen:

– Bei Abstimmung über die 1. DVO war das Anwesenheitsquorum nach § 24 Abs. 1 GeschOBReg nicht erfüllt. Dieses Quorum ist nach BVerfGE 91, 148 auch verfassungsrechtlich geboten, da nur dann die Beschlussfassung der Bundesregierung als Kollegium zugerechnet werden kann. Hier führt also ein Geschäftsordnungsverstoß zu einem Verfassungsverstoß.

– Beim Umlaufverfahren iFd 2. DVO durfte das Schweigen der Mehrheit der Regierungsmitglieder nicht als Zustimmung gewertet werden. Es haben sich damit nur fünf Regierungsmitglieder an der Abstimmung beteiligt. Damit ist das Quorum des § 24 Abs. 1 GeschOBReg nicht gewahrt. Dieses Quorum aber ist bei verfassungskonformer Durchführung des Umlaufverfahrens einzuhalten, da nur dann die erforderliche materielle Zurechenbarkeit gegeben ist. Eine bis dahin abweichende Staatspraxis führt zu keiner abweichenden Beurteilung: Denn die Staatspraxis ist Gegenstand und nicht Maßstab der verfassungsrechtlichen Beurteilung.

Schrifttum zu III.: *Achterberg*, Innere Ordnung der Bundesregierung, HStR II, § 52; *Schenke*, Die Aufgabenverteilung innerhalb der Bundesregierung, Jura 1982, 337; *v. Arnauld*, Justizministerium und Organisationsgewalt, AöR 124 (1999), 658; *Busse*, Organisation der Bundesregierung und Organisationsentscheidungen des Bundeskanzlers in ihrer historischen Entwicklung und im Spannungsfeld zwischen Exekutive und Legislative, Der Staat (2006), 245.

IV. Einzelne Kompetenzen der Bundesregierung

Wie eingangs bereits dargelegt, entsprechen die positiv geregelten Befugnisse der Bundesregierung nach dem Grundgesetz nicht ihrer tatsächlichen Bedeutung im Verfassungsgefüge, ihrer eigentlichen und primären Aufgabe der politischen Staatsleitung. Diese kommt zB zum Ausdruck im Recht der Bundesregierung nach Art. 76 Abs. 1 GG, Gesetzesinitiativen einzubringen. Hier verknüpfen sich Funktionen von Parlament und Bundesregierung in der Staatsleitung. Die Bundesregierung nimmt hierdurch erheblichen Einfluss auf die Gesetzgebungsarbeit im Parlament. 715

Weitere wesentliche Kompetenzen der Bundesregierung wurden bereits in anderem Zusammenhang angesprochen. Im Verhältnis zu Bundestag und Bundesrat bedeutsam ist hier insbesondere das **Rederecht** der Bundesregierung in den Verhandlungen dieser Organe und ihrer Ausschüsse. Auf die Bundesregierung können vom Parlament Rechtsetzungsbefugnisse im Wege der Verordnungsermächtigung nach Art. 80 Abs. 1 GG übertragen werden[33].

---

32 BVerfGE 91, 148, 165.

33 S. dazu BVerfGE 91, 148, 165 ff und Rn 332 ff.

Im Bund-Länder-Verhältnis wurden im Rahmen der bundesstaatlichen Kompetenzordnung die **Direktions- und Aufsichtsbefugnisse** der Bundesregierung nach Art. 84 Abs. 2, 85 Abs. 2, 108 Abs. 7 GG beim Erlass von *Verwaltungsvorschriften* bedeutsam[34]; ferner die Weisungsrechte nach Art. 84 Abs. 5, 85 Abs. 3, 108 Abs. 3 GG; regelmäßig ist hier die Beteiligung des Bundesrats erforderlich.

716 Im Verhältnis zur Bundesverwaltung steht der Bundesregierung die **Organisationsgewalt** zu, also die Befugnis, die zur Wahrnehmung ihrer Aufgaben erforderlichen organisatorischen und verfahrensmäßigen Anordnungen zu treffen, auch in Form von Verwaltungsvorschriften. Diese Organisationsgewalt bedurfte ebenso wenig wie die umfassende Direktionsbefugnis der einzelnen Bundesminister gegenüber der unmittelbaren Bundesverwaltung (Rn 495 ff) der ausdrücklichen Festlegung im Grundgesetz. Sie folgt vielmehr unmittelbar aus der Stellung der Regierung als Spitze der Exekutive. Art. 86 GG bestätigt diese Befugnisse, sichert sie insbesondere im Verhältnis zu den Ländern ab. Gesichtspunkte der bundesstaatlichen Kompetenzordnung sind auch bestimmend für die Begrenzung der Organisationsgewalt des Bundes in Art. 87 Abs. 1 S. 2, Abs. 3 GG (Rn 495 ff). Auch gegenüber der Organisationsgewalt der Regierung kann schließlich ein Gesetzesvorbehalt kraft Grundrechtswesentlichkeit eingreifen. Ausdrückliche Gesetzesvorbehalte im Organisationsbereich enthalten teilweise die Verfassungen der Bundesländer[35].

717 Zu den nicht explizit im Grundgesetz geregelten Aufgaben und Befugnissen der Bundesregierung zählt ihre Informationsaufgabe. Sie ergibt sich aus der Aufgabe der Staatsleitung durch die Bundesregierung und begründet konkrete Äußerungsrechte, wenn es darum geht, der Bevölkerung durch Hinweise, Empfehlungen, Warnungen Orientierungshilfe zu geben (Rn 302). Aus der Informationsaufgabe der Bundesregierung folgt ganz allgemein auch ihre Befugnis zur **Öffentlichkeitsarbeit.** Das Bundesverfassungsgericht bezeichnet sie als verfassungsrechtlich nicht nur zulässig, sondern notwendig. Sie ist Voraussetzung für einen Grundkonsens zwischen Staat und Bürgern, der Voraussetzung ist für die Funktionsfähigkeit der Demokratie, ihre Zulässigkeit folgt daher unmittelbar aus **Art. 20 Abs. 1, 2 GG**; hieraus ergeben sich auch ihre Schranken. Öffentlichkeitsarbeit in diesem Sinn bedeutet, dass die Regierung – aber auch das Parlament – *„ihre Politik, ihre Maßnahmen und Vorhaben sowie die künftig zu lösenden Fragen darlegen und erläutern"*[36]. Derartige Öffentlichkeitsarbeit wird notwendig darauf ausgehen, die Regierung und ihre Tätigkeit positiv darzustellen, die Bekanntheit der Regierung und ihre Akzeptanz beim Bürger zu fördern, und damit sich auch auf die Wahlchancen bei künftigen Bundestagswahlen auswirken. Deshalb muss die Regierung sich im Interesse auch der Chancengleichheit der Parteien mit näherrückendem Wahltermin mit ihrer Öffentlichkeitsarbeit zurückhalten und muss sich etwa in der „heißen" **Wahlkampfphase** auf zwingend notwendige Informationen etwa zu aktuellen Gefahren beschränken. Teilweise wird hierfür auf die Bekanntgabe des Wahltermins abgestellt[37], teilweise ein Zeitraum von etwa drei Monaten genannt[38].

34 Vgl BVerfGE 100, 249, 259.
35 Dazu *Schmidt-Aßmann*, Festschrift Ipsen, 1977, S. 333 ff.
36 BVerfGE 44, 125, 147.
37 BVerfGE 44, 125, 153.
38 SaarlVerfGH NVwZ-RR 2010, 785.

Schrifttum zu IV.: *Busse*, Regierungsbildung aus organisatorischer Sicht, DÖV 1999, 313; *Beaucamp*, Konflikte in der Bundesregierung, JA 2001, 478; zu Art. 113 GG s. *Karehnke*, Die Einschränkung des parlamentarischen Budgetrechts bei finanzwirksamen Gesetzen durch Art. 113 GG, DVBl 1972, 811.

Lösung Fall 73: Flick II 718

1. Berechtigung des Bundeskanzlers, den M zu entlassen: Bundeskanzler kann gem. Art. 64 Abs. 1 GG den Bundesminister jederzeit entlassen; genauer: dem Bundespräsidenten (für diesen verbindlich) die Entlassung vorschlagen.

2. Verpflichtung des Bundeskanzlers, den M zu entlassen?

- Entscheidung grundsätzlich im Ermessen des Bundeskanzlers;
- „Misstrauensvotum" des Bundestags: zulässig als sog. „schlichtes" oder unechtes Misstrauensvotum (Rn 696 f); hieraus aber weder Abgangspflicht des M noch Verpflichtung des Kanzlers zur Entlassung;
- Koalitionsvereinbarungen: rechtliche Qualifikation (unverbindliche politische Abrede – verfassungsrechtlicher Vertrag?, Rn 693) zw., hier aber nicht entscheidend: verfassungsrechtliche Befugnisse des Bundeskanzlers stehen nicht zur Disposition der Parteien der Koalitionsvereinbarungen, hieraus also keine Bindung des Bundeskanzlers im Rahmen des Art. 64 GG[39].

Lösung Fall 76: Klimaschutz in Zeiten des Wahlkampfs 719

Die Anzeigenkampagne könnte die L-Partei in ihrem Recht auf Chancengleichheit aus Art. 31 Abs. 1 iVm Art. 3 Abs. 1 GG und Art. 38 Abs. 1 GG verletzen.

1. Öffentlichkeitsarbeit der Regierung – sofern nicht auf ausschließlich sachliche Information beschränkt – wirkt sich notwendig auch auf Wahlchancen der Regierungsparteien aus; hier insbesondere auf Grund positiver Darstellung der Regierungspolitik und zeitlicher Nähe zu Wahlen.

2. Zulässige Informationstätigkeit der Regierung?

a) Öffentlichkeitsarbeit der Regierung als Voraussetzung funktionsfähiger Demokratie grundsätzlich durch Art. 20 Abs. 1, 2 GG getragen.

b) Öffentlichkeitsarbeit grundsätzlich unzulässig in „heißer" Wahlkampfphase.

c) Hierfür kann keine generelle Zeitgrenze angegeben werden, doch ist umso stärkere Zurückhaltung geboten, je näher der Wahltermin rückt; da hier bereits Bekanntgabe des Wahltermins erfolgt und dieser nur noch etwa vier Monate entfernt ist, ist besondere Zurückhaltung geboten; diese darf nicht den Charakter von Wahlwerbung annehmen – dies ist hier der Fall angesichts der gesamten Aufmachung und Darstellung.

Ergebnis: Anzeigenkampagne unvereinbar mit dem Demokratiegebot des Art. 20 Abs. 1, 2 GG und damit Verletzung des Rechts der L-Partei auf Chancengleichheit.

39 Zu diesem „Standard-Fall" *Friehe*, JuS 1983, 208, dort auch eine interessante Abwandlung des Falls.

§ 10 Der Bundespräsident

→ **Leitentscheidungen:** BVerfGE 62, 1; BVerfGE 114, 121 (Bundestagsauflösung 1983/2005)

720 **Fall 77: Prüfungsrecht**

Der Bundestag verabschiedet mit der Mehrheit seiner Stimmen ein Gentechnikgesetz, das sich in seinen wesentlichen Inhalten an ein weiteres Urteil des BVerfG zu dieser Problematik anlehnt. Der Bundespräsident, dem es zur Ausfertigung und Verkündung gemäß Art. 82 GG zugeleitet wird, weigert sich, das Gesetz auszufertigen. Der Bundesrat hätte seiner Auffassung nach dem Gesetz zustimmen müssen; ferner verstoße es gegen die Menschenwürdegarantie des Art. 1 GG und beruhe auf einem politisch fragwürdigen Kompromiss mit der Industrie. Außerdem stehe es im Widerspruch zu einer Richtlinie der EU. Hat der Bundespräsident die Ausfertigung des Gesetzes zu Recht verweigert? **Rn 744**

I. Rechtsstellung und Bedeutung

Der Bundespräsident wird durch das Grundgesetz nur in geringem Maße mit unmittelbaren staatlichen Befugnissen ausgestattet. Wenn ihm besonders die Repräsentation und Wahrung der staatlichen Einheit obliegt, so ist diese Funktion nicht so sehr eine Frage verfassungsrechtlicher Kompetenzen, als vielmehr seiner persönlichen Autorität. Gleichwohl sind die ihm positiv zugewiesenen Befugnisse verfassungsrechtlich nicht irrelevant.

1. Stellung im Grundgesetz

721 Das Grundgesetz hat den Bundespräsidenten mit nur geringen unmittelbaren verfassungsrechtlichen Kompetenzen ausgestattet. Doch zeigt seine Befugnis, bei drohender Minderheitsregierung zwischen der Auflösung des Bundestags und der Hinnahme einer Minderheitsregierung nach eigenem politischen Ermessen zu entscheiden (s. Art. 63 Abs. 4 S. 3, Art. 68 Abs. 1 S. 1 GG, Rn 694, 698), dass der Bundespräsident nicht das schlechthin apolitische Verfassungsorgan ist, als das er mitunter dargestellt wird. Seine wesentlichen Funktionen liegen gleichwohl nicht in selbstständiger politischer Gestaltung oder in der Wahrnehmung eigenständiger verfassungsrechtlicher Kompetenzen. Sie sind vorrangig **repräsentativer** und **integrativer** Natur und hierin rechtlich nur bedingt zu erfassen[1].

722 Dass die Stellung des Bundespräsidenten gegenüber der des Reichspräsidenten nach der Weimarer Verfassung wesentlich abgeschwächt ist, dürfte hinreichend bekannt sein, doch betont etwa *Stern* zu Recht[2], dass es der Bedeutung des Bundespräsidenten als Verfassungsorgan nicht gerecht würde, sie lediglich negativ, aus der Entgegensetzung zur WRV zu bestimmen, vielmehr eine eigenständige Entwicklung aus dem Grundgesetz erforderlich ist. Deshalb sollte im Zusammenhang mit der Stellung des Bundespräsidenten auf das – durchaus beliebte – Argumentationsmuster der Entgegensetzung zur WRV möglichst verzichtet werden.

1 Vgl *Stern* II, § 30 I 4c; *Kloepfer* I, § 17 Rn 15 ff.
2 Vgl *Stern* II, § 30 I 4b.

Die Stellung des Bundespräsidenten nach dem Grundgesetz ist die eines selbstständigen, **obersten Verfassungsorgans**. Seine Aufgaben und Befugnisse (dazu nachstehend II.) liegen vor allem in der **Repräsentation** des Staates, insbesondere **nach außen** (Art. 59 Abs. 1 GG), in bestimmten, mit der Stellung als Staatsoberhaupt verknüpften **„staatsnotariellen"** Funktionen – die Ausfertigung von Gesetzen, die Ernennung und Entlassung von Mitgliedern der Bundesregierung wurden hier bereits genannt –, aber auch in **selbstständigen politischen Entscheidungsbefugnissen**, die typischerweise bei geminderter Handlungsfähigkeit anderer Verfassungsorgane mit dem Ziel der Wahrung oder Wiederherstellung stabiler Regierungsfunktionen eingreifen *(„Reservefunktionen")*. Die Befugnisse nach Art. 63 Abs. 4 S. 3, 68 Abs. 1 S. 1 GG wurden hier bereits genannt, die Erklärung des Gesetzgebungsnotstands nach Art. 81 GG ist in diesen Zusammenhang einzuordnen. Teilhabe an der *politischen Staatsleitung* ist ihm jedoch *versagt*. Dies impliziert Zurückhaltung in politischen Fragen, insbesondere aber *parteipolitische* Neutralität. 723

2. Zur Gegenzeichnungspflicht

Dass der Bundespräsident von eigenständiger politischer Staatsleitung ausgeschlossen ist, wird deutlich auch in der **Gegenzeichnungspflicht** des Art. 58 GG, durch die er in die politische Entscheidungsgewalt der *Bundesregierung* eingebunden wird. Hierdurch wird über die parlamentarische Verantwortlichkeit der Regierung die *parlamentarische* Legitimation der Handlungen des Bundespräsidenten vermittelt. Der Gegenzeichnung bedürfen nach Art. 58 GG **„Anordnungen und Verfügungen"** des Bundespräsidenten. Der Begriff ist umstritten. Teilweise werden hierunter alle amtlichen und politisch bedeutsamen Handlungen und Erklärungen des Bundespräsidenten verstanden[3], also insbesondere auch **Reden**, Interviews uÄ. Überwiegend wird die Gegenzeichnungspflicht nur auf rechtlich verbindliche Akte und nach außen wirkende, schriftförmige Entscheidungen bezogen[4]. Für die weite Auffassung spricht, dass der Bundespräsident gerade im informellen Bereich kraft seiner Stellung als Staatsoberhaupt politisch wirken kann und damit der Normzweck des Art. 58 GG eingreift, eine einheitliche Regierungspolitik zu gewährleisten. Für die engere Gegenauffassung spricht allerdings der Wortlaut des Art. 58 GG. Sie kommt dann jedoch gleichermaßen zu sachgerechten Ergebnissen, wenn sie außerhalb des Bereichs der Gegenzeichnungspflicht eine Bindung des Bundespräsidenten unter dem Aspekt der Verfassungsorgantreue annimmt[5]. 724

Zum Begriff: Verfassungsorgantreue impliziert eine ungeschriebene Verpflichtung der Verfassungsorgane, in ihrem Verhältnis zueinander über die positiv festgelegten Befugnisse hinaus sich von wechselseitiger Rücksichtnahme leiten zu lassen, hierin in etwa der Pflicht zu bundesfreundlichem Verhalten (Rn 467 ff) vergleichbar. Vor allem dann, wenn Rechte und Befugnisse von Verfassungsorganen miteinander kollidieren 725

3 *Stern* II, § 30 II 7b.
4 Vgl *Schenke*, BonnK, Art. 58 Rn 42 ff; *Nierhaus*, in: Sachs, Art. 58 Rn 7; *Kloepfer* I, § 17 Rn 169.
5 *Schenke*, aaO.

und nach dem Grundsatz „praktischer Konkordanz" in Ausgleich zu bringen sind, ist auf diese immanente Verpflichtung zu wechselseitigem Ausgleich abzustellen.

726 Die **Gegenzeichnung** obliegt dem Bundeskanzler oder dem ressortmäßig zuständigen Bundesminister, richtet sich also nach der Aufgabenverteilung innerhalb der Bundesregierung (Rn 704 ff): Sind „Richtlinien der Politik" betroffen (Rn 705), so ist der Bundeskanzler zuständig. Die Gegenzeichnung erfolgt bei rechtlich verbindlichen Anordnungen schriftlich (in der Praxis wird dem Bundespräsidenten regelmäßig die bereits gegengezeichnete Verfügung zum Vollzug vorgelegt, also etwa das auszufertigende Gesetz). Bei sonstigen Handlungen und Erklärungen erfolgt die Gegenzeichnung regelmäßig konkludent durch stillschweigende Billigung. Folge der Gegenzeichnung ist die Übernahme der politischen Verantwortung durch die Bundesregierung. Die rechtliche Verantwortung verbleibt beim Bundespräsidenten: Er hat ein Gesetz, das nicht „nach den Vorschriften des Grundgesetzes zustande gekommen" ist (Rn 730 ff), nicht auszufertigen, auch bei vorliegender Gegenzeichnung.

727 Rechtsfolge fehlender Gegenzeichnung ist nach Art. 58 GG die „Ungültigkeit" der Maßnahme. Die Bestimmung der Rechtsfolge bereitet daher bei rechtlich verbindlichen Akten keine Schwierigkeiten: sie sind ungültig, werden also nicht wirksam. Anders bei sonstigen Handlungen und Erklärungen: bei fehlender Gegenzeichnung wird bereits aus diesem Grund von einer Kompetenzüberschreitung des Bundespräsidenten auszugehen sein. Der Gegenmeinung, die den Begriff der „Anordnungen und Verfügungen" in Art. 58 GG eng auslegt, ist zuzugeben, dass in der Tat die Wendung „bedürfen zu ihrer Gültigkeit" in Art. 58 GG für diese engere Auffassung spricht: nur für rechtlich verbindliche Maßnahmen erscheint diese Rechtsfolge sinnvoll; eine Rede oder ein Interview können nicht „ungültig" werden[6].

728 Der Bundespräsident wird **gewählt** durch die **Bundesversammlung**, ein nur zu diesem Zweck sich konstituierendes Verfassungsorgan, in dem die Mitglieder des Bundestags und eine gleiche Anzahl von Vertretern der Länder, die von den Landesparlamenten gewählt werden, ihnen jedoch nicht angehören müssen, vertreten sind, Art. 54 GG, – dort auch zu den Einzelheiten. Die Amtsperiode erstreckt sich auf 5 Jahre, einmalige Wiederwahl ist zulässig[7].

729 Art. 55 GG legt **Inkompatibilitäten** für das Amt des Bundespräsidenten fest; die Mitgliedschaft in einer Partei ist nicht ausgeschlossen, wohl aber – wenngleich dies nicht ausdrücklich niedergelegt ist – aktive Betätigung für die Partei. Nach dem Ausscheiden aus dem Amt des Bundespräsidenten gilt Art. 55 GG nicht mehr unmittelbar. Ob die Norm eine gewisse Nachwirkung entfaltet und ein Gebot zur Zurückhaltung bei entsprechenden Aktivitäten besteht, ist wohl eher eine Frage des politischen Stils, der bei einer – politischen wie ökonomischen – „Vermarktung" der Amtsstellung nicht mehr gewahrt ist.

729a Der Bundespräsident genießt Immunität gemäß Art. 60 Abs. 4 iVm Art. 46 GG. Seine persönliche Rechtsstellung ist im GG nur rudimentär geregelt, der sog. „Ehrensold" im Gesetz über die Ruhebezüge des Bundespräsidenten aus dem Jahr 1953. Nach dessen § 1 erhält der Bundespräsident, wenn er vorzeitig aus politischen oder gesundheitlichen Gründen aus dem Amt ausscheidet, Ruhebezüge in Höhe seiner Amtsbezüge. Im Fall des Bundespräsidenten *Wulff* war unklar, ob er aus politischen oder persönlichen Gründen zurückgetreten ist; ob in letzterem Fall der Anspruch besteht, ist str[8].

---

6 Vgl *Nierhaus*, in: Sachs, Art. 58 Rn 18.

7 Zur Zusammensetzung der Bundesversammlung *Fischer*, NVwZ 2005, 416.

8 S. dazu *Degenhart*, ZRP 2012, 74 sowie in: Legaltribune online vom 20.2.2012.

II. Kompetenzen des Bundespräsidenten, insbesondere das Prüfungsrecht

Soweit dem Bundespräsidenten positive verfassungsrechtliche Kompetenzen wie etwa die Ausfertigung von Gesetzen zugewiesen sind, stellt sich regelmäßig die Frage, ob er hierbei lediglich die Entscheidungen der anderen Verfassungsorgane vollzieht oder aber selbst über die Voraussetzungen seines Handelns entscheidet. Die damit angesprochene Frage der Prüfungskompetenz des Bundespräsidenten ist im Schwerpunkt Gegenstand der nachstehenden Ausführungen.

1. Ausfertigung von Gesetzen und Prüfungskompetenz

Gesetze bedürfen zu ihrem Inkrafttreten der Ausfertigung durch den Bundespräsidenten, Art. 82 GG. Mit der **Ausfertigung** wird bekundet, dass der veröffentlichte Gesetzestext mit dem vom Gesetzgeber beschlossenen Inhalt des Gesetzes übereinstimmt und das Gesetzgebungsverfahren ordnungsgemäß durchgeführt wurde; hieran schließt sich die Veröffentlichung im Bundesgesetzblatt. **730**

Zentrales Problem bei dieser „staatsnotariellen" Kompetenz des Bundespräsidenten ist die Frage seiner Prüfungskompetenz: Darf der Bundespräsident, muss er ggf die Ausfertigung verweigern, wenn er das Gesetz für verfassungswidrig hält?

Unstreitig ist zunächst: der Bundespräsident hat ein **formelles Prüfungsrecht** in Bezug auf die verfahrensmäßigen Voraussetzungen für das Zustandekommen des Gesetzes. Dies folgt bereits aus dem Wortlaut des Art. 82 GG: Die nach den Vorschriften des GG **zustande gekommenen** Gesetze werden vom Bundespräsidenten ausgefertigt. Diese Formulierung ist wortgleich mit der in Art. 78 GG, der einen Abschnitt im Gesetzgebungs*verfahren* abschließt; auch besteht im Zeitpunkt der Entscheidung durch den Bundespräsidenten erstmals die Möglichkeit, aus dem Überblick über das nunmehr abgeschlossene, gesamte Gesetzgebungsverfahren dieses umfassend zu beurteilen[9]. Der Bundespräsident kann hiernach also die Beschlussfassung durch den Bundestag und die Wahrung der Rechte des *Bundesrats*, aber auch die *Gesetzgebungskompetenz* des Bundes prüfen.

Im Streit um die Stimmabgabe des Landes Brandenburg in der Abstimmung des Bundesrats über das **Zuwanderungsgesetz** (Rn 660 f) verneinte der Bundespräsident *Rau* einen evidenten Verfassungsverstoß und fertigte das Gesetz deshalb aus. Eine derartige Selbstbeschränkung ist jedoch für Fragen des Gesetzgebungsverfahrens nicht zwingend und sollte dann auch, geht man davon aus, dass die Kompetenzordnung des Grundgesetzes zwingend ist, nicht erfolgen. Es geht bei der Gesetzesprüfung durch den Bundespräsidenten um Kompetenzen – einem Prüfungsrecht entspricht daher grundsätzlich auch eine **Prüfungspflicht**[10]. **731**

Umstritten ist die Frage eines **materiellen Prüfungsrechts**. **732**

9 So auch *Bryde*, in: v. Münch/Kunig III, Art. 82 Rn 3.
10 Vgl *Kahl/Benner*, Jura 2005, 869, 870.

Der **Wortlaut** des Art. 82 GG erscheint insoweit nicht eindeutig, denn „Vorschriften des Grundgesetzes", nach denen ein Gesetz zustande kommt, können *auch* materielle Bestimmungen sein. Zuzugeben ist allerdings, dass die Parallele zu Art. 78 GG für die engere Auffassung spricht, wenngleich der gleiche Begriff in unterschiedlichen Vorschriften durchaus unterschiedlich gebraucht sein kann. Da die Frage also im Grundgesetz nicht *ausdrücklich* geregelt ist, ist sie aus dessen systematischem Zusammenhang, der hieraus sich ergebenden Aufgabenstellung der Staatsorgane zu beantworten. Gesichtspunkte sind dabei zum einen aus der Einordnung der Gesetzgebung in die *grundgesetzliche Funktionenordnung* zu gewinnen, zum anderen aus der verfassungsrechtlichen Stellung des Bundespräsidenten, wie sie im Grundgesetz umrissen wird.

Nicht weiterführend ist der **Amtseid** des Bundespräsidenten, Art. 56 GG: Die Verpflichtung des Bundespräsidenten, „das Grundgesetz zu wahren", sagt noch nichts über den Umfang seiner Pflichten nach dem Grundgesetz. Die Argumentation aus dem Amtseid beruht also auf einem *Zirkelschluss*. Ebensowenig sinnvoll erscheint mir die Argumentation *gegen* ein Prüfungsrecht aus der im Vergleich zur WRV schwach ausgeprägten Stellung des Bundespräsidenten: dessen Befugnisse sind *aus dem Grundgesetz* zu bestimmen, nicht aus der Rückwendung auf die WRV. Die Position des Bundespräsidenten im Verfassungsgefüge gestattet also zunächst noch nicht die Ableitung zwingender Aussagen zur materiellen Prüfungskompetenz. Es handelt sich bei der Prüfung der Verfassungsmäßigkeit eines Gesetzes um keine Frage *politischer Staatsleitung*, die dem Bundespräsidenten eindeutig entzogen wäre.

733 Der Grundsatz der **Gewaltenteilung**, Art. 20 Abs. 2 GG, spricht zwar gegen materielle Eingriffe des Bundespräsidenten in die Gesetzgebung: er gehört als Verfassungsorgan nicht zur Legislative. Andererseits kennt das Grundgesetz auch sonst Verschränkungen zwischen den einzelnen Staatsfunktionen; es besteht keine durchgehende strikte Trennung der Gewalten. Alle Verfassungsorgane sind verpflichtet, die **verfassungsmäßige Ordnung** zu wahren, Art. 20 Abs. 3 GG. Deshalb ist auch der Hinweis auf die vorrangige Kompetenz des *BVerfG* zur Prüfung der Verfassungsmäßigkeit von Gesetzen[11] nicht tragfähig: Die Möglichkeit der nachträglichen Kontrolle (auf Antrag!) entbindet keinesfalls von der Verpflichtung aller Verfassungsorgane, von vornherein die verfassungsrechtlichen Erfordernisse für staatliches Handeln zu beachten.

734 Diese Verpflichtung und damit der Vorrang der Verfassung spricht *für* ein Prüfungsrecht des Bundespräsidenten[12]. Aber auch der Bundestag ist beauftragt, die verfassungsmäßige Ordnung zu wahren. Mit der Verabschiedung eines Gesetzes bekundet er, dass es nach seiner Auffassung der verfassungsmäßigen Ordnung entspricht. Ist der Bundespräsident gegenteiliger Auffassung, so stellt sich letztlich die **Kompetenzfrage**, wessen Auffassung über die Verfassungsmäßigkeit des Gesetzes für den Abschluss des Gesetzgebungsverfahrens den Ausschlag geben soll: die des Bundespräsidenten oder die des Gesetzgebers. Hier greifen nun Gesichts-

11 So zB *Zippelius/Würtenberger*, S. 403.
12 *Schoch*, Jura 2007, 354, 359.

punkte der Gewaltenteilung ein: verantwortlich für den Inhalt der Gesetze ist primär der demokratisch legitimierte Gesetzgeber. Seine Beurteilung der Verfassungsmäßigkeit eines Gesetzes muss für das Gesetzgebungsverfahren Vorrang genießen, ihm muss insoweit eine Einschätzungsprärogative zukommen[13]. Dies bedeutet, dass der Bundespräsident grundsätzlich an die vom Gesetzgeber bekundete Auffassung von der Verfassungsmäßigkeit eines Gesetzes gebunden ist, es sei denn, diese Auffassung ist offensichtlich fehlsam: bei sich aufdrängender Verfassungswidrigkeit muss das Gebot der Wahrung der Verfassungsordnung gegenüber der grundsätzlichen, aber eben nicht unbegrenzten Einschätzungsprärogative des Gesetzgebers durchgreifen.

Im Ergebnis bedeutet dies: Der Bundespräsident prüft die materielle Verfassungs- **735**
mäßigkeit eines Gesetzes, weil er, wie alle Verfassungsorgane, auf die Wahrung der Verfassungsordnung verpflichtet ist. Er kann die Ausfertigung aber nur dann verweigern, wenn der Verfassungsverstoß klar zutage tritt und in diesem Sinn **evident** ist. Dies folgt aus der Kompetenzverteilung zwischen Bundestag/Bundesrat und Bundespräsident. Hier werden auch allgemeinere Überlegungen hinsichtlich der Stellung des Bundespräsidenten als Verfassungsorgan sinnvoll: Ihm ist es nicht zuzumuten, bei klar erkannter Verfassungswidrigkeit durch die Ausfertigung eines Gesetzes den Verfassungsverstoß zu billigen. Dem entspricht auch weitgehend die Praxis[14], die sich mitunter auch in Fragen der formellen Verfassungsmäßigkeit auf eine Evidenzkontrolle beschränkt, so zuletzt im Fall des Zuwanderungsgesetzes (Rn 660 f), dort allerdings zu Unrecht. Im Übrigen ist auch hier zu bedenken, dass es um das Verhältnis oberster Verfassungsorgane zueinander geht, denen gewisse Handlungsspielräume zugestanden werden müssen. So wird man auch dem Bundespräsidenten einen Einschätzungsspielraum in der Frage zubilligen müssen, wann für ihn die Verfassungswidrigkeit eines Gesetzes deutlich zutage tritt. Ein *politisches Prüfungsrecht* hinsichtlich des Inhalts eines auszufertigenden Gesetzes, dies ist klarstellend anzumerken, hat der Bundespräsident ganz unstreitig *nicht:* Hierin läge ein unzulässiger Eingriff in die politische Staatsleitung durch das Parlament.

Eine Prüfungskompetenz bezüglich der Vereinbarkeit eines Gesetzes mit Unionsrecht **736**
dürfte zu verneinen sein. Der Wortlaut des Art. 82 GG bezieht sich auf die Vorschriften des Grundgesetzes; auch führt der Widerspruch zu Unionsrecht nur zu dessen Anwendungsvorrang, nicht zur Nichtigkeit des Gesetzes. Andererseits besteht die Verpflichtung nach Art. 4 Abs. 3 EUV auch für den Bundespräsidenten[15].

---

13 So auch einer der Vorgänger des jetzigen Bundespräsidenten im Amte, *Johannes Rau*, in seinem Beitrag „Vom Gesetzesprüfungsrecht des Bundespräsidenten", DVBl 2004, 1, 2, in seiner Zitierweise ähnlich großzügig wie ein späterer Bundesverteidigungsminister.

14 So auch *Bryde*, in: v. Münch/Kunig II, Art. 82 Rn 6; gegen die Beschränkung auf eine Evidenzkontrolle *Schoch*, Jura 2007, 354, 360, dessen Einwände gegen den Maßstab der Evidenz allerdings nicht überzeugen: eine Evidenzkontrolle findet sich auch in anderen verfassungsrechtlichen Zusammenhängen, so zB bei der Entscheidung des Bundespräsidenten über die Auflösung des Bundestags; wie hier: *Nolte/Tams*, JuS 2006, 1088, 1089.

15 Für gemeinschaftsrechtliche Prüfungskompetenz deshalb *Neumann*, DVBl 2007, 1335.

2. Vertretung der Bundesrepublik nach außen

737 Der Bundespräsident vertritt als Staatsoberhaupt – entsprechend allgemeinen völkerrechtlichen Gepflogenheiten – die Bundesrepublik nach außen. Ihm obliegt hierbei insbesondere der Abschluss **völkerrechtlicher Verträge**, Art. 59 Abs. 1 GG (Rn 556 f). Nicht obliegt ihm die Außenpolitik. Träger der materiellen auswärtigen Gewalt sind Parlament und Regierung. Demgemäß bezieht sich die Kompetenz des Art. 59 Abs. 1 S. 2 GG nicht auf die materielle Gestaltung der Außenpolitik, nicht auf die Ausgestaltung völkerrechtlicher Verträge, insbesondere also auch nicht auf Vertragsverhandlungen, sondern ausschließlich auf die Ratifikation der Verträge[16], dh die Erklärung der völkerrechtlichen Bindung an den bereits durch die Bundesregierung unterzeichneten Vertrag mit Austausch der Ratifikationsurkunden[17]. *Wann* Verträge eines Vertragsgesetzes bedürfen, ergibt sich aus Art. 59 Abs. 2 GG (Rn 557). Das Vertragsgesetz ermächtigt den Bundespräsidenten zur Ratifikation, also zur Unterschrift unter den Vertrag, wodurch dieser völkerrechtlich bindend wird[18].

738 Auch soweit der Bundespräsident im Übrigen die Bundesrepublik nach außen vertritt – sei es durch völkerrechtlich verbindliche Erklärungen, Art. 59 Abs. 1 S. 1 GG, sei es durch Wahrnehmung bloßer Repräsentationsfunktionen –, hat er keine Befugnisse zu selbstständiger außenpolitischer Gestaltung. Er ist darauf beschränkt, die von den hierfür zuständigen Verfassungsorganen eingenommenen Positionen zu vertreten, also etwa auch bei Reden im Rahmen von Staatsbesuchen die außenpolitische Linie der Bundesregierung und des Bundestags zu wahren. Verfahrensmäßig wird diese Verpflichtung durch die Gegenzeichnungspflicht des Art. 58 GG abgesichert, will man dies nicht eng auslegen (Rn 724 ff).

739 Insbesondere bei ratifizierungsbedürftigen Verträgen stellt sich die Frage nach der **Prüfungskompetenz** des Bundespräsidenten, dies sowohl im Hinblick auf die Ausfertigung des Zustimmungsgesetzes, als auch im Hinblick auf die Vornahme der Ratifizierung selbst. Hierfür gelten die gleichen Gesichtspunkte, wie sie generell für ein Prüfungsrecht des Bundespräsidenten bei der Ausfertigung von Gesetzen maßgeblich sind.

3. Weitere Befugnisse

740 Bei der Ernennung und Entlassung der Bundesminister nach Art. 64 Abs. 1 GG ist der Bundespräsident grundsätzlich beschränkt auf die Prüfung der – geringen – rechtlichen Voraussetzungen hierfür (zur Frage der Ablehnungsbefugnis aus Gründen des „Staatswohls", Rn 695). Bei der Ernennung des Bundeskanzlers prüft er lediglich die Voraussetzungen für dessen ordnungsgemäße Wahl, wie sie in Art. 63, 67 GG enthalten sind. Für die dem Bundespräsidenten durch Art. 60 Abs. 1 GG übertragene Ernennung der Bundesbeamten, Bundesrichter und Angehörigen der Bundeswehr wird über die Prüfung der rechtlichen Voraussetzungen hinaus dem Bundespräsidenten auch eine begrenzte sachliche Prüfungsbefugnis in Fragen der Qualifikation zugebilligt[19].

16 Ganz hM, vgl *Stern* II, § 30 III 3b; dort mwN in Anm. 172.
17 Vgl hierzu *Rojahn*, in: v. Münch/Kunig II, Art. 59 Rn 12 ff.
18 Vgl *Rojahn*, in: v. Münch/Kunig II, Art. 59 Rn 14.
19 *Stern* II, § 30 III 5g.

Nach **eigenem politischen Ermessen** handelt der Bundespräsident bei der Entscheidung über die **Auflösung des Bundestags** nach Art. 63 Abs. 4 S. 3 GG, Art. 68 Abs. 1 S. 1 GG (Rn 698, 745). Auch hier geht die Prüfung der rechtlichen Voraussetzungen seines Handelns voraus, was insbesondere iFd Art. 68 Abs. 1 S. 1 GG die Frage einschließt, ob eine Lage „politischer Instabilität“ die Vertrauensfrage des Bundeskanzlers rechtfertigt. Insoweit jedoch beschränkt die vom BVerfG angenommene Einschätzungsprärogative zu Gunsten des Bundeskanzlers die Prüfung durch den Bundespräsidenten (Rn 698, 700). 741

Vergleichbare Überlegungen dürften für die Erklärung des **Gesetzgebungsnotstands** nach Art. 81 GG maßgeblich sein. Auch hier trifft der Bundespräsident eine politische Ermessensentscheidung nach Prüfung der rechtlichen Voraussetzungen für sein Handeln; hinsichtlich der *„Dringlichkeit“* einer Vorlage ist wiederum eine Einschätzungsprärogative zu Gunsten der Bundesregierung in Betracht zu ziehen. Die Ausübung des *Gnadenrechts für den Bund* ist von praktisch geringerer Bedeutung, da auf *Bundessachen*[20] beschränkt.

4. „Politische“ Befugnisse des Bundespräsidenten?

Eingangs wurde darauf hingewiesen, dass der Bundespräsident nicht an der politischen Staatsleitung teilhat. Andererseits ist er durchaus befugt, kann sogar dazu verpflichtet sein, sich in Fragen von tragender Bedeutung für das Staatsganze mit dem Gewicht seines Amtes zu äußern. Es entspricht seiner nach außen hin repräsentativen wie nach innen integrativen Funktion als Staatsoberhaupt, wenn er etwa sich in grundsätzlicher Weise zur historischen Verantwortung der Bundesrepublik bekennt, aber etwa auch die Aufmerksamkeit in der Öffentlichkeit auf krisenhafte Entwicklungen lenkt. Auch zu Fragen staatlicher Repräsentation sich zu äußern, ist er befugt[21]. Dabei ist die Grenzziehung zu unzulässiger Einflussnahme auf das politische Tagesgeschehen nicht immer eindeutig zu ziehen. 742

So haben sich unterschiedliche Bundespräsidenten bereits kritisch zu krisenhaften Entwicklungen der Parteiendemokratie des Grundgesetzes geäußert. Dies liegt im Rahmen der Verantwortung des Bundespräsidenten für das Gemeinwesen, die ihm als Staatsoberhaupt obliegt, insbesondere im Rahmen seiner integrativen Funktionen. Unzulässig wäre es nur, wenn sich die Kritik auf bestimmte Parteien beschränkt. Inhalt und Form der Äußerung sind im Übrigen jedoch keine Frage der verfassungsrechtlichen Beurteilung. Ebenso läge es im Rahmen der Integrationsfunktion des Bundespräsidenten, sich zu Krisenerscheinungen der EU zu äußern, während etwa eine Stellungnahme für oder gegen die Aufnahme eines bestimmten Staates in die EU seine Befugnisse jedenfalls dann überschreiten würde, wenn diese Frage umstritten ist. Problematisch war auch die Stellungnahme eines früheren Bundespräsidenten gegen erweiterte Mitspracherechte der Länder in Fragen der Europäischen Union. Eine derartige Einflussnahme auf umstrittene Fragen politischer Gestaltung berührt Bereiche politischer Staatsleitung, die dem Bundespräsidenten verschlossen sind. Er dürfte 743

20 Dazu *Nierhaus*, in: Sachs, Art. 60 Rn 11 ff.
21 Zur Frage, ob der Bundespräsident zur Bestimmung einer Nationalhymne befugt wäre, s. den Übungsfall von *Naumann*, JuS 2000, 786.

hier also seine Kompetenzen überschritten haben. Er hat mE auch seine Verpflichtung zu politischer Neutralität nicht beachtet, da er in einem offenen Kompetenzkonflikt im Bundesstaatsverhältnis nicht einseitig Partei ergreifen darf. Als sich demgegenüber in der Hauptstadtdiskussion – Bonn gegen Berlin – der damalige Amtsinhaber dezidiert für Berlin aussprach, dürfte er insoweit noch im Rahmen seiner Kompetenzen gehandelt haben. Denn gerade diese Frage war mit der Repräsentationsfunktion des Bundespräsidenten eng verknüpft.

744 **Lösung Fall 77: Prüfungsrecht**

1. Der Bundespräsident macht mit seiner Weigerung zunächst *Verfahrensmängel* geltend.

a) Hierzu ist er berechtigt: er hat ein formelles Prüfungsrecht, Art. 82 GG.

b) Er weigert sich dann zu Recht, das Gesetz auszufertigen, wenn es verfahrensfehlerhaft zustande gekommen ist. Dies ist der Fall, wenn der Bundesrat entgegen Art. 77 GG nicht verfassungsgemäß beteiligt worden ist.

2. Der Bundespräsident macht ferner materielle Verfassungswidrigkeit geltend.

Beschränkt man seine Prüfungskompetenz auf Fälle evidenter Verfassungswidrigkeit, wird man seine Weigerung aus diesem Grund nicht als berechtigt anerkennen dürfen. Bei einer derart verfassungsrechtlich umstrittenen Thematik wird evidente Verfassungswidrigkeit nicht in Betracht kommen und ist jedenfalls dann zu verneinen, wenn das Gesetz iW verfassungsgerichtlichen Vorgaben entspricht.

3. Politische Aspekte des Zustandekommens des Gesetzes zu bewerten, ist dem Bundespräsidenten untersagt.

4. Ein unionsrechtliches Prüfungsrecht des Bundespräsidenten dürfte nach dem Wortlaut des Art. 82 GG ausgeschlossen sein, s. Rn 736.

Schrifttum zu § 10: *Kunig*, Der Bundespräsident, Jura 1994, 217; *Rau*, Vom Gesetzesprüfungsrecht des Bundespräsidenten, DVBl 2004, 1; *Kahl/Benner*, Fehlerhaftes Gesetzgebungsverfahren – Der Bundespräsident als Kontrollinstanz, Jura 2005, 869; *Schoch*, Die Prüfungskompetenz des Bundespräsidenten im Gesetzgebungsverfahren, Jura 2007, 354; *Degenhart*, Der „Ehrensold" des Bundespräsidenten, ZRP 2012, 74; vgl auch *Nolte/Tams*, Übungsklausur: Der Bundespräsident und das Flugsicherungsgesetz, JuS 2006, 1088.

745 **Lösung Zusammenfassender Ausgangsfall 64: Bundestagsauflösung**

I. Zulässigkeit des Antrags im Organstreitverfahren, Art. 93 Abs. 1 Nr 1 GG.

1. Der einzelne Bundestagsabgeordnete ist beteiligtenfähig als Träger eigener Rechte nach dem GG (Rn 651); für den Bundespräsidenten als *Antragsgegner* folgt die Beteiligtenfähigkeit unmittelbar aus Art. 93 Abs. 1 Nr 1 GG, § 63 BVerfGG.

2. *Streit* um gegenseitige Rechte und Pflichten liegt vor: Auflösung des Bundestags und Anordnung der Neuwahlen.

3. *Antragsbefugnis*, § 64 BVerfGG: die Antragsteller sind in ihrer rechtlichen Stellung als Abgeordnete betroffen; Art. 39 Abs. 1 S. 1 GG – Wahlperiode – gewährleistet eine verfassungsrechtliche Position des Bundestags, damit auch des einzelnen Abgeordneten, der durch Art. 38 Abs. 1 S. 2 GG geschützt wird.

4. Das *Rechtsschutzinteresse* besteht auch dann fort, wenn der Bundestag bereits aufgelöst ist; zur Antragsfrist s. § 64 Abs. 3 BVerfGG.

II. Begründetheit des Antrags

Der Antrag ist begründet, wenn der Bundespräsident gegen die Verfassung verstoßen und hierdurch Rechte der Antragsteller verletzt hat. In Betracht kommt hier: Art. 68 Abs. 1 S. 1 GG.

Die Vorschrift räumt dem Bundespräsidenten *Ermessen* ein; das BVerfG prüft also fehlerhaften Ermessensgebrauch, zunächst aber die tatbestandlichen Voraussetzungen des Art. 68 Abs. 1 GG:

1. Tatbestandliche Voraussetzungen:

a) – *Vertrauensfrage:* war hier gestellt;
– *keine* ausreichende *Mehrheit:* hier gegeben, da mehrheitlich Enthaltung;
– *Vorschlag des Bundeskanzlers*, den Bundestag aufzulösen: hier gegeben.

b) *Problem:* Erfordernis einer *„materiellen Auflösungslage" – zweckgerichteter Gebrauch* des Art. 68 GG in einer Lage politischer Instabilität.

Der Bundeskanzler hat hier die sog. unechte oder auflösungsgerichtete Vertrauensfrage gestellt. Er darf sie nicht nur zu dem Zweck gestellt haben, das fehlende Selbstauflösungsrecht des Bundestags zu umgehen. Er muss vielmehr von Art. 68 GG in einer dem Zweck der Vorschrift entsprechenden Weise Gebrauch gemacht haben, um die Regierungsstabilität zu sichern.

aa) Dabei kommt es nicht entscheidend auf die numerischen Mehrheitsverhältnisse im Bundestag an. Auch wenn der Bundeskanzler sich noch auf eine rechnerische Mehrheit stützen kann, können die politischen Verhältnisse doch derart sein, dass künftige politische Niederlagen im Parlament drohen und die Bundesregierung deshalb in ihrer Handlungsfähigkeit eingeschränkt ist. Es geht um die Verhältnisse im Bundestag: diese waren bei der Vertrauensfrage des Kanzlers Schröder (der der Fall nachgebildet ist) aber nicht instabil. Dies spricht gegen die Annahme einer materiellen Auflösungslage.

bb) Dass Parteien und Wähler Neuwahlen wünschen, ist verfassungsrechtlich unerheblich – die entsprechende Begründung liefe auf eine dem Grundgesetz nicht gemäße Referendumsdemokratie hinaus.

c) Ob eine Lage politischer Instabilität, auf die auch mit der auflösungsgerichteten Vertrauensfrage reagiert werden darf, gegeben ist, dies ist allerdings zunächst vom Bundeskanzler zu beurteilen, dem auch eine *Prärogative in der Einschätzung* zuzuerkennen ist. Gefordert wird, dass er sich überhaupt auf Tatsachen stützt und dass die hierauf gestützte Einschätzung der politischen Situation jedenfalls plausibel ist. Die im Sachverhalt wiedergegebene Begründung lässt es daran fehlen; angesichts der eindeutig gegebenen Mehrheitsverhältnisse im Parlament dürfte aber auch dann nicht von der Berechtigung der Vertrauensfrage auszugehen sein.

d) Auch wenn der *Bundespräsident* im Hinblick auf den Bereich eigenständiger politischer Verantwortung der Verfassungsorgane *seine* politische Bewertung der Verhältnisse nicht an die Stelle der Beurteilung des Bundeskanzlers setzen darf, durfte er hier doch nicht bei der Entscheidung über die Auflösung des Bundestags von einer materiellen Auflösungslage ausgehen.

2. Fehlt es bereits an den Voraussetzungen des Art. 68 Abs. 1 S. 1 GG, so stellt sich nicht mehr die Frage nach dem *politischen Ermessen* des Bundespräsidenten.

3. Verletzung des ASt in eigenen Rechten: Bestand des Mandats.

Anhang zu §§ 7–10: Staatsorgane der Länder

746 Die Organisation des Staatsapparates ist notwendiger Inhalt der Landesverfassungen. Sie ist im Rahmen der Homogenitätsklausel des Art. 28 Abs. 1 S. 1 GG der Einwirkung des Bundesrechts verschlossen. Hier ist also Raum für die Entfaltung der Verfassungsautonomie der Länder. Dass diese der unmittelbaren Demokratie breiteren Raum geben, wurde im Zusammenhang mit dem Demokratieprinzip dargestellt (Rn 109 ff). Im Übrigen folgen die nachgrundgesetzlichen Verfassungen zwar weitgehend dem Vorbild des Grundgesetzes, doch konnte die neueste Verfassungsgebung, also die Verfassungsgebung in den neuen Bundesländern, aber auch in Schleswig-Holstein und Niedersachsen, wo die bisherigen Organisationsstatute durch Vollverfassungen abgelöst wurden, Erfahrungen mit dem Grundgesetz berücksichtigen, Ergebnisse der aktuellen Verfassungsdiskussion aufnehmen. Im Folgenden sind insbesondere wesentliche Besonderheiten der Landesverfassungen darzustellen. Sie betreffen das Wahlrecht, Fragen der Regierungsbildung und der Zuständigkeitsverteilung zwischen den Verfassungsorganen sowie des Parlamentsrechts.

747 Eine aus allgemeinen, unmittelbaren, freien, gleichen und geheimen Wahlen hervorgehende **Volksvertretung** ist für die Bundesländer bereits durch Art. 28 Abs. 1 S. 2 GG zwingend vorgeschrieben. Die Landesverfassungen legen diese Erfordernisse meist ausdrücklich fest (vgl zB für Baden-Württemberg Art. 26 Abs. 4 BWVerf). Für Bayern fordert Art. 14 Abs. 1 S. 1 BayVerf ausdrücklich die Staatsbürgerschaft, meint hierbei die bayerische Staatsbürgerschaft nach Art. 6 BayVerf. Da aber Art. 8 BayVerf die Gleichheit der staatsbürgerlichen Rechte für alle Deutschen vorsieht, ist die deutsche Staatsangehörigkeit hinreichende Voraussetzung. Die nachgrundgesetzlichen Verfassungen gewähren das **Wahlrecht** durchweg allen Deutschen, die das 18. Lebensjahr vollendet haben und im Lande wohnen. Vertretung des Volkes ist in allen Ländern mit Ausnahme der Stadtstaaten der Landtag, in Hamburg und Bremen die Bürgerschaft, in Berlin das Abgeordnetenhaus.

Das **Wahlsystem** wird, anders als im Grundgesetz, in einigen Landesverfassungen ausdrücklich festgelegt. In den neuen Ländern wird durchweg ein Wahlverfahren vorgeschrieben, das die Persönlichkeitswahl mit den Grundsätzen der Verhältniswahl verbindet, vgl für Brandenburg Art. 22 Abs. 3 S. 3 BbgVerf, für Mecklenburg-Vorpommern Art. 20 Abs. 2 S. 1 MVVerf, für Sachsen Art. 41 Abs. 1 S. 2 SächsVerf, für Sachsen-Anhalt Art. 42 Abs. 1 SAHVerf. Brandenburg (Art. 22 Abs. 1 S. 2 BbgVerf) und Sachsen-Anhalt (Art. 42 Abs. 2 S. 2 SAHVerf) wollen ein **Ausländerwahlrecht** auch zum Landtag offen halten: Es kann, muss in Brandenburg sogar eingeführt werden, sobald das Grundgesetz dies zulässt. Dies ist freilich wenig realistisch.

748 Die neueren Verfassungen legen die **Wahlperiode** überwiegend auf 5 Jahre fest, vgl für Brandenburg Art. 62 Abs. 1 BbgVerf, für Sachsen Art. 44 Abs. 1 SächsVerf, für Niedersachsen Art. 9 Abs. 1 NdsVerf, für Mecklenburg-Vorpommern Art. 27 Abs. 1 MVVerf und für Sachsen-Anhalt Art. 43 SAHVerf. Auch die Verfassung des Landes Nordrhein-Westfalen sieht in Art. 34 eine 5-jährige Wahlperiode vor. Von erheblicher Variationsbreite sind die Landesverfassungen in der Frage der vorzeitigen Beendigung der Wahlperiode. Das von der gemeinsamen Verfassungskommission für das Grundgesetz vorgeschlagene Selbstauflösungsrecht des Parlaments verwirklichen bereits Berlin in Art. 54 Abs. 2 BerlVerf[22], Brandenburg in Art. 62 Abs. 2 BbgVerf, Mecklenburg-Vorpommern in Art. 27 Abs. 2 MVVerf, Sachsen in Art. 58 SächsVerf, Sachsen-Anhalt in Art. 60 SAHVerf und Niedersachsen in Art. 10 NdsVerf. Teilweise sind bereits für die Antragstellung qualifizierte Mehrheiten vorgesehen, durchweg aber für den Beschluss über die Auflösung selbst.

22 Dazu BerlVerfGH DVBl 2002, 412.

Er muss regelmäßig von 2/3 der Mitglieder des Landtags gefasst werden, in Niedersachsen genügt eine Mehrheit von 2/3 der Abstimmenden, mindestens aber der Hälfte der Mitglieder des Landtags, Art. 10 Abs. 2 S. 2 NdsVerf. Von den älteren Landesverfassungen kennen ein Selbstauflösungsrecht: Bayern, Art. 18 Abs. 1 BayVerf, Baden-Württemberg, Art. 43 Abs. 1 BWVerf, Berlin, Art. 54 Abs. 2 BerlVerf, Hamburg, Art. 11 HambVerf, Hessen, Art. 80 HessVerf, Nordrhein-Westfalen, Art. 35 NWVerf, Rheinland-Pfalz, Art. 84 RhPfVerf, Saarland, Art. 69 SaarlVerf. ZT sind qualifizierte Mehrheiten erforderlich, zT genügt Mitgliedermehrheit.

Auch im Bereich des **Parlamentsrechts** nehmen die neueren Landesverfassungen die aktuelle Verfassungsdiskussion auf. Art. 89b RhPfVerf[23] normiert umfassende Informations- und Beteiligungsrechte des Landtags[24]. Ausdrücklich als Einrichtungen des Verfassungslebens werden die *Fraktionen* anerkannt in den Verfassungen von Berlin (Art. 40, 41), Brandenburg (Art. 67), Mecklenburg-Vorpommern (Art. 25), Sachsen-Anhalt (Art. 47) sowie von Niedersachsen (Art. 19). In der Sache wird hierbei die Rechtsprechung des BVerfG zur Stellung der Fraktionen (oben Rn 625) rezipiert. Ausdrücklich der fraktionslosen Abgeordneten nimmt sich demgegenüber die Sächsische Verfassung in Art. 46 Abs. 3 an: ihre Rechte „dürfen nicht beschränkt werden". Eine Begrenzung ihrer Rechtsstellung, wie sie das BVerfG für den fraktionslosen Bundestagsabgeordneten vornimmt (Rn 631)[25], dürfte hiernach ausgeschlossen sein. Keine allzu große Bedeutung dürfte auch die ausdrückliche Anerkennung der Rolle der **Opposition** in den genannten neuen Verfassungen erlangen. Das Recht auf Chancengleichheit, wie es die einschlägigen Verfassungsbestimmungen in diesem Zusammenhang festlegen, bedurfte an sich keiner ausdrücklichen Erwähnung im Verfassungstext. Und unklar ist etwa auch die praktische Bedeutung des Art. 24 der Hamburgischen Verfassung, wonach die Opposition die Aufgabe hat, „Kritik am Regierungsprogramm ... öffentlich zu vertreten". **749**

Eine bedeutsame Fortbildung des **Parlamentsverfassungsrechts** nehmen demgegenüber jene Bestimmungen der neuen Verfassungen vor, die die Kontrollrechte vor allem der Parlamentsminderheit verstärken. Sie ziehen gebotene Konsequenzen aus Veränderungen im Verhältnis von Parlament und Regierung. Die Kontrollfunktionen des Parlaments werden ja bekanntlich nicht mehr so sehr vom Parlament als Ganzem als vielmehr von der die Regierung nicht tragenden Minderheit im Parlament, also der **Opposition** wahrgenommen. Diese steht der Parlamentsmehrheit und der Regierung gegenüber. Und so bedeutet es eine konsequente Fortentwicklung des Rechts der Untersuchungsausschüsse, wenn nicht nur der parlamentarischen Minderheit das Recht eingeräumt wird, die Einsetzung von **Untersuchungsausschüssen** zu verlangen, sondern auch der Minderheit in diesen Ausschüssen das Recht, die Erhebung von Beweisen zu verlangen, so beispielhaft die Sächsische Verfassung in Art. 54 Abs. 3, ebenso die neu gefasste Berliner Verfassung in Art. 48 Abs. 2, die Brandenburgische Verfassung in Art. 72 Abs. 3 S. 1, die Verfassung von Mecklenburg-Vorpommern in Art. 34 Abs. 3 S. 1, von Niedersachsen in Art. 27 Abs. 2 S. 2, von Sachsen-Anhalt in Art. 54 Abs. 2 S. 1 und von Schleswig-Holstein in Art. 18 Abs. 3 S. 1. Auch die Verfassung von Nordrhein-Westfalen gewährt in Art. 41 Abs. 1 S. 2 dieses Recht den Antragstellern, also den Abgeordneten, die die Einsetzung des Untersuchungsausschusses beantragt haben. Ein Beweisantragsrecht der Minderheit kennt auch Baden-Württemberg, Art. 35 Abs. 2 S. 2 BWVerf, nicht aber Bayern, Hessen, Rheinland-Pfalz und das Saarland. Ausdrückliche Auskunfts- und Aktenvorlagerechte auch **einzelner Abgeordneter** enthalten die Verfassungen von Brandenburg, Art. 56 Abs. 2, 3, Mecklenburg-Vorpommern, Art. 40, Niedersachsen, Art. 24, Sachsen, Art. 51, und Sachsen-Anhalt, Art. 53. Es handelt sich hierbei durchweg um organspezifische Rechte des einzelnen Abgeordneten, die dieser auch im Wege der Organklage durchsetzen kann. **750**

23 IdF des ÄndG vom 16.2.2000, GVBl S. 73.
24 Vgl *Jutzi*, NJW 2000, 1295.
25 BVerfGE 80, 188, 225 f.

751 In den Fragen der **Regierungsbildung**, der Aufgaben und Befugnisse der Regierungen und ihrer Ablösung halten sich die nachgrundgesetzlichen Landesverfassungen überwiegend an das Vorbild des Grundgesetzes.

Dies gilt für Nordrhein-Westfalen (Art. 51 ff NWVerf), dessen Verfassung allerdings die Vertrauensfrage nicht kennt (s. aber zur Rücktrittspflicht der Regierung im Fall der Ablehnung eines von ihr dem Volk unterbreiteten Gesetzesvorhabens o. Rn 243), uneingeschränkt für Schleswig-Holstein (Art. 26 f SHVerf), Mecklenburg-Vorpommern (Art. 41 ff MVVerf) und Sachsen-Anhalt (Art. 64 f SAHVerf), für Sachsen (Art. 59 ff SächsVerf) mit der Maßgabe, dass die Verfassung hier die Vertrauensfrage nicht vorsieht, sowie für Brandenburg (Art. 82 ff BbgVerf) mit der Maßgabe, dass nach negativ beantworteter Vertrauensfrage auch der Landtag seine Auflösung beschließen kann (Art. 87 S. 1 BbgVerf). In all diesen Ländern sind die Wahl des Ministerpräsidenten durch den Landtag, die Ernennung und Entlassung der Minister, ohne dass hierfür die Zustimmung des Landtags erforderlich wäre, sowie das konstruktive Misstrauensvotum entsprechend der Regelung im Grundgesetz, unter häufig wörtlicher Übernahme von dessen Bestimmungen, ausgestaltet. Dem Vorbild des Grundgesetzes folgen dann auch Aufgabenbeschreibung und interne Zuständigkeitsverteilung für die Landesregierungen, wobei teilweise die Zuständigkeit der Regierung als Kollegialorgan positiv festgelegt wird, vgl zB Art. 64 SächsVerf.

Die älteren Verfassungen setzen in stärkerem Maße eigene Akzente. Sie stimmen allerdings durchweg darin überein, dass der **Ministerpräsident** vom Landtag gewählt wird. Die Regierungsbildung obliegt dann, mit Ausnahme der Stadtstaaten, durchweg dem Ministerpräsidenten. Im Übrigen aber wird das Verhältnis von Landtag und Landesregierung in den Landesverfassungen unterschiedlich geregelt. In Baden-Württemberg bedarf die Regierung als Ganzes der Bestätigung durch den Landtag, Art. 46 Abs. 3 BWVerf; Gleiches gilt für jede spätere Berufung eines Regierungsmitgliedes. Die Regierung kann nach Art. 54 BWVerf durch konstruktives Misstrauensvotum gestürzt werden, ein einzelner Minister auch nach Art. 56 BWVerf durch destruktives Misstrauensvotum mit Entlassungszwang, für das eine Zweidrittelmehrheit im Landtag erforderlich ist. Im Übrigen sind die Minister in ihrem Amt vom Ministerpräsidenten abhängig, Art. 55 BWVerf. Die Vertrauensfrage ist nicht vorgesehen. In Bayern ist der Ministerpräsident bei Ernennung und Entlassung der Minister und der Staatssekretäre durchweg an die Zustimmung des Landtags gebunden. Die Verfassung kennt jedoch keine Vertrauensfrage und kein Misstrauensvotum, wohl aber nach Art. 44 Abs. 3 S. 2 BayVerf eine Rücktrittspflicht, wenn die politischen Verhältnisse „ein vertrauensvolles Zusammenarbeiten" mit dem Landtag unmöglich machen. Hierbei handelt es sich um eine Rechtspflicht, über die im Streitfall der Verfassungsgerichtshof zu entscheiden hat. Von sich aus kann also der Landtag den Ministerpräsidenten nicht zum Rücktritt zwingen.

In den Stadtstaaten Berlin (Art. 56 BerlVerf) und Bremen (Art. 107 BremVerf) muss die **Landesregierung** – dort jeweils „Senat" genannt – vom Landtag, der „Bürgerschaft", bzw in Berlin dem „Abgeordnetenhaus" gewählt werden. In Hamburg wird demgegenüber der Erste Bürgermeister durch die Bürgerschaft gewählt. Ihm obliegt die Regierungsbildung, doch ist sein Kabinett (der Senat) durch die Bürgerschaft zu bestätigen (Art. 34 HambVerf). Die Verfassungen dieser Länder kennen durchweg das konstruktive Misstrauensvotum sowohl gegen die Regierung als Ganzes als auch gegen einzelne Regierungsmitglieder. Eine Besonderheit im Verfassungsvergleich stellt in Bremen die Inkompatibilitätsvorschrift des Art. 108 BremVerf dar, nach der sich Mitgliedschaft in Parlament und Regierung gegenseitig ausschließen.

In Hessen obliegt die Regierungsbildung zwar dem Ministerpräsidenten, Art. 101 Abs. 2 HessVerf, doch bedarf die Regierung zur Übernahme der Geschäfte des Vertrauens des Landtags, Art. 101 Abs. 4 HessVerf. Der Zustimmung des Landtags bedarf die Abberufung der Minister. Art. 114 HessVerf gibt dem Landtag die Möglichkeit eines „destruktiven" Misstrauensvotums gegen den Ministerpräsidenten, der dann zurücktreten muss, Abs. 4; dies bedeutet automatisch

Rücktritt der gesamten Landesregierung, Art. 113 Abs. 1. Einigt sich der Landtag nicht auf einen Nachfolger, so ist er automatisch aufgelöst, Art. 114 Abs. 5 HessVerf.

In Rheinland-Pfalz (Art. 98 f RhPfVerf) bedarf die Entlassung, im Saarland (Art. 87 f SaarlVerf) bedürfen Ernennung und Entlassung der Minister durch den Ministerpräsidenten der Zustimmung des Landtags. Auch in Rheinland-Pfalz bedarf die Landesregierung der Bestätigung durch den Landtag. Die Verfassungen beider Länder (Art. 99 RhPfVerf bzw Art. 88 SaarlVerf) kennen das destruktive Misstrauensvotum sowohl gegen die Regierung als Ganzes als auch gegen einen einzelnen Minister, das Saarland (Art. 88 SaarlVerf) darüber hinaus die Vertrauensfrage.

Die Möglichkeit einer **vorzeitigen Abberufung** des Landtags durch das Volk – und damit auch **752** einer vorzeitigen Ablösung der Regierung – kennen Baden-Württemberg (Rn 234), Bayern (Rn 235) sowie Berlin (Rn 236). In den Ländern, in denen die Volksinitiative sich generell auf Gegenstände politischer Willensbildung in der Kompetenz des Landtags beziehen kann, dieser gleichzeitig ein Selbstauflösungsrecht hat, dürfte es zulässig sein, einen Volksantrag auf Selbstauflösung des Landtags einzubringen. Dieser muss dem Antrag freilich nicht nachkommen, sondern sich nur damit „befassen“.

Zur nordrhein-westfälischen Besonderheit einer Quasi-Vertrauensfrage der Landesregierung direkt an das Volk s. Rn 243.

Dritter Teil

Der Schutz der Verfassung durch die Verfassungsgerichtsbarkeit

§ 11 Das Bundesverfassungsgericht

I. Das Bundesverfassungsgericht: Bedeutung und verfassungsrechtliche Stellung

Zu den obersten Verfassungsorganen zählt auch das BVerfG. Ihm obliegt die letztverbindliche Entscheidung von Verfassungsstreitigkeiten und damit entscheidend auch der Schutz der Verfassung. Die starke Stellung der Verfassungsgerichtsbarkeit ist kennzeichnend für die rechtsstaatliche Ordnung des Grundgesetzes.

753 Die Stellung des BVerfG ist gekennzeichnet durch seine Doppelfunktion als **Gericht** iSv Art. 92 GG (Rn 284) und als **oberstes Verfassungsorgan des Bundes**. Das BVerfG ist Gericht: es entscheidet in konkreten Rechtsstreitigkeiten im Rahmen der ihm übertragenen Zuständigkeiten. Seine Sonderstellung resultiert aus dem ihm zur Verfügung stehenden Normenmaterial: Es entscheidet ausschließlich in Anwendung von Verfassungsrecht. Stärker als in anderen Bereichen der Gerichtsbarkeit sind hier „offene", konkretisierungsbedürftige Normen anzuwenden. Verfassungsrechtsprechung ist in besonderer Weise *auch* Rechtsfortbildung und Rechtsschöpfung. Verfassungsrecht ist *politisches Recht:* es bestimmt die rechtlichen Vorgaben der Staatswillensbildung, der politischen Staatsleitung. Diese durch Rechtsprechung aufzuzeigen, bedeutet also, Eingriffe in die politische Staatsleitung vorzunehmen: Verfassungsrechtsprechung ist daher begriffsnotwendig auch politische Rechtsprechung. Aus diesen Besonderheiten seiner Rechtsprechungsfunktionen folgt gleichzeitig die Bedeutung des BVerfG als **Verfassungsorgan:** Selbstständig und in richterlicher Unabhängigkeit trifft es letztverbindliche Entscheidungen gegenüber allen anderen Verfassungsorganen, auch dort, wo diese „staatsleitend" tätig werden.

754 **Funktion** der Verfassungsgerichtsbarkeit ist die Wahrung des Verfassungsrechts gegenüber den Organen des Staates, der **Schutz der Verfassung**. Dabei ist zu unterscheiden zwischen der Entscheidung von Konflikten zwischen den Verfassungsorganen selbst und dem Schutz des Bürgers in seinen verfassungsmäßigen Rechten. Dem erstgenannten Funktionsbereich sind neben dem *Organstreitverfahren* (u. II. 1.) auch die verfassungsrechtliche Kontrolle des Gesetzgebers auf Antrag anderer Verfassungsorgane zuzuordnen, *abstrakte Normenkontrolle* (u. II. 4. u. 5.), sowie, bedingt durch den bundesstaatlichen Aufbau der Bundesrepublik, Streitigkeiten auf Verfassungsebene im Verhältnis von Bund und Ländern, *Bund-Länder-Streit* (u. II. 2.). Dem zweitgenannten Funktionsbereich ist vor allem der Schutz der Grundrechte im Verfahren der *Verfassungsbeschwerde* zuzurechnen, aber wohl auch die Überprüfung der Verfassungsmäßigkeit eines in einem konkreten Rechtsstreit entscheidungserheblichen Gesetzes, *konkrete Normenkontrolle* (u. II. 7, Rn 784). Hinzu treten Verfahren des *Verfassungsschutzes* im engeren Sinn, etwa *Anklageverfahren* gegen Verfassungsorgane wegen Verletzung ihrer verfassungsrechtlichen Pflichten, Entscheidungen über die Verwirkung von Grundrechten, das Verbot verfassungswidriger Parteien.

Die Wahrung des Grundgesetzes obliegt dem BVerfG grundsätzlich auch gegenüber **755**
der **Europäischen Gemeinschaft** (Rn 254 ff).

Das BVerfG besteht aus *zwei Senaten*, die mit jeweils acht Richtern besetzt sind. Die Geschäfts- **756**
verteilung zwischen den Senaten wird durch § 14 BVerfGG geregelt. Im Verfassungsbeschwerdeverfahren wird gemäß §§ 93a-d BVerfGG, §§ 39 ff GeschOBVerfG durch mit 3 Richtern besetzte *„Kammern"* über die Verfassungsbeschwerde vorentschieden: Endgültige Ablehnung bei Unzulässigkeit oder offensichtlicher Unbegründetheit, Stattgabe bei offensichtlicher Begründetheit. Die Senate entscheiden grundsätzlich mit Mehrheit. In den Verfahren der Grundrechtsverwirkung, des Parteiverbots und in den Anklageverfahren ist für eine dem Antragsgegner (also etwa der zu verbietenden Partei, dem „angeklagten" Bundespräsidenten) nachteilige Entscheidung 2/3-Mehrheit erforderlich, § 15 Abs. 4 S. 1 BVerfGG. Wichtig ist, dass bei *Stimmengleichheit* ein Verstoß gegen das Grundgesetz oder sonstiges Bundesrecht *nicht* festgestellt werden kann, Verfassungsbeschwerde oder Normenkontrollantrag also zurückzuweisen sind. In derartigen Fällen wird häufig von der durch § 30 Abs. 2 S. 2 BVerfGG eröffneten Möglichkeit der Mitteilung des Stimmverhältnisses Gebrauch gemacht. Zunehmender Beliebtheit scheint sich auch die Möglichkeit des **Sondervotums** nach § 30 Abs. 2 S. 1 BVerfGG zu erfreuen.

Seine Berechtigung dürfte vor allem in der spezifischen „Offenheit" der Verfassungsnormen zu **757**
sehen sein. Hieraus resultiert auch seine Bedeutung für den „offenen" Prozess der Verfassungsfortbildung, im Hinweis auch auf mögliche, offene Entwicklungen in der Rechtsprechung selbst. Dass die dissentierende Minderheit zur Mehrheit werden kann, haben die Auseinandersetzungen um die Parteienfinanzierung (Rn 57 ff) gezeigt. Das Sondervotum ist also mehr als eine unverbindliche literarische Äußerung.

Dass angesichts der herausragenden auch politischen Funktion des BVerfG auch der **Wahl der** **758**
Richter erhebliche politische Bedeutung zukommt, ist evident. Sie ist geregelt zunächst in Art. 94 Abs. 1 S. 2 GG; *je die Hälfte* der Bundesverfassungsrichter werden vom *Bundestag* und vom *Bundesrat* gewählt – notwendige Konsequenz des bundesstaatlichen Prinzips angesichts der Befugnisse des BVerfG im Verhältnis von Bund und Ländern. Das komplizierte Wahlverfahren ist geregelt in §§ 5 ff BVerfGG. Erforderlich sind *qualifizierte Mehrheiten* (Bundestag: 8 von 12 Wahlmännern eines nach § 6 BVerfGG zu bestimmenden Wahlmännergremiums, Bundesrat: 2/3-Mehrheit nach § 7 BVerfGG). Dies bedingt vorgehende Verständigung der Parteien über die Wahl. In der Praxis hat sich hier ein Proporzsystem herausgebildet. Wiederwahl der für eine Amtsdauer von 12 Jahren gewählten Richter ist ausgeschlossen, hierdurch soll die Unabhängigkeit der Richter gesichert werden.

Schrifttum zu I.: *Roellecke*, Aufgaben und Stellung des Bundesverfassungsgerichts im Verfassungsgefüge, HStR III[3], § 67; *ders.*, Aufgabe und Stellung des Bundesverfassungsgerichts in der Gerichtsbarkeit, HStR III[3], § 68; *Kischel*, Amt, Unbefangenheit und Wahl der Bundesverfassungsrichter, HStR III[3], § 69; *Hesse*, § 19 I; *Pestalozza*, § 1; *Stern* II, § 44 II; *Jentsch*, Karlsruhe oder Berlin. Die Rolle des Bundesverfassungsgerichts, ThürVBl 2001, 1.

II. Einzelne verfassungsgerichtliche Verfahren vor dem Bundesverfassungsgericht

Im Folgenden werden die im Bereich des Staatsorganisationsrechts wichtigsten Verfahrensarten dargestellt. Im Anschluss an die Behandlung der einzelnen Verfahren wird die prozessuale Seite der wichtigsten hierfür einschlägigen Ausgangsfälle behandelt.

759 Für die Verfahren vor dem BVerfG gilt das **Enumerativprinzip** – im Gegensatz etwa zur Verwaltungsgerichtsbarkeit: dort gilt die *Generalklausel* des § 40 VwGO. Die Geltung des Enumerativprinzips (oder Enumerationsprinzips) bedeutet, dass die Zuständigkeit des Gerichts nicht schlechthin bei verfassungsrechtlichen Streitigkeiten gegeben ist, sondern nur für die im Grundgesetz, aber auch einfachgesetzlich, zB nach § 33 Abs. 2 PartG explizit vorgesehenen Verfahrensarten. Eine Klage vor dem BVerfG ist also nur dann zulässig, das Gericht entscheidet nur dann in der Sache, wenn die Zulässigkeitsvoraussetzungen für eines der gesetzlich geregelten Verfahren erfüllt sind. Diese Zulässigkeitsvoraussetzungen sind im Folgenden für die im Bereich des Staatsorganisationsrechts wichtigsten Verfahrensarten darzustellen.

Schrifttum: Für Einzelheiten s. etwa die Darstellung bei *Benda/Klein*, §§ 21–28; *Pestalozza*, §§ 3–17; *Hillgruber/Goos*, §§ 3–8.

1. Organstreitverfahren, Art. 93 Abs. 1 Nr 1 GG; §§ 13 Nr 5, 63 ff BVerfGG

760 Gegenstand des Organstreitverfahrens sind Streitigkeiten zwischen Verfassungsorganen um ihre wechselseitigen Rechte und Pflichten; ein Organstreitverfahren ist also dann vorrangig in Betracht zu ziehen, wenn eines der in den vorgehenden Abschnitten (§§ 7–10) behandelten Verfassungsorgane sich in seinen Kompetenzen beeinträchtigt sieht.

Zulässigkeitsvoraussetzungen:

(1) *Beteiligtenfähigkeit: Antragsteller und Antragsgegner*

Wer *Partei* eines Organstreitverfahrens sein kann – sei es als Antragsteller oder als Antragsgegner –, bestimmt sich nach Art. 93 Abs. 1 Nr 1 GG iVm § 63 BVerfGG.

a) Zu prüfen ist also zunächst im Rahmen der Zulässigkeit die *Beteiligtenfähigkeit* des Antragstellers.

Antragsteller können jedenfalls die **„obersten Bundesorgane“** iSv Art. 93 Abs. 1 Nr 1 GG sein, also Bundespräsident, Bundestag, Bundesrat und Bundesregierung; auch der gemeinsame Ausschuss nach Art. 53a GG wird hierzu gezählt. Antragsteller können auch Teile dieser Organe sein, wenn sie in den Geschäftsordnungen bzw im GG selbst mit eigenen Rechten ausgestattet sind; **Organteile** in diesem Sinn sind insbesondere: **Fraktionen** des Bundestags[1] – sie sind durch das GG als notwendige Institutionen des Verfassungslebens (Rn 625 f) und durch GeschOBT mit eigenen Rechten ausgestattet[2]; die **Ausschüsse** des Bundestags wie auch der **Bundestagspräsident**.

1 BVerfGE 67, 100, 124; 68, 1, 63; 70, 324, 350; 121, 135, 150.
2 Vgl näher *Benda/Klein*, Rn 1009.

Der **einzelne Abgeordnete** ist schon wegen Art. 38 Abs. 1 S. 2 GG mit eigenen Rechten ausgestattet und kann im Organstreit die behauptete Verletzung oder Gefährdung jedes Rechts geltend machen, das mit seinem Status verfassungsrechtlich verbunden ist[3]; er ist „anderer Beteiligter" iSv Art. 93 Abs. 1 Nr 1 GG[4], nicht aber „Organteil". Einzelne **Gruppen von Abgeordneten**, die keine ständigen Gliederungen des Bundestags bilden, sind grundsätzlich als solche nicht parteifähig (nur als Fraktion); eine Ausnahme muss aber etwa gelten für die Minderheit des Bundestags, die gemäß Art. 44 Abs. 1 GG die Einsetzung eines Untersuchungsausschusses verlangen kann, wenn die Mehrheit sich weigert. Der StGH Baden-Württemberg fordert in diesem Fall, dass der Antrag von einer Gruppe von Abgeordneten gestellt werden muss, die zahlenmäßig jener Minderheit entspricht, die die Einsetzung des Ausschusses verlangen kann[5]. Die Beteiligtenfähigkeit der „Fraktion im Ausschuss" ergibt sich jetzt positiv aus § 18 III PUAG (Rn 650)[6].

Parteifähige (oder organstreitfähige) **Organteile** bzw **„andere Beteiligte"** sind weiterhin:

Der einzelne Bundesminister als „anderer Beteiligter", da er durch Art. 65 S. 2 GG – *Ressortprinzip* – mit eigenen Rechten ausgestattet ist; *unzulässig* jedoch ist ein *In-Sich-Prozess* zwischen Mitgliedern der Bundesregierung, da Art. 65 S. 3 GG insoweit die Beilegung von Streitigkeiten durch die Bundesregierung als *Kollegialorgan* vorgesehen hat.

Fallbeispiel: Ein Bundesminister sieht in der Einsetzung eines Untersuchungsausschusses einen unzulässigen Eingriff in seine Amtsführung: er kann hiergegen einen Antrag im Organstreitverfahren gegen den Bundestag stellen.

Parteifähig sind schließlich **„andere Beteiligte"** iSv Art. 93 Abs. 1 Nr 1 GG, die das Grundgesetz mit eigenen Rechten ausgestattet hat; dies auch dann, wenn sie in § 63 BVerfGG nicht ausdrücklich genannt sind: § 63 BVerfGG kann den in Art. 93 Abs. 1 Nr 1 GG genannten Kreis der Antragsberechtigten nicht einschränken. Hauptfall sind hier die **politischen Parteien**, soweit sie in ihrer Stellung als Beteiligte am Verfassungsleben betroffen sind, Rn 44 ff.

Fällt während des Verfahrens der die Parteifähigkeit begründende Status des Antragstellers oder Antragsgegners weg, so ist gleichwohl von fortbestehender Parteieigenschaft auszugehen, bleibt der Antrag also zulässig. Entscheidend ist der Zeitpunkt, zu dem der Antrag anhängig gemacht wurde[7]. Deshalb ist es für die Zulässigkeit des Antrags im Organstreitverfahren unschädlich, wenn ein Abgeordneter des Landtags als Antragsteller während des Verfahrens aus dem Landtag ausscheidet oder die Wahlperiode endet oder eine Fraktion im nach Verfahrenseinleitung neugebildeten Landtag nicht mehr vertreten ist[8]. Voraussetzung ist jedoch, dass ein objektives Klarstellungsinteresse an der den Gegenstand des Verfahrens bildenden Rechtsfrage fortbesteht, weil zB vergleichbare Verfassungskonflikte auch künftig zu erwarten sind. Dies dürfte jedoch als Frage des allgemeinen Rechtsschutzinteresses einzustufen sein.

b) Der Kreis der möglichen *Antragsgegner* ist mit dem der Antragsteller identisch.

(2) *Der Verfahrensgegenstand (Streitgegenstand)*

Erforderlich für die Zulässigkeit des Antrags ist weiterhin, dass ein Streit um gegenseitige Rechte und Pflichten aus dem Grundgesetz vorliegt. Es müssen insoweit *rechtserhebliche Maßnahmen* **761**

3 BVerfGE 94, 351, 362; zu den Statusrechten der Abgeordneten s. auch SaarlVerfGH NVwZ-RR 2006, 665.
4 BVerfGE 123, 267, 337 f.
5 StGHBW NVwZ-RR 2008, 4.
6 S. zur Rechtslage vor Erlass des PUAG BVerfGE 67, 100, 126 zur Parteifähigkeit der *konkreten Antragsminderheit* iSv Art. 44 Abs. 1 S. 1 GG im Verfahren gegen eine Weigerung der Bundesregierung sowie BVerfGE 70, 324, 351 zur „Fraktion im Ausschuss".
7 BVerfGE 102, 224, 231.
8 Vgl SächsVerfGH SächsVBl 1995, 16; 1995, 227; ThürVerfGH LKV 2000, 449; LVerfGMV DÖV 2003, 765.

oder Unterlassungen des Antragsgegners (vgl § 64 Abs. 1 BVerfGG) geltend gemacht werden[9]. Der Kreis dieser Maßnahmen darf nicht zu eng gefasst werden: Dass bloße *Meinungsäußerungen* nicht ausreichen sollen, ist in dieser Allgemeinheit nicht richtig: so die Frage, ob der Bundespräsident durch eine Rede seine Befugnisse im Verhältnis zur Bundesregierung überschritten hat (Rn 742 f), im Wege des Organstreitverfahrens einer verfassungsgerichtlichen Klärung zugeführt werden. Auch in der **Vorbereitung** oder im Erlass eines Gesetzes kann eine rechtserhebliche Maßnahme liegen, dann etwa, wenn das Zustimmungserfordernis des Bundesrats umgangen wird.

Auch ein **Unterlassen** kommt als Streitgegenstand in Betracht[10]. Wendet sich ein Beteiligter gegen eine **Geschäftsordnung** – zB GeschOBT –, so liegt eine Maßnahme erst dann vor, wenn die in Frage stehende Bestimmung der GeschO – zB die Festlegung der Voraussetzungen für die Anerkennung einer Fraktion – ihm gegenüber Wirkungen entfaltet (wenn also zB einer Gruppe von Parlamentariern die Anerkennung als Fraktion versagt wird)[11]. Dies ist wichtig für den Beginn der Antragsfrist.

(3) *Antragsbefugnis*

762 Im Rahmen der Antragsbefugnis ist zu prüfen, ob der Antragsteller die Verletzung eigener, verfassungsrechtlich begründeter Rechte hinreichend geltend macht.

a) Es muss sich hierbei um Rechte handeln, die aus der **Verfassung** ableitbar sind, vgl BVerfGE 70, 324, 350 ff. Eine behauptete Verletzung nur der GeschO genügt nicht. Wenn also im **Fall 66** (Rn 594) die Fraktion sich auf Bestimmungen der GeschOBT beruft, muss dargelegt werden, dass mit der GeschOBT verfassungsrechtlich abgeleitete Mitwirkungsrechte der Fraktion als Institution des Verfassungslebens betroffen sind; dies gilt etwa für das Recht der Fraktion auf gleichberechtigte Beteiligung in den Ausschüssen des BT.

b) Es muss sich um **Rechte des Antragstellers** handeln. Die Beteiligten können grundsätzlich nur die Verletzung subjektiver verfassungsmäßiger Rechte geltend machen.

Bei der Bundestagsauflösung – **Fall 64** (Rn 745) – machten die einzelnen Bundestagsabgeordneten geltend, es ginge um ihre Stellung als Abgeordnete. Gleiches gilt für den Abgeordneten A im **Fall 66** (Rn 594): der geltend gemachte Missbrauch der Mehrheitsbefugnisse würde eine Verletzung des verfassungsrechtlich verbürgten Abgeordnetenstatus bedeuten. In diesem Verfahren konnte die *Fraktion*, die von der parlamentarischen Beratung ausgeschlossen worden war, auch *eigene Rechte als Fraktion* geltend machen: Verletzung ihres Rechts auf gleichberechtigte Beteiligung am parlamentarischen Entscheidungsprozess.

Darüber hinaus wird den *Fraktionen* des Bundestags auch das Recht zugebilligt, nicht nur *eigene Rechte* – zB Minderheitenschutz –, sondern auch *Rechte* des Verfassungsorgans *Bundestag* in seiner Gesamtheit geltend zu machen[12]; vgl Rn 625 f. Für den einzelnen Abgeordneten gilt dies jedoch nicht[13]. Aus diesem Grund konnte im **Fall 65a** (Rn 592) die oppositionelle X-Fraktion eine Verletzung der Rechte des Bundestags durch die Bundesregierung geltend machen[14]. Es handelt sich hier um einen Fall der **Prozessstandschaft**. Dem einzelnen MdB wird diese Befugnis jedoch *nicht* zugestanden[15].

9 Dazu s. BVerfGE 96, 264, 277.

10 BVerfGE 92, 80, 87; s. auch BVerfGE 103, 81 zur Frage, ob die unterlassene Einleitung eines Bund-Länder-Streits beim BVerfG durch die Bundesregierung eine von einer Fraktion des Bundestags im Organstreitverfahren angreifbare rechtserhebliche Unterlassung in diesem Sinn darstellen kann; s. auch LVerfGMV LKV 2001, 270: unterlassene Überprüfung der 5%-Klausel.

11 BVerfGE 80, 188, 209 ff.

12 Vgl BVerfGE 67, 100, 125.

13 BVerfGE 117, 359, 366 ff.

14 Ebenso bei BVerfGE 68, 1, 69.

15 BVerfGE 70, 324, 352 ff; zur Prozessstandschaft s. *Benda/Klein*, Rn 1027 ff.

c) Die **Rechtsverletzung** muss hinreichend **plausibel geltend gemacht** werden, eine *Gefährdung* genügt bei Unmittelbarkeit.

Der Antrag ist daher unzulässig, wenn *keine Tatsachen* dargetan werden, aus denen sich die behauptete Rechtsverletzung hinreichend plausibel ergibt, aber auch dann, wenn das behauptete Recht unter keinem denkbaren Gesichtspunkt existiert.

(3a) *Rechtsschutzbedürfnis*

Neben der Behauptung einer Rechtsverletzung oder unmittelbaren -gefährdung ist ein gesonder- **763**
tes Rechtsschutzbedürfnis nur zu prüfen, wenn sich für sein Fehlen konkrete Anhaltspunkte ergeben.

Das Rechtsschutzbedürfnis kann zu verneinen sein, wenn der Antragsteller die dargelegte Rechtsverletzung durch eigenes Handeln hätte vermeiden können. Im Fall der Zustimmung der Bundesregierung zur Stationierung von Mittelstreckenraketen wurde geprüft, ob die Fraktion als Antragstellerin etwa einen eigenen Gesetzentwurf hätte einbringen müssen, um der Bundesregierung die Zustimmung zu untersagen. Angesichts der Mehrheitsverhältnisse aber hätte auf diesem Wege der Verfassungsstreit nicht vermieden werden können; die Fraktion konnte also das von ihr mit dem Organstreitverfahren verfolgte Ziel nicht auf näherliegendem Wege erreichen[16].

Zweifel am Rechtsschutzbedürfnis bestanden demgegenüber beim Antrag von Angehörigen der FDP-Fraktion wegen der Entsendung von Bundeswehreinheiten zu NATO-Aktionen im Jugoslawien-Konflikt gegen die Bundesregierung: da die FDP an der Regierung beteiligt war, hätten ihr möglicherweise andere Wege zur Verfügung gestanden, um ihre Auffassung durchzusetzen. Andererseits ist der Bundestag gegenüber der Bundesregierung selbstständiges Verfassungsorgan und Träger eigener Rechte; *diese Rechte* – auf Beteiligung des Parlaments an der Entscheidung – werden durch regierungsinterne Einflussnahme nicht aufgewogen[17].

Im Fall des **Wegfalls der Organeigenschaft** während des Verfahrens (Rn 760), zB bei Mandatsverlust, kann das Erfordernis eines fortbestehenden, objektiven Klarstellungsinteresses auch als eine Frage des Rechtsschutzbedürfnisses für den Antrag gesehen werden und ist dann unter dieser Zulässigkeitsvoraussetzung zu prüfen.

Das Rechtsschutzbedürfnis entfällt grundsätzlich nicht allein dadurch, dass die geltend gemachte **Rechtsverletzung** bereits **abgeschlossen** ist; auch insoweit genügt jedenfalls ein objektives Klarstellungsinteresse[18].

(4) *Form und Frist*

Zum Erfordernis der *Schriftform* vgl § 23 Abs. 1 BVerfGG; zu den Mindestanforderungen an die **764**
Begründung – ordnungsgemäßer Antrag – s. § 64 Abs. 2 BVerfGG: Bezeichnung der Maßnahme und der als verletzt gerügten Bestimmung des Grundgesetzes; zur Antragsfrist s. § 64 Abs. 3 BVerfGG: 6 Monate ab Bekanntwerden der fraglichen Maßnahme oder Unterlassung[19].

Prüfungsumfang und Entscheidungstenor: **765**

Das BVerfG *prüft* die angegriffene Maßnahme an den Normen des GG, soweit Rechte des Antragstellers in Frage stehen.

In seiner *Entscheidung* stellt das BVerfG ggf fest, dass die beanstandete Maßnahme oder Unterlassung gegen eine Bestimmung des Grundgesetzes verstößt, hebt eine verfassungswidrige Maßnahme jedoch nicht auf, erklärt insbesondere auch nicht ein Gesetz für nichtig und verurteilt auch

16 Vgl BVerfGE 68, 1, 77 f.
17 BVerfGE 90, 286, 339.
18 BVerfGE 121, 135, 151 f.
19 Instruktiv BVerfGE 80, 188, 210 und BVerfGE 92, 80, 87.

nicht den Antragsgegner zur Vornahme einer bestimmten Handlung, vgl § 67 S. 1, 2 BVerfGG; daneben kann es im Entscheidungstenor eine entscheidungserhebliche Rechtsfrage verbindlich klären.

766 **Organstreitverfahren und Verfassungsbeschwerde:** Dass es Fälle gibt, in denen der Abgeordnete in seinen parlamentarischen Rechten verletzt ist, gleichwohl aber ein Organstreitverfahren nicht statthaft ist, zeigt BVerfGE 108, 251: Bei der **Durchsuchung des Büros eines Abgeordneten** im Bundestag auf Grund des Durchsuchungsbeschlusses eines ordentlichen Gerichts waren Schriftstücke unter Verletzung des Art. 47 GG beschlagnahmt worden. Ein Antrag im Organstreitverfahren war unzulässig: es fehlte an der passiven Beteiligungsfähigkeit – das Gericht, um dessen Beschluss es ging, ist kein Verfassungsorgan. Hier war für den Abgeordneten, weil er in keinem anderen Verfahren seine Rechte geltend machen konnte, die Verfassungsbeschwerde statthaft. Die Beschwerdebefugnis hierfür ergab sich aus dem grundrechtsgleichen Recht des Art. 38 Abs. 1 Satz 2 GG, das ja in Art. 93 Abs. 1 Nr 4a GG ausdrücklich genannt wird, iVm Art. 47 GG. Der Abgeordnete ist dann „jedermann". Will sich der Abgeordnete aber dagegen wehren, dass der Bundestag nach Art. 46 Abs. 2 GG die Genehmigung für Strafverfolgungsmaßnahmen erteilt hat, ist ein Organstreitverfahren durchzuführen: der Bundestag ist beteiligtenfähig[20].

2. Bund-Länder-Streit, Art. 93 Abs. 1 Nr 3 GG; §§ 13 Nr 7, 68 ff BVerfGG

767 Gegenstand des Bund-Länder-Streits sind Streitigkeiten im Verhältnis von Bund und Ländern um Rechte und Pflichten aus dem Bundesstaatsverhältnis. Dabei kann es sich um Streitigkeiten zwischen Bund und Land, wie auch im Verhältnis von Ländern untereinander (etwa aus dem Prinzip der Bundestreue) handeln[21]. Das Verfahren ist abzugrenzen von verwaltungsrechtlichen Streitigkeiten nichtverfassungsrechtlicher Art zwischen Bund und Ländern oder zwischen einzelnen Ländern. Um solche handelt es sich, wenn geltend gemachte Rechte ihre Grundlage in einem einfachgesetzlich begründeten Rechtsverhältnis haben[22]. Für derartige Streitigkeiten ist gemäß § 50 Abs. 1 Nr 1 VwGO das Bundesverwaltungsgericht erstinstanzlich zuständig.

Zulässigkeitsvoraussetzungen:

(1) *Antragsteller – Antragsgegner*

768 Der Kreis der möglichen Antragsteller und Antragsgegner wird in § 68 BVerfGG abschließend umschrieben: die Bundesregierung für den Bund, die einzelnen Landesregierungen für die Länder. Partei des Verfahrens sind also Bundesregierung bzw Landesregierung; sie treten dabei in Prozessstandschaft für den Bund bzw das Land auf.

(2) *Der Streitgegenstand*

769 Die Zulässigkeitsvoraussetzungen hinsichtlich des Streitgegenstands werden in § 69 iVm § 64 Abs. 1 BVerfGG gegenüber dem Wortlaut des Art. 93 Abs. 1 Nr 3 GG enger gefasst. Während die letztgenannte Bestimmung des GG von bloßen „Meinungsverschiedenheiten" spricht, ergibt sich aus § 64 Abs. 1 BVerfGG, auf den § 69 BVerfGG verweist, das Erfordernis eines Streits um eine *konkrete, rechtserhebliche Maßnahme* des Antragsgegners bzw ein *Unterlassen*.

20 S. dazu den Klausurfall bei *Sachs*, NWVBl 2004, 79; s. ferner *Ohler*, NVwZ 2004, 696.

21 Zu einzelnen Anwendungsfällen etwa *Benda/Klein*, Rn 1067 ff.

22 Vgl zB für einen Streit zwischen Bundesländern aus einem Rundfunk-Staatsvertrag, wo es um die Auslegung einzelner Vertragsbestimmungen ging, BVerwGE 107, 275, 277 f; für einen Streit zwischen Bund und Land über die Erteilung der Aussagegenehmigung für einen Bundesbeamten als Zeugen vor einem Untersuchungsausschuss des Landes (s. Rn 639) s. BVerwGE 109, 258.

Fallbeispiel für ein „Unterlassen“: In **Fall 9** (Rn 103) werden die „Volksbefragungen“ von Gemeinden des Landes L durchgeführt; die Bundesregierung ersucht die Landesregierung L, dagegen im Weg der Rechtsaufsicht einzuschreiten (wozu nur das Land und nicht der Bund befugt ist). Die Landesregierung weigert sich. Hierin kann ein Verstoß gegen das Gebot der Bundestreue und damit ein qualifiziertes, rechtserhebliches Unterlassen liegen. Demgegenüber handelt es sich bei der Durchführung der Volksbefragung durch das Bundesland selbst um eine rechtserhebliche *Maßnahme*.

Rechtserheblich ist eine Maßnahme stets dann, wenn sie geeignet ist, in den Rechtskreis eines der Beteiligten einzugreifen[23]. **Fallbeispiel:** Im vorgenannten Ausgangsfall greift das Verhalten des Landes in die Zuständigkeiten des Bundes im Rahmen seiner Gesetzgebungsbefugnisse ein.

Die dergestalt im BVerfGG vorgenommene Einengung einer Prozessvoraussetzung wird als zulässige Konkretisierung der Verfassungsnorm durch den Gesetzgeber gewertet[24].

Um eine in diesem Sinn rechtserhebliche Maßnahme muss ein *Streit* im Verhältnis der Beteiligten gegeben sein. Dies ist dann der Fall, wenn der Antragsteller eine Verletzung seiner Rechte durch die fragliche Maßnahme gegeben sieht, auf Grund einer korrespondierenden Pflichtverletzung durch den Antragsgegner. Der Streit muss sich beziehen auf *Rechte und Pflichten aus dem Grundgesetz*. Hierbei kommen auch ungeschriebene Verfassungsgrundsätze in Betracht, insbesondere der Grundsatz der Bundestreue (s. das vorgehend genannte **Fallbeispiel**). Diese Rechte und Pflichten müssen den Parteien übertragen sein: der Streit muss also seine Grundlage im Bundesstaatsverhältnis haben. Die bloße Berufung auf *sonstiges Verfassungsrecht* genügt *nicht*. Auch diese Voraussetzung darf jedoch nicht zu eng gesehen werden. So lässt auch die Verletzung sonstigen Verfassungsrechts eine Verfassungsstreitigkeit dann zum Bund-Länder-Streit werden, wenn hierdurch das Bund-Länder-Verhältnis maßgeblich ausgestaltet wird.

Fallbeispiel: In den **Fällen 48, 51** (Rn 462, 483) – *Fernsehstreit* – ließ angesichts der Bedeutung der Rundfunkordnung für das bundesstaatliche Kompetenzgefüge auch die mögliche Verletzung des Art. 5 Abs. 1 GG den Streit zum Bund-Länder-Streit werden[25].

Ergänzend ist anzumerken, dass auch im Verfahren nach Art. 93 Abs. 1 Nr 3 GG der Erlass bzw die Vorbereitung einer Norm (wenn bereits rechtserhebliche Schritte im Gesetzgebungsverfahren eingeleitet sind) eine rechtserhebliche Maßnahme im dargelegten Sinn darstellen können.

(3) *Antragsbefugnis*

Der Antragsteller muss eine Verletzung in *eigenen*, ihm durch das Grundgesetz übertragenen **770**
Rechten plausibel geltend machen bzw wiederum – wie im Organstreitverfahren, vgl § 69 BVerfGG iVm § 64 Abs. 1 BVerfGG – eine unmittelbare Gefährdung; es muss sich um Rechte *aus dem Bundesstaatsverhältnis* handeln (also im vorstehend unter [2] dargelegten Sinn).

(4) *Form und Frist*

§ 69 BVerfGG verweist auch insoweit auf § 64 BVerfGG; es gilt das vorstehend zum Organstreit- **771**
verfahren Ausgeführte.

Prüfungsumfang und Entscheidungstenor:

Das BVerfG prüft die angegriffene Maßnahme an den Normen des GG, soweit Rechte des Antragstellers in Frage stehen. Dabei werden jedoch, wie dargelegt, auch sonstige Verfassungsnormen in die Prüfung einbezogen, soweit sie für das Bund-Länder-Verhältnis von Bedeutung sind.

Fallbeispiel: Fernsehstreit – Art. 5 GG, Rn 480.

Das BVerfG *stellt* ggf eine Rechtsverletzung *fest*, § 69 BVerfGG iVm § 67.

---

23 Dies fordern wohl auch *Hillgruber/Goos*, Rn 432, die auf das Kriterium der Rechtserheblichkeit verzichten wollen.

24 Vgl *Maunz*, in: Maunz/Schmidt-Bleibtreu/Klein/Bethge, BVerfGG, § 68 Rn 1.

25 *Pestalozza*, § 9 I 4.

3. Sonstige föderale Streitigkeiten, Art. 93 Abs. 1 Nr 4 GG; §§ 13 Nr 8, 71, 72 BVerfGG

772 Von nur geringer praktischer Bedeutung sind die sonstigen föderalen Streitigkeiten nach Art. 93 Abs. 1 Nr 4 GG, insbesondere auf Grund der Subsidiaritätsklausel in Art. 93 Abs. 1 Nr 4, 2. HS GG.

In der *1. Variante* betrifft Art. 93 Abs. 1 Nr 4 GG Bund-Länder-Streitigkeiten. Handelt es sich hierbei jedoch um verwaltungsrechtliche Streitigkeiten (etwa aus Verwaltungsabkommen), ist die Zuständigkeit des BVerwG gegeben; geht es um Rechte und Pflichten *aus dem Grundgesetz*, greift Art. 93 Abs. 1 Nr 3 GG ein. Staatsverträge zwischen Bund und Ländern – theoretisch als Fall der Nr 4 denkbar – werden in aller Regel grundgesetzlich geregelte Rechte und Pflichten betreffen.

Praktisch bedeutsam könnte die *2. Variante* von Art. 93 Abs. 1 Nr 4 GG werden: Streitigkeiten *zwischen den Bundesländern*. Erforderlich ist hier jedoch, dass es sich um *verfassungsrechtliche* Streitigkeiten handelt, da für verwaltungsrechtliche Streitigkeiten das BVerwG zuständig ist.

Fallbeispiel: Im Streit um den Staatsvertrag über die Vergabe von Studienplätzen nahm das BVerwG eine verwaltungsrechtliche Streitigkeit an, ausgehend von der *Rechtsnatur des Vertrags*, der sich auf Materien des Verwaltungsrechts bezog. Andererseits ging es in dem Verfahren um die Frage, ob das Land aus Gründen der *Bundestreue* die Entscheidung des Landesverfassungsgerichts über die Verfassungswidrigkeit des den Vertrag in Landesrecht transformierenden Landesgesetzes außer Acht lassen musste. Dies dürfte eine verfassungsrechtliche Frage sein[26].

773 Kommt also als Anwendungsfall für *Länder-Streitigkeiten* nach Art. 93 Abs. 1 Nr 4, 2. Variante GG der Streit um die Anwendung von Verträgen der Länder untereinander in Betracht, so ist doch zunächst im Hinblick auf die nur *subsidiäre Zuständigkeit* des BVerfG die Rechtsnatur derartiger Verträge zu prüfen: Es muss sich um *verfassungsrechtliche* Verträge handeln.

Beispiel: Staatsvertrag zwischen dem früheren Freistaat Coburg und dem Freistaat Bayern über den staatlichen Zusammenschluss: verfassungsrechtlicher Vertrag[27].

Für *Streitigkeiten innerhalb eines Landes*, Art. 93 Abs. 1 Nr 4, 3. Variante GG, ist regelmäßig der Weg zu den Landesverfassungsgerichten eröffnet[28].

Zur *Subsidiarität* dieses Verfahrens s. auch den instruktiven Fall bei BVerfGE 66, 107: auch wenn durch den Landesverband einer Partei eine Verletzung des Art. 21 GG durch die Exekutive geltend gemacht wird, liegt eine Streitigkeit innerhalb eines Landes vor. Der verfassungsrechtliche Status des Art. 21 GG kommt Parteien auch nach der Verfassungsordnung der Länder zu. Für die dann gegebene landesverfassungsrechtliche Streitigkeit ist das Organstreitverfahren zum Landesverfassungsgericht eröffnet. Die Subsidiarität des Verfahrens nach Art. 93 Abs. 1 Nr 4 GG greift ein, wenn der konkrete Antragsteller ein Verfahren vor dem Landesverfassungsgericht einleiten könnte.

4. Die abstrakte Normenkontrolle, Art. 93 Abs. 1 Nr 2 GG; §§ 13 Nr 6, 76 ff BVerfGG

774 Dem BVerfG obliegt die Kontrolle auch der gesetzgebenden Gewalt. Sie erfolgt aus Anlass konkreter Rechtsstreitigkeiten, wenn die Verfassungswidrigkeit einer Norm

26 Vgl *Pestalozza*, § 10 I 1 b gegen BVerwGE 50, 124; 50, 137; ebenso BVerfGE 42, 103, 117 f.
27 BVerfGE 22, 221; s. auch BVerfGE 34, 216; 38, 231.
28 Näher *Pestalozza*, § 11.

bei ihrer Anwendung geltend gemacht wird, also im Verfahren der Verfassungsbeschwerde vom normbetroffenen Bürger, wie auch sonst in gerichtlichen Verfahren, wenn es hierbei auf die Gültigkeit der Norm ankommt. Unabhängig davon aber kann auf Antrag bestimmter staatlicher Organe – Bundesregierung, Landesregierung, Bundestag – eine Norm jederzeit zu verfassungsgerichtlicher Überprüfung gebracht werden, im Verfahren der abstrakten – weil von einem konkreten Anwendungsfall losgelösten – Normenkontrolle.

Zulässigkeitsvoraussetzungen:

(1) *Antragsberechtigung*

Der Kreis der Antragsberechtigten ist in Art. 93 Abs. 1 Nr 2 GG abschließend benannt. § 76 **775**
Abs. 1 BVerfGG nimmt hierauf Bezug. Für die dritte Alternative – ein Viertel der Mitglieder des Bundestags – ist klarstellend anzumerken, dass der Antrag *von den Abgeordneten* zu stellen ist, also *nicht* etwa von einer *Fraktion*. Im Verfahren nach Art. 93 Abs. 1 Nr 2a sind abweichend hiervon Bundesrat, die Landesregierungen und – dies ist eine Besonderheit – die Länderparlamente antragsberechtigt, Rn 782. Die Neufassung des Art. 93 Abs. 1 Nr 2 GG durch das Gesetz zur Änderung des Grundgesetzes vom 8. Oktober 2008 (BGBl I S. 1926), dessen Inkrafttreten bis zu dem des Vertrags von Lissabon hinausgeschoben ist, sieht vor, dass bereits ein Viertel der Mitglieder des Bundestags den Antrag stellen kann. Damit werden Minderheitenrechte insbesondere unter den Vorzeichen einer „großen Koalition" gestärkt. Denn wenn die Regierungsfraktionen über eine Zwei-Drittel-Mehrheit verfügen und in allen Landesregierungen zumindest eine der Regierungsparteien vertreten ist, sind bisher Normenkontrollanträge gegen den Willen der Regierungsparteien politisch nicht durchsetzbar.

(2) *Prüfungsgegenstand*

Prüfungsgegenstand ist *jede Rechtsnorm, Bundesrecht* wie *Landesrecht*, auch *untergesetzliches* **776**
Recht sowie *Verfassungsrecht*. **Sekundäres Unionsrecht** ist nicht geeigneter Prüfungsgegenstand; es wird nicht von Organen erlassen, die unter der Geltung des Grundgesetzes stehen. Innerstaatliches Recht, das in Umsetzung sekundären Unionsrechts ergeht, unterliegt jedoch der Kontrolle durch das BVerfG. – Zur Überprüfung von Gesetzen, die der Umsetzung von Richtlinien dienen, s. Rn 779.

Erst nach Abschluss des Gesetzgebungsverfahrens, also *nach Ausfertigung und Verkündung*, kann der Antrag auf Normenkontrolle gestellt werden, wohl aber *vor Inkrafttreten der Norm*.

Ausnahme: Zustimmungsgesetze zu völkerrechtlichen Verträgen können bereits vor ihrer Ausfertigung und Verkündung überprüft werden; ist das Zustimmungsgesetz wirksam geworden, der Vertrag – durch Austausch der Ratifikationsurkunden – in Kraft getreten, ändert die nachträgliche Nichtigerklärung des Zustimmungsgesetzes bei *völkerrechtlichen Verträgen* nichts an der vertraglichen Bindung; s. dazu **Klausurenband II Fall 9**.

(3) *„Meinungsverschiedenheiten oder Zweifel"*

§ 76 Abs. 1 BVerfGG engt die Zulässigkeitsvoraussetzungen gegenüber Art. 93 Abs. 1 Nr 2 GG **777**
ein: nach § 76 Abs. 1 BVerfGG ist erforderlich, dass einer der Antragsberechtigten die Norm *für nichtig hält* oder aber im Fall einer Nichtanwendung durch die in Nr 2 genannten Stellen für gültig. Ob durch einfaches Gesetz eine derartige Einschränkung vorgenommen werden durfte, ist zweifelhaft; ein unmittelbarer Rückgriff auf die Verfassungsnorm des Art. 93 Abs. 1 Nr 2 GG soll jedenfalls nicht ausgeschlossen sein[29]. Meinungsverschiedenheiten und Zweifel iSv Art. 93

29 *Benda/Klein*, Rn 703; *Geis/Schmidt*, JuS 2012, 121, 122.

Abs. 1 Nr 2 GG, § 76 BVerfGG müssen ihre Grundlage *im Bundesrecht* haben, der Antragsteller muss also darlegen, dass er die Norm wegen Unvereinbarkeit mit Bundesrecht für nichtig hält.

(4) *Klarstellungsinteresse*

778 Eine besondere Antragsbefugnis ist nicht erforderlich; der Antragsteller muss also *nicht* darlegen, in seinen Rechten oder Interessen betroffen zu sein. Daher kann auch Landesrecht durch die Landesregierung eines anderen Bundeslandes zu verfassungsgerichtlicher Kontrolle gebracht werden. Erforderlich ist ein *objektives Klarstellungsinteresse*, das aber nur ausnahmsweise verneint wird.

Ein Klarstellungsinteresse kann im Übrigen dann entfallen, wenn bereits eine verfassungsrechtliche Entscheidung vorliegt.

Die Möglichkeit *landesverfassungsrechtlicher* Rechtsbehelfe berührt das Klarstellungsinteresse jedoch nicht, da das Landesverfassungsgericht grundsätzlich nur die Vereinbarkeit einer Norm mit Landes(verfassungs-)recht prüft, das BVerfG nur die Vereinbarkeit mit Bundesrecht – wie ja generell Bundes- und Landesverfassungsgerichtsbarkeit selbstständig und voneinander unabhängig sind. Hat jedoch das *Landesverfassungsgericht* eine *Norm* wegen Unvereinbarkeit mit der Landesverfassung bereits *für nichtig erklärt*, so fehlt es bereits an einem geeigneten Prüfungsgegenstand für die abstrakte Normenkontrolle, die dann aus diesem Grund unzulässig, da gegenstandslos ist.

(5) Zur *Schriftform* s. § 23 Abs. 1 BVerfGG; der Antrag ist *nicht fristgebunden*.

779 **Prüfungsmaßstab:** Das BVerfG prüft die angegriffene Norm **umfassend** am Grundgesetz bzw, falls es sich um untergesetzliches Bundesrecht bzw Landesrecht handelt, am sonstigen Bundesrecht. – Zur Überprüfung **gemeinschaftsrechtlich/unionsrechtlich veranlassten** innerstaatlichen Rechts s Rn 258 ff.

780 **Zum Inhalt der Entscheidung:** Bejaht das BVerfG einen Verfassungsverstoß, so erklärt es gemäß § 78 S. 1 BVerfGG das Gesetz für **nichtig**; eine Teilnichtigerklärung kommt dann in Betracht, wenn nur einzelne Bestimmungen nichtig sind, das Gesetz im Übrigen noch in sich sinnvoll ist, während andererseits gemäß § 78 S. 2 BVerfGG auch weitere, nicht ausdrücklich angegriffene Bestimmungen des den Gegenstand der Normenkontrolle bildenden Gesetzes für nichtig erklärt werden können, wenn der Nichtigkeitsgrund der Gleiche ist. Zu den *Wirkungen der Entscheidung* s. § 79 BVerfGG. Im *Tenor* stellt das BVerfG den Verfassungsverstoß fest und erklärt das Gesetz für nichtig; unter bestimmten Voraussetzungen beschränkt es sich auf die **Feststellung des Verfassungsverstoßes** (Rn 804 ff). Die Nichtigerklärung wirkt **ex tunc:** Das verfassungswidrige Gesetz ist als **von Anfang an nichtig** anzusehen. Gleichwohl bleiben auf Grund des Gesetzes ergangene Hoheitsakte nach § 79 Abs. 2 S. 1 BVerfGG grundsätzlich in Kraft, die Vollstreckung hieraus ist jedoch unzulässig, Abs. 2 S. 2. Bei Strafurteilen ist Wiederaufnahme möglich, § 79 Abs. 1 BVerfGG. Die Entscheidung des BVerfG wirkt **inter omnes**, § 31 Abs. 1 BVerfGG, und hat **Gesetzeskraft**, § 31 Abs. 2 BVerfGG.

Hält das BVerfG das Gesetz für gültig, so stellt es auch dies im Tenor ausdrücklich fest; ein neuer Antrag wird nur dann zulässig, wenn sich die Lebensverhältnisse oder die allgemeine Rechtsauffassung geändert haben; andernfalls fehlt es am Klarstellungsinteresse.

5. Die abstrakte Normenkontrolle nach Art. 93 Abs. 1 Nr 2a GG; §§ 13 Nr 6a, 76 ff BVerfGG

Art. 93 Abs. 1 Nr 2a GG sieht eine **zusätzliche** Möglichkeit der **abstrakten Normenkontrolle** speziell für die Überprüfung der Voraussetzungen des Art. 72 Abs. 2 GG, also der Erforderlichkeit eines (Bundes-)Gesetzes bei konkurrierender Gesetzgebungsbefugnis vor. **781**

Zulässigkeitsvoraussetzungen:

(1) *Antragsberechtigung*

Abweichend von Nr 2 nur: Bundesrat, Landesregierung, Landesparlament.

(2) *Prüfungsgegenstand*

Nach Systematik und Zielsetzung der Norm nur (formelle) Bundesgesetze: nur für sie gelten die Voraussetzungen des Art. 72 Abs. 2 GG.

(3) *„Meinungsverschiedenheiten"*

Diese müssen sich auf die Voraussetzungen des Art. 72 Abs. 2 GG beziehen.

(4) *Klarstellungsinteresse* und (5) *Form:* wie bei 4.

Prüfungsmaßstab: nur Art. 72 Abs. 2 GG.

Im Verhältnis zu Art. 93 Abs. 1 Nr 2 GG stellt Nr 2a ein zusätzliches Verfahren für die dort genannten Antragsberechtigten bereit. Sie können das Fehlen der Voraussetzungen nach Art. 72 Abs. 2 GG, vgl § 76 Abs. 2, 2. HS BVerfGG, in diesem Verfahren geltend machen. Die in beiden Verfahren antragsberechtigten Landesregierungen können demgegenüber im Verfahren nach Nr 2 weitere Nichtigkeitsgründe geltend machen. Die zusätzliche Normenkontrolle nach Art. 93 Abs. 1 Nr 2a GG wird also vor allem für den Bundesrat und die Landesparlamente bedeutsam. **782**

6. Feststellung der Ersetzbarkeit von Bundesrecht, Art. 93 Abs. 2 GG; §§ 13 Nr 6b, 97 BVerfGG

Ein neuartiges Verfahren wird durch die Föderalismusreform 2006 mit Art. 93 Abs. 2 GG nF, §§ 13 Nr 6b, 97 BVerfGG eröffnet. Bundesrecht im Bereich der konkurrierenden Gesetzgebung, das auf Grund des Art. 72 Abs. 2 GG in der bis zum 15.11.1994 geltenden Fassung erlassen worden war und wegen der Verschärfung der Voraussetzungen des Art. 72 Abs. 2 GG nicht neu erlassen werden könnte, kann nach Art. 125a Abs. 2 GG durch Landesrecht **ersetzt** werden. Gleiches gilt, wenn die Erforderlichkeit nach Art. 72 Abs. 2 GG später fortgefallen ist, Art. 72 Abs. 4 GG. (Rn 189 f). Voraussetzung ist in beiden Fällen, dass der Bund dies durch Gesetz bestimmt. Erlässt der Bund dieses **Freigabegesetz** nicht, so kann das BVerfG angerufen werden. **Antragsberechtigt** sind wie im Verfahren nach Art. 93 Abs. 1 Nr 2a GG: Bundesrat, Landesregierungen, Landesparlamente. Die Antragsteller müssen im Rahmen der **Antragsbefugnis** geltend machen, dass die Voraussetzungen des Art. 72 Abs. 2 GG weggefallen sind bzw dass das Bundesrecht nach Art. 125a Abs. 2 GG nicht neu erlassen werden könnte. Es muss ein besonderes **Rechtsschutzbedürfnis** bestehen: nach **783**

Art. 93 Abs. 2 GG setzt der Feststellungsantrag voraus, dass eine Gesetzesvorlage nach Art. 72 Abs. 4 GG bzw nach Art. 125a Abs. 2 S. 2 GG gescheitert ist. Sind die Voraussetzungen nach Art. 72 Abs. 4 GG bzw nach Art. 125a Abs. 2 S. 2 GG gegeben, so ergeht eine **feststellende Entscheidung** des BVerfG. Diese ersetzt mit unmittelbarer Wirkung ein entsprechendes Bundesgesetz.

7. Die konkrete Normenkontrolle (Richtervorlage), Art. 100 Abs. 1 GG; §§ 13 Nr 11, 80 ff BVerfGG

784 Eine verfassungswidrige Norm ist nichtig, darf also nicht angewandt werden. Dies gilt für formelle Gesetze gleichermaßen wie für untergesetzliches Recht, gilt für Gerichte grundsätzlich in gleicher Weise wie für Behörden. Sie sind also nicht nur berechtigt, sondern verpflichtet, sich der Verfassungskonformität des von ihnen anzuwendenden Rechts zu vergewissern (sofern sich Zweifel hieran ergeben). Dies bedeutet jedoch nicht, dass sie jede für verfassungswidrig gehaltene Norm außer Acht lassen, *„verwerfen"* dürften. Dies würde nicht nur zu erheblicher Rechtsunsicherheit führen, sondern bei formellen, vom Parlament beschlossenen Gesetzen auch bedeuten, dass einzelne Gerichte oder Behörden eine vom demokratisch legitimierten Gesetzgeber getroffene Entscheidung missachten könnten. Aus diesem Grund ist die **Verwerfungskompetenz für formelle Gesetze beim BVerfG konzentriert**, muss der **Richter**, wenn er das Gesetz für verfassungswidrig hält, die Entscheidung des BVerfG im Wege der **konkreten Normenkontrolle** (konkret, da aus Anlass eines konkreten Rechtsstreits) einholen, Art. 100 Abs. 1 GG[30].

Dies gilt nicht für die *Exekutive*: Hält hier die das Gesetz anwendende Behörde dieses für verfassungswidrig, so ist im Wege der *Remonstration* die Entscheidung der Exekutivspitze – also der Regierung bzw des zuständigen Fachministers einzuholen; die Regierung *kann* dann ein Normenkontrollverfahren nach Art. 93 Abs. 1 Nr 2 GG einleiten.

Dieses Entscheidungsmonopol des BVerfG gilt nur für *formelle* Gesetze; für untergesetzliches Recht hat das einzelne Fachgericht auch die **Verwerfungskompetenz**, dh es ist befugt, die Vorschrift als verfassungswidrig *nicht* anzuwenden (und hierzu auch verpflichtet).

Zulässigkeitsvoraussetzungen:

(1) *Vorlageberechtigung*

785 Den Antrag nach Art. 100 Abs. 1 GG können nur **Gerichte** stellen; dies können auch Landesverfassungsgerichte sein.

(2) *Gegenstand des Verfahrens*

Nur *formelle Gesetze* (Rn 137 ff): nur bei ihnen schließt die Entscheidung des demokratisch legitimierten Gesetzgebers eine Verwerfungskompetenz des Fachgerichts aus.

Aus eben diesem Gesichtspunkt folgt eine weitere, wesentliche Einschränkung für den Gegenstand des Verfahrens: nur für **nachkonstitutionelle** *Gesetze* besteht das Verwerfungsmonopol des BVerfG – die Nichtanwendung eines *vor* Inkrafttreten des GG erlassenen Gesetzes bedeutet keine Missachtung des demokratisch legitimierten Gesetzgebers nach dem Grundgesetz. Als nachkonstitutionell anzusehen ist ein Gesetz jedoch bereits dann, wenn es der nachkonstitutionelle Gesetzgeber *„in seinen Willen aufgenommen"* hat, wenn er also bekundet hat, dass das vor Inkraft-

30 Zur konkreten Normenkontrolle näher *Wernsmann*, Jura 2005, 328.

treten des Grundgesetzes ergangene Gesetz weiterhin zur Anwendung kommen soll. Dies kann etwa dann der Fall sein, wenn das vorkonstitutionelle Gesetz maßgeblich geändert wird und die geänderten mit den unveränderten Bestimmungen in sachlich engem Zusammenhang stehen, während die bloße Tatsache der Änderung einzelner Bestimmungen noch nicht ausreicht[31]. Es muss anhand objektiver Kriterien deutlich werden, dass der Gesetzgeber das geänderte Gesetz insgesamt für gültig hält. Aufnahme in den Willen des Gesetzgebers liegt vor bei Neuverkündung im BGBl, bei *ausdrücklicher Verweisung* auf das Altrecht in einem nachkonstitutionellen Gesetz, aber auch bei *engem sachlichem* Zusammenhang eines nachkonstitutionellen zu einem vorkonstitutionellen Gesetz[32].

Bei umfangreicheren vorkonstitutionellen Gesetzen wie zB dem BGB bedeuten auch wiederholte Änderungen nicht, dass der Gesetzgeber jede einzelne der unverändert gebliebenen Vorschriften „in seinen Willen aufgenommen" hat[33].

Eine im Ansatz vergleichbare *Einschränkung* besteht für das Verhältnis von *Landesrecht und Bundesrecht:* Landesgesetze sind dann im Wege der konkreten Normenkontrolle dem BVerfG vorzulegen, wenn das Gericht sie im Widerspruch auch zu sonstigem Bundesrecht sieht. Sind nun die maßgeblichen Normen des Bundesrechts erst *nach Inkrafttreten des Landesgesetzes* erlassen worden, so konnte der Landesgesetzgeber sie nicht berücksichtigen. Das Landesgesetz in diesem Fall nicht anzuwenden (fordert Art. 31 GG als hier maßgebliche Kollisionsregel), bedeutet also keine „Missachtung" des Landesgesetzgebers. Wohl aber liegt eine solche Missachtung vor, wenn ein Landesgesetz nicht angewandt wird, bei dessen Erlass die als verletzt gesehene Norm des Bundesrechts bereits vorgelegen hatte – sie musste auch der Landesgesetzgeber sehen und berücksichtigen.

Dies bedeutet im Ergebnis, dass **Landesgesetze** *nur* dann vorzulegen sind, wenn sie *nach Erlass* des nach Auffassung des Gerichts ihre Nichtigkeit begründenden *Bundesrechts* erlassen worden sind; zu EU-Recht s. Rn 258 ff. Hier gilt das Gleiche wie zur abstrakten Normenkontrolle; sekundäres Unionsrecht, aber auch Vorschriften des nationalen Rechts, die der Umsetzung einer Richtlinie ohne Umsetzungsspielraum dienen, sind kein zulässiger Vorlagegegenstand. Nach Art. 9 Abs. 2 EV fortgeltendes DDR-Recht wird als vorkonstitutionelles Recht behandelt[34].

(3) *Überzeugung des Gerichts von der Nichtigkeit des Gesetzes*

Das vorlegende Gericht muss *überzeugt* sein von der Nichtigkeit der vorzulegenden Norm, Zweifel genügen nicht. Die Überzeugung des Gerichts muss sich zudem auf einen *Nichtigkeitsgrund* iSv Art. 100 Abs. 1 GG beziehen, bei Landesrecht also auf einen Verstoß gegen früher ergangenes Bundesrecht (s. vorstehend Rn 785). Sieht das vorlegende Gericht die Möglichkeit einer verfassungskonformen Auslegung, hat es diese zugrundezulegen, auch dann, wenn es hierdurch von der Auffassung eines Obergerichts abweicht[35]. Dabei muss das Gericht in seinem *Vorlagebeschluss* darlegen, dass es das Gesetz *für nichtig hält,* darf sich also nicht darauf beschränken, mögliche Nichtigkeitsgründe ohne Darlegung der eigenen Auffassung aufzuzeigen. Liegt jedoch bereits eine Entscheidung des BVerfG hinsichtlich der Gültigkeit der Norm vor, so ist das vorlegende Gericht gemäß § 31 Abs. 1 BVerfGG hieran gebunden, ist seine Überzeugung unmaßgeblich. **786**

(4) *Entscheidungserheblichkeit der Norm*

Nur dann *darf* das Gericht die Verfassungsmäßigkeit des Gesetzes zur Überprüfung durch das BVerfG bringen, wenn es hierauf für seine Entscheidung ankommt, wenn also die Entscheidung **787**

31 Vgl näher *Benda/Klein*, Rn 784 ff.
32 BVerfGE 45, 187, 221 f; 48, 396, 399 – weitere Nw der Rspr bei *Pestalozza*, § 13 II 3 c cc; *Benda/Klein*, Rn 784 ff.
33 Vgl für den Deliktstatbestand des § 828 Abs. 2 BGB BVerfG JZ 1999, 251.
34 BVerfGE 97, 117, 122 ff.
35 BVerfGE 80, 54, 58 f.

bei Gültigkeit der Norm anders ausfallen würde als bei Ungültigkeit[36]. Auch dies hat das Gericht in seinem Vorlagebeschluss *darzulegen*. Dabei beachtet das BVerfG grundsätzlich die Rechtsauffassung des Fachgerichts, sofern diese *nicht offensichtlich unhaltbar* ist. Die Auslegung des im konkreten Streitfall anzuwendenden einfachen Rechts ist Sache des Fachgerichts, nicht des BVerfG.

Entscheidung ist dabei „jede gerichtliche Maßnahme", die ein gerichtliches Verfahren oder einen Teil davon endgültig oder vorläufig beendet[37]. Dies sind insbesondere Urteile, Beschlüsse, die an die Stelle von Urteilen treten, auch etwa Beschwerdeentscheidungen, Entscheidungen über die Zulassung von Rechtsmitteln ua. In Ausnahmefällen kann bei wesentlicher Bedeutung für die weitere Ausgestaltung des Verfahrens eine Vorlage zum BVerfG auch bei *Zwischenentscheidungen* in Betracht kommen[38].

Keine Entscheidungen iSv Art. 100 Abs. 1 GG sind Maßnahmen, die die endgültige Entscheidung erst vorbereiten, also insbesondere *Beweisbeschlüsse*. Ist bei Gültigkeit der Norm eine Beweiserhebung erforderlich, während bei Ungültigkeit sogleich ein Endurteil erlassen werden könnte, so hat gleichwohl zunächst ein Beweisbeschluss zu ergehen. Erst nach Durchführung der Beweisaufnahme kann beurteilt werden, ob eine Klage in jedem Fall oder nur bei Ungültigkeit der fraglichen Norm abzuweisen ist.

Eine **Ausnahme** hiervon hat BVerfG in seiner *Kalkar-Entscheidung*[39] zugelassen: Es ging hier um die Gültigkeit von § 7 AtG aF als Ermächtigungsgrundlage für die Genehmigung eines Kernkraftwerks. Der Anfechtungsklage gegen die Genehmigung hätte das Gericht bei Nichtigkeit der Norm – von der es überzeugt war – stattgeben müssen, bei Gültigkeit der Norm musste zunächst eine umfangreiche, sehr langwierige Beweisaufnahme über die Sicherheit der Anlage durchgeführt werden. Die grundsätzliche Bedeutung der Vorlagefrage für das Allgemeinwohl und ihre besondere Dringlichkeit rechtfertigten hier, so das BVerfG, die sofortige Vorlage.

Ausreichend ist *mittelbare Entscheidungserheblichkeit* einer Norm, wenn es sich etwa um eine Ermächtigungsnorm handelt. **Beispiel:** Ein Gericht hält eine unmittelbar entscheidungserhebliche Rechtsverordnung für nichtig, da es von der Verfassungswidrigkeit der Ermächtigungsgrundlage – also eines formellen Gesetzes – überzeugt ist. Das ermächtigende Gesetz ist vorzulegen[40].

Entscheidungserheblichkeit ist, wie dargelegt, dann gegeben, wenn das Gericht je nach Gültigkeit der Norm unterschiedliche Entscheidungen zu treffen hat. Hierfür kommt es nicht allein auf den Entscheidungs*tenor* an: auch die Abweisung einer Klage als *unbegründet* ist im Hinblick auf die Rechtskraftwirkung gegenüber der Abweisung als *unzulässig* eine *„andere" Entscheidung.*

(5) *Form des Antrags*

788 Das vorlegende Gericht entscheidet durch Beschluss über die Aussetzung des Verfahrens und die Vorlage zum BVerfG; ein *Antrag* der Prozessparteien ist gemäß § 80 Abs. 3 BVerfGG *nicht erforderlich*, wirkt lediglich als Anregung an das Gericht, die Frage der Verfassungsmäßigkeit zu prüfen. Nimmt das Gericht von einer Vorlage Abstand, hat die Prozesspartei keine Rechtsmittel hiergegen, ist vielmehr ggf darauf verwiesen, die Verfassungswidrigkeit der Norm im Wege der Verfassungsbeschwerde gegen das auf die Norm gestützte letztinstanzliche Urteil geltend zu machen.

In der *Begründung des Vorlagebeschlusses* ist die Überzeugung des vorlegenden Gerichts von der Verfassungswidrigkeit der Norm und deren Entscheidungserheblichkeit darzulegen.

---

36 Näher etwa BVerfGE 80, 96, 101.
37 Vgl *Erichsen*, Jura 1982, 88, 92; *Stern*, BonnK, Art. 100, Rn 157.
38 Vgl BVerfGE 63, 1, 21 ff.
39 BVerfGE 49, 89, 124 iVm BVerfGE 47, 146, 147.
40 Vgl hierzu und zu weiteren Ausnahmen von der Entscheidungserheblichkeit *Pestalozza*, § 13 II 6 a (2); dort auch zu der schwer nachvollziehbaren Rspr des BayVerfGH zur Vorfragenkompetenz.

Wenn es in einem gerichtlichen Verfahren auf die Gültigkeit einer Norm des sekundären **Unionsrechts** ankommt, hat das Gericht zunächst die Vorabentscheidung des EuGH einzuholen (Rn 258). Falls dieser die Gültigkeit bejaht, das Gericht aber gleichwohl von ihrer Ungültigkeit wegen Verletzung des nach Art. 23 GG unabdingbaren grundrechtlichen Mindeststandards bzw wegen Überschreitung der Gemeinschaftskompetenzen (Ausbrechen aus dem „Integrationsprogramm" der Verträge) überzeugt ist, kommt eine Vorlage zum BVerfG nach Art. 100 Abs. 1 GG (in entsprechender Anwendung) in Betracht. Demgegenüber ist das in Umsetzung einer EU-Richtlinie ergangene innerstaatliche Gesetz geeigneter Gegenstand eines Normenkontrollverfahrens. Dabei hängt die Kontrolldichte davon ab, welchen Spielraum die Richtlinie dem Gesetzgeber in der Umsetzung belässt (Rn 259), abgesehen von den nach Art. 23 GG unverzichtbaren Standards (Rn 255)[41]. **789**

Das BVerfG prüft die ihm nach Art. 100 Abs. 1 GG zur Prüfung vorgelegte Norm umfassend am Grundgesetz, Landesgesetze auch an sonstigem Bundesrecht, ohne hierbei an die vom vorlegenden Gericht geltend gemachten Nichtigkeitsgründe gebunden zu sein. In seiner Entscheidung stellt es ggf die Unvereinbarkeit des Gesetzes mit dem Grundgesetz bzw sonstigem Bundesrecht fest und *erklärt es für nichtig*, § 82 Abs. 1 BVerfGG verweist diesbezüglich auf § 78 BVerfGG. Die Entscheidung wirkt, wie im Verfahren der abstrakten Normenkontrolle, **inter omnes** und hat **Gesetzeskraft**, § 31 BVerfGG; für die Wirkung der Entscheidung verweist § 82 Abs. 1 BVerfGG auf § 79 BVerfGG. Zur Möglichkeit der bloßen Feststellung des Verfassungsverstoßes – unter Verzicht auf Nichtigerklärung – s. Rn 804 ff. **790**

8. Verfassungsbeschwerden

Die in der Praxis wohl bedeutsamste Verfahrensart ist die Verfassungsbeschwerde nach Art. 93 Abs. 1 Nr 4a GG, § 13 Nr 8a, 90 ff BVerfGG. Sie dient dem Schutz der Grundrechte sowie weiterer „grundrechtsgleicher Rechte" wie zB des Rechts auf Gehör nach Art. 103 Abs. 1 GG und des Rechts auf den gesetzlichen Richter nach Art. 101 Abs. 1 S. 2 GG. Da diese Rechte hier behandelt werden und auch die staatsbürgerlichen Rechte nach Art. 38 Abs. 1 S. 1 GG sowie unter bestimmten Voraussetzungen die Rechte der politischen Parteien nach Art. 21 Abs. 1 GG (iVm Art. 3 Abs. 1 GG) im Rahmen einer Verfassungsbeschwerde geltend gemacht werden können, sollen hier die wichtigsten Zulässigkeitsvoraussetzungen[42] benannt werden (näher s. **Klausurenband I und II**). **791**

Zulässigkeit der Verfassungsbeschwerde **792**

(1) Beschwerdeführer

a) *Beschwerdefähigkeit* setzt voraus: Grundrechtsfähigkeit; grundrechtsfähig sind natürliche Personen und inländische juristische Personen nach Art. 19 Abs. 3 GG;

41 Zu Einzelfragen s. *Benda/Klein*, Rn 795 ff.
42 In Anlehnung an den Aufbauvorschlag bei *Pieroth/Schlink* Rn 1227 ff und im **Klausurenband**.

b) *Prozessfähigkeit*: entspricht der Geschäftsfähigkeit und bezeichnet die Fähigkeit, selbst wirksam Prozesshandlungen vornehmen zu können.

(2) Beschwerdegegenstand

Die Verfassungsbeschwerde muss gegen einen Akt öffentlicher Gewalt gerichtet sein: Legislative, Exekutive und Judikative. Sowohl Bundes- als auch Landesgesetze sind zulässiger Beschwerdegegenstand: Bundes- wie Landesstaatsgewalt sind an das Grundgesetz gebunden. Kein zulässiger Beschwerdegegenstand sind Normen des (sekundären) Unionsrechts (Richtlinien/Verordnungen), jedenfalls solange auf europäischer Ebene adäquater Grundrechtsschutz gewährleistet ist (Rn 258).

(3) Beschwerdebefugnis

a) Der Beschwerdeführer muss plausibel geltend machen, in einem seiner Grundrechte bzw seiner in Art. 93 Abs. 1 Nr 4a GG genannten Rechte verletzt zu sein.

b) Der Beschwerdeführer muss selbst, gegenwärtig und unmittelbar betroffen sein; bei Verfassungsbeschwerde unmittelbar gegen ein Gesetz insbesondere ist Letzteres sorgfältig zu prüfen[43].

(4) Rechtswegerschöpfung/Subsidiarität

Nach § 90 Abs. 2 BVerfGG muss dann, wenn gegen den angegriffenen Hoheitsakt (2) der Rechtsweg eröffnet ist, dieser erschöpft werden. Gegen Gesetze ist an sich kein Rechtsweg eröffnet; gleichwohl verlangt das BVerfG – hierin nur schwer berechenbar – mitunter vom Bf., zunächst den Vollzug des Gesetzes abzuwarten und durch die Fachgerichte eine Vorabklärung und „Aufbereitung" des Verfahrensstoffs zu erreichen.

(5) Form und Frist:

Schriftform, § 23 Abs. 1 BVerfGG; Monatsfrist nach § 93 Abs. 1 bzw bei Gesetzen Jahresfrist des § 93 Abs. 3 BVerfGG.

793 Die Verfassungsbeschwerde ist begründet, wenn der Beschwerdeführer durch den angegriffenen Akt öffentlicher Gewalt in seinen Grundrechten verletzt ist; das BVerfG prüft hierbei insbesondere bei der Urteilsverfassungsbeschwerde nur, ob spezifisches Verfassungsrecht verletzt wurde.

794 Einen **Sonderfall der Verfassungsbeschwerde** regelt Art. 93 Abs. 1 Nr 4b GG. Hiernach können Gemeinden und Gemeindeverbände ihr Selbstverwaltungsrecht aus Art. 28 GG gegenüber Gesetzen – auch Rechtsverordnungen – geltend machen, sofern nicht bei Landesgesetzen der Rechtsweg zu den Landesverfassungsgerichten eröffnet ist[44].

9. Weitere Verfahren

795 Abgesehen vom Verfahren der **Verfassungsbeschwerde**, die wegen des Sachzusammenhangs im Grundrechtsband behandelt wird, spielen die weiteren Verfahrensarten in der Praxis eine nur geringe Rolle.

a) Dies gilt insbesondere für die dem **Verfassungsschutz im engeren Sinn** zuzuordnenden Verfahren.

Erst in zwei Fällen wurde ein **Parteiverbotsverfahren** nach Art. 21 Abs. 2 S. 2 GG, §§ 13 Nr 2, 43 ff BVerfGG durchgeführt[45]. Die Zulässigkeitsvoraussetzungen sind unproblematisch und in

43 *Pieroth/Schlink*, Rn 1252.
44 Näher *Pestalozza*, § 12 III; *Sachs*, Verfassungsprozessrecht Rn 524 ff, 538.
45 BVerfGE 2, 1; 5, 85.

§§ 43 ff BVerfGG näher umschrieben; antragsberechtigt sind Bundesregierung, Bundestag und Bundesrat, Landesregierungen in Bezug auf Parteien, deren Organisation sich auf das Gebiet *ihres* Landes beschränkt; die Antragstellung liegt im politischen Ermessen der hierfür zuständigen Verfassungsorgane. Zum Inhalt der Entscheidung s. § 46 BVerfGG: Feststellung der Verfassungswidrigkeit *ex nunc*, Auflösung und Verbot von *Ersatzorganisationen*, möglich auch Vermögenseinziehung. Bedeutsam ist, dass mit der Verkündung der Entscheidung auch die Mandate von Abgeordneten der Partei erlöschen, vgl auch § 46 Abs. 4 BWG.

Keine praktische Bedeutung hat das **Grundrechtsverwirkungsverfahren** erlangt[46].

Keine praktische Bedeutung erlangten auch die **Anklageverfahren**. Die Anklage gegen den Bun- **796**
despräsidenten, Art. 61 Abs. 1 GG, §§ 13 Nr 4, 49 ff BVerfGG, kann nur auf *vorsätzliche Rechtsverletzung* gestützt werden und setzt zu ihrer Erhebung qualifizierte Mehrheiten im Bundestag und Bundesrat voraus. Geeignetes Verfahren zur Klärung von *Kompetenzstreitigkeiten* ist das *Organstreitverfahren*, in dem es auf subjektive Vorwerfbarkeit nicht ankommt. Zur *Richteranklage* s. Art. 98 Abs. 2 GG, §§ 13 Nr 9, 58 ff BVerfGG (Bundesrichter) bzw Art. 98 Abs. 5 GG, §§ 13 Nr 9, 62 iVm 59 ff BVerfGG (Landesrichter).

b) Dem Bereich der organisationsrechtlichen Streitigkeiten zuzurechnen ist das **Wahlprüfungs-** **797**
verfahren nach Art. 41 Abs. 2 GG, §§ 13 Nr 3, 48 BVerfGG[47].

Über Fragen der *Gültigkeit einer Bundestagswahl* entscheidet gemäß Art. 41 Abs. 1 GG ausschließlich der Bundestag im Wahlprüfungsverfahren, das – auf der Grundlage der Ermächtigung in Art. 41 Abs. 3 GG – im Wahlprüfungsgesetz (Sartorius Nr 32) geregelt ist. Der Bundestag entscheidet damit auch über die Gültigkeit der Wahl eines einzelnen Abgeordneten, also über die Erlangung des Mandats. Er entscheidet in diesem Verfahren auch über den *Verlust eines Bundestagsmandats* gemäß §§ 46, 47 BWG. Gegen die Entscheidung des Bundestags ist *Beschwerde zum BVerfG eröffnet*, das für die **Wahl- und Mandatsprüfung ausschließlich** zuständig ist, Art. 41 Abs. 2 GG; jeder andere Rechtsweg ist ausgeschlossen.

Im Wahlprüfungsverfahren (Rn 96 f) sind *Wahlmängel* festzustellen, die zum einen sich aus den **798**
gesetzlichen Wahlregeln (BWG, s. aber auch §§ 107–108b StGB), zum anderen aus allgemeinen Wahlrechtsgrundsätzen ergeben. Wahlmängel können etwa in *unerlaubter Beeinflussung* durch amtliche Stellen liegen (der Ministerpräsident eines Landes unterzeichnet zB einen Wahlaufruf zu Gunsten einer Partei in einer amtlichen Bekanntmachung in seiner Eigenschaft als Ministerpräsident), in Bewerbermängeln und in der unrichtigen Feststellung des Wahlergebnisses, aber auch in der Verfassungswidrigkeit von Bestimmungen des Wahlrechts. *Fehlerfolge* ist grundsätzlich nicht die Wiederholung der Wahl auf Grund ihrer Nichtigkeit, sondern die *Richtigstellung des Ergebnisses*, unter Berücksichtigung der festgestellten Mängel. Diese Entscheidung wird vom Bundestag im Wahlprüfungsverfahren auf Einspruch der in § 2 Abs. 2 Wahlprüfungsgesetz genannten Einspruchsberechtigten getroffen; gegen diese Entscheidung ist dann Beschwerde einzulegen.

Über den **Verlust der Mitgliedschaft** entscheidet der Bundestag gleichermaßen im Wahlprüfungsverfahren. Falls zunächst der Bundestagspräsident entscheidet, kann auf Antrag des betroffenen Abgeordneten die Entscheidung im Wahlprüfungsverfahren herbeigeführt werden. Hiergegen kann der Abgeordnete, dessen Mitgliedschaft bestritten wird, gemäß Art. 41 Abs. 2 GG Beschwerde zum BVerfG einlegen, vgl Rn 615.

Die *Beschwerdeberechtigung* ist in § 48 BVerfGG geregelt. Beschwerdeberechtigt sind im Wahlprüfungsverfahren der Wahlberechtigte, der Einspruch gegenüber dem Bundestag erhoben hatte, eine Gruppe von Wahlberechtigten, ferner eine Fraktion und eine Bundestagsminderheit, im Fall

46 Vgl *Sachs*, Verfassungsprozessrecht, Rn 356.

47 S. hierzu den Fall „Unregelmäßigkeiten bei der Bundestagswahl" von *Shirvani/Schröder*, Jura 2007, 143 sowie *Ortmann*, Probleme der Wahlprüfungsbeschwerde nach § 48 BVerfGG, ThürVBl 2006, 169.

der Mandatsprüfung der betroffene Abgeordnete. Eine *materielle Beschwer* ist nicht gefordert. Wenn es zB um Unregelmäßigkeiten in einem bestimmten Wahlkreis geht, muss der Beschwerdeführer nicht etwa dort stimmberechtigt sein. Ausreichend ist die *formelle Beschwer*, die im Wahlprüfungsverfahren in der Zurückweisung des Einspruchs liegt, im Mandatsprüfungsverfahren liegt die Beschwer in der Entscheidung im Wahlprüfungsverfahren; zur *Form* der Beschwerde s. § 23 Abs. 1 BVerfGG, zur *Frist* § 48. Für die **Begründetheit** kommt es darauf an, dass Fehler im Wahlverfahren sich auf die Mandatsverteilung auswirken konnten: **Mandatsrelevanz**. Wenn die Wahlperiode zwischen Einlegung der Beschwerde und Entscheidung des BVerfG endet, bleibt das BVerfG weiterhin befugt, die im Rahmen der zulässigen Wahlprüfungsbeschwerde erhobenen Rügen zu klären, wenn hieran ein berechtigtes Interesse besteht. Dies kann zB dann der Fall sein, wenn die Verfassungswidrigkeit von Wahlrechtsnormen geltend gemacht wird[48].

799 c) Vergleichbar der konkreten Normenkontrolle ist das Verfahren der **Qualifikation von Regeln des Völkerrechts** als Bestandteil des Bundesrechts gemäß Art. 25 GG ausgestaltet, Art. 100 Abs. 2 GG[49].

Im Wege konkreter wie abstrakter **Normenqualifikation** ist gemäß Art. 126 GG über die Fortgeltung vorkonstitutioneller Rechts als Bundesrecht zu entscheiden.

800 **Hinweis zur Fallbearbeitung: Sonstige Verfahren**

Für die Prüfung der Zulässigkeit in weniger „gängigen" Verfahren sollte bedacht werden, dass diese sich in aller Regel nach dem gleichen Muster richtet:

- Zunächst muss die **Zuständigkeit** des Gerichts feststehen.
- Die ersten Prüfungspunkte beziehen sich dann auf die **Beteiligten**: Im verfassungsgerichtlichen Verfahren ist das Recht, ein Verfahren einzuleiten, Partei in einem Verfahren zu sein, für jedes Verfahren besonders geregelt.
- Dann geht es um die Frage, was überhaupt **Gegenstand des Verfahrens** sein kann – eine Handlung oder eine Unterlassung des Gegners, ein Gesetz, eine anderweitige Maßnahme der öffentlichen Gewalt; auch dies ist im verfassungsgerichtlichen Verfahren besonders geregelt.
- Daran schließt sich zwingend die Frage an, was denn die **Beteiligten** mit dieser Sache zu tun haben und warum sie sich an das Gericht wenden. Der Antragsteller oder Beschwerdeführer muss sich in einer bestimmten **Beziehung zum Gegenstand des Verfahrens** befinden: er muss geltend machen, in seinen Rechten verletzt oder doch von der Nichtigkeit des angegriffenen Gesetzes überzeugt zu sein.
- Schließlich sind in allen Verfahren bestimmte Formen einzuhalten und in aller Regel auch Fristen zu wahren.

III. Allgemeine Fragen des Verfahrens und der Entscheidung des Bundesverfassungsgerichts

Bestimmte Fragen des verfassungsgerichtlichen Verfahrens, der verfassungsgerichtlichen Kontrolldichte und des Entscheidungsinhalts stellen sich in allen Verfahren, in denen es auf die Verfassungsmäßigkeit von Normen ankommt. Auch kommt in allen Verfahren der Erlass einer einstweiligen Anordnung in Betracht.

48 BVerfGE 122, 304, 306 f.
49 Hierzu näher *Sachs*, Verfassungsprozessrecht, Rn 246 ff.

1. Besonderheiten der Normprüfungsverfahren

Für die Prüfung der Verfassungsmäßigkeit von Gesetzen und den Inhalt der Entscheidung im Fall der Verfassungswidrigkeit haben sich in der Judikatur des BVerfG bestimmte allgemeine Grundsätze herausgebildet, die für die Verfahren der *abstrakten* und *konkreten* Normenkontrolle gleichermaßen gelten wie für die unmittelbar oder mittelbar gegen Gesetze gerichtete *Verfassungsbeschwerde*. – Zum Verfahren nach Art. 93 Abs. 2 GG nF s. Rn 783. **801**

a) Verfassungskonforme Auslegung

Für die genannten Normprüfungsverfahren gilt, dass das Gericht, ehe es ein Gesetz als verfassungswidrig für nichtig erklärt, zunächst versucht, dieses Gesetz im Wege **„verfassungskonformer Auslegung“** zu „halten“. Wenn also ein Gesetz verschiedene Möglichkeiten der Auslegung offen hält, bei einer bestimmten Auslegung Verfassungswidrigkeit festzustellen wäre, bei einer anderen, gleichfalls möglichen Auslegung jedoch Verfassungskonformität, so wird *dieser* Auslegung der Vorzug gegeben, das Gesetz also als in dieser Auslegung mit dem Grundgesetz vereinbar erklärt. Doch muss eine dahingehende Auslegung nach den anerkannten Auslegungsmethoden noch möglich sein, darf der Sinn des Gesetzes nicht ins Gegenteil verkehrt werden[50]. **802**

b) Zurückhaltung gegenüber dem Gesetzgeber

Mehrfach wurde bereits im Zusammenhang mit Fragen des *materiellen Verfassungsrechts* eine tendenzielle Zurückhaltung des BVerfG bei Eingriffen in die vorrangige politische Entscheidung des Gesetzgebers konstatiert. **803**

Hier ist insbesondere der grundsätzliche Vorrang **gesetzgeberischer Prognoseentscheidungen** anzuführen (Rn 404). Das Gericht sieht sich grundsätzlich nicht befugt, Prognosen des Gesetzgebers hinsichtlich der Auswirkungen eines Gesetzes, der durch das Gesetz zu gestaltenden künftigen Entwicklung durch eigene Prognosen zu ersetzen, konzediert daher dem Gesetzgeber bei Entscheidungen mit Prognosecharakter einen **Beurteilungsspielraum**, beschränkt sich auf eine **Evidenzkontrolle**, erklärt dann aber zum Ausgleich den Gesetzgeber für den Fall, dass sich die Unrichtigkeit seiner Prognose herausstellen sollte, zur *„Nachbesserung“* verpflichtet[51] (Rn 404 ff).

Dass das BVerfG den Gedanken eines Beurteilungsspielraums bei Entscheidungen mit Prognosecharakter auch auf das Verhältnis zu den anderen mit der politischen Staatsleitung beauftragten Verfassungsorganen übertragen will, wurde im **Fall 64** vor § 7 – Bundestagsauflösung – deutlich[52].

c) Die Entscheidung des Bundesverfassungsgerichts: Nichtigerklärung oder Feststellung der Verfassungswidrigkeit

Stellt das BVerfG einen Verfassungsverstoß des Gesetzgebers fest, so hat es die Norm grundsätzlich **für nichtig zu erklären**, § 78 S. 1 BVerfGG (abstrakte Normenkon- **804**

---

50 Näher *Hillgruber/Goos*, Rn 528 ff.
51 Vgl zB BVerfGE 50, 290.
52 S. BVerfGE 62, 1, 51; näher *Pestalozza*, § 20 I 3 d; *Schlaich/Korioth*, Rn 532 ff.

trolle), § 82 Abs. 1 iVm § 78 S. 1 BVerfGG (konkrete Normenkontrolle), § 95 Abs. 3 S. 1, 2 BVerfGG (Verfassungsbeschwerde). Grundsätzlich bezieht sich die Nichtigerklärung auf die *angegriffene Bestimmung*. Sie erstreckt sich auf das *ganze Gesetz*, wenn dieses *insgesamt nichtig* ist. Dies ist der Fall, wenn ein Verfassungsverstoß auf das gesamte Gesetz als gesetzgebungstechnische Einheit durchschlägt: bei fehlender Kompetenz des Gesetzgebers wie auch bei Verfahrensmängeln, wie fehlender Zustimmung des Bundesrats, ist das Gesetz insgesamt nichtig. Das Gesetz ist unter materiellen Gesichtspunkten insgesamt nichtig, wenn die nach Nichtigerklärung der verfassungswidrigen Bestimmungen verbleibenden Bestimmungen keine sinnvolle Regelung mehr ergeben. Im Übrigen werden nur die verfassungswidrigen Bestimmungen des Gesetzes, soweit sie angegriffen wurden, für nichtig erklärt. Unter den Voraussetzungen des § 78 S. 2 BVerfGG kann jedoch das BVerfG die Nichtigerklärung auf weitere, nicht angegriffene Bestimmungen erstrecken, wenn der Nichtigkeitsgrund der Gleiche ist. Die Nichtigerklärung wirkt **ex tunc:** das Gesetz ist nichtig von Anfang an (Rn 780).

805 Unter bestimmten Voraussetzungen nimmt das BVerfG jedoch von einer Nichtigkeitserklärung Abstand und beschränkt sich auf die **Feststellung der Verfassungswidrigkeit** der Norm, ihrer Unvereinbarkeit mit dem Grundgesetz. Diese Feststellung bedeutet: das Gesetz ist nicht von Anfang an nichtig, ist aber vom Zeitpunkt der Entscheidung an nicht mehr anzuwenden – die Entscheidung des BVerfG hat auch dann Gesetzeskraft nach § 31 Abs. 2 BVerfGG. Das Gericht kann jedoch darüber hinaus anordnen, dass das Gesetz für einen Übergangszeitraum bis zu einer Neuregelung weiterhin anzuwenden ist[53]. Im Fall der Wahlprüfungsbeschwerde wegen des negativen Stimmgewichts musste die Neuregelung erst bis 2011 erfolgen – die Bundestagswahl 2009 durfte also noch in Anwendung verfassungswidriger Bestimmungen des Bundeswahlgesetzes erfolgen.

Zwei Gesichtspunkte sind maßgeblich, wenn von dem Regelfall der Nichtigerklärung ex tunc abgewichen werden soll: Zum einen der der **Gestaltungsfreiheit** des Gesetzgebers, zum anderen der der Rechtssicherheit im Fall eines drohenden **Rechtsvakuums**. Der Gesichtspunkt der gesetzgeberischen Gestaltungsfreiheit – der letztlich aus dem Gewaltenteilungsprinzip folgt – greift ein, wenn das Gericht einen Verstoß gegen den *Gleichheitssatz* konstatiert, der auf unterschiedliche Weise behoben werden kann.

Bei einem Verstoß gegen Art. 3 GG kann Gleichheit auf unterschiedliche Weise hergestellt werden. Wenn etwa das Gesetz dem A eine Leistung gewährt, dem B aber unter Verstoß gegen Art. 3 GG nicht, so kann der Gesetzgeber entweder beiden oder aber keinem von beiden die Leistung gewähren, oder etwa auch, um den Gesamtaufwand nicht zu erhöhen, beiden die halbe Leistung. Dieser Entscheidung des Gesetzgebers kann vom BVerfG nicht vorgegriffen werden: Es beschränkt sich auf die Feststellung des Gleichheitsverstoßes[54] (sofern nicht *ausnahmsweise* aus anderen rechtlichen Ge-

53 Vgl zu den unterschiedlichen Entscheidungsinhalten *Bethge*, Jura 2009, 18 ff.
54 Vgl zB BVerfGE 82, 126, 154 ff zu unterschiedlichen Kündigungsfristen für Arbeiter und Angestellte.

sichtspunkten eine bestimmte Lösung vorgegeben sein sollte). – S. dazu **Klausurenband I Fall 10 sowie II Fall 1 – Repetitorium**[55].

806 Die Nichtigerklärung einer Norm kann zu einem **„Rechtsvakuum"** führen. Auch dies muss mitunter aus verfassungsrechtlichen Gründen vermieden werden.

So beim Finanzausgleich (Rn 525 ff): Die Nichtigerklärung von an sich verfassungswidrigen Regelungen auch für zurückliegende Haushaltsjahre hätte für die Haushalts- und Finanzwirtschaft der Länder ein Chaos bedeutet. Eine geordnete Haushalts- und Finanzwirtschaft ist aber auch verfassungsrechtlich (Art. 109 GG) geboten. Deshalb wurden die verfassungswidrigen Bestimmungen nur für das laufende Haushaltsjahr, nicht für zurückliegende Jahre für unanwendbar erklärt[56]. Bei einer verfassungswidrigen Hochschulzulassungsregelung wurde für eine Übergangsfrist die Anwendung angeordnet, da es sonst zu einer verfassungsrechtlich noch bedenklicheren Entscheidungskompetenz der Exekutive ohne gesetzliche Grundlage gekommen wäre (also besser ein „schlechtes" – weil verfassungswidriges – als gar kein Gesetz, war hier der Standpunkt des Gerichts)[57].

807 Das Gericht beschränkt sich in derartigen Fällen meist auf die Feststellung der Unvereinbarkeit des Gesetzes mit dem Grundgesetz, erklärt das Gesetz aber für übergangsweise anwendbar und verpflichtet den Gesetzgeber zu einer Neuregelung, regelmäßig innerhalb bestimmter Frist. Es kann aber auch eigene Übergangsregelungen treffen[58]. Einen neuen Weg beschritt das Gericht für die **Familienbesteuerung**. Dort als verfassungswidrig erkannte Regelungen sollten für einen Übergangszeitraum anwendbar sein, da sonst die Steuerpflichtigen noch stärker belastet worden wären. Der Gesetzgeber wurde zur Neuregelung verpflichtet. Ihr Inhalt – dies ein Novum – wurde detailliert bis hin zur Höhe der Freibeträge vorgegeben. Für den Fall, dass diese Neuregelung nicht zustande kommen sollte, ordnete das Gericht an, die Besteuerung entsprechend den gerichtlichen Vorgaben vorzunehmen, also nicht mehr die verfassungswidrige gesetzliche Regelung, sondern unmittelbar die in der Entscheidung genannten Grundsätze und Beträge zugrunde zu legen[59].

808 Teilweise auf Kritik stieß diese Vorgehensweise im Urteil zu den **Straftäterunterbringungsgesetzen** vom 10.2.2004[60]. Für die verfassungs-, weil kompetenzwidrigen Unterbringungsgesetze zweier Länder traf das BVerfG eine begrenzte Weitergeltungsanordnung. Andernfalls hätten „besonders rückfallgefährdete, hochgefährliche Straftäter" (so die bayerische Regelung) auf freien Fuß gesetzt werden müssen. Auf Grund der befristeten Weitergeltung konnte die Unterbringung andauern. Dies führte zu Freiheitsentziehungen, für die es keine verfassungsmäßige gesetzliche Grundlage gab. Freiheitsentziehungen sind jedoch nach Art. 104 Abs. 1 S. 1 GG nur auf gesetzlicher Grundlage zulässig, wobei an die Bestimmtheit des Gesetzes strenge Anforderungen zu stellen sind. Die Entscheidung des BVerfG führte nun zu Freiheitsentziehungen auf der Grundlage eines verfassungswidrigen Gesetzes, dessen Weitergeltung vom BVerfG angeordnet wurde. In einem Sondervotum vertraten einige Mitglieder des 2. Senats die Auffassung, dies reiche für Art. 104 Abs. 1 GG nicht aus; eine ge-

55 Vgl auch *Pieroth/Schlink* Rn 515 ff.
56 BVerfGE 72, 330, 421 ff.
57 BVerfGE 33, 303, 347 f.
58 BVerfGE 84, 9, 10, 21 ff: Bestimmung des Ehe- und Familiennamens.
59 BVerfGE 99, 216, 243 ff; ähnlich BVerfGE 99, 300, 331 f zur Besoldung kinderreicher Beamter; allgemein zu den Rechtsfolgen von Normenkontrollen s. *Papier*, EuGRZ 2006, 530.
60 BVerfGE 109, 190, 235 f.

richtliche Anordnung der Fortgeltung könne keine Grundlage für eine Freiheitsentziehung sein[61].

809 Auf ungewöhnliche Weise wurden Normenkontroll- und Verfassungsbeschwerdeverfahren gegen das brandenburgische Schulgesetz wegen des Faches Lebensgestaltung-Ethik-Religionskunde (LER) beendet: das Gericht unterbreitete durch Beschluss einen Vorschlag für einen **Vergleich**, in dem die Landesregierung sich ua verpflichtete, einen Gesetzesentwurf bestimmten Inhalts im Landtag einzubringen, die Antragsteller/Beschwerdeführer demgegenüber sich verpflichteten, nach Inkrafttreten eines entsprechenden Änderungsgesetzes ihre Anträge zurück zu nehmen; dies wird zT als eine *contra legem* erfolgende Fortbildung des Verfahrens kritisiert[62]. Deutlich wird hier: das BVerfG ist in sehr weitgehendem Maße Herr seines eigenen Verfahrensrechts.

2. Einstweilige Anordnungen des Bundesverfassungsgerichts

810 § 32 BVerfGG eröffnet die Möglichkeit **einstweiliger Anordnungen** auch für das verfassungsgerichtliche Verfahren zur Abwehr schwerer Nachteile oder auch aus wichtigen Gründen des gemeinen Wohls. Einstweilige Anordnungen können im Rahmen aller vor dem BVerfG möglichen Verfahren ergehen, auf Antrag oder von Amts wegen; insbesondere kann im Wege der einstweiligen Anordnung die Anwendung eines Gesetzes bis zur Entscheidung im Hauptsacheverfahren ausgesetzt werden, jedoch unter engen Voraussetzungen[63].

811 Im Rahmen der **Zulässigkeit** eines Antrags auf Erlass einer einstweiligen Anordnung ist zunächst die *Zuständigkeit des BVerfG in der Hauptsache* zu klären; ein Hauptsacheverfahren braucht jedoch noch nicht anhängig zu sein. *Antragsberechtigt* ist jeder, der im Hauptsacheverfahren beteiligt sein *kann*. Der Antrag ist unzulässig, wenn er seinem Inhalt nach auf *Vorwegnahme der Hauptsache* gerichtet ist (sofern dies nicht aus Rechtsschutzerfordernissen unvermeidlich ist).

Beispiel: Im Entführungsfall Schleyer – RAF-Terroristen hatten den damaligen Arbeitgeberpräsidenten entführt, um inhaftierte Mitglieder der RAF freizupressen – wurde beantragt, die Freilassung derjenigen Häftlinge im Wege der eA anzuordnen, die durch die Entführung freigepresst werden sollten. Dies lief auf eine Vorwegnahme der Hauptsache hinaus. Eine Entscheidung in der Hauptsache wäre jedoch möglicherweise wegen der angedrohten Ermordung des Entführungsopfers zu spät gekommen. Deshalb war der Antrag auf Erlass einer eA nicht wegen Vorwegnahme der Hauptsache unzulässig (er war jedoch wegen des weiten Handlungsspielraums der Bundesregierung unbegründet)[64].

812 Bei der Prüfung der **Begründetheit** sind – im Rahmen der in § 32 BVerfGG genannten *Anordnungsgründe* – die Folgen, die einträten beim Unterlassen einer einstweiligen Anordnung im Fall eines erfolgreichen Hauptsacheantrags *abzuwägen* gegen die nachteiligen Folgen aus einer einstweiligen Anordnung bei Erfolglosigkeit des Antrags im Hauptsacheverfahren. Kein Raum ist jedoch für den Erlass einer einstweiligen Anordnung, wenn der in der Hauptsache gestellte (bzw noch zu stellende) Antrag entweder *von vornherein unzulässig* oder aber *offensichtlich unbegründet* ist[65]. Der Antrag auf Erlass der eA ist dann unbegründet. Andernfalls ist in die **Folgenabwägung** einzutreten. Dabei sind die in Frage stehenden Belange jeweils in ihrer verfassungsrechtli-

61 *Degenhart*, in: Sachs, Art. 104 Rn 9; *Gärditz*, NVwZ 2004, 693.
62 BVerfGE 104, 305; dazu *Kotzur*, JZ 2003, 73; *Wolff*, EuGRZ 2003, 463.
63 BVerfGE 64, 67, 70.
64 *Pestalozza*, 18 II 7 a bb; BVerfGE 46, 160, 165 *(Schleyer)*.
65 BVerfGE 66, 39, 56; 108, 34, 40; *Pestalozza*, 18 III 2 c.

chen Bedeutung zu gewichten – es muss sich um verfassungsrechtlich relevante Nachteile handeln.

Beispielhaft für diese Abwägung in einem Grundrechtsfall, also in einem Verfahren der *Verfassungsbeschwerde*, erscheint der Antrag gegen die *Vorratsdatenspeicherung* (Rn 259 f). Der Antrag war darauf gerichtet, die durch das Gesetz vorgesehen Maßnahmen vorläufig auszusetzen. Der Ausgang des Verfassungsbeschwerdeverfahrens war nach Einschätzung des BVerfG offen[66]. Daher war in die Folgenabwägung einzutreten, unter Anlegung des strengen Maßstabs, der dann gilt, wenn die Aussetzung eines Gesetzes beantragt wird. Das BVerfG differenzierte hier in der Folgenabwägung: allein mit der Speicherung der Verbindungsdaten bei den TK-Unternehmen entsteht noch kein schwerer Nachteil für die Beschwerdeführer, wohl aber bei Nutzung dieser Daten, wenn also der Staat darauf zugreifen würde. Deshalb wurde die Nutzung der Daten erheblich eingeschränkt und auf bestimmte schwerwiegende Verdachtsfälle beschränkt[67]. **813**

Im Streit um die deutsche Beteiligung an der AWACS-Überwachung über der Türkei im Golfkrieg[68] (Rn 42) lag in der Hauptsache ein *Organstreit* zugrunde. Die Antragstellerin – eine Fraktion des Bundestags – wandte sich gegen diese und beantragte den Erlass einer einstweiligen Anordnung. Hier wurde die Bedeutung des konstitutiven Parlamentsvorbehalts in Abwägung zur Regierungsverantwortung gebracht.

Im Übrigen werden die *Erfolgsaussichten im Hauptsacheverfahren* bei der eA grundsätzlich *nicht* geprüft. Anders ist dies in versammlungsrechtlichen Eilfällen[69]. Tatsächlich erwies sich bisher jedoch meist beim Erlass einer eA auch der Hauptsacheantrag als erfolgreich. Insgesamt stellt das BVerfG an den Erlass einstweiliger Anordnungen *hohe Anforderungen*, insbesondere bei Gesetzen und Regierungsakten. Dies ist zB der Fall, wenn der Bundesregierung im Wege der eA die Zustimmung zu einem europäischen Rechtsakt untersagt werden soll[70]. Beispielhaft kann in ähnlichem Zusammenhang verwiesen werden auf das Verfahren um eine einstweilige Anordnung gegen das Inkrafttreten des Finanzstabilitätsgesetzes vom 10.5.2010 (BGBl I S. 537). Hier wurde der Erlass einer einstweiligen Anordnung abgelehnt, da der Allgemeinheit schwere Nachteile drohen würden, wenn die Bundesrepublik sich vor einer Entscheidung des BVerfG in der Hauptsache nicht an der Rettung der Hellenischen Republik beteiligen würde. Diese Nachteile drohten „nach Auffassung der Bundesregierung" – deren Einschätzung als die des politisch verantwortlich handelnden Verfassungsorgans vom BVerfG zu akzeptieren war[71].

Ein Antrag auf Erlass einer einstweiligen Anordnung kommt auch im **Fall 1 (Rettungsschirm)** in Betracht um den Austausch der Ratifikationsurkunden (Rn 557, 737) bis zu einer Entscheidung in der Sache auszusetzen – dies allerdings nur unter engen Voraussetzungen bei gravierenden Zweifeln an der Verfassungsmäßigkeit, um die außenpolitische Handlungsfähigkeit der Bundesrepublik zu wahren.

Keine eA ergeht, wenn rechtzeitig in der Hauptsache entschieden werden kann[72].

66 BVerfGE 121, 1, 15.
67 BVerfGE 121, 1, 19 ff; s auch BVerfGE 64, 67, 71 zur seinerzeitigen Volkszählung.
68 BVerfGE 108, 34, 40.
69 BVerfGE 111, 147, 153.
70 Instruktiv BVerfGE 80, 74: einstweilige Anordnung im Bund-Länder-Streit (Zustimmung der Bundesregierung zu einer EG-Richtlinie als Eingriff in Länderkompetenzen).
71 BVerfGE 125, 385, 394 ff.
72 Näher *Hillgruber/Goos*, Rn 849.

Anhang: Hinweise zu Zulässigkeitsfragen der Ausgangsfälle

1. Organstreitverfahren

814 **Fall 2a: Operation Pegasus** (Rn 31)

Die Zuständigkeit des BVerfG folgt hier unproblematisch aus Art. 93 Abs. 1 Nr 1 GG, §§ 13 Nr 5, 63 ff BVerfGG – es geht um wechselseitige Rechte und Pflichten aus dem Grundgesetz

(1) Beteiligtenfähigkeit Antragsteller und Antragsgegner

a) Eine Oppositionsfraktion im Bundestag ist Teil des Organs Bundestag und daher dann antragsberechtigt, wenn sie durch das GG oder die GeschOBT mit eigenen Rechten ausgestattet ist, § 63 BVerfGG. Dies ist zu bejahen. Ihre Rechtsstellung folgt insbesondere daraus, dass sie notwendige Einrichtung des Verfassungslebens ist; sie ist auch durch §§ 10 ff GeschOBT mit eigenen Rechten ausgestattet.

b) Die Bundesregierung ist als oberstes Bundesorgan unmittelbar nach Art. 93 Abs. 1 Nr 1 GG beteiligtenfähig.

(2) Der Streitgegenstand: die Entscheidung der Bundesregierung über die Entsendung ist eine rechtserhebliche Maßnahme.

(3) Antragsbefugnis: die Antragstellerin müsste geltend machen, dass sie oder das Organ, dem sie angehört, durch die Maßnahme nach (2) in Rechten aus dem Grundgesetz verletzt ist.

Hier kann eine Verletzung des Bundestags in seinem Recht, in „wesentlichen" Fragen durch Gesetz zu entscheiden, plausibel geltend gemacht werden.

(3a) Vom Rechtsschutzbedürfnis ist mangels entgegenstehender Anhaltspunkte auszugehen; da Antragstellerin eine Oppositionsfraktion ist, stellt sich auch nicht die Frage, ob sie die Entscheidung der Bundesregierung hätte verhindern können und deshalb kein Rechtsschutzinteresse hat (was aber zu verneinen wäre). Dass die Rechtsverletzung bereits abgeschlossen ist, steht nicht entgegen (Rn 763).

(4) Form und Frist: der Antrag bedarf der Schriftform, § 23 Abs. 1 S. 1 BVerfGG und muss innerhalb von sechs Monaten nach Bekanntwerden der Entscheidung der Bundesregierung gestellt werden, § 64 Abs. 3 BVerfGG.

Der Antrag ist zulässig und begründet, Rn 42.

Fall 2b: Rückruf (Rn 31)

Der Antrag im Organstreitverfahren wäre hier von der Bundesregierung zu stellen.

(1) Beteiligtenfähigkeit Antragsteller und Antragsgegner

a) Die Bundesregierung ist antragsberechtigt nach Art. 93 Abs. 1 Nr 1 GG, § 63 BVerfGG.

b) Antragsgegner ist der Bundestag; auch dies ergibt sich unmittelbar aus Art. 93 Abs. 1 Nr 1 GG, § 63 BVerfGG.

(2) Streitgegenstand ist hier der Rückruf durch den Bundestag.

(3) Antragsbefugnis: die Bundesregierung kann hier jedenfalls geltend machen, in ihrer außenpolitischen Handlungsfähigkeit und damit in der Wahrnehmung ihrer Kompetenzen nach dem Grundgesetz beeinträchtigt zu sein.

(4) Form und Frist (s. zu 2a).

Hier kommt auch ein Antrag auf **Erlass einer einstweiligen Anordnung** nach § 32 BVerfGG in Betracht. 815

Zulässigkeit des Antrags:

(1) Statthaftigkeit: Der Antrag auf Erlass einer eA ist in allen Verfahrensarten statthaft; Voraussetzung ist nur Zuständigkeit des BVerfG in der Hauptsache; diese ist hier gegeben (s.o.).

(2) Antragsberechtigung: antragsberechtigt ist jeder, der im Hauptsacheverfahren beteiligt sein kann – hier also die Bundesregierung.

(3) Das Hauptsacheverfahren darf nicht offensichtlich unzulässig, etwa verfristet sein.

(4) Es darf keine Vorwegnahme der Hauptsache erfolgen; sie erfolgt hier nicht, wenn der vom Bundestag geforderte Rückzug nur zeitlich verzögert wird.

Begründetheit: Die erforderliche Abwägung (Rn 812 f) dürfte hier zugunsten des Antrags ausgehen, da andernfalls nicht wieder gutzumachender außenpolitischer Schaden zu befürchten wäre.

Fall 7: Überhangmandate (Rn 67) 816

Die Verfahrensart hängt im Fall 7 davon ab, wer sich hier mit welchem Rechtsschutzziel an das BVerfG wenden will. Geht es einer benachteiligten Partei um die Prüfung der Verfassungsmäßigkeit des geltenden Wahlrechts, so kann sie einen Antrag im Organstreitverfahren stellen, denn hier geht es um ihre Stellung als Beteiligte des Verfassungslebens, vgl Rn 62, 98. Die Wähler selbst sind auf das Wahlprüfungsverfahren verwiesen (vgl zB BVerfGE 111, 382).

Zulässigkeit des Antrags einer politischen Partei 817

(1) Beteiligtenfähigkeit Antragsteller und Antragsgegner

a) Eine politische Partei ist antragsberechtigt nach Art. 93 Abs. 1 Nr 1 GG, § 63 BVerfGG als einer der mit eigenen verfassungsmäßigen Rechten ausgestatteten anderen Beteiligten.

b) Antragsgegner sind Bundestag und Bundesrat, die das fragliche Gesetz erlassen bzw nicht geändert haben.

(2) Streitgegenstand ist hier die unterlassene Änderung des BWG.

(3) Antragsbefugnis: die Partei kann geltend machen, in ihren Rechten aus Art. 21 Abs. 1 GG iVm Art. 3 Abs. 1 GG möglicherweise verletzt zu sein.

(4) Form und Frist: die Frist des § 64 Abs. 3 BVerfGG von sechs Monaten ab Bekanntwerden der Maßnahme darf noch nicht verstrichen sein; hier wird jedoch im **Fall 7** nicht das BWG an sich angegriffen, sondern dessen unterlassene Anpassung, also ein gesetzgeberisches Unterlassen. Es kommt dann darauf an, ab wann der Antragstellerin erkennbar sein musste, dass der Bundestag kein entsprechendes Gesetz erlassen wolle[73].

Fall 18b: Erster Durchgang (Rn 202) 818

Der Bundesrat kann, wenn er seine Rechte aus Art. 76 Abs. 2 GG verletzt sieht, dies im Wege eines *Organstreitverfahrens* geltend machen. Er ist antragsberechtigt, als *Antragsgegner* kommen in Betracht: *Bundesregierung* wegen Nichtbeachtung des Art. 76 Abs. 2 GG, *Bundestag*

73 BVerfGE 92, 80, 89.

wegen Beschlussfassung bei fehlerhaftem Verfahren; *Streitgegenstand* ist Einleitung des Gesetzgebungsverfahrens durch Bundesregierung entgegen Art. 76 Abs. 2 GG bzw Beschlussfassung des Bundestags. Die *Antragsbefugnis* folgt aus Art. 76 Abs. 2 GG. Der Antrag ist zulässig, sobald die streitgegenständliche Maßnahme vorliegt, also gegen die Bundesregierung mit Zuleitung der Vorlage an den Bundestag, gegen Bundestag mit Beschlussfassung durch den Bundestag.

Nach Ausfertigung und Verkündung des Gesetzes, wenn also eine „fertige Norm" vorliegt, sind die üblichen Normprüfungsverfahren statthaft.

819 **Fall 19: Aufspaltung** (Rn 203)

Da hier der Bundesrat sich durch die Vorgehensweise des Bundestags – getrennte Beschlussfassung über die Gesetze nach Aufspaltung des Gesetzentwurfs – in seinen Rechten als Bundesrat verletzt sieht, kommt ein Organstreitverfahren in Betracht: der Bundesrat ist ein **Verfassungsorgan des Bundes**.

(1) Seine Beteiligtenfähigkeit folgt unmittelbar aus Art. 93 Abs. 1 Nr 1 GG, § 63 BVerfGG; dies gilt auch für den Bundestag als Antragsgegner.

(2) Streitgegenstand ist hier die Beschlussfassung des Bundestags über beide Gesetze.

(3) Der Bundesrat kann damit geltend machen, in seinen Rechten aus Art. 50 iVm Art. 77 GG verletzt zu sein.

(4) Die Frist des § 64 Abs. 3 BVerfGG beginnt hier jedenfalls ab Beschlussfassung über die Gesetze (und nicht erst ab Bekanntgabe[74]) zu laufen.

Auch das Verhalten der Bundesregierung könnte hier als Gegenstand eines Organstreitverfahrens geprüft werden; es dürfte insoweit aber noch keine rechtserhebliche Maßnahme vorliegen. Schließlich würde auch in einem Normenkontrollverfahren das Gesetzgebungsverfahren geprüft; der Antrag kann allerdings nicht vom Bundesrat gestellt werden.

820 **Fall 65a: Flick-Ausschuss** (Rn 592)

Beim Antrag der „Fraktion im Ausschuss" handelt es sich um einen besonderen Fall des Organstreitverfahrens nach Art. 93 Abs. 1 Nr 1 GG, § 18 Abs. 3 PUAG.

(1) Beteiligtenfähigkeit Antragsteller und Antragsgegner

a) Die Beteiligtenfähigkeit der „Fraktion im Ausschuss", also einer Minderheit von einem Viertel der Mitglieder des Ausschusses, ergibt sich hier unmittelbar aus § 18 Abs. 3 PUAG.

b) Die Beteiligtenfähigkeit der Bundesregierung als Antragsgegnerin folgt unmittelbar aus Art. 93 Abs. 1 Nr 1 GG, § 63 BVerfGG.

(2) Streitgegenstand ist die Weigerung der Bundesregierung als qualifizierte Unterlassung, da eine grundsätzliche Herausgabepflicht besteht.

(3) Zur Antragsbefugnis stellt § 17 Abs. 2 PUAG klar, dass hier die Antragsteller als Minderheit im Ausschuss ein Recht auf Beweiserhebung haben, auf das sie sich berufen können; dieses Recht hat wegen Art. 44 GG Verfassungsrang.

(4) Die Einhaltung der Form- und Fristerfordernisse kann hier unterstellt werden.

Der Antrag ist zulässig.

Fall 66: Schmuddelkinder: s. Rn 651

74 Vgl *Hillgruber/Goos*, Rn 386.

Fall 67: Verzichtsrevers (Rn 595) 821

Frage 1:

a) Ob H noch Mitglied des Bundestags ist, prüft zunächst der Bundestag im **Wahlprüfungsverfahren**, hiergegen kann dann die Entscheidung des BVerfG eingeholt werden, s.o. Rn 798.

b) Ob H verpflichtet ist, sein Mandat niederzulegen, betrifft Fragen des Verhältnisses von Partei und einzelnen Abgeordneten als Organe des Verfassungslebens, daher ist hier das Organstreitverfahren nach Art. 93 Abs. 1 Nr 1 GG, §§ 63 ff BVerfGG richtige Antragsart.

(1) Beteiligtenfähigkeit Antragsteller und Antragsgegner: sie dürfte für die Partei hier zu bejahen sein, da ihre unmittelbare Teilhabe an der Staatsorganisation in Frage steht, antragsberechtigt wäre jedenfalls auch die Fraktion, der der Abgeordnete bisher angehörte, als Teil des Verfassungsorgans „Bundestag". Der Abgeordnete ist als Antragsgegner parteifähig; es geht um sein freies Mandat, also seine Rechtsstellung als Mitglied des Verfassungsorgans „Bundestag"; er ist „anderer Beteiligter".

(2) Streitgegenstand wäre hier die Weigerung des Abgeordneten, sein Mandat niederzulegen.

(3) Antragsbefugnis: die Möglichkeit einer Verletzung der Partei in ihren Rechten dürfte im Rahmen der Zulässigkeitsprüfung wohl zu bejahen sein.

(4) Form- und Fristerfordernisse müssten gewahrt sein.

Frage 2:

Die Partei müsste zivilrechtlich gegen den Abgeordneten vorgehen, der dann die Nichtigkeit des Versprechens geltend machen könnte; verneint das Gericht die Nichtigkeit, so müsste der Abgeordnete Verfassungsbeschwerde wegen Verletzung des Art. 38 GG (in Art. 93 Abs. 1 Nr 4a GG genannt) durch das Gericht geltend machen; es wäre dies einer der Fälle, in denen der einzelne Abgeordnete seine Rechte im Wege der Verfassungsbeschwerde geltend zu machen hat[75], Rn 766.

Fall 69: Gentechnik (Rn 654) 822

Ähnlich wie im Fall 91 könnte hier der Bundesrat die Beschlussfassung über das Gesetz durch den Bundestag oder auch die Ausfertigung des Gesetzes durch den Bundespräsidenten zum Gegenstand eines Organstreitverfahrens machen. Andererseits kommt ein Normenkontrollantrag gegen das ausgefertigte und verkündete Gesetz in Betracht; dieser müsste dann jedoch von einer Landesregierung gestellt werden; regelmäßig wird dieses Verfahren gewählt, da hier der Prüfungsmaßstab umfassend ist und keine Antragsfrist gilt.

Fall 71: Richtlinienfall (Rn 656) 823

Streitigkeiten zwischen Bundesrat und Bundesregierung als Verfassungsorganen des Bundes sind im Organstreitverfahren zu klären.

Bei den Zulässigkeitsvoraussetzungen könnte hier das Vorliegen eines geeigneten **Streitgegenstandes** fraglich sein. Es geht um das Abstimmungsverhalten der Bundesregierung bzw ihres Vertreters im Rat der Europäischen Gemeinschaft. Hierbei handelt es sich um eine Maßnahme, die die Bundesregierung bzw deren Vertreter als **Mitglied eines Organs der Europäischen Gemeinschaft** trifft. Doch wird hierbei auch für die Bundesregierung gehandelt. Das Abstimmungsverhalten bedeutet auch die Umsetzung der innerstaatlichen Willensbil-

75 BVerfGE 108, 251, 266.

dung auf Unionsebene. Wenn hierbei ein Votum des Bundesrats übergangen wird, so liegt hierin eine rechtserhebliche Maßnahme auch diesem gegenüber. Der Antrag kann jedoch erst gestellt werden, wenn eine entsprechende Maßnahme vorliegt. Deshalb kommt hier der Erlass einer **einstweiligen Anordnung** in Betracht, § 32 BVerfGG. Er wäre darauf zu richten, der Bundesregierung bis zur Entscheidung in der Hauptsache die Zustimmung zu untersagen.

Zulässigkeit des Antrags: Der Antrag auf Erlass einer eA ist in allen Verfahrensarten statthaft; Voraussetzung ist nur Zuständigkeit des BVerfG in der Hauptsache; diese ist hier gegeben (s.o.); der Antrag ist auch vor Einleitung des Hauptsacheverfahrens zulässig: zu den weiteren Zulässigkeitsvoraussetzungen s. Rn 811 – eine Vorwegnahme der Hauptsache ist bei bloßem Hinausschieben der Zustimmung nicht gegeben.

Begründetheit: Die erforderliche Abwägung dürfte hier zugunsten des Antrags ausgehen: bei Zustimmung zur Richtlinie würden nicht rückgängig zu machende Bindungen eingegangen; wird dem Antrag auf Erlass der eA stattgegeben, so tritt lediglich eine zeitliche Verzögerung ein.

824 **Fall 73: Flick II (Misstrauensvotum gegen Minister)** (Rn 684)

Die Streitfragen sind im *Organstreitverfahren* zu klären.

1. Bundestag – Bundeskanzler: Der Bundeskanzler ist hier möglicher Antragsgegner als „anderer Beteiligter", der insoweit in Wahrnehmung eigener grundgesetzlicher Befugnisse (Art. 64 Abs. 1 GG) entscheidet.

2. Bundesminister – Bundeskanzler:

(1) Beteiligtenfähigkeit Antragsteller und Antragsgegner

a) Antragsteller: M ist als „anderer Beteiligter" mit eigenen Rechten ausgestattet (Ressortprinzip, Art. 65 S. 2 GG).

b) Antragsgegner: auch der Bundeskanzler ist durch Art. 64 Abs. 1 und durch Art. 65 S. 1 GG mit eigenen Rechten ausgestattet und als „anderer Beteiligter" beteiligtenfähig.

(2) Ob hier eine rechtserhebliche Maßnahme als geeigneter Streitgegenstand gegeben ist, könnte fraglich sein, weil hier ein **„In-sich-Streit"** innerhalb der Bundesregierung vorliegt. Da aber die Rechtsstellung des Ministers innerhalb der Bundesregierung betroffen ist, liegt eine rechtserhebliche Maßnahme vor. Fraglich könnte nur sein, ob bereits das Entlassungsersuchen des Bundeskanzlers eine rechtserhebliche Maßnahme darstellt, oder erst Entlassung durch Bundespräsidenten; nimmt man Letzteres an, ist die Klage gegen diesen zu richten, der Antrag gegen Bundeskanzler unzulässig.

(3) Antragsbefugnis: Zw ist hier, ob überhaupt ein Recht des Ministers auf Verbleib in der Regierung angenommen werden kann, da der Bundeskanzler jederzeit seine Entlassung vorschlagen kann. Es dürfte aber doch ein Recht darauf bestehen, dass ein Entlassungsersuchen unter Beachtung der rechtlichen Voraussetzungen erfolgt. M müsste also darlegen, dass Bundeskanzler etwa rechtsfehlerhaft Bindung durch Beschluss des Bundestags oder Koalitionsabrede angenommen hat. Dies gilt auch für einen – reichlich theoretischen – Antrag des M gegen den **Bundespräsidenten**.

3. Bundeskanzler – Bundespräsident: Eine Weigerung des Bundespräsidenten, M zu entlassen, könnte Gegenstand eines Organstreitverfahrens sein. Im Verhältnis **Bundesminister – Bundestag** ist zw, ob das Votum des Bundestags schon eine *rechtserhebliche* Maßnahme darstellt.

Fall 74: Minister Ratlos (Rn 685) 825

Hier kommt ein Antrag des Ministers im Organstreitverfahren in Betracht.

(1) Zur Beteiligtenfähigkeit des Ministers als Antragsteller und des Bundeskanzlers als Antragsgegner s. zu Fall 73.

(2) Streitgegenstand: Anweisung des Bundeskanzlers an den Fachminister als rechtserhebliche Maßnahme.

(3) Antragsbefugnis: Ressortkompetenz des Bundesministers, Art. 65 S. 2 GG.

Beachte: In einem Rechtsstreit um die Rechtmäßigkeit der dann erteilten Genehmigung können diese Fragen der Organstellung der Mitglieder der Bundesregierung nicht geltend gemacht werden.

Der **Bundestag** kann kein Organstreitverfahren einleiten, da kein denkbarer Rechtsanspruch auf Beachtung der Resolution durch Bundesregierung besteht.

Fall 77: Prüfungsrecht (Rn 720) 826

Wenn der Bundespräsident ein Gesetz nicht ausfertigt, dann kann der Bundestag, da er in seinen Kompetenzen als Verfassungsorgan (Gesetzgebung) betroffen ist, den Antrag nach Art. 93 Abs. 1 Nr 1 GG stellen. Hätte der Bundespräsident das Gesetz ausgefertigt, so wäre der Bundesrat antragsbefugt, da dann möglicherweise seine Rechte als Verfassungsorgan nicht gewahrt sind.

Ist das Gesetz ausgefertigt und verkündet worden, so könnte eine Landesregierung den Antrag im Verfahren der abstrakten Normenkontrolle stellen.

2. Bund-Länder-Streit

Fall 48/Fall 51: Deutschland-Fernsehen-GmbH (Rn 462, 483) 827

Die Länder, die sich durch die Vorgehensweise der Bundesregierung übergangen bzw in ihren Verwaltungskompetenzen beeinträchtigt fühlen, könnten dies im Rahmen eines **Bund-Länder-Streits** nach Art. 93 Abs. 1 Nr 3 GG, §§ 13 Nr 7, 68 ff BVerfGG geltend machen.

Zulässigkeit:

(1) Beteiligtenfähigkeit Antragsteller und Antragsgegner

a) Für die Länder, hier als Antragsteller: nur Landesregierung, § 68 BVerfGG

b) Für den Bund, hier als Antragsgegner: Bundesregierung, § 68 BVerfGG

(2) Streitgegenstand: in der Gründung der Deutschland-Fernsehen-GmbH liegt eine rechtserhebliche Maßnahme des Bundes; dem steht auch nicht entgegen, dass diese in Privatrechtsform erfolgte, da auch insoweit die rechtlichen Bindungen aus der Kompetenzordnung des Grundgesetzes gelten.

(3) Antragsbefugnis: die antragstellende Landesregierung muss eine Verletzung der Rechte des Landes plausibel geltend machen. Hier kommt sowohl ein unzulässiger Eingriff in Verwaltungskompetenzen des Landes als auch eine Verletzung des Grundsatzes der Bundestreue in Betracht.

(4) Für die Antragsfrist gilt § 69 iVm § 64 Abs. 3 BVerfGG; von der Wahrung der Schriftform nach § 23 Abs. 1 S. 1 BVerfGG ist auszugehen.

Der Antrag ist zulässig.

828 **Fall 54: FAG/Fall 45: Wahltermin** (Rn 517, 444):

Ob gleichzeitig im **Erlass des Gesetzes** – FAG – eine rechtserhebliche Maßnahme iSv § 69 iVm § 64 Abs. 1 BVerfGG gesehen werden kann – wie dies beim Organstreitverfahren gehandhabt wird –, ist str[76]. Ein Bedürfnis hierfür besteht nicht, da die Landesregierungen antragsberechtigt im Verfahren der abstrakten Normenkontrolle sind. Sollte hier neben dem Normenkontrollverfahren ein Bund-Länder-Streit in Betracht gezogen werden, so müsste das Land, das glaubt, entweder zu wenig zu bekommen oder zu viel abgeben zu müssen, sich auf seine Rechte aus Art. 107 Abs. 2 GG und dem „bündischen Prinzip des Einstehens füreinander" berufen. Sowohl Normenkontrollverfahren als auch Bund-Länder-Streit kommen im Fall der **Grundgesetzänderung** zur Einführung eines **einheitlichen Wahltermins** im Fall 45 in Betracht.

Fall 52: Bildungspakt (Rn 484)

Ein Antrag im *Bund-Länder-Streit*, Art. 93 Abs. 1 Nr 3 GG, kann dann gestellt werden, wenn eine *rechtserhebliche Maßnahme* vorliegt, also das Programm tatsächlich durchgeführt wird, noch nicht beim bloßen Angebot des Bundes.

829 **Fall 53: Energiewende III – Atomrechtliche Weisung** (Rn 485)

(1) Beteiligtenfähigkeit Antragsteller und Antragsgegner

a) Für das Land als Antragsteller: Landesregierung, § 68 BVerfGG

b) Für den Bund als Antragsgegner: Bundesregierung, § 68 BVerfGG

(2) Streitgegenstand: Die Weisung an das Land stellt eine rechtserhebliche Maßnahme dar; für die Vornahme der Sachaufklärung könnte dies zweifelhaft sein, da diese nur der Entscheidungsvorbereitung dient. Doch liegt darin auch die Übernahme der Sachkompetenz durch die Bundesregierung; insoweit wird im Verhältnis zum Land ebenfalls eine rechtserhebliche Maßnahme getroffen.

(3) Die Antragsbefugnis folgt aus einer möglichen Verletzung des Landes in seinen Rechten aus Art. 85 GG, das Land kann dabei nur die spezifischen Voraussetzungen der Erteilung einer Weisung geltend machen, nicht generell deren materielle Rechtswidrigkeit (Rn 493 f).

(4) Von einem form- und fristgerechten Antrag ist mangels entgegenstehender Anhaltspunkte im Sachverhalt auszugehen.

Der Antrag ist zulässig.

830 **Fall 58: Kulturabkommen** (Rn 554)

a) Ob die Bundesregierung den Vertrag abschließen durfte, kann sowohl im Bund-Länder-Streit geklärt werden – relevante Maßnahme ist dann der Vertragsschluss –, als auch im Normenkontrollverfahren; dessen Gegenstand wäre das Zustimmungsgesetz zum Vertrag. Allerdings bleibt die völkerrechtliche Verbindlichkeit des Vertrags hiervon unberührt.

b) Gegen das Bundesgesetz zur Ausführung des Vertrags ist Normenkontrolle möglich; zur Frage eines Gesetzes als Gegenstand des Verfahrens nach Art. 93 Abs. 1 Nr 3 GG s. vorstehend Rn 769, 828.

76 *Schlaich/Korioth*, Rn 99; *Hillgruber/Goos* Rn 434.

Fall 59: Grenzabkommen (Rn 555)

Da der Vertragsschluss eine rechtserhebliche Maßnahme darstellt, kann er Gegenstand eines Bund-Länder-Streits sein. Allerdings hat die Bundesregierung die Möglichkeit, nach Art. 32 Abs. 3 GG die Zustimmung zum Vertragsschluss zu verweigern; unterlässt sie dies, dürfte es am Rechtsschutzbedürfnis fehlen. Dann könnte die Bundesregierung aber immer noch das Zustimmungsgesetz des Landes im Wege der abstrakten Normenkontrolle angreifen; hierbei handelt es sich um ein objektives Beanstandungsverfahren.

3. Sonstige föderale Streitigkeiten

Fall 46: Hochschulen (Rn 460) 831

Da hier die Rechte und Pflichten der Länder im Verhältnis zueinander nach dem Grundgesetz in Frage stehen, kommt ein **Zwischen-Länder-Streit** nach Art. 93 Abs. 1 Nr 4, 2. Variante GG, §§ 13 Nr 8, 71 ff BVerfGG in Betracht.

Zulässigkeit:

(1) Beteiligtenfähigkeit Antragsteller und Antragsgegner

a) Als Antragsteller kommen hier für die Länder A und B die jeweilige Landesregierung, § 71 Abs. 1 Nr 2 BVerfGG, in Betracht.

b) Für das Land L als Antragsgegner ist dessen Landesregierung beteiligtenfähig.

(2) Streitgegenstand: Die Weigerung des Landes, sich in der Frage der Studiengebühren mit den anderen Ländern abzustimmen, kommt hier als rechtserhebliche Maßnahme in Betracht. Es muss sich dabei um eine verfassungsrechtlich erhebliche Maßnahme handeln – dies ist der Fall, da das Verhalten des L mögliche Verfassungspflichten zwischen den Ländern berührt.

(3) Fraglich könnte sein, ob allein die Berufung auf den Grundsatz der Bundestreue, der auch zwischen den Ländern gilt, ausreicht, um die Antragsbefugnis zu begründen; im Verhältnis zwischen den Ländern ergeben sich hieraus jedoch Abstimmungspflichten im Zuge der Kompetenzwahrnehmung, deren Verletzung gerügt werden könnte.

(4) § 64 Abs. 3 BVerfGG gilt über § 71 Abs. 2 BVerfGG entsprechend; der Antrag muss also innerhalb von sechs Monaten ab Erkennbarkeit der Weigerung des Landes L gestellt werden.

Im **Fall 49 – Eros-TV –** (Rn 463) ist der Inhalt des Vertrags verwaltungsrechtlicher Natur. Es kommt daher kein **Zwischen-Länder-Streit** nach Art. 93 Abs. 1 Nr 4, 2. Variante GG, §§ 13 Nr 8, 71 ff BVerfGG in Betracht[77]; es fehlt an einem zulässigen Streitgegenstand. Es besteht vielmehr eine erst- und letztinstanzliche Zuständigkeit des **BVerwG**, § 50 Abs. 1 Nr 1 VwGO.

4. Normenkontrollverfahren

832 Die Verfassungsmäßigkeit eines **Gesetzes** kann im Wege der *abstrakten Normenkontrolle* nach Art. 93 Abs. 1 Nr 2 GG, §§ 13 Nr 6, 76 ff BVerfGG (Rn 774 ff) zu verfassungsgerichtlicher Überprüfung gebracht werden. Der Antrag kann jedoch nur von Bundesregierung, Landesregierungen und 1/4 der Mitglieder des Bundestags gestellt

77 *Benda/Klein*, Rn 1120.

werden. Der einzelne Bürger kann Verfassungsbeschwerde unmittelbar gegen das Gesetz einlegen, wenn dieses ihn auch unmittelbar in seinen Rechten betrifft; in aller Regel aber muss er zunächst den (Verwaltungs-)Rechtsweg beschreiten und kann dann in einer Verfassungsbeschwerde mittelbar die Verfassungswidrigkeit des Gesetzes geltend machen. Schließlich kann das konkrete Normenkontrollverfahren (Richtervorlage) nach Art. 100 Abs. 1 GG durchgeführt werden. – Bei **untergesetzlichen Normen** (RVO, Satzung) besteht die Möglichkeit der verwaltungsgerichtlichen Normenkontrolle nach § 47 Abs. 1 Nr 2 VwGO, allerdings nicht gleichermaßen in allen Bundesländern. Die Richtervorlage nach Art. 100 Abs. 1 GG scheidet aus, da das Gericht die Verwerfungskompetenz hat. IÜ kommen abstrakte Normenkontrolle und Verfassungsbeschwerde in Betracht.

a) Abstrakte Normenkontrolle

833 Das Verfahren der **abstrakten Normenkontrolle** nach Art. 93 Abs. 1 Nr 2 GG, §§ 13 Nr 6, 76 ff BVerfGG kommt grundsätzlich immer dann in Betracht, wenn nach der Gültigkeit eines Gesetzes gefragt wird, also ua in **Fall 6 Legislaturperiode** (Rn 66): auch das Gesetz zur Änderung des Grundgesetzes ist geeigneter Antragsgegenstand.

834 Geeigneter Antragsgegenstand ist in **Fall 11** das **Zustimmungsgesetz** zum Vertrag über eine europäische Verfassung.

Fall 11: Europäische Verfassung (Rn 117)

Zulässigkeit des Antrags nach Art. 93 Abs. 1 Nr 2 GG, §§ 13 Nr 6, 76 ff BVerfGG

(1) Antragsberechtigung: Landesregierung L.

(2) Antragsgegenstand: Das Zustimmungsgesetz zum Vertrag über eine Europäische Verfassung ist auch dann geeigneter Antragsgegenstand, wenn es zwar schon nach Art. 78 GG zustandegekommen, aber noch nicht ausgefertigt und verkündet ist.

(3) „Meinungsverschiedenheiten und Zweifel“: Da die Antragstellerin von der Verfassungswidrigkeit überzeugt ist und damit auch die gegenüber Art. 93 Abs. 1 Nr 2 GG engeren Voraussetzungen des § 76 Abs. 1 Nr 1 BVerfGG erfüllt sind, stellt sich hier nicht die Frage, ob § 76 BVerfGG eine verfassungskonforme Einschränkung des Art. 93 Abs. 1 Nr 2 GG bewirken kann.

(4) Die Schriftform des § 23 Abs. 1 S. 1 BVerfGG ist zu wahren. Der Antrag ist nicht fristgebunden.

Die Zustimmung zu einem völkerrechtlichen Vertrag wie hier dem Verfassungsvertrag wäre zudem typischer Anwendungsfall für einen Antrag auf Erlass einer **einstweiligen Anordnung**, hier des Inhalts, der Bundesregierung aufzugeben, die Ratifikationsurkunden erst nach Entscheidung des BVerfG in der Hauptsache zu hinterlegen.

Zulässigkeit des Antrags:

(1) Statthaftigkeit: Zuständigkeit des BVerfG in der Hauptsache ist gegeben.

(2) Antragsberechtigt ist jeder, der im Hauptsacheverfahren beteiligt sein kann – hier also die Landesregierung L.

(3) Ein Antrag im Hauptsacheverfahren ist zulässig.

(4) Vorwegnahme der Hauptsache tritt nicht ein, da das Inkrafttreten des Vertrags allenfalls (je nach Ratifikation in den anderen Mitgliedstaaten) verzögert wird.

Begründetheit: Bei Nichterlass der eA und Erfolg in der Hauptsache würde ein nur schwer rückgängig zu machender Eingriff in zentrale Elemente der Verfassungsordnung erfolgen; im umgekehrten Fall tritt allenfalls eine zeitliche Verzögerung des Ratifikationsprozesses ein. Dies muss hier zum Erlass der eA führen.

Daneben kommt auch die **Verfassungsbeschwerde** von Bürgern wegen Verletzung ihrer Rechte aus Art. 38 GG in Betracht: wenn dem gewählten Parlament substanzielle Rechte entzogen werden, führt dies zu einer Verkürzung der staatsbürgerlichen Rechte nach Art. 38 GG.

Das Verfahren der **abstrakten Normenkontrolle** kommt in den **Fällen 13–17** (Rn 150–157) in Betracht, wenn dort die Kompetenz des Bundes bzw der Länder in Frage steht – auch für die Prüfung von Landesgesetzen ist das BVerfG zuständig. Um die Verfassungsmäßigkeit von Gesetzen geht es auch in den **Fällen 12 und 23** (Rn 136, 287); zum Gesetzesbegriff und zum Verhältnis der Gesetzgebung zu anderen Teilgewalten; ebenso in den Rückwirkungsfällen, **Fälle 34–37** (Rn 364–367). In den **Fällen 26 und 30** (Rn 290, 327) geht es um untergesetzliches Recht. Auch dieses kann Gegenstand der abstrakten Normenkontrolle sein, kann jedoch auch in verwaltungsgerichtlichen Verfahren inzidenter geprüft werden; das Gericht hat dann auch die Verwerfungskompetenz (Rn 339, 784). 835

b) Konkrete Normenkontrolle

Im **Fall 16: Sicherungsverwahrung** (Rn 152) hat die zuständige Strafvollstreckungskammer, die mit dem Antrag auf Anordnung der unbefristeten Unterbringung angerufen wurde, erhebliche Zweifel an der Verfassungsmäßigkeit des Gesetzes; sie zögert deshalb, die Unterbringung anzuordnen, obschon die Voraussetzungen hierfür nach dem Gesetz ihrer Auffassung nach eindeutig vorliegen. Wie hat sie zu entscheiden? Die Kammer darf bei Zweifeln an der Verfassungsmäßigkeit eines Gesetzes nicht etwa von dessen Anwendung absehen, sondern hat sich eine abschließende Überzeugung zu bilden und dann ggf die Frage dem BVerfG vorzulegen. Hierfür ist das Verfahren der konkreten Normenkontrolle (Richtervorlage), Art. 100 Abs. 1 GG, §§ 13 Nr 11; 80 ff BVerfGG einschlägig. 836

Zulässigkeit des Antrags

(1) Vorlageberechtigung: die Strafvollstreckungskammer ist Gericht iSd Art. 92 GG und damit auch des Art. 100 Abs. 1 GG.

(2) Geeigneter Verfahrensgegenstand sind nur formelle, nachkonstitutionelle Gesetze; hierunter fällt auch das Landesgesetz über die nachträgliche Sicherungsverwahrung.

(3) Das vorlegende Gericht muss von der Nichtigkeit des Gesetzes überzeugt sein. Bloße Zweifel genügen nicht. Die Kammer muss sich also eine abschließende Meinung bilden und im Fall ihrer Überzeugung von der Nichtigkeit des Gesetzes dies in ihrem Vorlagebeschluss darlegen.

(4) Entscheidungserheblichkeit des Gesetzes ist lt. Sachverhalt zu bejahen, da bei Gültigkeit des Gesetzes die Anordnung auszusprechen wäre, bei Nichtigkeit hierfür keine Rechtsgrundlage gegeben wäre.

Die Vorlage ist zulässig. Sie ist auch **begründet**, da das Land nicht zuständig für den Erlass des Gesetzes war. Das BVerfG hat das Gesetz allerdings nicht für nichtig erklärt, sondern seine befristete Fortgeltung angeordnet[78].

837 Im **Fall 32** (Rn 347) ist demgegenüber von den Gerichten keinesfalls ein Vorlageverfahren in Betracht zu ziehen. Es handelt sich hier um allgemeine Verwaltungsvorschriften, *keine Rechtsnormen*, mithin ist kein Normprüfungsverfahren eröffnet, sondern es sind die verwaltungsgerichtlichen Rechtsbehelfe zu ergreifen. Die Gerichte sind an die Verwaltungsvorschriften grundsätzlich nicht gebunden. Nach Rechtswegerschöpfung kann ggf Verfassungsbeschwerde zum BVerfG eingelegt werden.

5. Verfassungsbeschwerdeverfahren

838 Verfassungsbeschwerde könnte im **Fall 1: Rettungsschirm** (Rn 23) erhoben werden.

I. **Zulässigkeit:**

(1) Der Beschwerdeführer ist grundrechtsfähig und deshalb auch beschwerdefähig; dass er als Abgeordneter bei Verletzung seiner Abgeordnetenrechte ein Organstreitverfahren einleiten könnte, ändert nichts daran, dass er als Bürger Verfassungsbeschwerde einlegen kann.

(2) Beschwerdegegenstand ist hier das Zustimmungsgesetz zu dem völkerrechtlichen Vertrag über die Einrichtung des Fonds.

(3) Beschwerdebefugnis:

a) Eine Verletzung des F in seinem Recht aus Art. 38 Abs. 1 S. 1 GG – Wahlrecht – ist hier jedenfalls nicht ausgeschlossen, denn hieraus folgt auch ein Recht darauf, dass der Bundestag mit hinreichenden Befugnissen ausgestattet bleibt.

b) F ist als Grundrechtsträger selbst betroffen; gegenwärtiges Betroffensein ist hier bereits mit der Verabschiedung des Gesetzes anzunehmen; unmittelbares Betroffensein ist ebenfalls zu bejahen, da der Eingriff in die Befugnisse des Parlaments bereits in der Verabschiedung des Gesetzes liegt.

(4) Ein Rechtsweg iSv § 90 Abs. 2 S. 1 BVerfGG ist gegen das Gesetz nicht gegeben.

(5) Einhaltung der Form- und Fristerfordernisse kann unterstellt werden.

Die Verfassungsbeschwerde ist zulässig.

II. Sie ist **begründet**, wenn F durch die angegriffenen Hoheitsakte in seinen Grundrechten oder grundrechtsgleichen Rechten verletzt ist.

III. **Entscheidung** des BVerfG: es stellt die Verfassungswidrigkeit des Gesetzes fest und erklärt es für nichtig; dies würde allerdings, wenn der Vertrag bereits in Kraft getreten ist, nichts an dessen völkerrechtlicher Verbindlichkeit ändern; zum Antrag auf einstweilige Anordnung Rn 810.

839 Im **Fall 5: Front national allemand** (Rn 45) ist die Partei nicht als Beteiligte des Verfassungslebens betroffen, sondern steht in einem Über-Unterordnungs-Verhältnis zur hoheitlichen Gewalt des Staates. Deshalb kann sie insoweit nach hM keinen Antrag im Organstreitver-

78 BVerfGE 109, 190, 235 f.

fahren stellen, sondern ist darauf verwiesen, Verfassungsbeschwerde zu erheben; im **Fall 5a** gestützt auf Art. 21 iVm Art. 3 Abs. 1 GG, im **Fall 5b** gestützt auf **Art. 8 GG**: die Partei als Veranstalter einer Demonstration (= Versammlung iSv Art. 8 GG) kann sich auf dieses Grundrecht berufen. Im **Fall 4b** (HessPrivatrundfunkG, Rn 44) hatten die Mitglieder der SPD-Fraktion im Bundestag Normenkontrollantrag nach Art. 93 Abs. 1 Nr 2 GG gestellt; der Antrag kann sich auch gegen Landesrecht richten. Die Partei selbst hätte Verfassungsbeschwerde, gestützt auf Art. 5 Abs. 1 S. 2 GG iVm Art. 21 GG erheben können: im **Fall 4a** (Fernsehrat, Rn 44) ist derzeit ein Verfahren der abstrakten Normenkontrolle anhängig; Prüfungsgegenstand sind die Zustimmungsgesetze der Länder zum Staatsvertrag. 840

Verfassungsbeschwerde müsste der Nachbar auch im **Fall 12/22: Investitionsmaßnahmegesetz** (Rn 136, 277) erheben: Beschwerdegegenstand ist dann das Gesetz unmittelbar, gegen das ein anderweitiger Rechtsweg nicht eröffnet ist. 841

Im **Fall 24 – Paparazzi** (Rn 279) muss die im Zivilverfahren endgültig unterlegene Partei Verfassungsbeschwerde gegen das sie beschwerende Urteil einlegen; dieses ist ein Akt öffentlicher Gewalt. Da es in einem Rechtsstreit zwischen Privaten ergangen ist, prüft das BVerfG nur, ob das Gericht grundrechtliche Wertungen verkannt hat (s. **Klausurenband I Fall 15 und II Fall 13**). Im Fall der **Warnung** vor den Jugendsekten – **Fall 27** – (Rn 291) kann die betroffene Vereinigung dann erst Verfassungsbeschwerde gegen die Äußerungen des Ministers erheben, wenn sie zunächst erfolglos vor den Verwaltungsgerichten auf Widerruf geklagt und dabei den Rechtsweg ausgeschöpft hat. Verfassungsbeschwerden sind der geeignete Rechtsbehelf auch in den Fällen, in denen Verfahrensbeteiligte sich in ihren Rechten aus Art. 101, 103 GG oder auch in ihrem Recht auf ein faires Verfahren verletzt fühlen. 842

Im **Fall 50 – Rundfunkbeitrag I** (Rn 464) – kann unmittelbar gegen den Staatsvertrag bzw das Zustimmungsgesetz des Landes zum Staatsvertrag keine Verfassungsbeschwerde erhoben werden, da hierdurch der beitragspflichtige Bürger noch nicht unmittelbar betroffen ist. Vielmehr muss er einen Beitragsbescheid der zuständigen Rundfunkanstalt abwarten, gegen diesen Klage vor dem zuständigen Verwaltungsgericht erheben und hierbei die Verfassungswidrigkeit des Gesetzes zum Staatsvertrag geltend machen; erst dann, wenn er letztinstanzlich unterliegt, kann er Verfassungsbeschwerde mit der Begründung erheben, das Gericht habe auf verfassungswidriger Gesetzesgrundlage entschieden und ihn hierdurch in seinen Grundrechten verletzt; sollte das Verwaltungsgericht von der Verfassungswidrigkeit des Gesetzes überzeugt sein, hätte es nach Art. 100 Abs. 1 GG dem BVerfG im Wege der konkreten Normenkontrolle vorzulegen; gelangte es zur Auffassung, der Rundfunkbeitrag sei unvereinbar mit dem unionsrechtlichen Beihilfeverbot, könnte es die Frage nach Art. 267 AEUV (Rn 262 ff, 268) dem EuGH vorlegen; das BVerwG als letztinstanzliches Gericht wäre hierzu verpflichtet. 843

Fall 41: Vorlage zum EuGH (Rn 425) 844

I. Zulässigkeit einer Verfassungsbeschwerde:

(1) Beschwerdefähigkeit: Träger der Prozessgrundrechte ist jeder Verfahrensbeteiligte.

(2) Beschwerdegegenstand ist hier das letztinstanzliche Urteil des BVerwG, da diesem die Vorlagepflicht oblag.

(3) Da der EuGH gesetzlicher Richter ist, ist eine Verletzung des Grundrechts oder grundrechtsgleichen Rechts aus Art. 101 Abs. 1 S. 2 GG jedenfalls nicht ausgeschlossen; die Beschwerdeführerin ist auch selbst, gegenwärtig und unmittelbar betroffen.

(4) Der Rechtsweg ist erschöpft.

(5) Die Verfassungsbeschwerde muss innerhalb der Monatsfrist des § 93 Abs. 1 BVerfGG eingelegt und begründet werden.

II. Begründetheit: Die angegriffene Entscheidung müsste auf einer „offensichtlich unhaltbaren" Rechtsanwendung[79] beruhen, vgl Rn 432.

III. Entscheidung des BVerfG: in diesem Fall wird das BVerfG die Entscheidung aufheben und die Sache an das BVerwG zurückverweisen, § 95 Abs. 2 BVerfGG.

845 Im **Fall 42: Kanzleigehilfe** (Rn 434) kommt Verfassungsbeschwerde gegen die Entscheidung des Gerichts in Betracht, die auf Art. 103 Abs. 1 GG zu stützen wäre.

§ 12 Landesverfassungsgerichtsbarkeit

I. Verfassungsgerichtsbarkeit in den Ländern: die wichtigsten Verfahrensarten

846 Mit Schleswig-Holstein als letztem Bundesland haben nun alle Länder eigene Verfassungsgerichte eingerichtet, deren Bedeutung und tatsächliche Inanspruchnahme jedoch sehr unterschiedlich ist. Eine voll ausgebaute, Rechtsbehelfe des Bürgers einschließende Verfassungsgerichtsbarkeit kannten zunächst Bayern und Hessen; hierfür haben sich auch die neuen Bundesländer und Berlin entschieden. Im Folgenden wird ein Überblick über die wichtigsten Verfahrensarten und Besonderheiten gegeben[1].

Baden-Württemberg

847 Hier besteht gemäß Art. 68 BWVerf auf Grund des Gesetzes über den Staatsgerichtshof vom 13. Dezember 1954 der **Staatsgerichtshof** mit Sitz in Stuttgart, dessen 9 Mitglieder vom Landtag gewählt werden (Art. 68 Abs. 3 BWVerf). Seine Zuständigkeiten ergeben sich aus Art. 68 Abs. 1 BWVerf und § 8 BWStGHG.

Die wichtigsten Verfahren:

Für das Verfahren der Auslegung der Verfassung bei Verfassungsstreitigkeiten (**Organstreitverfahren**), Art. 68 Abs. 1 Nr 1 BWVerf, §§ 44 ff BWStGHG sind die Zulässigkeitsvoraussetzungen dem Verfahren vor dem BVerfG nachgebildet; im Verfahren der **abstrakten Normenkontrolle**, Art. 68 Abs. 1 Nr 2 BWVerf, §§ 48 ff BWStGHG besteht die Besonderheit, dass jede Norm des Landesrechts Prüfungsgegenstand ist, der StGH aber nur am Maßstab der Verfassung und – bei untergesetzlichem Recht – nicht sonstigen Landesrechts prüft. Bei der **konkreten Normenkontrolle**, Art. 68 Abs. 1 Nr 3 BWVerf, § 51 BWStGHG erfolgt die Vorlage über das zuständige oberste Gericht des Landes (zB VGH oder OLG). Eine **präventive Normenkontrolle** eröffnet Art. 64 Abs. 1 S. 3 BWVerf für **Verfassungsänderungen**.

---

79 BVerfGE 82, 159, 195 f.

1 Für Einzelheiten s. *Pestalozza*, Verfassungsprozeßrecht, 2. Teil – die Landesverfassungsgerichte.

Bayern

Der **Bayerische Verfassungsgerichtshof** besteht auf Grund des Gesetzes über den Verfassungsgerichtshof vom 22. Juli 1947 (idF vom 10. Mai 1990) und der Art. 60 ff BayVerf. Er entscheidet in unterschiedlicher Besetzung je nach Verfahrensart nach Maßgabe des BayVerfGHG[2]. Der BayVerfGH ist also „älter" als das BVerfG; dem gemäß sind die unterschiedlichen Verfahren, anders als bei den neueren Landesverfassungsgerichten, nicht durchweg an die bundesverfassungsgerichtlichen Verfahren angepasst. Deshalb und auch wegen der umfangreichen Rechtsprechungstätigkeit des BayVerfGH ist hierauf ausführlicher einzugehen. **848**

Keine Besonderheiten bestehen allerdings beim **Organstreitverfahren**, Art. 64 BayVerf, Art. 49 BayVerfGHG, sieht man davon ab, dass hier auch das Volk im Zusammenhang mit Volksbegehren beteiligtenfähig ist. Auch Meinungsverschiedenheiten über die Zulässigkeit einer Verfassungsänderung können Verfahrensgegenstand sein, Art. 75 Abs. 3 BayVerf. Im Verfahren der konkreten Normenkontrolle, Art. 65, 92 BayVerf, sind nach Art. 50 Abs. 1 BayVerfGHG auch untergesetzliche Vorschriften iFd Unvereinbarkeit mit der BayVerf vorlagefähig.

Verfassungsbeschwerde, Art. 66, 120 BayVerf, Art. 2 Nr 6, 51 ff BayVerfGHG: **849**

Zulässigkeitsvoraussetzungen:

(1) *Statthaftigkeit*

Gegenstand der Verfassungsbeschwerde sind gem. Art. 120 BayVerf Maßnahmen einer (bayerischen) „Behörde", nicht wie bei der VB zum BVerfG generell Akte hoheitlicher Gewalt. Auch Rechtsprechungsakte werden darunter gefasst (vgl Art. 51 Abs. 1 S. 2 BayVerfGHG), nicht aber Rechtsetzungsakte (→ Popularklage), auch nicht der Exekutive.

(2) *Beteiligtenfähigkeit*

Der Bf muss Träger subjektiver verfassungsmäßiger Rechte aus der BayVerf sein; beteiligtenfähig können daher auch juristische Personen des öffentlichen Rechts sein – zu beachten ist, dass der BayVerfGH Gemeinden als grundrechtsfähig nach Landesverfassungsrecht sieht[3], jedenfalls was ihr Eigentum betrifft. Nach Art. 120 BayVerf kann „jeder Bewohner Bayerns" VB einlegen – wegen Art. 33 Abs. 1 GG ist diese Einschränkung bedeutungslos.

(3) *Antragsbefugnis*

Bf muss geltend machen: Verletzung subj. Rechte aus der BayVerf; Bf muss selbst, gegenwärtig und unmittelbar betroffen sein (wie bei VB zum BVerfG).

(4) *Rechtswegerschöpfung*, Art. 51 Abs. 2 S. 1 BayVerfGHG.

(5) *Fristen:* Art. 51 Abs. 2 S. 2 BayVerfGHG: grundsätzlich 2 Monate nach Erschöpfung des Rechtswegs; Ausnahmen: s. Art. 51 Abs. 3 S. 3, Abs. 4 BayVerfGHG.

(6) *Form:* Schriftform erforderlich, Art. 14 Abs. 1 S. 1 BayVerfGHG.

Die VB ist **begründet**, wenn Verwaltungsbehörde bzw Gericht gegen subjektive Rechte verbürgende Normen der BayVerf verstoßen hat; wie das BVerfG, ist auch der BayVerfGH keine Superrevisionsinstanz.

Entscheidung des BayVerfGH: grundsätzl. Feststellung der Verfassungsverletzung und Aufhebung der angegriffenen Entscheidung. Für die **Aufhebung gerichtlicher Entscheidungen** im Verfahren der Verfassungsbeschwerde durch Landesverfassungsgerichte s. Rn 869 ff.

---

2 Vgl auch *Pestalozza*, NVwZ 1991, 1059 und *Schmitt Glaeser*, NVwZ 1992, 443; *Schmitt Glaeser/Horn*, BayVBl 1994, 289.

3 Vgl BayVerfGHE 24, 48; 37, 101.

850 **Popularklage**, Art. 98 S. 4 BayVerf, Art. 2 Nr 7, 55 BayVerfGHG:

Eine Besonderheit der bayerischen Verfassungsgerichtsbarkeit stellt die Popularklage gegen Rechtsnormen dar, in der jedermann, ohne in eigenen Rechten verletzt zu sein, Normen des Landesrechts auf ihre Grundrechtskonformität durch den VerfGH überprüfen lassen kann.

Zulässigkeitsvoraussetzungen:

(1) *Antragsberechtigung:* jedermann, natürliche und juristische Personen, unabhängig davon, ob Bewohner Bayerns oder Deutscher.

(2) *Gegenstand des Verfahrens:* alle Rechtsvorschriften des bayer. Landesrechts, Art. 55 Abs. 1 S. 1 BayVerfGHG, Gesetze, RVOen, Satzungen, auch vorkonstitutionelles Recht, auch *Normen der BayVerf selbst* („verfassungswidriges Verfassungsrecht").

Gegenstand der Popularklage können auch Gesetze sein, die im Wege der Volksgesetzgebung beschlossen wurden; für das Verfahren der Gesetzgebung ist insoweit jedoch Art. 80 LWG lex specialis[4].

(3) *Klagebefugnis* im Sinn einer Verletzung eigener Rechte nicht erforderlich, doch muss Verletzung von Grundrechten der BayVerf plausibel geltend gemacht werden.

(4) *Schriftform erforderlich, keine Frist.*

Bei Prüfung der **Begründetheit** prüft der VerfGH, sofern die Popularklage überhaupt zulässig ist, umfassend an der BayVerf, nicht aber am GG. Grundgesetzkonformität kann jedoch Vorfrage sein: ein Mediengesetz (BayMEG) wurde auf seine Vereinbarkeit mit dem Rundfunkartikel der Landesverfassung, Art. 111a BayVerf geprüft. Als Vorfrage wurde dann geprüft, ob Art. 111a BayVerf seinerseits mit Art. 5 Abs. 1 GG vereinbar war[5] (mit der Folge der Vorlagepflicht nach Art. 100 Abs. 1 GG). Offensichtliche Verstöße gegen **Bundesrecht** und neuerdings auch gegen **Unionsrecht** prüft der BayVerfGH jedoch als Verstöße gegen das Rechtsstaatsprinzip des Art. 3 Abs. 1 BayVerf[6].

Entscheidung des VerfGH: grundsätzl. Nichtigerklärung der Norm; Ausnahmen wie bei Normenkontrollverfahren durch BVerfG.

Weitere Verfahren: neben den üblichen **Wahlprüfungs-** und **Anklageverfahren** ist hinzuweisen auf das „präventive Normenkontrollverfahren" bei **Volksbegehren**, dazu Rn 235.

Berlin

851 Die Verfahren vor dem BerlVerfGH sind in Anlehnung an die entsprechenden Verfahren vor dem BVerfG ausgestaltet, vgl Art. 84 BerlVerf; auch Berlin hat sich damit für eine voll ausgebaute Verfassungsgerichtsbarkeit entschieden, nachdem mit der deutschen Einigung bis dahin bestehende Hindernisse auf Grund des Sonderstatus Berlins entfallen waren.

Seine Prüfungszuständigkeit im Rahmen der **Verfassungsbeschwerde** legt der BerlVerfGH weit aus: er prüft generell, ob bei der Anwendung von Bundesrecht gegen Grundrechte der BerlVerf verstoßen wurde, akzeptiert für sich also nicht die Beschränkungen, denen sich der BayVerfGH und der HessStGH unterwerfen. In seiner umstrittenen E. im Fall *Honecker* sah der BerlVerfGH in der E. des *KG Berlin*, das Verfahren nicht einzustellen, einen Verstoß gegen die Menschenwürdegarantie (die in der BerlVerf nicht ausdrücklich enthalten ist), da der Angeklagte das Ende des

4 BayVerfGH NVwZ-RR 2010, 946.
5 BayVerfGH DVBl 1987, 296.
6 S. dazu die E. zum Kommunalwahlrecht für EU-Ausländer, BayVerfGH BayVBl 1997, 590.

Verfahrens mit an Sicherheit grenzender Wahrscheinlichkeit nicht erleben werde und hob sie deshalb auf[7]. VB zum BVerfG war nicht erhoben worden; in diesem Fall hätte die Subsidiaritätsklausel in Art. 84 Abs. 2 Nr 5 BerlVerf[8] eingegriffen.

Brandenburg

Für Brandenburg ist als Besonderheit im Verfahren der **Verfassungsbeschwerde** – ähnlich wie für Berlin – anzumerken, dass diese nach Art. 6 Abs. 2, Art. 113 Nr 4 BbgVerf, §§ 45 ff VerfGGBbg nur zulässig ist, soweit nicht VB zum BVerfG erhoben wird – damit wird zweigleisiger Rechtsschutz vermieden, der Bf hat jedoch ein Wahlrecht. Die VB kann wie stets auf die behauptete Verletzung von Grundrechten gestützt werden; für eine Reihe von Bestimmungen der Landesverfassung ist jedoch angesichts ihrer insoweit wenig stringenten und wohl auch bewusst verunklarenden Systematik die Zuordnung zu den Grundrechten oder zu bloßen Staatszielbestimmungen nicht eindeutig. **Organstreitverfahren**, Art. 113 Nr 1 BbgVerf, §§ 35 ff VerfGGBbg und **abstrakte Normenkontrolle**, Art. 113 Nr 2 BbgVerf, §§ 39 ff VerfGGBbg sind den entsprechenden Verfahren vor dem BVerfG nachgebildet, ebenso die konkrete Normenkontrolle nach Art. 113 Nr 3 BbgVerf, §§ 42 ff VerfGGBbg. 852

Bremen

Das *Gesetz über den Staatsgerichtshof* fasst in § 10 Nr 2 Normenkontroll- und Organstreitverfahren unter eine umfassende Zuständigkeit für „Zweifelsfragen über die Auslegung der Verfassung und andere staatsrechtliche Fragen" zusammen. Die *Antragsberechtigung* ist in diesem landesstaatsrechtlichen Verfahren gemäß § 24 Abs. 1 BremStGHG beschränkt auf die dort genannten Organe (Senat, Bürgerschaft, ein Fünftel der Mitglieder der Bürgerschaft, andere öffentlich-rechtliche Körperschaften des Landes). *Gegenstand des Verfahrens* kann eine Maßnahme sein, durch die Beteiligte sich in ihren Rechten verletzt sehen, aber auch die Gültigkeit einer Norm; es genügen aber auch bloße Zweifel über die Auslegung von Verfassungsrecht, ohne dass eine konkrete, rechtserhebliche Maßnahme vorliegt; ein objektives Klarstellungsinteresse dürfte aber auch hier zu fordern sein. Auch das BremStGHG kennt die **konkrete Normenkontrolle** (Richtervorlage), die gem. Art. 142 BremVerf für Gesetze vorgesehen ist, sowie **Anklage- und Wahlprüfungsverfahren**. 853

Hamburg

Die Zuständigkeiten des *Hamburgischen Verfassungsgerichts* sind in § 14 HambVerfGG aufgezählt; hinzuweisen ist insbesondere auf folgende Verfahrensarten: 854

Streitigkeiten „aus der Auslegung der Verfassung", Art. 65 Abs. 3 Nr 1 HambVerf, §§ 14 Nr 1, 38 f HambVerfGG:

Das Verfahren entspricht etwa einem Organstreitverfahren, **Zulässigkeit**:

(1) *Antragsberechtigung:* Senat oder ein Fünftel der Abgeordneten der Bürgerschaft, s. Art. 65 Abs. 3 Nr 1 HambVerf und § 14 Nr 1 HambVerfGG;

(2) *Antragsgegner:* nicht ausdrücklich genannt, jedenfalls aber andere Verfassungsorgane oder Organteile, die am Streit beteiligt sind.

(3) *Streitgegenstand:* nicht notwendig „Maßnahme" wie beim Organstreitverfahren nach BVerfGG; erforderlich nur „Streitigkeit" um Auslegung der Verfassung; also auch Meinungsverschiedenheiten.

---

7 BerlVerfGH NJW 1993, 515; bestätigend dann die – geradezu lehrbuchartige – *Mielke*-Entscheidung, NJW 1994, 436, in der der BerlVerfGH – insgesamt durchaus überzeugend.

8 S. dazu BerlVerfGH JuS 2000, 917.

(4) Verletzung *eigener* Rechte nach Wortlaut des Art. 65 Abs. 3 Nr 1 HambVerf nicht erforderlich, jedoch Rechtsschutzinteresse[9].

(5) *Frist* nicht vorgesehen, bei langem Zeitablauf aber wohl *Verwirkung* denkbar.

(6) *Form* und *ordnungsgemäßer Antrag:* s. § 39 HambVerfGG.

Die **abstrakte Normenkontrolle** gemäß Art. 65 Abs. 3 Nr 3 HambVerf; §§ 14 Nr 3; 40 ff HambVerfGG ist dem Verfahren vor dem BVerfG nachgebildet, Gegenstand des Verfahrens kann *jede Norm des Landesrechts* sein. Eine Besonderheit stellt das Verfahren der **abstrakten Norminterpretation** nach Art. 65 Abs. 3 Nr 4 HambVerf dar; die dort genannten *Antragsberechtigten* können die verbindliche Interpretation einer Norm des Landesrechts durch das HambVerfG beantragen, wenn *„Meinungsverschiedenheiten oder Zweifel"* über ihre Auslegung oder Anwendung bestehen; § 43 HambVerfGG verweist *nicht* auf § 41 Abs. 2, so dass die für die abstrakte Normenkontrolle geltenden Voraussetzungen hinsichtlich des Streitgegenstandes auf das Norminterpretationsverfahren nicht übertragen werden können[10]. Bei der **konkreten Normenkontrolle** (Richtervorlage) nach Art. 65 Abs. 3 Nr 6 HambVerf, §§ 14 Nr 6, 44 ff HambVerfGG besteht die Besonderheit, dass, wie der Umkehrschluss aus Art. 64 Abs. 1 HambVerf belegt, hinsichtlich des formell ordnungsgemäßen Zustandekommens eine Prüfungs- und Verwerfungskompetenz des Gerichts besteht, während das Gericht dann, wenn es eine entscheidungserhebliche Norm des Landesrechts – Gesetz *oder Rechtsverordnung* – aus materiellen Gründen für verfassungswidrig hält, zur Vorlage verpflichtet ist.

Hessen

855 Hessen gehört zu den Bundesländern mit einer mit umfassenden Zuständigkeiten ausgestatteten Verfassungsgerichtsbarkeit. Rechtsgrundlage sind Art. 130 ff HessVerf und das *Gesetz über den Staatsgerichtshof.*

Abstrakte Normenkontrolle, Art. 131 HessVerf, §§ 39 ff HessStGHG, **Zulässigkeit**:

(1) *Antragsberechtigung:* neben den in Art. 131 Abs. 2 HessVerf genannten Verfassungsorganen kann auch eine Gruppe von Stimmberechtigten, die mindestens ein Hundertstel aller Stimmberechtigten umfasst, den Antrag auf Normenkontrolle stellen; es ist dies neben der bayerischen Popularklage der einzige Fall, in dem ein Verfahren der abstrakten Normenkontrolle aus dem Volk eingeleitet werden kann (allerdings hat das Verfahren nicht die praktische Bedeutung der Popularklage nach Art. 98 S. 4 BayVerf erlangt).

(2) *Prüfungsgegenstand:* Gesetze *und Rechtsverordnungen*, Art. 131 Abs. 1, 132 HessVerf, jedoch nur Rechtsverordnungen der Landesregierung und der Landesminister nach Art. 107, 118 HessVerf[11].

(3) Meinungsverschiedenheiten oder Zweifel sind nicht Voraussetzung; es genügt ein *„objektives Klarstellungsinteresse"*, das nur ausnahmsweise zu verneinen ist, vgl Rn 778.

856 **Grundrechtsklage**, Art. 131 Abs. 1 HessVerf, §§ 43 ff HessStGHG:

Die Grundrechtsklage nach Art. 131 Abs. 1 HessVerf, §§ 43 ff HessStGHG kann durch Jedermann mit der Behauptung der Grundrechtsverletzung erhoben werden. Sie entspricht einer Verfassungsbeschwerde im Bereich der Bundesverfassungsgerichtsbarkeit.

Zulässigkeitsvoraussetzungen:

Gegenstand der Grundrechtsklage ist jeder Akt öffentlicher Gewalt des Landes; bei Rechtsprechungsakten ist die Klage nur zulässig, wenn kein Bundesgericht entschieden hat; § 44 Abs. 1

9 Vgl *Pestalozza*, § 26 II 1 f.
10 Näher *Pestalozza*, § 26 II 3 d.
11 Vgl *W. Schmidt*, in: Meyer/Stolleis, Staats- und Verwaltungsrecht für Hessen, 3. Aufl. 1994, S. 64.

S. 2 HessStGHG stellt klar, was für alle Verfassungsbeschwerdeverfahren des Landesrechts gilt; dabei ist vor Abgabe des Verfahrens an ein Bundesgericht Aussetzung zu beantragen[12]. Beteiligtenfähigkeit und Klagebefugnis sind entsprechend der VB zum BVerfG zu handhaben; zur Rechtswegerschöpfung ist die detaillierte Regelung des § 44 HessStGHG zu beachten; zur Schriftform und zur Substantiierungspflicht s. §§ 19 Abs. 1 S. 1, 43 Abs. 2 HessStGHG; zur Frist s. § 45 Abs. 1, 2 HessStGHG.

Entscheidung des HessStGH: Urteile werden nach § 47 Abs. 2 HessStGHG regelmäßig für kraftlos erklärt, unter Zurückverweisung oder Entscheidung in der Sache durch den HessStGH; bei Rechtsvorschriften dürfte nach § 40 HessStGHG Nichtigerklärung in Betracht kommen[13].

Die **konkrete Normenkontrolle** nach Art. 133 HessVerf, § 41 HessStGHG erstreckt sich auch auf Rechtsverordnungen; auch hierfür besteht Vorlagepflicht. Die Zulässigkeitsvoraussetzungen entsprechen denen der Richtervorlage nach Art. 100 Abs. 1 GG. Unter **„Verfassungsstreitigkeiten"**, für die der StGH nach Art. 131 Abs. 1 HessVerf zuständig ist, sind nach § 42 HessStGHG insbesondere Organstreitigkeiten zu verstehen. Antragsberechtigt sind hier nach § 42 iVm § 19 Abs. 2 HessStGHG auch Bürger, in Gestalt einer Gruppe von Stimmberechtigten, die ein Hundertstel aller Stimmberechtigten ausmacht; diese müssen die Verletzung eigener Rechte aus der Verfassung – wie stets im Organstreitverfahren – geltend machen. Zur **präventiven Normenkontrolle** im Verfahren der Volksgesetzgebung Rn 235, 240. Der HessStGH verneinte bisher eine Prüfungszuständigkeit immer schon dann, wenn es um die Anwendung von Bundesrecht geht, insoweit also restriktiver als der BayVerfGH oder gar der BerlVerfGH[14] (näher Rn 848 ff).

Mecklenburg-Vorpommern

Die Landesverfassung von Mecklenburg-Vorpommern lässt nach Art. 53 Nrn 6, 7 MVVerf die **857**
Verfassungsbeschwerde zu gegen Gesetze, gegen sonstige Hoheitsakte nur dann, wenn keine Zuständigkeit des BVerfG eröffnet ist. Es besteht also keine Wahlmöglichkeit. Die weiteren Verfahren wie Organstreit, abstrakte und konkrete Normenkontrolle sind entsprechend den jeweiligen Verfahren zum BVerfG ausgestaltet[15].

Niedersachsen

Auch die neue Verfassung ist beim Konzept des Staatsgerichtshofs (ohne Individualverfassungs- **858**
beschwerde) geblieben, s. Art. 54 NDSVerf.

Nordrhein-Westfalen

Das Gesetz über den **Verfassungsgerichtshof für das Land Nordrhein-Westfalen** lehnt sich, **859**
ähnlich wie die niedersächsische Regelung, eng an das BVerfGG an. Dies betrifft insbesondere die **Organstreitverfahren**, Art. 75 Nr 2 NWVerf, §§ 43 ff VGHGNW, das Verfahren der **abstrakten Normenkontrolle**, Art. 75 Nr 3 NWVerf, §§ 47 ff VGHGNW und der **konkreten Normenkontrolle**, Art. 100 GG, §§ 50 f VGHGNW. Neben den üblichen Wahlprüfungs- und Anklageverfahren ist die präventive Normenkontrolle im Rahmen von Volksbegehren und Volksentscheid hervorzuheben. Verfassungsbeschwerden des Bürgers sind nicht eröffnet, wohl aber die Kommunalverfassungsbeschwerde gegen landesrechtliche Vorschriften wegen Verletzung des Selbstverwaltungsrechts, § 52 VGHGNW.

---

12 HessStGH DÖV 1990, 204.
13 Näher *Pestalozza*, § 27 III 5.
14 S. aber jetzt BVerfGE 96, 345, 364 ff.
15 S. LVerfG MV NJ 2001, 138.

Rheinland-Pfalz

860 Nach Art. 130 Abs. 1 RhPfVerf können Landesregierung, Landtag, Landtagsfraktionen und Körperschaften des öffentlichen Rechts, die sich in ihren Rechten beeinträchtigt glauben, sowie andere Beteiligte die **Kontrolle der Verfassungsmäßigkeit von Gesetzen und von Handlungen der Verfassungsorgane** beim **Verfassungsgerichtshof** beantragen. Normenkontroll- und Organstreitverfahren werden hier in einem einheitlichen Verfahren zusammengefasst.

Zulässigkeitsvoraussetzungen:

(1) Die *Antragsberechtigung* ergibt sich aus Art. 130 Abs. 1 RhPfVerf.

(2) *Streitgegenstand:* Gesetze sowie sonstige rechtserhebliche Maßnahmen von Verfassungsorganen (Landtag, Regierung, Volk im Verfahren der Volksgesetzgebung).

(3) *Antragsbefugnis:* Verletzung *eigener* Rechte nur bei öffentlich-rechtlichen Körperschaften zu fordern (insoweit verfassungsbeschwerdeähnliches Verfahren), Art. 130 Abs. 1 RhPfVerf, § 23 Abs. 3 RhPfVerfGHG.

(4) *Rechtswegerschöpfung* und *Fristen* gelten wiederum nur für öffentlich-rechtliche Körperschaften.

(5) IÜ muss ein konkreter Streit – abweichend vom Organstreitverfahren nach BVerfGG – nicht gegeben sein, wohl aber ist Klarstellungsinteresse zu fordern.

Zur **Entscheidung** des RhPfVerfGH s. § 26 RhPfVerfGHG; die Möglichkeit, von der Nichtigerklärung von Gesetzen ex tunc abzusehen, ist in § 26 Abs. 3 RhPfVerfGHG ausdrücklich festgelegt. Dies gilt auch für das Verfahren der **konkreten Normenkontrolle**, Art. 130 Abs. 3 RhPfVerf, § 24 RhPfVerfGHG, für das iÜ keine Besonderheiten bestehen. Dass auch **verfassungsändernde**, also mit verfassungsändernder Mehrheit zustandegekommene Gesetze vom VerfGH zu überprüfen sind, ist in Art. 135 Abs. 1 Nr 2 RhPfVerf ausdrücklich klargestellt. Es sind ferner die üblichen Wahlprüfungs- und Anklageverfahren sowie nach Art. 130a RhPfVerf, §§ 44 ff RhPfVerfGHG auch die Verfassungsbeschwerde eröffnet.

Saarland

861 Die Verfassung des Saarlandes und das Gesetz über den **Verfassungsgerichtshof** enthalten einen umfassenden, dem des BVerfGG vergleichbaren Zuständigkeitskatalog. **Abstrakte** und **konkrete Normenkontrolle** entsprechen in ihren Zulässigkeitsvoraussetzungen den Verfahren vor dem BVerfG, vgl §§ 9 Nr 6, 7, 43 ff SaarlVerfGHG, ebenso das **Organstreitverfahren**, §§ 9 Nr 5, 39 ff SaarlVerfGHG.

Für **Verfassungsänderungen** eröffnet Art. 101 Abs. 3 SaarlVerf auch die vorbeugende Normenkontrolle bereits auf Antrag von nur 5 Abgeordneten des Landtags. In das Verfahren der Volksgesetzgebung kann auch hier der VerfGH einbezogen werden (o. Rn 245). Die **Verfassungsbeschwerde**, §§ 9 Nr 13, 55 ff SaarlVerfGHG ist gegenüber der VB zum BVerfG **subsidiär**; sie kann also nur unter Berufung auf Grundrechte oder sonstige subjektive Rechte aus der SaarlVerf erhoben werden, die über den Schutzbereich der in Art. 93 Abs. 1 Nr 4a GG genannten Rechte hinaus gehen. Sie ist daher von geringer praktischer Bedeutung (abgesehen möglicherweise von der Kommunalverfassungsbeschwerde: hier ist nach Art. 93 Abs. 1 Nr 4b GG das BVerfG nur subsidiär zuständig).

Sachsen

862 Sachsen hat sich für eine voll ausgebaute Verfassungsgerichtsbarkeit unter Einschluss der Individualverfassungsbeschwerde entschieden. Die einzelnen Verfahren sind weitestgehend an die entsprechenden bundesverfassungsgerichtlichen Verfahren angelehnt.

Dies gilt für das **Organstreitverfahren** nach Art. 81 Abs. 1 Nr 1 SächsVerf, §§ 17 ff SächsVerfGHG wie auch für das Verfahren der **abstrakten Normenkontrolle**, Art. 81 Abs. 1 Nr 2 SächsVerf, §§ 21 ff SächsVerfGHG, für das jede Norm des – auch untergesetzlichen – Landesrechts Prüfungsgegenstand sein kann. Prüfungsmaßstab ist die SächsVerf, und wegen ihrer Einordnung in die bundesstaatliche Kompetenzordnung[16] auch die Kompetenz des Landesgesetzgebers zum Erlass der angegriffenen Norm (Rn 856).

Im Verfahren der **Verfassungsbeschwerde**, Art. 81 Abs. 1 Nr 4 SächsVerf, §§ 27 ff SächsVerfGHG sieht sich der SächsVerfGH befugt, auch die Anwendung von Bundesrecht auf die Verletzung von Grundrechten der SächsVerf hin zu überprüfen, soweit es jedenfalls um Verfahrensrecht geht; zur Bestätigung durch das BVerfG[17] s.u. Rn 859 f. Demgemäß ist die Verfassungsbeschwerde auch dann zulässig, wenn sie sich darauf stützt, dass bei Anwendung von Bundesrecht mit Grundrechten des GG inhaltsgleiche Grundrechte der SächsVerf verletzt wurden. Verfahrensgegenstand muss wie stets bei der Landesverfassungsbeschwerde ein Akt öffentlicher Gewalt des Landes sein; iÜ entsprechen die Zulässigkeitsvoraussetzungen denen der Verfassungsbeschwerde zum BVerfG. Die Funktion einer **Kommunalverfassungsbeschwerde** erfüllt die kommunale Normenkontrolle nach Art. 90 SächsVerf; zulässiger Verfahrensgegenstand sind auch Rechtsverordnungen; der Beschwerdeführer muss, was aus Art. 90 SächsVerf nicht eindeutig hervorgeht, aber der Ausgestaltung als subjektives Rechtsschutzverfahren entspricht, eine Verletzung *eigener* Rechte geltend machen[18].

Die Zulässigkeit von Volksanträgen kann nach Art. 71 Abs. 2 S. 3 SächsVerf, § 33 SächsVerfGHG Gegenstand einer präventiven Normenkontrolle sein. Eine Besonderheit stellt die Abgeordnetenklage nach Art. 118 SächsVerf, §§ 37 ff SächsVerfGHG dar[19].

Sachsen-Anhalt

Die Landesverfassung von Sachsen-Anhalt lässt nach Art. 75 Nr 6 die Verfassungsbeschwerde nur gegen Gesetze zu, nicht gegen sonstige Hoheitsakte. Hier verbleibt es bei der alleinigen Zuständigkeit des BVerfG. Deshalb stellt sich hier nicht das Problem der Prüfungszuständigkeit für die Anwendung von Bundesrecht. Die weiteren Verfahren wie **Organstreit**, abstrakte und konkrete Normenkontrolle sind entsprechend den jeweiligen Verfahren zum BVerfG ausgestaltet. Das Recht einer **Oppositionsfraktion** iSd Art. 48 Abs. 2 LSAVerf auf Chancengleichheit im Parlament kann wegen der besonderen Hervorhebung der parlamentarischen Rechte der Opposition im Verfassungstext im Organstreitverfahren geltend gemacht werden[20]. **863**

Schleswig-Holstein **863a**

Das 2008 errichtete Landesverfassungsgericht ist nach Art. 44 SHVerf für Organstreitverfahren, Normenkontrollverfahren, Kommunalverfassungsbeschwerden und Wahlprüfungsverfahren zuständig und wurde bisher i.w. nur in Letzteren tätig. Verfassungsbeschwerden sind nicht vorgesehen.

Thüringen

Für eine voll ausgebaute Verfassungsgerichtsbarkeit unter Einbeziehung der Individualverfassungsbeschwerde hat sich auch Thüringen entschieden, Art. 80 ThürVerf. Organstreitverfahren, Art. 80 Abs. 1 Nr 3 ThürVerf, §§ 38 ff ThürVerfGHG, abstrakte Normenkontrolle, Art. 80 Abs. 1 Nr 4 ThürVerf, §§ 42 ff ThürVerfGHG und konkrete Normenkontrolle, Art. 80 Abs. 1 **864**

16 SächsVerfGH SächsVBl 1995, 260.
17 BVerfGE 96, 345, 364 ff.
18 SächsVerfGH SächsVBl 1994, 232.
19 S. dazu SächsVerfGH LKV 2007, 172.
20 SachsAnhVerfG LKV 1998, 101.

Nr 5 ThürVerf, §§ 45 ff ThürVerfGHG, sind nach grundgesetzlichem Vorbild ausgestaltet, ebenso die Verfassungsbeschwerde, Art. 80 Abs. 1 Nr 1 ThürVerf, §§ 31 ff ThürVerfGHG. Sie ist auch gegen Gerichtsentscheidungen in bundesrechtlich geregelten Verfahren statthaft und kann, ebenso wie etwa nach SächsVerf, auch auf eine Verletzung von mit dem Grundgesetz inhaltsgleichen Grundrechten der Landesverfassung gestützt werden, wenn Verfahrensgegenstand die Anwendung von Landesrecht ist.

II. Bundes- und Landesverfassungsgerichtsbarkeit im Verhältnis zueinander

Bundes- und Landesverfassungsgerichtsbarkeit stehen selbstständig nebeneinander. Dies kann dazu führen, dass in der gleichen Sache sowohl das BVerfG als auch ein Landesverfassungsgericht angerufen werden können. Darum geht es im Folgenden, wie auch um das viel diskutierte Problem der Prüfungszuständigkeit der Landesverfassungsgerichte bei bundesrechtlich geregelten Verfahren.

1. Der Grundsatz: Selbstständiges Nebeneinander

865 Grundsätzlich stehen Bundes- und Landesverfassungsgerichtsbarkeit **selbstständig nebeneinander**. Das BVerfG ist zuständig für das Bundesverfassungsrecht, die Landesverfassungsgerichte sind zuständig für das Landesverfassungsrecht. Dh, das **BVerfG** ist zuständig für die Prüfung, ob Akte des Bundes oder der Länder gegen das Grundgesetz verstoßen. Es ist insoweit auch zuständig für Akte der **Länder**, da auch diese in der Ausübung ihrer staatlichen Gewalt **an das Grundgesetz** gebunden sind. Dies bedeutet konkret: das BVerfG prüft im Verfahren der **abstrakten Normenkontrolle** alle Normen des Landesrechts auf ihre Vereinbarkeit am GG und sonstigem Bundesrecht, Rn 774 ff; grundsätzlich ist auch im Verfahren der **konkreten Normenkontrolle** Landesrecht vorzulegen, Rn 784 ff. Die **Verfassungsbeschwerde** richtet sich gegen Akte der öffentlichen Gewalt auch der Länder, wenn hierdurch Grundrechte des GG verletzt werden.

Die **Landesverfassungsgerichte** sind im Prüfungsmaßstab auf Landesverfassungsrecht beschränkt, hinsichtlich des Prüfungsgegenstandes grundsätzlich auf Akte des Landes. Dies bedeutet, dass wegen derselben Akte des Landes sowohl das BVerfG, als auch das jeweilige Landesverfassungsgericht angerufen werden können, wenn sowohl das GG als auch die Landesverfassung verletzt sind. Dies gilt auch für gleichlautende Grundrechtsbestimmungen, da ja Grundrechte der Landesverfassungen neben gleichlautenden Gewährleistungen des Grundgesetzes weitergelten, Art. 142 GG.

866 Konkurrenzen ergeben sich insbesondere bei **Normenprüfungsverfahren** (konkrete und abstrakte Normenkontrolle, Verfassungsbeschwerde, Popularklage). Im Verfahren der **konkreten Normenkontrolle** sind grundsätzlich **beide** Verfahren nebeneinander zuzulassen; vgl zB für Baden-Württemberg o. Rn 847. Ebenso kann im Verfahren der **abstrakten Normenkontrolle** die Landesregierung nebeneinander Verfahren vor dem BVerfG und dem Landesverfassungsgericht einleiten. In **Normprüfungs-**

verfahren stellt sich wegen der Beschränkung des Prüfungsmaßstabs auf Landesverfassungsrecht die Frage, ob das Landesverfassungsgericht die **Gesetzgebungskompetenz** prüfen kann – die einschlägigen Art. 70 ff GG sind Bundesrecht. Gleichwohl prüfen die Landesverfassungsgerichte zT auch die Kompetenzfrage. Sie sehen in Verfassungsbestimmungen des Inhalts, dass das jeweilige Land Gliedstaat der Bundesrepublik ist, gleichzeitig eine Anerkennung der bundesstaatlichen Kompetenzordnung und in deren Verletzung damit auch einen Verstoß gegen Landesverfassungsrecht[21]. So leitet auch der SächsVerfGH aus Art. 3 Abs. 1 SächsVerf, wonach dem Landtag (und dem Volk) das Gesetzgebungsrecht zustehen, sowie aus Art. 1 Abs. 1 SächsVerf – Sachsen als Land der Bundesrepublik – eine Inbezugnahme der Kompetenznormen des Grundgesetzes ab[22].

Für **Verfassungsbeschwerdeverfahren** gilt, dass die Möglichkeit, sich an das jeweilige Landesverfassungsgericht zu wenden, keinen „Rechtsweg" iSv § 90 BVerfGG darstellt, den der Beschwerdeführer erst erschöpfen müsste, ehe er sich an das BVerfG wendet. Insbesondere in *Bayern* und *Hessen*, wo dem Bürger die Möglichkeit der Popularklage bzw Grundrechtsklage zum VerfGH bzw StGH eröffnet ist, kann so eine Norm des Landesrechts vom Bürger parallel auch beim BVerfG angefochten werden. Die **Subsidiarität** landesverfassungsrechtlicher Rechtsbehelfe ist ausdrücklich für das Saarland geregelt (Rn 861), ferner für Mecklenburg-Vorpommern (Rn 857) und Sachsen-Anhalt (Rn 863). In Berlin und Brandenburg kann Verfassungsbeschwerde zum Landesverfassungsgericht nicht erhoben werden, wenn in der gleichen Sache Verfassungsbeschwerde zum BVerfG erhoben wurde; es besteht also ein faktisches Wahlrecht[23]. Das BVerfG ist nur subsidiär zuständig im Fall der Kommunalverfassungsbeschwerde kraft der ausdrücklichen Anordnung des Art. 93 Abs. 1 Nr 4b GG. **867**

Die **Verfahren** laufen grundsätzlich **selbstständig** nebeneinander. Wird nun in einem der Verfahren der angegriffene Akt **aufgehoben**, also etwa das Gesetz für **nichtig erklärt**, so ist damit das konkurrierende Verfahren gegenstandslos geworden: hat etwa der BayVerfGH ein Gesetz für nichtig erklärt, weil es gegen Grundrechte der BayVerf verstieß, so ist nunmehr kein Gesetz mehr vorhanden, das vom BVerfG für nichtig erklärt werden könnte. Hat allerdings das BVerfG die VB zurückgewiesen, da Grundrechte des GG nicht verletzt sind, so kann das Landesverfassungsgericht gleichwohl das Gesetz noch wegen Verstoßes gegen Grundrechte der Landesverfassung für nichtig erklären. Es kann dies auch dann, wenn es sich um gleich lautende Grundrechte handelt: die Verfassungsordnungen des Bundes und der Länder stehen auch insoweit selbstständig nebeneinander. Ebenso ist das Verfahren vor dem LVerfG gegenstandslos bei Nichtigerklärung durch das BVerfG. Selbstverständlich kann das BVerfG noch ein Gesetz für nichtig erklären, wenn das Landesverfassungsgericht es als vereinbar mit der Landesverfassung gesehen hat. Gegen die Entscheidung des **Landesverfassungsgerichts** ist schließlich **Verfassungsbeschwerde zum BVerfG** möglich, wenn jenes Grundrechte des GG bei seiner Entscheidung verkannt hat; das Landesverfas- **868**

21 So zB VerfGHNW NVwZ 1993, 57; vgl zu BVerfGE 103, 332 den Beitrag von *Winkler*, JA 2002, 23.
22 SächsVerfGH SächsVBl 2003, 247.
23 S. dazu BerlVerfGH JuS 2000, 917.

sungsgericht muss schließlich nach Art. 100 Abs. 1 GG zum BVerfG vorlegen, wenn es ein förmliches Landesgesetz für unvereinbar mit Bundesrecht hält (zu den näheren Voraussetzungen s.o. Rn 784 ff).

2. Insbesondere: Landesverfassungsbeschwerde wegen Verletzung von Landesgrundrechten in Anwendung von Bundesrecht

869 Insbesondere in Verfassungsbeschwerdeverfahren vor den Landesverfassungsgerichten kann deren Prüfungskompetenz dann fraglich sein, wenn es (auch) um die **Anwendung von Bundesrecht** geht[24]. Dies betrifft Landesverfassungsbeschwerden gegen gerichtliche Entscheidungen, also wegen des Erfordernisses der Rechtswegerschöpfung alle Verfassungsbeschwerden, die nicht unmittelbar gegen Rechtsnormen gerichtet sind. Das Problem, um das es hier geht, ist dies:

870 **Gerichtliche** Entscheidungen ergehen in **bundesrechtlich** geregelten **Verfahren**; das Gerichtsverfahrensrecht (GVG, ZPO, ArbGG, StPO, VwGO, FGO, SGG) ist Bundesrecht. Behauptet nun der Beschwerdeführer einen **Verstoß gegen Verfahrensgrundrechte der Landesverfassung** (zB das Recht auf Gehör), so macht er geltend, dass in Anwendung von Bundesrecht das Landesverfassungsrecht verletzt worden ist. **Bundesrecht** selbst ist an die Landesverfassung nicht gebunden – ob aber die **Anwendung** des Bundesrechts nicht gegen die Landesverfassung verstoßen kann, ist damit noch nicht gesagt. Es ist dies keine Frage des Art. 31 GG[25]. Denn es geht nicht um die Kollision von Bundes- und Landesrecht – eine solche Kollision liegt dann vor, wenn die Anwendung der Rechtsnormen auf den gleichen Sachverhalt zu unterschiedlichen Rechtsfolgen führt. Es geht vielmehr um die Frage, ob die staatlichen Organe eines Landes auch dann zur Beachtung der Grundrechte der Landesverfassung verpflichtet sind, wenn sie Bundesrecht anwenden. Dies ist jedenfalls dann zu bejahen, wenn das anzuwendende Bundesrecht Spielraum belässt für die Verwirklichung der Grundrechte – was bei der Gestaltung des gerichtlichen Verfahrens im Hinblick vor allem auf die Prozessgrundrechte des Grundgesetzes wie der Landesverfassungen der Fall ist. Voraussetzung ist, dass Bundes- und Landesgrundrechte insoweit inhaltsgleich sind, ihre Anwendung also nicht zu unterschiedlichen Ergebnissen führt[26]. Die Anwendung von **Verfahrensrecht** des Bundes durch Gerichte eines Landes kann deshalb vom Landesverfassungsgericht daraufhin überprüft werden, ob mit Grundrechten des Grundgesetzes inhaltsgleiche Grundrechte der Landesverfassung (dies werden in erster Linie die Prozessgrundrechte sein – die Prüfung ist jedoch nicht hierauf beschränkt) gewahrt sind. Ob dies auch für die Anwendung **materiellen** Bundesrechts gilt, wurde vom BVerfG offengelassen, aber nicht ausgeschlossen. In der Konsequenz der Entscheidung liegt es aber, die Frage zu bejahen: wo bei der Anwendung von Bundesrecht Spielräume zu eigenständiger Ausfüllung eröffnet sind, ist der Rechtsanwender generell an höherrangiges Recht gebunden[27]. Hält das Landesverfassungsgericht die maßgeblichen landesgesetzlichen Vorschriften selbst für verfassungswidrig, so hat es nach Art. 100 Abs. 1 GG vorzulegen[28]. Brandenburg, Mecklenburg-Vorpommern und Sachsen-Anhalt sehen von vornherein Beschränkungen der Landesverfassungsbeschwerde vor (Rn 852, 857, 863).

---

24 S. dazu SächsVerfGH SächsVBl 1995, 260 (dazu *Dietlein*, Jura 2000, 19); BerlVerfGH NJW 1994, 436; BVerfGE 96, 345; HessStGH DÖV 1999, 388; RhPfVerfGH NJW 2001, 2621.

25 Vgl dazu SächsVerfGH SächsVBl 1995, 260 und hierzu BVerfGE 96, 345; ferner BerlVerfGH NJW 1994, 436.

26 BVerfGE 96, 345, 368, 372.

27 S. dazu auch *Degenhart*, in: Degenhart/Meissner, HdBSächsVerf, § 7 Rn 4 ff, 9 ff.

28 BerlVerfGH JR 1999, 456.

Eine faktische Begrenzung seiner Prüfungskompetenz hat der Hessische Staatsgerichtshof[29] entwickelt; er hatte ja zunächst seine Befugnis zur Prüfung von gerichtlichen Entscheidungen am Maßstab der Grundrechte der Landesverfassung generell verneint und damit wegen Art. 100 Abs. 3 GG den Vorlagebeschluss des SächsVerfGH veranlasst, auf den hin wiederum BVerfGE 96, 345 erging. Der HessStGH will im Rahmen der Urteilsverfassungsbeschwerde dann, wenn ein Urteil eines Gerichts des Landes unter Berufung auf gleichlautende Grundrechtsgewährleistungen auch vor dem BVerfG angegriffen ist, das Verfahren aussetzen, „da zur Entscheidung der von beiden Verfassungsgerichten zu prüfenden Frage der Verletzung von Bundesgrundrechten zuvörderst das BVerfG als der insofern maßgebliche Interpret berufen ist“. **871**

Zu erinnern ist jedoch an die gegenständliche Begrenzung der Landesverfassungsgerichtsbarkeit: nur **Akte des Landes** unterliegen ihrer Kontrolle; dies gilt auch für Entscheidungen von Gerichten eines Landes, die in der Sache durch ein Bundesgericht bestätigt worden sind[30]. Deshalb können Entscheidungen von Bundesgerichten nicht vor dem Landesverfassungsgericht angegriffen werden. Aus den gleichen Erwägungen hat sich der SächsVerfGH auch – zu Recht – außerstande gesehen, die Entscheidung eines Landessozialgerichts, dessen Gegenstand eine Maßnahme der Bundesanstalt für Arbeit, also einer **Bundesbehörde** war, im Wege der Verfassungsbeschwerde auf Verstöße gegen die Landesverfassung zu überprüfen. Denn in diesem Fall hätte er in der Sache die Entscheidung einer Bundesbehörde überprüfen müssen – daran aber sind Landesverfassungsgerichte aus Kompetenzgründen gehindert[31]. **872**

29 DÖV 1999, 388.
30 RhPfVerfGH NJW 2001, 2621.
31 SächsVerfGH NJW 1999, 51; zust. *E. Klein/Haratsch*, JuS 2000, 209, 214.

Anhang: Schematische Übersicht zum Gesetzgebungsverfahren

Verfahrensstadium: **Gesetzesinitiative**

Bundestag	Bundesregierung	Bundesrat
Gesetzesvorlage „aus der Mitte des Bundestags“, Art. 76 I, § 76 GeschOBT	Beschluss über Gesetzesvorlage; diese an Bundesrat →	Erster Durchgang beim Bundesrat, Art. 76 II; mit Stellungnahme an: Bundestag Art. 76 II 2, 3
	Art. 76 II 4 (wenn eilbedürftig)	
	← Art. 76 III mit Stellungnahme weiter an: Bundestag, Art. 76 III	Beschluss über Gesetzesvorlage, diese an: Bundesregierung

Gesetzesvorlage zur Beschlussfassung im Bundestag

Verfahrensstadium: **Beschlussfassung im Bundestag**

Bundestag

Plenum: 1. Lesung → Ausschüsse: Beratung

→ Plenum: 2. und 3. Lesung

Schlussabstimmung: **Gesetzesbeschluss**, Art. 77 I 1; wird vom Bundestagspräsidenten weitergeleitet an:

Bundesrat

Verfahrensstadium: **Beteiligung des Bundesrats**

Verfahren unterschiedlich für Einspruchs- und Zustimmungsgesetze

Verfahren bei Einspruchsgesetzen:

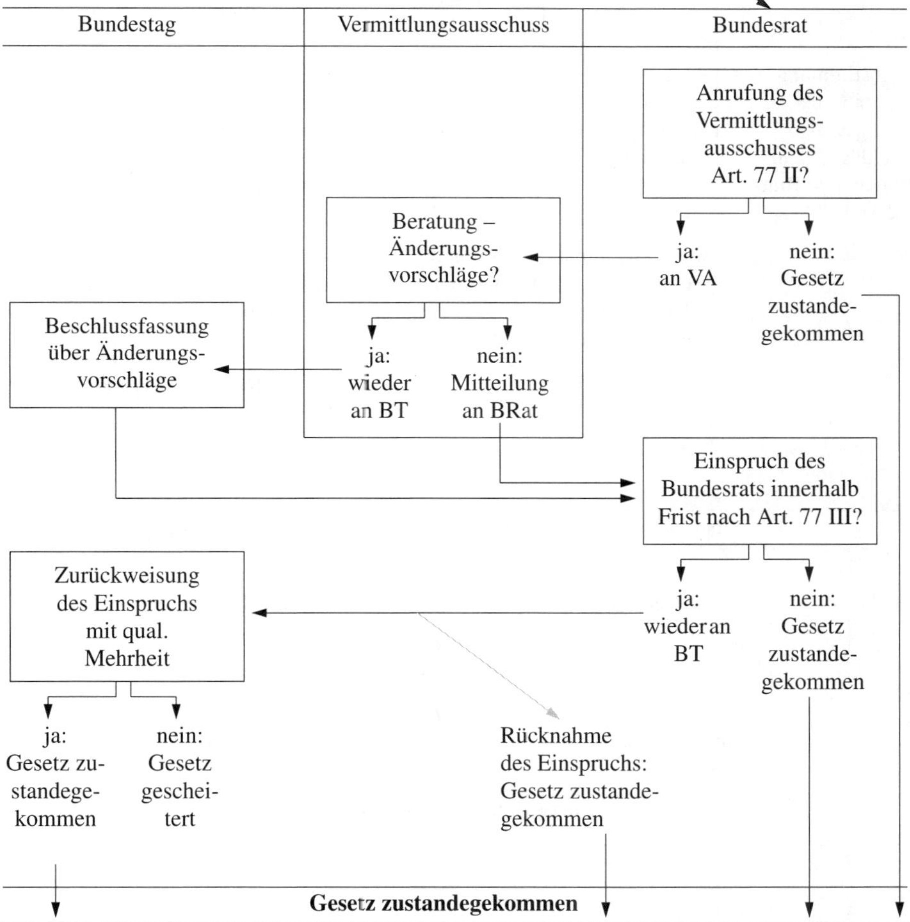

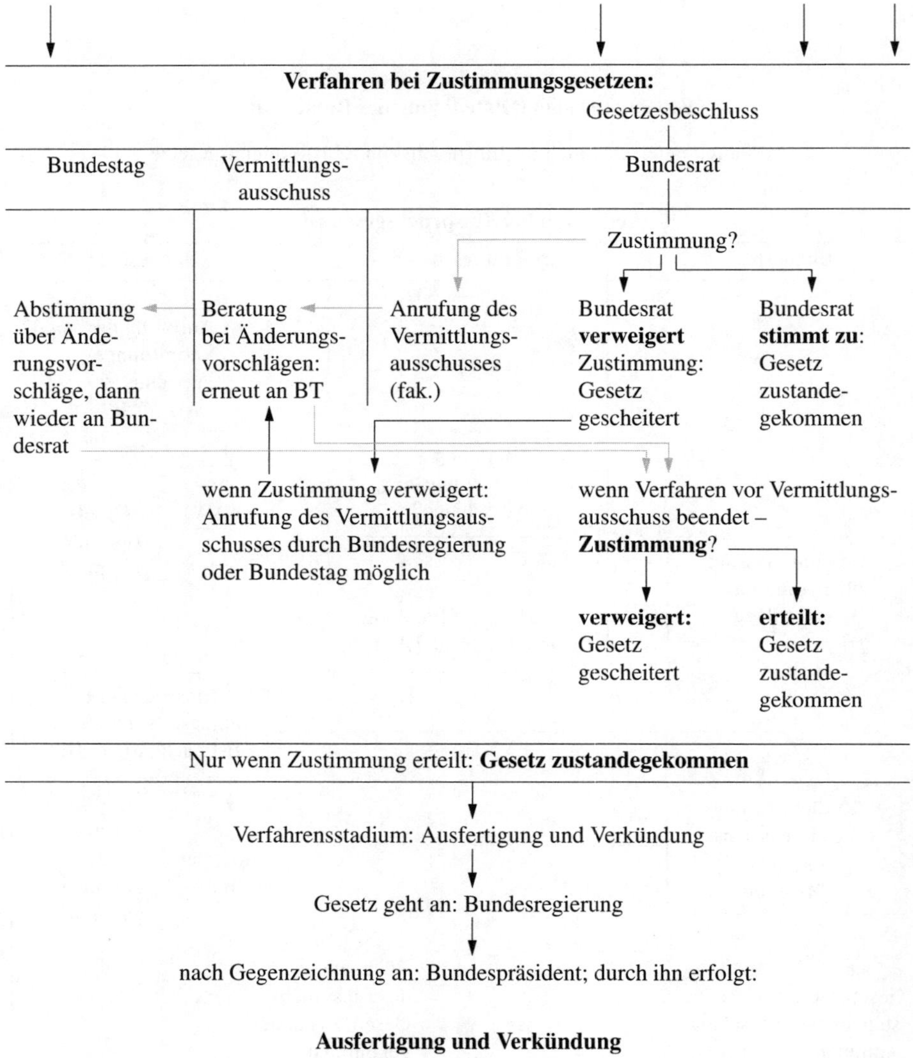
Verfahren bei Zustimmungsgesetzen:
Gesetzesbeschluss
Bundestag
Vermittlungsausschuss
Bundesrat
Zustimmung?
Abstimmung über Änderungsvorschläge, dann wieder an Bundesrat
Beratung bei Änderungsvorschlägen: erneut an BT
Anrufung des Vermittlungsausschusses (fak.)
Bundesrat **verweigert** Zustimmung: Gesetz gescheitert
Bundesrat **stimmt zu**: Gesetz zustandegekommen
wenn Zustimmung verweigert: Anrufung des Vermittlungsausschusses durch Bundesregierung oder Bundestag möglich
wenn Verfahren vor Vermittlungsausschuss beendet – **Zustimmung**?
verweigert: Gesetz gescheitert
erteilt: Gesetz zustandegekommen
Nur wenn Zustimmung erteilt: **Gesetz zustandegekommen**
Verfahrensstadium: Ausfertigung und Verkündung
Gesetz geht an: Bundesregierung
nach Gegenzeichnung an: Bundespräsident; durch ihn erfolgt:
Ausfertigung und Verkündung

Sachverzeichnis

Die Ziffern bezeichnen die Randnummern, halbfett gesetzte Ziffern die Hauptfundstellen. Für Besonderheiten des Landesverfassungsrechts ist unter den jeweiligen Bundesländern (Baden-Württemberg, Bayern usw) nachzuschlagen.